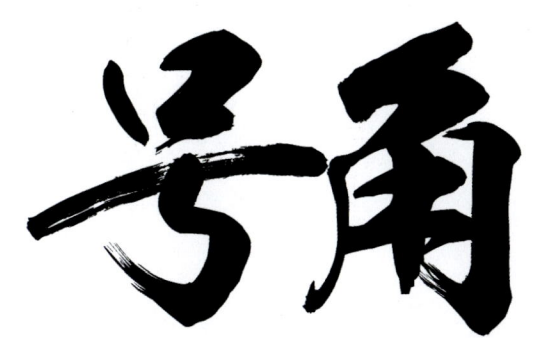

号甬

世界经典制服徽章艺术

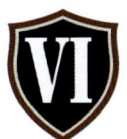

VI

（修订版）

指文号角工作室　主编

中国长安出版社

图书在版编目（CIP）数据

号角：世界经典制服徽章艺术. 6 / 指文号角工作
室主编. -- 北京：中国长安出版社，2016.2
ISBN 978-7-5107-0981-4

Ⅰ. ①号… Ⅱ. ①指… Ⅲ. ①军服－介绍－世界②徽
章－介绍－世界 Ⅳ. ①E127

中国版本图书馆CIP数据核字(2016)第028963号

号角：世界经典制服徽章艺术 6（修订版）

指文号角工作室 主编

策划制作：指文文化

出　版：中国长安出版社

社　址：北京市东城区北池子大街 14 号（100006）

网　址：http://www.ccapress.com

邮　箱：capress@163.com

发　行：中国长安出版社

电　话：（010）85099947，85099948

印　刷：重庆大正印务有限公司

开　本：787mm×1092mm　16 开

印　张：15.5

字　数：300 千字

版　本：2018 年 7 月第 2 版　2018 年 7 月第 1 次印刷

书　号：ISBN 978-7-5107-0981-4

定　价：179.80 元

出版寄语

国防的点点滴滴，依靠的是人民的热爱与支持；军事文化的点点滴滴，依靠的是军迷的痴迷和奉献。惟愿《号角》越办越好，惟愿更多的人喜欢军事文化！

——刘猛，知名军事题材电视导演

《号角》是国内不多见的以勋赏文化为主题的独门文丛。以军服、勋章为切入点，深掘史实，精讲兵戎，勾连审美，旁通政制。一声号角，带起一曲战争艺术的交响。祝这一声号角给中国文化建设中还比较薄弱的军事文化声部，注入黄钟大吕般的雄浑与恢宏。

——朱克奇，深圳广播电台主持人，知名军事评论员

看过不少军事杂志，但被《号角》深深折服了，严谨的风格，华丽的包装，偏执考究的细节……在想，什么样的主编才会制作出如此作品呢。和主编交了朋友，为他对勋章制服的痴迷与挚爱所折服，真汉子不一定是豪言壮语、大碗喝酒，一本竭心的文字同样体现豪迈，想到了当年的自己。祝《号角》越走越远。

——刘子军，知名军事评论员

每个收藏品背后，都承载着一段历史，或者都有一个曾经真实的英雄，而军事徽章和制服的收藏，可以促使我们研究收藏品背后的故事，来尽可能地接近真实的历史。希望徽章和制服文化，能够更多地融入军迷的生活中。

——李晓健，"超级大本营"军事论坛主编

旗章服制之事并非低级趣味，一个民族的荣誉感和尚武精神均由此而滋生。军品收藏研究为军学入门佳径，愿《号角》激励引领军友奋勇前行!

——余戈，知名抗战史学者

西点军校的校训为"责任、荣誉、国家"，而这三个词组凝聚成形态，便是军人身着的军服以及佩戴的各种徽章。指文文化出版的《号角》，便是专门对于这种军人的荣誉和纪录予以详尽介绍的一种同时富有知识性和趣味性的丛书。

——章骞，知名海军史学者

军事徽章和勋章是表彰军人战功的最佳载体，佩戴在军服上的每一枚勋章都是血与火凝结而成，作为一个老军迷，我也想探究每一枚勋章背后的故事，但受限于手头资料的缺乏以及对各国勋略制度的不了解，再加上网络时代以讹传讹的信息饱和，很难对各个国家的勋章有个综合全面的正确了解。不过翻开这本《号角：世界经典制服徽章艺术》，我有了豁然开朗的畅快感，全书从多个角度对世界各国军事徽章进行了详细的介绍，不管是军事徽章勋章知识的扫盲还是进阶，《号角》都是一本不错的工具读物。

——肖宁，《兵器》杂志编辑部主任

军事制服和徽章，在西方历来被称作男人的饰品，它们是军事历史和文化的浓缩，也是勇敢和责任的彰显。如果愿意，你可以跳出这一个个金属和织物的本相，去从中领悟它们背后的深邃内涵。

——王亚男，《航空知识》杂志副主编

勋章、奖章、军服是历史、尤其是军事史研究中绝不可忽略的重要细节，《号角》丛书以此为专门研究和普及的内容，不仅在大陆上首开风气，而且学术性极强，编者、作者们的良苦用心和辛勤努力令人敬佩，谨在此祝贺丛书问世，希望保持风格和专业性，以嘉惠学林和普及军服、勋奖章文化。

——陈悦，知名海军史学家、海军史研究会会长

角鼓铮鸣，金戈铁马，勋标争辉，胄甲探奇，谈收藏鉴赏会友，品兴衰成败往事，祝新号角丛书旗开得胜，大行其道。

——朱步冲，《三联生活周刊》主笔

由号角团队厚积薄发倾心推出的新《号角》，真如鸣响的号角一般，再度拨动着军事爱好者的心弦。且不谈整部文集的制作精美，也不提篇篇佳作的条分缕析，光是著者们考证各种勋饰的精心和准确程度，就足以令人仰慕钦服。

——汪冰，知名军事作家，《帝国骑士》、《德国名将：曼陀菲尔传》作者

连夜看完手中的这本新《号角》，心中不由浮现出一个词——文心雕龙。相信《号角》的新生对于每一位军事爱好者都是一个福音。它不仅填补了国内在徽章与制服方面的研究空白，而且有力地促进了相关知识的普及。不飞则已，一飞冲天；不鸣则已，一鸣惊人。

——刘晓，《极客》杂志社副主编

军服和勋章是展示一支军队精神面貌和历史最好的方法，只有了解军服和勋章的历史，你才能真正了解这支部队！《号角》恰恰就给我们提供了这样一个平台！

——知名历史学家、中国圆明园学会学术专业委员会委员 刘阳

在我刚刚从事军事图书翻译时，就希望能看见这样一本书，既有可读性，又能为我这样的从业者提供某些参考和帮助。书中阐述的这些勋章，你可能听说过，也可能有些肤浅的了解，但对其来龙去脉及详细内情并不一定特别清楚；对我来说，掌握这些勋章的准确名称对日后的翻译工作不无裨益。

——小小冰人，著名军事图书翻译专家

《号角》是国内军服勋章领域的专业书籍，从一个独特的角度阐述历史兴衰和文化传承，阅读此书不仅是学习，也是享受。

——董旻杰，知名军事历史作家

合作伙伴

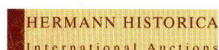

德国Hermann Historica拍卖行

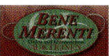

德国Bene Merenti拍卖行

编委会名单：

主编：谢亮

活动策划：刚寒锋

编委：马宁宁 王晓宇 刘文 李旸 周彦成 孟中洋 徐津川 高雷

Christian Lehrer   Christopher Ailsby   Detlev Niemann

Gordon Williamson   Igor Moiseyev   Roger James Bender

Sascha Weber   Sascha Zimmermann   Neil Stewart

Ed Hayes   Dietrich Maerz

号角网（http://www.ihaojiao.com）

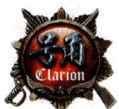

致谢

本书在编辑出版过程中，得到了国内外制服徽章收藏界众多朋友及机构的大力支持，在此表示由衷感谢。他们是（中文按姓氏笔画排列，外文按姓氏或机构名称字母顺序排列）：

个人：

于剑（北京）	李雁翀（北京）	俞磊（四川成都）
于敏（新疆乌鲁木齐）	吴向民（浙江杭州）	袁龙飞（山东济宁）
马宇驰（浙江上虞）	吴侃（上海）	贾川（四川成都）
马晓炯（上海）	吴焕（浙江金华）	贾磊（北京）
王宁（北京）	吴建禹（福建福州）	贾星焕（山东青岛）
王坤（德国锡根）	邹志诚（山东威海）	夏永新（江苏镇江）
王栋（北京）	宋宁（北京）	钱冬昊（安徽马鞍山）
王雷（四川成都）	宋晓翰（上海）	徐扬（云南昆明）
王曦（北京）	张义军（辽宁大连）	郭卫（河北任丘）
车暚（马达加斯加）	张劲雄（北京）	高笑（广东广州）
叶盛（江苏南京）	张昊（天津）	高翔（上海）
邢弢（北京）	张忠钰（山西西安）	崔劲波（辽宁丹东）
过双源（浙江宁波）	张萱（德国慕尼黑）	章帆（浙江温州）
吕小洁（北京）	张勇（北京）	黄锡聪（香港）
任钦亮（山东青岛）	张哲（河北石家庄）	黄灏明（广州）
朱惟伦（台湾台北）	张锏（广东珠海）	康大虎（北京）
朱与善（上海）	张玮（上海）	阎旭彤（北京）
乔磊（北京）	张翔（四川成都）	董博（黑龙江齐齐哈尔）
刘萌（北京）	张腾（广东广州）	蒋伟亮（上海）
刘方舟（北京）	张煜（陕西西安）	程业恒（江苏南京）
刘有全（广东广州）	张浩维（英国伦敦）	鲁宁（河北石家庄）
刘志斌（北京）	张铠闻（上海）	谢雨昊（重庆）
刘岩生（北京）	陈晖（广东广州）	强景明（江苏镇江）
刘海鹏（北京）	陈雅（北京）	解燊阳（广东广州）
刘腾杨（北京）	林立（北京）	谭一坤（新疆乌鲁木齐）
许子彦（河北张家口）	林庆安（台湾台北）	黎明（北京）
祁斌（海南海口）	林建强（香港）	魏明（北京）
孙捷之（江苏南京）	金松（北京）	Aivars Zvīdris（拉脱维亚尤尔马拉）
杨思（北京）	周光龙（云南德宏）	Angel Garbachkov（保加利亚索菲亚）
杨卫国（广东广州）	周牧原（北京）	Alexander Grozdanov（保加利亚索菲亚）
杨亦楠（贵州贵阳）	周鑫钰（美国阿拉巴马）	Artan Lame（阿尔巴尼亚地拉那）
杨健海（广东广州）	郑山（北京）	Craig Gottlieb（美国索拉纳滩）
苏楠（河南郑州）	经涛（江苏徐州）	Christian Zweng（德国奥斯纳布吕克）
李伟（北京）	孟飞岩（北京）	Dmitry Shubin（俄罗斯叶卡捷琳堡）
李岳（北京）	赵月（四川达州）	Gobányi Gábor（匈牙利布达佩斯）
李骅（四川成都）	赵昊（上海）	Jani Tiainen（芬兰坦佩雷）
李楠（北京）	胡晨（天津）	Klaus Butschek（德国雷根斯堡）
李文浩（辽宁沈阳）	柯涛（北京）	Khuujii Urnukh（蒙古乌兰巴托）
李泽林（江苏苏州）	查列（广东广州）	Valeriy Aleksandrovich Durov（俄罗斯莫斯科）
李航（新疆阿勒泰）	侯德林（陕西西安）	Warren E. Sessler（美国加利福尼亚）
李晓铭（山东青岛）	钟铁军（广东广州）	William A. Boik（美国弗吉尼亚）

机构：

北京诚轩　北京中汉　上海朵云轩　中国保利　中国嘉德

Armádním muzeu Žižkov（捷克布拉格）

Auktionshaus Andreas Thies eK（德国纽尔廷根）

Auktionshaus Carsten Zeige（德国汉堡）

B&D Publishing LLC（美国密歇根）

Baldwin's（英国伦敦）

Bayerisches Armeemuseum（德国因戈尔斯塔特）

Berliner Auktionshaus für Geschichte（德国柏林）

Berliner Münzauktion（德国柏林）

Berliner Zinnfiguren & Preussisches Buecherkabinett（德国柏林）

British Library（英国伦敦）

Carsten Staegemeir UG（德国多特蒙德）

Deutsche Gesellschaft für Ordenskunde e.V.（德国罗特）

Dix Noonan Webb Ltd（英国伦敦）

Dothoreum（奥地利维也纳）

eMedals（加拿大博林顿）

Fellows（英国伦敦）

Fritz Rudolf Künker GmbH & Co. KG（德国奥斯纳布吕克）

Gentlemen's Military Interest Club（英国）

Hadtörténeti Intézet és Múzeum（匈牙利布达佩斯）

Heeresgeschichtliches Museum Wien（奥地利维也纳）

Helmut Weitze Militärische Antiquitäten（德国汉堡）

History Shop（德国塞沃托尔）

Imperial War Museums（英国伦敦）

Karl-Heinz Cortrie GmbH（德国汉堡）

La Galerie Numismatique（瑞士洛桑）

Leipziger Münzhandlung und Auktion Heidrun Höhn（德国莱比锡）

Liverpool Medals Limited（英国奥尔特灵厄姆）

Militärhistorisches Museum der Bundeswehr（德国德累斯顿）

Militaria-Agent（德国卡尔滕基兴）

Morton & Eden Ltd（英国伦敦）

Musée de l'Armée（法国巴黎）

Musée de la Légion d'Honneur（法国巴黎）

National Army Museum（英国伦敦）

Orders and Medals Society of America（美国）

Philipp Militaria（德国肖伦）

Royal Collection Trust （英国温莎）

Royal Maritime Museums（英国格林尼治）

San Giorgio Aste Srl（意大利热那亚）

Spink & Son（英国伦敦）

Stack's Bowers Galleries（美国加利福尼亚）

The New York Sale（美国纽约）

Verlag Militaria GmbH（奥地利维也纳）

Кабинетъ（俄罗斯莫斯科）

Знакъ（俄罗斯莫斯科）

CONTENTS
目录

前言
建立风清气正的收藏氛围

随着《号角：世界经典制服徽章艺术》第六卷的出版，我们已经陪伴大家走过了三年的时间。在这三年里，我们欣喜地看到越来越多的人喜欢上了徽章制服文化，就算是他们没有真正进行收藏，但也不断地在关注这种新兴文化的发展。身边越来越多的朋友会跟我们说，你们的这些东西很有意思！于是在餐前饭后或是聚会当中，形成了一个新话题。我们可以说，这个群体越来越大，影响力也开始不断提升。甚至连"大象公会"、"果壳网"这样的流行科普公众微信，也开始发表不少涉及制服徽章文化的内容。

但是，随着徽章制服文化圈的不断扩展，各种潜藏的问题也逐渐暴露出来。尤其是在现在互联网的环境下，一些问题反而被放大。例如近年来在徽章制服的收藏交易中，多次出现买家在收到藏品之后恶意拒签导致卖家收不到付款，或在藏品没有问题的前提下以各种理由要求卖家进行赔偿。还有一些黑心商家虚假买卖。而商家之间互相诋毁的情况更是屡见不鲜，常见的现象就是某家私下指责另一家所售藏品是仿品但又拿不出确凿证据。一旦出现问题，双方并不是以一种冷静的处理问题的心态来加以解决，而通常都缺乏耐心。一旦无法满足要求，其中一方就会诉诸互联网。于是，百度某吧就成了一个大字报满天飞的地方。

这种情况让我们非常痛心。一方面，我们身在其中，往往会成为当事人；另一方面，利益的驱动又往往使一些人失去理智。徽章制服收藏和研究，在国内本来就属于兴起时间短、群体不太大的小众爱好，它非常需要圈内外各位的关心和呵护。之前我们一直认为，中国徽章制服的传统不是说没有，而是发展比较畸形，先天就造成了这种爱好在中国不会像具有很深荣典传统的欧洲那样具备广泛的全民性基础。如果我们还在破坏好不容易建立起来的收藏氛围，那最终受伤害的还是各位爱好者。

从喜欢制服徽章到今天，我们走过了十几个年头。在此之前，徽章制服收藏圈并没有团结起来，甚至分散在钱币、军事装具等收藏圈里。现在我们可以自豪地说，我们形成了一个相对独立的收藏和研究群体，这是应该让人倍受鼓舞的事情。我们一直非常欣赏德国徽章制服界的友好氛围，一来他们收藏和研究传统非常深厚，这与德国荣典传统分不开；二来他们有一个组织机构，即德国勋章文化协会（Deutsche Gesellschaft für Ordenskunde e. V.），这个协会举办各种各样的沙龙或交流活动，每年还会举行一次年会。2013年6月，本工作室主编造访德国期间曾受邀出席他们的聚会，深刻体会到了他们互相学习互相支持的热情。反观国内，目前尚无一个统一机构，收藏圈内自律也不够。

如何解决这些问题？我们想，一是应该更加自律，一起来探讨建立统一组织的可能性，通过这个组织形成合力，杜绝歪风邪气的滋生。二是营造交流平台，在更广阔的层面上来加强互相之间的交流沟通，避免误解。尤其是在互联网环境下，即便是非常好的藏友，也有可能素未谋面，一旦产生误会，就容易往极端方向发展。三是圈内应当更加团结，对于歪风邪气应该予以坚决和严厉的打击。当然，这些想法还需要落到实处，也是一项长期的工作。但我们相信只要我们一起努力，就一定能够建立起风清气正的收藏和研究氛围！

指文号角工作室
2016年3月

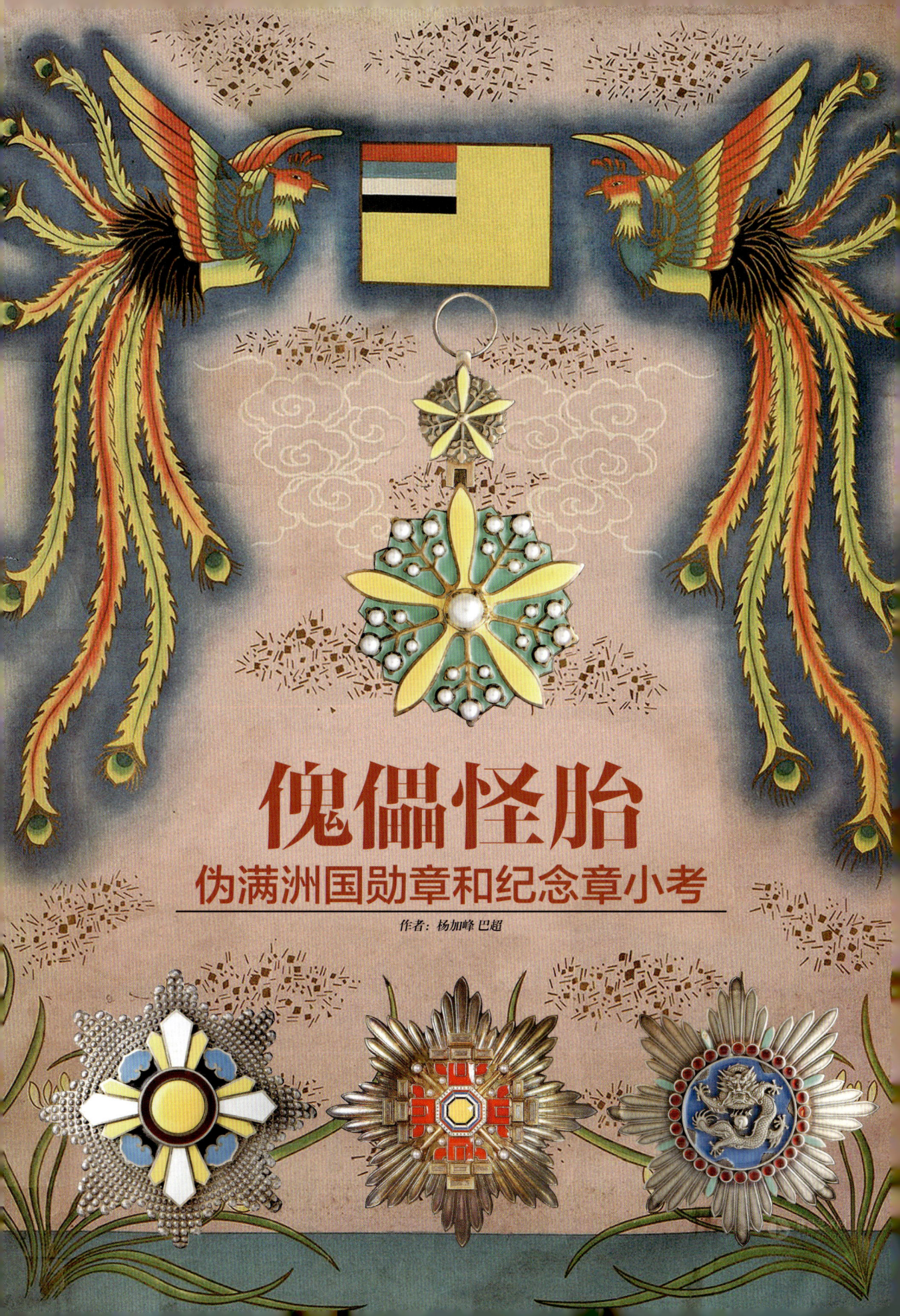

傀儡怪胎

伪满洲国勋章和纪念章小考

作者：杨加峰 巴超

记得高中历史课本上有一幅插图，那是日本在山海关附近设立的"满洲国"界碑的照片，界碑上镌刻着"王道乐土大满洲国"八个大字。"满洲国"真是所谓的"五族协和的王道乐土吗"？我们可以通过很多途径去了解那段历史，了解东北人民曾经经历过的悲惨境遇。回首那段历史，总让人有一种阴郁之感。这个只活了13岁的傀儡怪胎，笼罩着太多历史迷雾，其勋赏与其他各国相比有着浓厚的特色，其中的勋章和纪念章更是独树一帜。

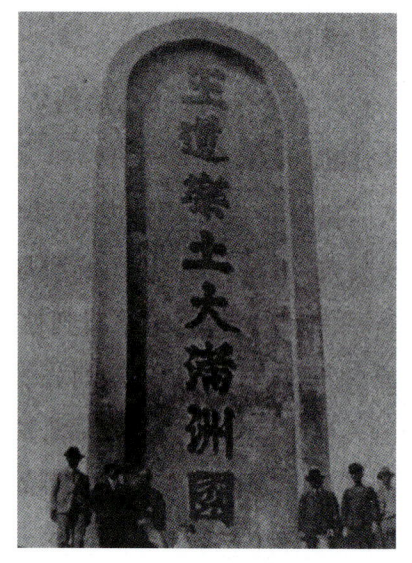

▲ "王道乐土大满洲国"的界碑，这句话具有极强的历史讽刺感

"满洲国"的建立

十九世纪末，日本经历明治维新，国力大增，试图将势力拓展至东北亚。而中国东北广袤肥沃的土地、丰富的矿产资源和劳动力，早已令日本垂涎。1901年2月23日，头山满、内田良平等人在东京成立极右组织黑龙会，目的在于谋取黑龙江流域为日本领土，其会名即从黑龙江而来，这个组织最著名的口号就是"到黑龙江去"。对于黑龙会，80后生人应该都有听说过，当年由陈木胜执导，甄子丹主演的电视剧《精武门》中就多次提到这个组织。后来，该组织许多成员都为制造"满洲国"竭力活动。

1927年，日本田中义一内阁以制定"满蒙政策"为目的召开"东方会议"，会议制定的《对华政策纲领》提出将"满蒙"（即中国东三省及内蒙地区）与"中国本土"分离对待的政策，试图将内满洲主权剥离出来。

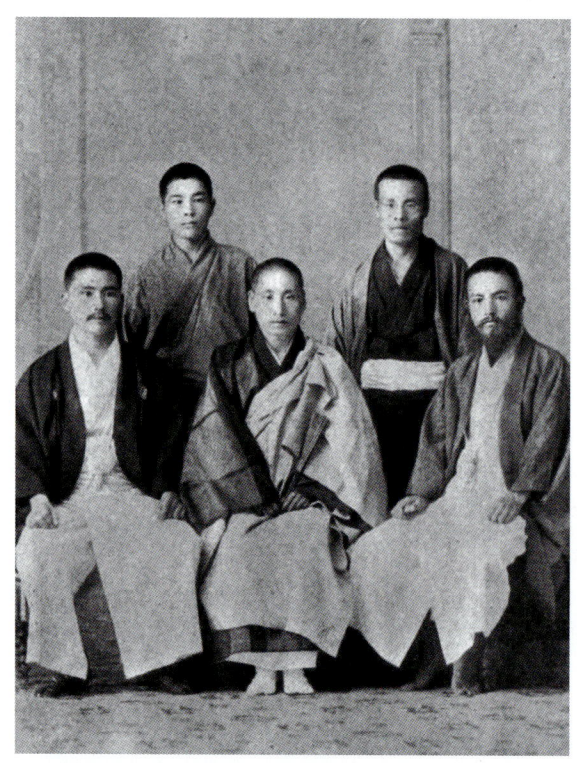

▲ 黑龙会早期领导人，后排右起葛生能久、吉仓汪圣，前排右起武田范之、井上藤三郎、内田良平

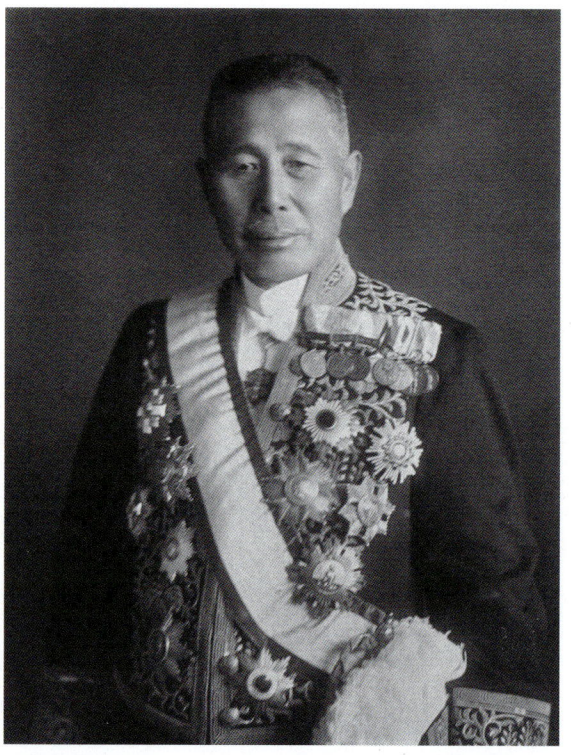

▲ 身着礼服的田中义一，其最著名的事迹即提出了《田中奏折》，成为日本侵华的基础之一

1931年9月18日夜，在日本关东军的策划下，铁道守备队炸毁奉天柳条湖附近日本修筑的南满铁路路轨，并栽赃嫁祸于中国军队。日军以此为借口，炮轰沈阳北大营，是为九一八事变。事变爆发后的9月19日夜里，关东军参谋板垣征四郎大佐、石原莞尔中佐、片仓衷大尉和奉天特务机关的花谷正少佐等人在奉天的一家日本旅馆内迎来了参谋本部第一部作战部长建川美次少将。几人在9月19日晚到22日的三天时间里，经过激烈的讨论，构建了"满洲国"的基本框架。由关东军主导，以清朝退位皇帝溥仪为首领的建立"满洲国"的重大举动就这样拉开了序幕。

清废帝溥仪退位后先是暂居紫禁城，后又来到天津。在天津，溥仪先是住在日本租界的宫岛街张园内，不久又搬到静园，等候时机。他与奉天特务机关长土肥原贤二和驻中国的日军参谋吉冈安直便是在这里认识的。在此期间，一直冀望复辟清朝的满洲宗室、时任吉林省军参谋长的熙洽密信溥仪，请"皇上回到祖宗发祥地，复辟大清，救民于水火"，在"友邦"（日本）支持下，先据有满洲，再图关内。1931年10月，土肥原贤二秘密拜访了溥仪，极力劝说他前往满洲。1931年11月13日，溥仪在郑孝胥郑垂父子和日本人上角利一、工藤忠等人的陪同下，乘坐日本大连汽船株式会社的"淡路丸"轮船经由营口转乘火车到达位于鞍山和海城之间的汤岗子温泉，这一由"满铁"经营的疗养地。

1932年2月16日，东北四巨头的政务委员会议，即所谓"建国会议"在沈阳大和旅馆召开，臧式毅、熙洽、张景惠和以担任黑龙江省省长为条件"归顺"不久的马占山出席了会议。会议由关东军司令官本庄繁主持，会议决定迎接溥仪为"满洲国执政"。当板垣征四郎告知溥仪出任"满洲国执政"时，原本以为能够重登帝位的溥仪尽管对此安排颇为失望，但也只能接受。当然后来溥仪如愿登上"帝位"，但地位却连清朝逊帝都还不如。

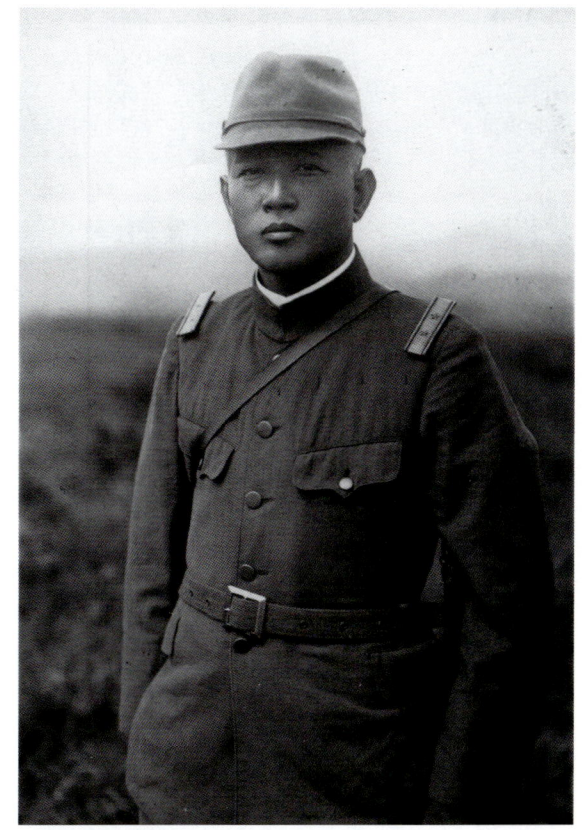

▲ 早年的石原莞尔

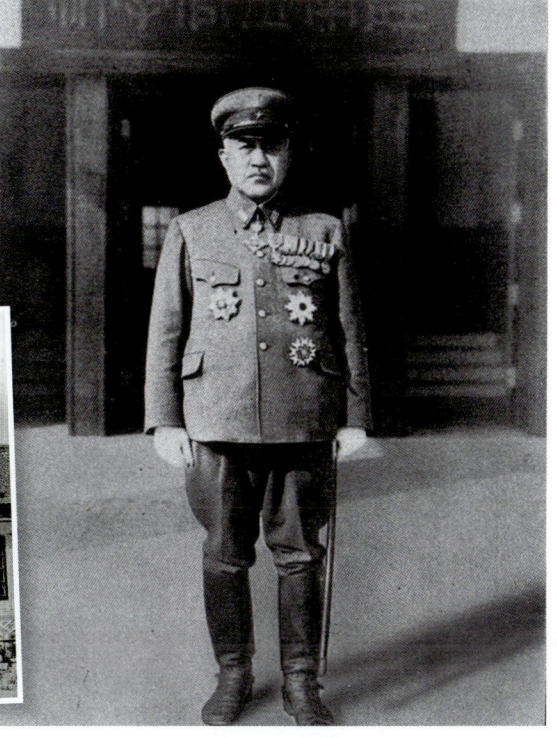

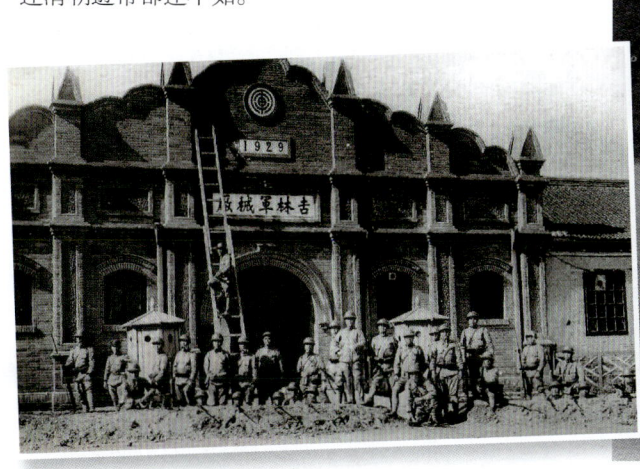

▲ 九一八事变后日军占领吉林军械厂

▲ 担任日本陆军士官学校校长时的土肥原贤二

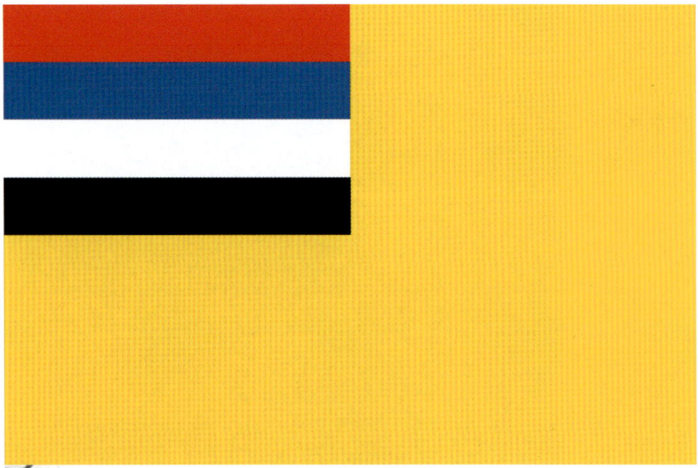

◀ 伪满洲国"国旗"，五色条纹即表示五族协和
▼ 当时的伪满"皇宫"，现为长春故宫博物院

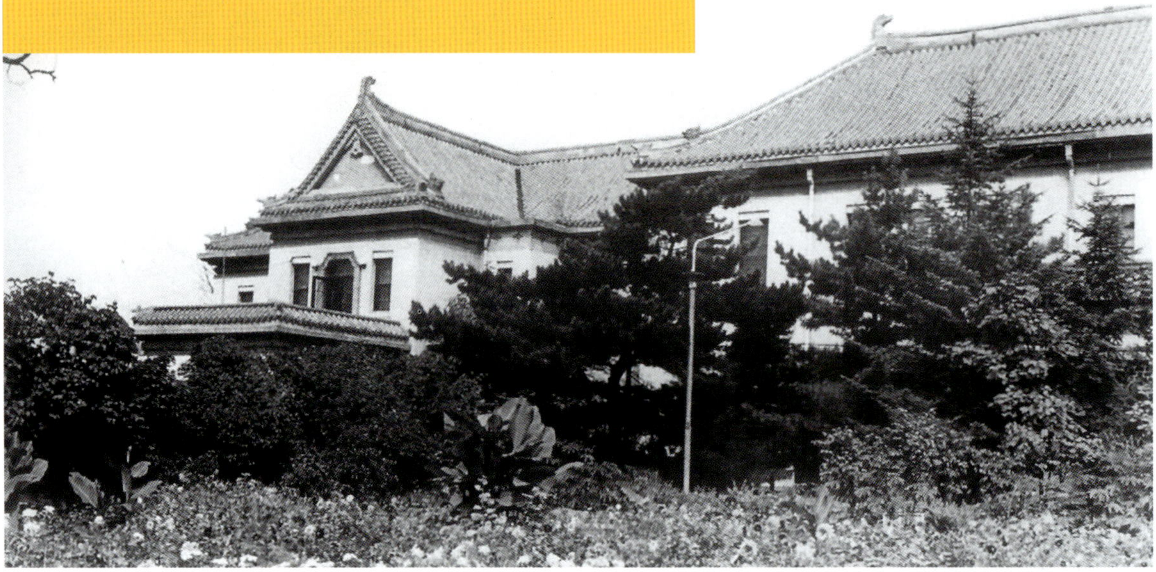

伪满洲国勋赏体系

　　伪满洲国"建国"后制定的《"政府"组织法》中，没有关于恩赏的规定。后来，在伪满政府的日系官员和关东军的要求下，按日本的恩赏制度，制定了恩赏条例。"大同元年"（1932年）夏，溥仪下旨命"国务总理大臣"郑孝胥组织"国务院总务长官"召开恩赏会议，议定伪满洲国勋章制度事宜。"康德元年"（1934年）4月19日，制定大勋位兰花章项饰、大勋位兰花大绶章、龙光大绶章及景云章。1933年2月，日本赏勋局总裁下条康麿向"满洲国"提供了一系列关于恩赏制度的参考书籍，帮助"满洲国"建立勋赏体系，后又委托东京高等工艺学校教授畑正吉设计勋章图样，委托日本造币局制作。

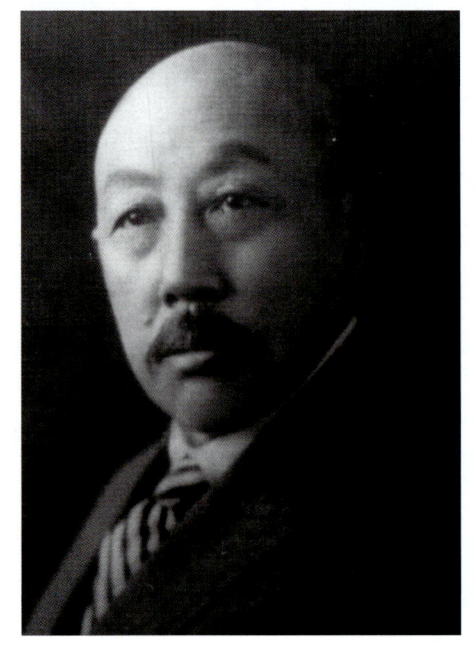

▶ 后任伪满洲国"总理"的张景惠

1934年3月1日，伪满洲国公布敕令第五号改正"国务院"官制，在"国务院总务厅"内设恩赏处，由"总务厅"人事处处长皆川丰治兼任处长，下设总务、调查两科，负责勋章、褒章及记章等恩赏事项。5月9日，伪满洲国进行了第一次叙勋，于"皇宫"中的勤民楼为陆军上将张景惠以下武官10人举行了庄严的勋章亲授式。同日发布院令第3号《关于勋章图样的文件》，以及敕令第四十号《勋章佩戴规程》，规定"建国"叙勋的时间为5月9日。12月1日，发布敕令第174号制定恩赏局官制，从而独立成立恩赏局，设总务、勋章、记章三科，局长以下有理事官、事务官和属官等职员。并以"国务总理大臣"、"国务院总务长官"及就特任官中敕命的议定官组成恩赏会议，勋章及其他荣典的授予与褫夺由恩赏会议决定。1935年5月举行"建国大典"观兵式，当日溥仪着大礼服佩戴着新制定的大勋位兰花章项饰、大勋位兰花章、龙光大绶章和勋八位景云章阅兵。同年6月2日溥仪又对"国务总理大臣"郑孝胥以下28名遗满文官进行叙勋。

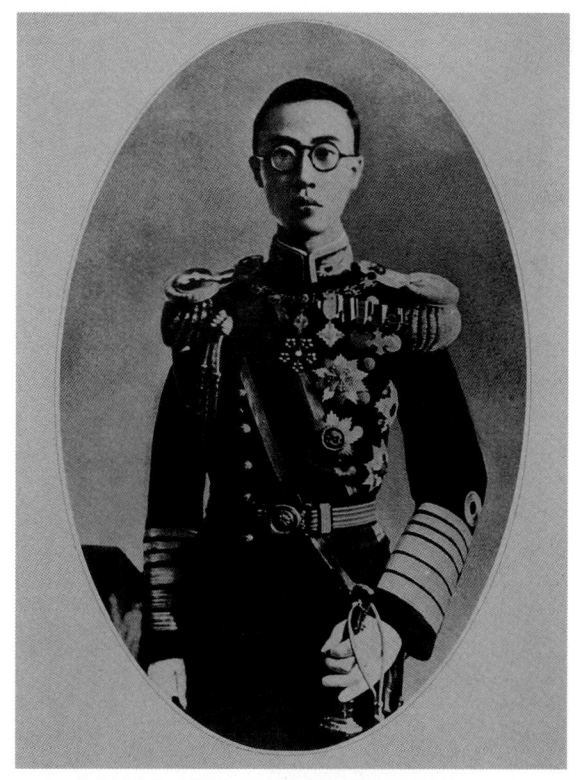

▲ 身着大礼服佩戴伪满洲国、日本及其他国家勋章的溥仪

"满洲国"政治、经济等方面均受日本控制，就连勋赏体系也模仿日本。大勋位兰花章项饰、大勋位兰花大绶章、龙光大绶章、景云章及柱国章的设立都以日本勋赏体系为蓝本，分别对应日本的大勋位菊花章项饰、大勋位菊花大绶章、桐花大绶章、旭日章和瑞宝章，这些勋章曾大量颁发给日本人。由于存在时间较短，所以伪满洲国在勋赏制度上没有日本那么完善，甚至不如大韩帝国。至战争结束，伪满洲国也没有设立等同于金鵄和宝冠级别的勋章。虽然伪满洲国是傀儡政权，但是就勋章而言，还是下了很大功夫，我们可以从中看到很多中国传统图案纹饰的运用，以及徽章各个部分所蕴含的各种寓意。

而以"满洲国"名义设立的记章有建国功劳章、大典纪念章、皇帝访日纪念章、建国神庙创建纪念章、国境事变从军记章和国势调查纪念章6种。其中，国境事变从军记章在《号角Ⅲ》中有详尽的介绍，本文不再赘述。记章不同于勋章、褒章，后两者因有实际功劳而授予，记章则主要是一种纪念性质，因此在地位上不及勋章、褒章，但又因为记章的纪念性质，它的设立往往和重大历史事件有着紧密关系，因而体现出极高的史料价值。

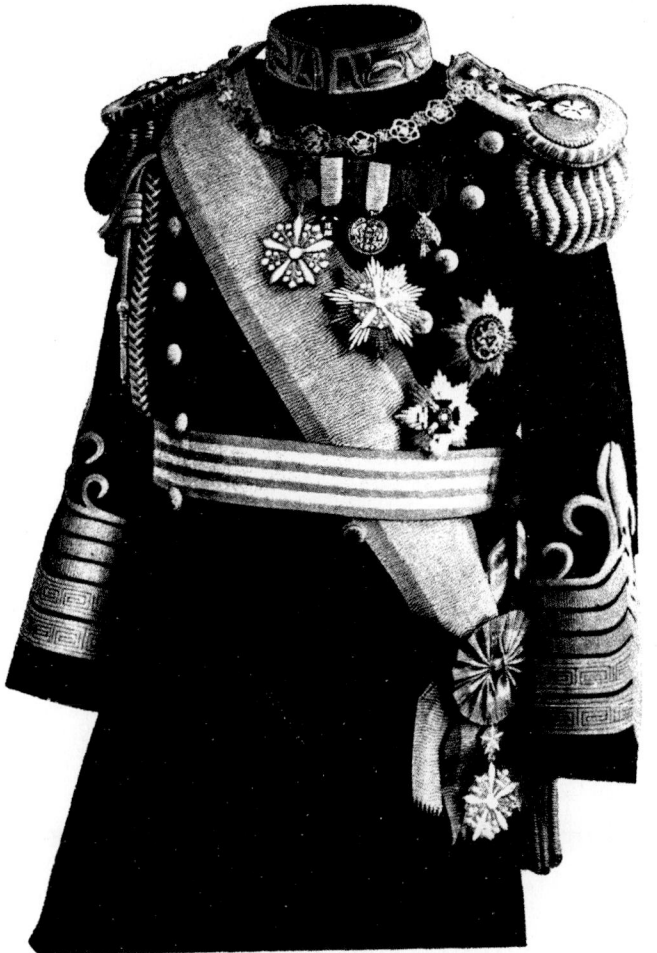

◀ 佩戴全部勋章的溥仪礼服

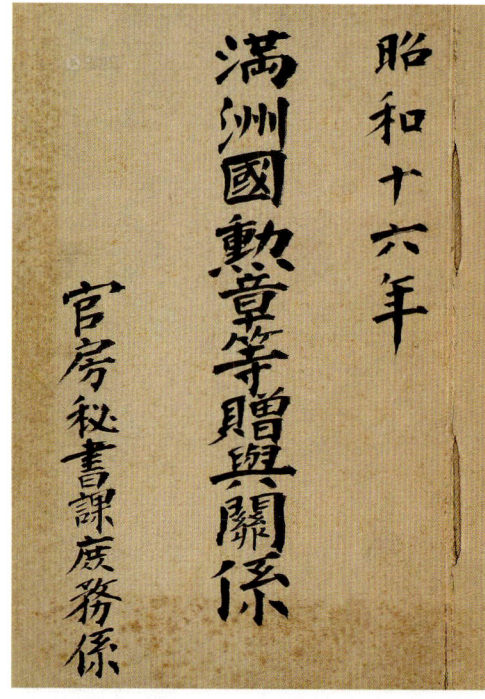

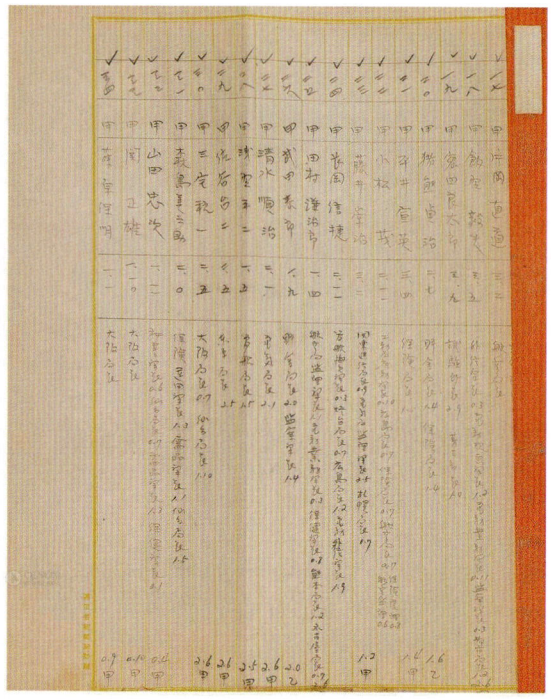

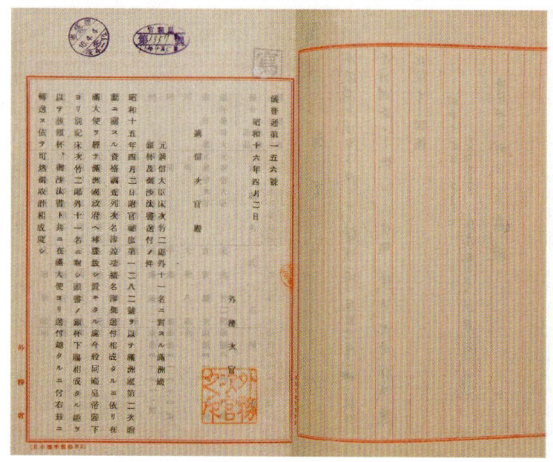

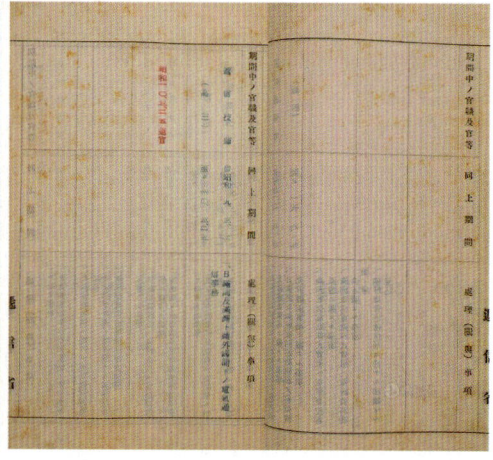

▲ 日本方面编撰的关于伪满洲国勋章的资料。供图/中国保利

　　根据"满洲国政府"关于荣典的规定，勋章、褒章及记章一经颁发，得以终身受用，如遇"国务院"宴会、协和会集会、祭孔典礼及追悼亡灵等重要活动时必须佩戴。但勋赏只限本人佩戴，如本人因故不能佩戴或死亡，则由其子孙或其他遗族永久保存。获章者在章颁发之前已死亡的，其章由遗族代领并永久保存。记章的佩戴方法也有明确规定，依据《佩戴勋章褒章及记章规程》，记章以小绶佩戴于左肋，与勋章一起佩戴时，应于勋章之左按建国功劳章、褒章、记章（除建国功劳章）的顺序由右向左依次排列。佩戴两个以上记章时，应按记章制定时间的早晚依次由右向左排列。勋章褒章及记章一般在穿大礼服、协和服、燕尾服、青马褂和深蓝长袍等服装时佩戴。

　　依《褫夺勋位令》规定，如受勋者被判死刑、无期徒刑或有期徒刑，执行刑罚之时其勋位即已褫夺，缓刑或因素行不修有玷佩勋者之体面时，按其情节褫夺其勋位或停止佩戴勋章。如有遗失或损坏勋章、褒章或记章者，填写《购买承认书》加所属长官的证明递交恩赏局长，恩赏局长核实后将《购买承认书》交予本人，本人凭《购买承认书》在指定贩卖商店森洋行（奉天本店、大连、哈尔滨、新京支店及辽阳办事处）购买。

　　由于伪满洲国褒章资料实在是太难获得，而奖章又过于繁杂，因此本文对其不做介绍。

兰花章

　　1934年4月19日，伪满洲国根据敕令第二十七号设立了兰花章。由于伪满洲国的恩赏制度基本上是照搬日本，所以章名也几乎与日本的一样。兰花章分为两种，即大勋位兰花章项饰和大勋位兰花大绶章。其中大勋位兰花章项饰在伪满洲国中属于最高级别勋章，相当于日本的大勋位菊花章项饰，一般作为礼仪性勋章授予国家元首，也可以授予已经获得大勋位兰花大绶章的有功人员。作为皇帝，溥仪也为自己颁发了一枚，此外还有昭和天皇、汪精卫、罗马尼亚国王米哈伊一世等人获得了该勋章。该章的具体颁发数量尚无可靠资料，估计在10枚左右。大勋位兰花大绶章的级别低于项饰，但高于其他所有伪满洲国勋章，授予首次获得大勋位的人员。该章共授出了30枚（一说29枚）。

　　大勋位兰花章项饰的章体为金质，直径7厘米。章体形状采用伪满洲国的皇室御纹章——兰花，章体中间镶嵌1颗直径约为1.2厘米的珍珠，有5个花蕊和5片花瓣，五个花蕊上嵌有大中小珍珠共25颗，花蕊下面为青绿色，花瓣为黄色，颜色以日本七宝烧工艺烧制。章体上部有一颗直径3厘米的金兰花钮。钮的上方连接项链，连接处的祥云内雕团龙。祥云寓意"祥

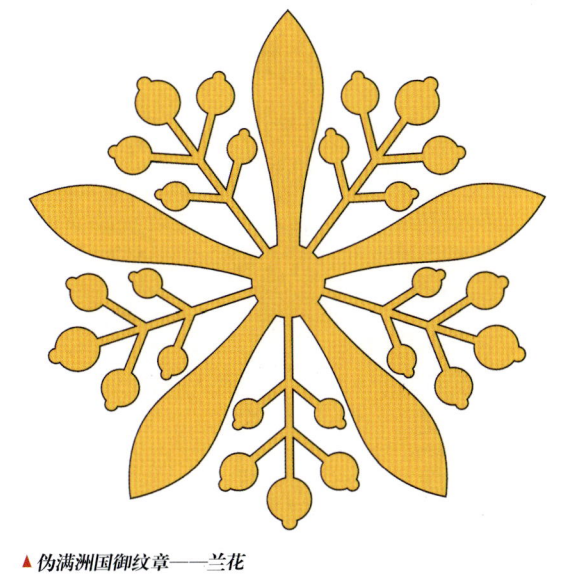

▲ 伪满洲国御纹章——兰花

▼ 大勋位兰花项饰章。供图/Spink

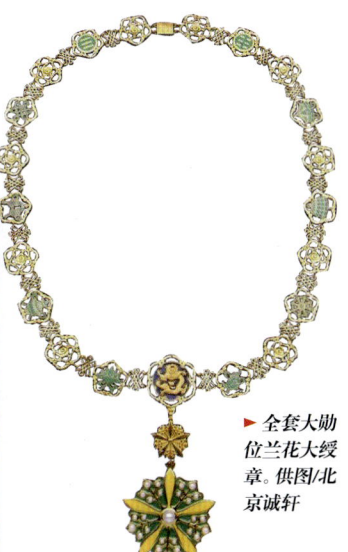

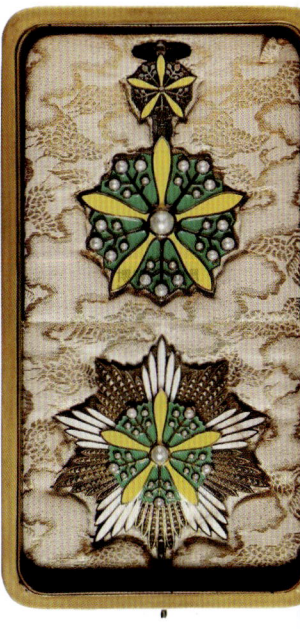

▶ 全套大勋位兰花大绶章。供图/北京诚轩

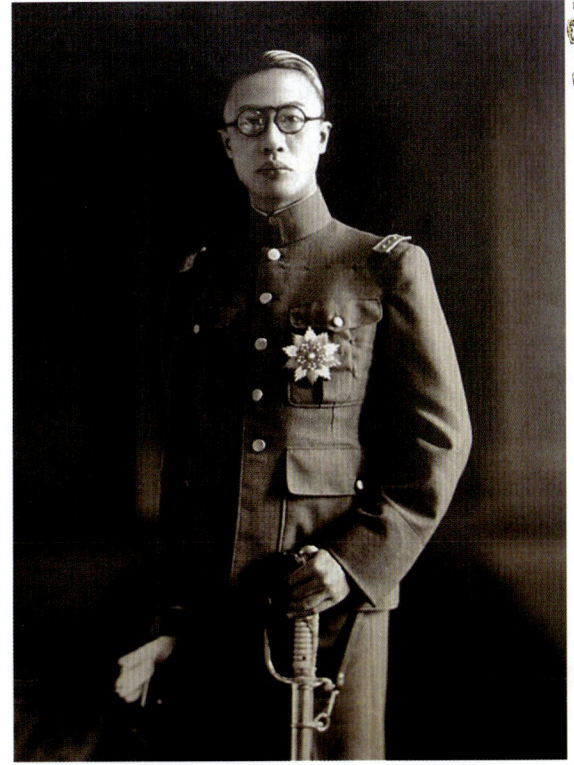

▲ 佩戴大勋位兰花大绶章的溥仪

云瑞日团、以象吉祥"；团龙造型取自溥仪登基大典时所穿龙袍上的图案，寓意"高贵、尊荣"。团龙左右两侧的链子上各配有10个直径2.7厘米的祥云环，其中各有4个祥云内是以七宝烧烧制的八宝图样，每两个八宝图样之间有一个镂空的祥云。项链右侧的八宝为法螺、法轮、宝伞、白盖，左侧的八宝为莲花、宝瓶、金鱼、盘长，项链顶部最后两个祥云环内的图案左为乾，右为坤，两者之间用金质镂空的盘长结连接。乾坤寓意"天地万物"，与八宝相连循环象征"连绵不绝、无始无终、长久不断"。

大勋位兰花大绥章材质为银质，镀金。正章直径为7.2厘米，章体正面与项饰章体一样，背面刻有篆书"大勋旌章"四个字。副章材质与正章相同，直径为9.5厘米，中心图案与正章相同，其外围是十角星芒，间有五组白色七宝烧光芒。副章的背面有三道银挂针用于佩戴，中心刻有"大勋旌章"四字。正章配有大绥带，宽10.6厘米，材质为丝质波纹绸，主体为黄色，两边为橘黄色。

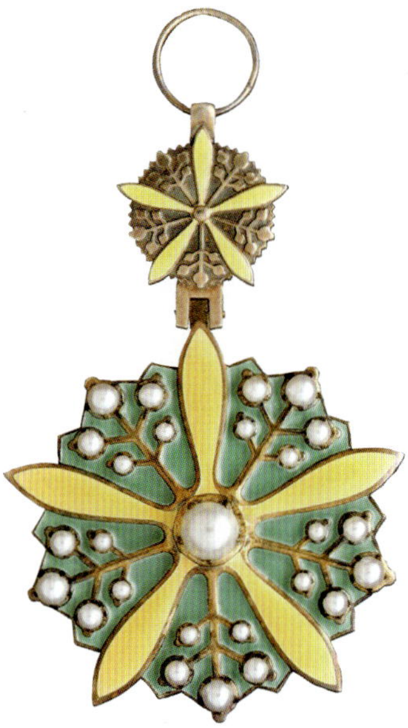

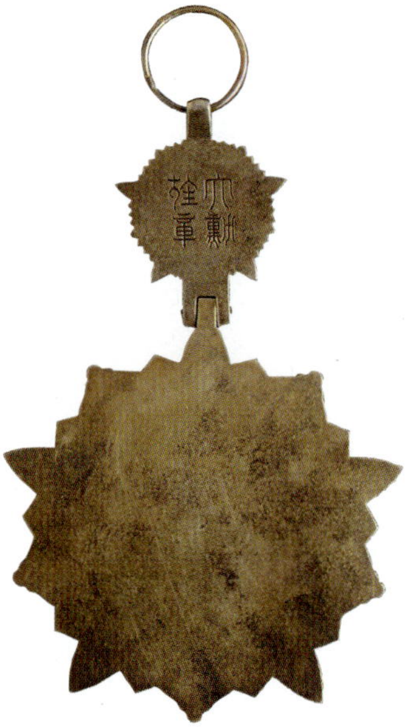

▶ 大勋位兰花
大绥章绥带。
供图/Morton
& Eden

▲ 大勋位兰花大绥章主章。供图/Morton & Eden

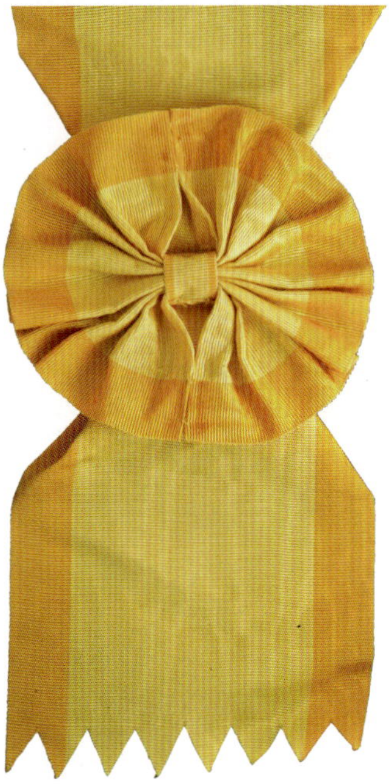

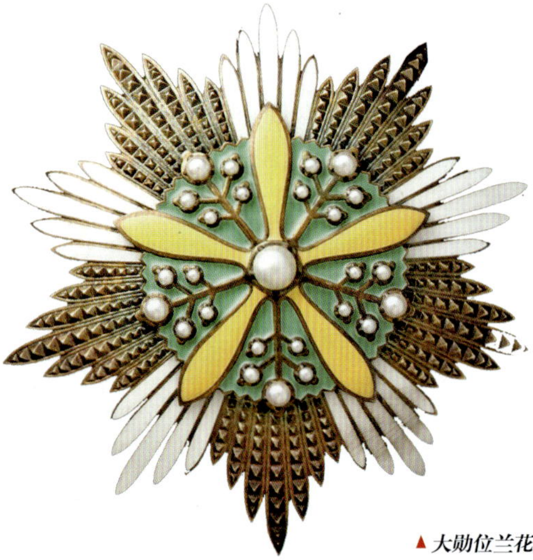

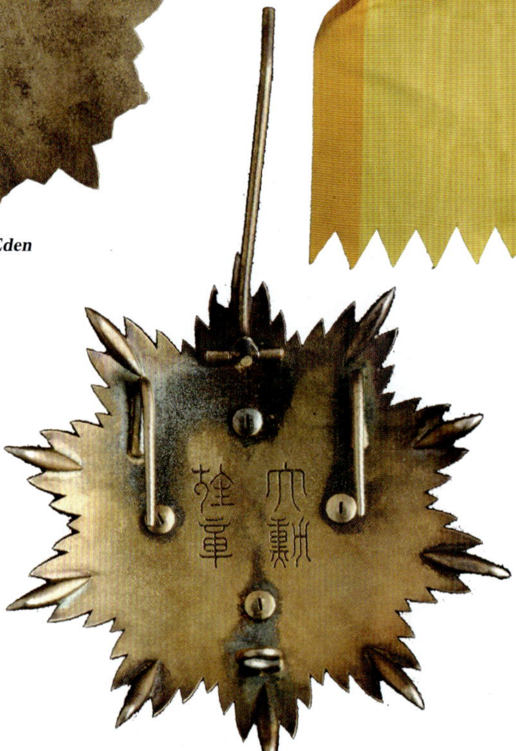

▲ 大勋位兰花大绥章副章。供图/Morton & Eden

龙光章

　　龙光章属于大绥章，全称为"龙光大绥章"。该章与兰花章同时设立，不分等级，等同于日本桐花大绥章，授予已经获得勋一位景云或柱国勋章的人员，级别高于勋一位景云。根据伪满勋章条例规定，不能与勋一位勋章同时佩戴。龙光大绥章由正章和副章组成。材质为纯银，镀金。正章直径为7厘米，中间图案为祥云团龙，龙寓天子之象，神灵之精，四灵之长。盘龙周围环绕28个红玉七宝烧，象征28星宿，寓意"天象之光大永刧（jié）者也"。团龙下方祥云为天蓝色，外为八角星芒，星芒之间烧有八道青绿色七宝烧光芒。钮的形状为青瓷色七宝烧镂空祥云，祥云上方有圆形镀金挂环用于连接大绥带。副章直径9厘米，图案与正章相同。徽章背面刻有"勋功旌章"四字。大绥带宽为10.6厘米，材质为天蓝色丝质波纹绸，边缘为白色。对于龙光大绥章的颁发数量尚无可靠资料。

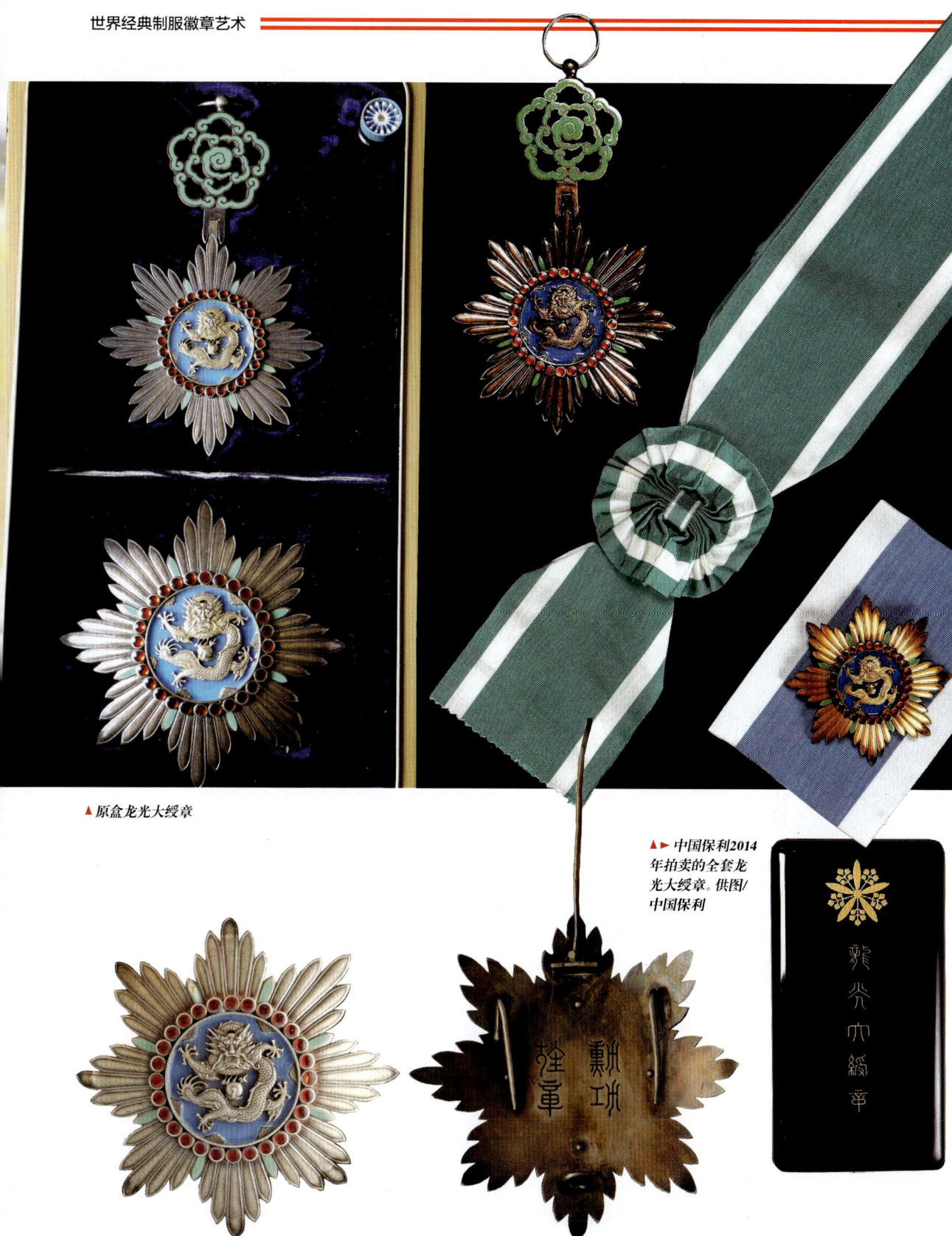

▲ 原盒龙光大绶章

▲► 中国保利2014年拍卖的全套龙光大绶章。供图/中国保利

▲ 龙光大绶章副章。供图/Morton & Eden

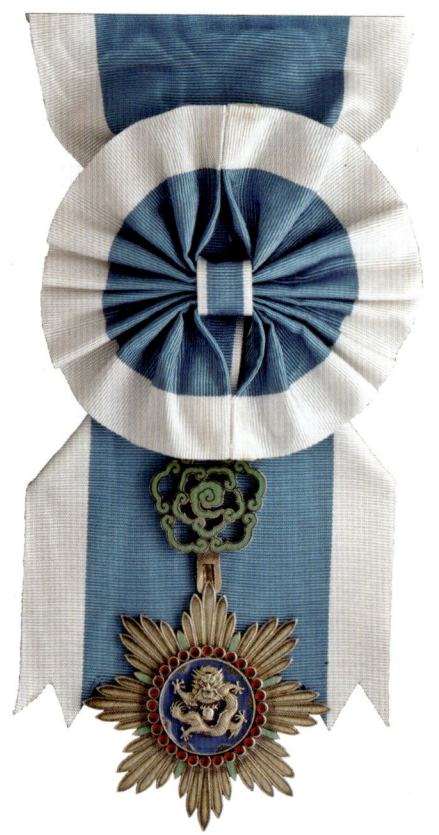

景云章

景云章设立时间为1934年4月19日，等同于日本的旭日章，是伪满洲国发放最多的勋章。景云章共分为八个等级，即勋一位至勋八位。其中勋一位为大绶、勋二位为胸绶、勋三位为领绶、勋四、五、六、七、八位为襟绶。1934年至1945年间，总共颁发了109539枚各级景云章，其中勋一位景云章496枚、勋二位景云章689枚、勋三位景云章1732枚、勋四位景云章3701枚、勋五位景云章5922枚、勋六位景云章13914枚、勋七位景云章20259枚、勋八位景云章62826枚。其颁授标准是对国家和社会有功劳者，或有引人瞩目的显著功绩者。景云章的授予对象主要有九一八事变后，投降日本的奉系官兵及地方官员、跟随溥仪的清朝遗老、投靠日本人的汉奸、日本关东军官兵、与伪满建交的外国使节及国际反共产主义联盟的成员。景云章的授予等级按照授予对象的功勋大小及职位高低酌定，对参与前线作战、"剿匪"、维护治安、国家建设等过程中有功者，均可议为勋功并进行授予。

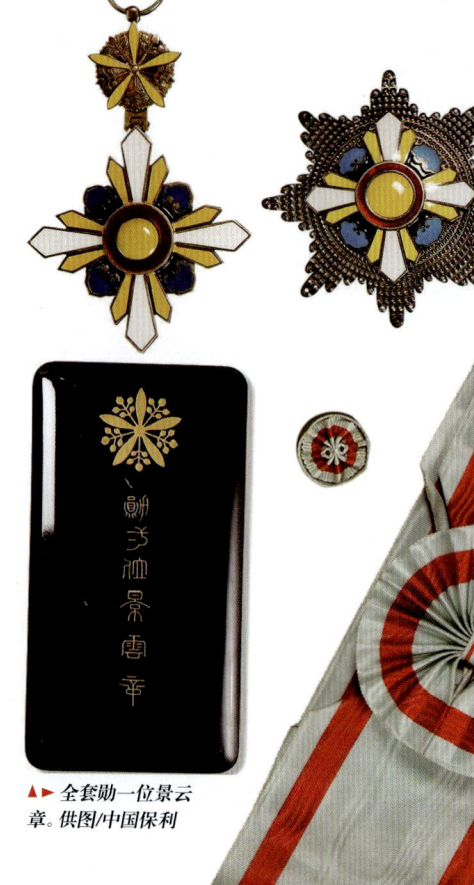

▲▶全套勋一位景云章。供图/中国保利

11

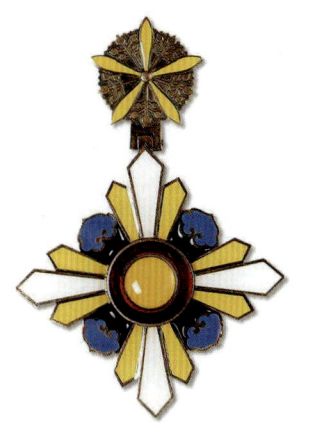

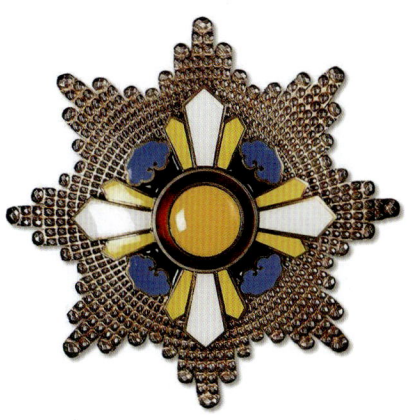

▲ 全套勋二位景云章。供图/中国保利

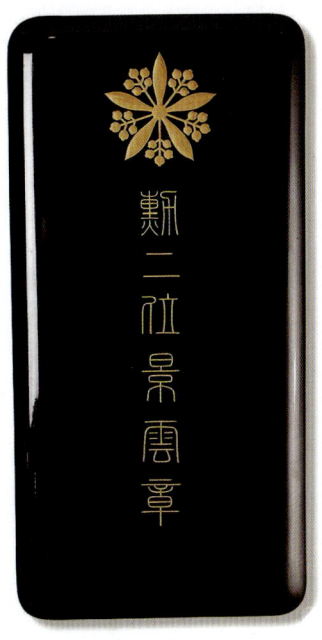

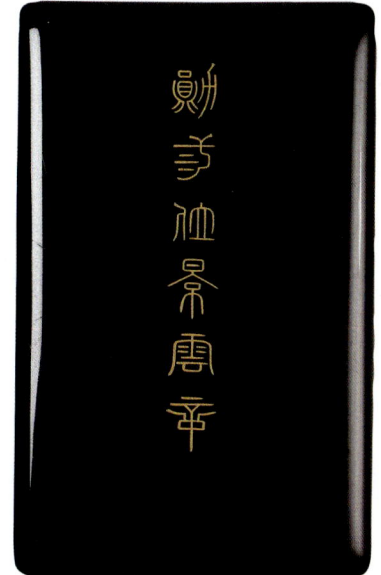

▼ 曾获颁勋一位景云章的监察院长罗振玉

▲ 全套勋三位景云章。供图/中国保利

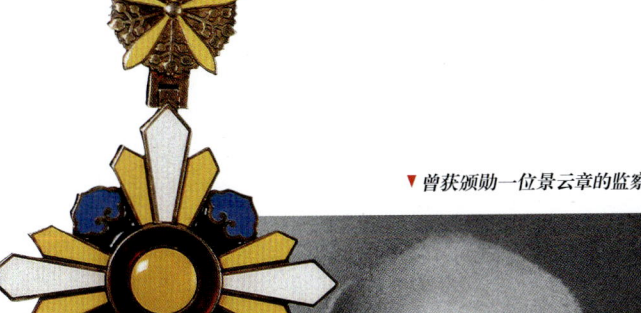

　　景云章的第一次授予是在1934年5月9日伪满"皇宫"中的勤民楼，溥仪为陆军上将张景惠以下武官10人举行的勋章亲授式上。同年6月2日，溥仪又向伪满国务总理大臣郑孝胥、监察院长罗振玉、立法院长赵欣伯、参议府参议袁金铠、民政部大臣兼奉天省长臧式毅、财政大臣、外交大臣、交通大臣、司法大臣、兴安总署长等亲赐勋一位景云章；同日对日本海军大将中村良三等12人叙勋一位，赐景云章。景云章虽是伪满洲国发放量最多的勋章，但是由于各种各样的原因，好品的存世量并不是很多，近几年在勋章收藏界也属于抢手货。

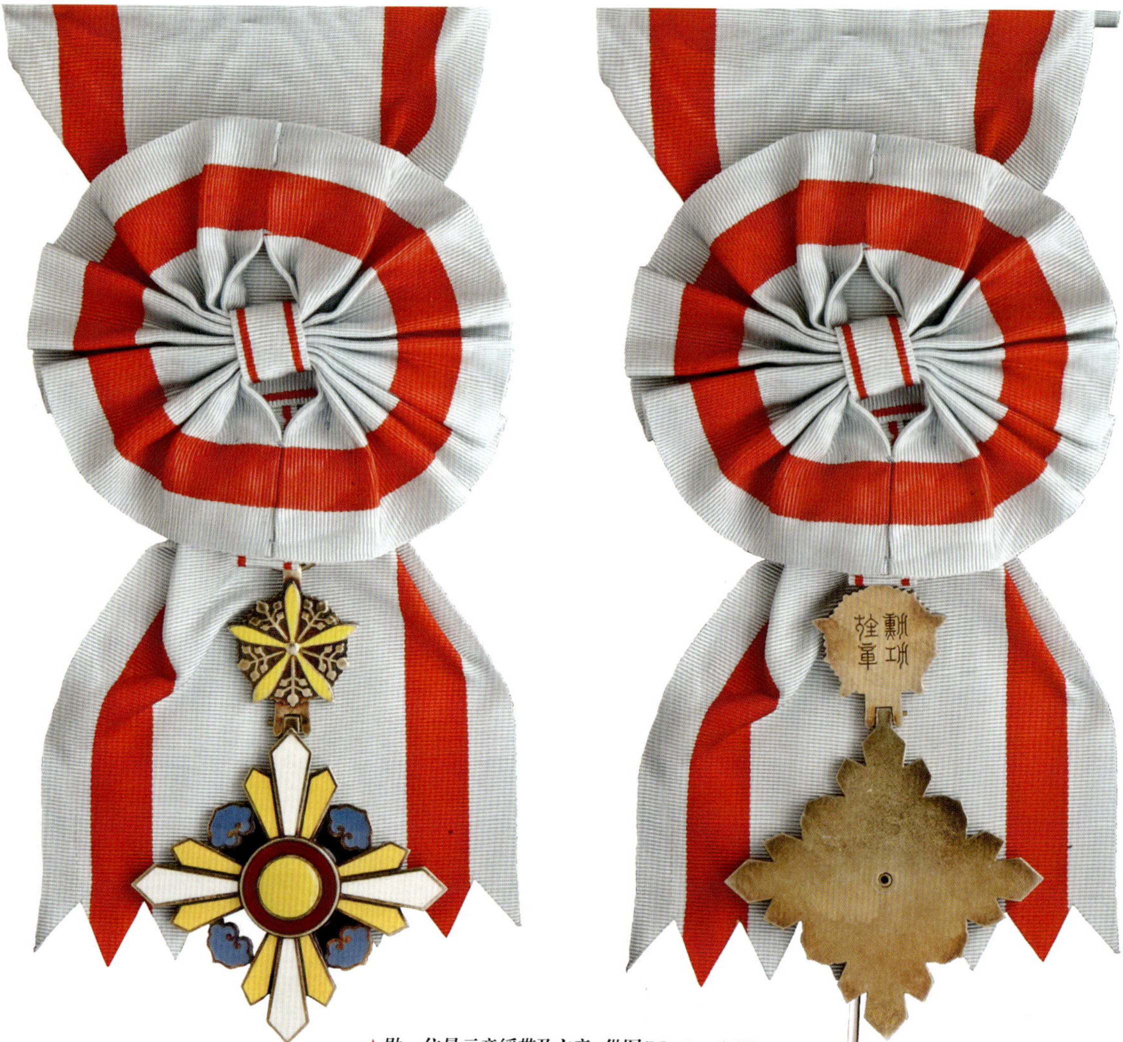

▲ 勋一位景云章绶带及主章。供图/Morton & Eden

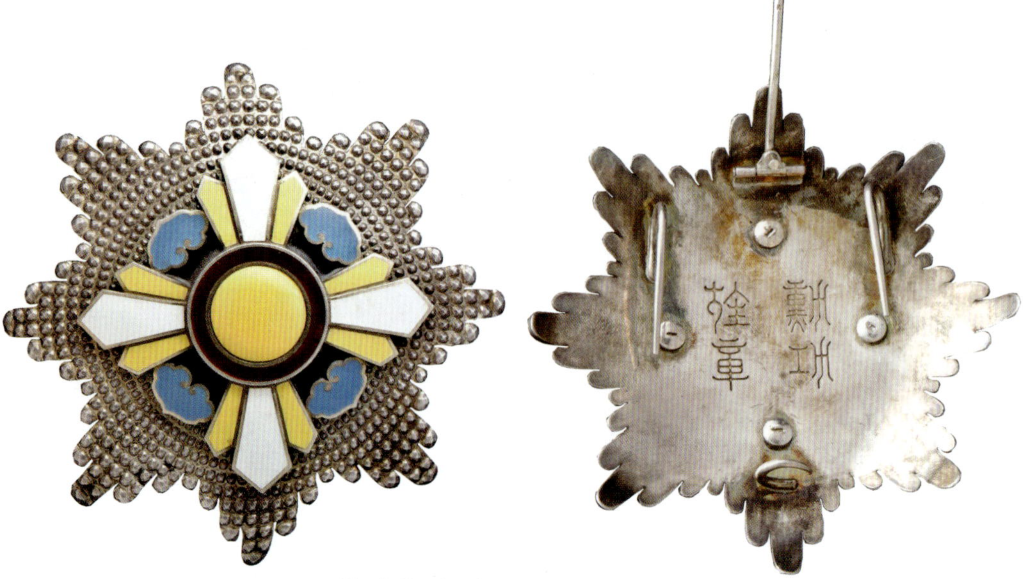

▲ 勋一位景云章副章。供图/Morton & Eden

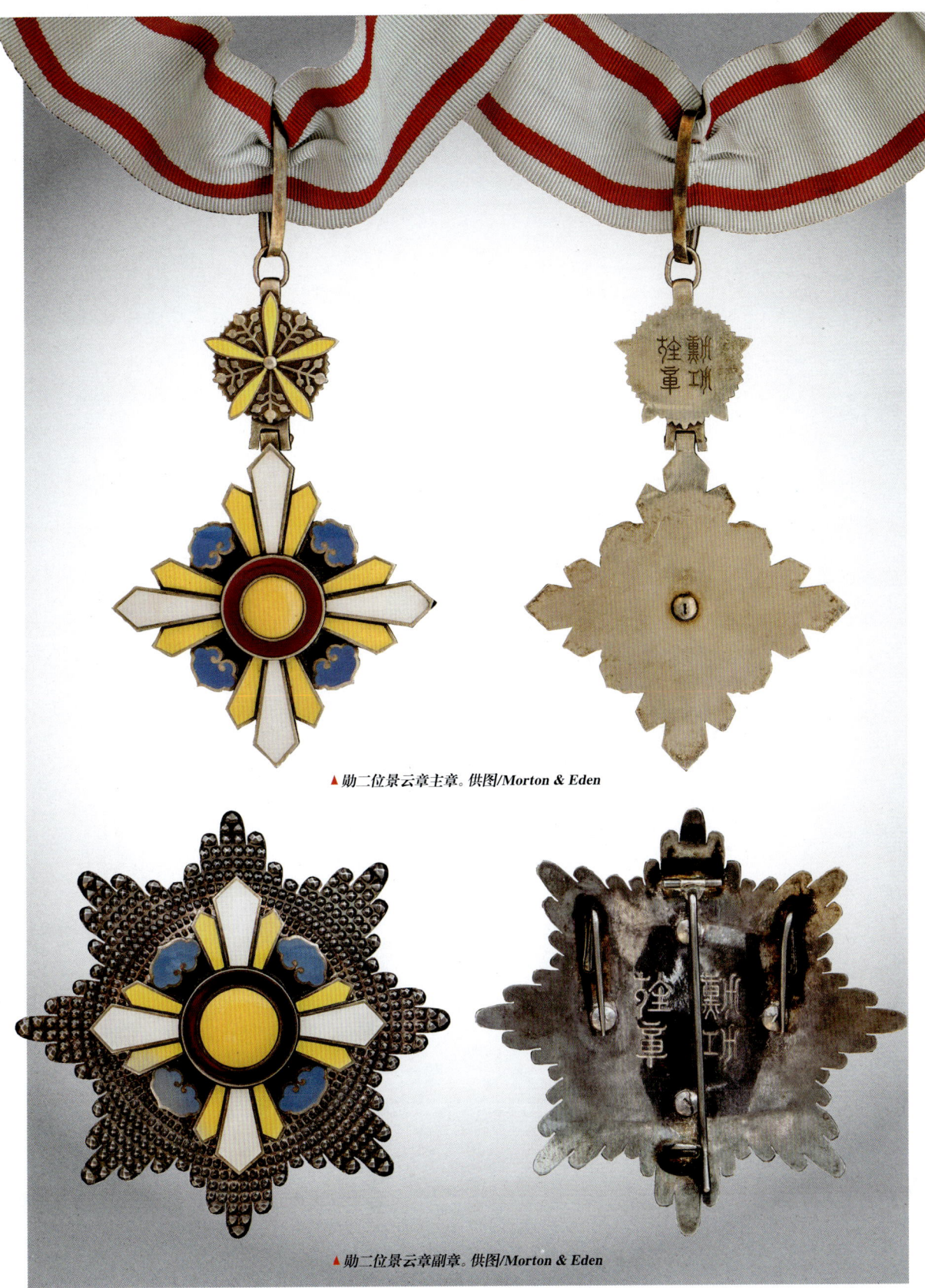

▲ 勋二位景云章主章。供图/Morton & Eden

▲ 勋二位景云章副章。供图/Morton & Eden

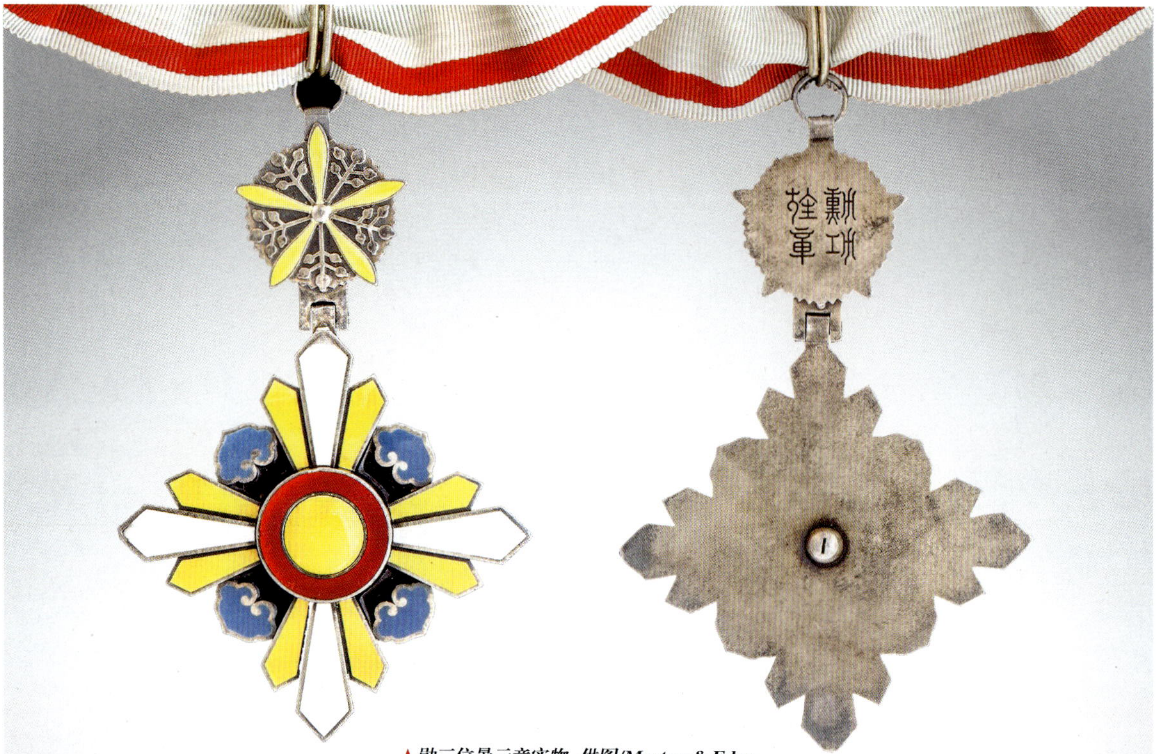

▲ 勋三位景云章实物。供图/Morton & Eden

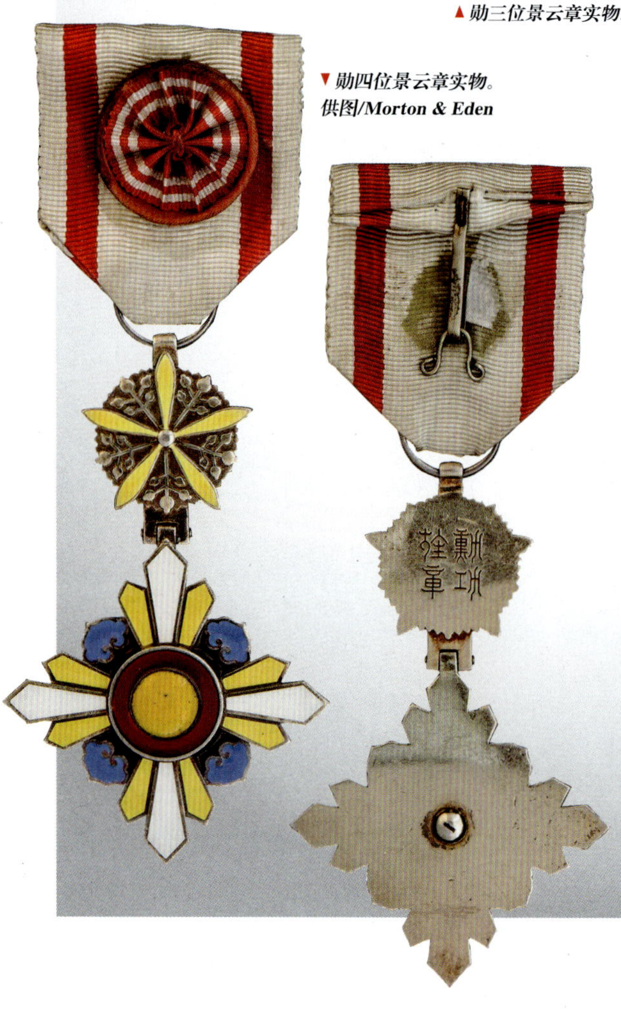

▼ 勋四位景云章实物。
供图/Morton & Eden

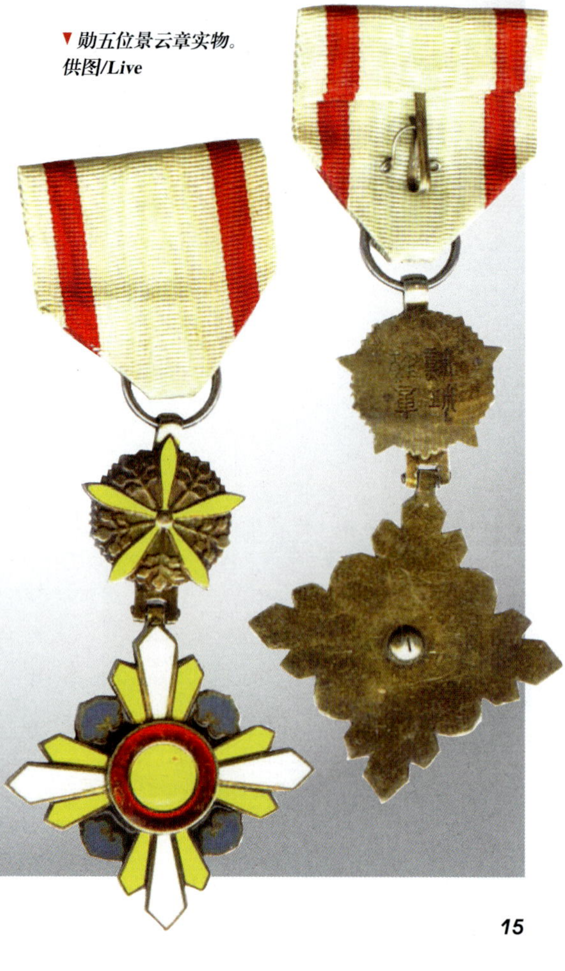

▼ 勋五位景云章实物。
供图/Live

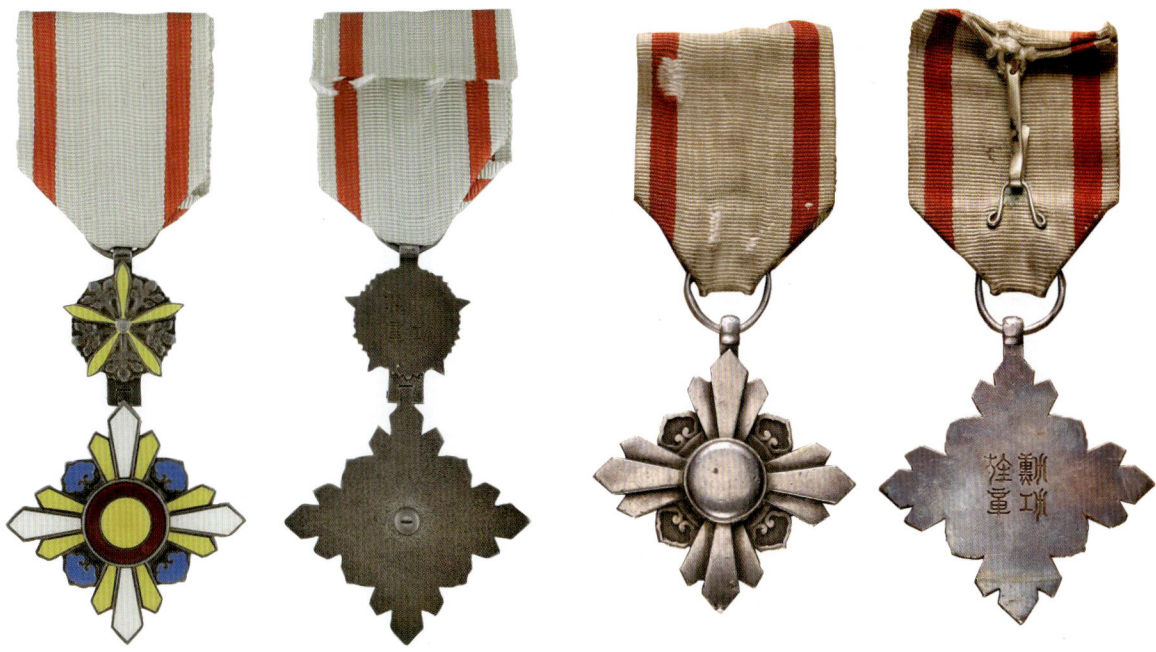

▲ 勋六位景云章实物。供图/eMedals

▲ 勋八位景云章实物。供图/Bene Merenti

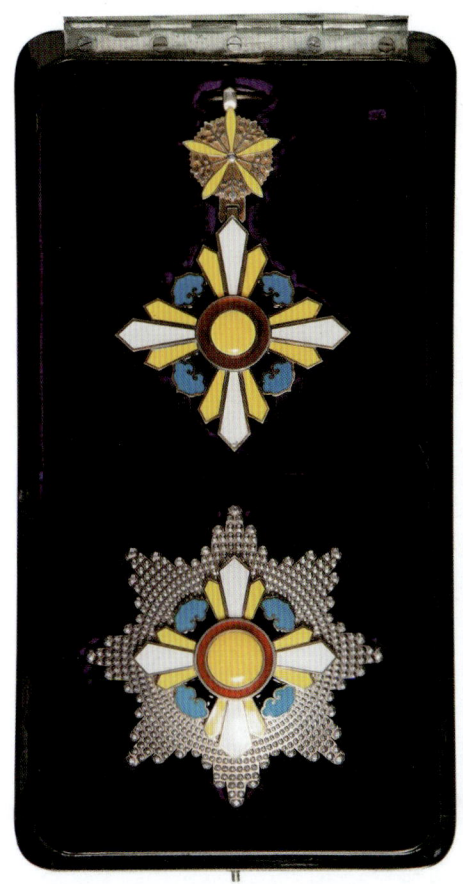

▲ 原盒勋一位景云章。供图/北京诚轩

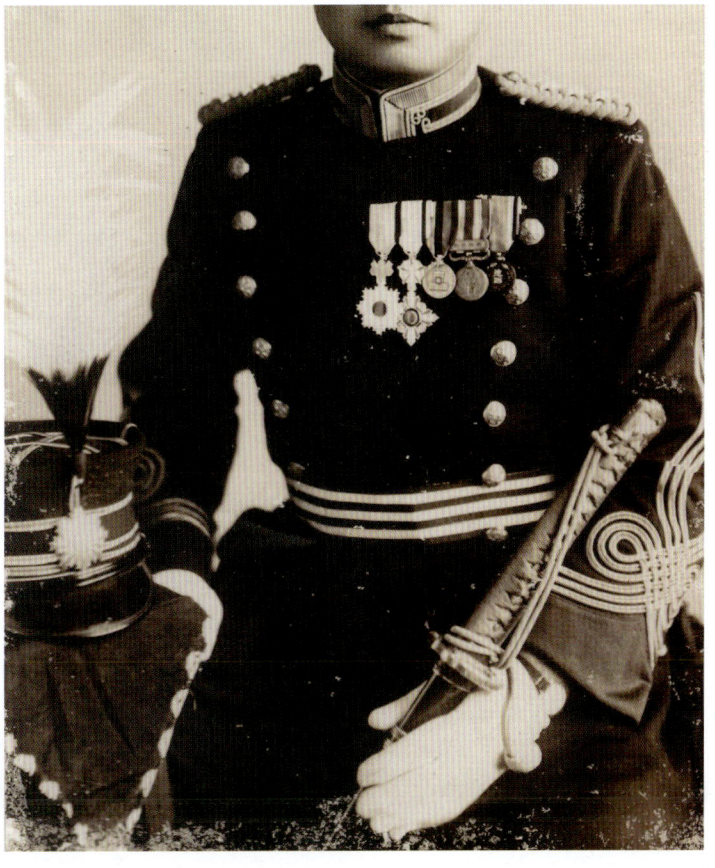

▲ 佩戴勋六位景云章的一名日本军官

景云章材质为纯银，章体正面除勋七位与勋八位外均为通体七宝烧，其中勋七位为镀金，勋八位为银本色。章体中央为明黄色圆珠，由铆钉固定于章体上，圆珠外环绕玫瑰色圆环，环外有四朵天蓝色祥云，祥云与圆环之间为黑色，祥云之间放射出四道白黄相间的光芒。章体颜色源于满洲五色旗，象征"五族和谐"，钮为御纹章兰花，背面刻有"勋功旌章"四字。景云章绶带为丝质波纹绸，主体为浅灰色，间织两条红带，寓意"忠诚"。勋一位为大绶，绶带宽度为10.6厘米，勋二位为领授和星章组合，绶带宽为3.6厘米并配有调节环和镀金扣，勋三位为领授，勋四位为挂饰，绶带上配有圆形花结，勋五位至勋八位挂饰相同。每个章均配有漆盒和结绶。形制同日本。

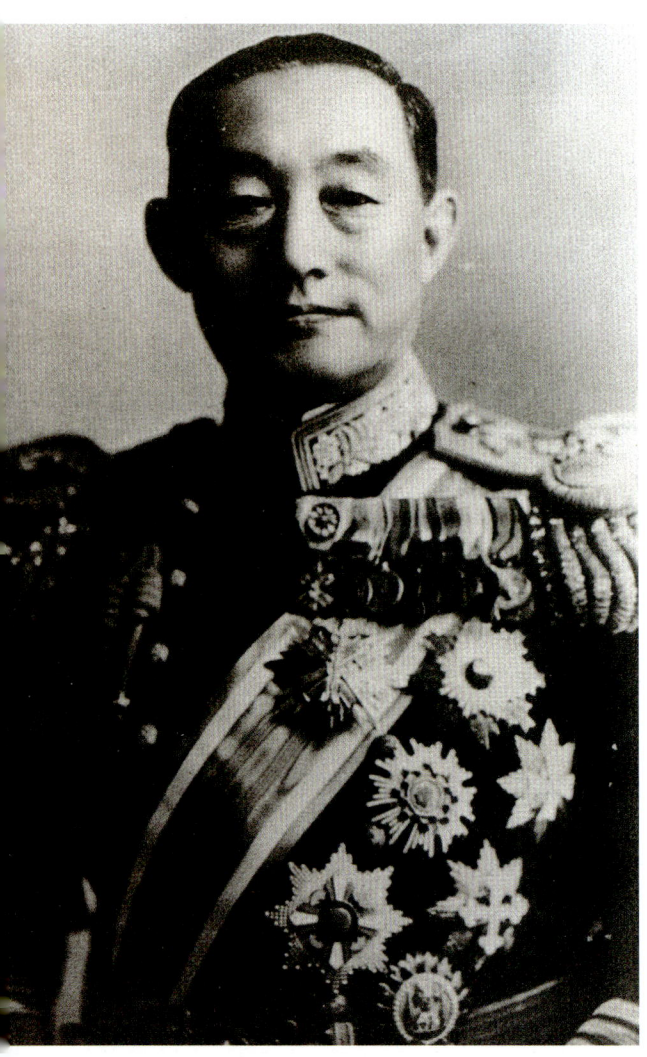

▲ 佩戴勋二位景云章的米内光政

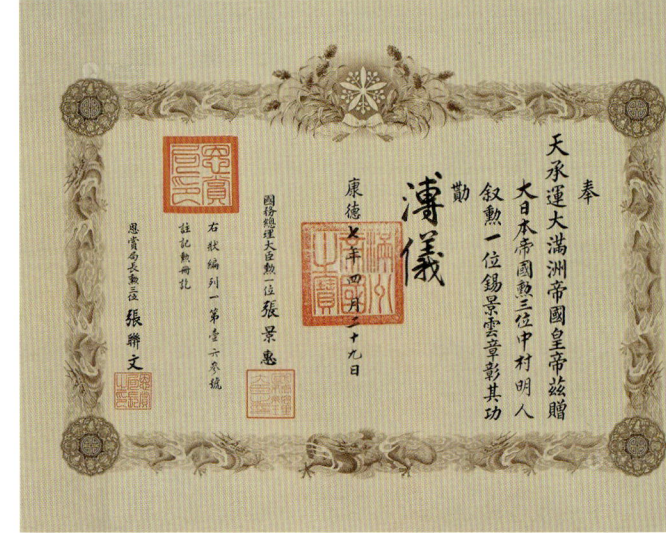

▲ 勋一位景云勋记，授予日本海军大将中村良三。供图/中国保利

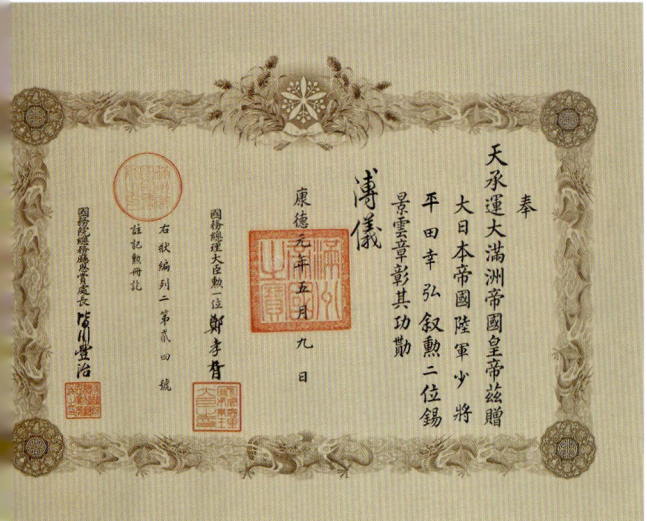

▲ 勋二位景云勋记。供图/中国保利

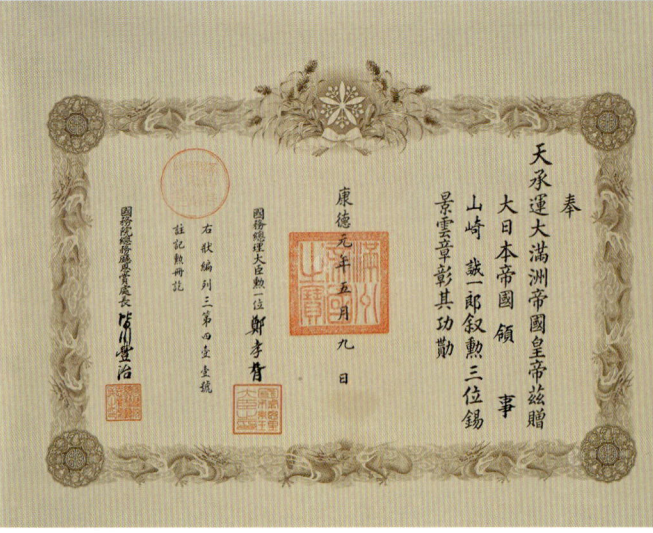

▲ 勋三位景云勋记。供图/中国保利

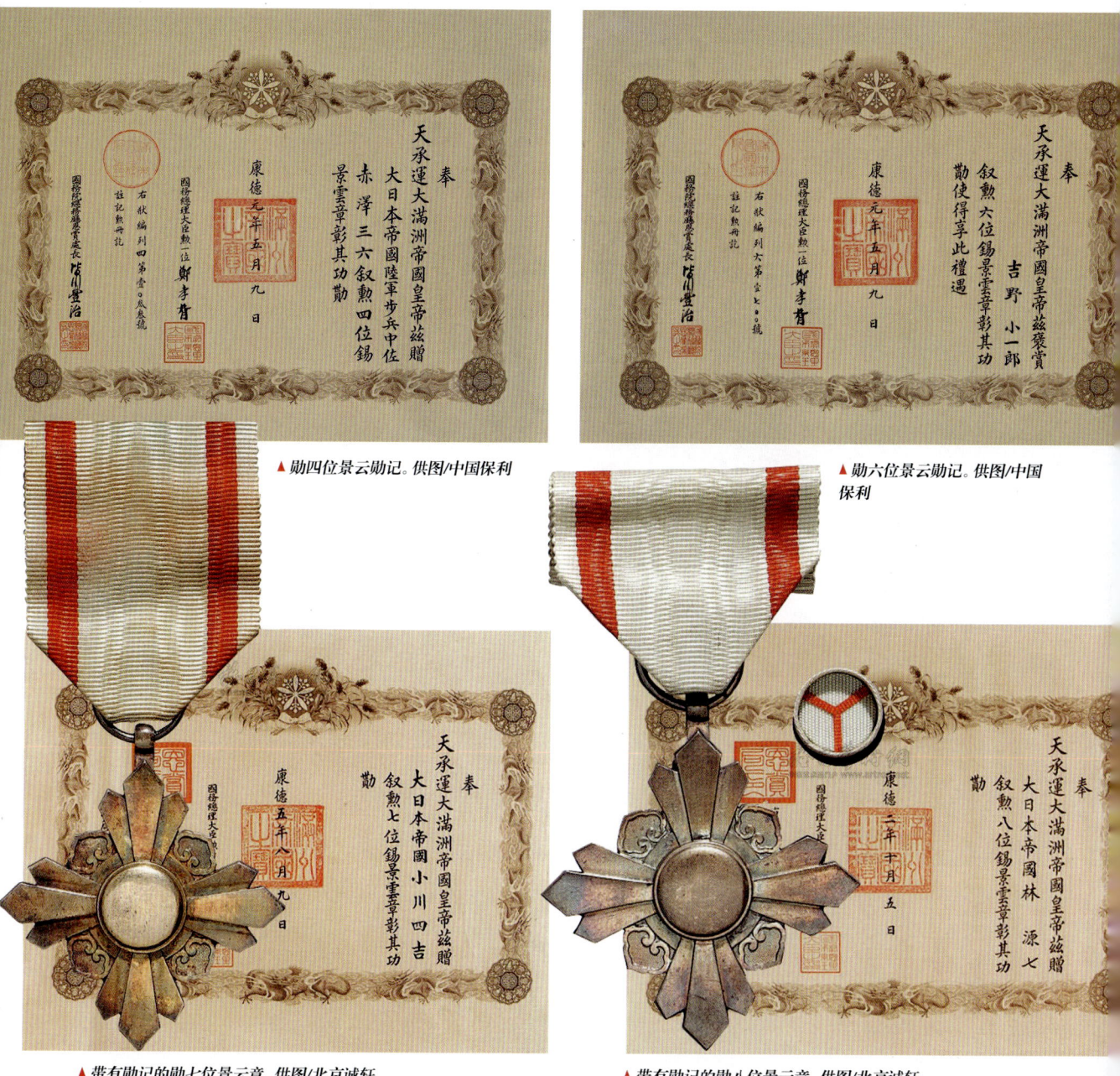

▲ 勋四位景云勋记。供图/中国保利

▲ 勋六位景云勋记。供图/中国保利

▲ 带有勋记的勋七位景云章。供图/北京诚轩

▲ 带有勋记的勋八位景云章。供图/北京诚轩

柱国章

　　1936年9月14日，伪满洲国根据敕令第一四二号制定柱国章，以完善其恩赏制度。勋章之名取自战国策中"官名取于战国楚之法，覆军杀将者，为上柱国。其后北魏置柱国之官，北周置上柱国，隋唐至明均以上柱国为勋官之最尊者，而柱国次之，清世始发"的故事。柱国章位于景云章之下，类似于日本瑞宝与旭日的关系。柱国章分为勋一至勋八位，其绶制与景云章相同。为对公共事务有功劳者，有引人瞩目的显著功绩者，对国内建设有功者，以及工作勤奋且有相当成绩者，均作为勋劳按功劳和职务给予相应等级的柱国勋章。柱国章共授出勋一位83枚、勋二位445枚、勋三位879枚、勋四位2034枚、勋五位4555枚、勋六位9561枚、勋七位25640枚、勋八位62691枚。虽然说柱国章在等级上没有景云章高，但由于其发行量少于景云，所以在收藏市场上价格也普遍偏高，尤其是完整的柱国章，实数少见。

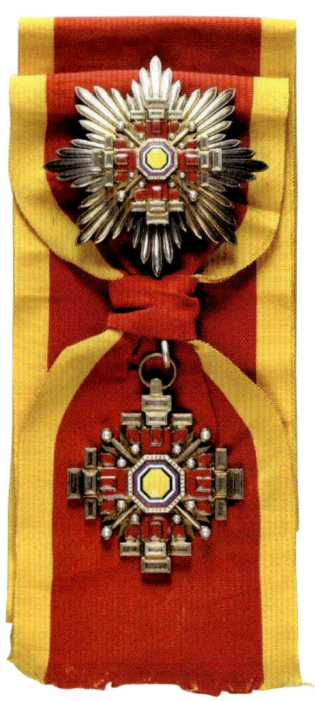
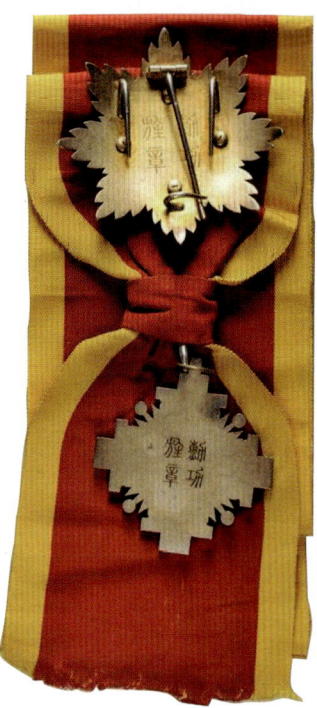

▲ 勋一位柱国章实物。供图/Bene Merenti

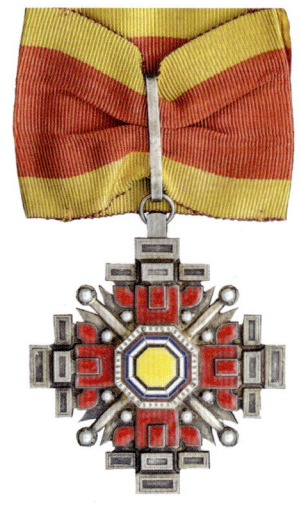

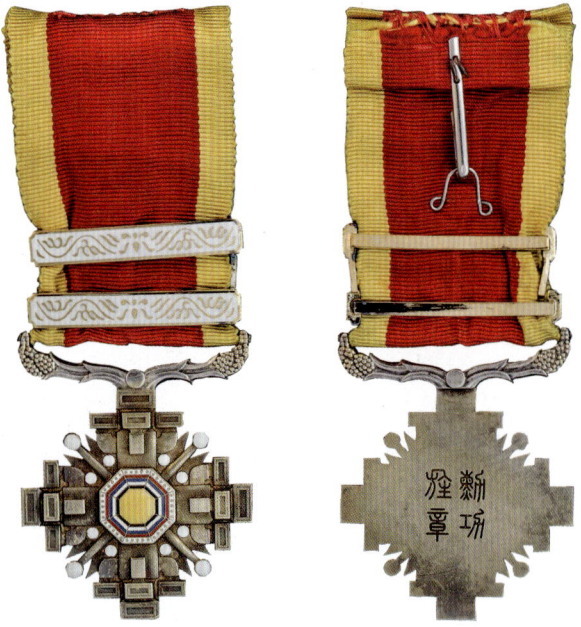

▲ 勋四位柱国章实物。供图/Morton & Eden

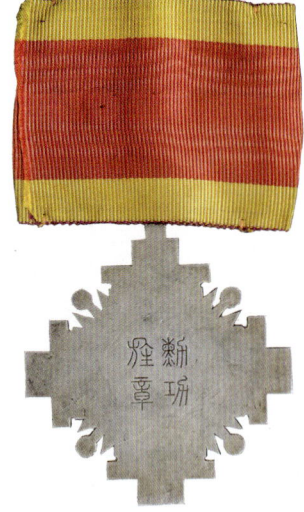

▲ 勋三位柱国章实物。供图/Morton & Eden

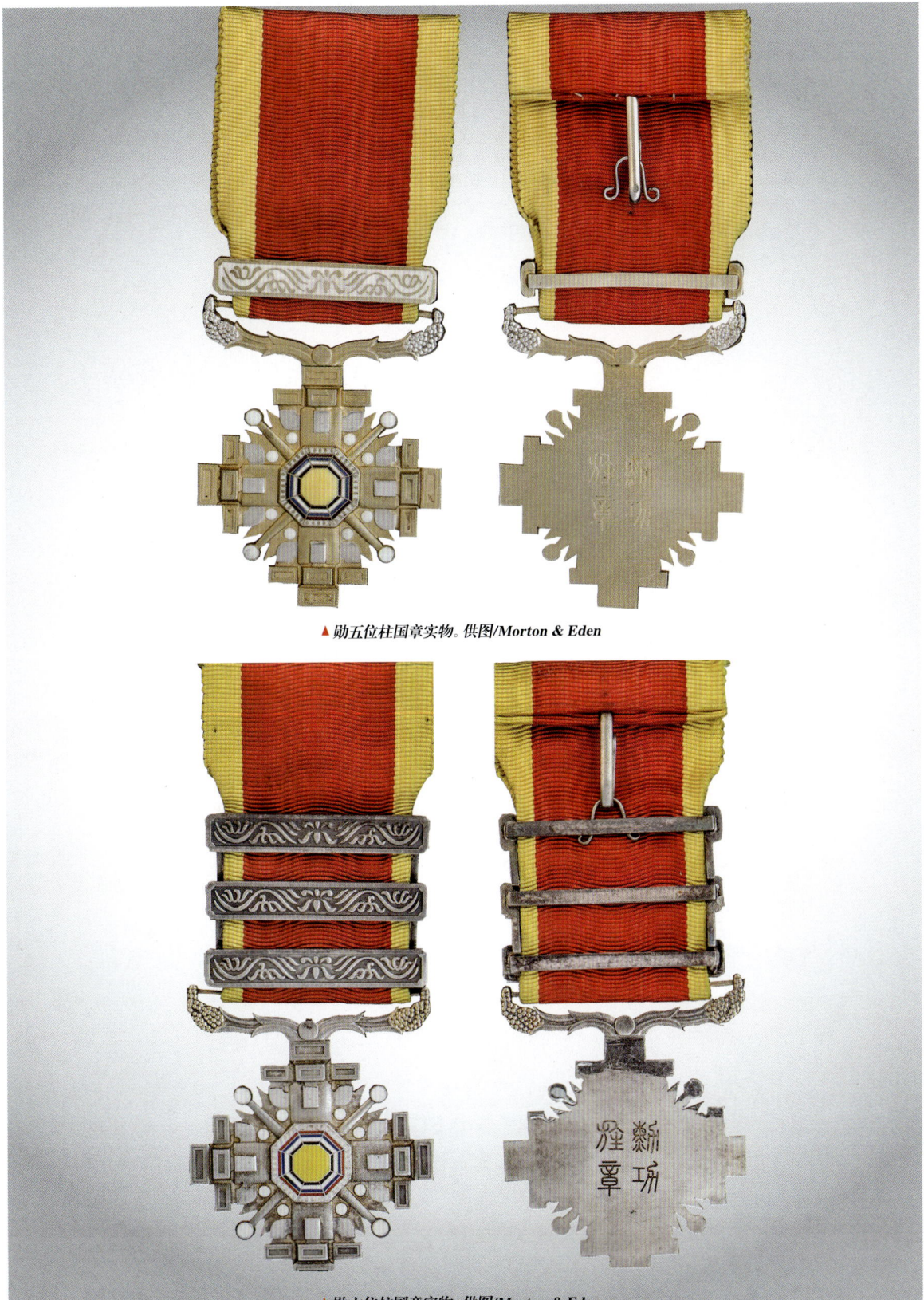

▲ 勋五位柱国章实物。供图/Morton & Eden

▲ 勋六位柱国章实物。供图/Morton & Eden

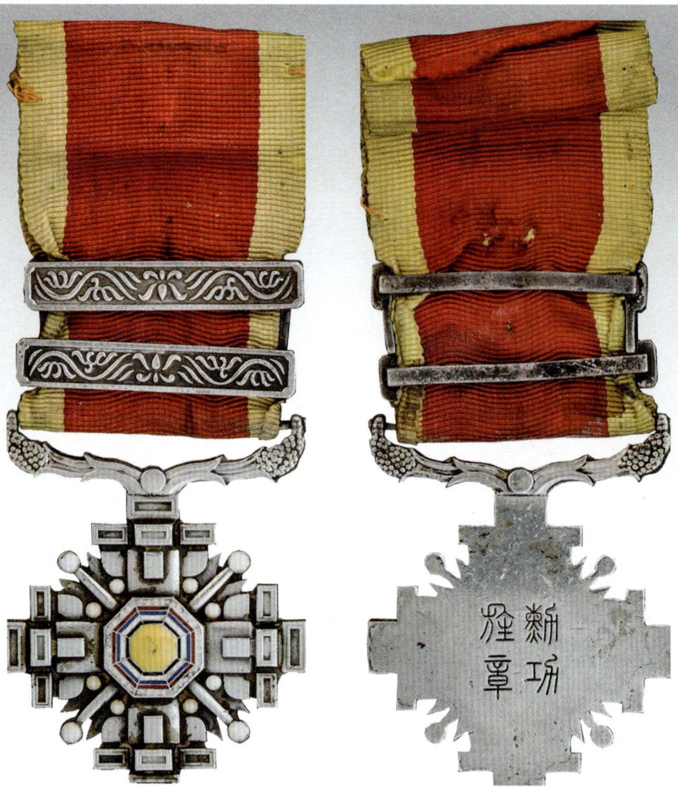

▲ 勋七位柱国章实物。供图/Morton & Eden

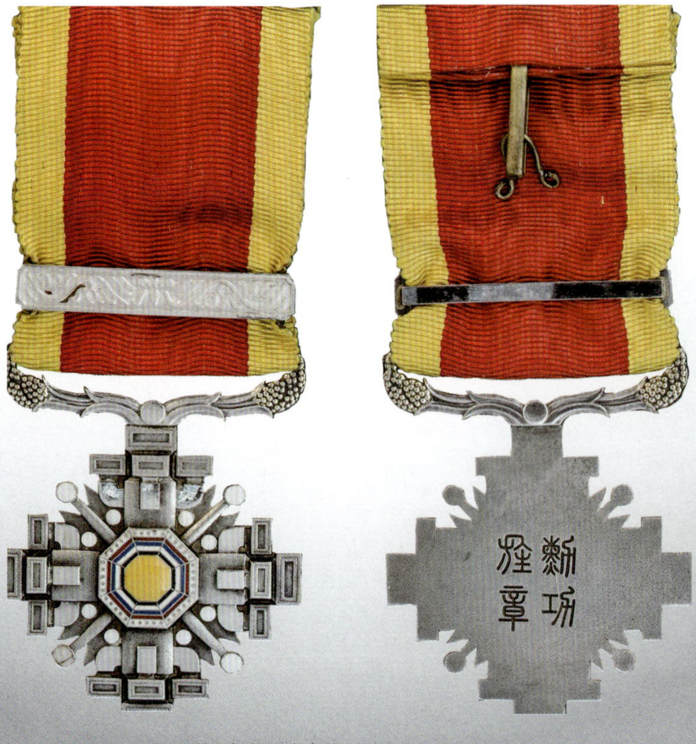

▲ 勋八位柱国章实物。供图/Morton & Eden

柱国章材质为银质，中间是伪满五色国旗图案八角盘，八角上下左右为红色七宝烧制的宫殿主柱，四根柱子分别寓意"牺牲、忍耐、献身及宽容"。柱子外缘有四个银质边缘镀金的矩形图案，八角的对角线有四条尖端为圆形的长条，末端镶嵌珍珠，圆形条和红色柱子之间的空隙镶嵌八颗珍珠，四级勋章以下用白色七宝烧代替。章体背面均刻有"勋功旌章"四字。绶带为红色丝质波纹绸，两边织以黄色条纹。勋三位以下的柱国章与其他日本和伪满勋章有所不同，级别区分主要在于绶带上的勋饰。勋四位柱国章的绶带勋饰为两条白色七宝烧镀金兰花条饰，勋五位为一条，而勋六位柱国章的绶带勋饰则为三条纯银兰花条饰，勋七位为两条，勋八位为一条。由于战后很多柱国章都受到了各种各样的损坏，如今我们经常会见到没有勋饰的裸章，对于其级别判断造成了一定影响。而拥有勋饰的柱国章价格之所以居高不下，也正是这种精致而与众不同的勋饰的作用。

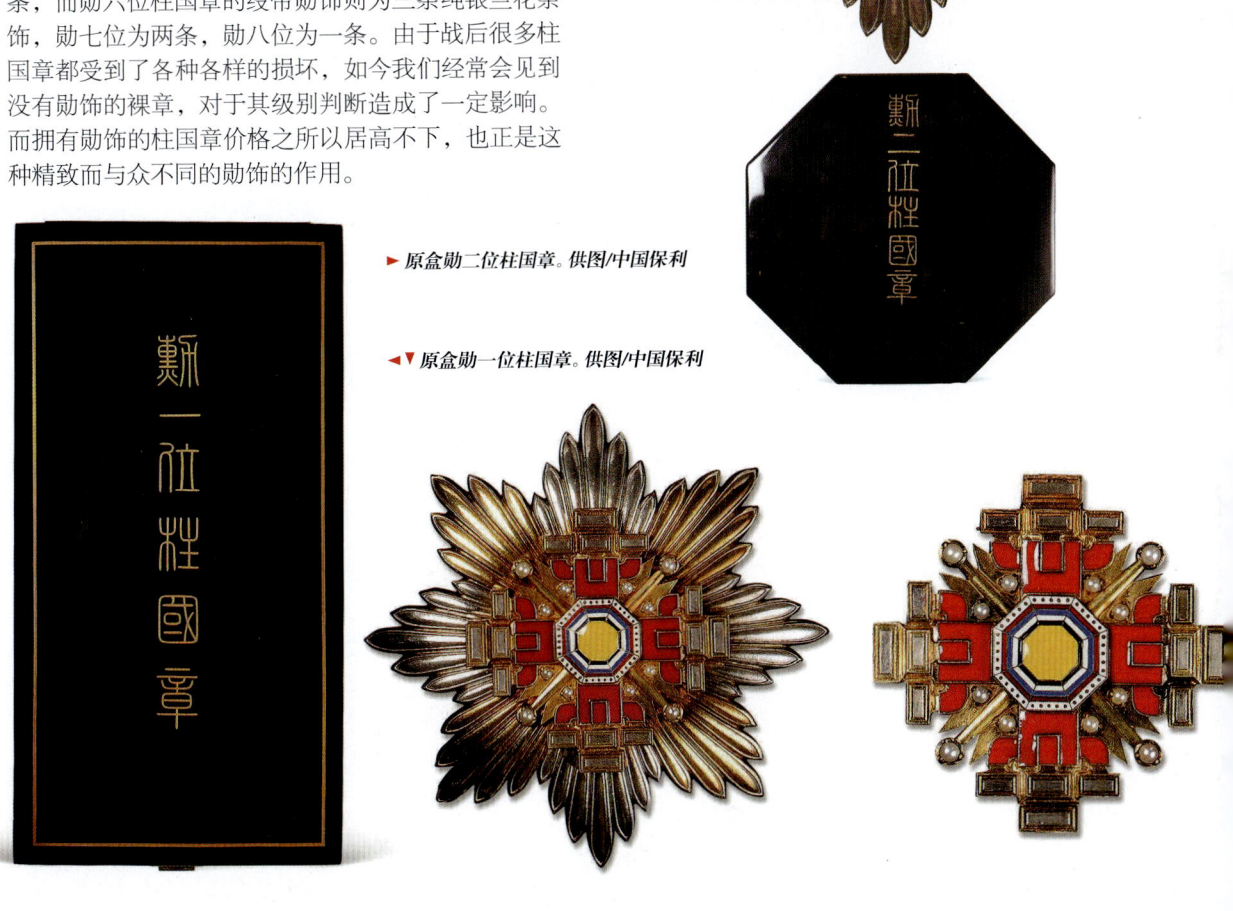

► 原盒勋二位柱国章。供图/中国保利

◄► 原盒勋一位柱国章。供图/中国保利

建国功劳章

1932年3月1日，"东北行政委员会"在奉天发布《建国宣言》，宣布"满洲国"成立，"建都"长春（后改名"新京"）。随后，宣布了"政府首脑"名单以及《政府组织法》。"国家机构"以"执政"为最高首领，有"参议院"、"立法院"、"国务院"和"法院"四院。首届"内阁"由"国务总理兼文教部"总长郑孝胥、"民政部"总长臧式毅、"外交部"总长谢介石、"军政部"总长马占山、"司法部"总长冯涵清、"财政部"总长熙洽、"实业部"总长张燕卿、"交通部"总长丁鉴修组成。看似满洲人被任命为各"部"总长，但实际上"满洲国"却是由日本关东军主导，不少日本人在"国务院"中担任各要职。3月6日，溥仪从旅顺出发，于3月9日在长春宣布就任"满洲国执政"，"年号"为"大同"。中华民国政府对日本策动满洲独立并建立"满洲国"提出严重抗议。

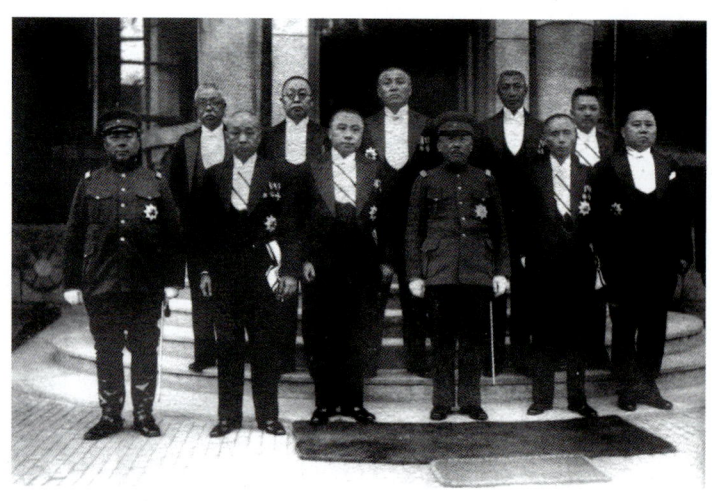

▲ 伪满洲国内阁，前排左起为于芷山、谢介石、熙洽、张景惠、臧式毅和吕荣寰；后排左起是袁金铠、李绍庚、阮振铎、张燕卿和丁鉴修

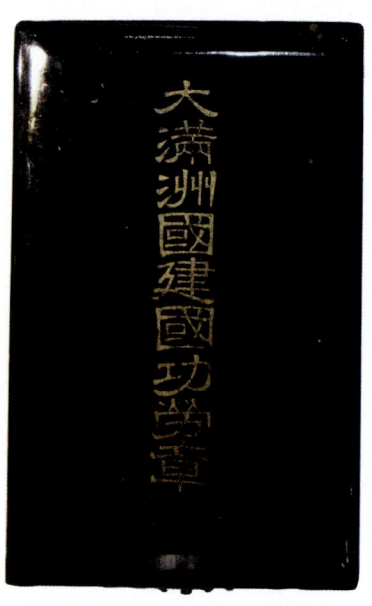

▲ 大满洲国建国功劳章漆盒

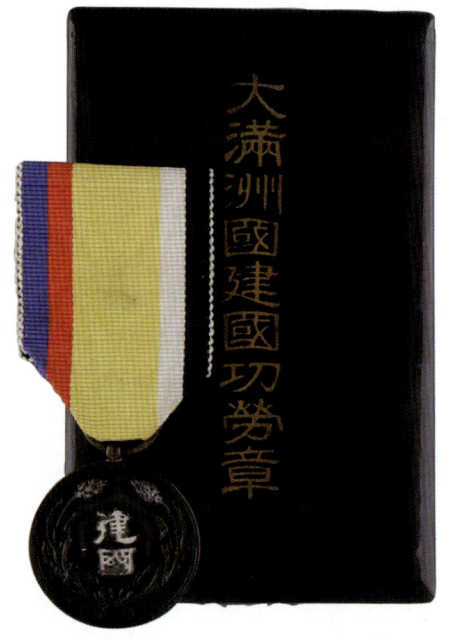

▲ 原盒大满洲国建国功劳章。供图/eMedals

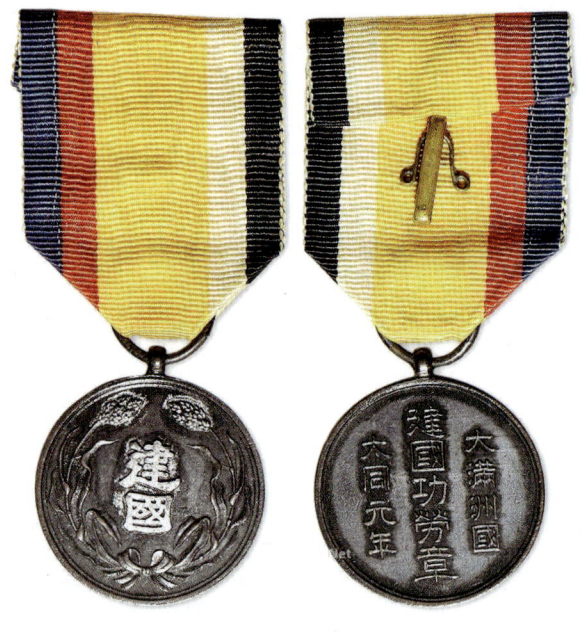

▲ 大满洲国建国功劳章。供图/上海朵云轩

　　1932年9月15日，日本承认"满洲国"。日本驻满特命全权大使陆军大将武藤信义和"国务总理"郑孝胥作为代表在"满洲国皇宫"勤民殿签订了《日满议定书》。议定书内容包括：一、日本承认"满洲国"的存在；二、"满洲国"的领土由日本关东军及"满洲国"的"满洲国军"共同防御。议定书除保留1932年3月10日的密约外，又增加了新的密约，包括委托日本管理路权、矿权、国防、治安等，实质上等于用条约的形式确定"满洲国"为日本的殖民地。

　　1933年3月1日，伪满洲国在"建国"一周年时公布了《建国功劳章条例》。建国功劳章是溥仪经咨询"参议府"后公布制定的一种奖章，该章为铜质圆形，直径30毫米，章体涂黑漆，正面嵌有银质"建国"二字，字的两边各有一株弓形高粱，高粱穗也为银质镶嵌。背面有"建国功劳章，大满洲国大同元年"13字。环为铜质圆形，绶带宽33毫米的"黑白黄红蓝"五色，象征日、满、朝、蒙、汉五族协和的五色旗，其中黑色宽4.5毫米，白色宽4.5毫米，黄色宽15毫米，红色宽4.5毫米，蓝色宽4.5毫米。

　　功劳章盒为黑漆木盒，盒面有烫金文字"大满洲国建国功劳章"。

功劳章证书正上方为兰花御纹章，文字内容从右到左为："建国功劳章证书/兹依大同二年敕令第十一号建国功劳章条例赠与/姓名/建国功劳章以彰劳勋此证/康德元年三月一日/国务总理大臣郑孝胥/查此证书以第★★★号记入建国功劳章簿册/国务院总务厅恩赏处长皆川丰治"。并有"满洲帝国国务院之印"、"国务总理大臣之印"及"国务院总务厅恩赏处长之印"。

建国功劳章证书和大典纪念章证书由首任"国务总理大臣"郑孝胥签发，这两种纪念章授予之时，尚未成立恩赏局，当时主管恩赏事务的是"国务院总务厅"恩赏处，处长由总务厅人事处处长皆川丰治兼任。

按《建国功劳章条例》的规定，建国功劳章由"执政"溥仪授予或赠予，应授予或赠予的资格和日期由"国务总理大臣"提交"国务院会议"决定。据资料显示，该章最初的设立只是为了赠予与伪满洲国"建国"有关的日本军人，后来才把赠予范围扩大为日满文武官员和民间的所谓"有功者"。"满洲国"的国家荣典就是从这枚建国功劳章开始的。

值得一提的是，建国功劳章与其他记章不同，不光有纪念性质，也有表彰功劳的性质，所以佩戴时列于勋章之次，而在褒章之上。

大典纪念章

1934年3月1日，"满洲国"发布日本人代拟的《"满洲国"组织法》。溥仪在长春由"执政"改称"皇帝"，改年号为"康德"。3月1日早晨7时50分，溥仪身着光绪皇帝穿过的龙袍，在勤民楼前乘坐红色卤簿车，前往新京南郊杏花村"天坛"郊祭，行"告天即位"古礼。中午12时，溥仪按照关东军的授意，换上"满洲国陆海军大元帅正装"在勤民楼正殿登极，当上了"满洲帝国皇帝"。就这样，溥仪在伪满洲国"建国"两年后，登上了他期盼已久的"皇帝"宝座。值得一提的是，对于"即位大典"的穿戴，溥仪和关东军产生了分歧。关东军不允许溥仪在"即位"时穿清朝皇帝的龙袍。关东军强调说，溥仪是"满洲国皇帝"而并非"大清皇帝"复辟，因此应该穿"满洲国陆海军大元帅正装"。而对于溥仪和清朝遗臣来说，这是对外表明"复辟"的一个绝佳机会。为此双方进行了交涉，最后达成了上面的妥协。

为了纪念这个"旷古盛典"，伪满洲国依《大典纪念章条例》（"康德元年"三月一日敕令第一九号）设大典纪念章，该章为银质圆形，直径35毫米，正面上方嵌金色兰花御纹章，中间四字"帝出乎震"是由"国务总理大臣"、书法家郑孝胥题写的，其两旁铸出双凤相对之图。背面有"大典纪念章，康德元年三月一日"13字。章体边缘铸有一日本旗和一菱形图案，菱形内有数字"1000"，应为日本造币局纯银标记。环为银质圆形，绶带宽36毫米的"红白黄黑蓝"五色，代表满洲国国旗，其中红色宽6毫米，白色宽2毫米，黄色宽20毫米，黑色宽2毫米，蓝色宽6毫米。

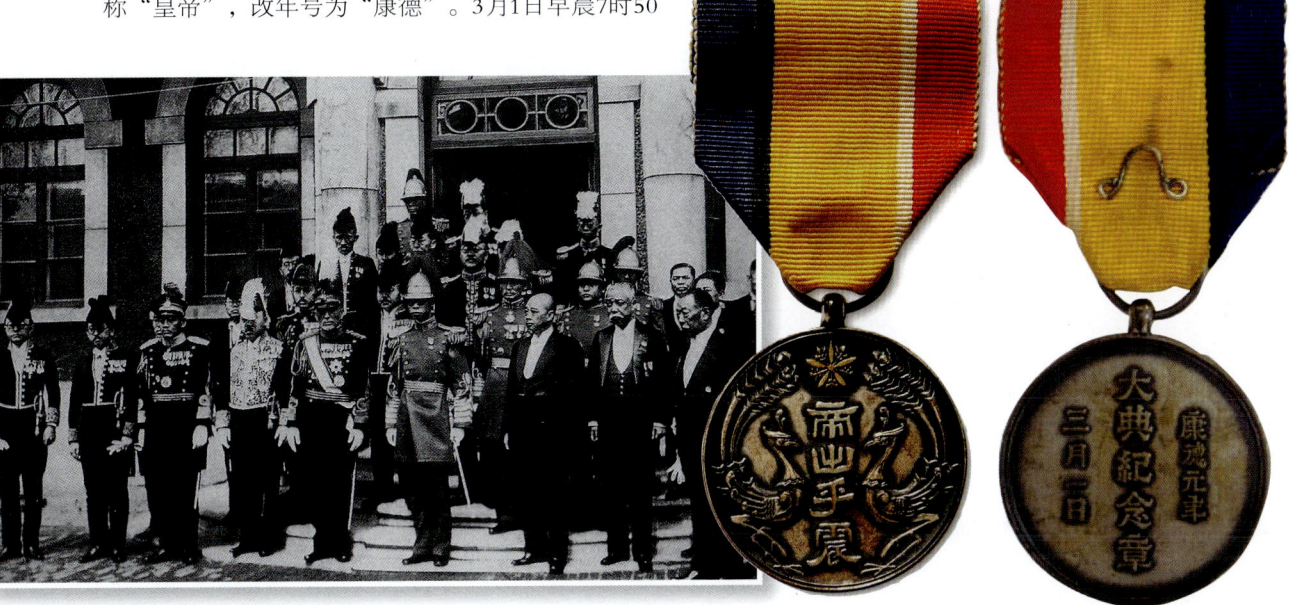

▲ "康德元年"溥仪"登基大典"

▲ 康德大典纪念章

纪念章盒为红色皮质盒，盒面有烫金文字"康德大典纪念章"。

大典纪念章证书正上方为兰花御纹章，文字内容从右到左为："大典纪念章证书/兹依康德元年敕令第十九号大典纪念章条例授与/姓名/大典纪念章以昭盛典此证/康德元年三月一日/国务总理大臣郑孝胥/查此证书以第★★★号记入大典纪念章簿册/国务院总务厅恩赏处长皆川丰治"。并有"满洲帝国国务院之印"、"国务总理大臣之印"及"国务院总务厅恩赏处长之印"。

章正面文字"帝出乎震"取之于《周易·说卦》，"帝出乎震，齐乎巽，相见乎离，致役乎坤，说言乎兑，战乎乾，劳乎坎，成言乎艮。"帝者，天之王气也。震者，东方也。为宣扬溥仪担任"满洲国皇帝"属正统，在当时制作了大量有"帝出乎震"的宣传标语。

依《大典纪念章条例》规定，纪念章发放的范围是："一、奉召参列大典人员；二、关于大典事务及伴随大典之要务人员；三、其他由国务总理大臣所指定之人员。"

该章在设计图样时，或有参考日本大正十一年（1922年）始铸的双凤五十钱银币，而且该章较"满洲国"其他记章少见。

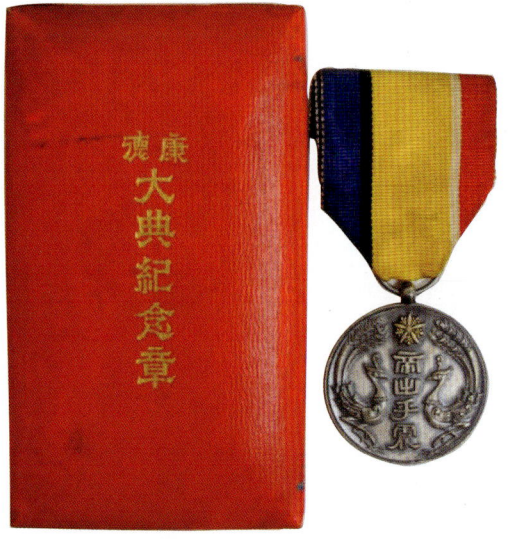

▲ 原盒康德大典纪念章

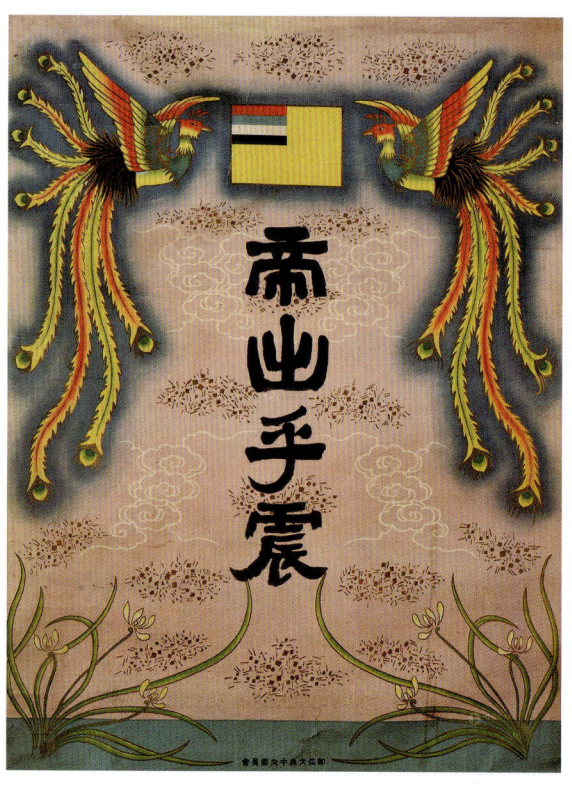

▲ "即位大典"中央委员会制作的"帝出乎震"海报。供图/中国保利

皇帝访日纪念章

为了答谢"友邦"、"亲邦"，溥仪曾两次访问日本。

1935年4月，溥仪第一次走出了国门，在大连港登上日本的"比叡"号战列舰，在"白云"、"丛云"和"薄云"等驱逐舰的护航下驶向日本。据《随从访日恭记》记录，溥仪在途中心情大好，甚至还作诗一首："海平似镜，万里远航。两邦携手，永固东方。"当溥仪乘坐的军舰停靠在日本横滨港时，为了炫耀武力，日本人举行了一次有70多艘军舰参加的海上演习，随后又有上百架飞机轰鸣着在溥仪的头上掠过。

4月6日，当溥仪抵达东京的时候，日本天皇裕仁亲率王公贵族和全体内阁大臣到火车站迎接。后由亲骑兵向导，溥仪和裕仁同坐敞篷马车，前往下榻处赤坂离宫。在日本访问期间，溥仪还与日本天皇一起检阅了军队，随后他又参拜了明治神宫、靖国神社，慰问了在中国战场上受伤的日本士兵。

访问日本，对溥仪和"满洲国"来说，产生了很大的历史影响。一方面，借助日本天皇的威势，使溥仪觉得自己的权威提高了，并更亲近日本，"满洲国"一部分人的亲日情绪也迅速高涨。另一方面，溥仪自己也认识到"复辟清朝"这一梦想已经变得越来越渺茫了。

► 裕仁天皇与溥仪一起乘坐敞篷马车前往下榻处

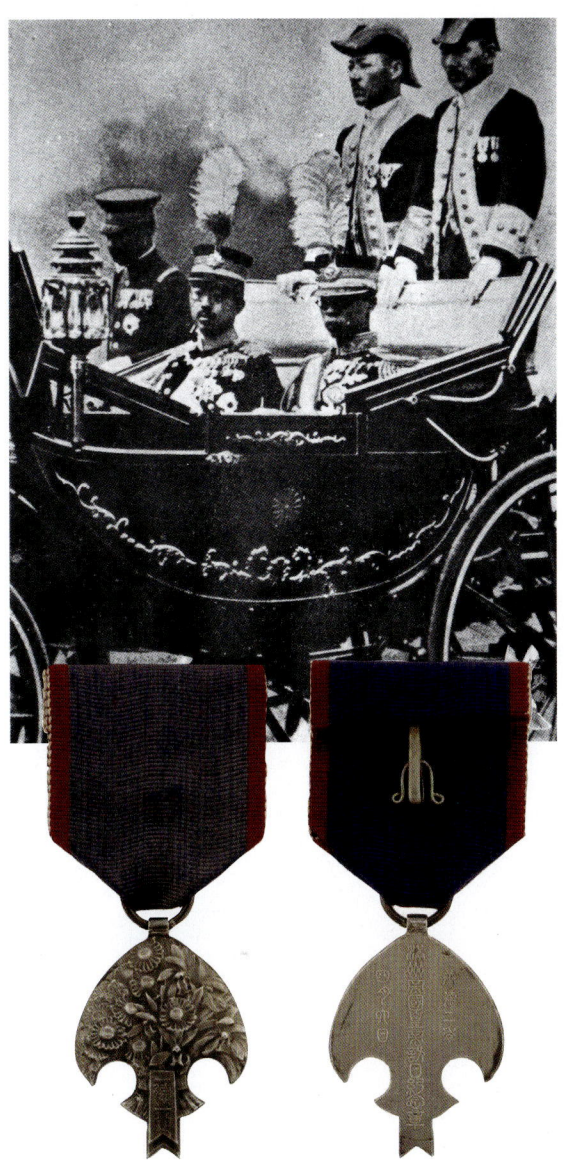

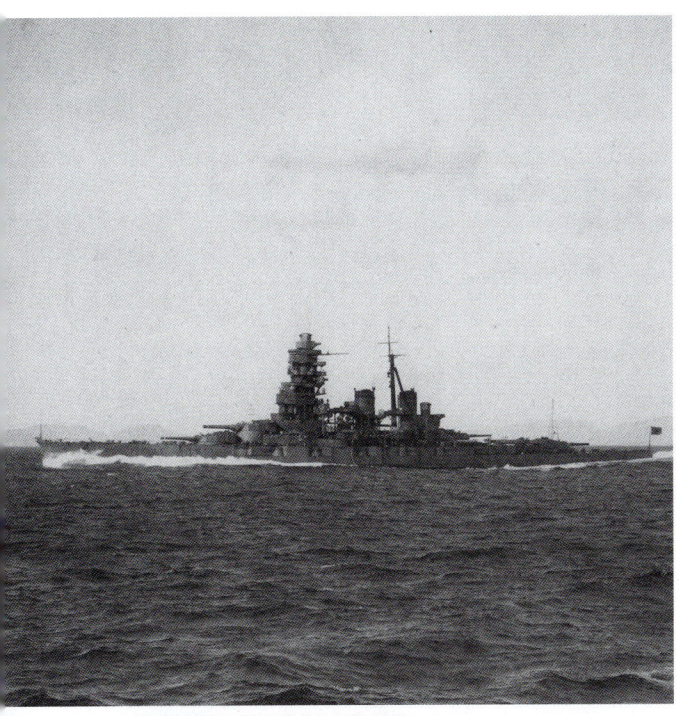

▲ 搭载溥仪访日的"比叡"号战列舰

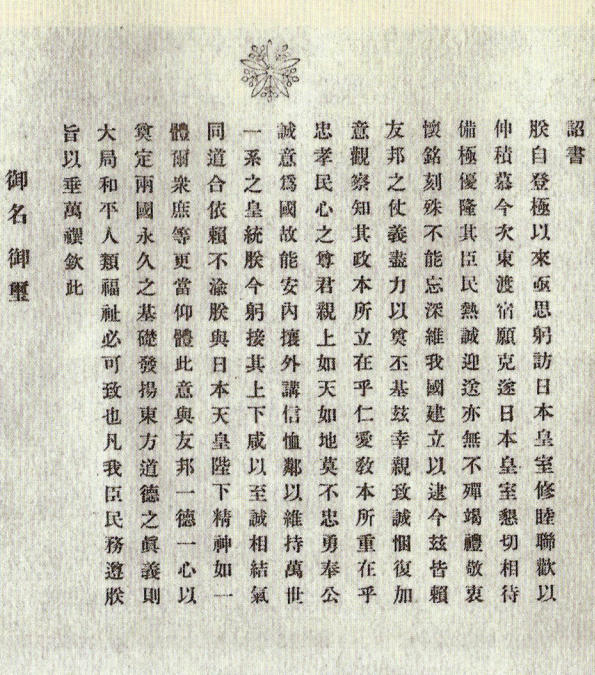

当年所谓的《回銮训民诏书》

▲《回銮训民诏书》内容

▲ 满洲帝国皇帝访日纪念章。供图/eMedals

　　回到新京后，溥仪对访日仍意犹未尽，不仅发布了《回銮训民诏书》，发行了《纪念皇帝陛下访日相册》，依《皇帝访日纪念章令》（"康德二年"九月二十一日敕令第一一六号）设纪念章，纪念章的图案委托日本著名的雕刻家日名子实三设计。该章为银质锒形，宽30毫米，长38毫米，正面雕铸一束象征"满洲国"的兰花和象征日本国的菊花的花卉图案，花束彩带上面铸有"一德一心"四字。"一德一心"一词源于《尚书》，这成了日后"满洲国"的政治口号。背面有"满洲帝国皇帝访日纪念章，康德二年四月六日"19个篆体字。环为银质圆形，绶带宽37毫米，其中中央的深紫色宽31毫米，两旁的红色各宽3毫米。

纪念章盒为深蓝色皮质盒，盒面有烫金篆体字"满洲帝国皇帝访日纪念章"。

纪念章证书正上方为兰花御纹章，文字内容从右到左为："皇帝访日纪念章证书/兹奉旨依康德二年敕令第百十六号皇帝访日纪念章令赠与/姓名/皇帝访日纪念章/康德二年九月二十一日/国务总理大臣勋一位张景惠/查此证书以第★★★号记入皇帝访日纪念章簿册/恩赏局长藤山一雄"。并有"满洲帝国国务院之印"、"国务总理大臣之印"及"恩赏局长之印"。

我们看到，建国功劳章和大典纪念章证书是由首任"国务总理大臣"郑孝胥签发的，而皇帝访日纪念章证书改由第二任"国务总理大臣"张景惠签发。张景惠于1935年5月接替郑孝胥之职，此后一直任至1945年，可谓伪满洲国政坛的不倒翁。恩赏局长藤山一雄，原为"监察院"总务处长，于"康德二年"七月二十九日被任命为恩赏局专任局长，其前任为荒井静雄，继任者为寿丰彭。

按《皇帝访日纪念章令》的规定，对以下二类人员授予皇帝访日纪念章："一、直接从事于康德二年四月皇帝访问日本国皇室事务或关于伴随此项要务者；二、贡献于皇帝访问日本国皇室趣旨之阐明者。"

在以溥仪的弟弟溥杰和其日本妻子嵯峨浩为主人公的日本电视剧《流转的王妃·最后的皇弟》中，溥杰的左胸就佩有这枚皇帝访日纪念章和建国功劳章。在两人的婚礼上，溥杰也佩戴有这两枚纪念章，这也是电视剧对史实的尊重。

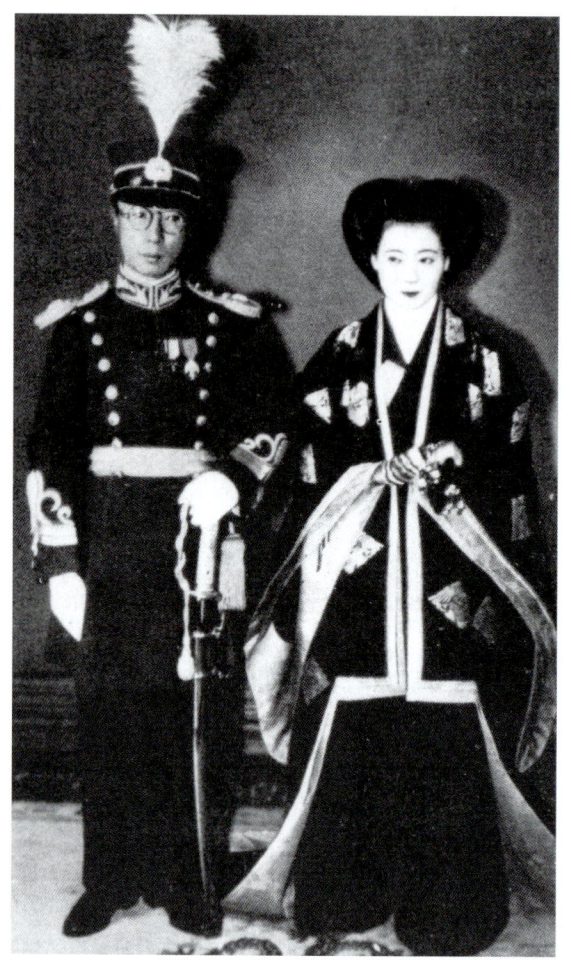

▲ 与嵯峨浩举行婚礼时的溥仪亲弟溥杰，请注意他佩戴有建国功劳章和皇帝访日纪念章

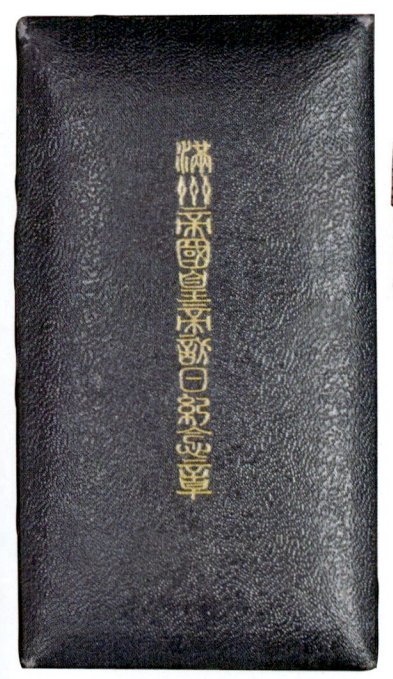

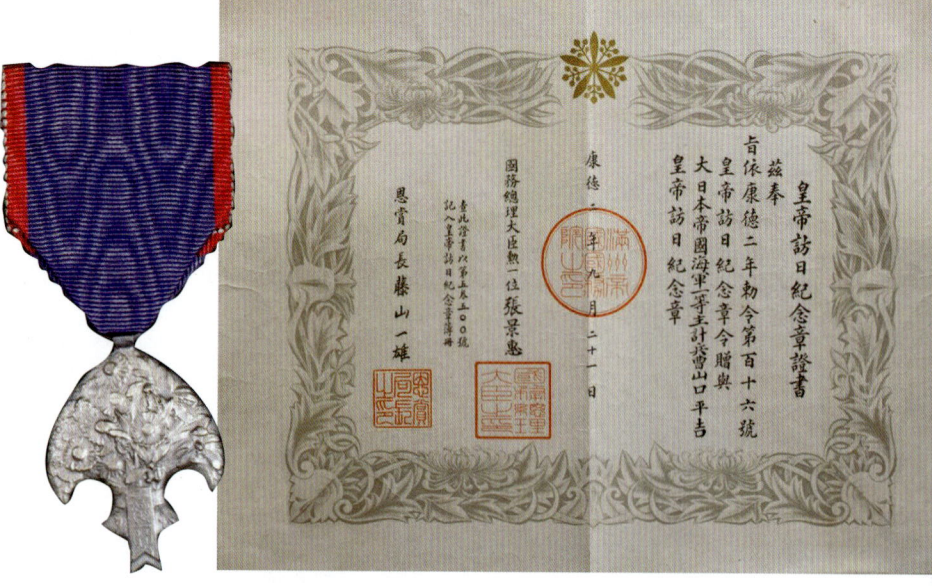

▲ 带勋记的原盒满洲帝国皇帝访日纪念章。供图/北京中汉

建国神庙创建纪念章

1940年6月，溥仪第二次到日本访问，按照日本方面的意图专程从裕仁天皇的手里请来象征天照大神（代表日本天皇的祖先）的三件神器。回到新京后，溥仪把它们供奉在伪满皇宫同德殿东南侧的"建国神庙"中，这是一座日本式的庙宇，由日本人角南隆设计，"满洲国国务院"建筑局负责建筑施工。7月15日凌晨，溥仪在众大臣以及关东军司令官等150多人的"参列下"，为天照大神举行了"镇座祭"。同时还规定，今后每年的7月15日为建国神庙创建纪念日，作为法定假日，放假一天。溥仪还颁布了由日本人起草的定天照大神为祖宗和国教的《国本奠定诏书》，并把天照大神作为"建国神"，表示"满洲国"的开始不是起源于清始祖，而是和日本一样，始于"天照大神"，俨然将其当作自己的祖宗，可以说溥仪卖国已达到了乱认祖宗的地步，这也意味着溥仪"复辟清朝"的梦想彻底幻灭。学生、士兵都必须把《国本奠定诏书》背诵如流，背不下来或背错的要受到打手板等惩罚。它不仅是日本在东北进行奴化教育的宣传材料，也是用以镇压百姓反抗的最高司法依据。与此同时，伪满政府还发布了《对于建国神庙及其摄庙不敬罪处罚法》，并规定无论任何人走过神庙，都要行九十度的鞠躬礼，否则就按法规加以惩治。后来，"满洲国"各地纷纷建立神社、神庙。据统计，到1945年，东北沦陷区境内的大小日本神社多达295座。

为纪念这件大事，伪满政府还专门制作了建国神庙创建纪念章。该章为铜质镀银，圆形，直径30毫米，正面是"建国神庙"图案。背面有"建国神庙创建纪念章，康德七年七月十五日"18字。环为铜质镀银圆形，绶带宽37毫米，其中间黄色宽19毫米，两侧红色各宽4.5毫米，两边白色各宽4.5毫米。

纪念章盒为黄色皮质盒，盒面有烫银文字"建国神庙创建纪念章"。

证书正上方为兰花御纹章，文字内容从右到左

为："建国神庙创建纪念章证书/兹奉旨依康德七年敕令第三百零九号建国神庙创建纪念章令授与/姓名/建国神庙创建纪念章/康德七年十一月二十五日/国务总理大臣勋一位张景惠/查此证书以第★★★号记入建国神庙创建纪念章簿册/恩赏局长勋三位张联文"。并有"国务院印"、"国务总理大臣之印"及"恩赏局长之印"。

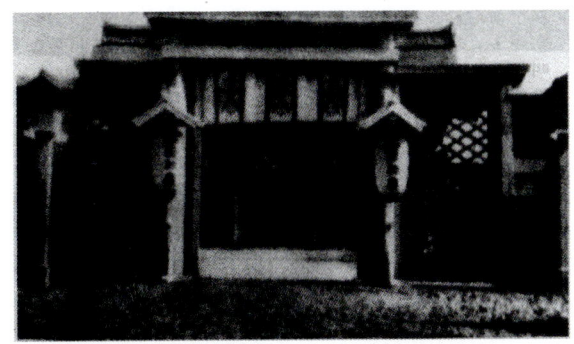

▲ 位于"新京"皇宫内的建国神庙

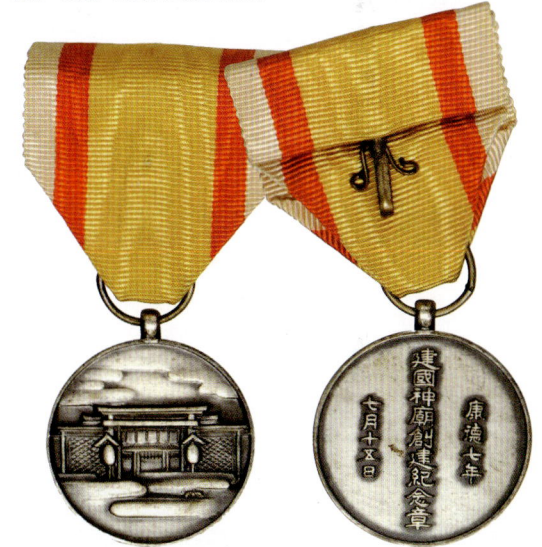

▲ 建国神庙创建纪念章。供图/Stack's Bowers

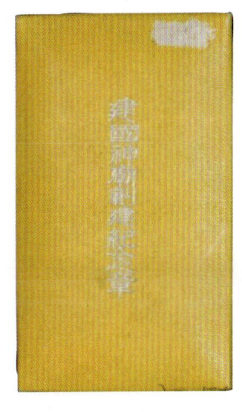

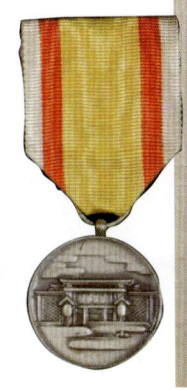

▶ 带勋记的原盒建国神庙创建纪念章。供图/北京中汉

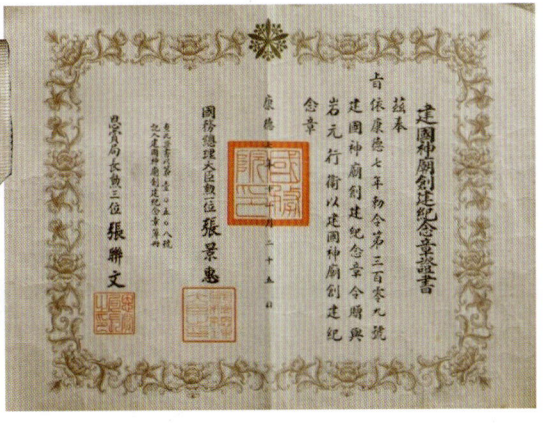

依《建国神庙创建纪念章令》规定，纪念章发放的范围："一、参列建国神庙创建之祭典及仪式者。二、关于建国神庙创建事务及伴随创建之要务者。三、除前列各款外由国务总理大臣指定者。"

据笔者观察发现，由于模具变更，建国神庙创建纪念章有两种版本。两版本差异不大，较明显的区别在于背面文字"创"字，一种版本的"创"字立刀旁的勾较另一种版本长。

国势调查纪念章

所谓"国势调查"，其实就是类似于人口普查的一种调查统计。据曾任伪满交通部大臣的谷次亨供述，"日寇唯恐东北人民，特别是来自华北和山东方面暂时居住的工商业者（包括他们的家族，但是春来冬去的劳工不在其内，据一九四〇年的统计这样的人约有三百余万）和关里不断地来往，因而对祖国增加了依存的念头，并不断地将东北的经济力量移到关

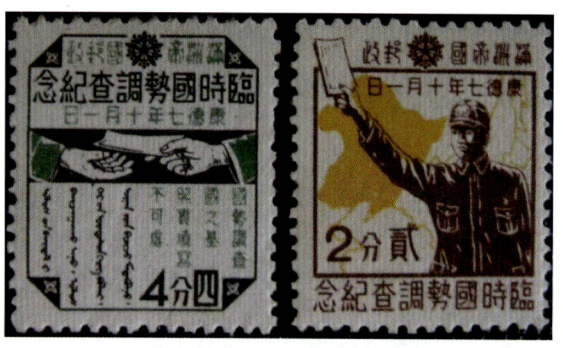

▲ 伪满洲国发行的国势调查纪念邮票

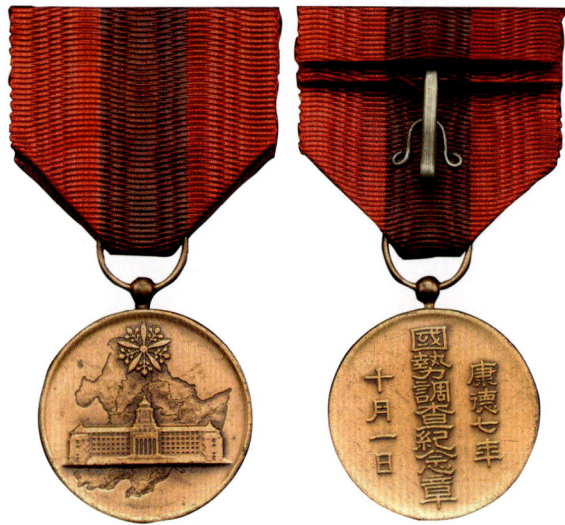

▲ 国势调查纪念章。供图/DNW

内，反过来削弱对伪满忠实的思想和经济的力量。为纠正这种偏向，在伪总务厅设置了'临时国势调查事务局'，我被命兼任该局局长。规定了以一九四〇年十月一日夜十二点整为开始调查的时间，各地以当时被调查的地点，作为原籍地，不许变更，即作为满洲国的人民，不许和关里有来往（这是表面不发表的主要内容）。因此，阻碍了同胞的爱国思想意识并将这些人的财产固定于伪满，以便使日寇随时任意剥削，为日寇加强了侵略力量。"

据伪满国务院编纂的《康德七年度临时国势调查报告》，截止1940年，"满洲国"的总人口为43202880人（分中国系和日本系），其中中国系人口为40858473人，中国系统中的汉族人口为36870978人（汉族占满洲的中国系人口的90.2%，占满洲全部人口85.3%），其余人口为满（满、汉八旗后裔）、蒙古、回等民族。日本系人口为2271495人，其中日本人有819614人，朝鲜人（因为朝鲜被日本吞并，所以人口算在日本系）有1450384人，台湾汉人（台湾被日本吞并，人口算在日本系内）有1497人。另外还有第三国（3732人）以及无国籍的人口（69180人）。

为纪念"康德七年"国势调查的实施而特设纪念章，该章为铜质圆形，直径30毫米，正面上方为兰花御纹章，中央为"满洲国"版图和"国务院"厅舍图案，背面有"国势调查纪念章，康德七年十月一日"15字。环为铜质圆形，绶带宽38毫米，其中中央褐红色宽12毫米，两边红色各宽13毫米。

纪念章盒为褐红色皮质盒，盒面有烫银文字"国势调查纪念章"。

纪念章证书正上方为兰花御纹章，文字内容从右到左为："国势调查纪念章证书/兹奉旨依康德八年敕令第一百七十三号国势调查纪念章令授与/姓名/国势调查纪念章/康德八年七月七日/国务总理大臣勋一位张景惠/查此证书以第★★★号记入国势调查纪念章簿册/国务院总务厅人事处长勋三位星子敏雄"。并有"国务院印"、"国务总理大臣之印"及"国务院总务厅人事处长之印"。

细心的读者会发现，国势调查纪念章证书仍由"国务总理大臣"张景惠签发，但主管官员是"国务院总务厅"人事处长，而不像其他纪念章是由恩赏局长主管的。原因在于1941年1月1日，恩赏局被合并于总务厅人事处。1944年1月17日，"满洲国"恢复恩赏局，由韦焕章兼任该局总裁，后由郑孝胥次子郑禹继任。

按《国势调查纪念章令》的规定，对以下二类人员授予国势调查纪念章："一、直接关于康德七年国势调查之事业者；二、关于伴随康德七年国势调查事业之要务者。"

该章品相好并带原盒的，市面上较为少见。

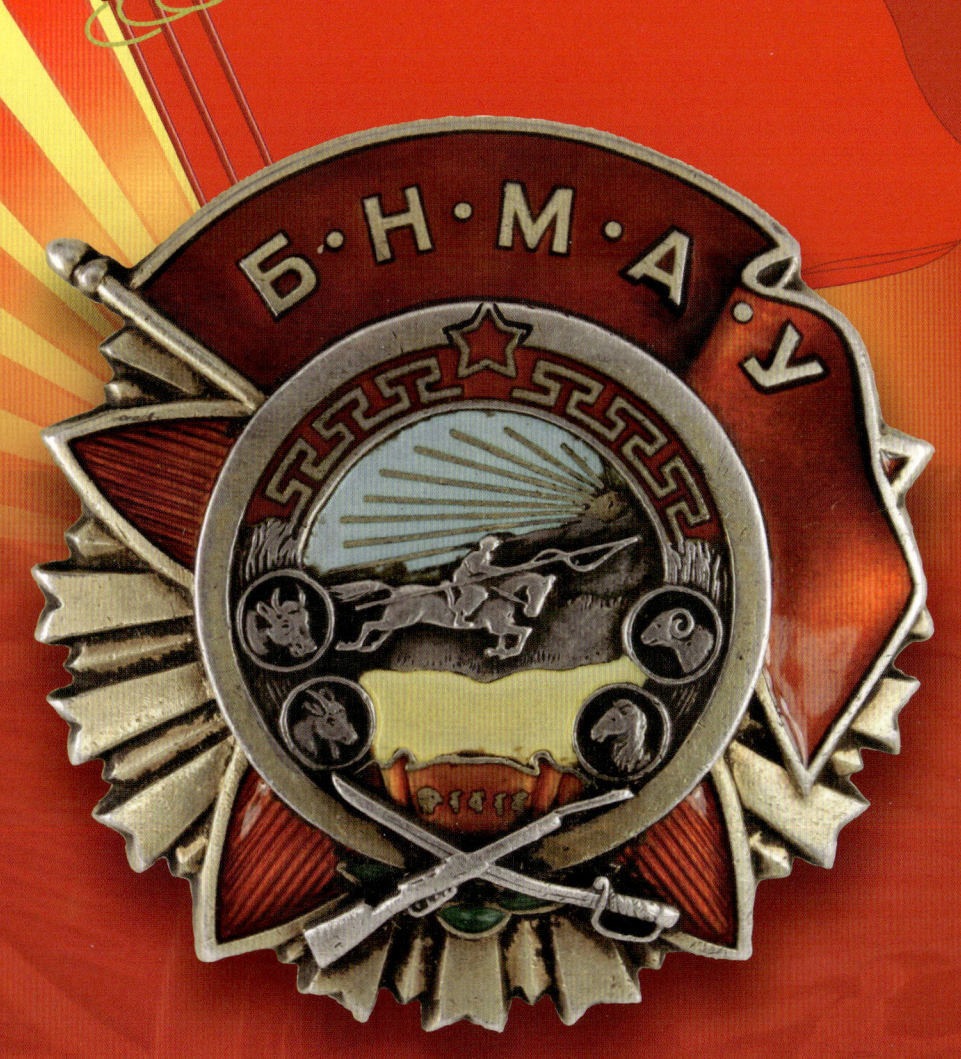

旗映马刀

蒙古人民共和国战斗红旗勋章鉴赏

作者：杨雨桐

ЦЭРГИЙН УЛААН ТУГИЙН ОДОН

作为苏联在冷战时期最重要的卫星国之一，蒙古人民共和国建国后也效仿苏联建立了自己的勋赏体系，并在七十几年的历史发展中不断完善。截至1992年，蒙古人民共和国共设立了6种勋章和22种奖章，从而形成了一套独具特色的勋赏体系。出自苏联造币厂模具的蒙古勋奖章虽然在设计上保留了大量的蒙古民族元素，但是在名称上却带有很浓重的苏联风格。我们曾向大家介绍过北极星勋章（参见号角Ⅲ相关文章），而除此之外，还有一款造型霸气的勋章，能给观赏者以强烈的视觉冲击。与其他勋章不同，它是蒙古人民共和国设立的第一种勋章，也一度是该国的最高荣誉。它的授予条件苛刻，必须在军事领域体现出自己的卓越之处才能获得。蒙古人民共和国为了追求其完美形象甚至五次更改其外观，可见其受重视的程度。这，就是蒙古人民共和国战斗红旗勋章。

发展历史

1925年，刚刚独立的蒙古人民共和国在当年召开的大呼拉尔会议上通过决议设立了两种勋章，以嘉奖对国家有功的人员。这两种勋章之一就是战斗红旗勋章（时称"军事英勇勋章"，另一种是劳动红旗勋章），勋章的描述及授予规定于1925～1926年间由蒙古内政部下属的一个特别部门负责制定，并于1926年初获得大呼拉尔主席团的批准。1926年10月，当时作为蒙古人民共和国最高荣誉的军事英勇勋章被正式设立，此勋章的第一版本由来自苏联布里亚特苏维埃自治共和国的艺术家萨姆尼洛夫设计，由苏联列宁格勒造币厂制作，首批勋章于1926年12月31日首次颁发，获得者有蒙古人民军总司令霍尔洛·乔巴山、军事委员会委员甲巴丹和马格萨尔扎布，他们因"驱逐外来入侵、保证蒙古独立"而获得。

1926～1933年，军事英勇勋章主要由军事委员会授予个人和集体。在1945年苏赫巴托尔勋章设立前，其作为蒙古的最高勋章，地位堪比后来的蒙古人民共和国金星奖章。从蒙古小呼拉尔保存的一份获得者名单中可以看出，在1926年12月31日到1936年7月19日之间，只有约500人获得勋章，且均是蒙古人民军高级将领和为蒙古独立做出极大贡献者。因为其中有多名人员是多次获得勋章，因此军事英勇勋章还存在带阿拉伯数字的多次授予版本。

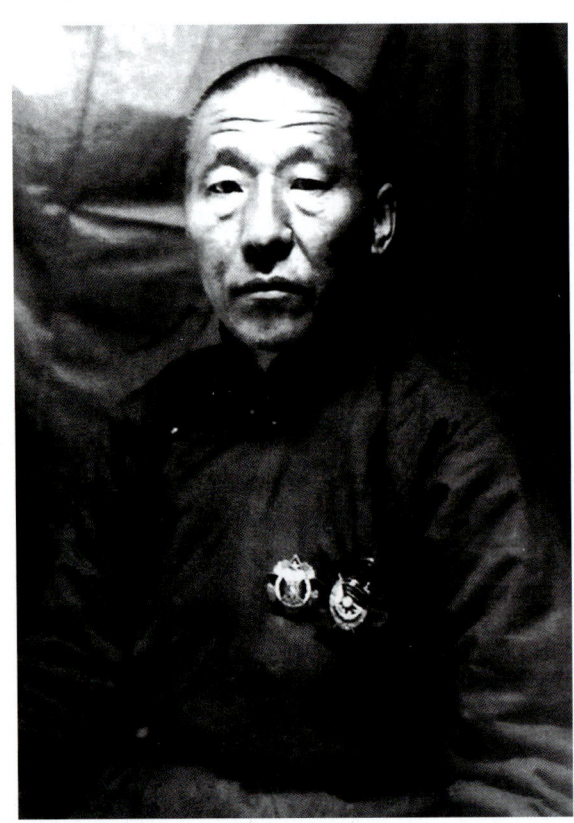

▲ 佩戴军事英勇勋章的军事委员会委员马格萨尔扎布

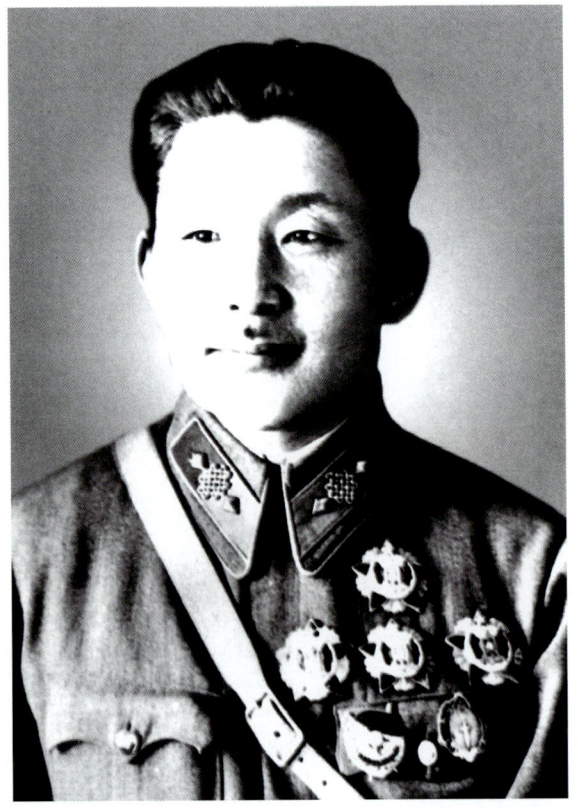

▲ 佩戴四枚军事英勇勋章的德米德

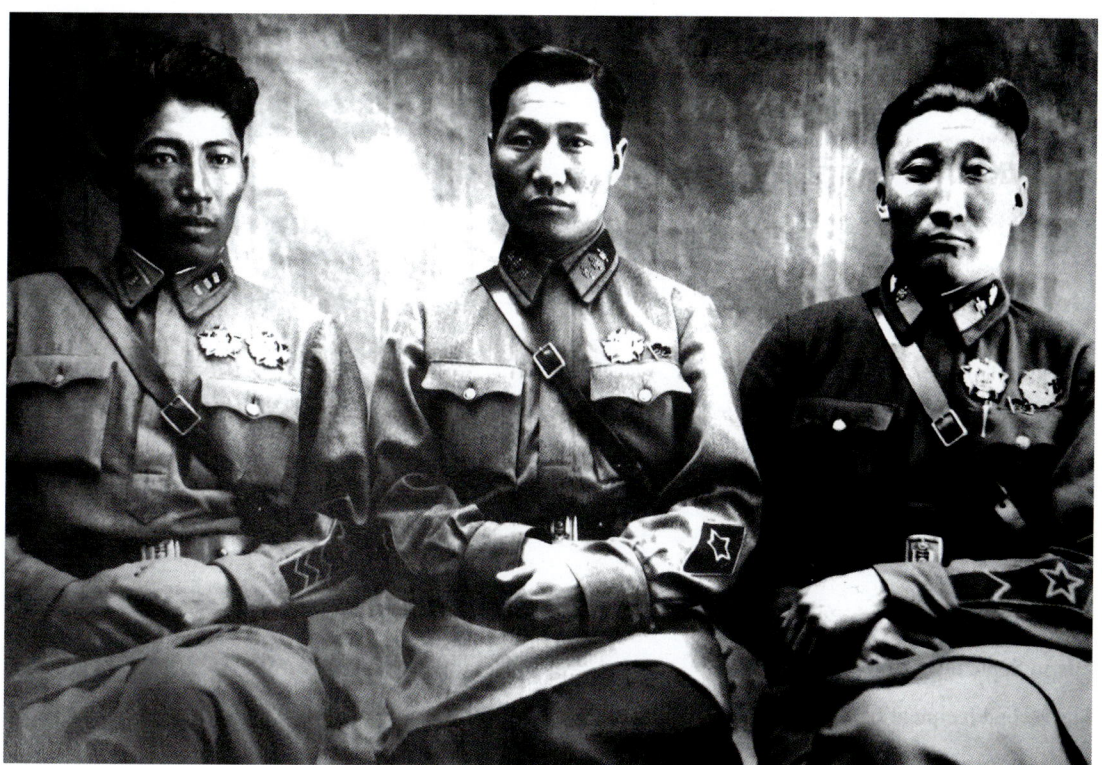

▲ 蒙古人民共和国早期军事领导人，从左到右分别是丹达、拉格旺苏伦和贡嘎。他们都佩戴着军事英勇勋章

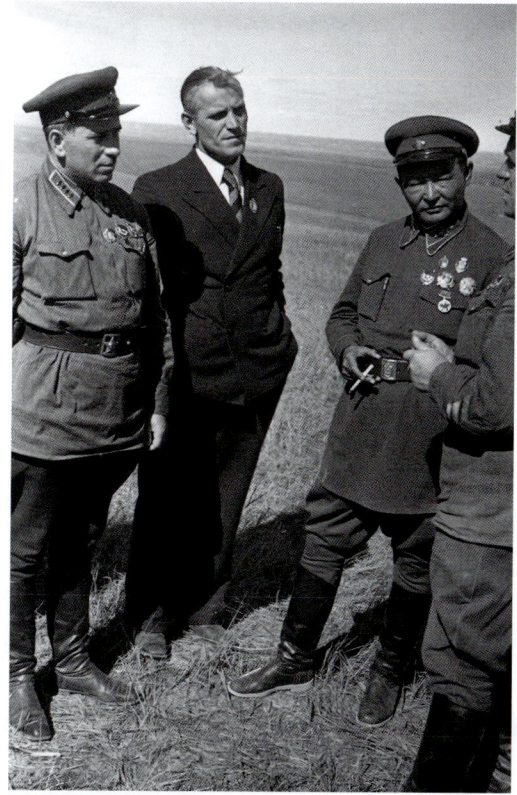

▲ 佩戴军事英勇红旗勋章的乔巴山

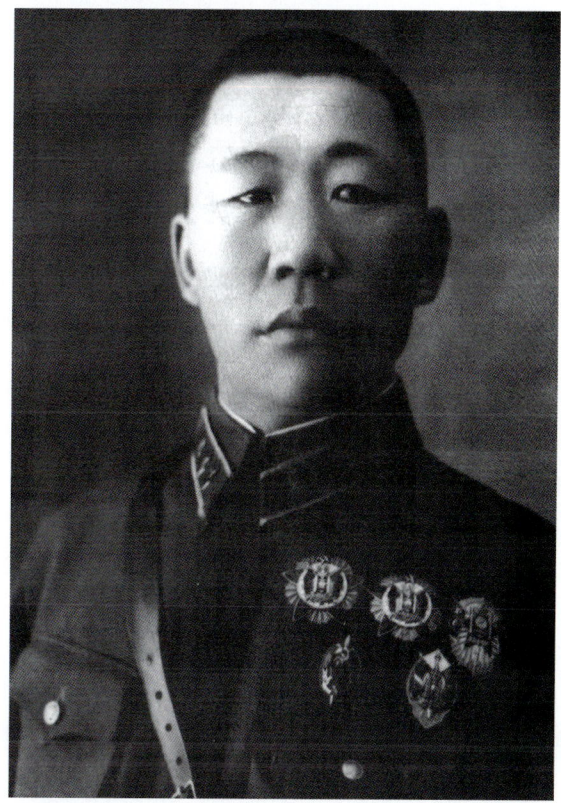

▲ 佩戴了两枚军事英勇红旗勋章的内务部副部长、第一任政委达理扎布·洛索勒

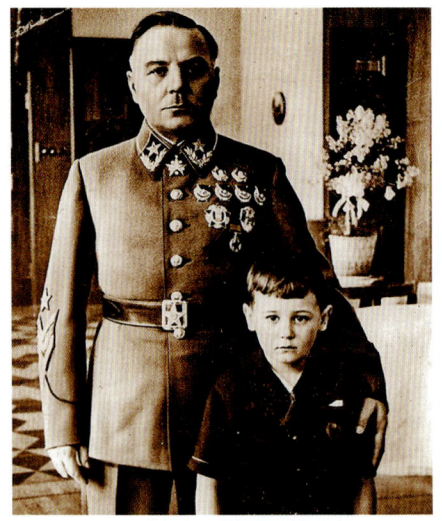

▲ 佩戴军事英勇红旗勋章的伏罗希洛夫元帅

▶ 佩戴军事英勇红旗勋章的朱可夫

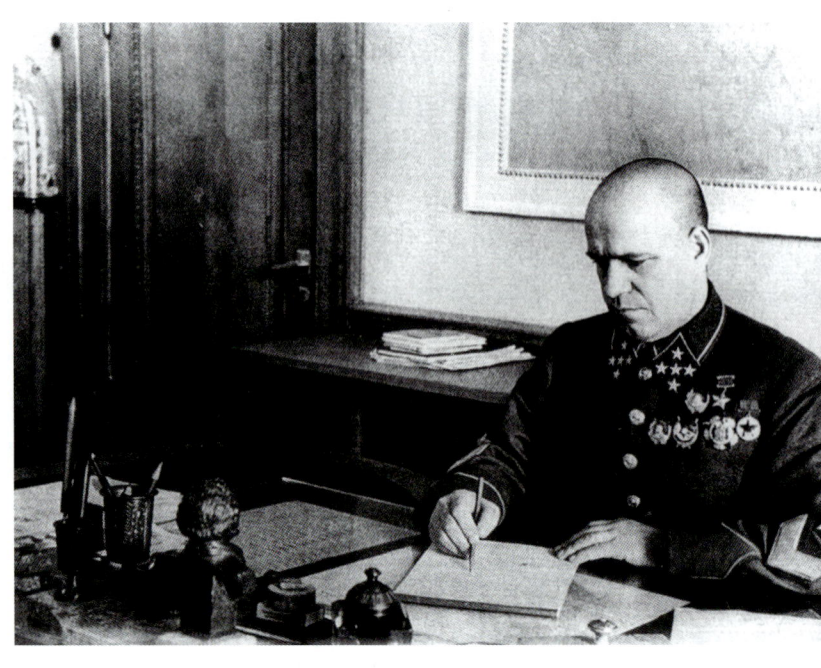

　　1931年在蒙古人民革命胜利十周年之际，小呼拉尔主席团修改了勋章的授予条例。新的条例效仿苏联，规定获得者可在国内享受一定的社会福利待遇及特权，同时勋章的外观也发生了一些改动，名称也被修改为"军事英勇红旗勋章"。这就是战斗红旗勋章的第二个版本，这一版本一直使用了十年。从1931年到1941年的十年是蒙古国防力量向现代化、正规化转型的重要时期。期间蒙军在苏军的帮助下于1934年完善了装甲、坦克、航空、通讯和火炮等技术兵种，并在1935～1936年间在苏军的支援下击退了日本帝国主义势力对蒙古东部边界的进犯。1939年又在哈拉欣河战役中重创入侵日军。在建设和战斗中不少苏蒙军官兵获得了军事英勇红旗勋章。其中苏联顾问克利缅特·伏罗希洛夫元帅和谢苗·布琼尼元帅因对蒙古国防建设有功均获得军事英勇红旗勋章（伏罗希洛夫406号、715号，布琼尼38号），苏联驻蒙集群司令格奥尔基·朱可夫因在哈拉欣河战役中指挥有方于1939年9月8日获得第2610号勋章。

　　1939年3月15日，蒙古人民共和国更换了新国徽，军事英勇红旗勋章的外观发生了巨大的变化，这就是第三版军事英勇红旗勋章，这个版本的勋章由蒙古艺术家拉德那巴扎尔和巴丹在苏联艺术家福特森科的帮助下设计。据档案记载，1940年6月蒙古小呼拉尔主席团向苏联莫斯科造币厂订购了3000枚勋章。这批勋章于1941年4月开工制造，1941年7月完成第一批次的生产，剩余部分在1941～1944年间分批向蒙古小呼拉尔交付。这一版本的勋章中约有600枚用于换发1926～1941年间颁发的旧版勋章。需要说明的是，已经去世的旧版勋章获得者没有获得换发勋章的待遇。未发出的勋章则保存在小呼拉尔主席团。在1945年底第四版勋章被设计出来之前，大多数未发出的第三版勋章都被回收，只有极少数被博物馆收藏。

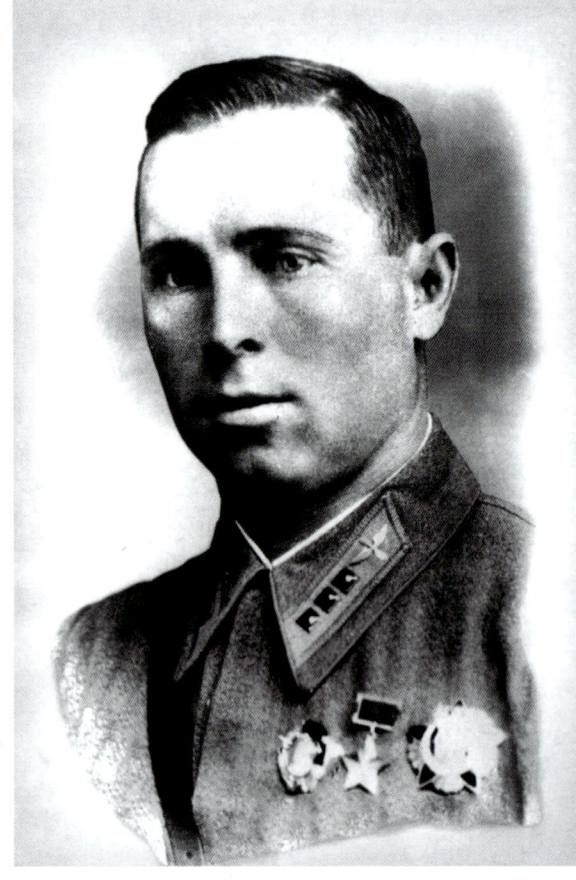

▲ 佩戴军事英勇红旗勋章的苏联空军上尉楚巴琴科

33

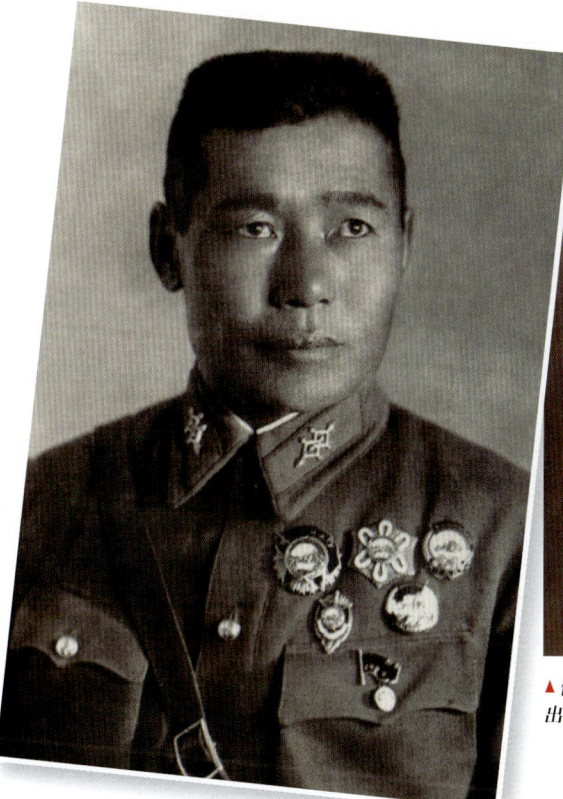

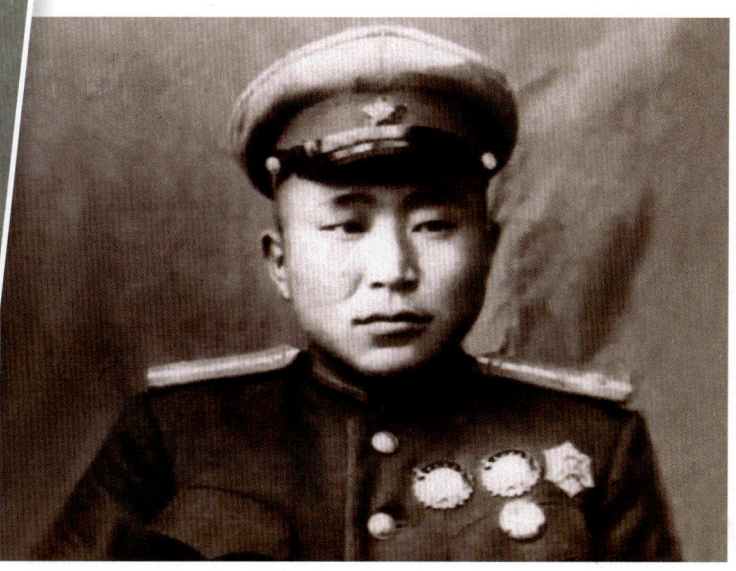

佩戴了第三版战斗红旗勋章的人民志愿骑兵师师长马吉德

佩戴了两枚第三版战斗红旗勋章的边防军上尉诺皮·延巴。他因为在哈拉欣河战役的突出表现获颁

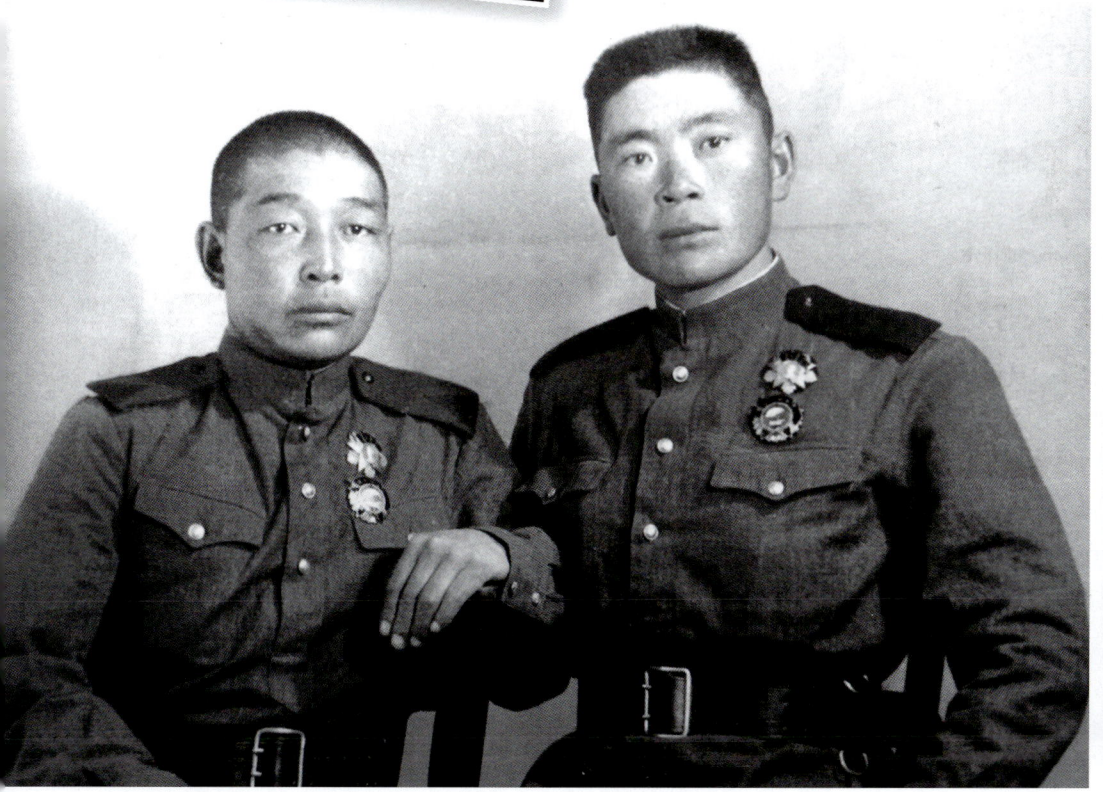

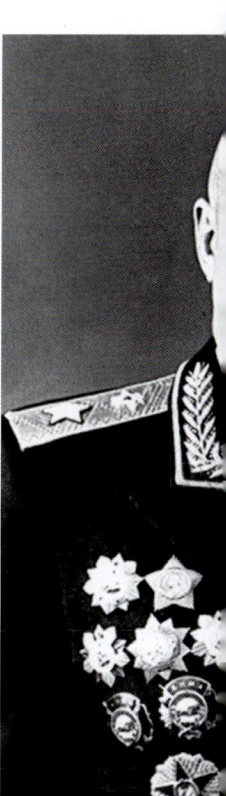

蒙古英雄丹增旺齐格（左）和丹皮勒，他们都佩戴着第三版战斗红旗勋章

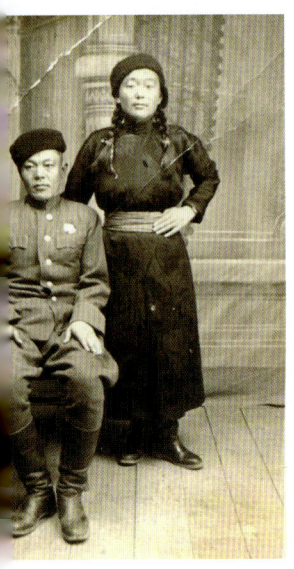

这一版本的军事英勇红旗勋章经历了第二次世界大战的洗礼，众多苏军高级将领均有获得。例如苏联元帅布尔加宁（1943年307号）、贝利亚（1943年7月4日141号，1953年12月2日被褫夺）、华西列夫斯基（1945年9月26日2417号）、朱可夫（1943年7月4日2643号）。

◀ 一名佩戴了第三版战斗红旗勋章的蒙古骑兵与妻子的合影

▶ 两次获颁战斗红旗勋章的苏联空军上将苏德兹，后来晋升为航空兵主帅

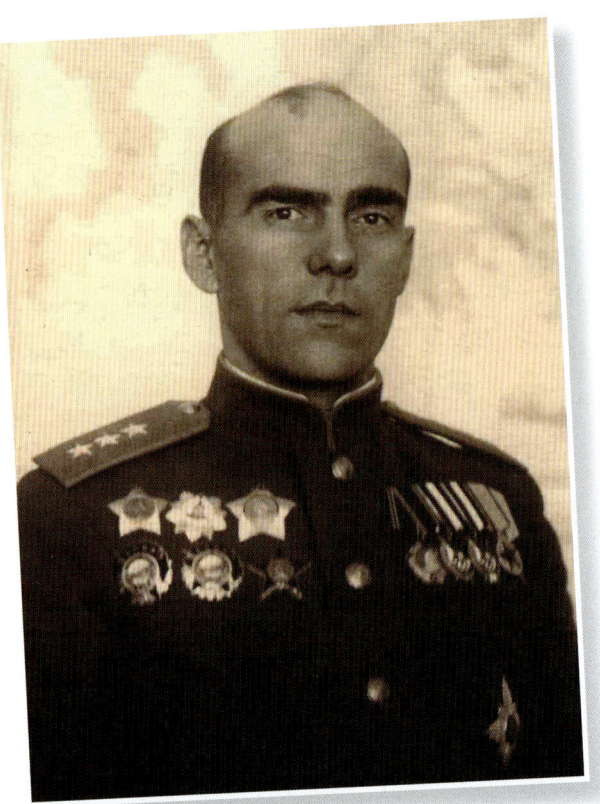

▼ 佩戴两枚第三版战斗红旗勋章的苏联通信兵主帅阿列克谢·列昂诺夫

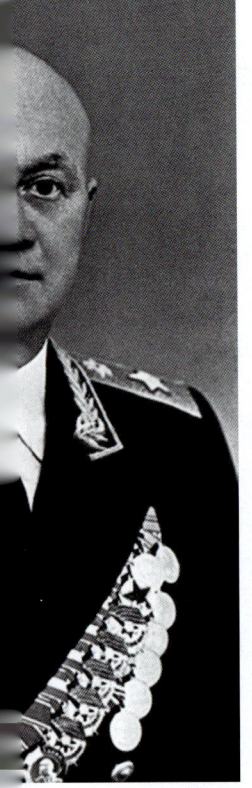

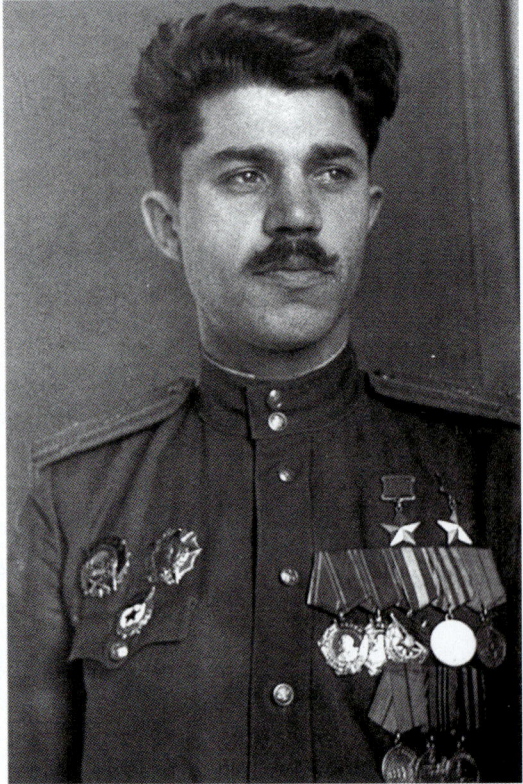

▲ 佩戴了第三版战斗红旗勋章的两次苏联英雄获得者、苏军上尉亚历山大·莫罗齐伊

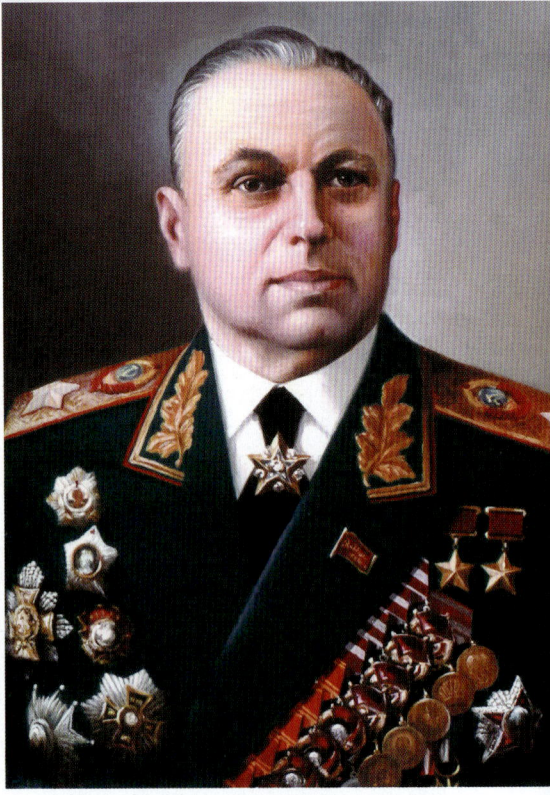

▲ 苏联元帅罗科索夫斯基的画像，他佩戴了一枚第三版战斗红旗勋章

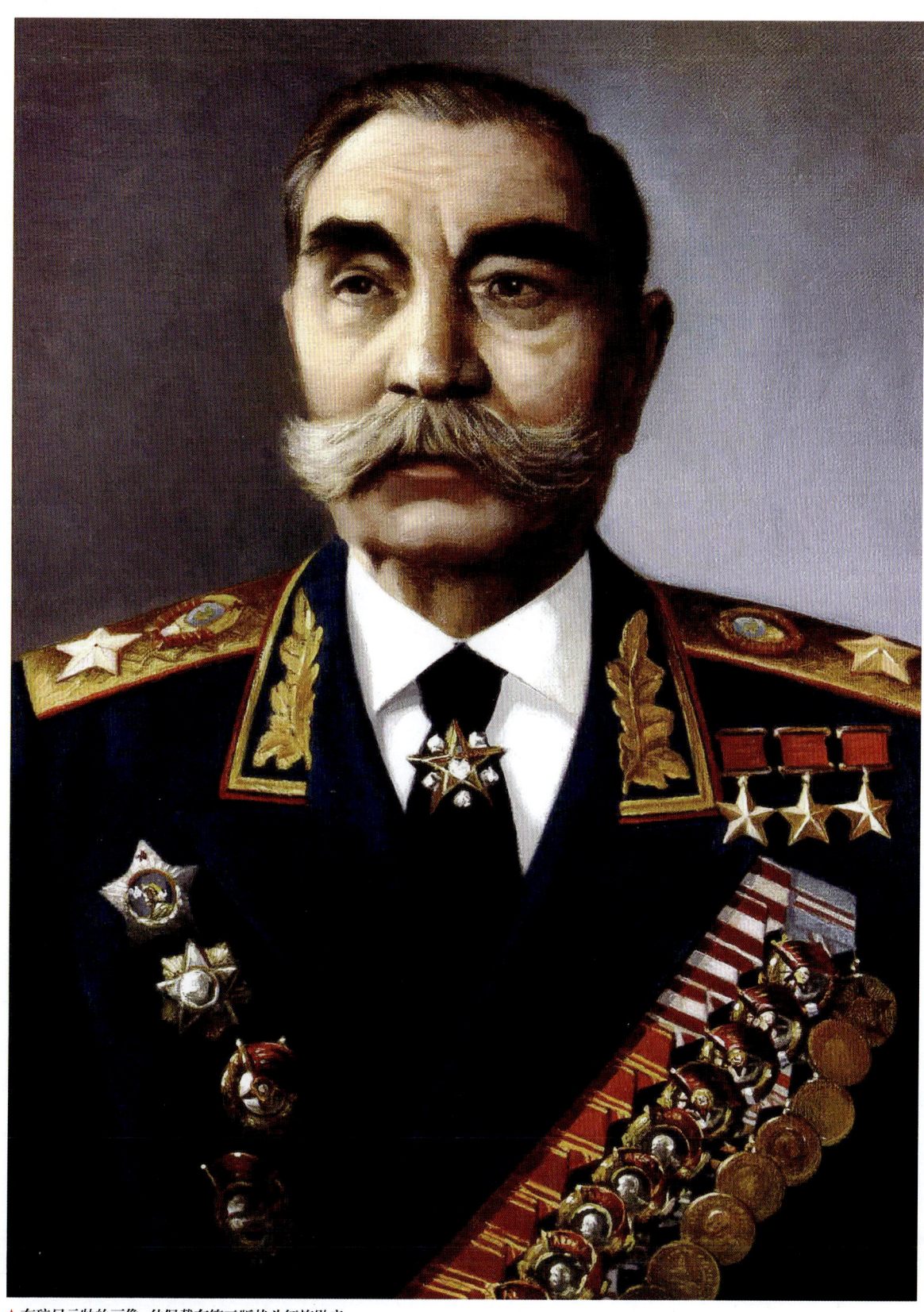

▲ 布琼尼元帅的画像，他佩戴有第三版战斗红旗勋章

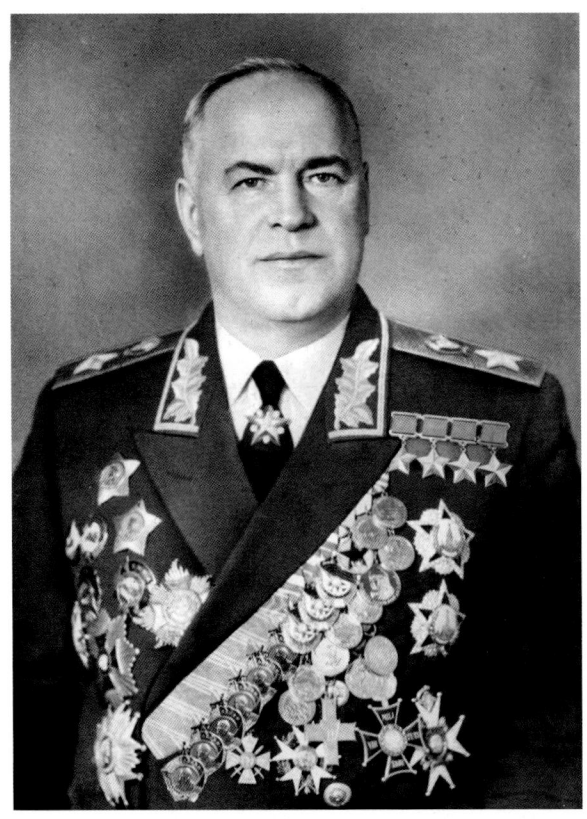

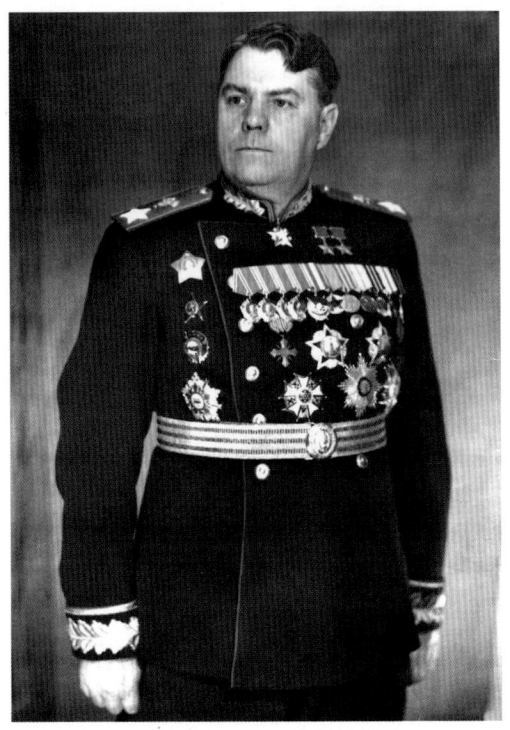

◄ 佩戴有两枚第三版战斗红旗勋章的朱可夫

▲ 佩戴第三版战斗红旗勋章的华西列夫斯基

1945年末，随着二战的结束，蒙古勋赏制度迎来了一次改革，由于新设立的苏赫巴托尔勋章成为最高荣誉勋章，军事英勇红旗勋章的地位降为最高军事荣誉勋章，于1946年初更改外观并改称"战斗红旗勋章"。用数字来表示多次授予的惯例得到了保留。勋章的授予条令中增加了可向在军事部门中长期服务的人员授予战斗红旗勋章的条款。这就是第四版战斗红旗勋章。

新修改的条例如下：

根据1945年9月25日蒙古人民小呼拉尔主席团命令战斗红旗勋章授予：

1. 在加强蒙古人民军建设中表现出英雄主义精神的蒙古人民军官兵、政治工作人员、内务部边防军官兵、蒙古公民及外国人员；

2. 在军事领域内各部门中服役超过20年的人员；

3. 成功执行特殊任务以增强国家防卫能力的部队、单位和集体。

同第二版北极星勋章一样，这个版本的战斗红旗勋章由艺术家朝道格设计。据记载，1945年10月，莫斯科造币厂接受了首批3000枚该版勋章的订单，编号为1～3000，首批成品于1946年4月向蒙古小呼拉尔交付。此前颁发的第三版勋章被批量换发成第四版。这是蒙古官方最后一次大规模换发战斗红旗勋章。之后在1970年出现的第五版战斗红旗勋章，因外观与第四版相似，故未再向获得者换发。

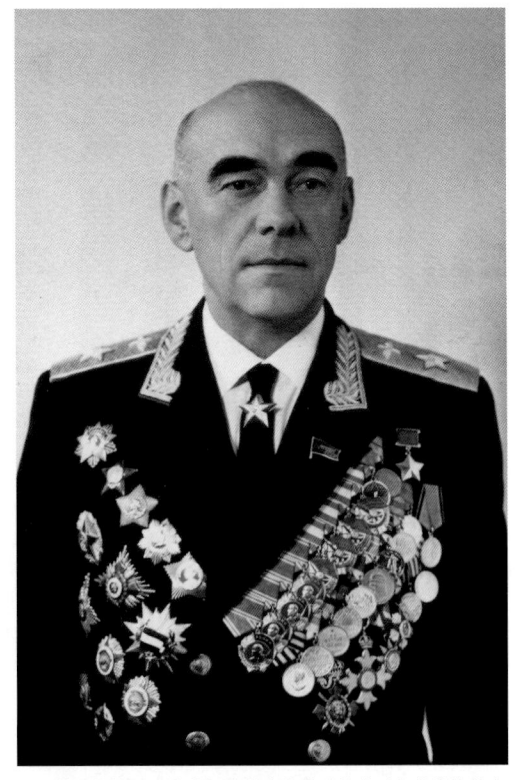

▲ 佩戴两枚第四版战斗红旗勋章的苏联航空兵主帅弗拉基米尔·苏德兹

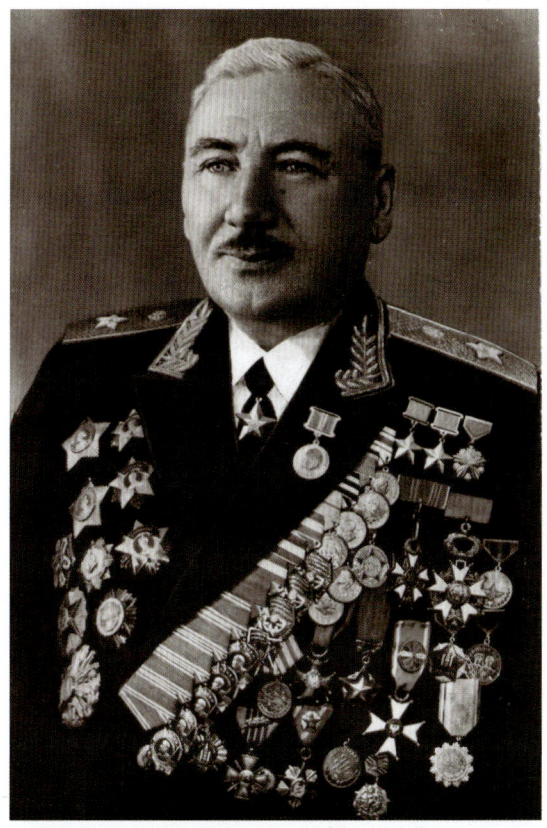

▲ 佩戴第四版战斗红旗勋章的苏联大将伊萨·普里耶夫

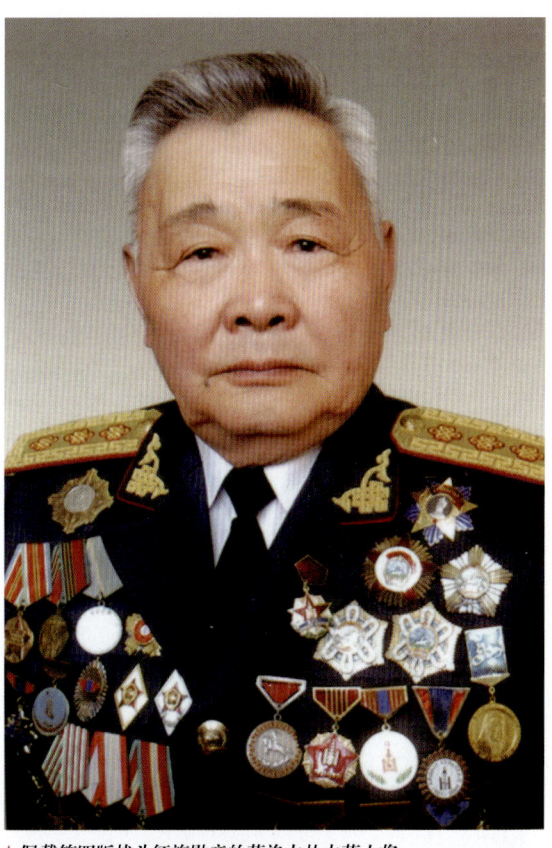

▲ 佩戴第四版战斗红旗勋章的莫洛木扎木茨上将

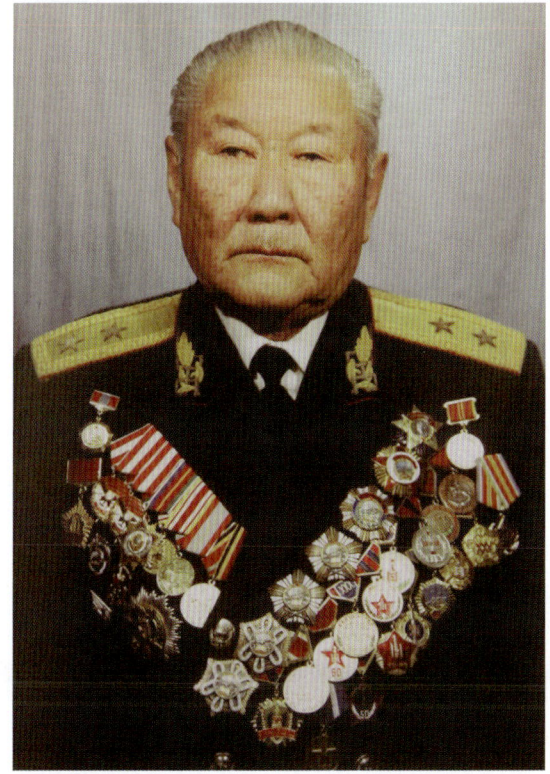

▲ 佩戴第四版战斗红旗勋章的蒙古人民军中将泽登伊什

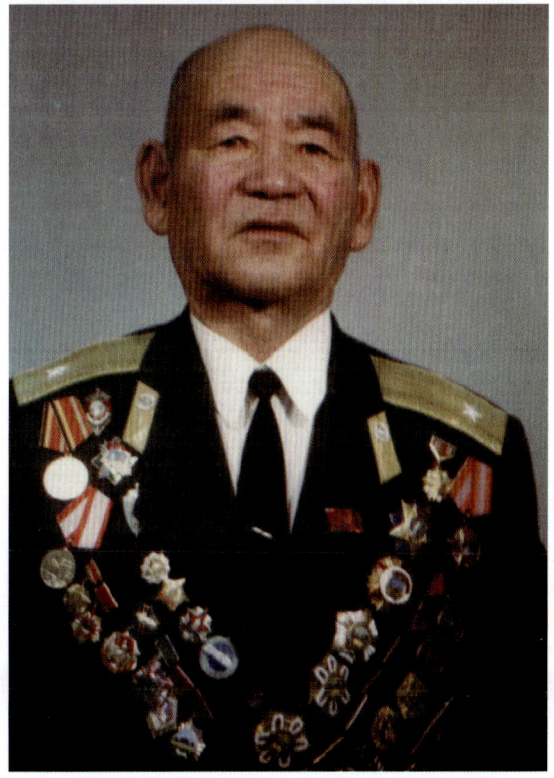

▲ 佩戴第四版战斗红旗勋章的蒙古人民军少校奈奇特

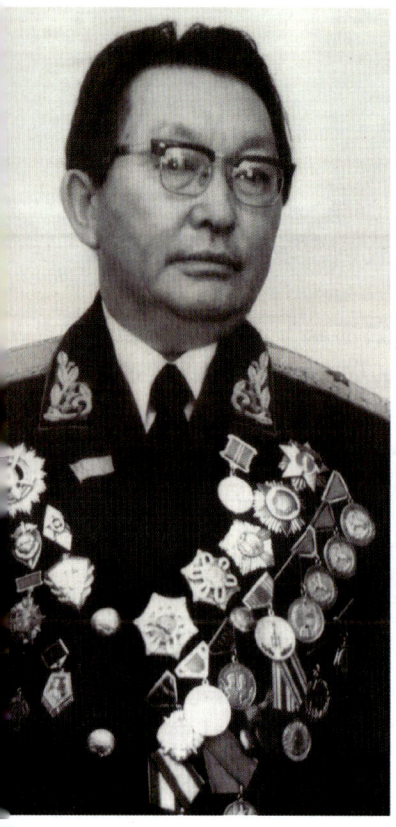

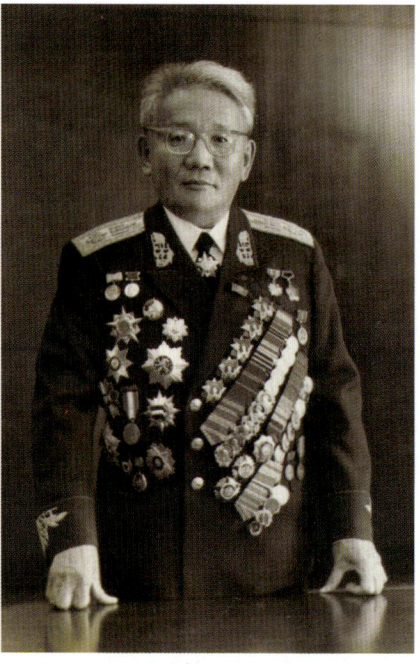

▲ 佩戴两枚第四版战斗红旗勋章的蒙古领导人泽登巴尔

◀ 佩戴第四版战斗红旗勋章的公共安全部第一副部长坤森

　　1960年，随着新宪法的实行，蒙古再次启用了新的国徽，战斗红旗勋章上的国徽图案也发生了变化，这就是第五版战斗红旗勋章。这一版本勋章的佩戴方式被改为对衣物损伤较小的别针式，并取消了多次授予的样式。第五版战斗红旗勋章的编号接在第四版之后，因此1969年10月蒙古小呼拉尔向苏联莫斯科造币厂订购的1500枚勋章编号为3001～4500。这批勋章在1971年5月前交付完成。由于当时正处于冷战的巅峰时期，蒙古作为苏联的卫星国也被卷入了军备竞赛之中，军事领域的大力发展让许多苏蒙两国军人获得了战斗红旗勋章。由于库存消耗迅速，1987年1月又生产了一批战斗勋章，编号在4501～5500之间。这一时期有很多苏联高级军事首长获得过战斗红旗勋章。1971年，苏联元帅巴格拉米扬、科舍沃伊和奥尔加科夫分别获得了3016、3058、3081号战斗红旗勋章。

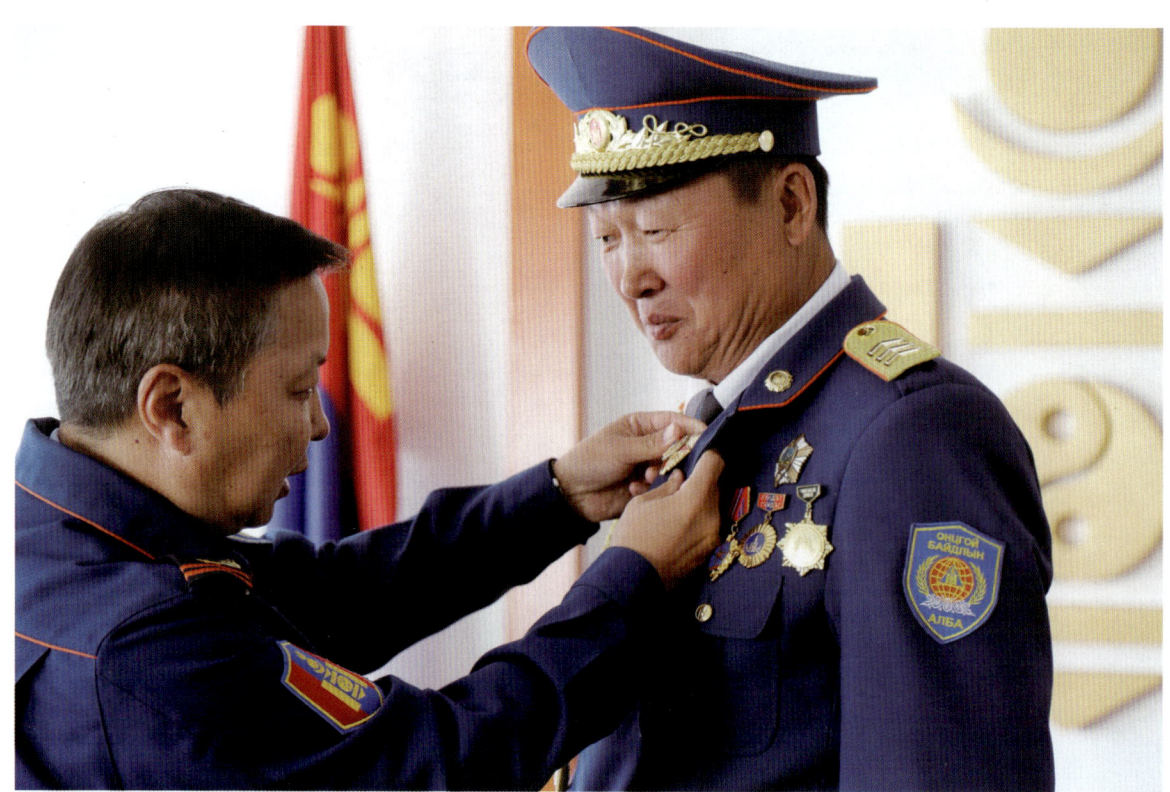

▲ 正在进行颁发的最新一版蒙古战斗红旗勋章

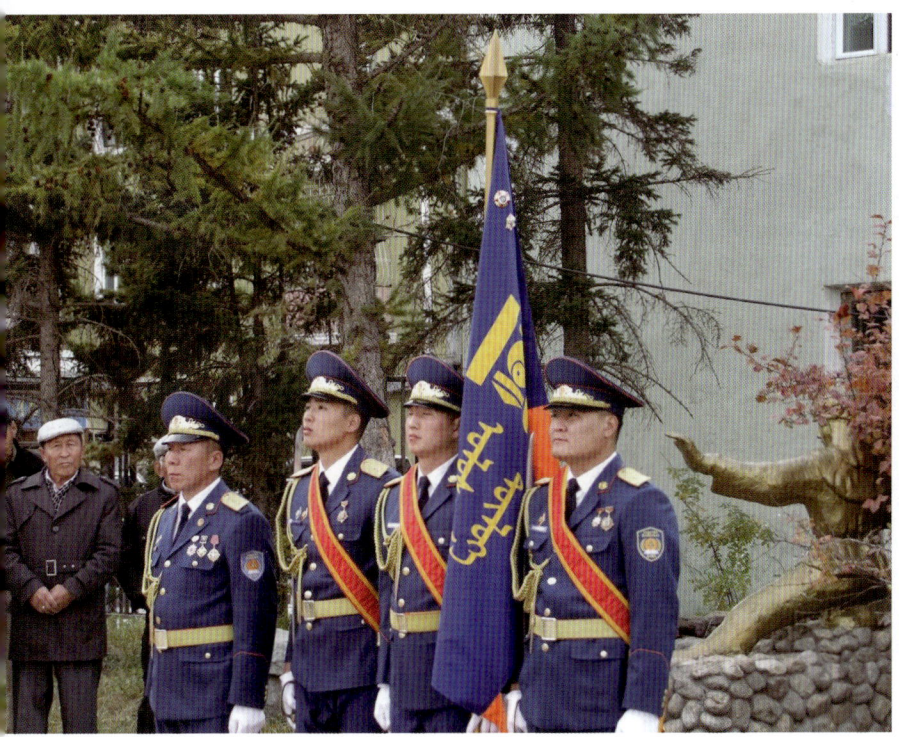

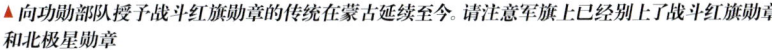

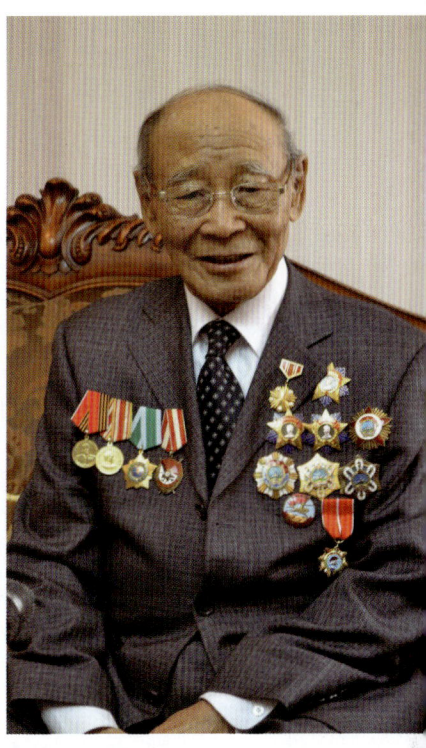

▲ 向功勋部队授予战斗红旗勋章的传统在蒙古延续至今。请注意军旗上已经别上了战斗红旗勋章和北极星勋章

▲ 佩戴战斗红旗勋章等众多勋赏的扎格达苏伦

　　1992年2月12日，蒙古人民共和国作为社会主义阵营国家也无奈接受了巨变的命运，从此蒙古人民共和国改成蒙古国，国旗和国徽都发生了改变。但是社会主义时期的勋章却保留了下来，战斗红旗勋章也在继续颁发，直到2002年左右苏联制作的战斗红旗勋章才消耗完毕。2003年出现了一批铜制的蒙古战斗红旗勋章，这一批勋章的做工极为粗糙，原本应该镶嵌珐琅的位置被油漆和树脂充填，是为蒙古自行开模铸造的产品。这批勋章的编号通常大于5500，至今仍在颁发。

　　在蒙古人民共和国72年的历史中，获得战斗红旗勋章最多的是蒙古人民军总司令蒙古人民军元帅霍尔洛·乔巴山，他一生获得了五枚战斗红旗勋章。除此之外，人民军元帅德米德、上将拉吉亚苏仁、上将勒哈格瓦苏伦、少将额仁多、上校尼亚泰苏仁各获得四枚。一些功勋卓著的集体如蒙古国防大学、蒙古边防军、蒙古人民军《红星报》编辑部、苏联伏龙芝军事学院、苏联"蒙古革命"坦克旅等均获得过蒙古战斗红旗勋章。

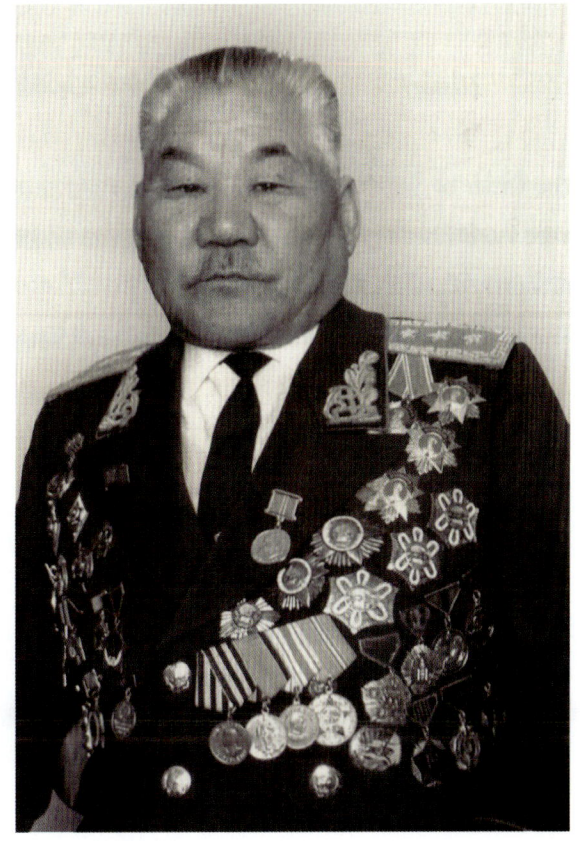

▶ 佩戴两枚战斗红旗勋章的蒙古人民军上将朝克

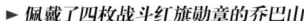
▶ 佩戴了四枚战斗红旗勋章的乔巴山

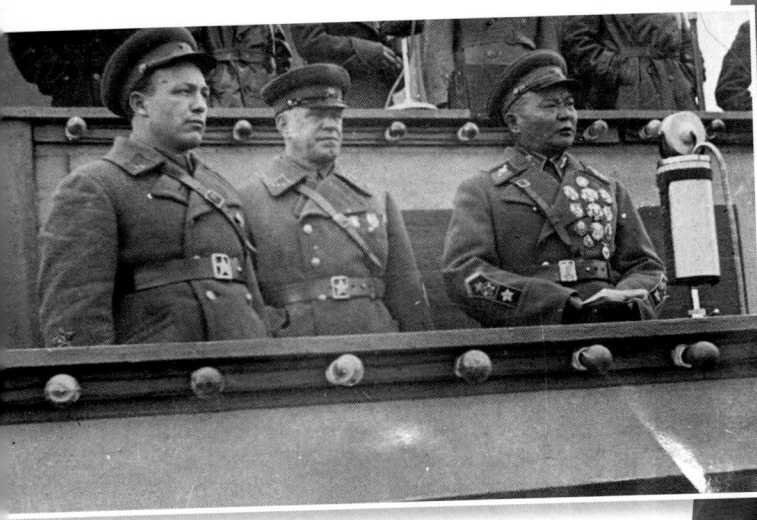

▲ 佩戴有至少三枚战斗红旗勋章的乔巴山

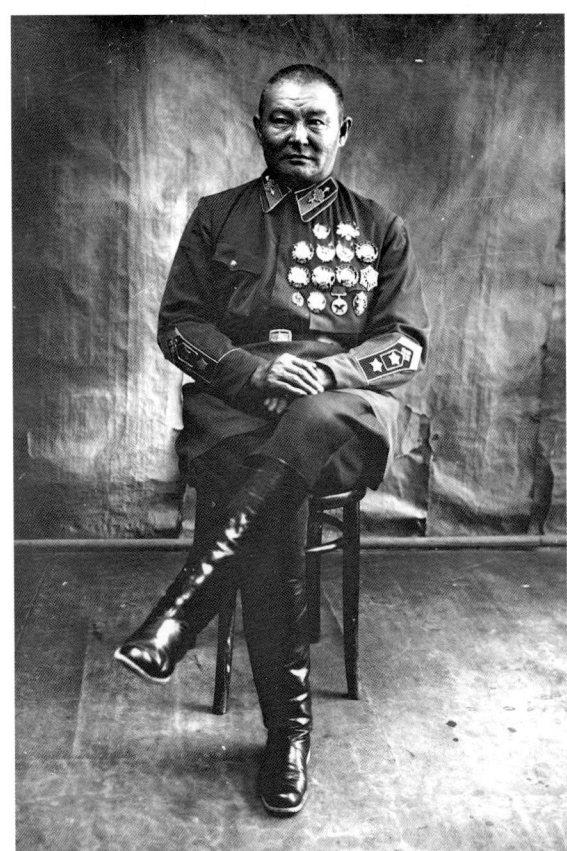

▲ 佩戴了五枚战斗红旗勋章的乔巴山

▶ 乔巴山的这张身着全套礼服的照片可以清楚地反映出他佩戴了五枚战斗红旗勋章

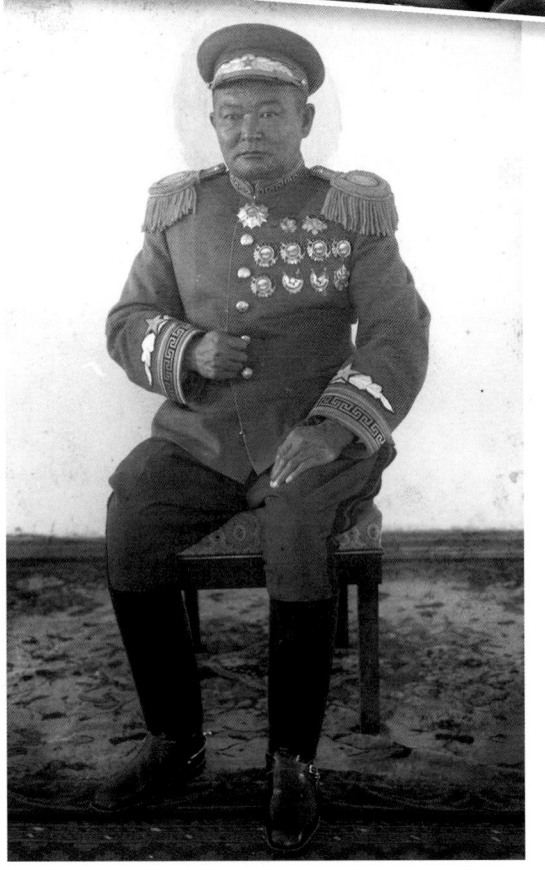

乔巴山获得的五枚战斗红旗勋章编号及时间

次数	编号	时间
一次	1	1926.12.31
二次	1	1931.7.1
三次	1	1931.2.1
四次	1	1936.7.18
五次	不详	不详

根据蒙方公开的档案，蒙古战斗红旗勋章在1926～1945年颁发了约1000枚，1946～1970年约2000枚，1971～2002年约2700枚。

证书和略章

1926年12月至1940年7月，随当时的勋章一起发放的还有一张彩印的大证书，规格为A4纸大小，证书有两种版本。

第一种证书存在于1926～1933年，由蒙古人民共和国军事委员会签发。证书的上部以黄色作为底色，有彩印的1924版国徽，旧蒙文书写的"蒙古人民共和国"五字排列在国徽下方。下部底色为蓝色，用旧蒙文书写获得者的姓名、职务、英雄事迹的简述、证书编号及签发日期。证书四周是一圈蒙古的传统图案"吉祥结"。编号为1的证书签发于1926年12月31日，获得者是军事委员会委员甲巴丹。

第二种证书存在于1933年5月～1941年7月，由小呼拉尔主席团签发。证书上部底色为红色，彩印有1924版国徽，旧蒙文书写的"蒙古人民共和国"五字排列于国徽两侧。下部内容与第一版一致只是底色为蓝色，并增加了获得者照片。

1941年后勋章证书均使用统一的红色封皮小证书，内有获得者姓名、勋章名称、编号及授予时间。至今虽然证书封面的烫金国徽几经变动但是内容没有太大改变。

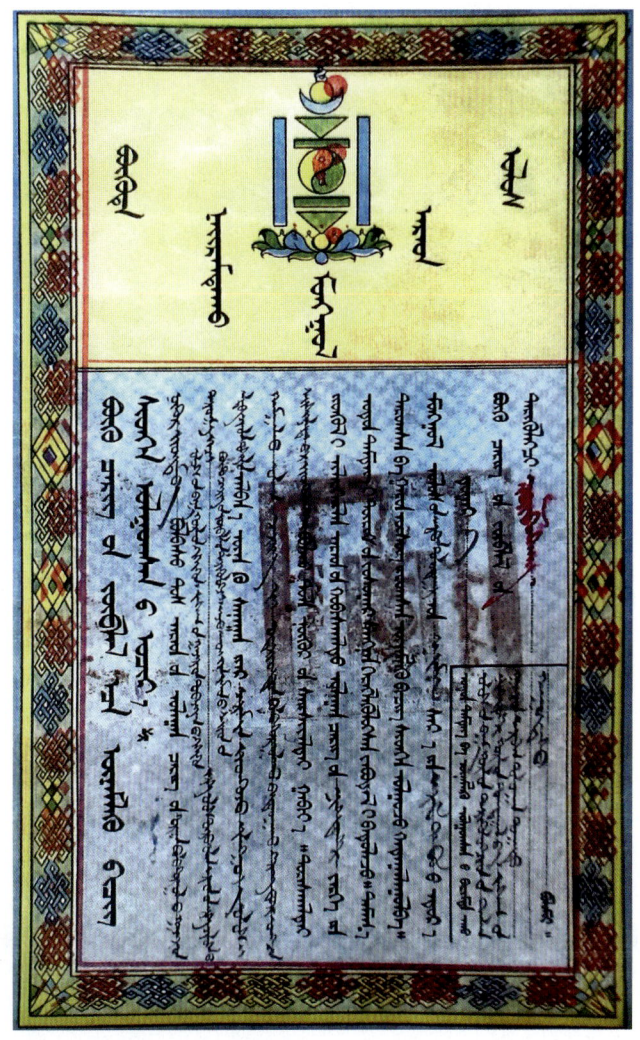

▲第一版彩印战斗红旗勋章大证书

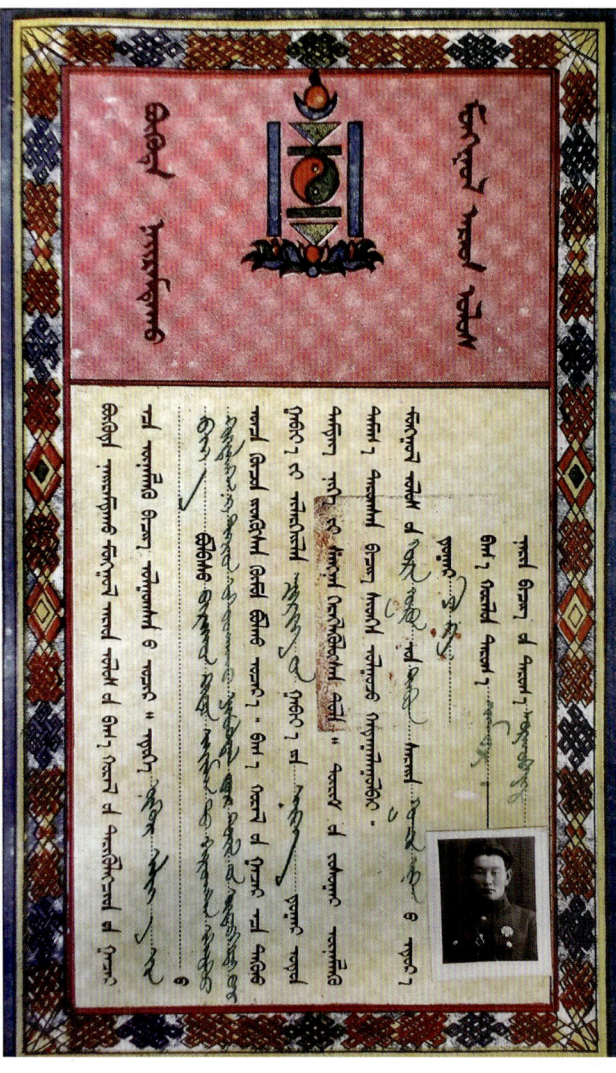

▲ 第二版彩印战斗红旗勋章大证书

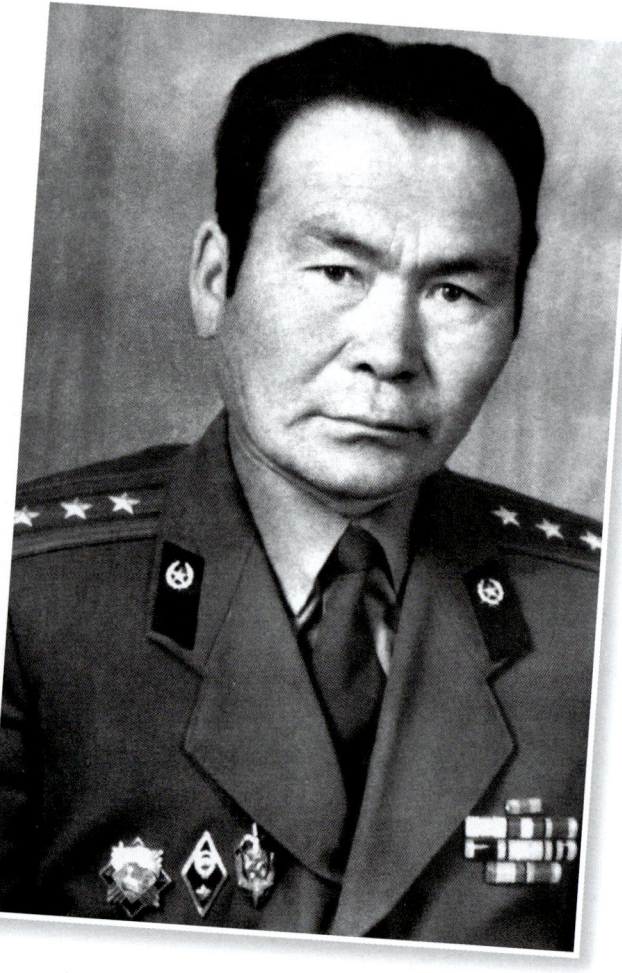

▲ 佩戴战斗红旗勋章略章及其他勋赏略章的一名蒙古人民军上校

1944～1961年的战斗红旗勋章使用一种镶嵌深红色珐琅的铜制略章，规格为28.5×12毫米。1961年以后战斗红旗勋章改用布制略章，规格24×8毫米，图案为深红色底浅蓝色竖条。

战斗红旗勋章的主章在佩戴时位于苏赫巴托尔勋章之后、劳动红旗勋章之前。略章同此顺序佩戴。

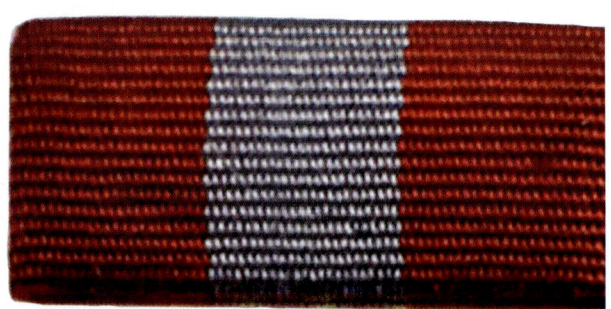

▲ 1961年后使用的战斗红旗勋章布质略章

▶ 1961年前使用的战斗红旗勋章铜质珐琅略章

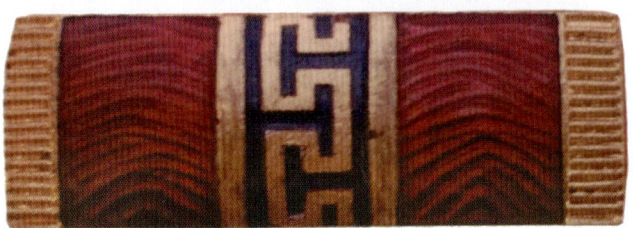

版本

蒙古人民共和国战斗红旗勋章共有六个版本十一个变型，其版本之多堪称蒙古勋章之最。

版本	使用时间	名称	佩戴方式	材质
T1	1926~1931	军事英勇勋章	转轮	银镀金、珐琅
T2	1931~1941	军事英勇红旗勋章	转轮	银镀金、珐琅
T3	1941~1946	军事英勇红旗勋章	转轮	银镀金、珐琅
T4	1946~1971	战斗红旗勋章	转轮	银镀金、珐琅
T5	1971~2002	战斗红旗勋章	别针	银镀金、珐琅
T6	2003~—	战斗红旗勋章	别针	铜镀金、油漆、树脂

第一版战斗红旗勋章（军事英勇勋章）

又称为"1926版"。该版材质为银质镀金，镶嵌红、白、黄、绿四种颜色的珐琅，勋章主题是光芒映衬下的五星，中心图案是当时蒙古人民共和国的国徽，国徽后是两面交叉的红旗，国徽之下是十二片莲叶组成的莲座。国徽上方是中心有太极图案的银色五星。勋章背面是一根用于佩戴的螺丝杆。整个勋章由六部分铆接而成：1.五星及光芒；2.底座；3.中心的国徽红旗图案；4.太阳及光芒图案；5.带太极图案的银星；6.背面的螺丝杆。

实测勋章直径为53毫米，重32.6克，正面镀金，背面螺丝杆长度约为14毫米。该版勋章有两个变型，主要区别在于勋章背面的细节。第一版第一型勋章背面轻微下凹、镀金，在五星各臂之间的背面共有五枚铆钉。勋章背面没有编号，在偏下的位置有造币厂的标记"BXTM"、"84"和一个检验合格标志。这些标记证明勋章是1927年由莫斯科造币厂制造。根据档案，甲巴丹、乔巴山和马格萨尔加夫三人的勋章没有编号。

第二型勋章的背面与第一型不同，有六枚铆钉，螺丝杆上方的厂标为"MONDVOR"，下方有编号"No.……"，在最下方的铆钉边上还有一个俄语字母"Б"。两种勋章均配有一个用于佩戴的银质镀金转轮，转轮直径约33毫米，重4.6克。第一型勋章还额外配有一个镀金的螺帽，螺帽上有标记"BXTM"及厂标，其直径约16毫米，重约2.6克。第一版勋章有一种极其稀少的多次获得版本，但是至今没有找到这种多次授予版本的实物，但是通过判读当时的历史照片可以确定其在历史上确实存在。

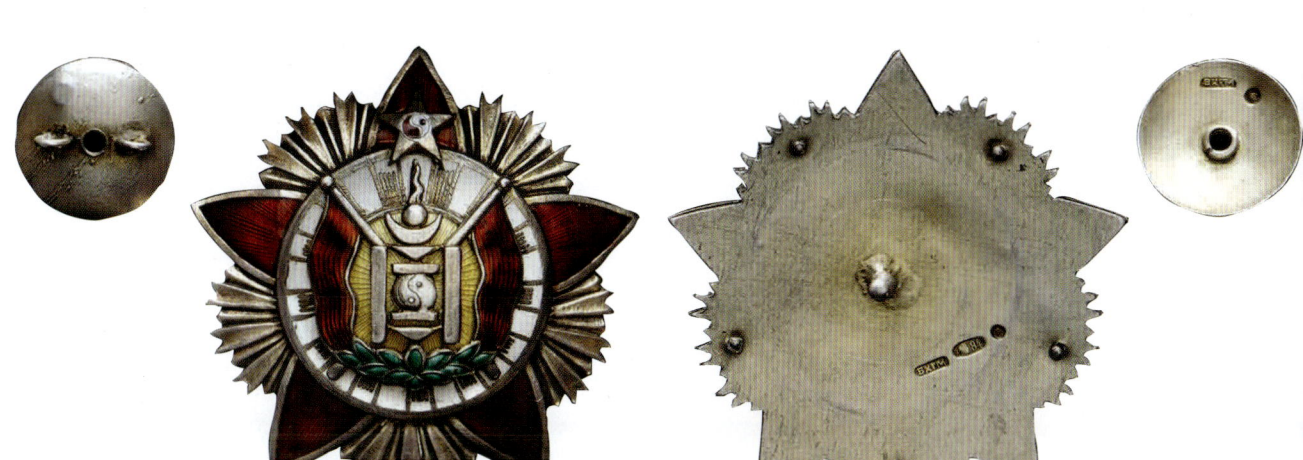

▲ 第一版第一型军事英勇勋章。供图/Morton & Eden

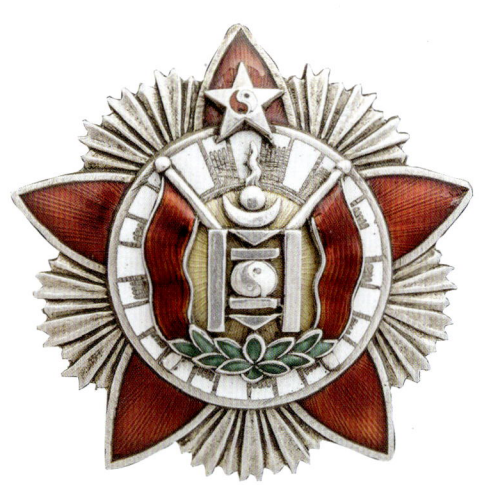

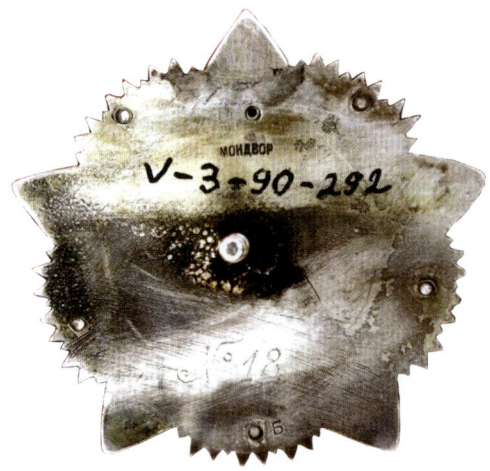

▲第一版第二型军事英勇勋章

第二版战斗红旗勋章（军事英勇红旗勋章）

　　第二版战斗红旗勋章材质为银质镀金，镶嵌红、白、黄、绿四种颜色的珐琅。其与第一版勋章外观近似，唯一的区别在于国徽上方的五星图案被放大，并镶嵌有红白两色珐琅。勋章背面镀金，中间有一根高14毫米的螺丝杆，下方有手刻编号。勋章结构与第一版相同，也是由六部分铆接而成。勋章直径55毫米，重约50.3克，随勋章带有一个直径33毫米、重约9克的银质转轮。第二版勋章目前发现的最小编号为2，最大为659。国内曾有不法收藏商宣称此版本和第一版是同一个版本，只是分属两个变型，对此我们认为纯属无稽之谈。由于其名称和外形均有不同，因此应算作两个版本。

　　第二版勋章有四个变型，主要区别在于勋章背面的细节。

　　第一型：背面有五个铆钉，12点钟方向有厂标"MONDVOR"，六点钟方向有手刻编号及戳记。

　　第二型：背面有六个铆钉，12点钟方向有厂标"MONDVOR"，六点钟方向有手刻编号，下方无戳记。

▲第二版军事英勇红旗勋章。供图/Morton & Eden

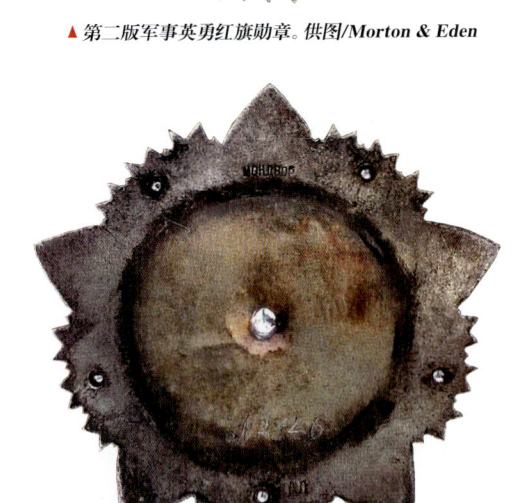

▲第二版第一型军事英勇红旗勋章背面

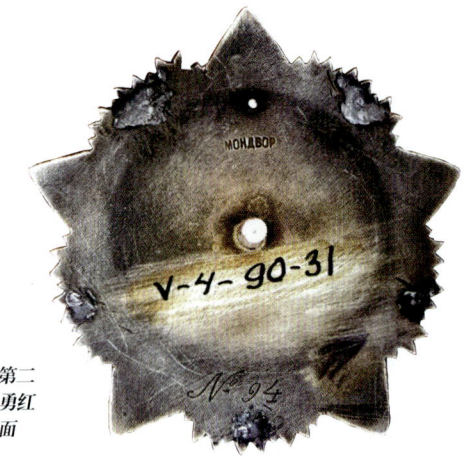

▶第二版第二型军事英勇红旗勋章背面

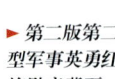

45

第三型：背面有五个铆钉，12点钟方向有厂标"MONDVOR"其字体较粗，六点钟方向有手刻编号。

第四型：背面有五个铆钉，12点钟方向有厂标"MONETNY DVOR"，分两排砸印，六点钟方向有手刻编号，编号下有"БА"戳记。

第二版勋章存在多次授予的版本，其在勋章正面下方增加了一个白色珐琅方块，其中以旧蒙文数字来表示获得次数，目前仅发现了带有数字"2"的多次授予版实物。但照片显示还存在有三次和四次授予的版本。

► 第二版第三型军事英勇红旗勋章背面

► 第二版第四型军事英勇红旗勋章背面

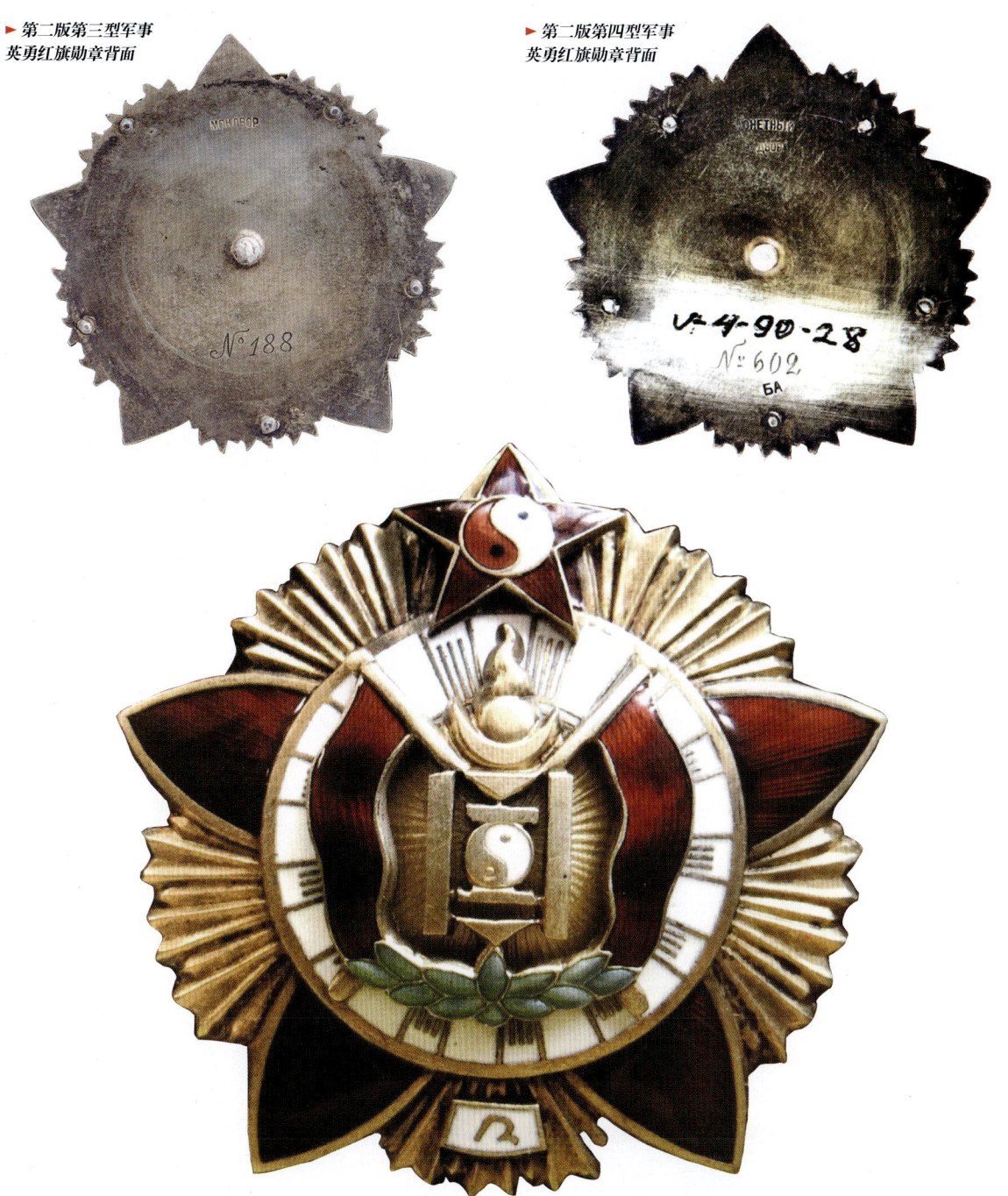

▲ 两次授予的军事英勇红旗勋章，正面的旧蒙文"2"极具特色

第三版战斗红旗勋章（军事英勇红旗勋章）

第三版勋章材质为银质镀金，镶嵌红、黄、浅蓝、绿色珐琅。这版勋章完全改变了之前的设计。勋章主体是边框镀金的五星，每个角之间各有五道光芒。勋章中央为1939年3月15日新更换的国徽，国徽上面是一面写有蒙古人民共和国新蒙文缩写的红旗，旗面挡住了五星12点钟和2点钟的两个角，国徽下方是六片绿色的叶子，叶子上是交叉的马刀和步枪。勋章背面通常镀金，微下凹，一根带底座的螺丝杆焊接在背面中央，高约20毫米，造币厂的厂标分两行砸印在螺丝杆上方。螺丝杆下有手刻编号。勋章由四部分组成，直径约50毫米，重约56克。

该版勋章共有两个变型，其中第二型有一个特殊变型。

第一型：背面有三个铆钉，厂标位于背面上方，分两排砸印，其中上排字母排列微微上翘。

第二型：背面有四个铆钉，厂标刻痕较浅且字母排列密集，编号位于下方两个铆钉之间，旗杆头部看起来较粗。

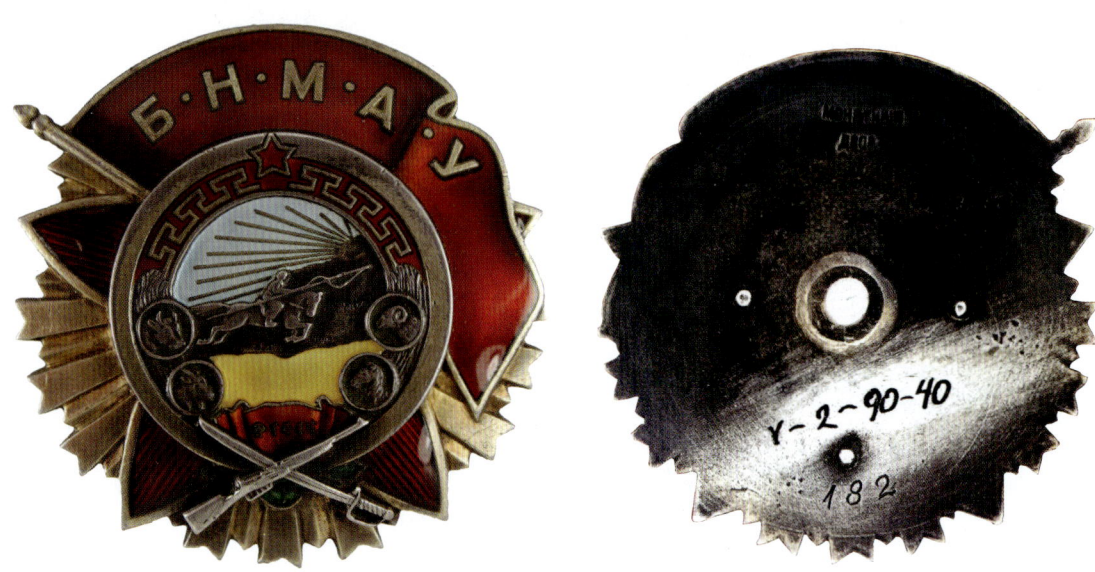

▲ 第三版第一型战斗红旗勋章，编号182

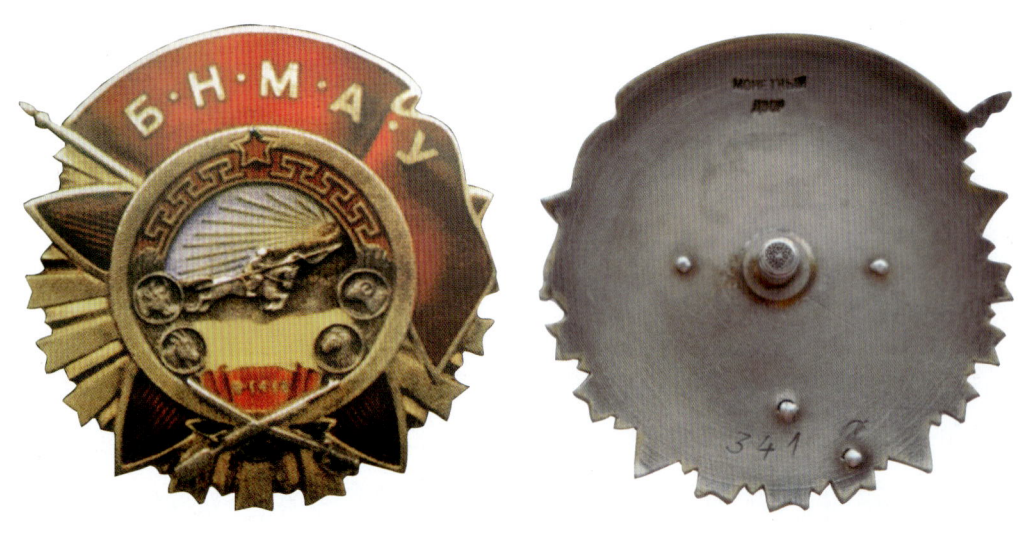

▲ 第三版第二型战斗红旗勋章，编号341

第二型勋章的特殊变形背面有四枚铆钉，厂标字母水平排列，不再上翘。编号位于下方两个铆钉之上。旗杆头部分看上去较细。

第三版勋章配有一个直径33毫米，重约10.3克的银质转轮。

第三版勋章的多次授予版本也很罕见，多次授予的勋章在正面下方增加了一个代表授予次数的带阿拉伯数字的蓝色珐琅块。

目前已知的第三版军事英勇红旗勋章的号段如下：

一次：13～2470

二次：13～56

三次：9～32

四次：4～143

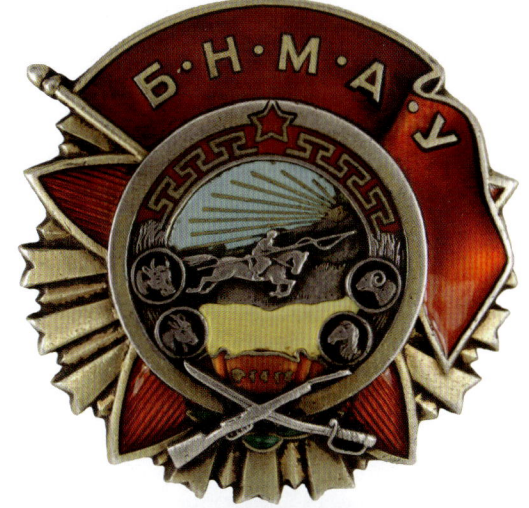

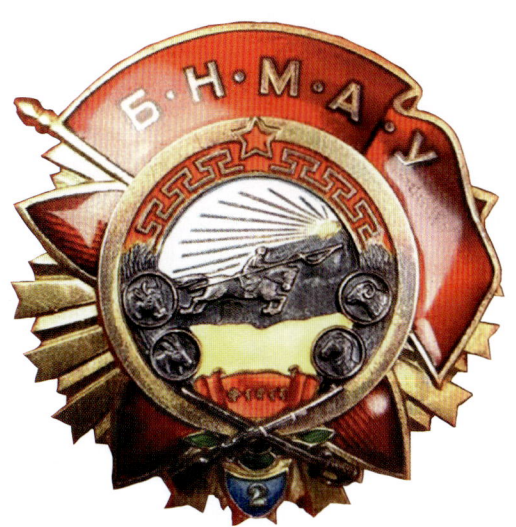

▲ 两次授予的第三版战斗红旗勋章

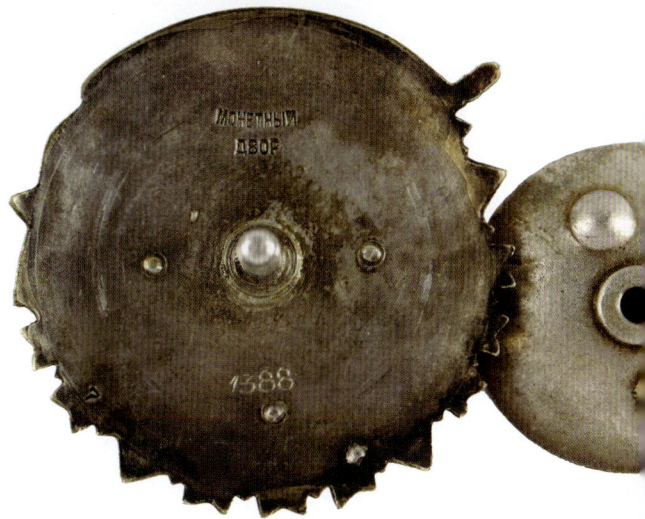

▲ 第三版第二型特殊变形版战斗红旗勋章，编号1388。供图/Carsten Zeige

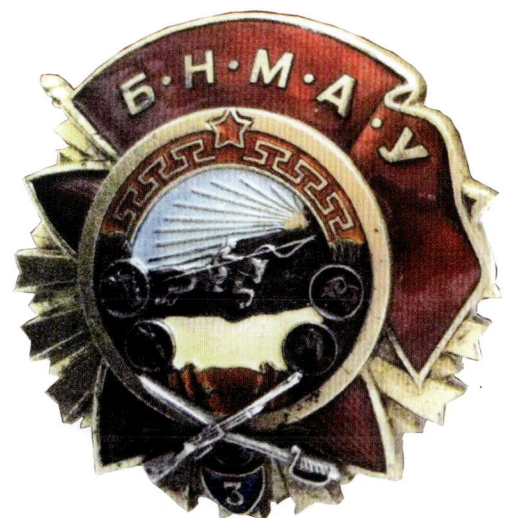

▲ 三次授予的第三版战斗红旗勋章

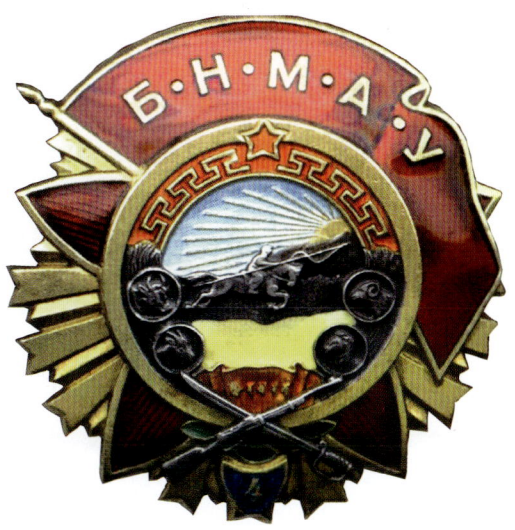

▲ 四次授予的第三版战斗红旗勋章

第四版战斗红旗勋章

第四版战斗红旗勋章由艺术家朝道格设计，材质为银质镀金，镶嵌红、白、黄、浅蓝和绿色珐琅。勋章的主体图案是一个五角星，在每个角之间各有七道光芒，一个象征太阳的白色圆盘位于勋章正中，圆盘中间是1941年11月1日新启用的国徽，在国徽上方10点钟到3点钟方向是一面展开的红旗。勋章背面的中心位置平滑，光芒和五星的背面则是正面图案的镜像图案。背面的中央位置焊接了一根用于佩戴的螺丝杆，其长度约为11毫米，勋章由三枚铆钉组合在一起，在勋章背面1、6、9点钟方向可看到这三枚

铆钉。勋章的编号刻在螺丝杆的下方。勋章直径约为52.5毫米，重约44.4克，随勋章配用的钢制转轮直径33毫米，重约6.3克。第四版战斗红旗勋章编号在1～3000之间。

第四版战斗红旗勋章有两个变型，主要区别在于勋章背面的细节，第一型勋章背面的镜像图案圆滑，没有棱角感，目前发现的最小编号为2，最大编号为2634。第二型勋章与第一型区别甚微，只是背面12点钟方向有一个圆形戳记和一个反刻的"B"标记，且第二型勋章的镜像图案较第一型相比棱角略分明。目前该型发现的最小编号为1300，最大编号为2300。

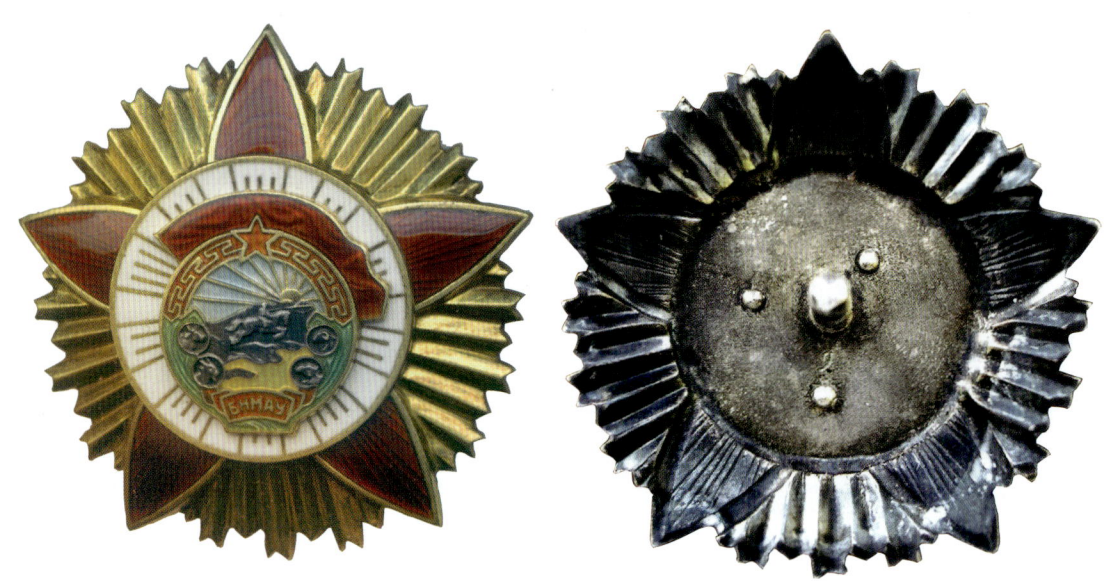

▲ 第四版第一型战斗红旗勋章，编号2

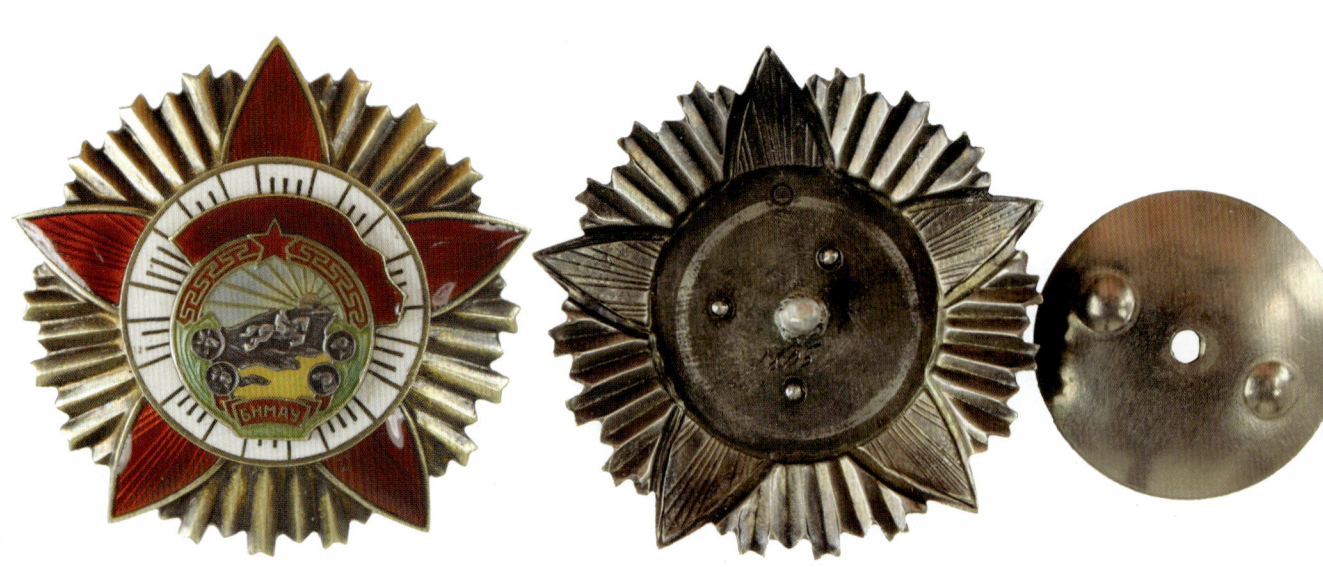

▲ 第四版第二型战斗红旗勋章，编号1605。供图/Carsten Zeige

第四版战斗红旗勋章有多次授予的版本，其在勋章的正面用蓝色珐琅和数字来表示授予次数。截至1946年12月，共颁发了74枚二次、351枚三次和100枚四次该版本勋章。和苏联的红旗勋章一样，在实际的颁发中很多多次获得勋章的人都没有拿到多次授予的版本。据蒙古小呼拉尔的记载，1986年5月，有557枚未及颁发的战斗红旗勋章被移交蒙古人民共和国中央银行保存。

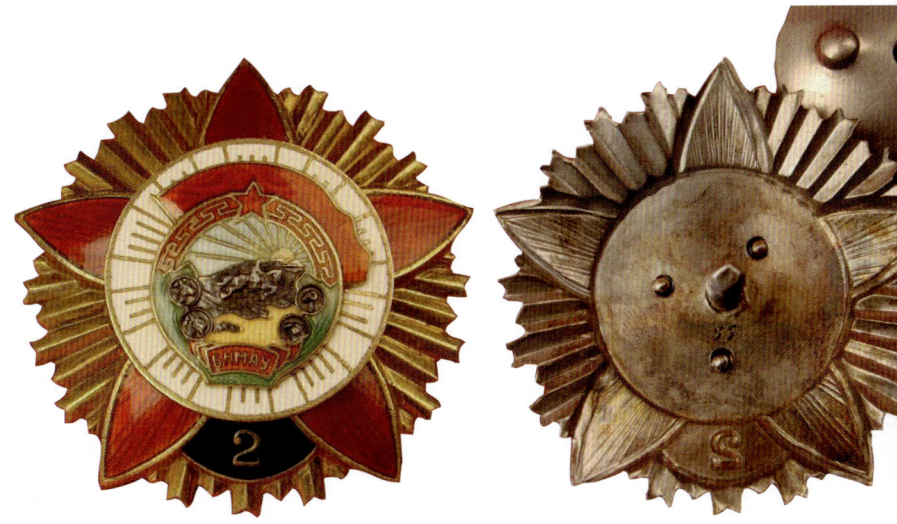

▲ 二次授予的第四版战斗红旗勋章，编号55。供图/Collecrussia

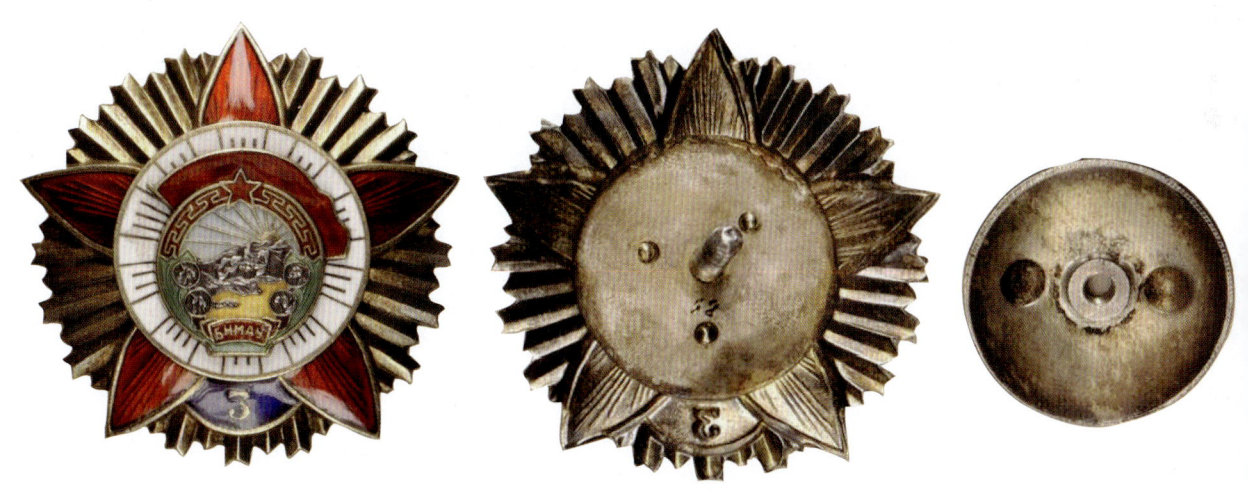

▲ 三次授予的第四版战斗红旗勋章，编号58。供图/Bene Merenti

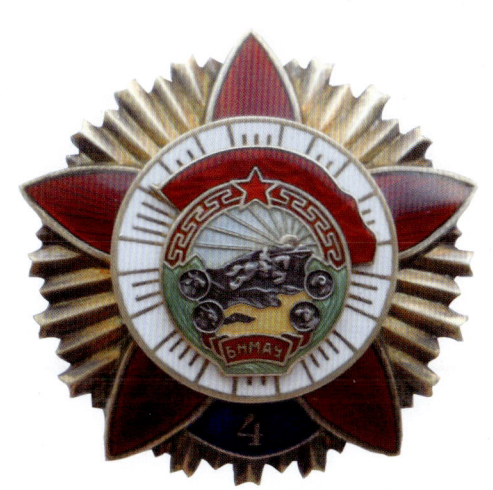

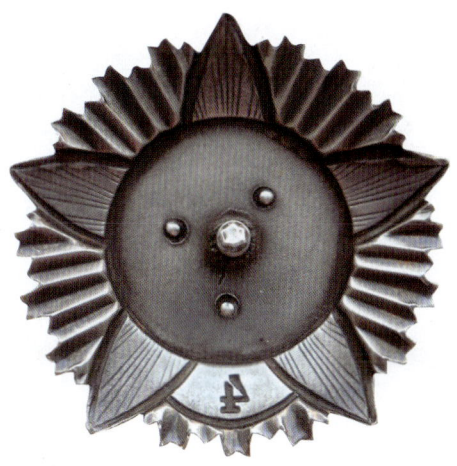

◀ 四次授予的第四版战斗红旗勋章，编号1

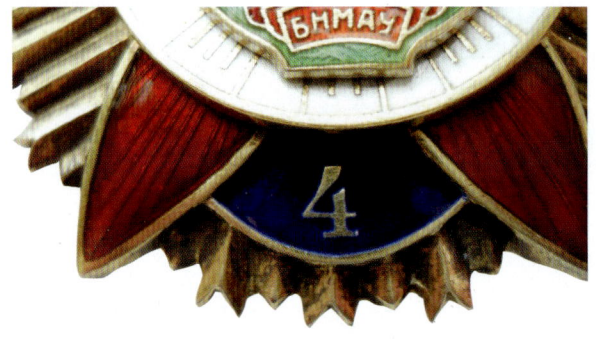

多次授予的版本重量和号段如下：

次数	数量	号段
二次	44.2克	3～398
三次	46.6克	5～200
四次	49.4克	2～94

◀ 四次授予的第四版战斗红旗勋章次数特写

第五版战斗红旗勋章

第五版战斗红旗勋章材质为银镀金红、白、蓝、黄、绿色珐琅，其外观与第四版相似，仅国徽被换成1960版。同时五星红色部分的珐琅颜色要深于第四版。

勋章背面中央是别针系统，其余部分为正面图案的镜像。勋章直径52.5毫米，重51.2到52.5克。

该版本有两个变型，区别在于勋章背面的细节。

第一型：国徽由三枚铆钉固定，在勋章背面的1、6、10点钟能看到铆钉，勋章的编号在别针系统之上。该型编号见于3016～4467之间，这批勋章在1971～1990年间颁发。

第二型：国徽由两枚铆钉固定，在别针系统的上下各有一个铆钉。勋章的编号刻在背面五点钟方向。这批勋章的编号见于4501～5500之间。这批勋章从1980年开始颁发，一直使用到2002年前后。

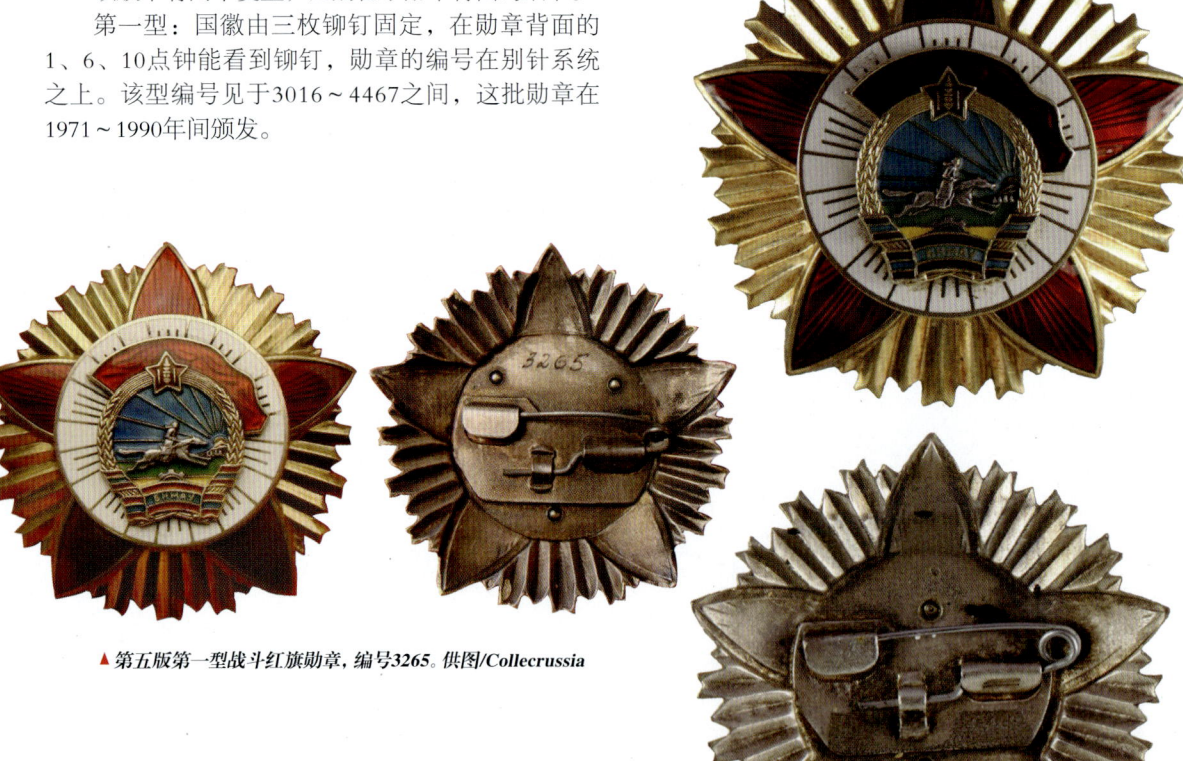

▲ 第五版第一型战斗红旗勋章，编号3265。供图/Collecrussia

第六版战斗红旗勋章

这一版本的战斗红旗勋章系蒙古国自行开模铸造的，材质为铜制，填充油漆或者透明树脂。做工粗糙且串色现象严重。该版本继承了人民共和国时期第五版战斗红旗勋章的式样和外观，也使用别针佩戴。该版勋章的编号大于5500，有部分勋章没有刻号。

▲ 第五版第二型战斗红旗勋章，编号5912。供图/Carsten Zeige

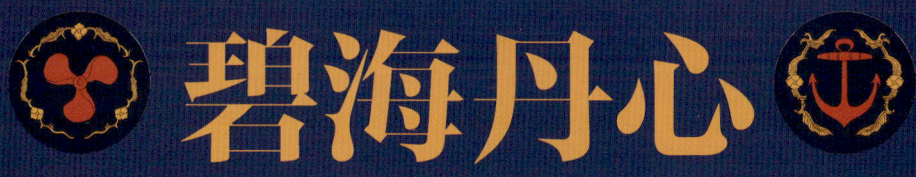

碧海丹心

近代中国海军军服简史（一）

从船政水师到北洋海军

作者：陈悦　绘图：顾伟欣

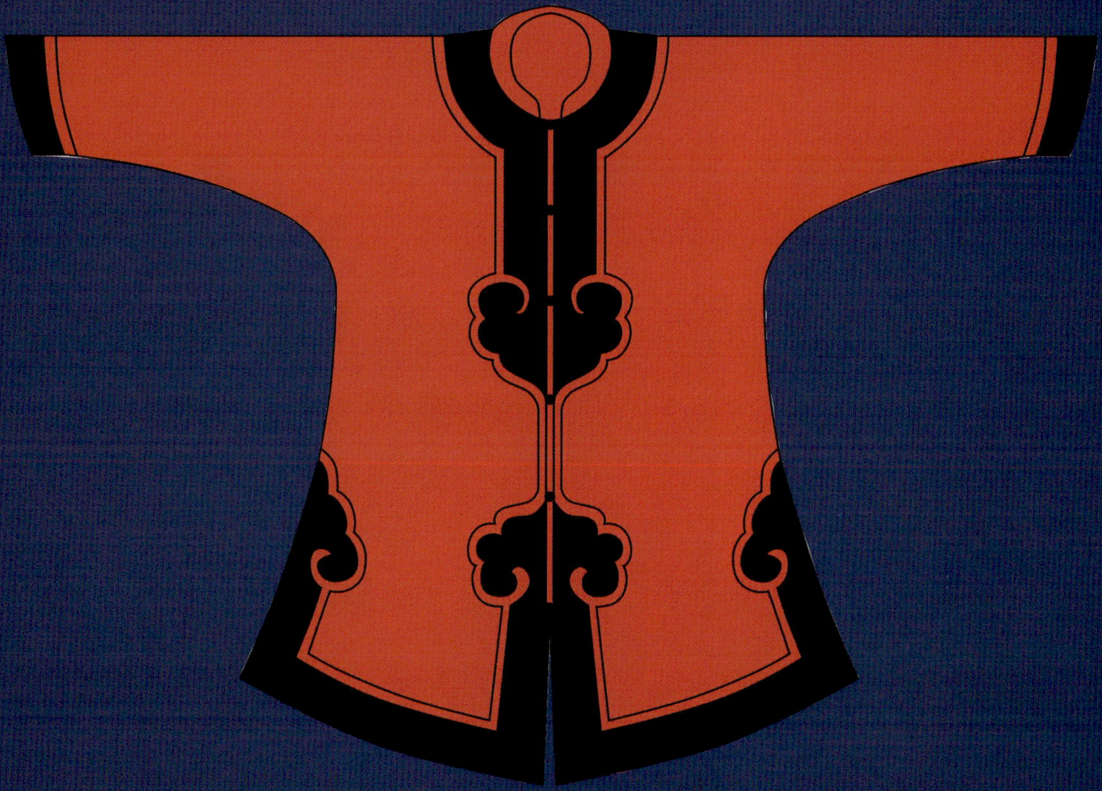

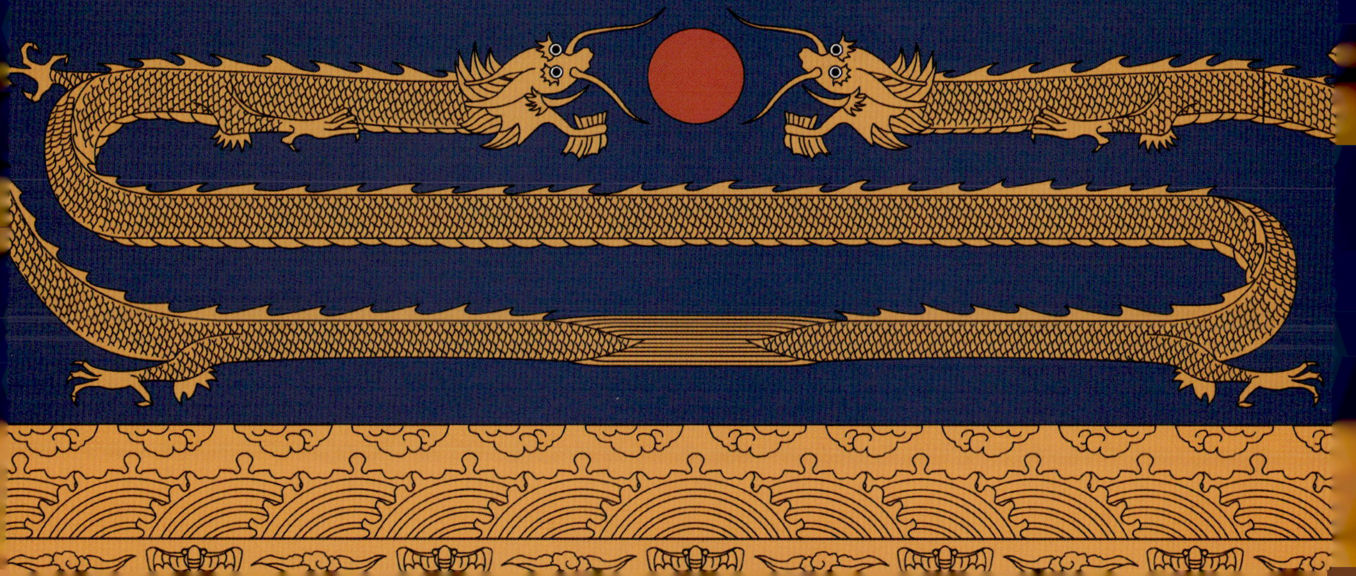

中国创建现代意义海军的历史，最早能上溯到第二次鸦片战争之后的清朝末年。现代意义上的海军不仅使古老中国的海防焕发出了新意，借鉴、参考西方海军军服设计的中国海军军服的出现，也将中国军服制度的历史带入了一个与世界接轨的全新境界，从这方面来看，中国海军军服可谓中国军队服制近代化的鼻祖。

面对一个拥有千年文明史的古国，在其底蕴深厚的文化传统跟前，任何外来的新生事物想要被接纳，都必须经历与传统的碰撞，经过一个漫长的循序渐进的过程，中国海军军服的演变史就是这样一段传统与外来文化博弈、交流、融合的历史。

船政水师

1866年末，经时任闽浙总督的左宗棠奏请，清政府批准在福建福州附近的马尾建设一座引入法国技术的大型海防机构，融舰船建造、海军与舰船工程教育、海军舰队编练等功能于一体，对外的正式名称为船政。船政创设伊始，在设计内部的机构建制时，考虑到将来建造的蒸汽动力军舰预储兵力，1867年总理船政大臣沈葆桢调用10艘中式木质风帆动力炮船，在船政主生产厂区附近设立了名为船政水师营的军事单位，任命尽先游击、署理绿营闽浙总督督标水师营参将杨廷辉为首任管带，招募两三百名水勇入营训练，兼顾船政生产厂区外围水域乃至厂区陆上的警备，主要使命就是等船政的蒸汽动力军舰诞生后"摄甲登船"。性质类似西方海军的练兵营，是中国第一支与西式海军直接相关的军事单位。

随着船政建成的蒸汽动力军舰日益增多，除了人员的配备外，很多新的需要解决的问题也不断涌现，其中最为重要的就是蒸汽动力军舰如何进行编组管理。1870年，船政大臣沈葆桢提出对船政所造的军

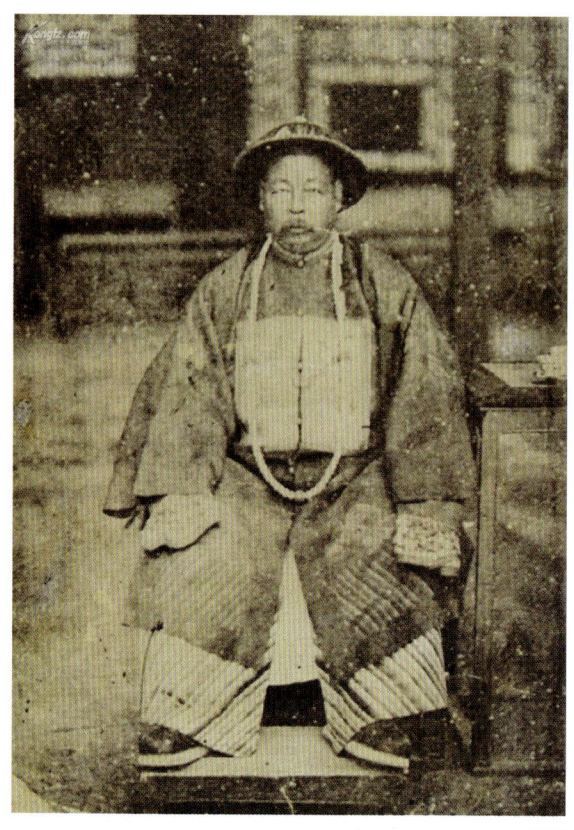

▲ 时任陕甘总督的左宗棠。他在近代中国海军力量建设中发挥过重要作用

舰实施统一管理和训练指挥的意见，在船政水师营之上，成立了专门的轮船水师，又称"船政水师"，由绿营福建水师提督李成谋兼任船政水师的统领，这是中国历史上第一支完全装备近代化军舰的海军舰队。尤为重要的是，船政水师的军舰不仅仅驻防在福建和台澎，在整个十九世纪70年代，船政水师的军

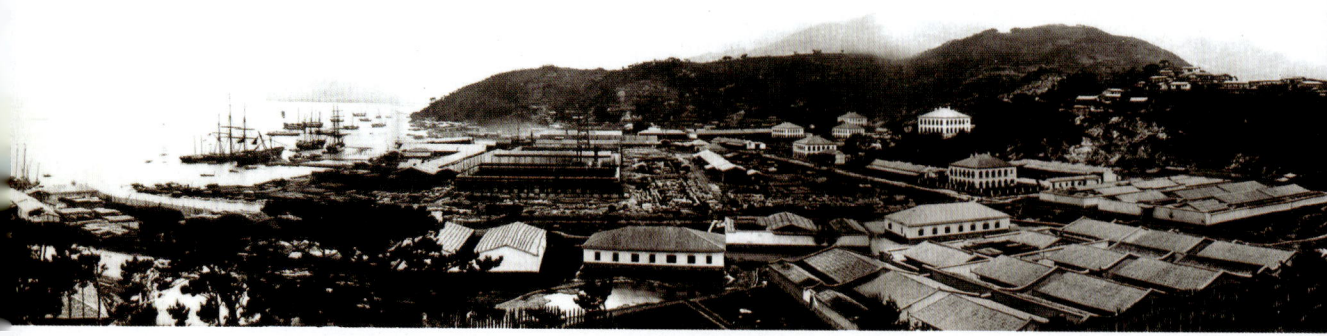

▲ 建设中的船政全貌，右侧闽江上停泊的欧式帆船是为船政运送建筑材料和造舰物料的商船，照片中部建设中的建筑是船政的生产车间，照片右侧山脚下的两栋欧式建筑分别是船政后学堂（右）、前学堂（左），后学堂右侧的中式建筑群是船政的技工学校，照片右下角是船政的工人宿舍，而由沈葆桢创设的船政水师营则位于照片左下角的位置。供图/中国船政文化博物馆

舰从北方的牛庄、天津、烟台，到南方的厦门、广州，驻防于整个中国海防线上的各重要通商口岸，事实上扮演了当时中国国家海军的角色。根据现存的历史资料看，现代意义中国海军的军服就是随着船政水师的出现而诞生的。

在船政留存至今的档案中，内容多是关于建造、收支、管理等事务，涉及船政水师的部分十分稀少、零碎，其中又从未出现过有关军服制度的专门文献。让现代人得以了解船政水师军服之存在，并能对其细节设计有所把握的，是两张珍贵的船政老照片，十分凑巧的是，两张照片上分别出现了船政水师军官和士兵的军服。

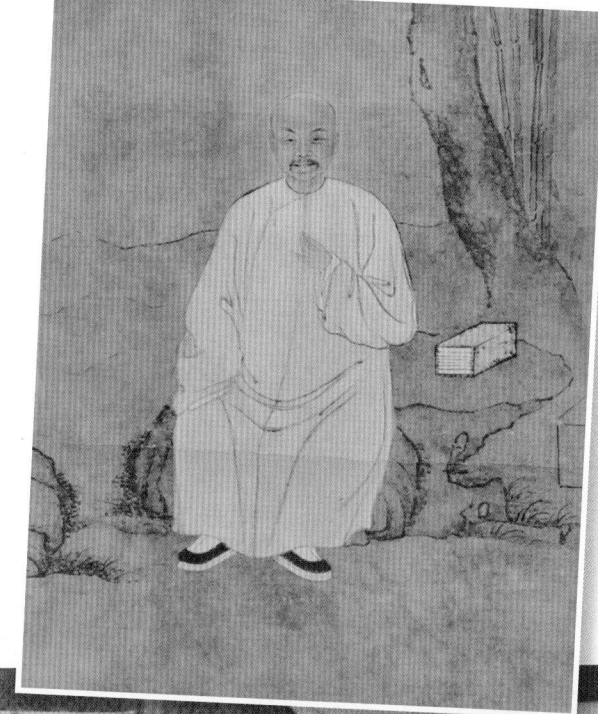

▶ 曾任总理船政大臣的沈葆桢

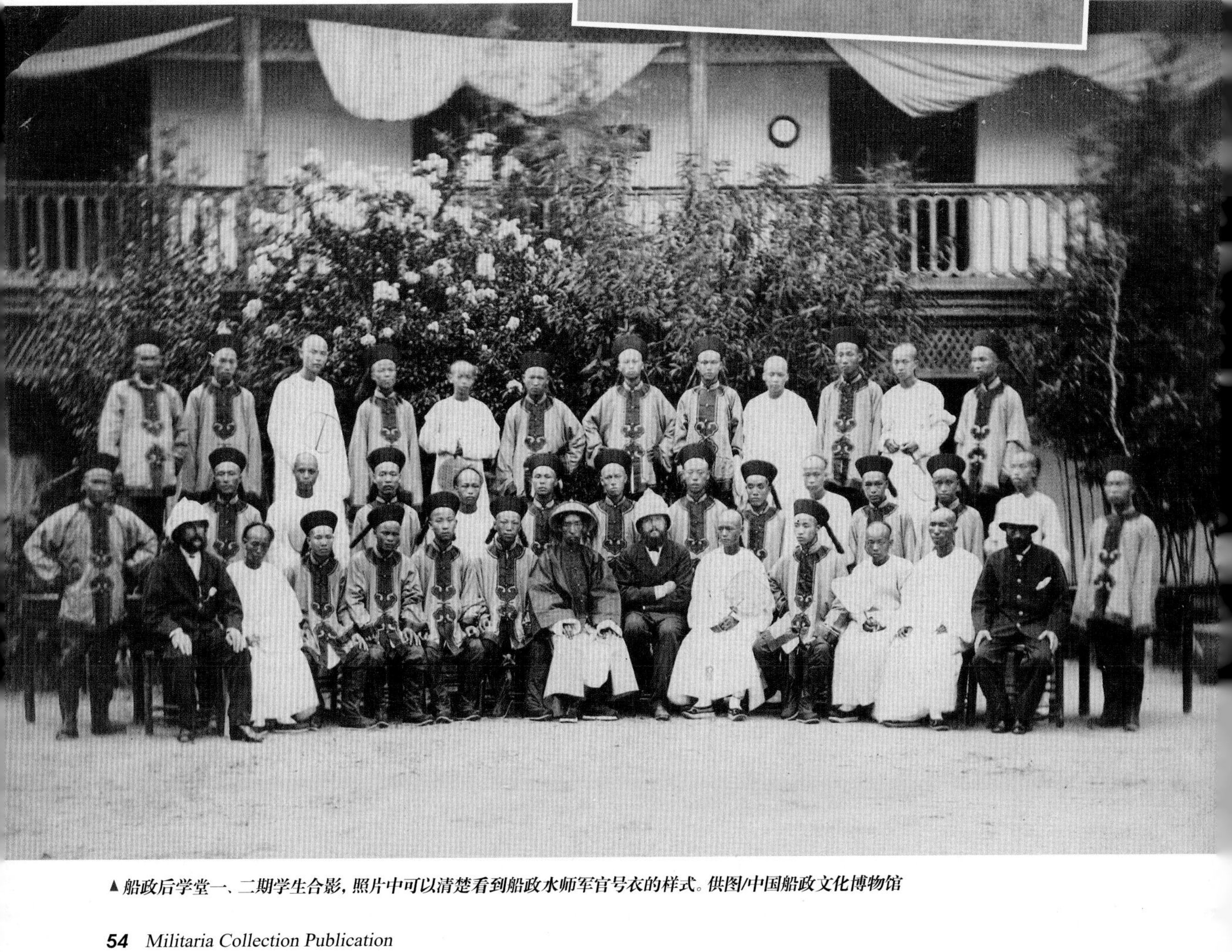

▲ 船政后学堂一、二期学生合影，照片中可以清楚看到船政水师军官号衣的样式。供图/中国船政文化博物馆

其中一张是船政后学堂第一、二期学生在一栋中式二层楼前的合影，船政学堂原名求事堂艺局，分为前、后两个部分，前学堂教授舰船设计、建造等工科，后学堂主要教授航海、轮机，事实上相当于西方的海军军官学校，后学堂毕业生多任职船政水师军舰的军官，在合影（图一）中，前排头戴凉帽的中国人推测是管理学堂的船政委员，西方人则是学堂的教习，其余身着号衣和白布长衫的则是已经毕业或已经开始实习的学员。结合日后出现的北洋水师的军服式样对比分析，基本可以认定照片中一些身着号衣的年轻人所穿戴的就是船政水师军官的制式着装。

船政水师的军官制服外观设计看起来与清代八旗、绿营军官的号衣样式基本相同，采用中式裁剪，显得宽松肥大，上衣为对襟短褂式样，在肩颈至衣襟、下摆以及袖口有明显比上衣本身颜色深得多的如意纹镶边装饰，在镶边的外侧，沿着镶边的轮廓另有一道深色装饰线围绕。与上衣相配套，他们穿着深色的裤子，脚穿薄底高腰战靴。相对八旗、绿营的官弁服制有所改进的是官帽，从照片上看，身着号衣者头戴的都是清代称为暖帽、大帽的军帽，不过与当时通行的、帽墙犹如倒"八"字的船型暖帽造型不同的是，船政后学堂合影照片上军官们头戴的大帽帽墙都比较直立，如果考虑到军舰上狭窄局促的生活、作业环境，这种设计显然更加实用，在舰上不易磕磕撞撞。

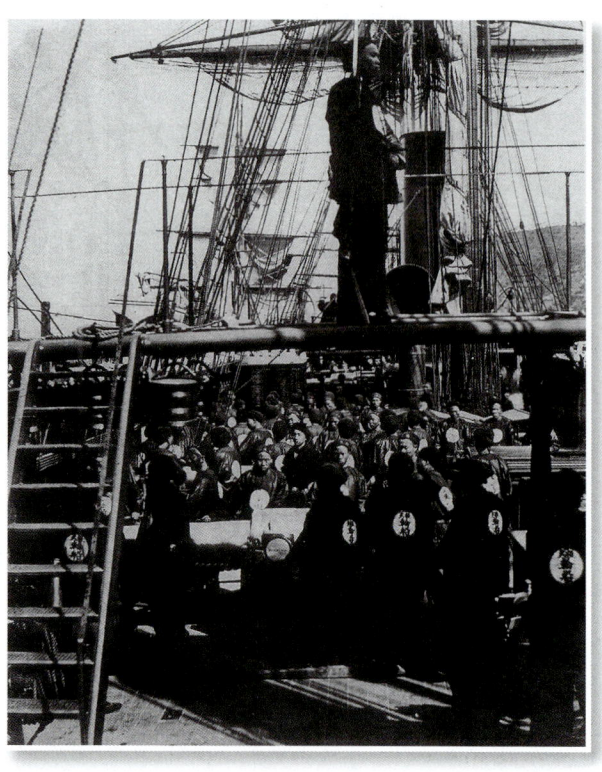

▲ 船政水师巡洋舰"扬武"上的操演情形，照片中可以看到水兵服的样式，以及水兵服补子上的"扬武轮船"字样

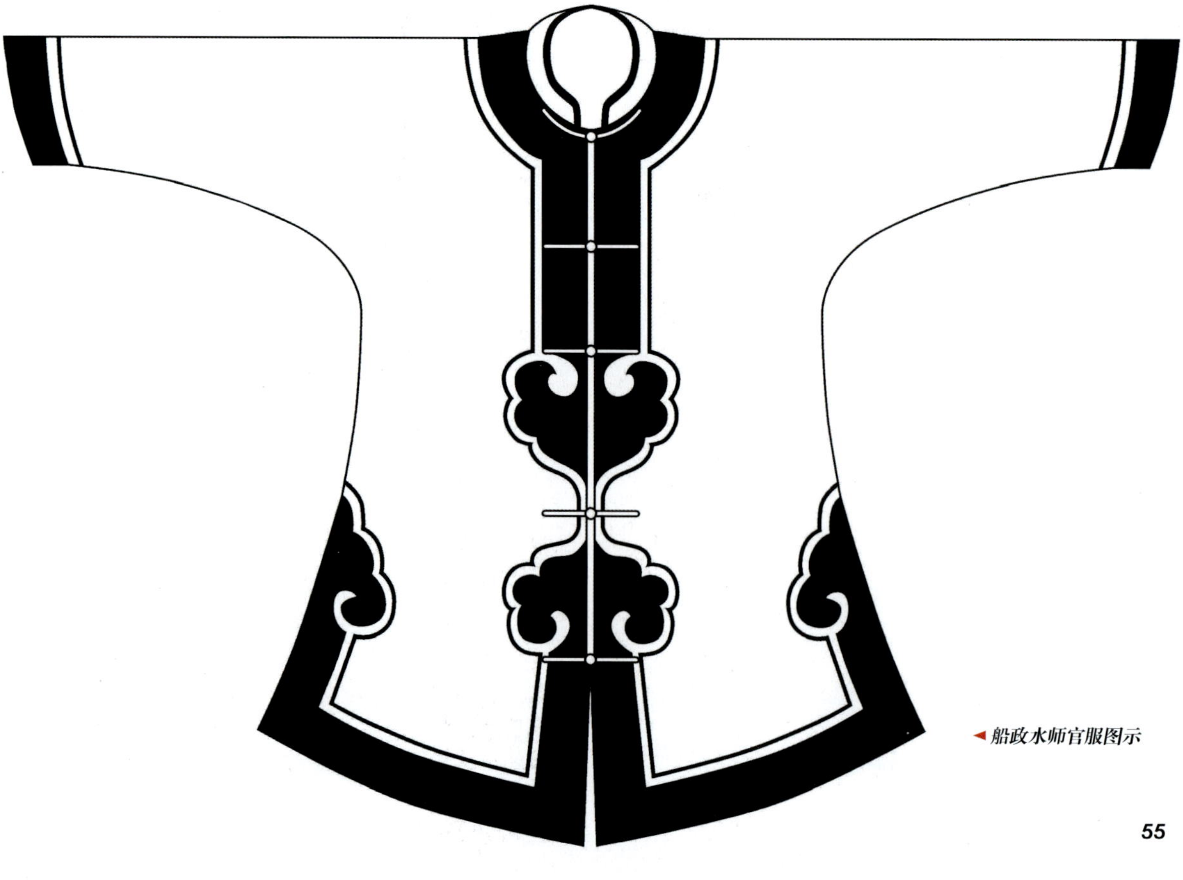

◄ 船政水师官服图示

值得注意的是，从合影照片上看，人们身着的衣服质料都比较单薄，而且学堂的外国教习头戴的是西式的盔式凉帽，船政的官员也头戴斗笠状的中式凉帽，显得照片拍摄时的天气较热，但是在这种环境下身着号衣的船政军官头戴的依然是暖帽，表明这种不按照季节穿戴的情况可能是一项专门的着装设定，很可能船政水师军服中的军帽里根本没有考虑斗笠状的凉帽，与斗笠状的凉帽相比，暖帽在船上活动无疑更方便。

船政水师的水兵多来自福建福州周边以及浙江宁波一带，反映水兵着装的照片拍摄于船政水师的训练舰"扬武"上，拍摄时"扬武"舰主甲板上正在进行火炮操演，各个炮位附近列满了水兵，其中还能看到外国教习的身影，甲板空间总体上显得十分拥挤。照片中的水兵们身穿一种类似勇营号衣的服装，这应当就是船政水师的水兵军服。其上衣为对襟短褂，着军裤，脚穿布鞋，头上缠着头巾，装扮很容易让人想起湘军、淮军等勇营军队的服装。有所不同的是，船政水师水兵裹头的头巾正面绣有文字，由照片中这些文字的反光推测可能是用金线绣制，内容可能是"扬武轮船"四字。在这样的位置绣上水兵所属军舰的名称，很容易让人联想起西式水兵帽上的飘带。船政水师水兵们的号衣为深色，肩颈和衣襟、下摆有颜色更深的镶边装饰，在胸口和后背各钉缀有圆形白色的补子，其内容为靠上方从右向左横书"扬武"，中部竖写着"轮船"二字。

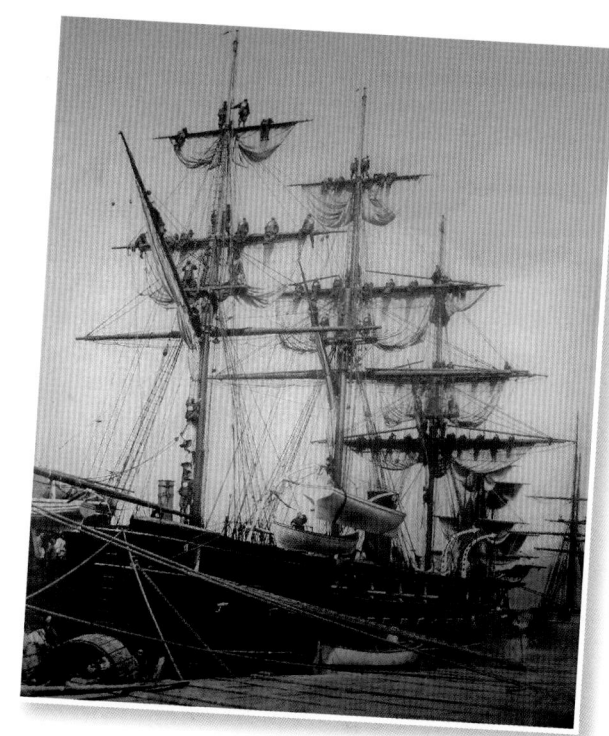

▲ 船政水师旗舰"扬武"号巡洋舰

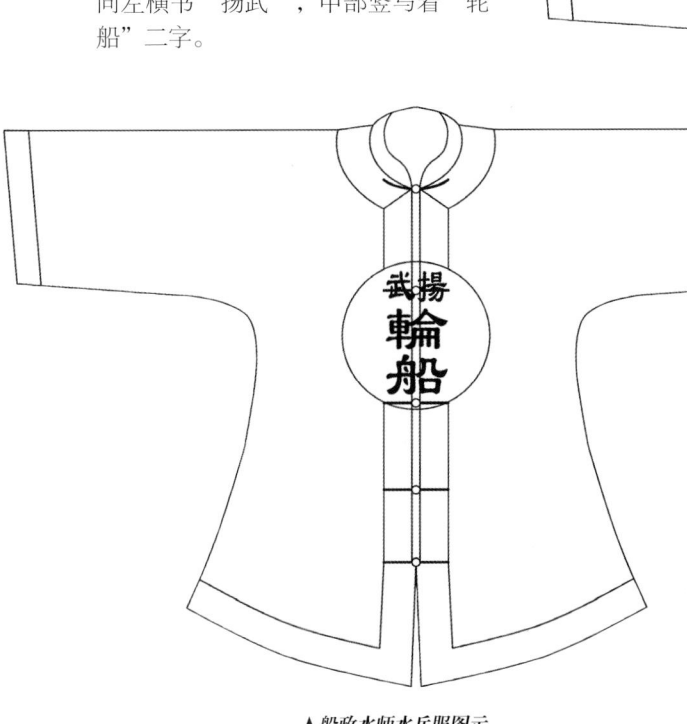

▲ 船政水师水兵服图示

总览船政水师的军官服和水兵服，有一项特点十分明显，即这种军服尚不具备当时欧洲国家海军服那样的军种识别功能，也没有当时欧洲军服上必备的军衔、阶级、岗位职务标志等重要的识别符号元素，本质上属于清末中国传统军服样式的新的运用，设计上基本没有受到西方海军军服的影响。鉴于船政水师军舰频繁往来于沿海各地，可以认为这套着装形成了当时中国社会对新式轮船官兵的重要外貌辨识印象。

北洋水师

　　就在中国的海防近代化缓慢推进的时候，海军建设小有成绩的日本在1874年悍然出兵侵入中国台湾，挑起台湾事件，使得清王朝朝野上下深受刺激，产生日本将成是中国永久大患的判断。台湾事件平息之后，清政府中央立即组织相关省份的将军、督抚就中国海防建设的方略进行政策大讨论，史称第一次海防大筹议。事后明确了由南、北洋通商大臣分别筹建海军的战略，其中尤以事关京畿防御的北洋为重点，由此事实上宣告了由船政水师派出军舰分防各地的海上力量一体化模式的终结，南、北洋海军分防时代到来。

　　第一次海防大筹议后，直隶总督、北洋通商大臣李鸿章受命主管北洋海防建设，与当时已经拥有南洋轮船水师、船政水师乃至广东轮船水师的南洋地区相比，北洋地区的近代化海军建设的基础可谓是一张白纸。李鸿章本人及其幕僚中也罕有对海军事物熟悉者，以至于北洋的海军筹建工作在很长时间里处于进展缓慢的摸索状态。初期重点主要在加强陆上的海防军队，之后才逐渐触及海上武装的设立，直到1882年才初步建立起了北洋水师，奠定了创办北洋海军的基础。

　　李鸿章建设北洋水师的基干力量，主要来自于五个方面，按照时间顺序分别是原先就驻防在北洋通商口岸天津、烟台、牛庄的3艘船政水师军舰"镇海"、"泰安"和"湄云"及相关的舰员；李鸿章从南洋轮船水师借调的"操江"号军舰及其舰员；李鸿章从山东省抽调的绿营荣成水师营的精锐骨干；总理各国事务衙门从英国购买、由船政配齐人员的"龙骧"、"虎威"等4艘蚊子船；李鸿章从英国购买的6艘"镇"字蚊子船以及"超勇"、"扬威"号巡洋舰。早期，北洋海防的舰船部队对外统称为"荣成水师"，至1882年才正式定名为"北洋水师"。从北洋水师建设的很多细节看，船政及其船政水师对北洋水师的影响极大，甚至可以认为北洋水师是仿照船政水师而建设。首先，曾任船政大臣的两江总督沈葆桢是李鸿章的科举同年以及政场挚友，李鸿章常就有关海军建设的事宜求教于沈葆桢，沈葆桢对李鸿章也多有建议、指点，北洋水师司令官的选拔标准就是由沈葆桢提出。同时船政是当时中国唯一的海军人才培育基地，李鸿章不仅大量从船政调用船政水师军官前来北洋，甚至于将曾任船政大臣的吴赞诚礼聘到天津，仿照船政模式建立天津水师学堂。再次，船政水师是当时中国唯一的按照舰队模式编组的近代化海军力量，其制度建设、指挥训练等都是当时中国唯一可资借鉴的经验来源，对北洋水师产生了重要的影响，在近年发现的北洋水师航海日志中，就有明文说明其航海日志的规范初期完全沿用自船政水师，在后期才做了局部的调整修改。在这种大背景下，北洋水师的军服设计也能反映出船政水师军服的影子。

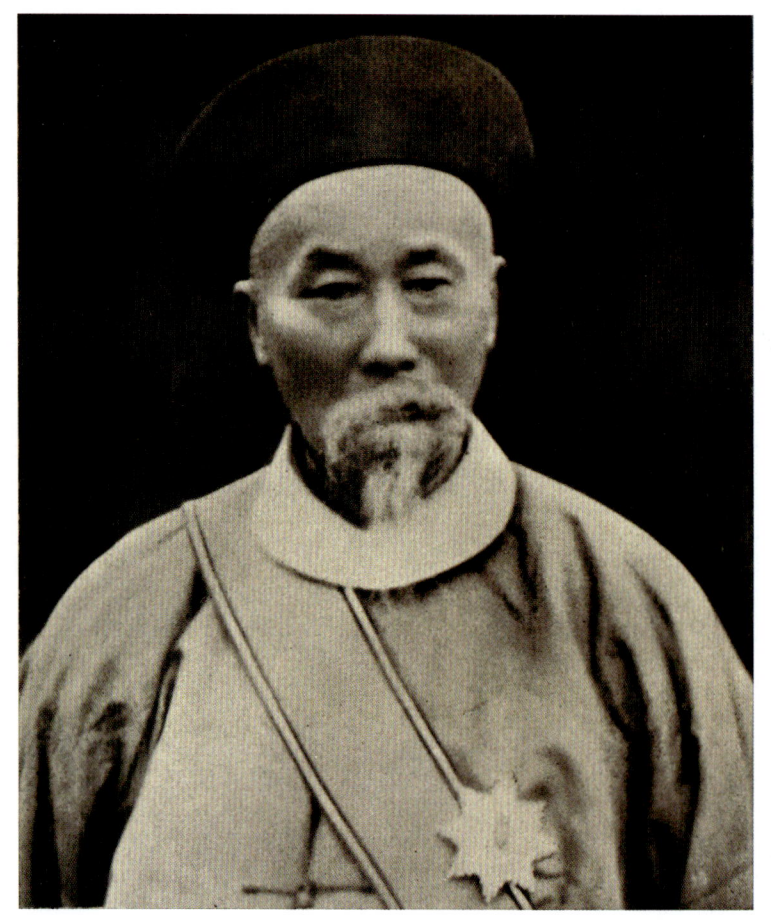

◀ 作为晚清最重要的政治家，李鸿章在近代中国海军建设和制服徽章发展上均发挥了重要作用

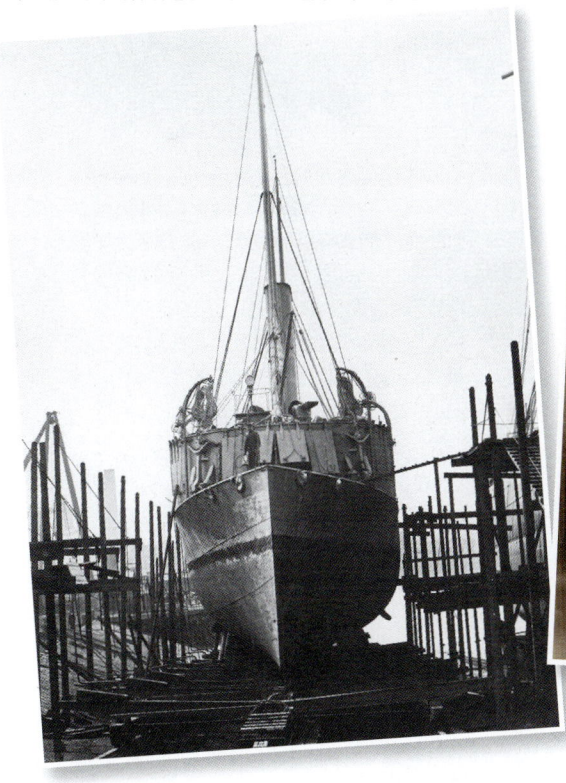

▼ 在英国阿姆斯特朗造船厂下水的"超勇"号巡洋舰

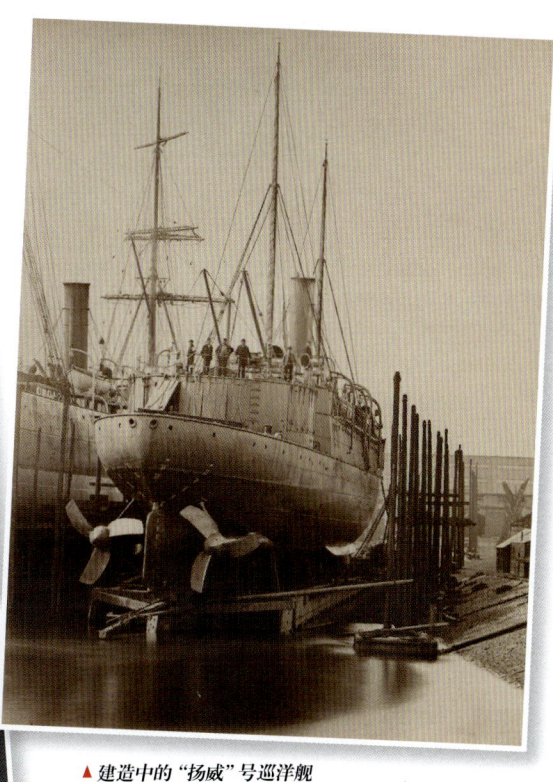

▲ 建造中的"扬威"号巡洋舰

就在北洋水师成立的1882年，《北洋水师号衣图说》经北洋大臣李鸿章批准颁行，这是迄今所知的中国第一部关于海军军服的成文制度，在中国军服制度史上意义重大。根据《北洋水师号衣图说》中的设定可知，北洋水师的军服共分为官弁号衣，洋枪队号衣，水手、升火、匠、役号衣等三大类。

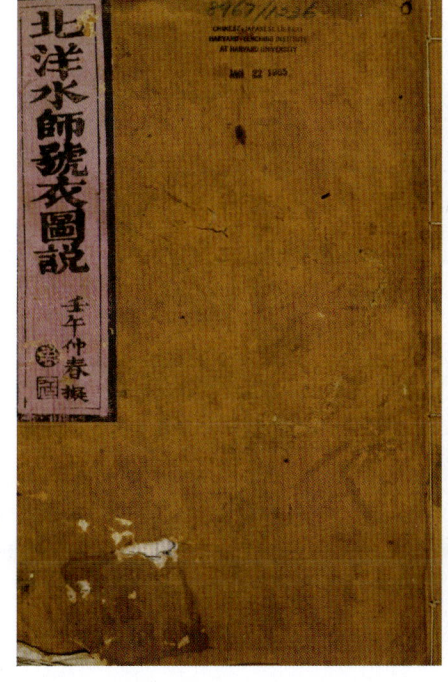

► 美国哈佛燕京图书馆收藏的1882年版《北洋水师号衣图说》书影

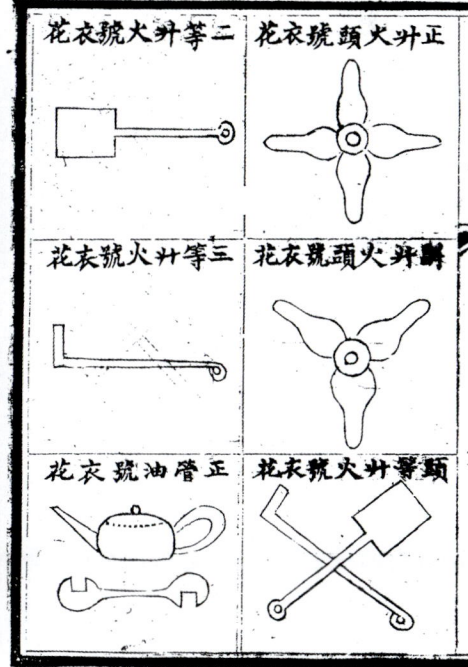

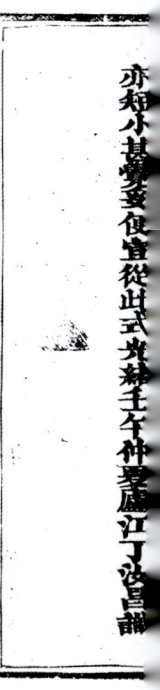

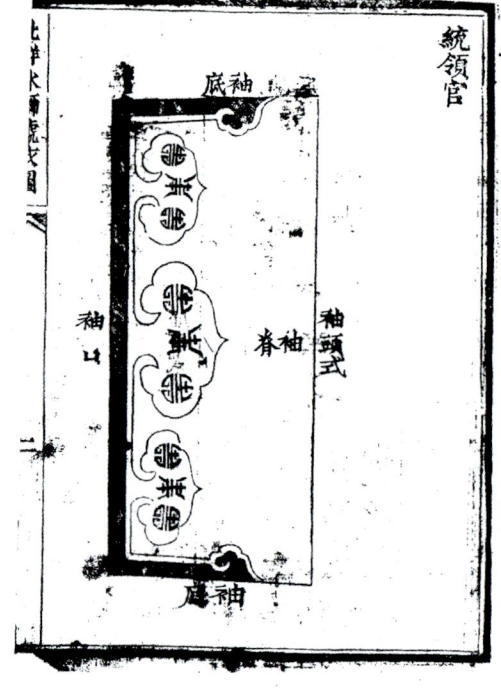

▲展现了北洋水师军官制服的经典照片："致远"舰军官与北洋水师总教习琅威理在舰上的合影，照片中包括舰长邓世昌（前排居中双手相握站立者）在内的中方官员全部身着标准的军服，头戴瓜皮帽，总教习琅威理身着英国海军公服，可能是为了表示其在中国海军服务的特殊经历，琅威理军服的英式袖章上缝了一对飞龙

以上官弁及水手升火匠役人等應穿號褂均照號衣色料製辦
穿號衣時須著薄底戰靴官弁並束帶佩刀外平時在船號衣
只准過膝二寸夫號衣之製原欲壯觀兼易識辨且在船上搽

北洋水師號衣圖

統領官
袖底
袖頭式
袖脊
袖口
袖底

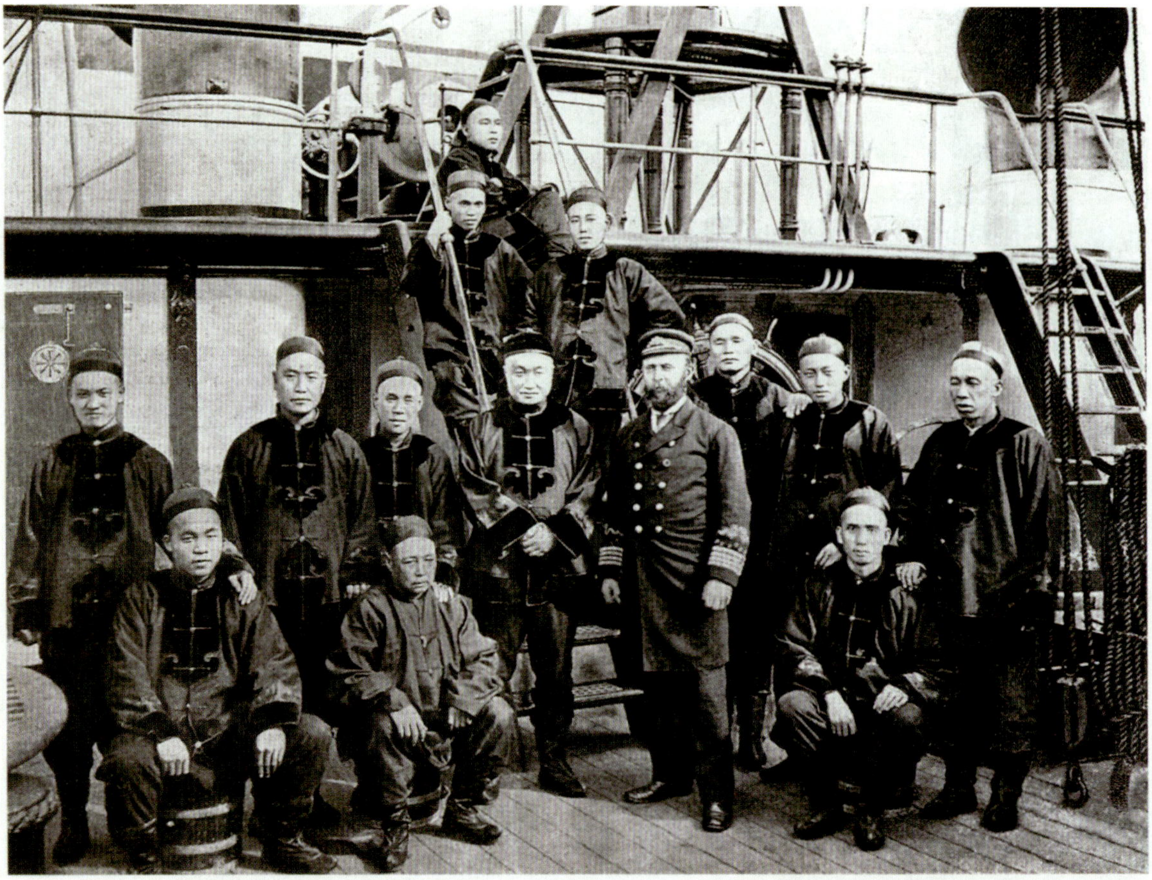

北洋水师的官弁号衣是军官、水师学堂学生乃至士官长的军服，四季都是通体石青色（即蓝色），上衣的样式和船政水师的军官制服一样，也是对襟的短褂。为方便舰上活动起见，《图说》中特别强调了号衣应收腰，袖口宽为6寸（20.4厘米）等细节要求。北洋水师的军官服上衣在肩颈、衣襟、袖口、下摆等处有黑色带如意云头图案的绒布镶边，在镶边外缘缝有黑色的窄轮廓线装饰。衣服的扣子是中国传统的一字扣式样，但纽扣没有用盘扣，而是采用了西式的金属扣。按照《图说》的规定，军官服面料春秋季用线绸，夏季用宝莎，冬季为呢子。

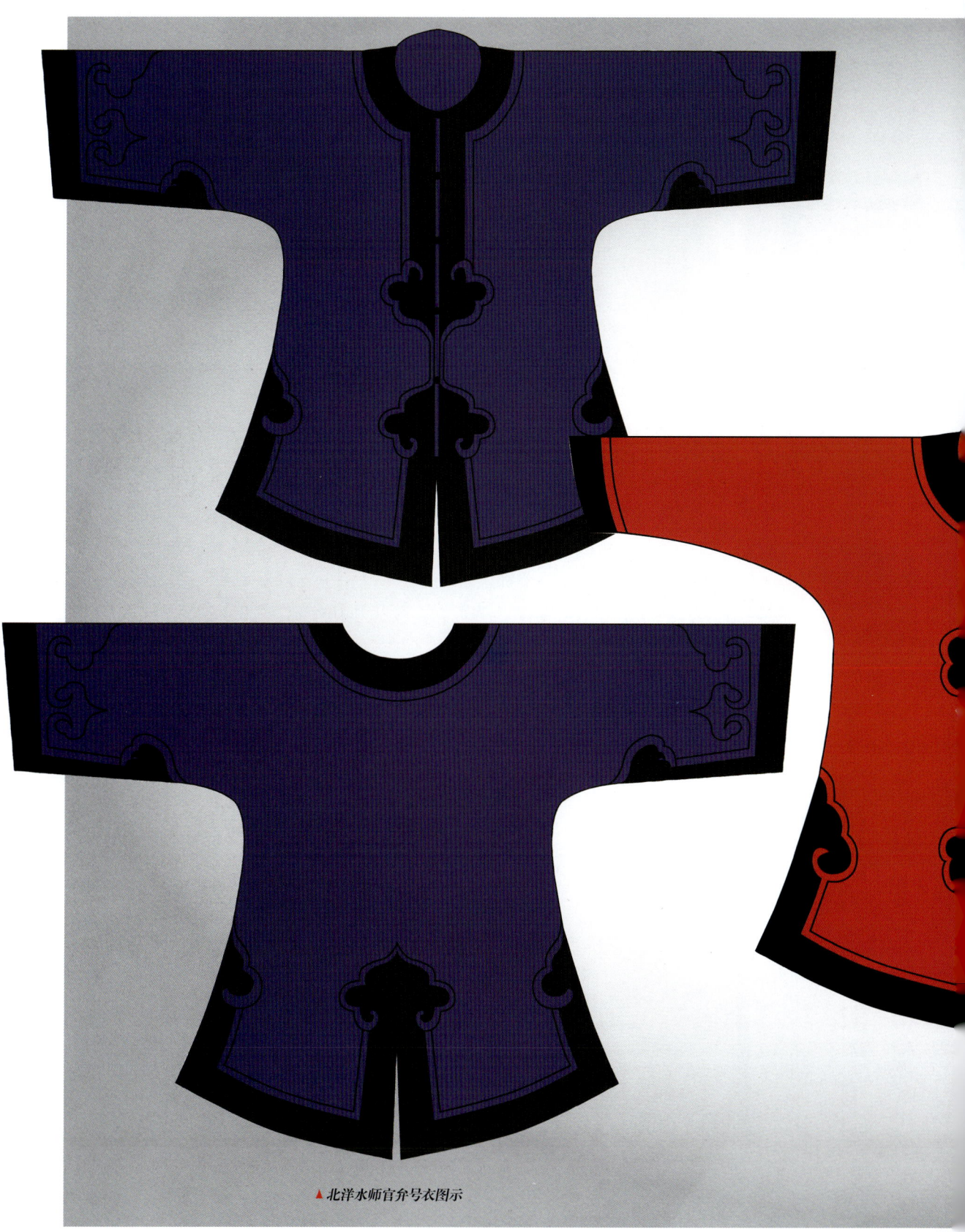

▲ 北洋水师官弁号衣图示

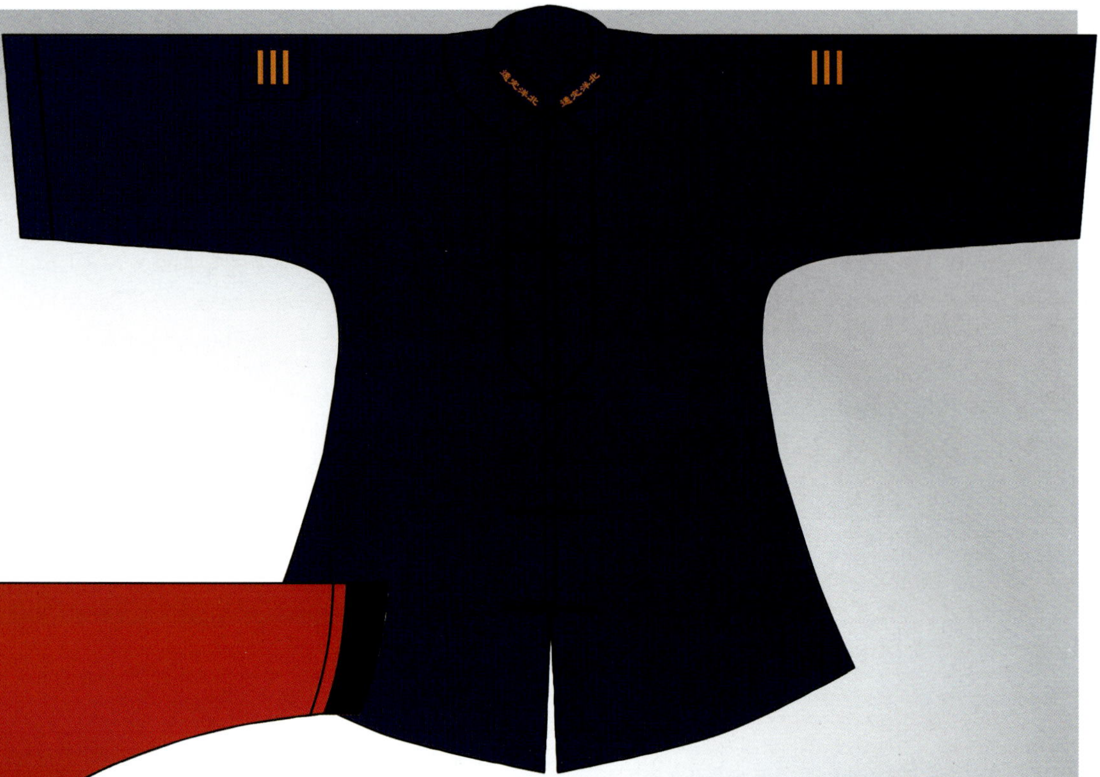

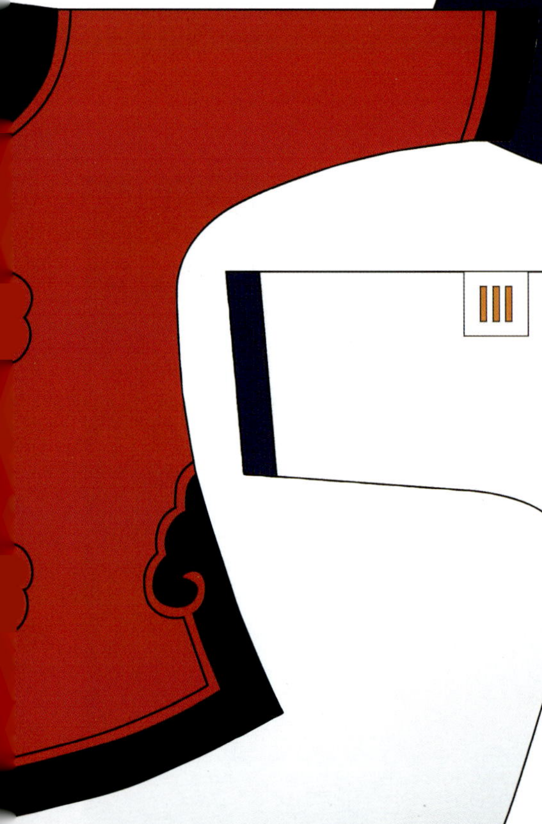

▲ 北洋水师洋枪队号衣图示

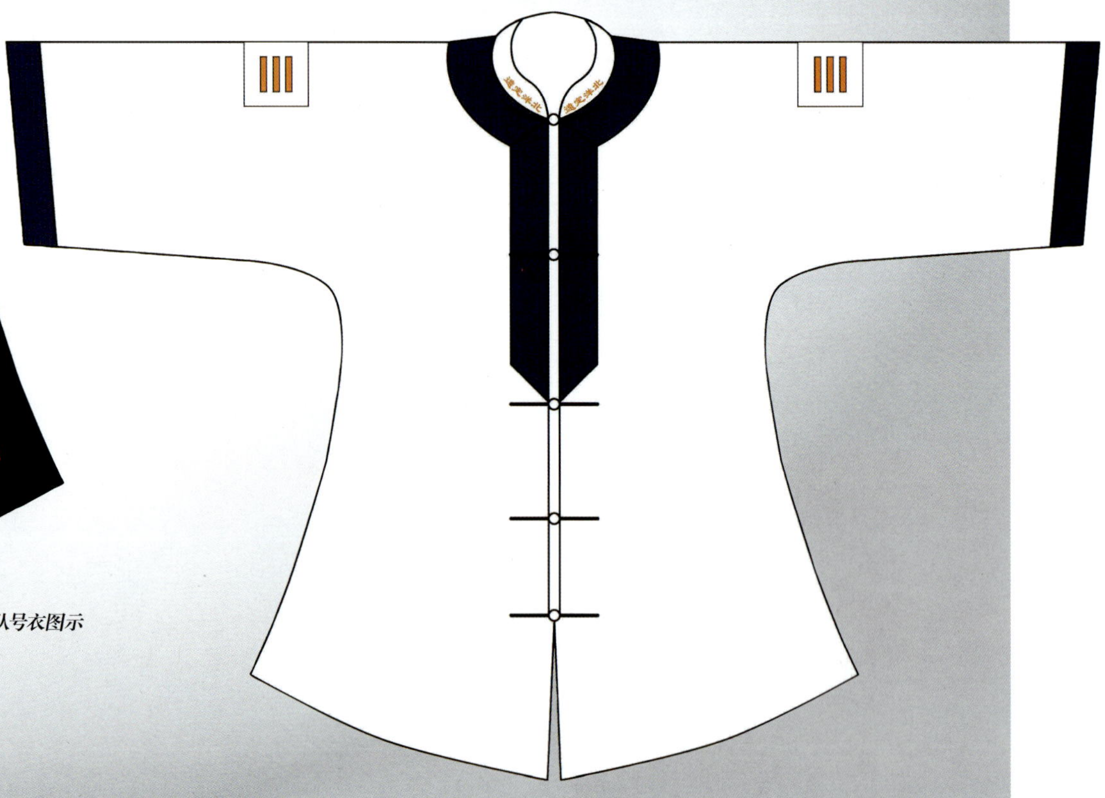

▲ 北洋水师水手、升火、匠、役号衣图示

北洋水师军官服的军裤和上衣同色、同料，鞋子则为中式的薄底战靴，军服所配的军帽分为两种，一是与船政水师军官暖帽样式接近的礼帽，主要是在上岸活动以及礼仪场合戴用，也是四季使用，只不过帽墙的材料按季节不同变换，"以绒、纱、毛各边按时换戴"，其样式在《北洋水师号衣图说》中有文字直接说明是参考了船政水师的军官帽。北洋水师另外一种军官帽则是在军舰上以及日常使用的便帽，根据季节不同分为三类，春、秋两季戴黑色的小帽（后演变为帽子本身与军服同色，帽墙镶一圈黑色边），即民间俗称的"瓜皮帽"，材质为单片毡布，帽顶则按照军官的品级镶嵌与顶戴颜色、材质相符的顶珠。夏季的便帽是欧式的宽檐草帽，帽顶横截面为圆形，帽檐宽约5寸（17厘米），根据一些历史照片显示，在具体戴用时为了不遮挡视线，北洋水师官兵习惯将草帽的帽檐向上翻起，形成了类似现代美国海军"狗盆帽"的造型。军官冬季的便帽为中国民间常用的窝头帽，形如窝头，戴用时可以将耳朵包裹，也可以将挡住耳朵的部分向上折起，类似后来西方的防寒帽。

北洋水师军官服的上衣样式和船政水师军官服相仿，其具有革命性的设计变化出现在袖口上，前者的袖口设定了类似西方海军军服上的袖章，具体的做法是将袖口黑色镶边外的黑色窄轮廓线钉缀出3个相连的如意纹轮廓线，再在如意纹轮廓内用金色线、银色线以盘丝绣工艺盘结出不同的袖章图案。有别于西方海军的袖章主要用于区分军官军衔等级的功能设定，北洋水师军官服的袖章是依据军官所任职务而设计不同图案，属于区别职务的标识，这种同形不同意的区别，很容易让人联想到现代人民解放军海军胸前佩戴的级别资历章与西方海军勋略的区别。北洋水师的军官袖章从最高阶的北洋水师统领、督操、营务处、管带向下一直到水师学堂的见习学生等，各职务均有相应的图案设置。袖章图案的样式广泛采用了中国传统的装饰图案，多为与相关职务形意相贴切者，或是带有吉祥寓意者，例如统领是圆形的古"寿"字，管带是长形的古"寿"字，文案是"笔锭"，医生是"福寿"、枪炮军官是"瓶升三戟"、帆缆军官是中国结图案等等。

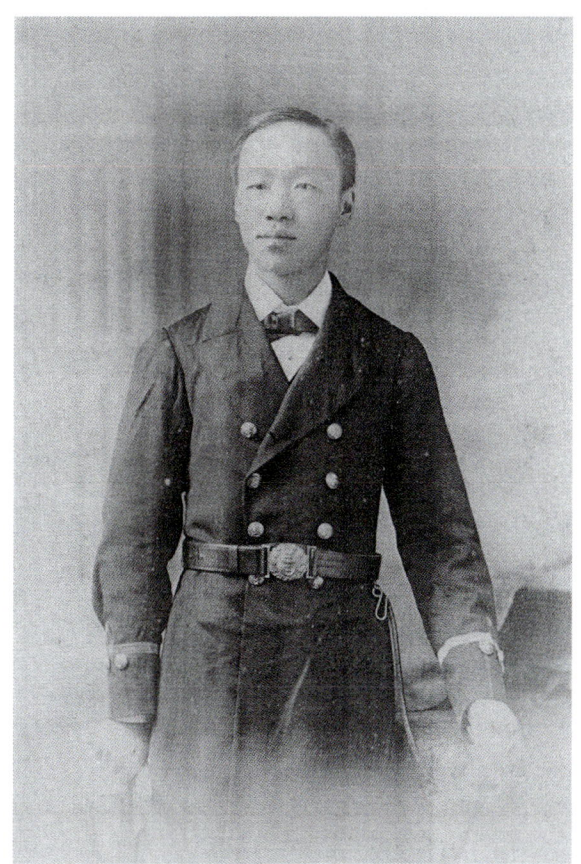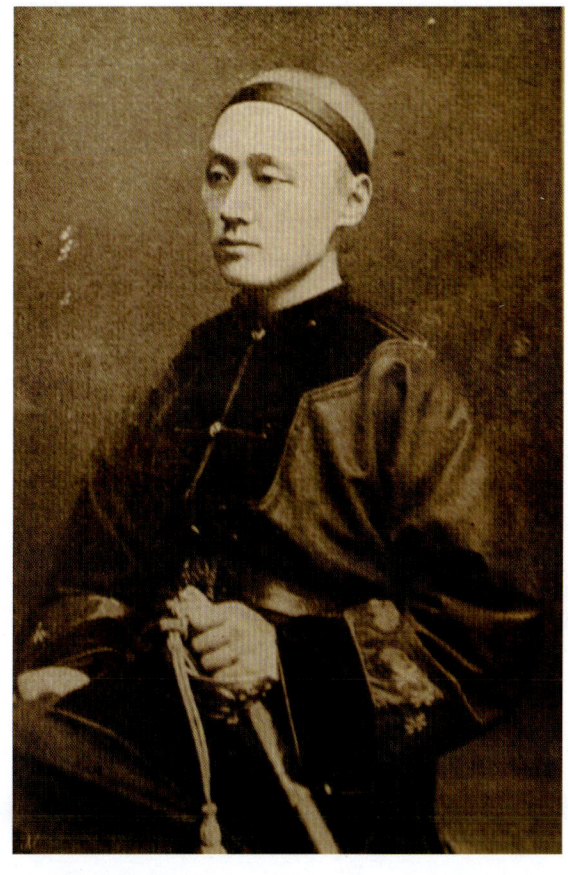

▲ 北洋水师军官吴敬荣的两张照片，一张是在英国留学期间身着英国海军公服，另一张则是身着北洋水师军官服，从其身着北洋水师军官服的照片上看，袖口的袖章符号不甚显眼，这套图案过于复杂、难以迅速辨识的袖章后来被取消不用

北洋水师袖章示意图

兵种	图示	兵种	图示
驾驶/管轮学生		管病房司事	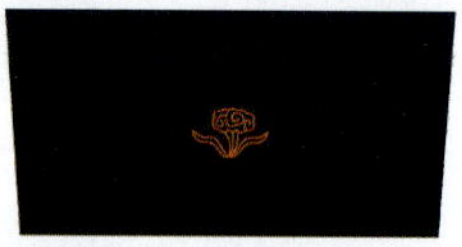
副管炮	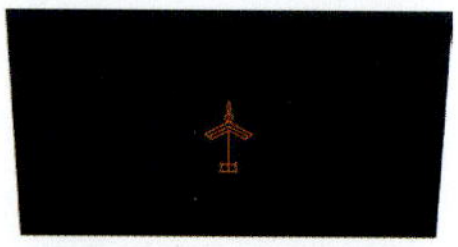	副医生	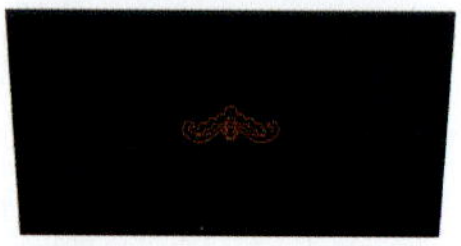
正管炮	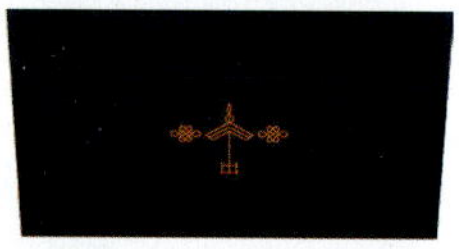	医生	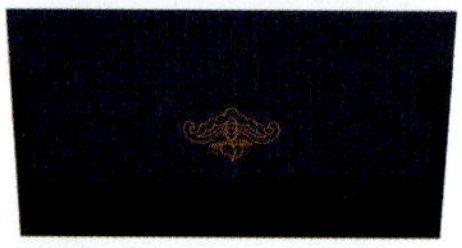
枪炮副教习	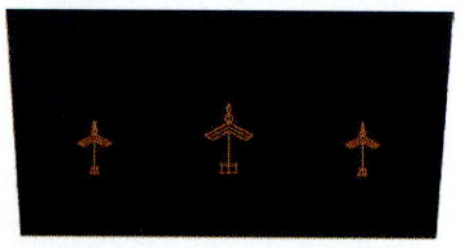	帆缆副教习	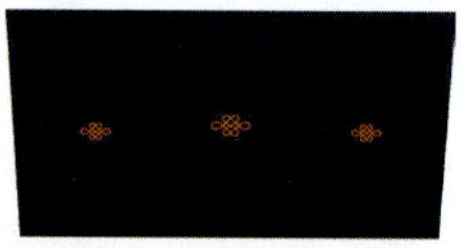
枪炮正教习	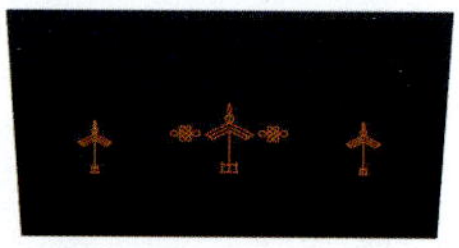	帆缆正教习	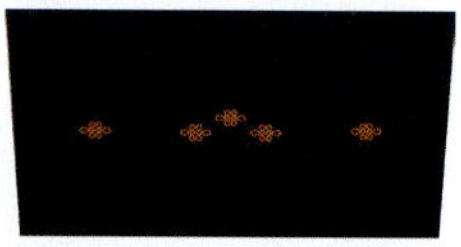
枪炮总教习	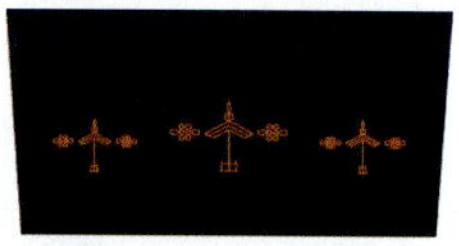	帆缆总教习	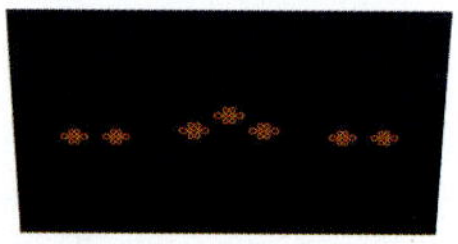
各船文案	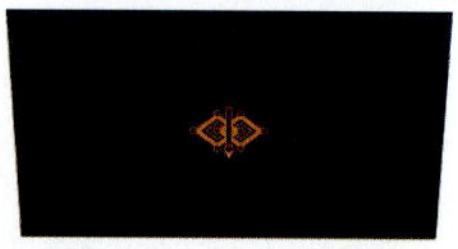	副队长	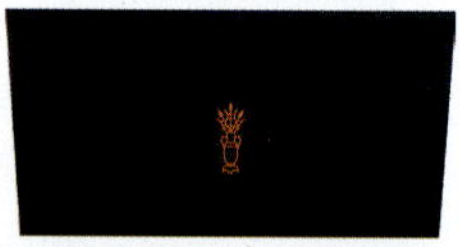
文案	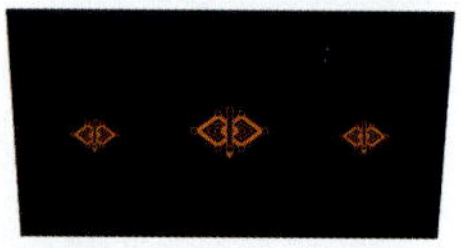	正队长	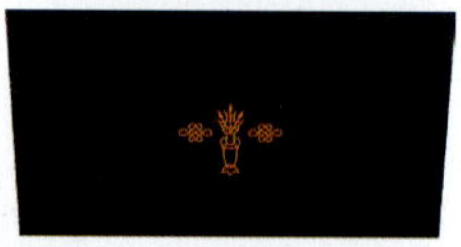
买办司事	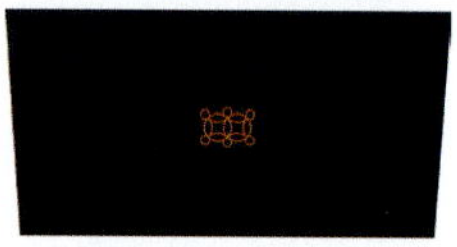	五管轮	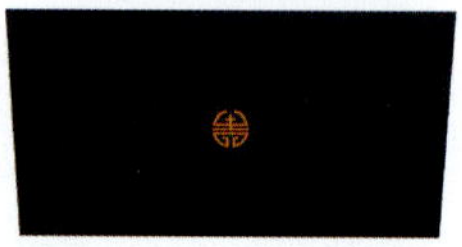

兵种	图示	兵种	图示
四管轮		驾驶	
三管轮		副船主	
二管轮		船主	
大管轮		总水手头	
总管轮		委员	
五副		武营务处	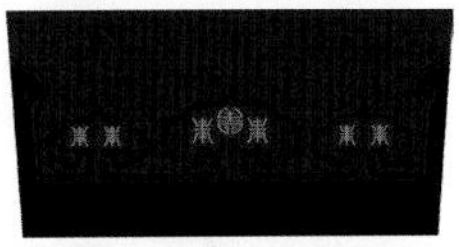
四副		文营务处	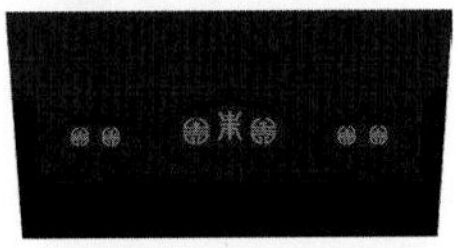
三副		营务处兼督操	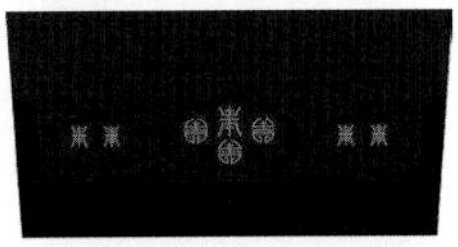
二副		统领官	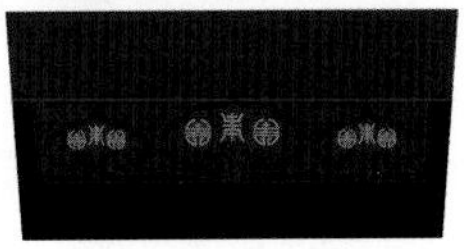
大副			

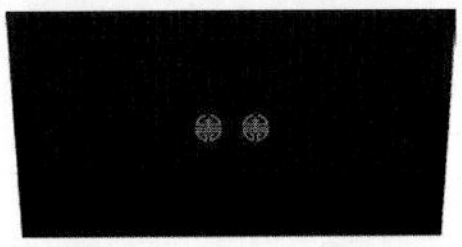

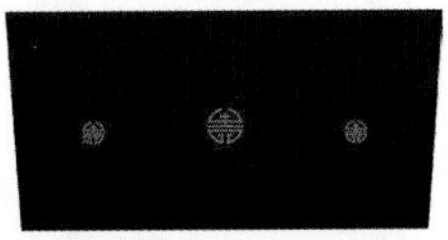

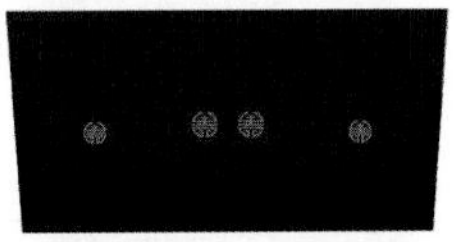

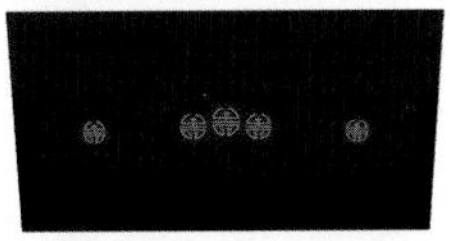

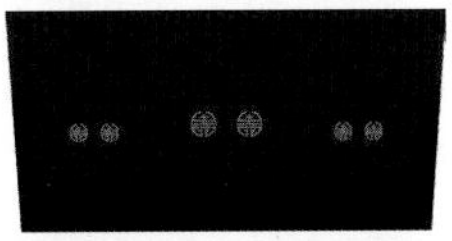

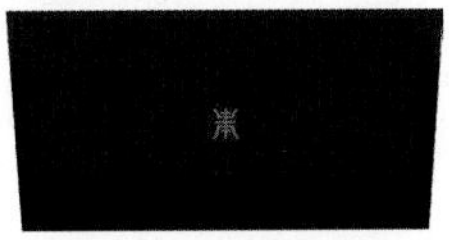

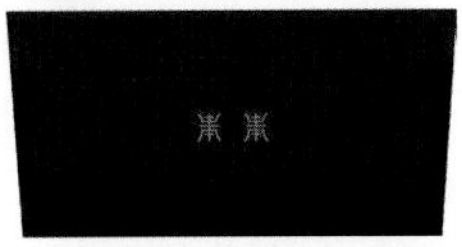

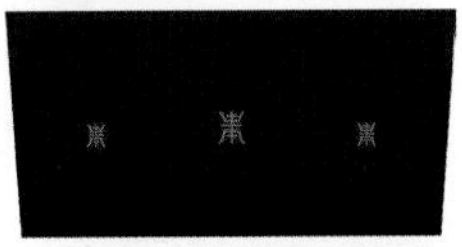

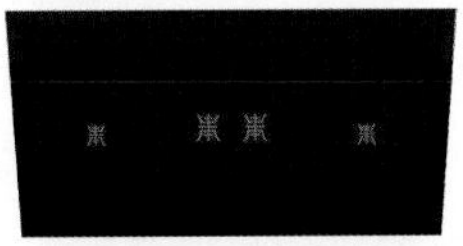

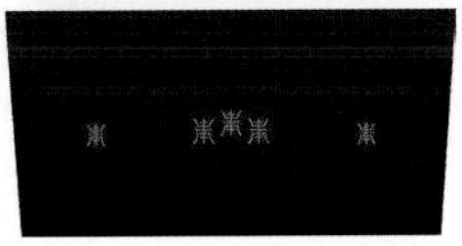

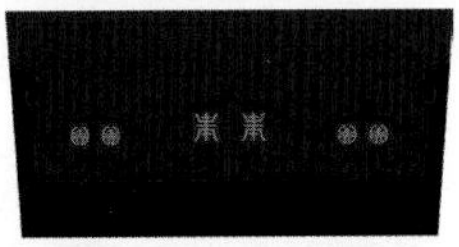

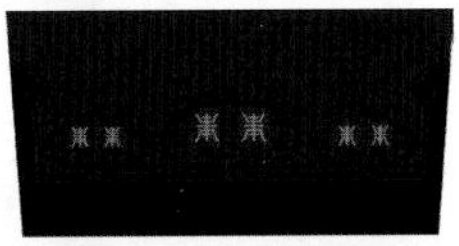

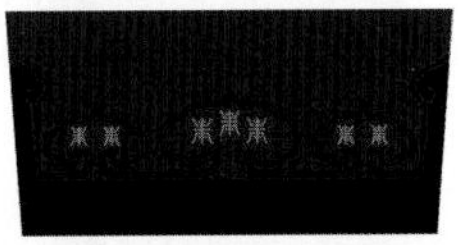

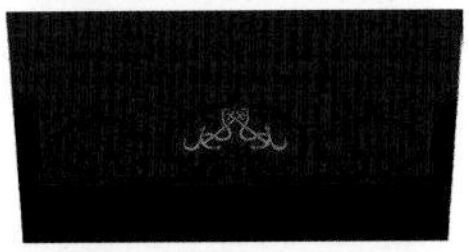

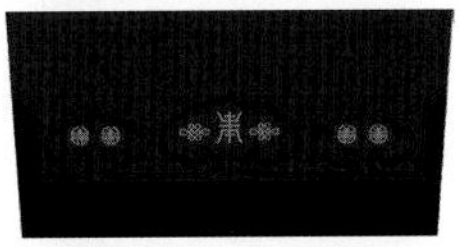

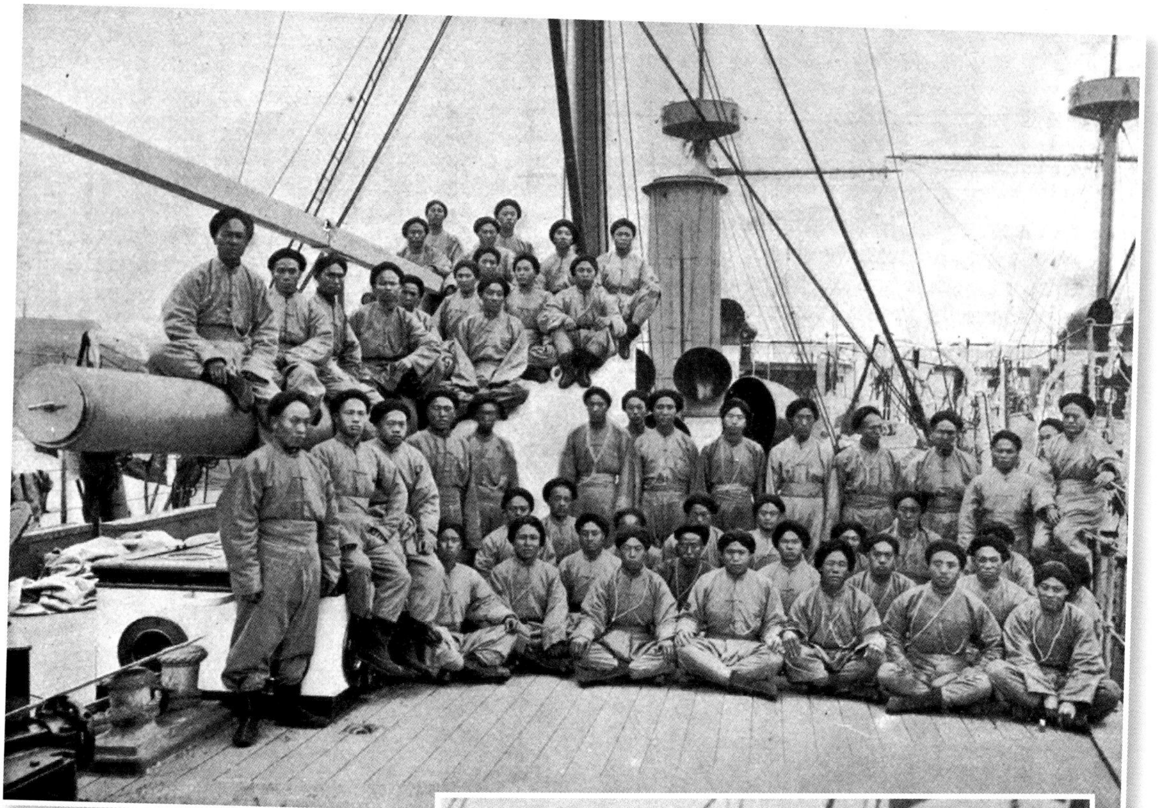

▲ "致远"舰水兵在后主炮附近的合影，所穿着的是白色的夏季制服，但是头上裹着的是头巾

北洋水师的水兵服装总体上和船政水师的水兵服很相似，上衣和军裤同色、同料，春秋用蓝色布，冬季用石青色（略浅的蓝色）呢子，夏季用白布，上衣是对襟短褂式样，在肩颈、袖口和衣襟的上半部分有蓝布镶边，其中衣襟上的镶边下缘做成剑头形。与军服配套，北洋水师的水兵春秋冬三季用黑色头巾裹头，将发辫包裹其中，头巾上无字，夏季戴顶部截面为方形的西式有檐草帽，帽墙上和西方海军一样，钉有黑布飘带一条，据推测上面以金线绣有水兵所在舰船的名称，如"北洋兵船定远"等。戴草帽时为防发辫有碍操作，常有将辫子在脑后盘成一个发髻的做法。北洋水师的水兵服没有如同船政水师军服那样在胸前和后背镶嵌补子，而是在两边衣领上各用金线绣"北洋某船"文字，诸如"北洋定远"。

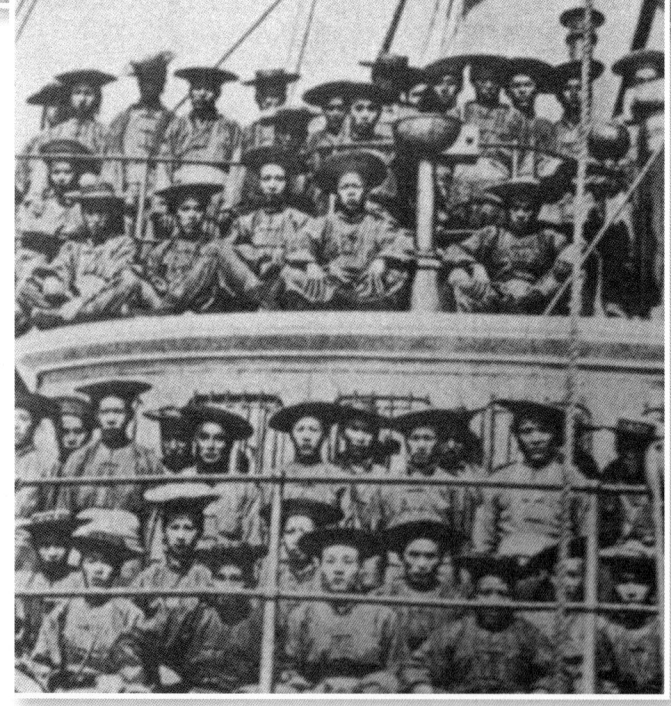

▲ 北洋水师某艘军舰的水兵合影，身着的也是白色夏季制服，头上戴的则是草帽。北洋水师水兵头戴草帽的照片，在现代曾一度被国人多有揶揄，认为草帽是中国传统落后的象征物，由此表明北洋水师虽然拥有了先进的欧式军舰，但在思想上还停留在落后状态，殊不知草帽在那个时代实际上是非常洋气的舶来品，恰恰象征着国际化

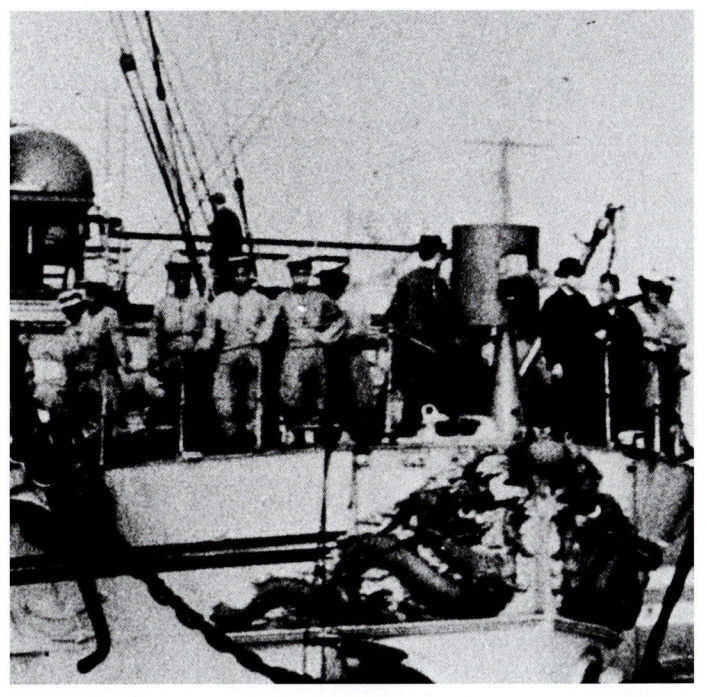

▲ 接收"致远"舰时正值夏季,这张拍摄于英国的"致远"舰照片上,站在舰首甲板上的中国水兵都是头戴草帽,身着白色制服的模样

除此之外,北洋水师水兵服上也出现了中国传统军服向西式军服改进的特点,水兵服的两臂上设定了明显模仿自西方海军的臂章,其图案用黄羽毛刺绣而成,与军官服上的袖章设置和西方海军有所区别不同,北洋水师水兵服臂章的设置理念与西方海军完全一样,即区分水兵的不同专业部门和等级。从最高等的水手头,到属于专业技术兵的木匠、铁匠,再到最低阶的练勇,均有设定,臂章图案的设计饶有趣味,除了在西方海军常见的海军锚、横道等元素外,出现了大量将西方海军同行的设计以中国人的理解重新变通的有趣图案,诸如鱼雷兵的臂章图案是大鲤鱼,管灯的臂章图案是灯笼等,都是非常经典的中西交融式设计。另外,北洋水师除水兵、工匠外,军中还有名为夫役的不在编杂役人员,主要承担搬运、烧锅炉等杂务,也穿用水兵服,区别在于夫役的军服上没有臂章,显示其非正式的水兵的身份。

北洋水师水兵服臂章图示

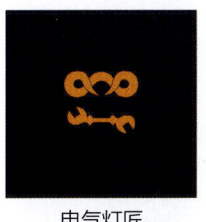

电气灯匠

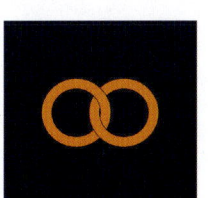

二等练勇

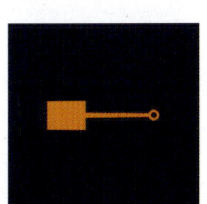

二等升火

二等水手

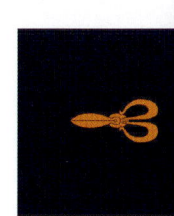

帆匠

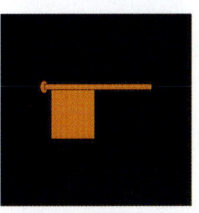

副管旗

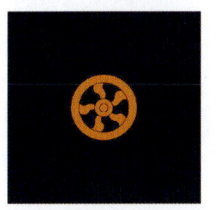

副管汽

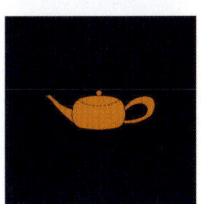

副管油

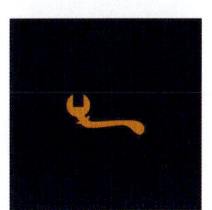

副锅炉匠

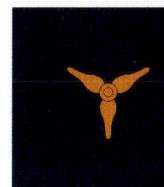

副升火

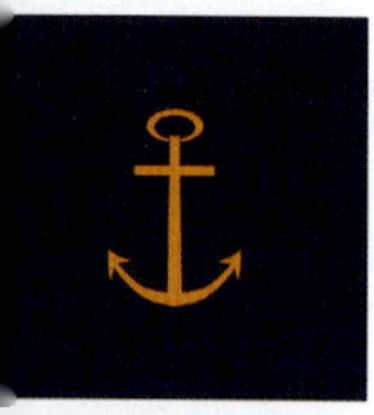

副水手头	副铁匠	副铜匠	副洋枪匠	副油漆匠
副鱼雷匠	管灯	号手	木匠	木匠头
皮匠	三等练勇	三等升火	三等水手	头等升火
一等练勇	一等水手	鱼雷头目	正管旗	正管汽
正管油	正锅炉匠	正升火	正水手头	正铁匠
正铜匠	正洋枪匠	正油漆匠	正鱼雷匠	总水手头

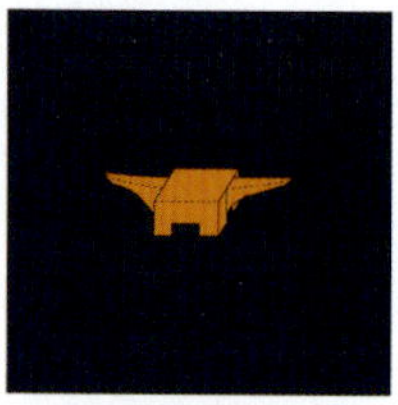

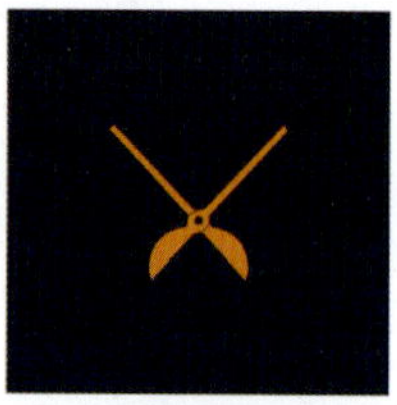

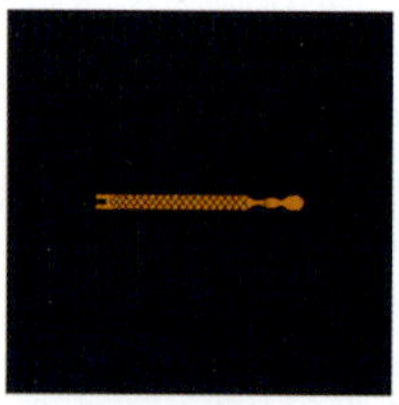

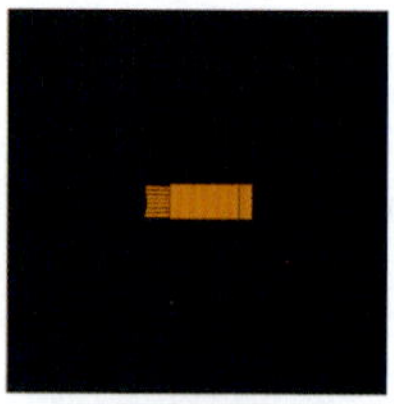

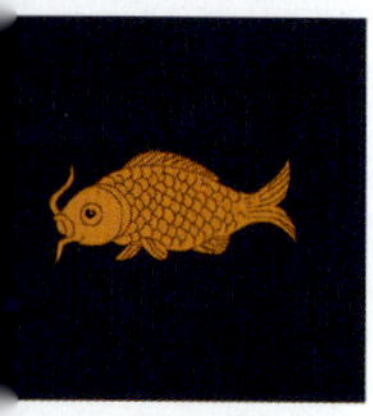

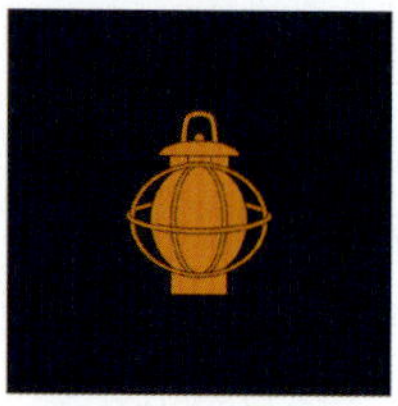

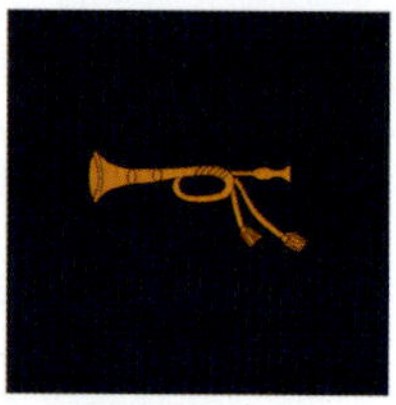

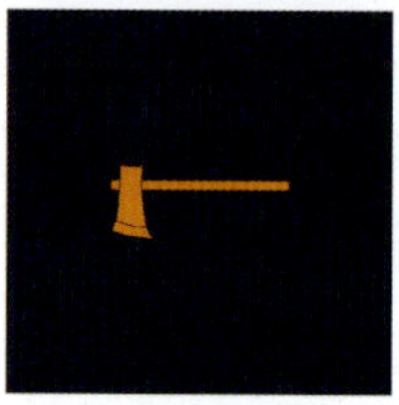

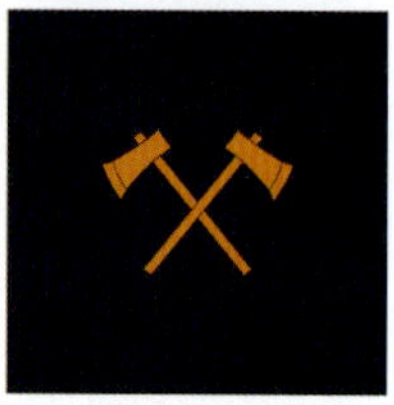

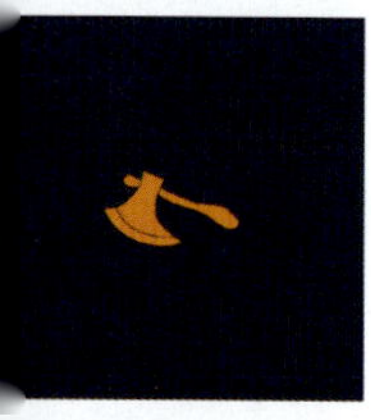

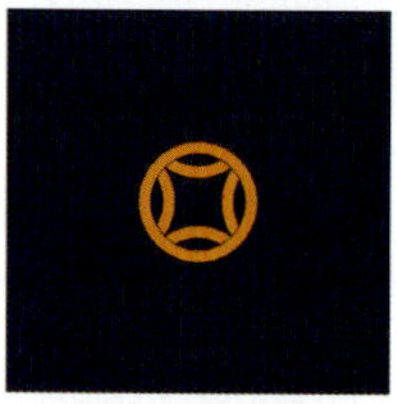

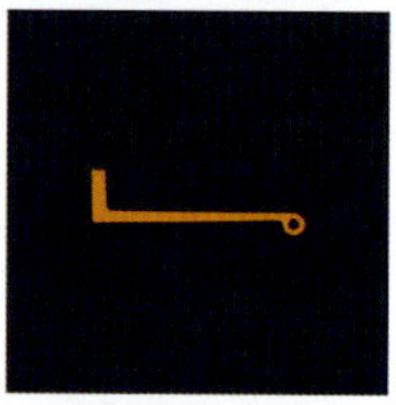

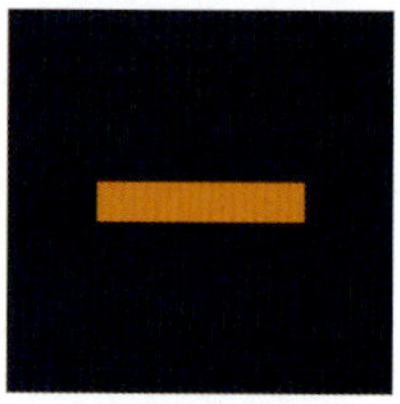

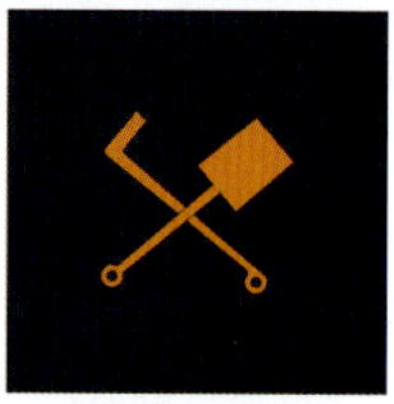

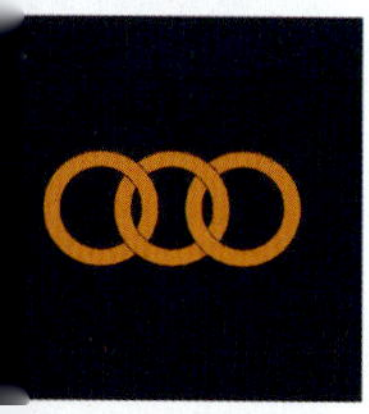

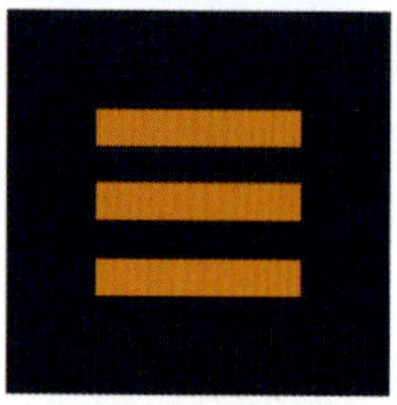

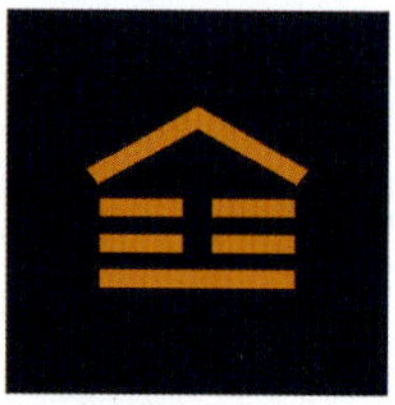

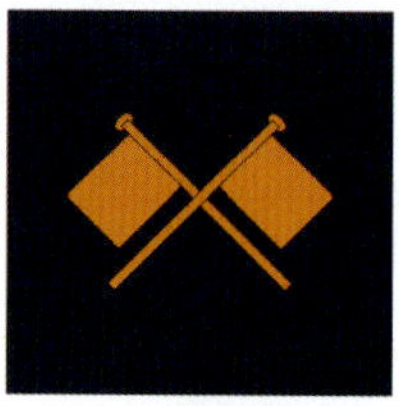

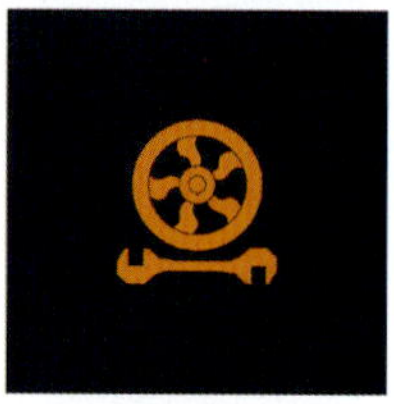

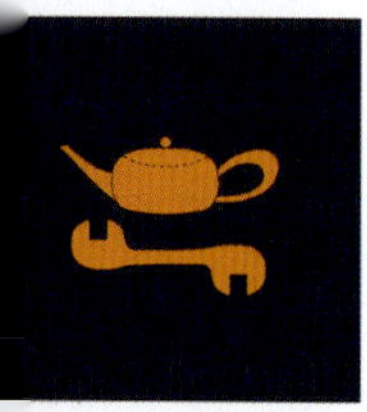

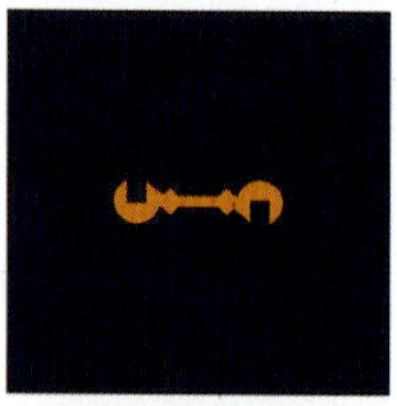

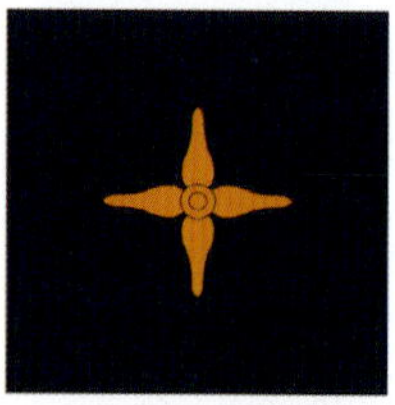

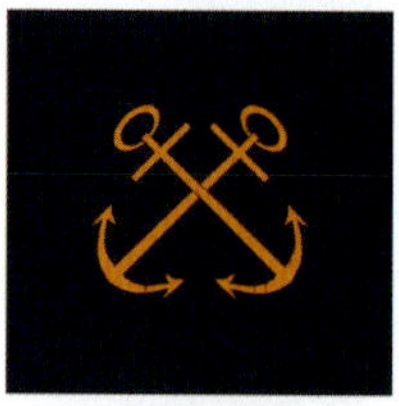

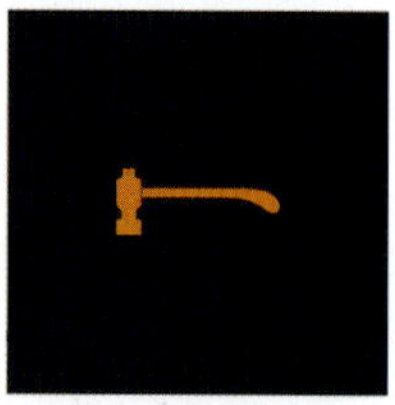

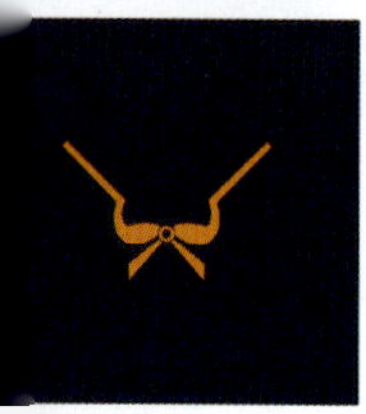

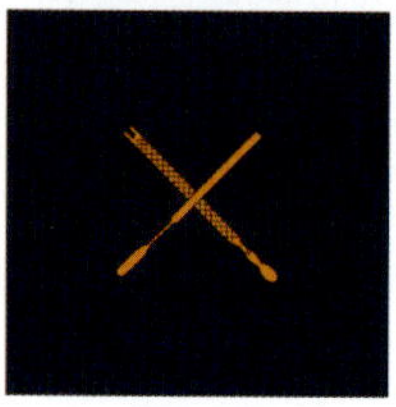

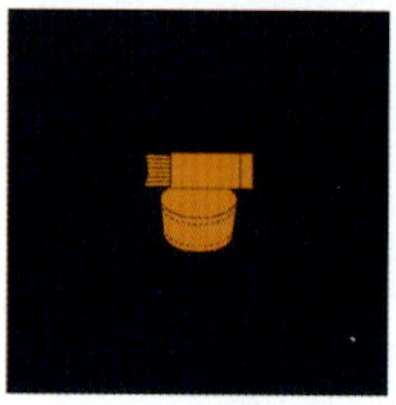

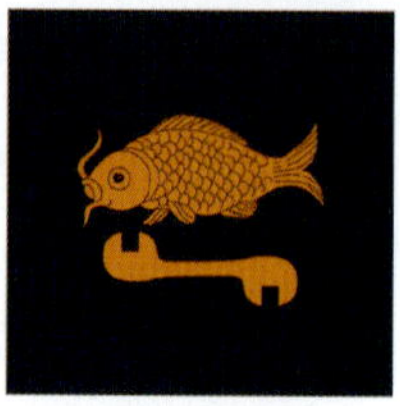

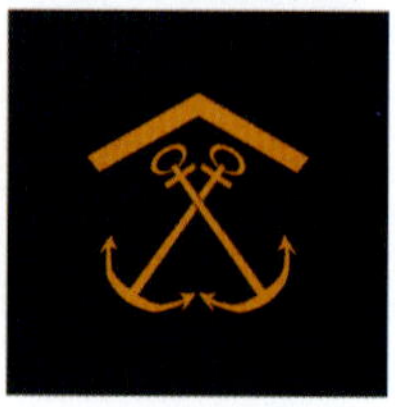

　　1882年版《北洋水师号衣图说》中，与军官服、水兵服并列的另一类军服是洋枪队服，即海军陆战队制服。海军陆战队是军舰上唯一被允许持有轻武器的士兵，负责维持、纠察舰内秩序，战时则充当狙击手、突击队，以及上岸作战的登陆步兵。北洋水师设立海军陆战队是中国近代军事制度发展史上的一大创举，其士兵多为安徽籍，舰上的相关主管官员称为巡查。按照《图说》规定，洋枪队的制服用紫红色呢子制作，其上衣和军官服的式样几乎完全一样，显示了洋枪队作为监视者在军舰上有别于普通士兵的独特地位。洋枪队军服上衣的肩颈、袖口、衣襟、下摆也有带如意纹装饰的黑绒镶边，镶边外钉随型的黑色装饰线一道。洋枪队军服上衣的领口和水兵服一样用金线绣有所属军舰的名称，军服上没有袖章、臂章等其他识别符号。除上衣外，《图说》未就洋枪队的军帽、军靴等做出明确规定，推测与军官服所用式样一致。

　　如果以颁布的时间为标准来判断，《北洋水师号衣图说》中所载的军服式样应该是从1882年开始使用，然而根据一些记载，早在1880年北洋海防派遣官兵前往英国接收订造的"超勇"、"扬威"号巡洋舰时，就可能穿着使用了这种军服。1880年12月6日，时任北洋海防督操的丁汝昌率官兵200余人由天津出

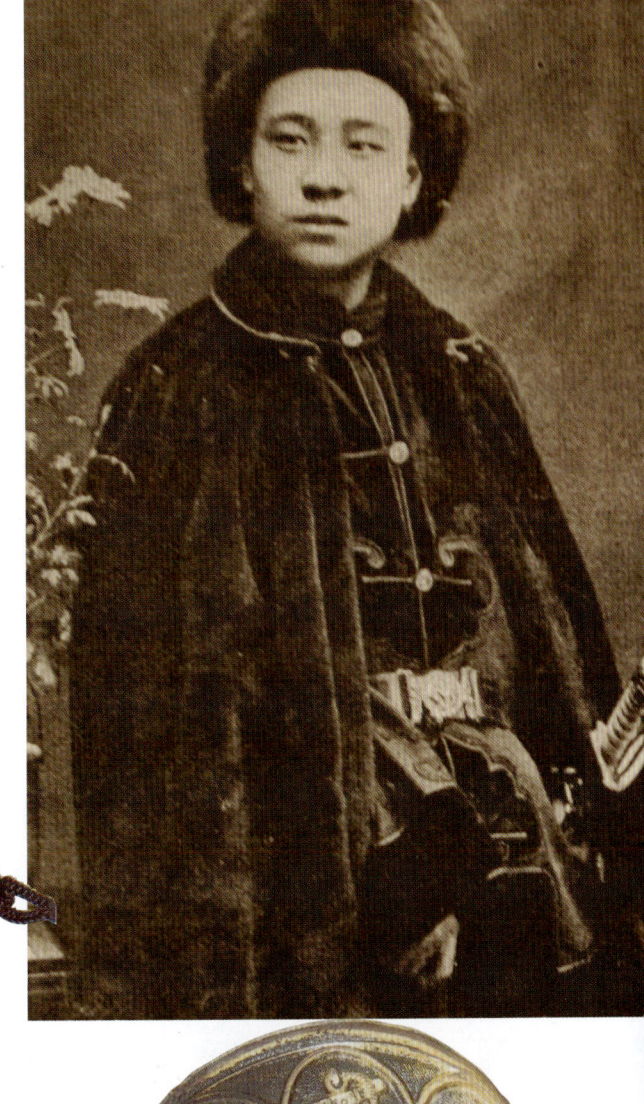

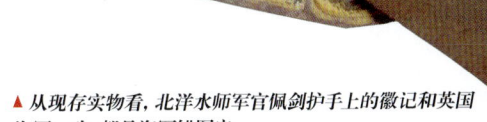

▲ 从现存实物看，北洋水师军官佩剑护手上的徽记和英国海军一致，都是海军锚图案

◀ 国内藏家收藏的北洋水师军官佩剑实物，其龙首的造型颇为独特

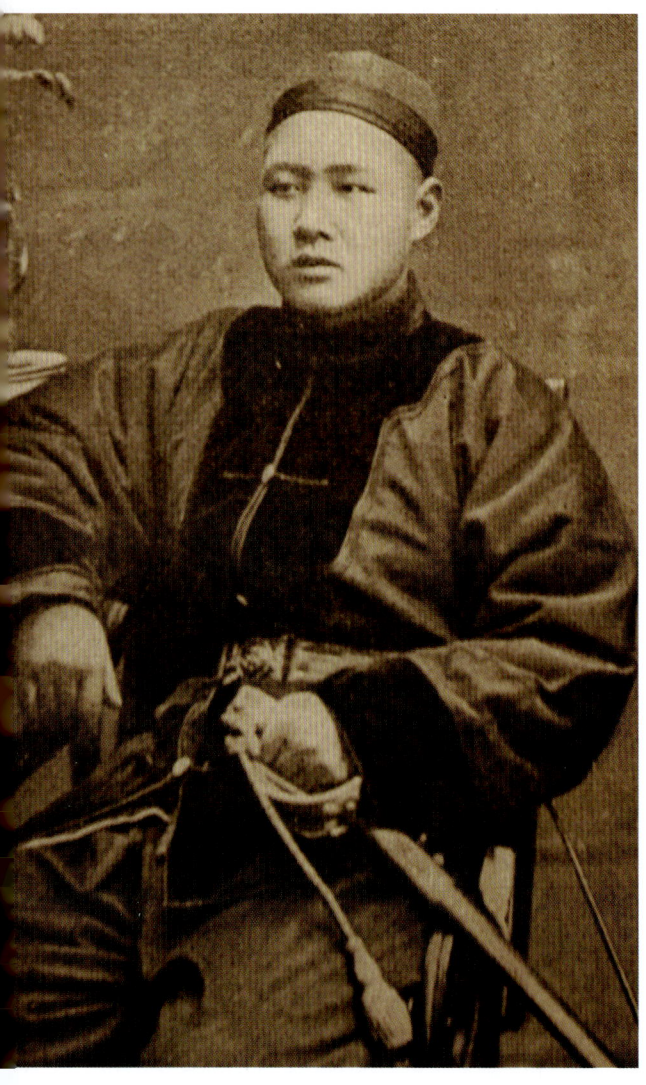

▲ 从这两位北洋水师军官的照片上，可以较为清楚地看到佩剑的式样

着号衣时必须"束带佩刀"，即系剑带、挂佩剑，但是对佩剑的样式并没有作明确的说明。根据几张北洋水师军官在英国拍摄的着军服照片看，北洋水师的佩剑是完全西式化的产物，其型制模仿英国海军佩剑，木制剑鞘外覆黑皮，剑鞘两端及中部有錾花铜件包裹，剑鞘上有两个挂钩点，可与剑带上的两条垂带连接，佩剑本身也是带有可折叠护手的西式剑，入鞘后可以将剑柄上的护手向下折叠与剑鞘上的锁扣相连，类似保险装置，和英国海军佩剑剑柄采用狮首装饰略有区别的是，北洋水师佩剑剑柄是龙首装饰，不过龙首造型也颇西式，远看起来和狮首较难区分。与佩剑配套，北洋水师军官佩剑上也系有剑穗，完全是英国海军所用的形式。从佩剑的这些特点推断，北洋水师的军官佩剑极有可能是在英国或欧洲国家直接订制的。

此外，根据现存的北洋水师时代的照片分析，还有与《图说》略有不符的细节。按照《图说》规定，北洋水师水兵服上衣在领口绣有所属军舰的名称，但是在衣领上绣字显然不易辨识，在实际使用中出现了不在衣领绣字，而是在衣服胸前缝长方形小补子的变通做法。在补子上从上至下绣两列字，一列为北洋水师，另一列则是舰名，诸如"定远""铁舰"等。《图说》规定水兵服在袖口等处有蓝色布镶边，而一些照片显示，北洋水师水兵的夏季白色制服为全白色，并没有深色布镶边，或许是考虑到美观等因素所做的改变。

北洋海军

1884年中法马江之战爆发，船政水师主力尽覆，从此烟消云散，北洋水师的地位开始日益凸显。1885年中法战争后清政府提出"大治水师"的主张，旋又声明以北洋为重中之重。随着从欧洲购买的"致远"、"经远"等4艘新式巡洋舰来华，北洋水师实力得到大幅加强，于1888年获得国家编制正式成军，更名为"北洋海军"，是中国历史上第一支称作"海军"的武装，属于清政府唯一的一支国家海军舰队。

当时，北洋海军被西方人称为"摩傲欧洲"的西式舰队，不仅军中拥有大量西方教习、工程师，训练制度采取西法，操作口令采取英语，且在军服的设计上也朝向与世界接轨迈进了重要的一步。

1888年底颁行的《北洋海军章程》，是北洋海军正式成军的主要标志，在这部北洋海军的基本制度法规中，有专门的章节涉及军服，条文十分简单，可以视为对1882年版《北洋水师号衣图说》的修订和补充，其规定分别针对军官和水兵制服。

发，前往英国接收"超勇"、"扬威"2舰，接舰部队首先抵达上海休整，根据记载，在上海期间该部队花费5000银圆重新定做了军服和旗帜。鉴于此行是中国海军首次登上世界舞台，将与当时世界第一的英国海军进行交流，极有可能是考虑到观瞻，北洋海防在沿用的船政水师式军服基础上，临时增添了诸如袖章、臂章等国际化的元素，创制出了新式海军服供接舰部队穿用，日后这种军服设计得到普及，在1882年正式以规章形式明确了下来。1886年，北洋水师再度派出接舰部队赴欧洲接舰，此行留下的一些珍贵照片中，明确地表明当时的北洋水师已经广泛使用1882版军服了。

作为海军军服的重要配饰，军官的佩剑是必不可少之物，但是《图说》对此只有模糊的规定，称军官

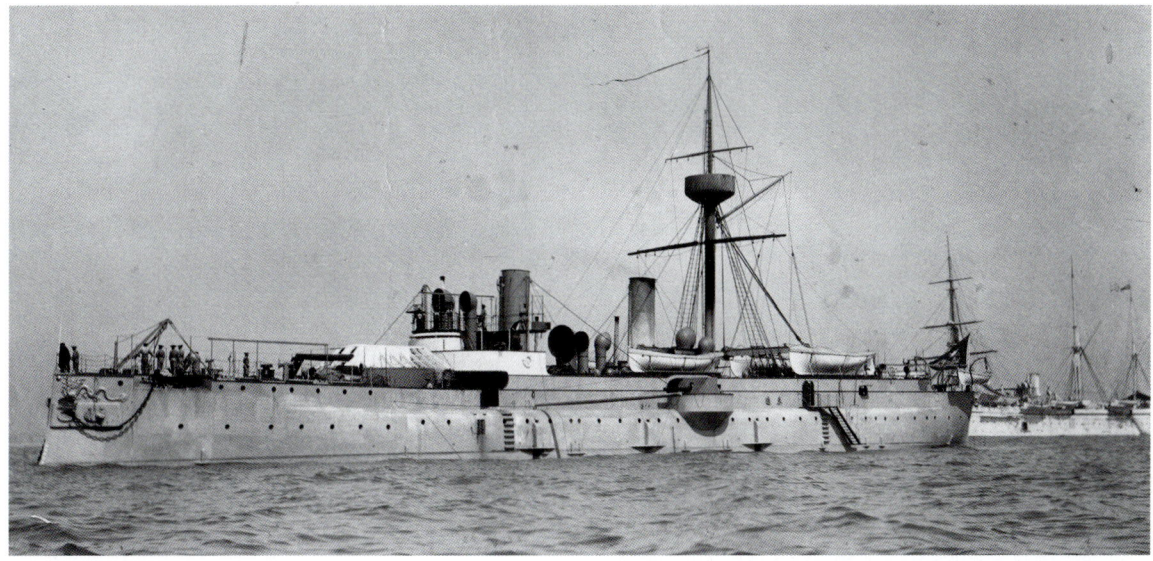

▲ 当时处于世界领先水平的"来远"号巡洋舰

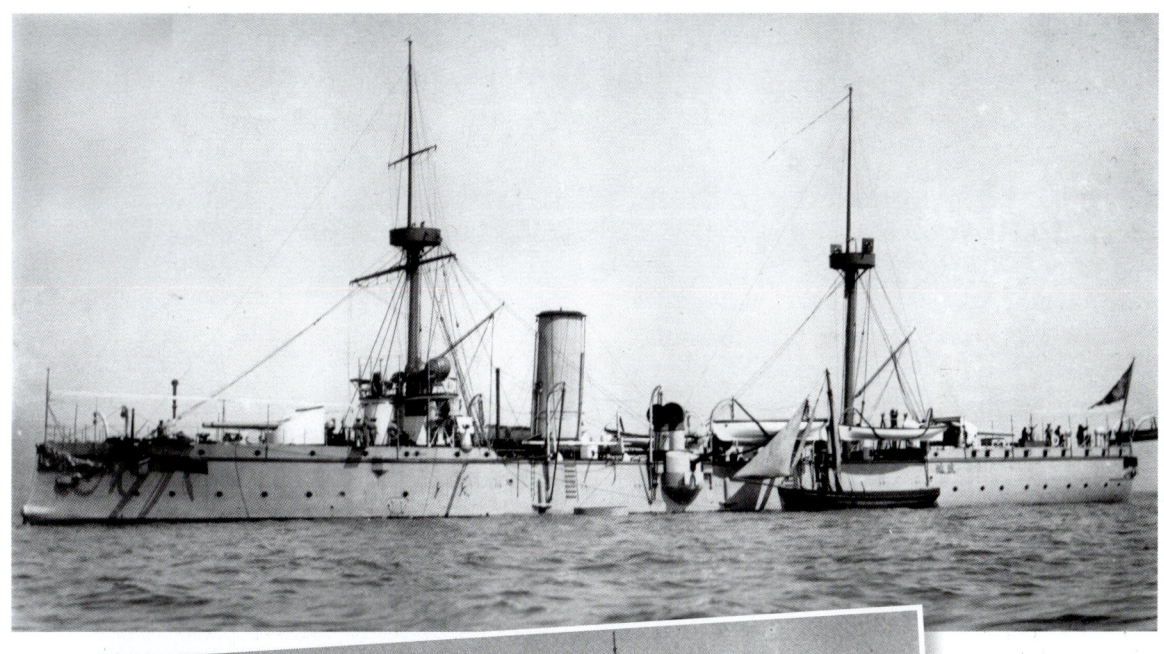

▲ 已然成为民族精神象
征的"致远"号巡洋舰

◀ 刚刚抵达中国的定
镇二舰

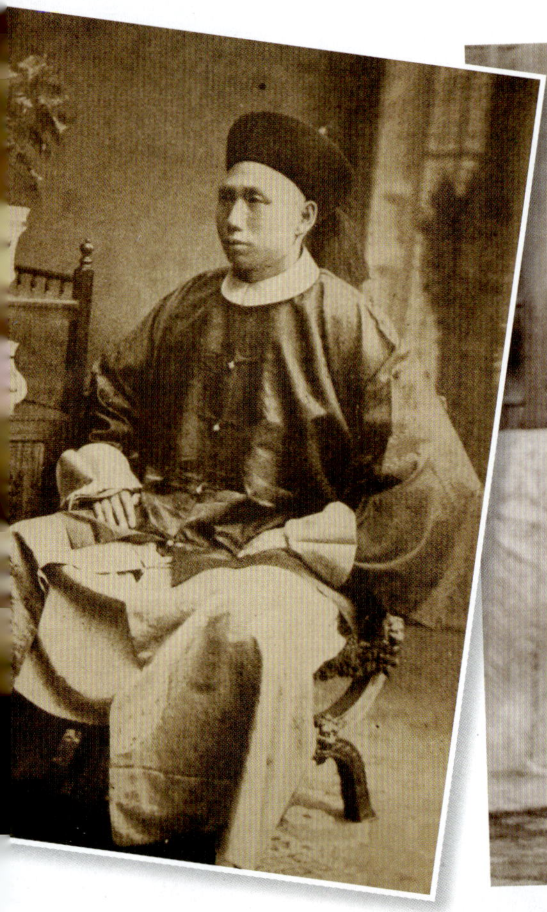

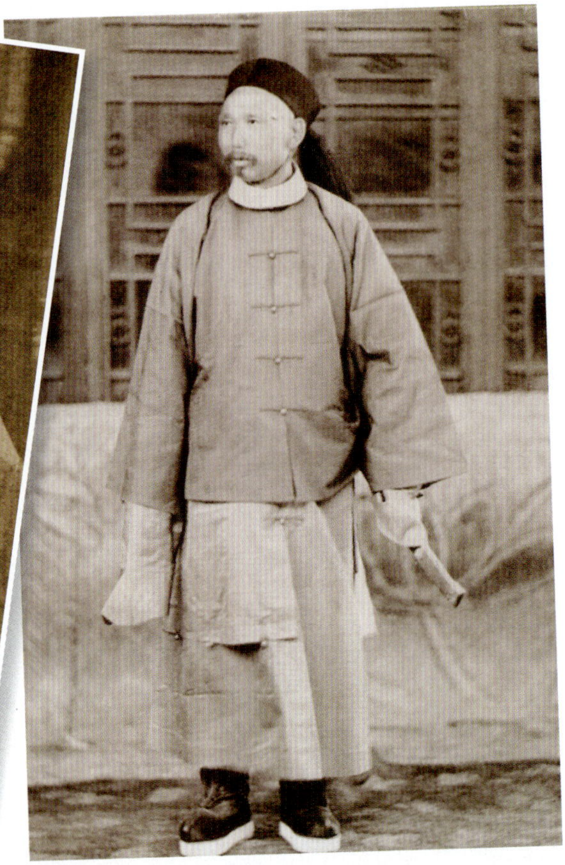

◀ 高级军官在岸上或正式场合身着行服，实际上是在《北洋海军章程》颁布之前，北洋海防上舰船官员的通常做法，《章程》则是以制度法的形式对这一着装方式作了明确。两张照片分别是1880年时任北洋海防督操的丁汝昌在英国纽卡斯尔拍摄的照片，以及1886年醇亲王大阅海防时，已经任北洋水师统领的丁汝昌在天津或旅顺拍摄的照片，两幅照片上丁汝昌都是身着行服

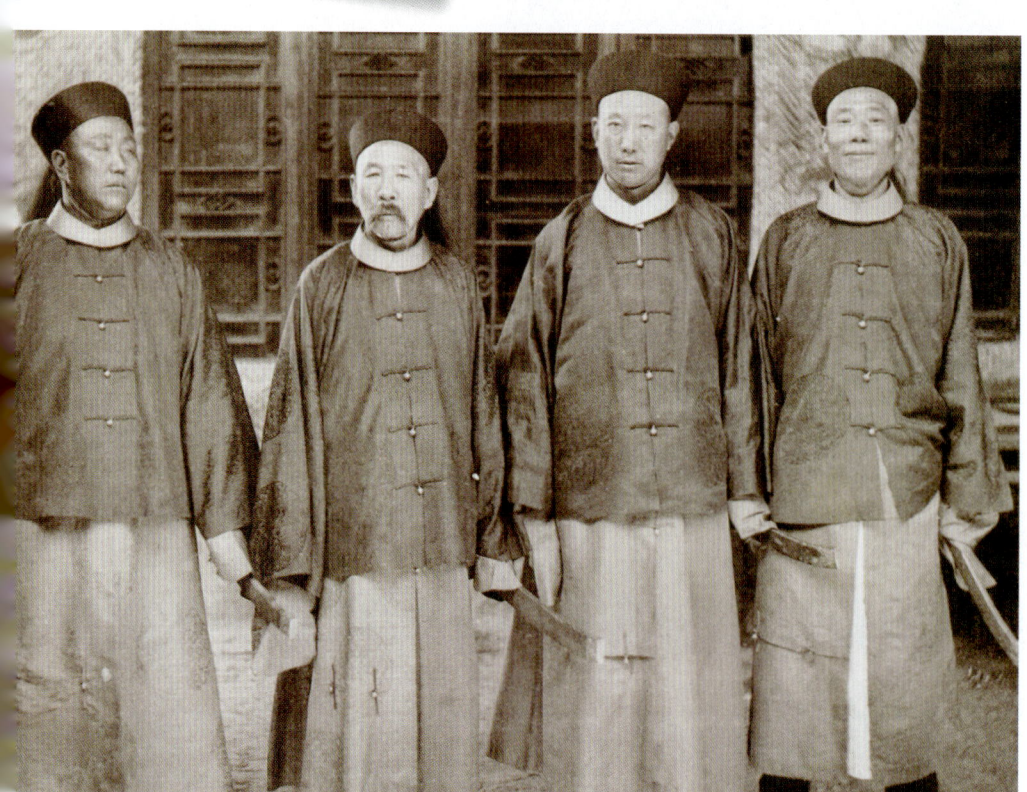

◀ 1886年海军衙门大臣醇亲王大阅海防时，随行带了照相师同往，将拍照作为对北洋海防线上的官员们的奖赏。在这次大阅所留下的照片中，可以看到醇亲王、李鸿章以及淮军陆军军官等都身着行服，根据《北洋海军章程》后来对行服的穿着规定，可以将这种服饰视作是北洋海军军官的大礼服。照片上是1886年醇王大阅海防时拍摄的陆军将领照片，左一为直隶提督叶志超

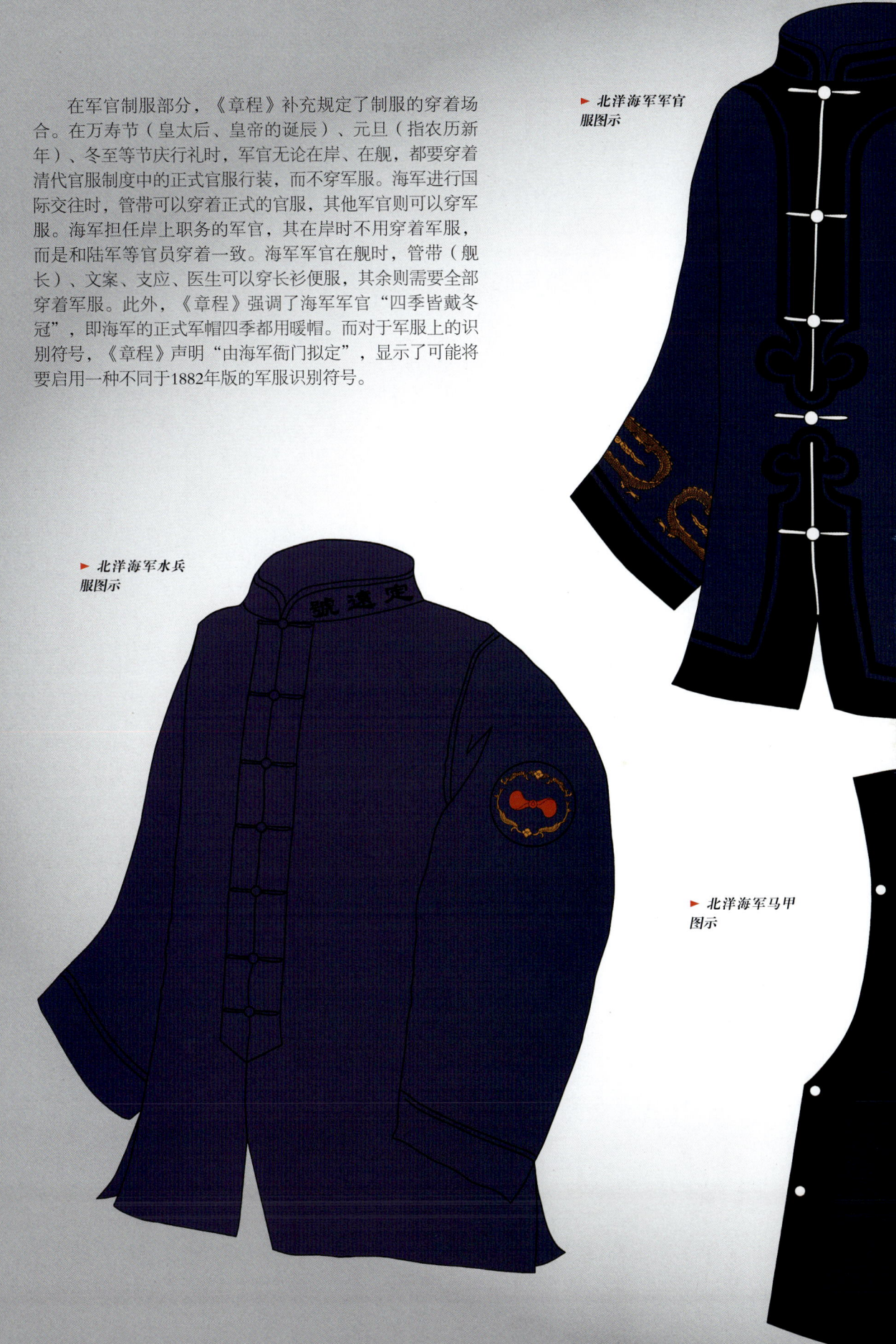

在军官制服部分，《章程》补充规定了制服的穿着场合。在万寿节（皇太后、皇帝的诞辰）、元旦（指农历新年）、冬至等节庆行礼时，军官无论在岸、在舰，都要穿着清代官服制度中的正式官服行装，而不穿军服。海军进行国际交往时，管带可以穿着正式的官服，其他军官则可以穿军服。海军担任岸上职务的军官，其在岸时不用穿着军服，而是和陆军等官员穿着一致。海军军官在舰时，管带（舰长）、文案、支应、医生可以穿长衫便服，其余则需要全部穿着军服。此外，《章程》强调了海军军官"四季皆戴冬冠"，即海军的正式军帽四季都用暖帽。而对于军服上的识别符号，《章程》声明"由海军衙门拟定"，显示了可能将要启用一种不同于1882年版的军服识别符号。

► 北洋海军军官
服图示

► 北洋海军水兵
服图示

► 北洋海军马甲
图示

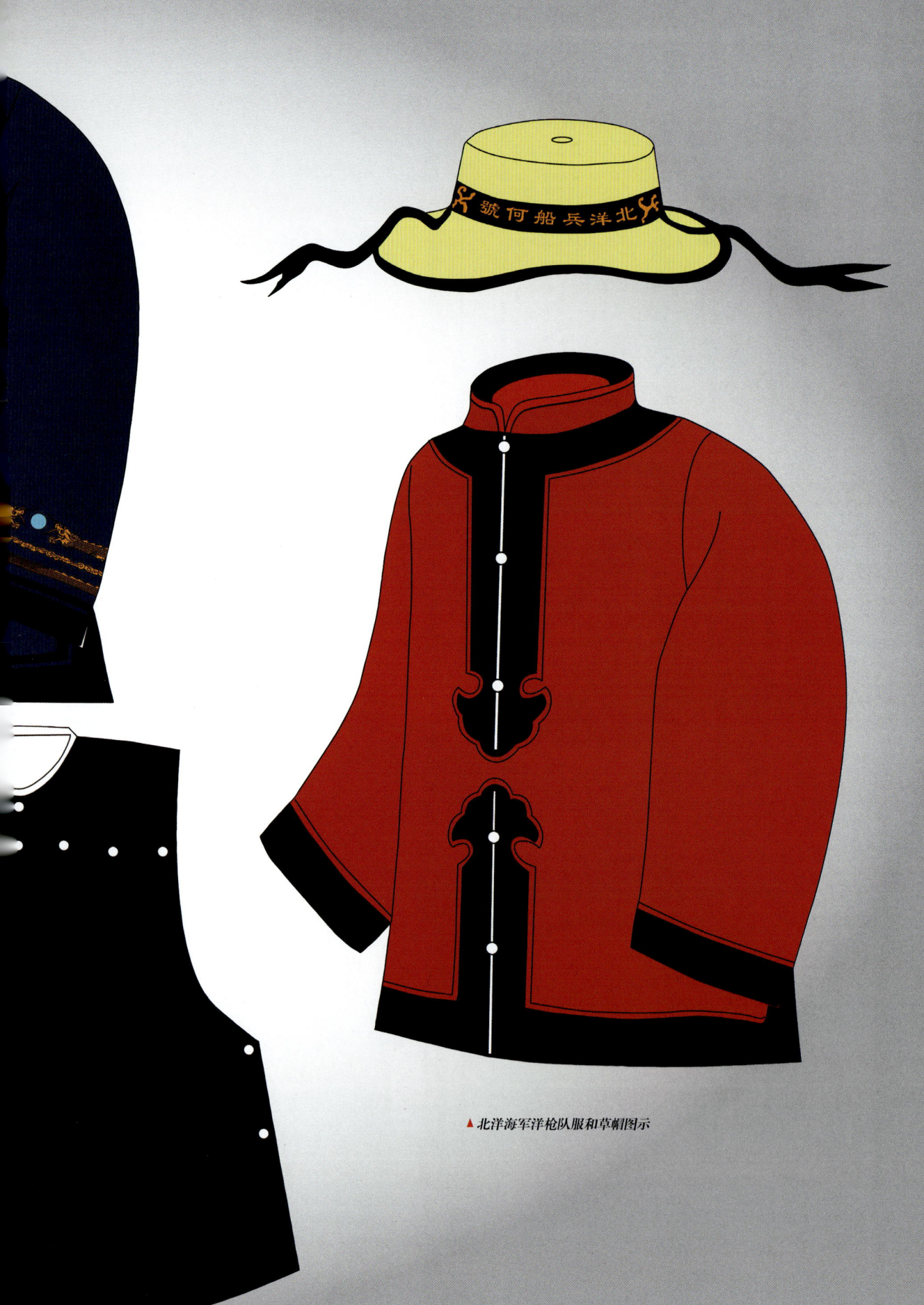

北洋海军洋枪队服和草帽图示

草帽文字：號何船兵洋北

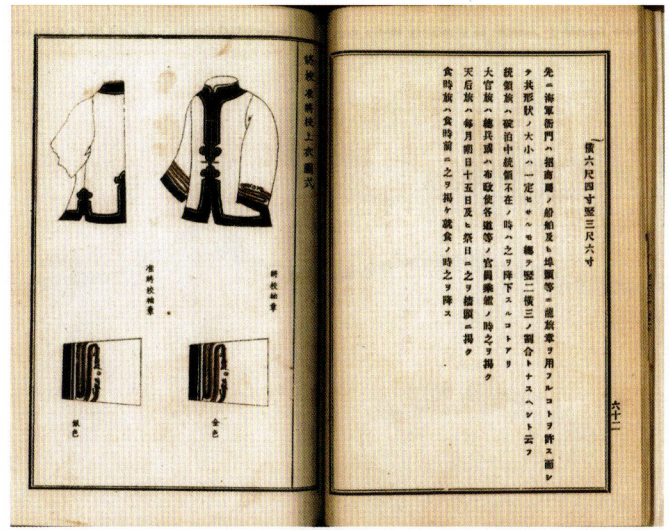

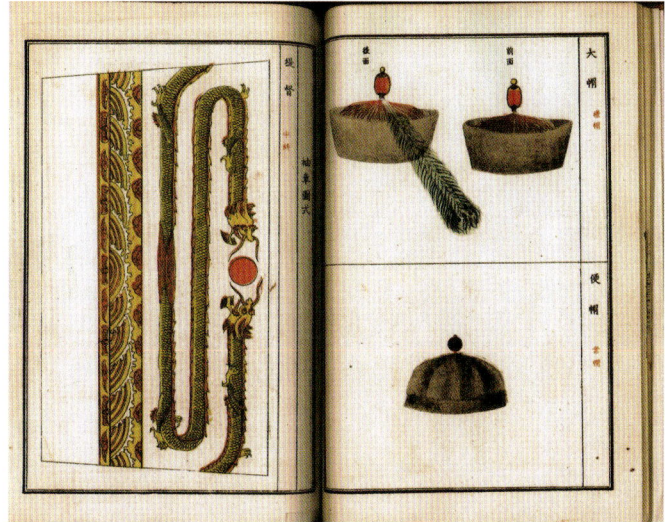

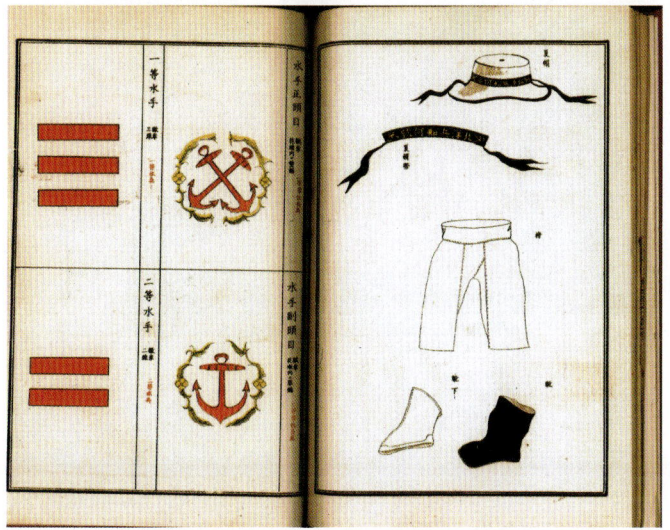

有关水兵服装部分，除了重申戴草帽，穿紧身号衣外，《章程》以成文的形式肯定了水兵服在胸前钉补子的做法，属于对1882年《图说》的正式修订，另补充了诸如水兵着军服时束蓝色腰带、随身佩戴一柄水兵短刀等细节。

据此，北洋海军在正式成军后的一段时间里，依然继续沿用1882年版《图说》中的军服制度，而《章程》所说的"由海军衙门拟定"的军服识别符号，则随着北洋海军版军服图说的问世而浮出水面。

北洋海军版的军服图说迄今未见有原始的单行本实物，今天得以了解北洋海军军服设计的重要资料，是日本海军参谋部在1892年汇编的《清国北洋海军实况一斑》一书，该书是日本海军情报部门对北洋海军的军规制度所作的整理汇编，并加入了一些对北洋海军实力的评估。该书在末尾收录了北洋海军的军服图说，由此这套新的军服制度在北洋海军得到运用应当不晚于1892年。

北洋海军版军服图说的体例与1882年版《北洋水师号衣图说》相仿，同时又加入了《北洋海军章程》中对军服穿着场合的详细规定。据这套制度，北洋海军军官服的样式和北洋水师时代相似，上衣是对襟马褂式，在肩颈、袖口、前襟、下摆等处有带如意纹的镶边，其材质用罗纱或呢子，颜色则是墨绿色（据实物看近似黑色），上衣的衣料夏季用蓝色纱，春秋冬季用蓝色绸或缎，军服裤子春秋冬三季和上衣同色同料，夏季改穿白色军裤和蓝色上衣搭配，军裤的布料采用白绢或者白色棉布，而上蓝、下白的着装正是当时欧洲海军夏季的主流模式。

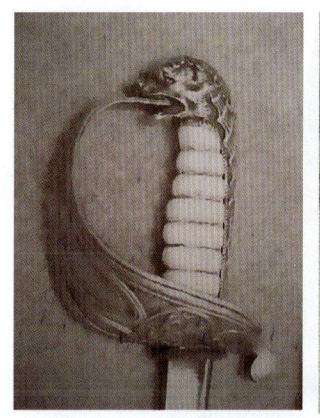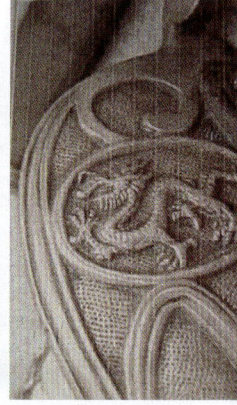

▲ 甲午战争中日军在北洋海军"镇远"舰上缴获的一把军官佩剑，剑柄也是龙首造型，和北洋水师时代有所区别，护手上的图案也改成了龙

军官服的军帽、军靴、佩剑等与北洋水师时代基本相同（军靴冬季采用黑色呢子制作，其他季节为黑色棉布质料。北洋海军时代军官的夏季便帽不再是草帽，而是也使用瓜皮帽，只是瓜皮帽的帽料改为罗纱），其与1882年版军服的最大区别在于袖章，北洋海军版军官服彻底废弃了1882年版依据职务而设定的袖章系统，转而采用和欧洲海军接轨的依据军衔高低区分的袖章系统。

北洋海军军官服袖章采用的形式颇有创意，众所周知，欧洲海军的袖章采用金线缝制，根据袖口金线的宽窄、数量来区分军衔高低，北洋海军军服袖章也采纳了这种内在的制度原理，但具体表现形式有所差异，将金线变成了金色的双龙纹，主要根据双龙在袖口盘绕的道数来区分军衔。

北洋海军军官军衔袖章图示

军衔	图示	军衔	图示
三等学生	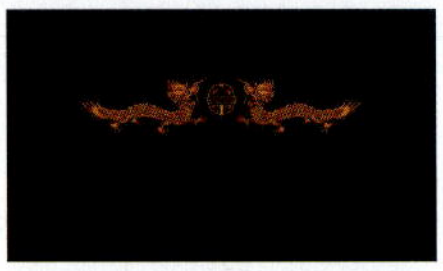	都司	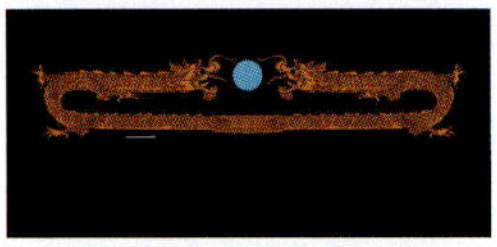
二等学生	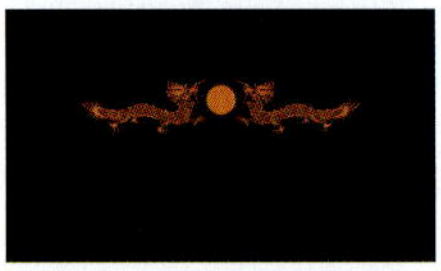	都司充管带	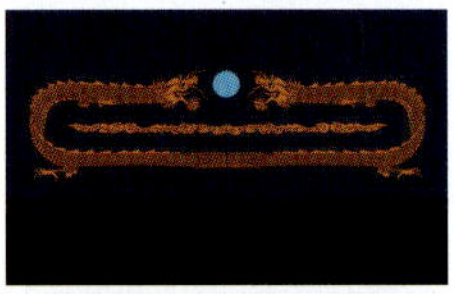
一等学生	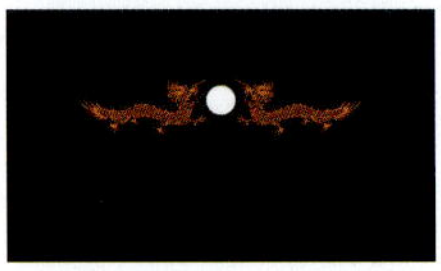	游击	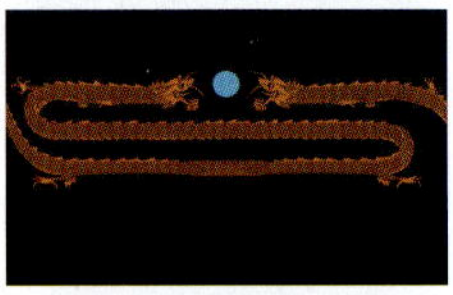
经制外委	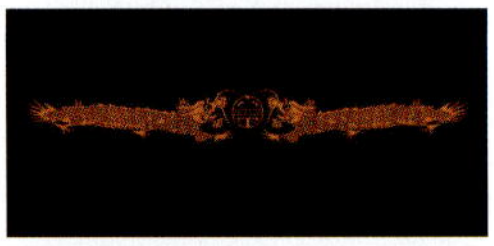	参将	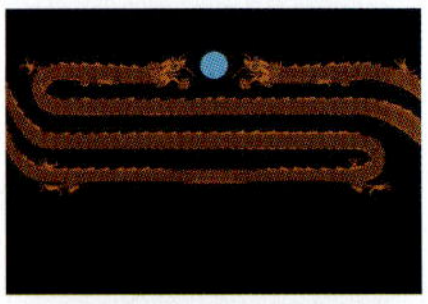
把总	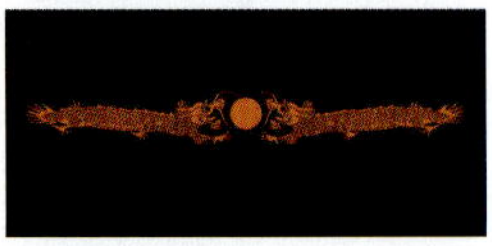	副将	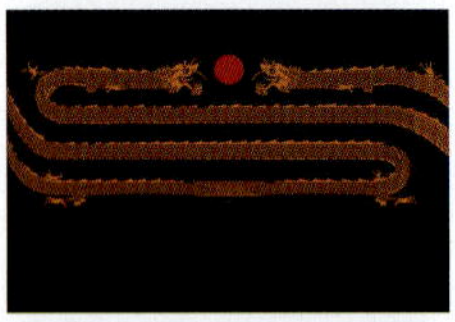
千总	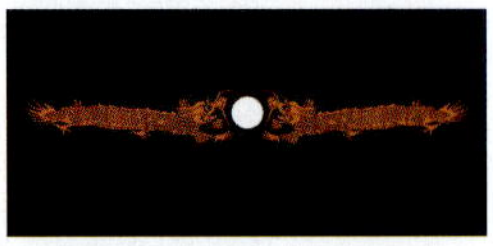	总兵	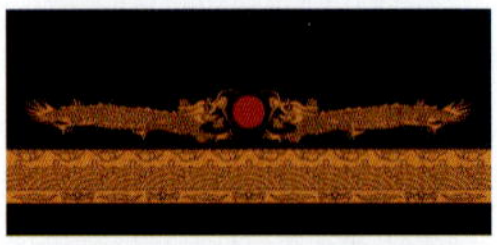
守备	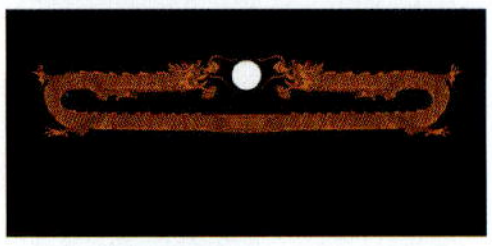	提督	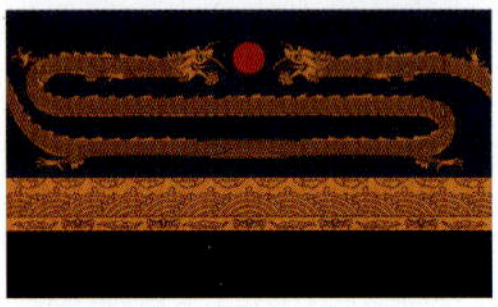

作为北洋海军袖章基本构成元素的龙纹，标准宽度是6英分（约1.9厘米），相当于欧洲海军大礼服裤章用的中道金线（海军袖章金线通常分为窄、中、宽三种），比欧洲海军袖章用的中道金线宽。欧洲海军袖章中有将官袖章用的宽道金线，对此北洋海军袖章中则以绣有海水江崖的绣片表现，标准宽度为1英寸5英分（约4厘米）。盘龙、海水江崖都是采取金线盘丝绣的制作工艺。

北洋海军袖章军衔从提督开始向下设定，一直到水师学堂见习生都有专门的袖章。提督军衔相当于西方的海军中将，其袖章图案是一圈海水江崖绣片，加上三圈金色盘龙，一宽三窄的构成与欧洲海军的上将袖章相合；总兵相当于少将，袖章是一圈海水江崖绣片加上一圈金色盘龙。从副将（相当于大校）开始向下不用海水江崖绣片，只用盘龙，副将（上校）、参将（中校）为四圈（龙纹圈数相同，龙珠颜色不同），游击（少校）为三圈，都司（上尉）为两圈，如果是担任舰长的都司，在两圈龙纹的间隙中加一道云纹，以示特别。

十分有创意的是，如果说袖章上的龙纹盘绕道数是与国际接轨的军官军衔识别符号的话，在北洋海军的袖章上还另有一套识别系统，即符合中国官职中的品级识别标准。具体则以袖章上双龙相对处的龙珠的颜色来区分，其颜色和相应品级官员顶戴的颜色相同，诸如提督为一品官，顶珠是红珊瑚，袖章上的龙珠颜色就设定为正红色；总兵和副将是二品官，顶珠是刻花的珊瑚，为淡红色，袖章的龙珠就设计为粉红色；参将、游击是三品官，顶珠是蓝宝石，龙珠颜色为淡蓝色；都司为四品，顶珠是青金石，龙珠为深蓝色；守备为五品，顶珠是砗磲，袖章龙珠是银色；千总为六品，顶珠水晶，袖章龙珠是正白色；把总是七品，用素金顶，袖章龙珠金色；外委千总、外委把总为八品、九品，用刻花金顶，袖章上用金色带"寿"字图案的龙珠。作为尚未取得正式军官身份的学生，袖章上用一对身长较短的金色幼龙，龙珠颜色有白色、黄色、黄色带"寿"字纹三种，分别表示一等、二等、三等学生。

与上述袖章相平行的是，北洋海军军服图说中还有一种银色袖章，图案构成与上述完全一致，只是盘龙、海水江崖等都改为银色，是没有正式国家编制的军官所用，属于按照中国具体国情所做的特殊设定。

在军官之下，北洋海军军服图说还特别规定，士兵序列中的水手正头目（水手长）、正炮目（正炮术长）、副炮目、鱼雷头目（鱼雷士官）以及鱼雷匠、电灯匠、洋枪匠、锅炉匠等高级士官和高级专业技工也配发军官号衣，但是不用盘龙袖章，而是将本应配在袖子上的臂章改为金色袖章，缝制于袖口，以显示这些岗位的重要性。

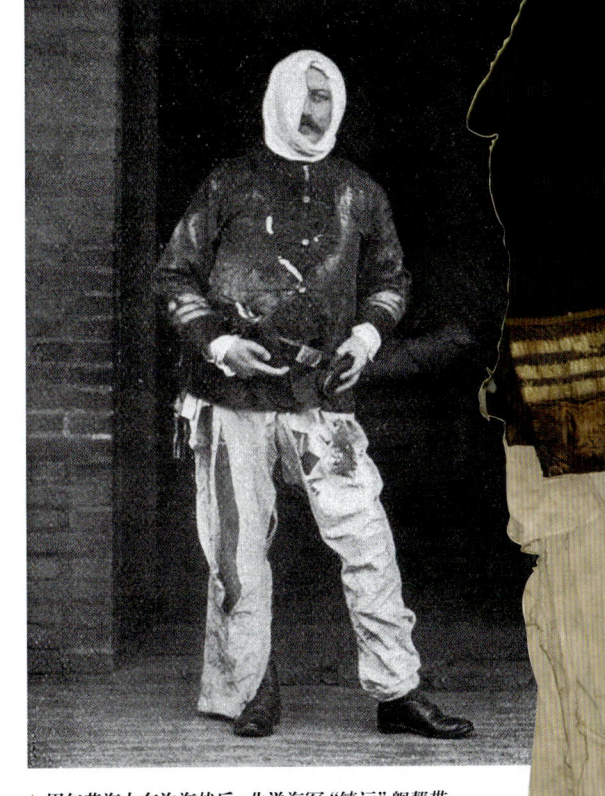

▲ 甲午黄海大东沟海战后，北洋海军"镇远"舰帮带洋员美国人马吉芬在中国养病时的留影。他所穿着的是在海战中伤痕累累的北洋海军制式军服，由袖口的盘龙袖章可知马吉芬的军衔是游击。此外，大东沟海战是在农历八月爆发，时值夏末，从马吉芬身着的上蓝、下白的制服可知，当时北洋海军穿着的是夏季制服

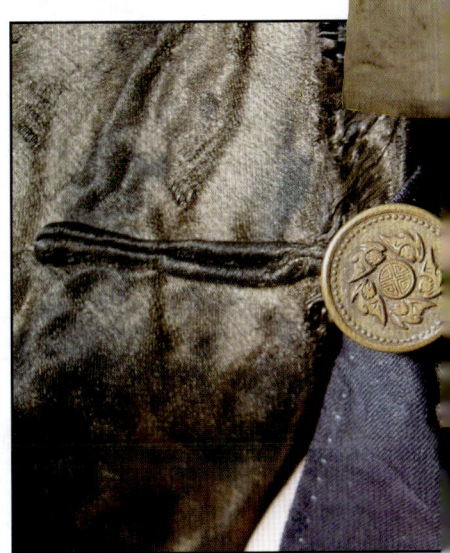

▶ 马吉芬军服上的细节，军服的中式一字扣上缝制的是带有五福捧寿图案的西式纽扣

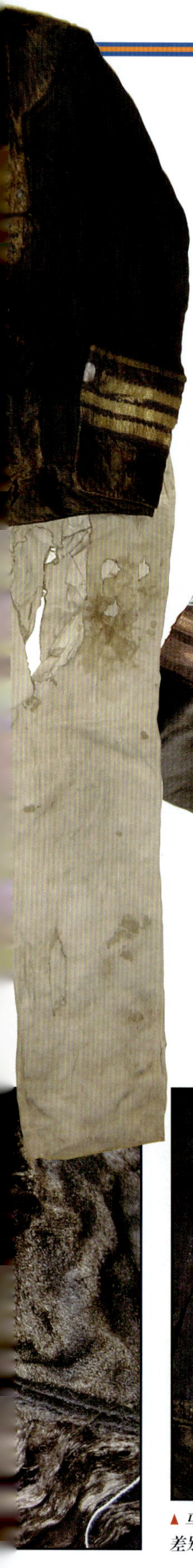

◀ 马吉芬参加海
战时身着的那套
北洋海军军官服，
现在保存在其故
乡的博物馆中

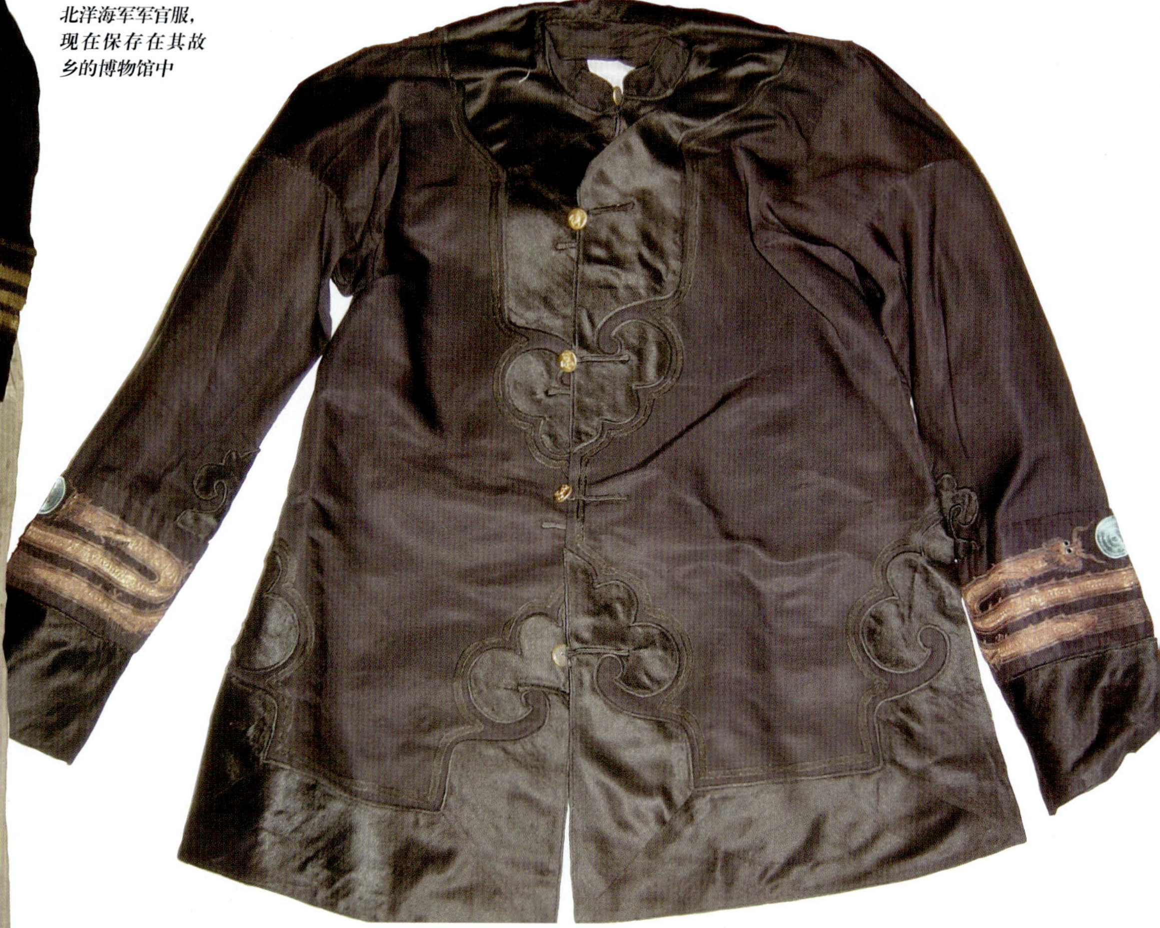

▲ 马吉芬带回美国的另一件他的北洋海军军官服，比较特殊的是，这件军服明显是
采用的西式裁剪工艺

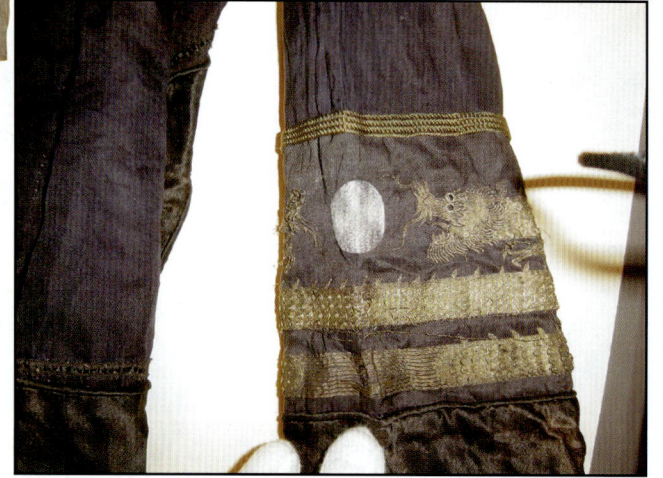

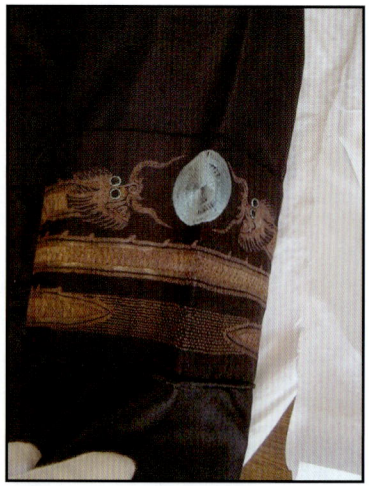

▲ 马吉芬两件军服上的袖章对比，由于北洋海军盘龙袖章图案设计的复杂性，一旦制作者和制作工艺不同，袖章的细节就显得
差别很大

北洋海军士官岗位技能袖章图示

岗位	图示	岗位	图示
副炮目	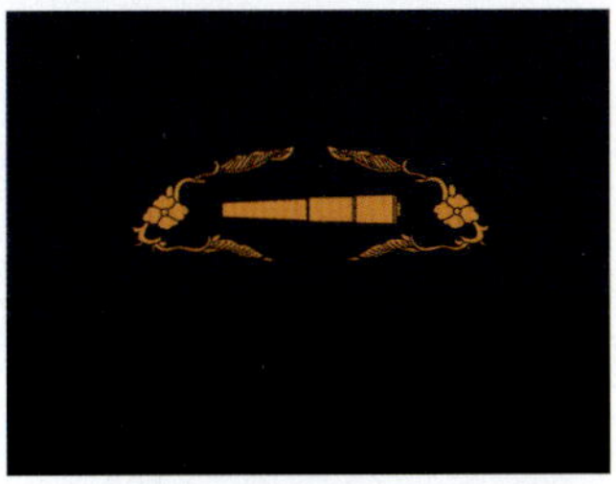	鱼雷头目	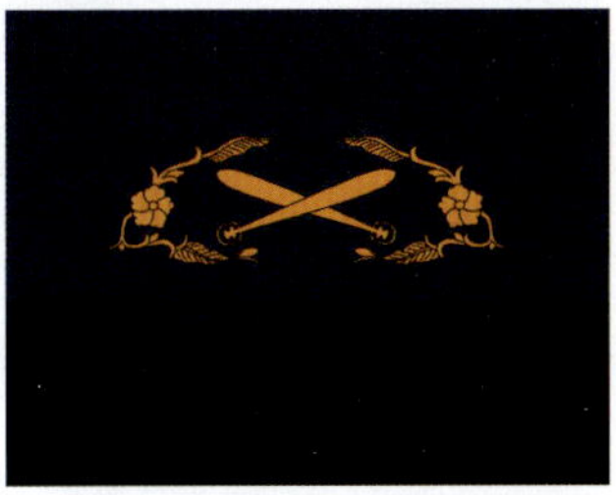
正炮目	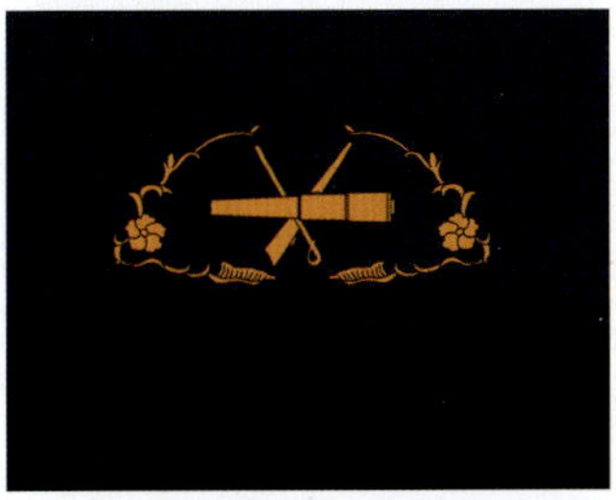	鱼雷匠	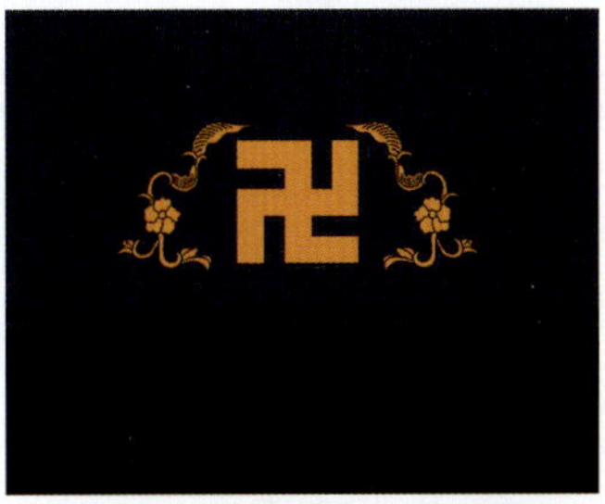

岗位	图示	岗位	图示
二等管舱	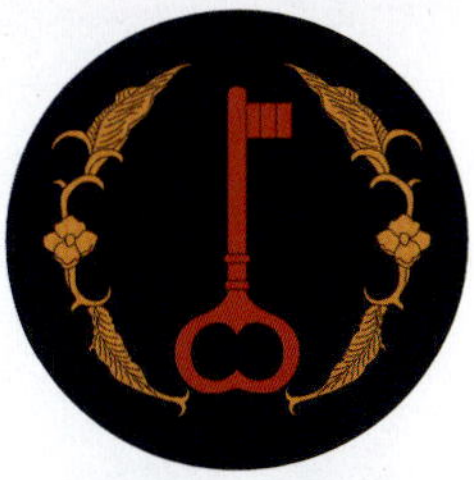	三等管轮	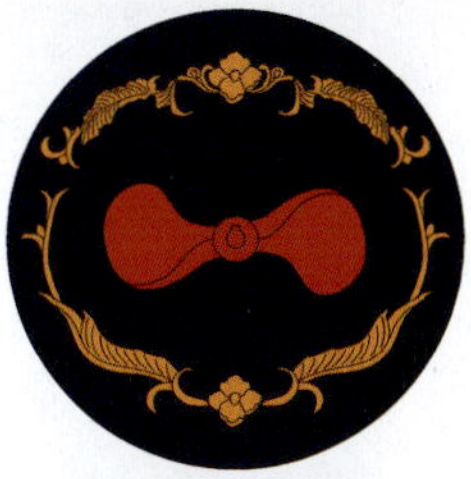
一等管舱	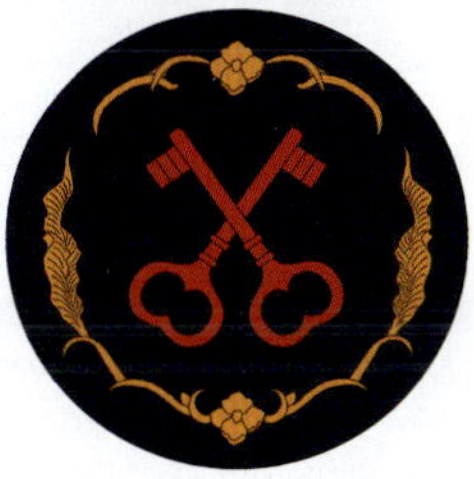	二等管轮	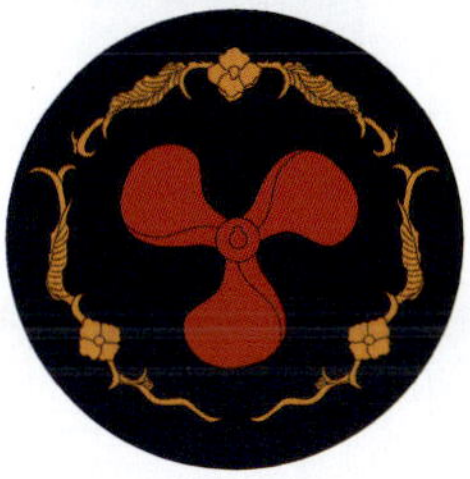

岗位	图示	岗位	图示
一等管轮	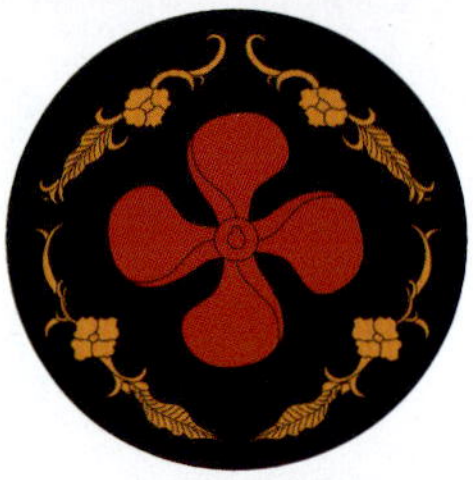	一等水手	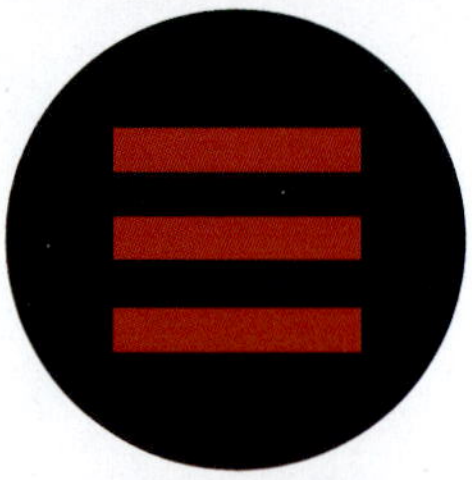
三等练勇	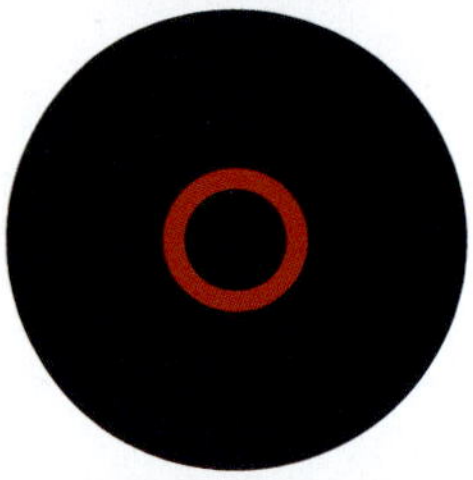	水手副头目	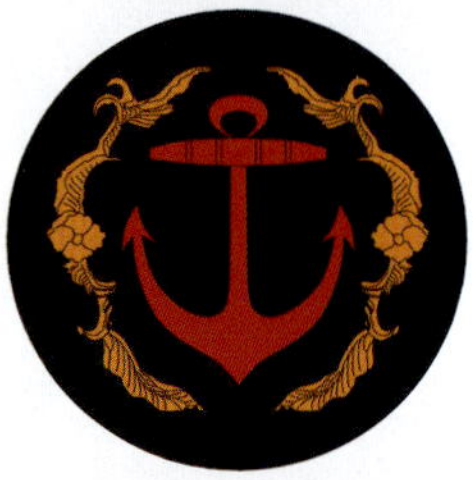
二等练勇	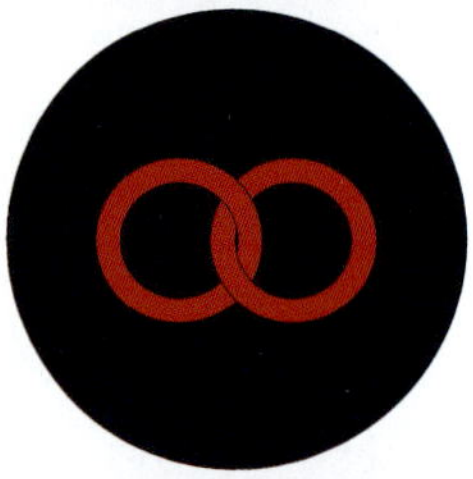	水手正头目	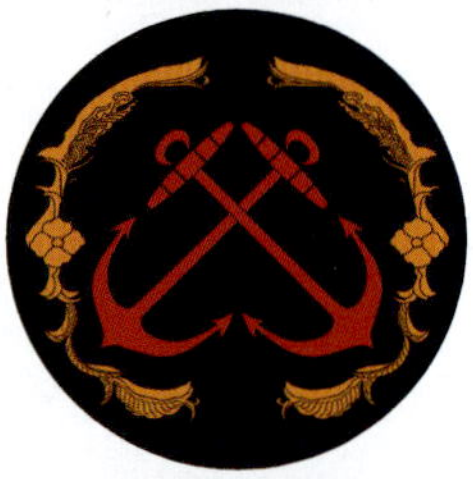
一等练勇	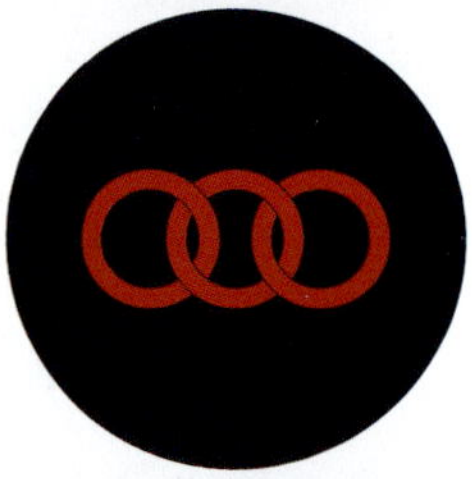	三等外火	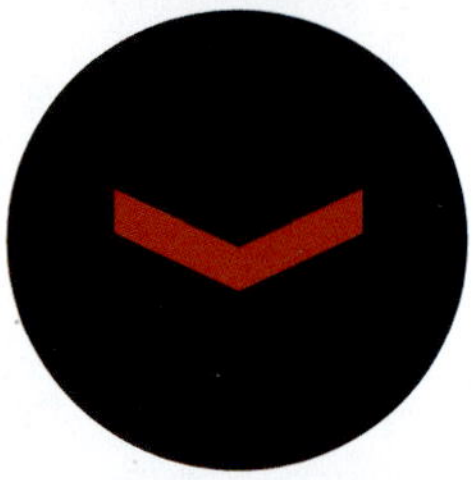
三等水手	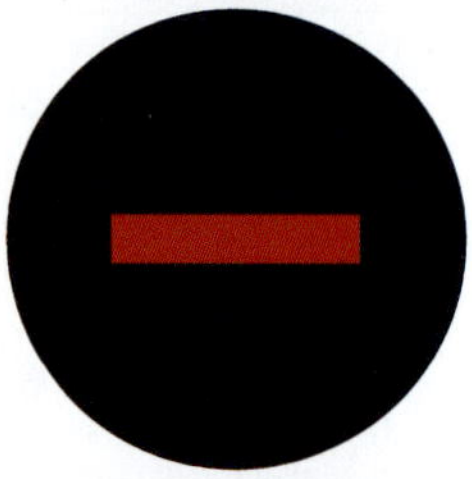	二等外火	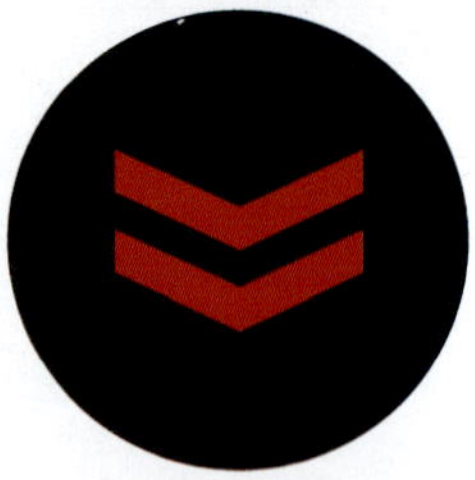
二等水手	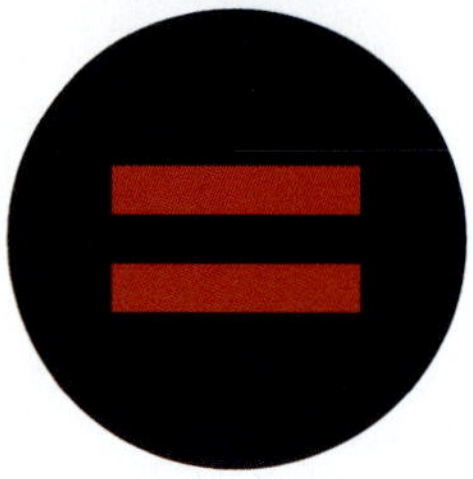	一等外火	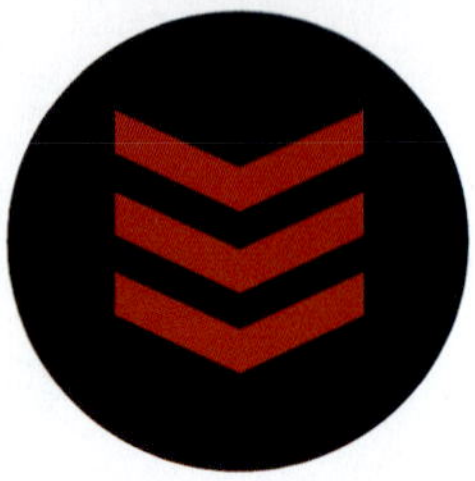

岗位	图示	岗位	图示
二等外火头目	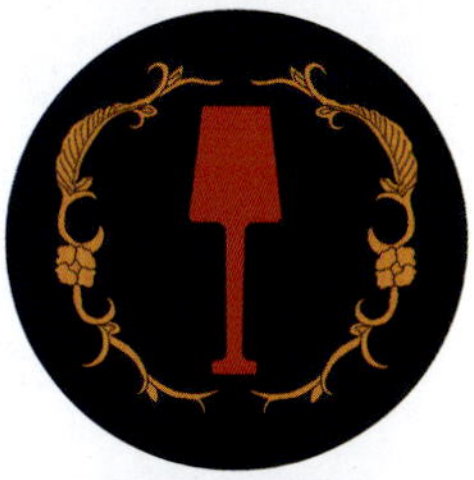	一等木匠	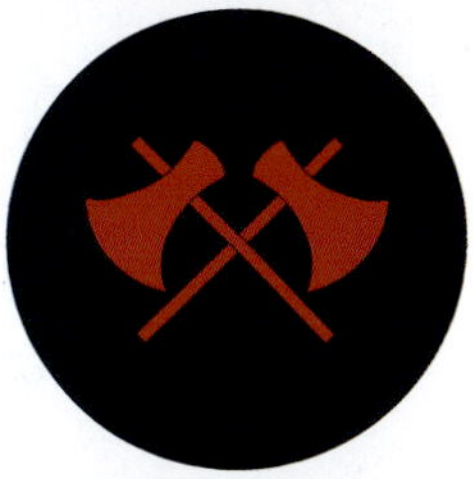
一等外火头目	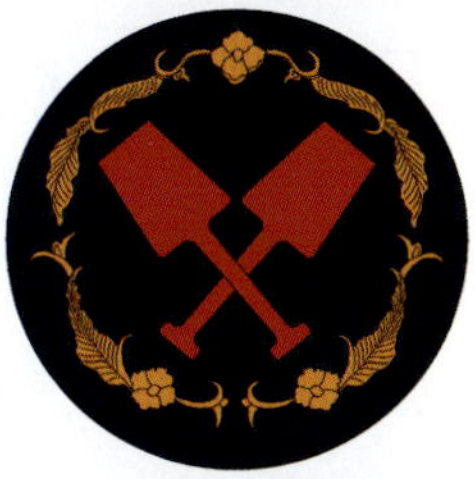	木匠头目	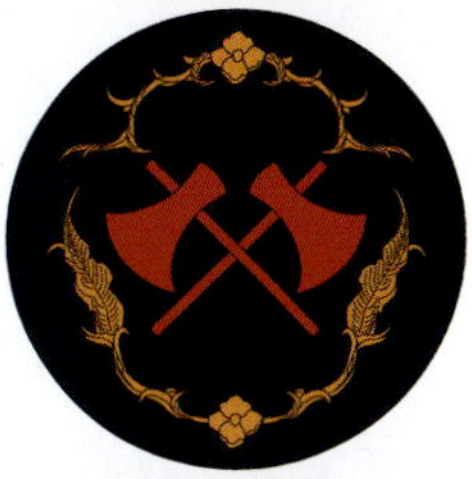
二等管旗	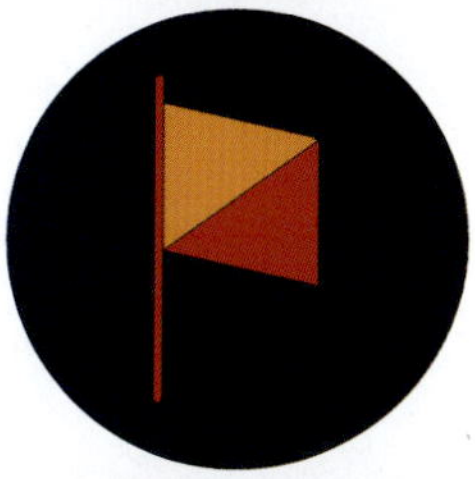	帆匠	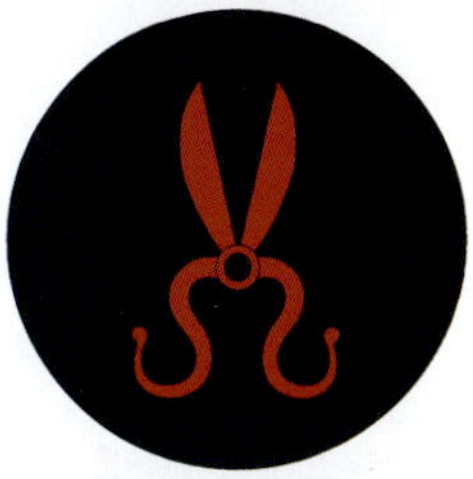
一等管旗	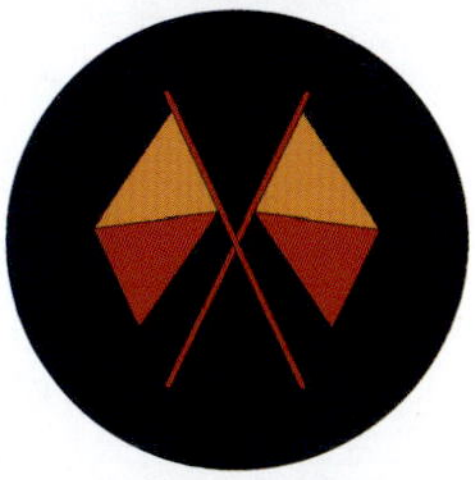	管家具	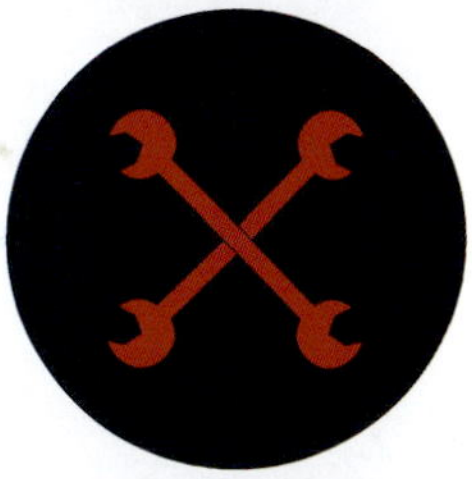
管旗头目	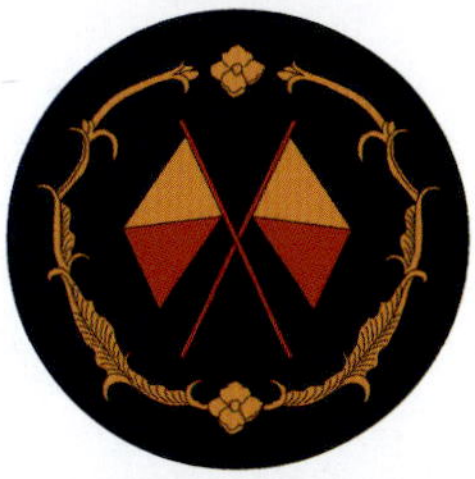	铜匠	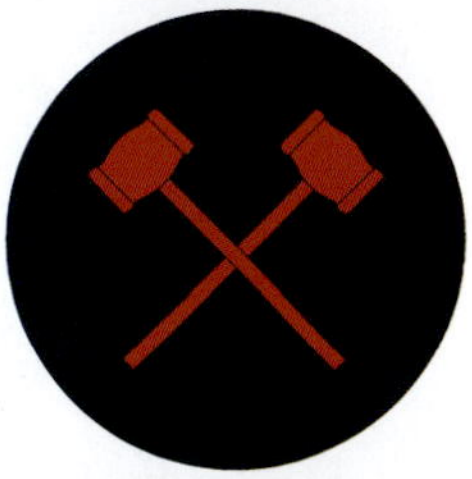
二等木匠	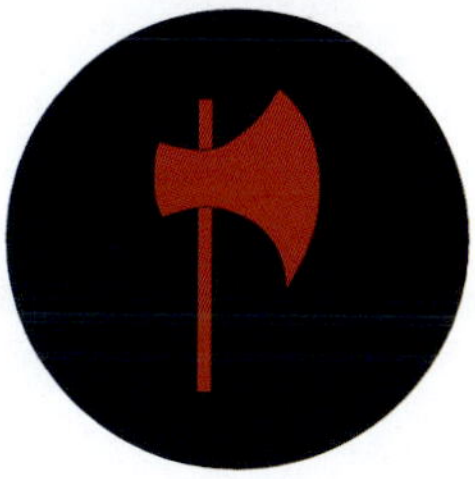	油漆匠	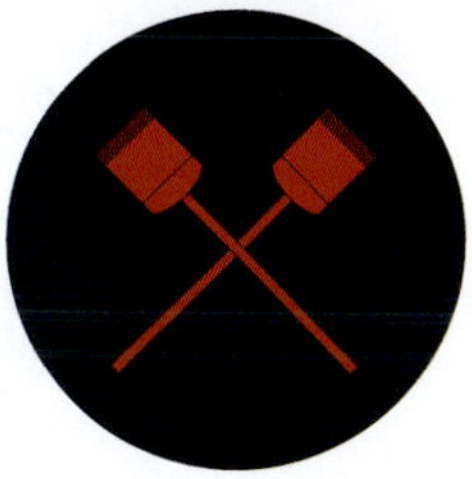

由欧式的军衔袖章表达方法，加上中国式的官员品级识别元素，再用中国传统的龙纹形式表现出来，北洋海军这种中西合璧的袖章称得上是一种经典的设计，唯一的缺陷是制作困难，因为盘龙不是西方那样可以大量生产的金线，每套袖章都需要匠人手工一点点绣制，犹如工艺品。一旦制作者不同，就容易出现袖章的外观细节不统一，在现存的北洋海军游击马吉芬的几套军服上就能看出这种问题。

　　北洋海军版的水兵服与1882年《图说》版也是既有相似点，又多了与欧洲海军进一步接轨的改进。

　　水兵服的式样上衣仍然是对襟短褂，春、秋、冬季用蓝色罗纱、棉布，夏季用白色棉布，上衣不再有镶边，水兵的军裤与军服同色、同料。穿着军服时，春、秋、冬三季用黑色头巾裹头，夏季戴草帽，样式是1882年版《图说》中规定的军官配用的帽顶截面为圆形的草帽，帽墙上钉缀两端带有燕尾的黑色飘带，用金线绣水兵所属的舰船名称，如"北洋兵船定远"等。北洋海军水兵服彻底取消了领口绣船名的做法，明确为采用红色线在胸口绣字。北洋海军水兵服也配有臂章，不过工艺改为用红色羽毛刺绣，图案内容也较北洋水师的有了很大改变，放弃了很多中式化的图案形象，变得更加与国际接轨（北洋海军的夫役也穿着水兵服，不配臂章）。另外较有特点的是，北洋海军军舰上很多水兵岗位按照左、右舷划分为不同的区

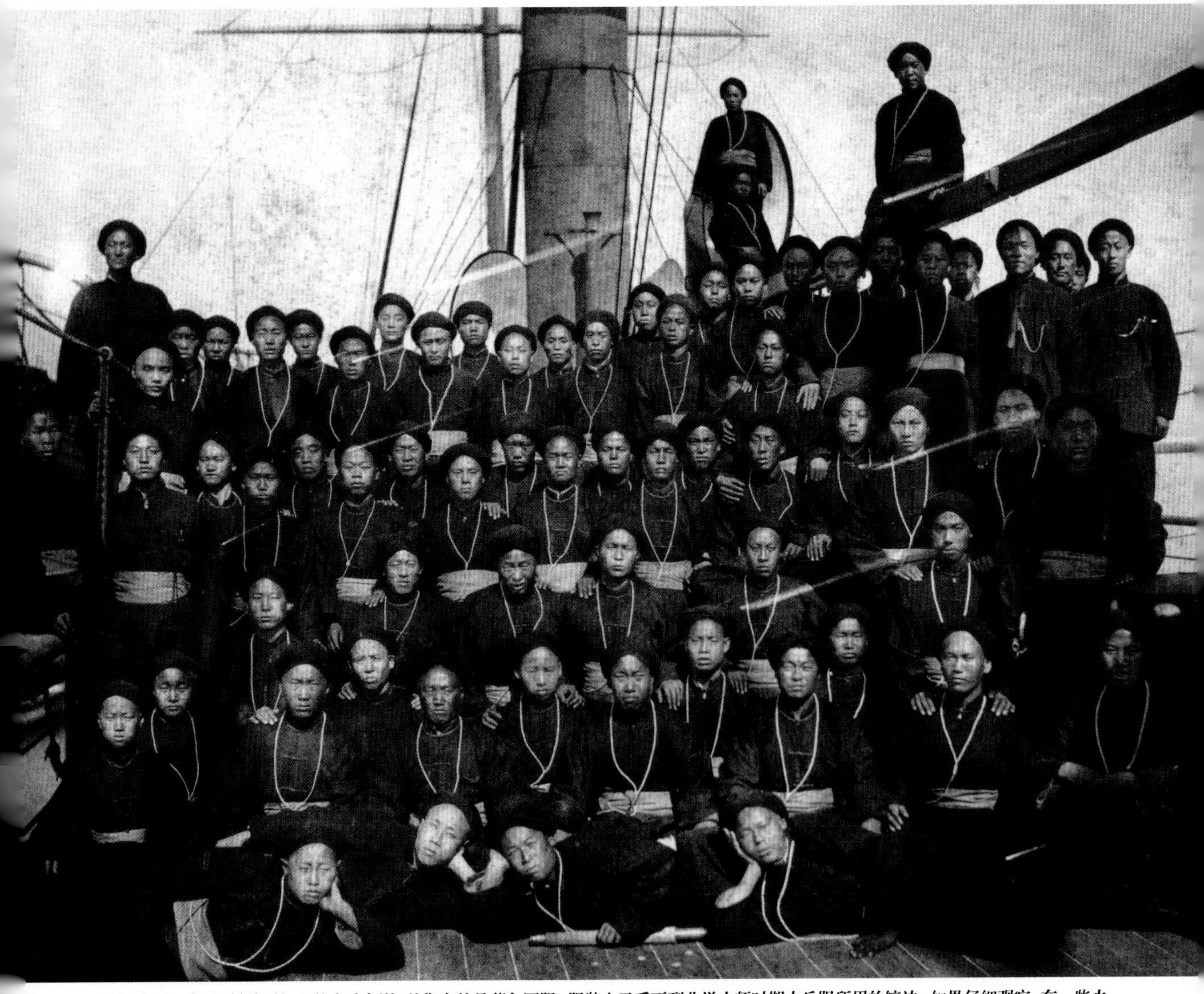

▲ 北洋海军"威远"号练习舰上的水兵合影，他们穿的是蓝色军服，服装上已看不到北洋水师时期水兵服所用的镶边，如果仔细观察，在一些水兵的胸前可以看到长方形、绣着舰名文字的小补子，有些水兵军服的肩膀上还可以看到臂章

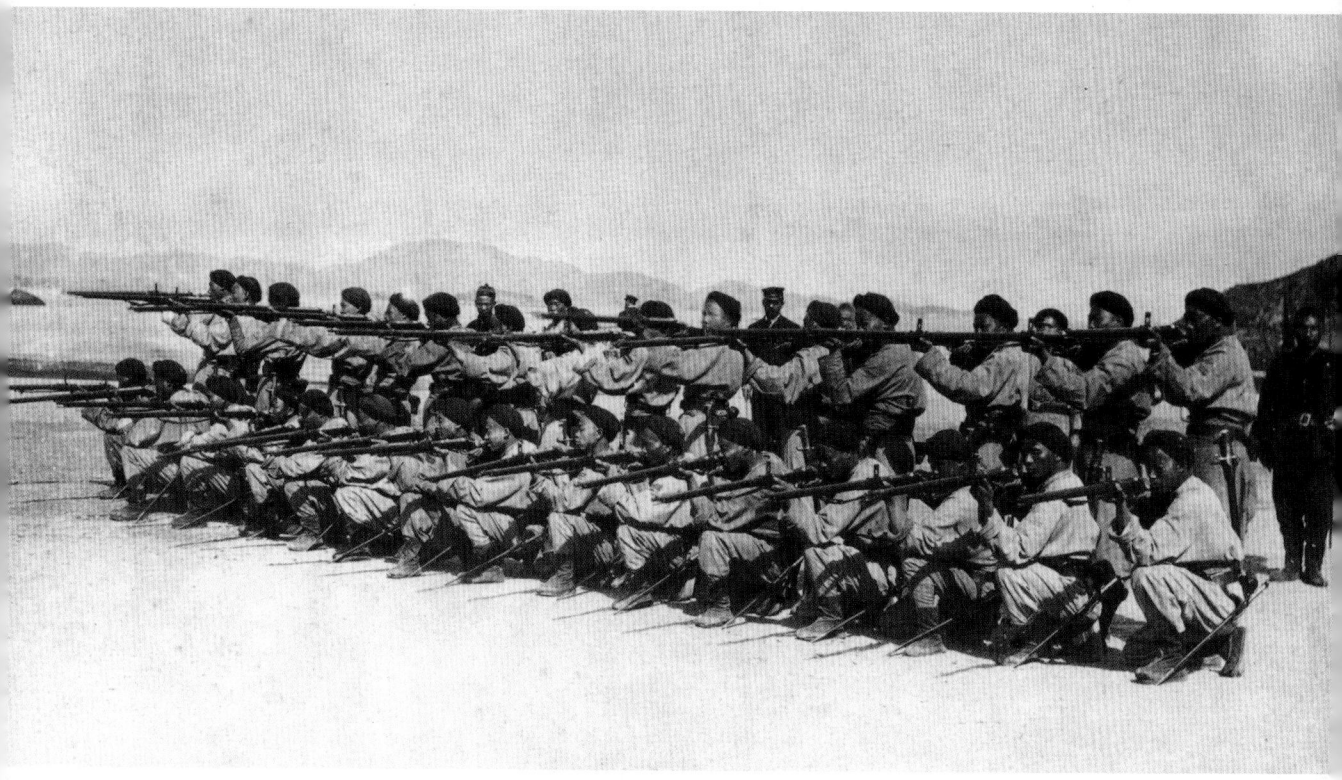

▲ 身着白色制服，在刘公岛上进行步枪射击训练的北洋海军水兵

队，北洋海军图说对此特别规定，如有划分在不同区队的水兵，则不在水兵服的两臂佩戴臂章，而是根据其所在的区队，在左舷的只在左臂佩戴臂章，右舷的则配在右臂。

收录在《清国北洋海军实况一斑》中的北洋海军军服图说，在述及水兵服时，出现了一处明显的图文不符的讹误，即正文中对水兵服上的所属军舰刺绣文字明确说明是绣制在胸前，而附图部分出现的还是画成了1882年版《图说》样式的水兵服，把舰名文字标在了衣领上。

比这处讹误更大的是，《清国北洋海军实况一斑》中将北洋海军陆战队的制服错误标注成了军乐队制服。从创设北洋水师开始，模仿西方制度，在这支舰队中确实建立了一支主要由十几岁的少年组成的军乐队，成员称作乐童，北洋水师统领丁汝昌曾在公文中直接谈及过为艺童定做制服的事项，但《清国北洋海军实况一斑》中列出的所谓军乐队制服设计与1882年版《图说》中所载的洋枪队服几乎完全一致，上衣是与军官制服样式相同的镶边对襟马褂，只是颜色为红色，军裤则与上衣同色、同料。

相较1882年版《图说》，北洋海军军服图说中新增了一种特别的军服，是北洋海军提督丁汝昌的亲兵卫队制服。根据《北洋海军章程》规定，北洋海军的提标（类似司令部机关）中编制有20名提督亲兵，其中8名跟随提督听差，类似提督的贴身警卫，其余12名则由提督分派在旅顺或威海基地当差，可能是在设立于这两处的海军公所充当守卫。北洋海军军服图说中设定的亲兵制服是一种中式马甲，推测提督的亲兵是穿着陆战队服，外套马甲以示区别。亲兵的马甲用深紫色罗纱制作，在领口等处有黑色镶边，马甲上没有补子等番号识别标志。

北洋海军是清末中国最为西式化的国家武装力量，其军服设计向以欧洲海军为主流的世界海军接轨又迈近了一步。十分有趣的是，北洋海军在采用这套军服之后，清末中国各地陆续出现了很多翻版的事例。其中，南洋水师可能是最早的抄袭者，在十九世纪90年代直接套用了北洋海军的军服制度，北洋海军提督丁汝昌曾就此提出抗议，认为南洋水师并非国家经制军队，不应当使用北洋海军的军服。此外，在陆军系统中，也出现了模仿北洋海军军服款式的情况，可能是因为北洋海军的军服款式带有进步、新潮等寓意，仿佛代表着军事近代化，更重要的是，北洋海军军服无论是款式还是识别符号的设定，都更符合近代军事训练、作业对军服的实际要求。

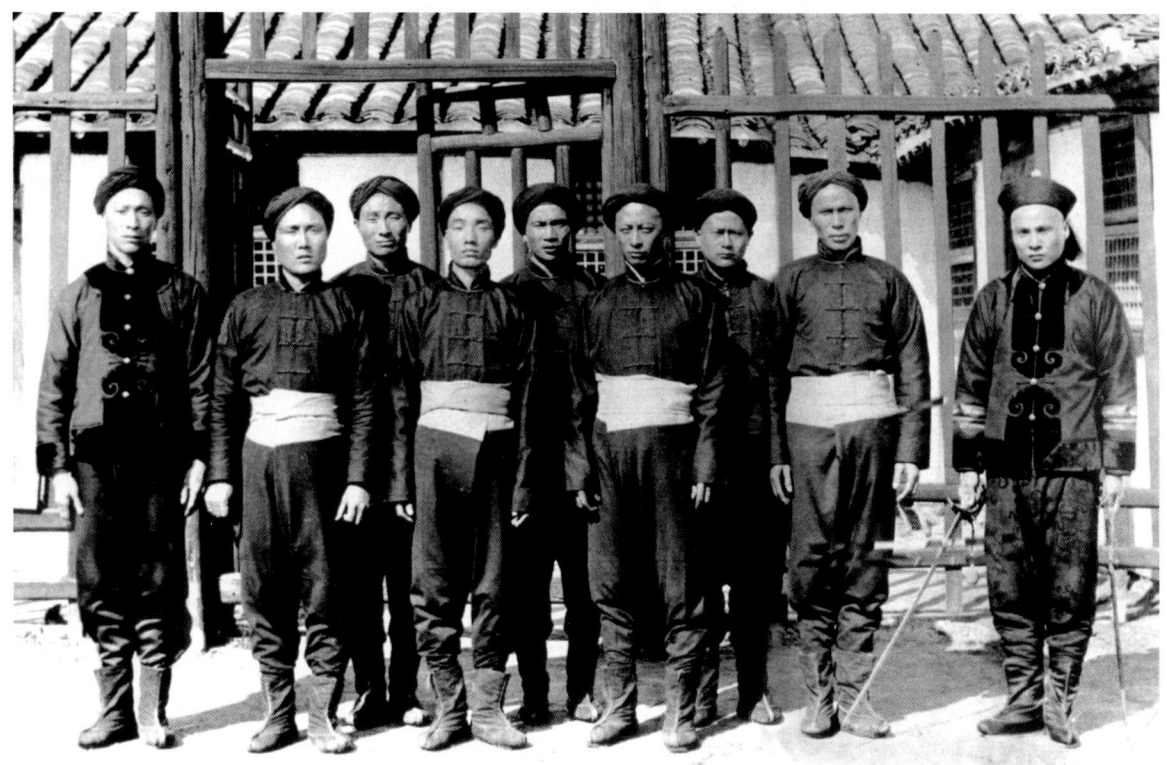

▲ 甲午战争后，南洋水师某鱼雷艇官兵的合影，其军服款式完全抄袭了北洋海军，其中左一是高级士官，右一的军官从袖章看是担任管带职务的都司，中间则是士兵

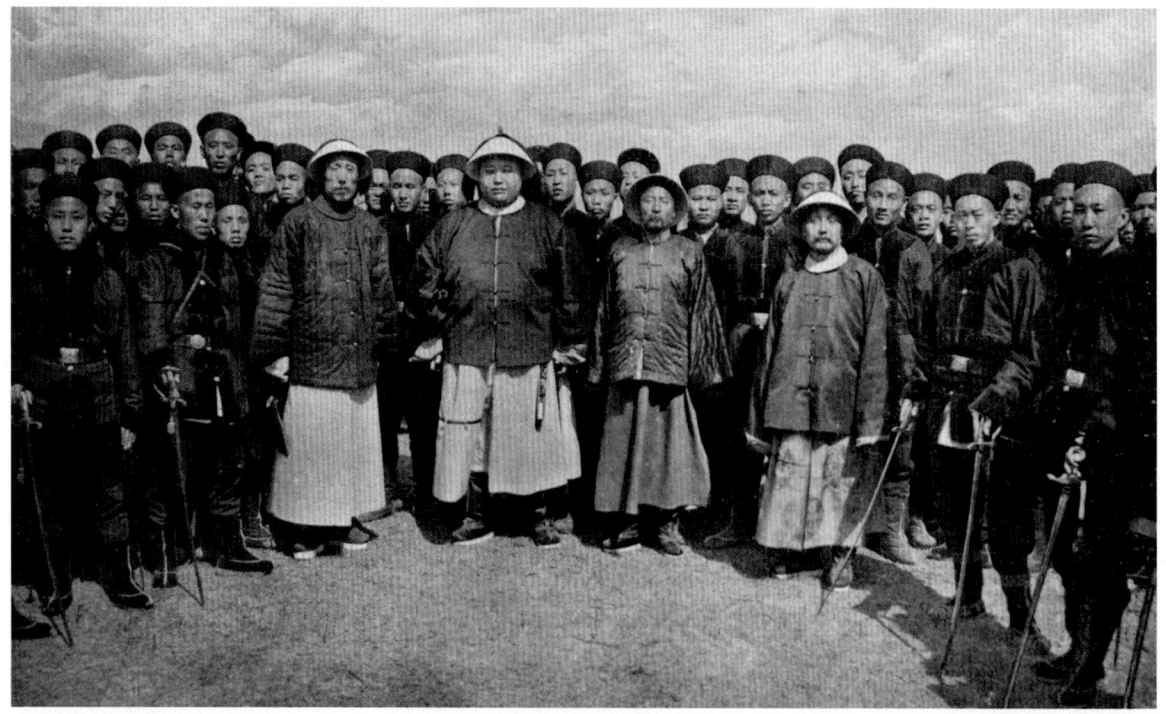

▲ 甲午战争前北洋淮军在某次训练中的合影，人群中的高级官员身着的是行服，而簇拥在周边的军官身着的则是和北洋海军军官服酷似的服装，只是袖口没有袖章而已，其所戴的暖帽也是海军最先采用的帽墙直立的式样

袖挟尊荣

第三帝国军事袖标鉴赏（上）

作者：谢亮

Ärmelband im Dritte Reich

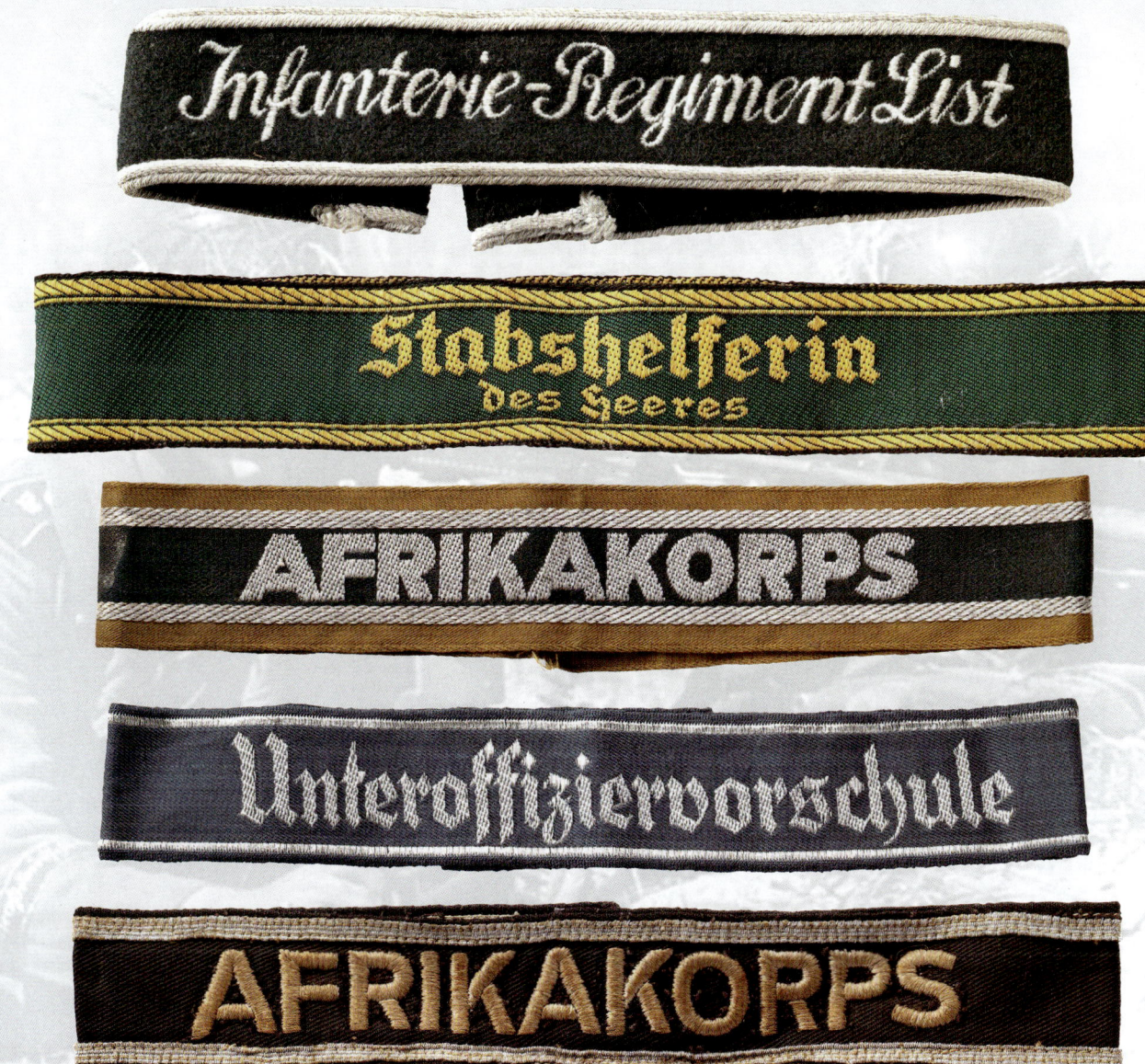

作为独具特色的徽章，袖标在德国历史悠久。早在十九世纪末，普鲁士王国就设立了"直布罗陀"（Gibraltar）袖标，并沿用至一战时期。一战后自由军团保持了这一传统，直至在第三帝国发扬光大。而在第三帝国的徽章中，袖标也一度被认为是带有荣誉性质的勋赏，与勋章奖章证章并列。例如"非洲"、"克里特"、"库尔兰"等袖标本身就进入了官方勋赏体系。其他袖标基本上都由精锐部队专门佩戴，带有荣誉性质。

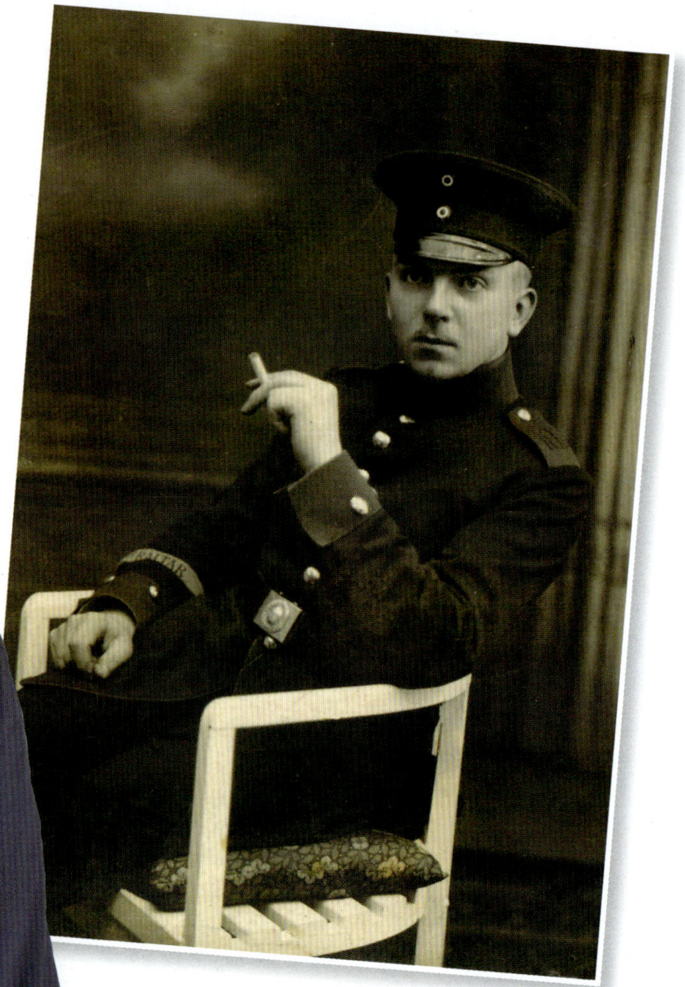

▲ 一名佩戴"直布罗陀"袖标的普鲁士士兵

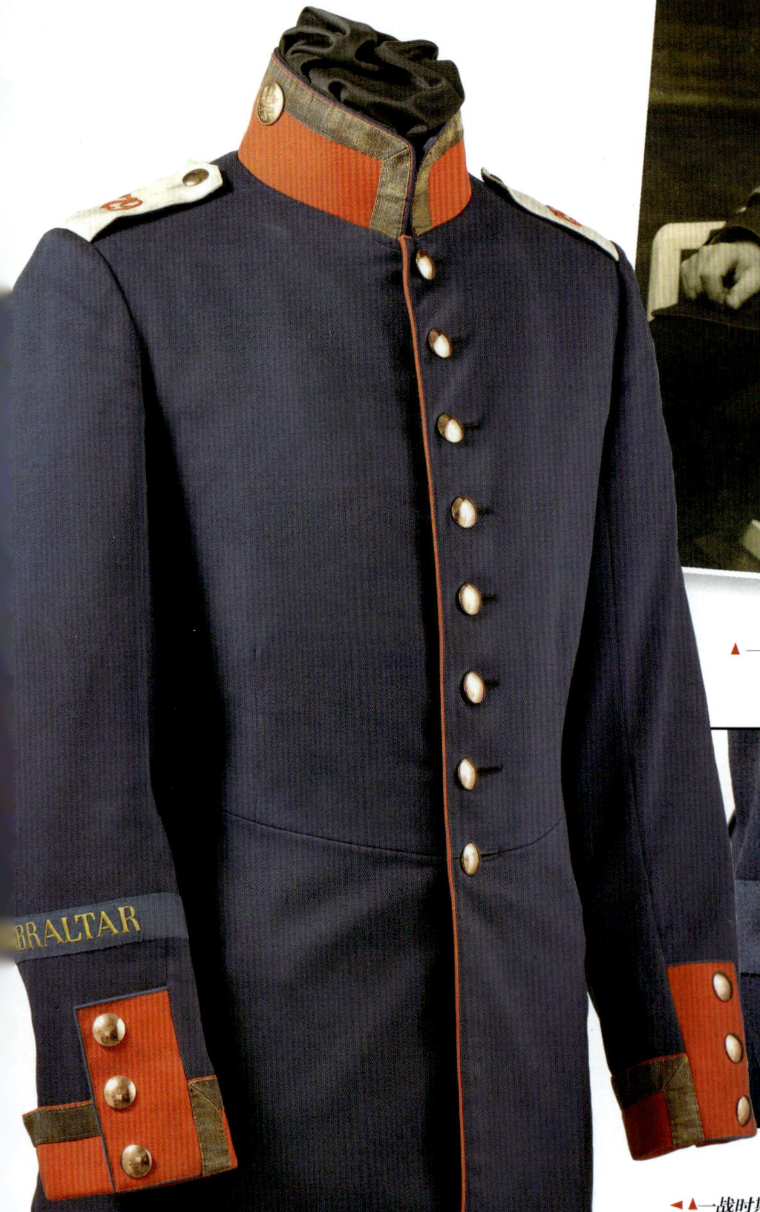

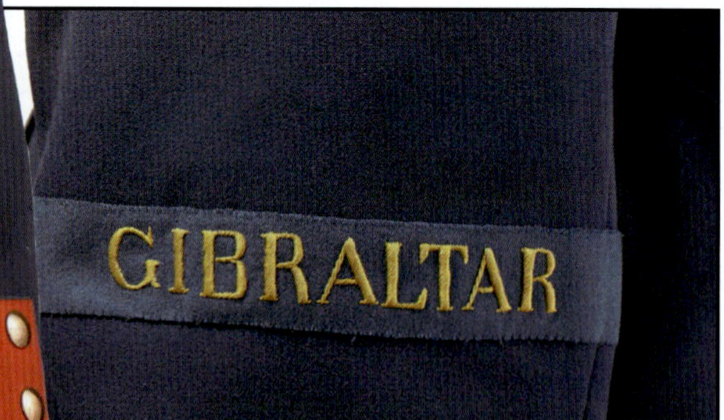

◀◀ 一战时期一件佩有"直布罗陀"袖标的第79"第三汉诺威"步兵团礼服。供图/Hermann Historica

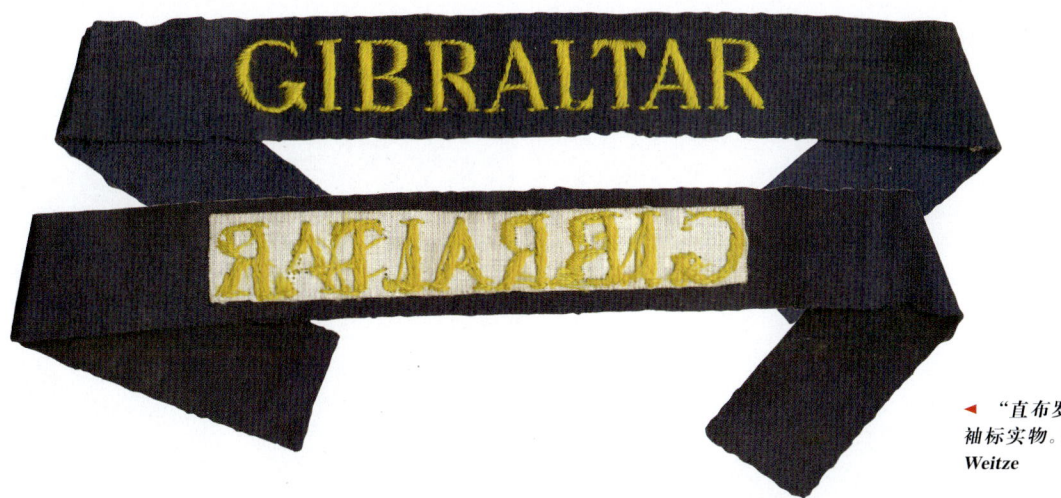

第三帝国时期，袖标的佩戴管理非常地严格。大多数的袖标都是33mm宽，只有少数袖标的宽度稍微有变化。如果佩戴者获得了两条（包括两条）以上的袖标，那么最先获得的袖标佩戴在后来获得的袖标的上面。一般情况下，军官和士兵佩戴的袖标不同。军官佩戴的袖标质量较好，袖标上的文字和符号都是手工绣制的，而士兵佩戴的袖标则是用机织的。两者所佩戴的袖标丝线样式和颜色也不一样。军官的袖标采用的是银铝色或金色丝线缝制，其他袖标则使用灰白色棉线缝制。

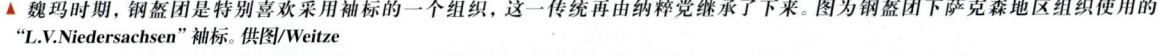

▲ 魏玛时期，钢盔团是特别喜欢采用袖标的一个组织，这一传统再由纳粹党继承了下来。图为钢盔团下萨克森地区组织使用的 "L.V.Niedersachsen" 袖标。供图/Weitze

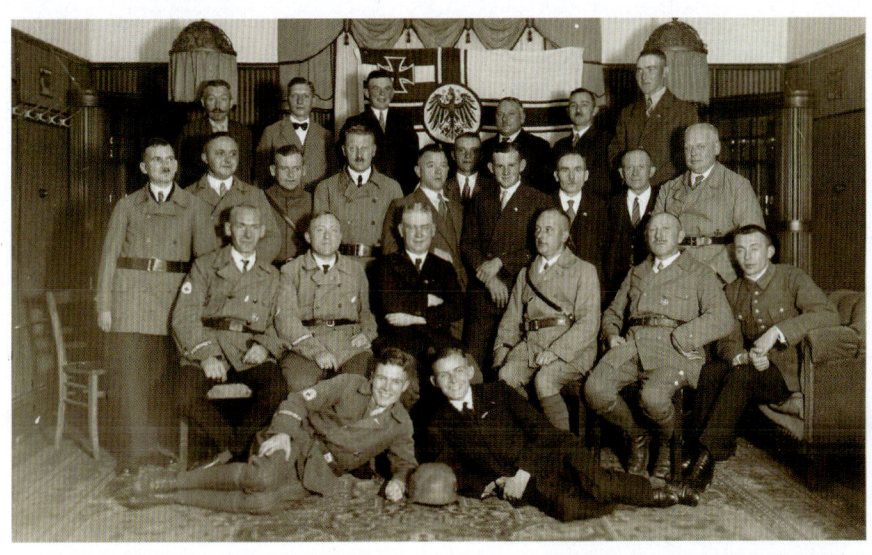

◀ 一群钢盔团成员的合影，其中有几位佩戴有钢盔团 "Thüringen" 袖标。供图/Weitz

▶ 魏玛时期一件钢盔团的野战服，上面佩有"HEIDEGAU"袖标。供图/Hermann Historica

有用到。袖标上的字母最普遍用到的字体是哥特体、罗马体和苏特林体，铜板手写体有时也会用到。袖标的字母要么全部是大写，要么就是大小写的混合。

和其他徽章一样，袖标也能提供其佩戴者的一些信息。首先，袖标使用的部队名称通常是其官方名称，或者对当时的部队有纪念意义的名字。后者在德国空军中经常见到，很多战斗机联队为了纪念曾经在该联队服役的一战王牌飞行员，均采用该王牌飞行员的名字作为袖标文字。比如，第2轰炸机联队采用的就是有着"里尔之鹰"称号的一战王牌飞行员马克斯·殷麦曼（Max Immelmann，战绩15架）的名字作为袖标上的文字。有的部队则采用的是在纳粹党中有着"英雄"地位的人的名字作为袖标。最为著名的人物之一就是霍斯特·威塞尔（Horst Wessel）和阿尔伯特·利奥·史拉格特（Albert Leo Schlageter）。这样的袖标在冲锋队中也很常见。其次，根据佩戴者的袖标能判断出他在那个机构服役。典型的袖标就有Feldgendarmerie（战地宪兵）、Bahnschutzpolizei（铁路警察)和Führerhauptquartier（元首大本营）等。再次，有的袖标是为了纪念某次重要战役，颁发给参加过此次战役的武装力量人员，有的时候还颁发给其他的身着制服的机构成员。严格的颁发规则能够保证每个人都能佩戴上属于自己的袖标。比如，1943年初设立的"非洲军团"袖标就是颁发给那些在北非服役超过六个月、三个月（如果生病）、受伤或在海外服役未被授勋的人。

此外，袖标还有不同颜色；有的袖标有镶边，有的袖标没有；袖标上的字母样式也不一样。袖标最常用的颜色是黑色。空军袖标为了和制服颜色区别开来多采用浅灰青色。褐色、绿色、红色和白色的袖标偶尔也会存在。镶边有两种样式，一种是将袖标的边缘缝在底板布上，另外一种就是直接缝在袖标上。镶边的颜色采用最多的是银白色，金黄色和白色也

陆军袖标

第三帝国时期德国陆军设的袖标按照设立的性质可以分为以下三类：

1. 纪念或传统性质的袖标，如西班牙袖标；
2. 部队或组织机构袖标，如"大德意志"袖标或"统帅堂"袖标；

3. 战役荣誉袖标，如克里特袖标。

有趣的是，德国陆军称呼前两者为Ärmelstreifen（袖套或袖带），后者为Ärmelbänd（袖套或袖标）。这种细微的差别从一开始就未能分清，并且在后来官方的称呼和日常使用来看，它们被统称为"袖标"。

纪念袖标授予有着传统地位的特定部队。部队或组织机构袖标由特定部队、学校成员或者特别重要的部门成员佩戴。战役荣誉袖标，如克里特袖标、非洲袖标、梅斯袖标和库尔兰袖标等是授予参与战斗并满足相关条件的人员，带有奖励性质，属于官方勋赏体系的一部分，本工作室出版、笔者执笔的《二战德国勋赏制度解密》一书已经进行了详细介绍，故本文不作涉及。

士兵（不含军官）通常在该部队服役的时候才能佩戴该部队的袖标。但在1944年10月25日，为了表彰其在战斗中的英勇行为和超出自身职责的行为，希特勒下令佩戴"大德意志"袖标、"勃兰登堡"袖标、"统帅堂"袖标、"李斯特步兵团"袖标和"迪特尔上将"袖标的成员在离开该部队后，还可以继续佩戴这些袖标。

与空军和武装党卫军袖标颜色和字体样式的高度标准化不同，陆军袖标的字体样式繁多，哥特体、罗马体、苏特林体和铜板手写体都有用到，还有不同颜色的衬底。

陆军袖标通常采用机器缝制、机器刺绣或手工刺绣的方式制作。其样式来源于袖标设立的相关文件。手工刺绣版本的袖标被允许采用机器缝制或机器刺绣版本替代。大部分袖标（包括最小的版本）宽度为3.2厘米，当然也有极个别的厂家稍有偏差。几乎所有的袖标都有一条宽3毫米的镶边。机器刺绣的袖标文字最初采用的是白色棉线，在1943年年中被银灰色的人造丝线取代（镶边也采用该材质）。手工刺绣的袖标的字采用铝线（特定的袖标采用金线）。

根据1944年11月18日的一项法令，由于原材料的短缺，此后生产的袖标长度不得超过22~25厘米。

陆军袖标被缝制在制服袖子的外面，佩戴在阅兵礼服右袖口上7.5厘米处、野战服和野战夹克右袖口上15厘米处，或大衣和军官野战服右袖口法式套筒翻口处上1厘米处。当佩戴"大德意志"袖标时，该袖标佩戴在所有袖标的上面。

"非洲军团"袖标

"非洲军团"袖标设立于1941年6月18日，授予德国非洲军团的全体成员。请注意该袖标属于部队组织袖标，要与作为战役荣誉袖标的"非洲"袖标区别。

"非洲军团"袖标采用机器缝制，长32厘米。

袖标的中间为深绿色，上下各有一条3.5毫米宽的铝线镶边，镶边的外部是5厘米宽的卡其色底板布。深绿色的底板布上是用铝线缝制的大写字母"AFRIKAKORPS"。该袖标佩戴在热带制服右袖口上15厘米处，或者佩戴在大衣法式套筒翻口处上1厘米处。如果是阅兵礼服，则佩戴在右袖口上7.5厘米处。在获得者休假离开非洲大陆时，"非洲军团"袖标还可以佩戴在标准的田野灰制服和装甲兵黑色制服上。若获得者被调离该部队，则袖标会被收回。

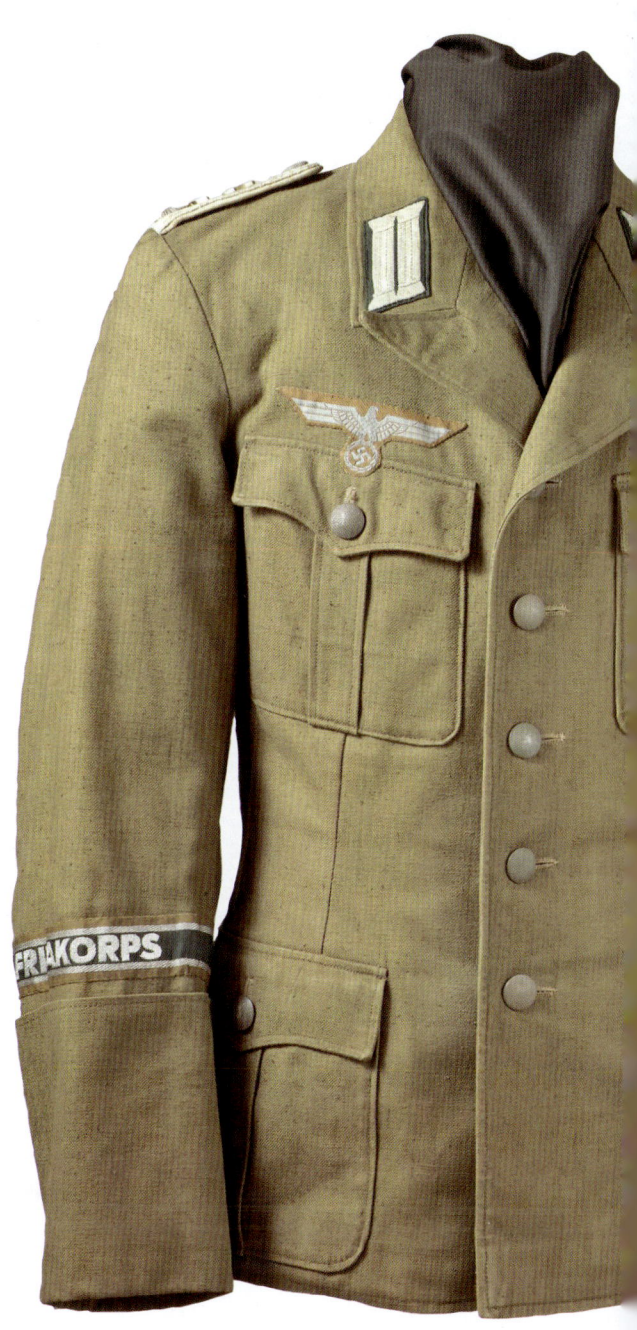

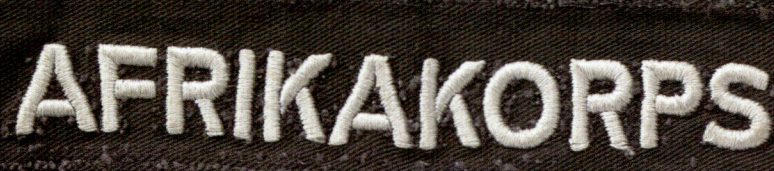

▲ "非洲军团"袖标。供图/Hermann Historica

◀▼ 佩有"非洲军团"袖标的一套非洲军热带常服。供图/Hermann Historica

▲ 非官方的"非洲军团"袖标，由士兵佩戴。供图/Hermann Historica

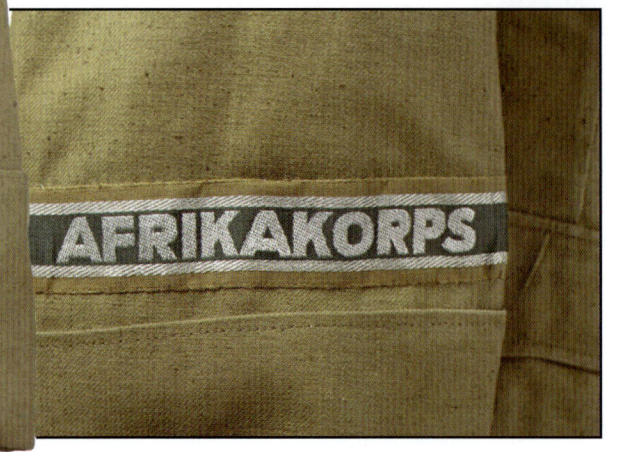

　　"非洲军团"袖标除了官方的外，还存在一款非官方的。此款"非洲军团"袖标的底板布为黑色棉布，中间是银灰色机器刺绣的大写字母"AFRIKAKORPS"。军官和士官版本的有两条银灰色的镶边。

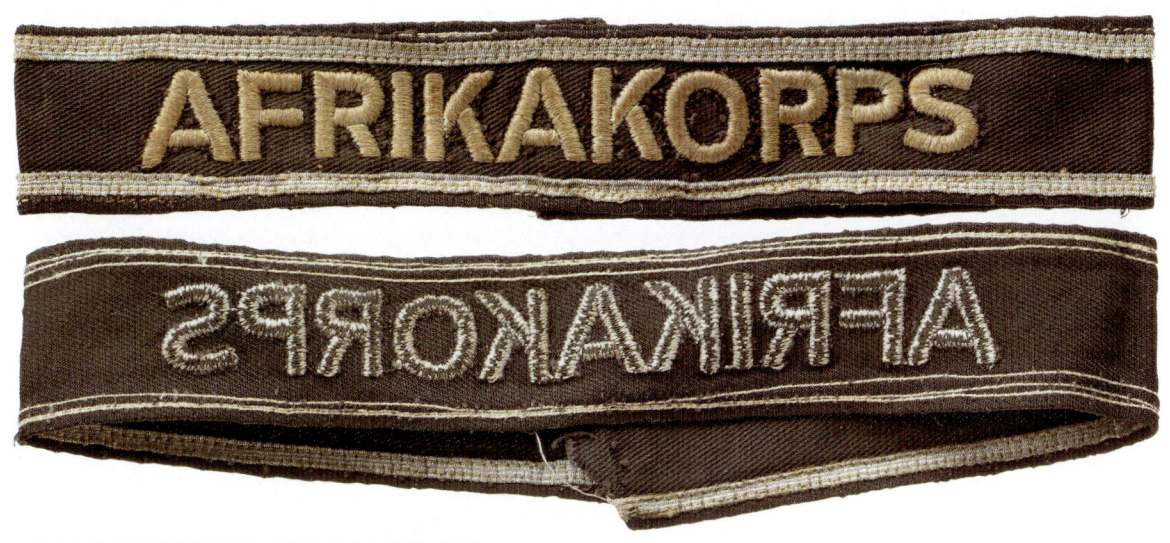

▲ 非官方的"非洲军团"袖标，由军官和士官佩戴。供图/Hermann Historica

精英部队袖标

"大德意志"袖标
（Großdeutschland）

"大德意志"师可以说是德国的"活历史"部队。它从一支卫戍部队发展到团，再到师，最终扩编为军，参加了西欧、南欧以及东线几乎所有的重大战役，赢得了国防军中最显赫的荣誉：总共有84人获得骑士勋章，8人获得橡树叶骑士铁十字勋章，2人获得橡树叶佩剑骑士铁十字勋章，可以说是德国陆军精锐中的精锐。

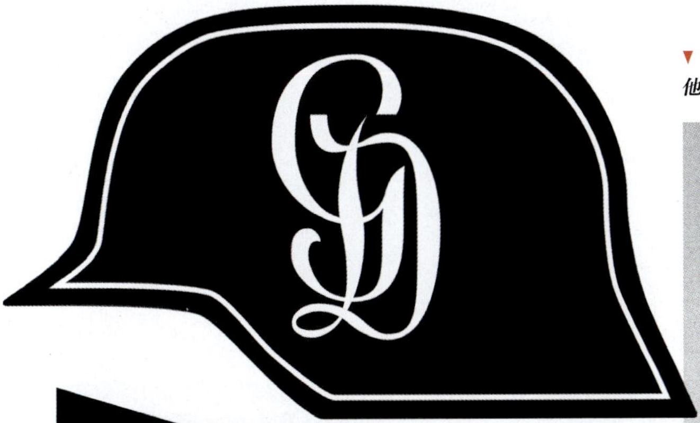

▼ "大德意志"师师长哈索·冯·曼托菲尔最著名的一张照片，请注意他佩戴着"大德意志"袖标

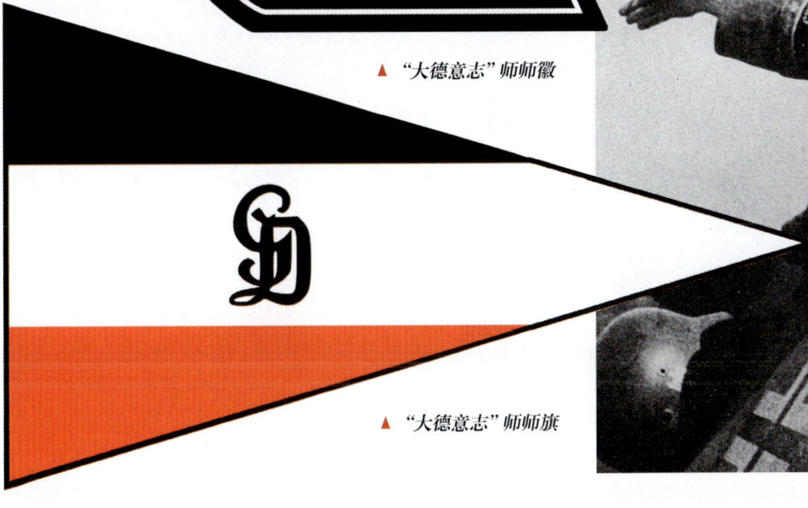

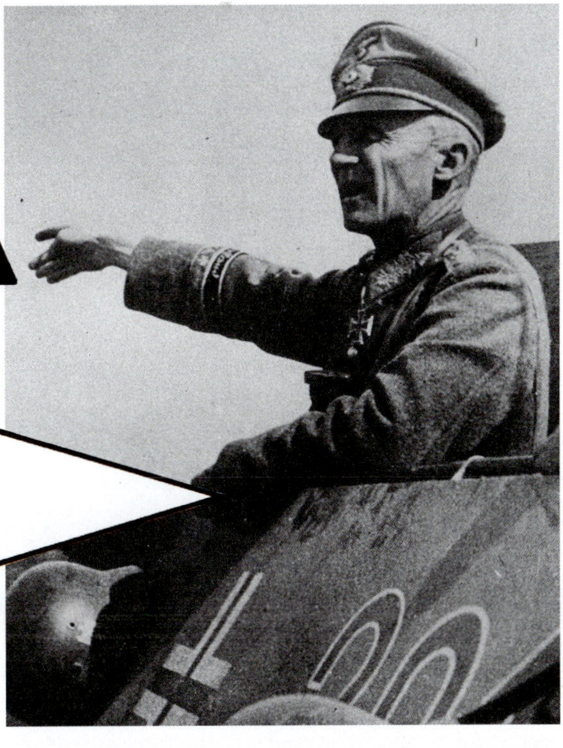

▲ "大德意志"师师徽

▲ "大德意志"师师旗

"大德意志"袖标设立于1939年6月20日，是与阅兵礼服一起搭配的特殊徽标。该袖标的第一版采用机器缝制，宽3.2厘米。深绿色的人造丝线底板上的文字采用的是哥特体，以银色金属丝线缝制。袖标背面可以看到大量松散的铝线。从历史照片来看，该版本的袖标使用至法国战役结束，有少部分甚至使用了更长时间。

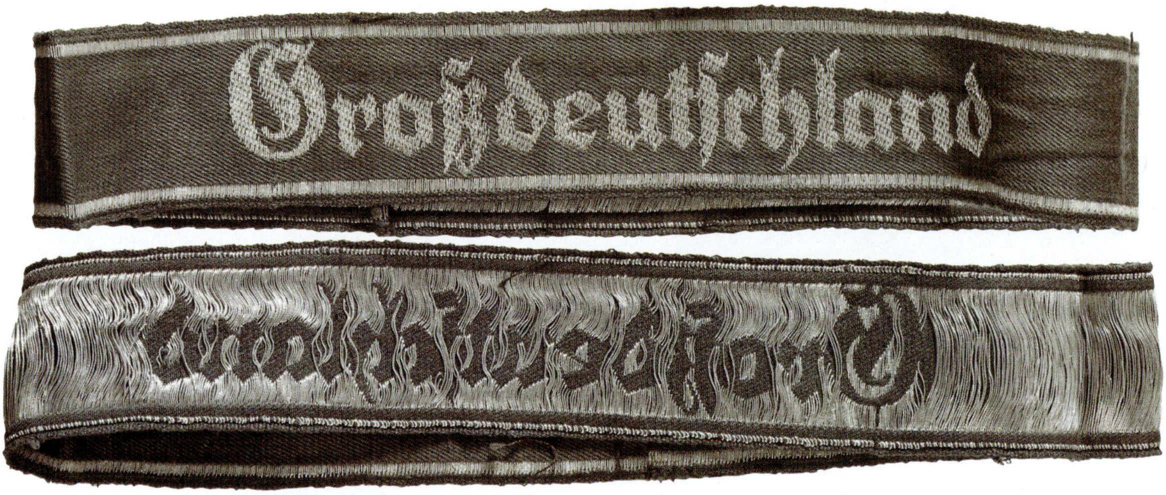

▲ 第一版"大德意志"袖标。供图/Hermann Historica

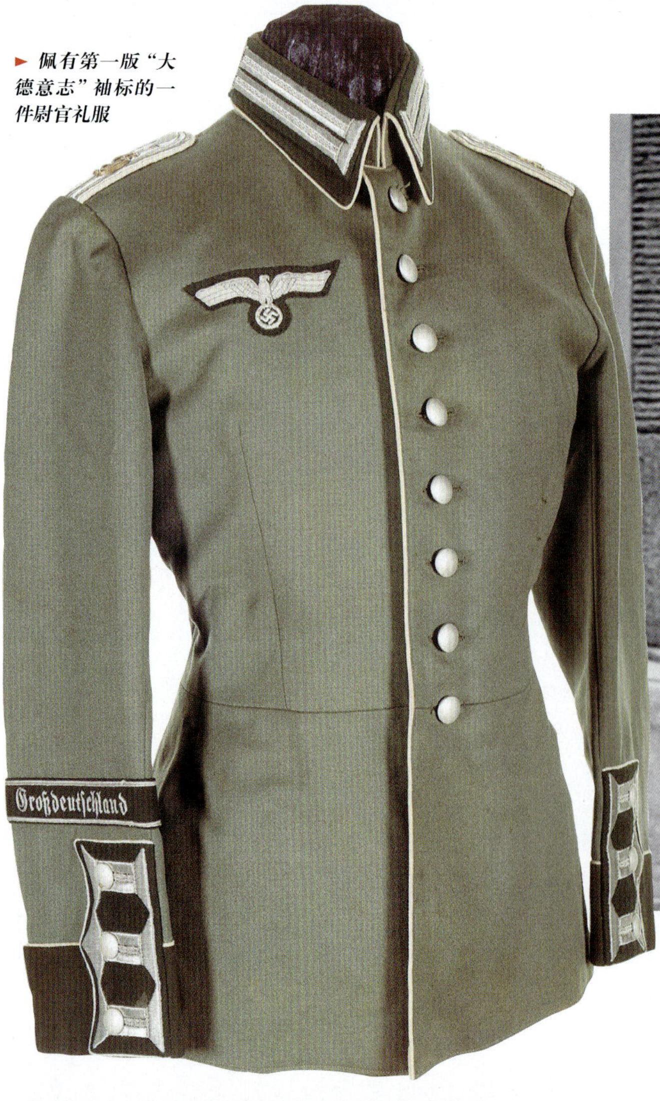

▶ 佩有第一版"大德意志"袖标的一件尉官礼服

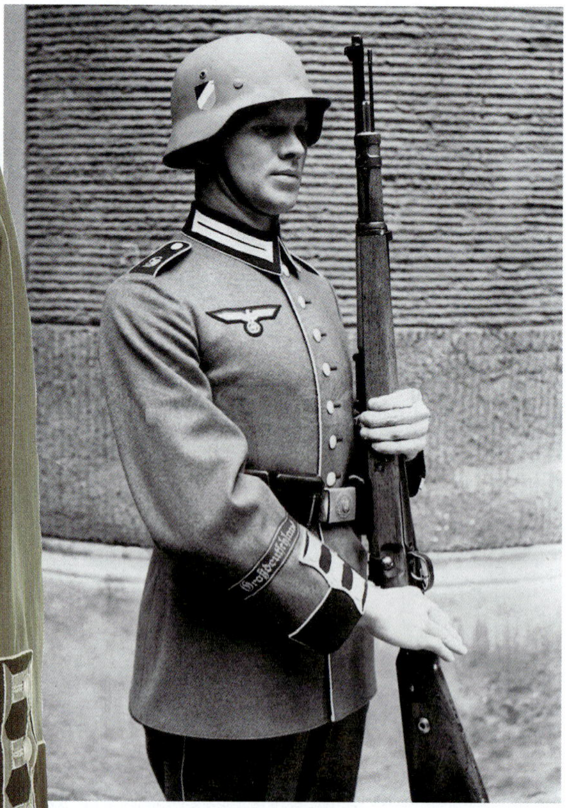

▲ 身着"大德意志"师专用礼服，佩戴第一版"大德意志"袖标的卫兵

　　1940年夏，第二版"大德意志"袖标被设立。其主要的变化是中间的文字部分变成了"Inf-Regt.Großdeutschland"。该版本同样采用机器缝制，底板为深绿色，文字和镶边采用铝线缝制。该版本的袖标似乎不怎么受欢迎，很快就被新设立的第三版取代。

　　第三版的"大德意志"袖标是使用最为广泛的袖标，于1940年10月7日设立，所有冠有"大德意志"称号的部队都可以佩戴。袖标的文字为苏特林体的"Großdeutschland"，采用铝线手工刺绣而成。袖标宽3.2厘米，铝线镶边宽3毫米，材质通常为高质量的黑色骆驼毛底板布。这种质量的袖标通常是由军官佩戴的，但是该版本的袖标军官和士兵都可以佩戴。

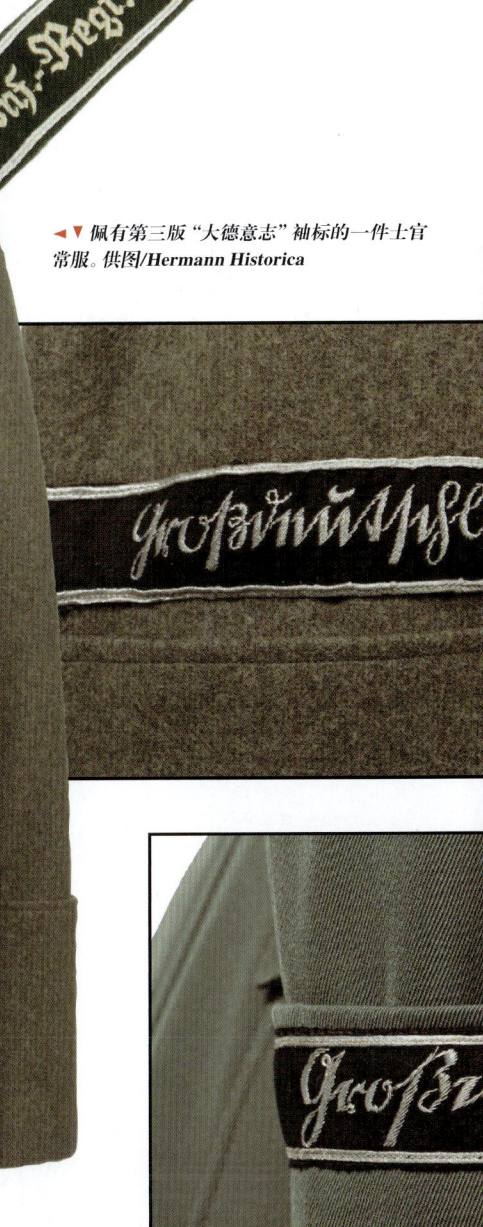

▶ 第二版"大德意志"袖标

◀◀ 佩有第三版"大德意志"袖标的一件士官常服。供图/Hermann Historica

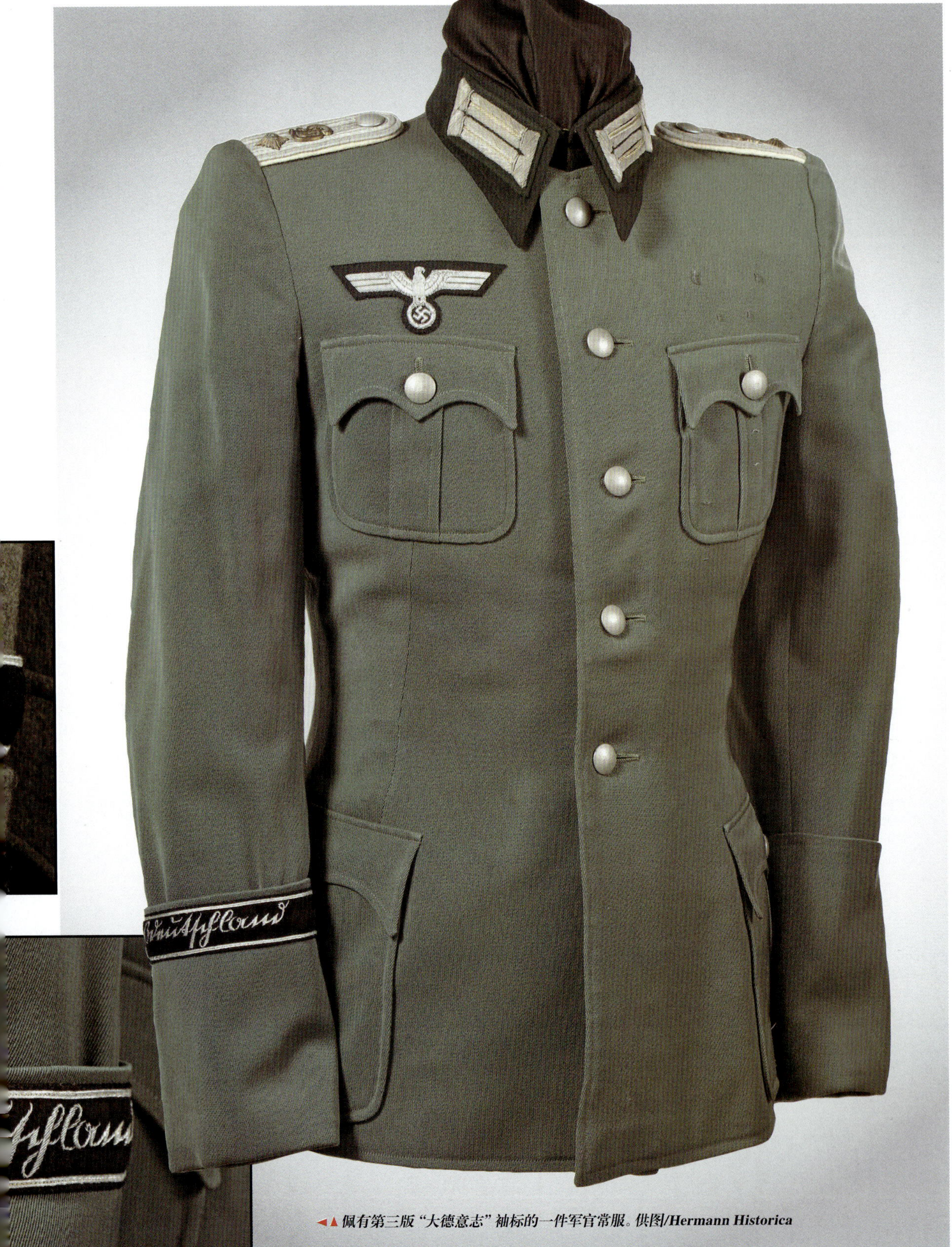

▲▲佩有第三版"大德意志"袖标的一件军官常服。供图/Hermann Historica

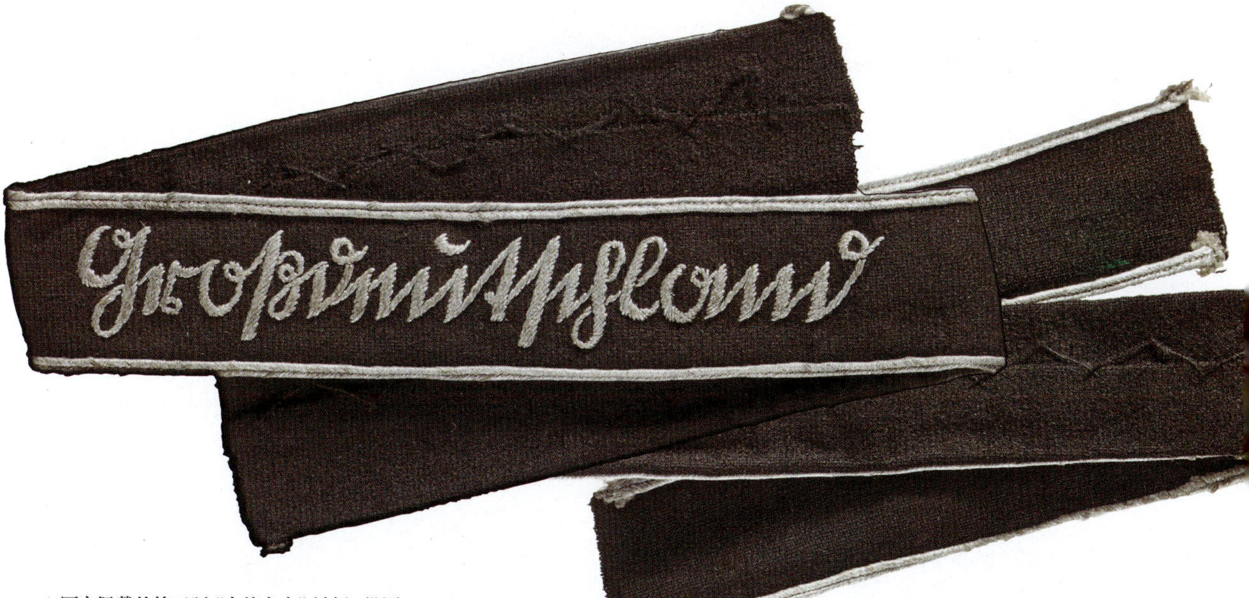

▲ 军官佩戴的第三版"大德意志"袖标。供图/Hermann Historica

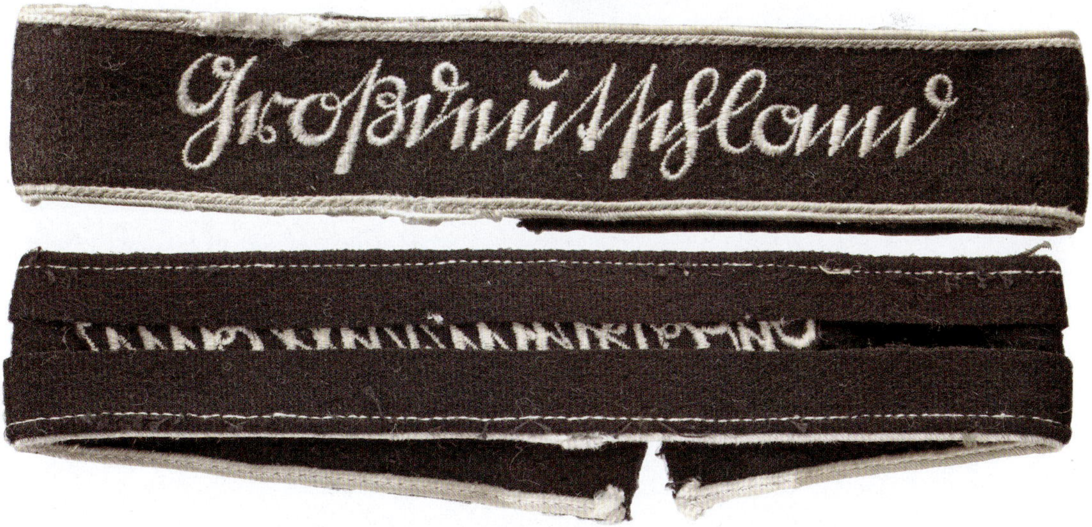

▲ 士兵佩戴的第三版"大德意志"袖标。供图/Hermann Historica

► 战场上的"大德意志"师士兵，他们都佩戴着第三版"大德意志"袖标

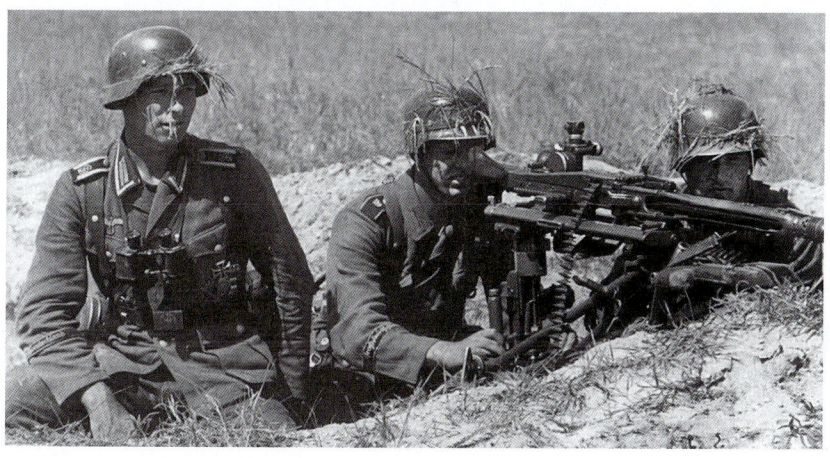

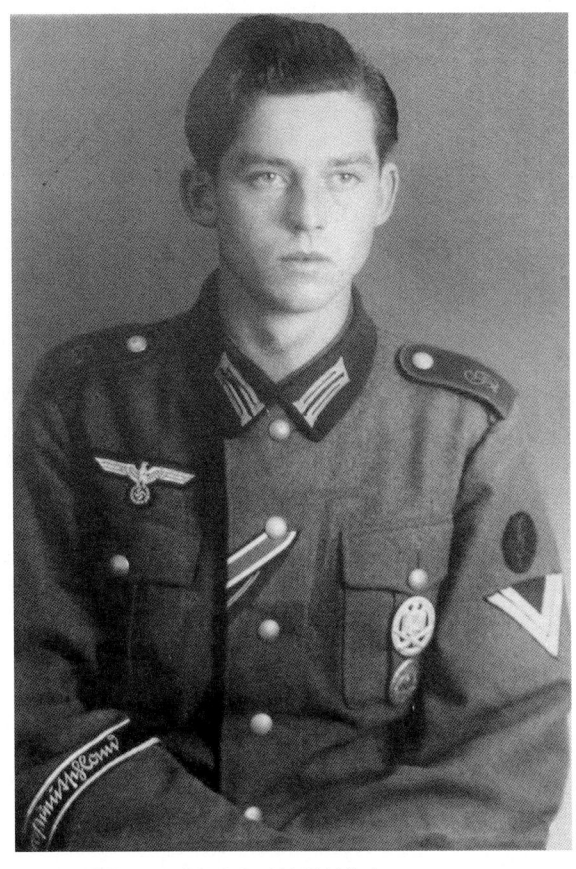

▲ 一名佩戴第三版"大德意志"袖标的通信兵

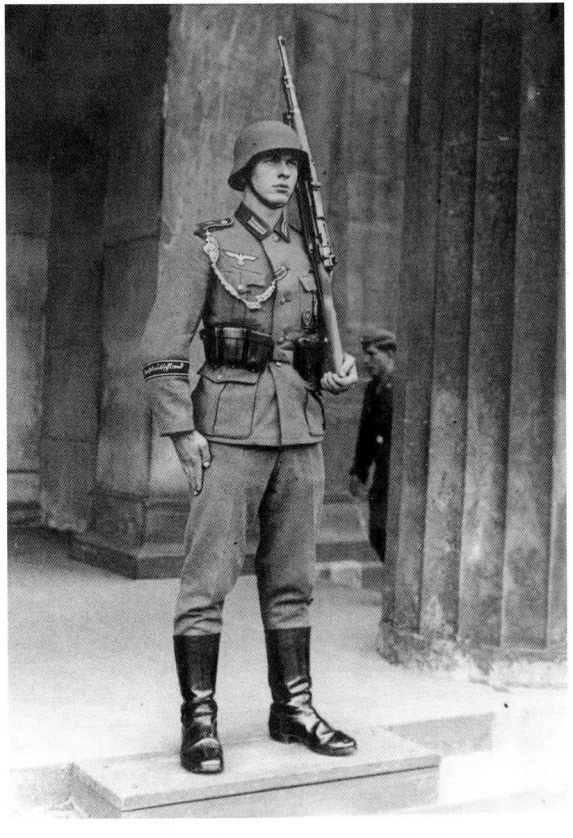

▲ 守卫在柏林新岗哨的"大德意志"师卫兵，佩戴着第三版"大德意志"袖标

　　1944年中期，为了节约成本所有的陆军袖标均用银灰色丝线取代铝线，工艺也由手工刺绣改为简单的机器刺绣，"大德意志"袖标也不例外。第三版本的后期袖标通常在黑色的羊毛底板布上采用银灰色的丝线刺绣。和前文描述的一样，该版本的袖标军官和士兵都可以佩戴。

　　需要注意的是，第三版袖标的文字和镶边采用铝线手工刺绣。某些私人购买的袖标，文字采用银灰色丝线机器刺绣，镶边采用铝线机器刺绣的可能是由士官佩戴，而文字和镶边采用银灰色丝线机器刺绣的军官和士兵都可以佩戴。

　　1944年末，第四版"大德意志"袖标被设立。该版本的材质与第三版后期的一样，只是文字的字体为铜板手写体，采用银灰色丝线机器刺绣，可能存在个别军官私人购买的铝线手工刺绣版本。

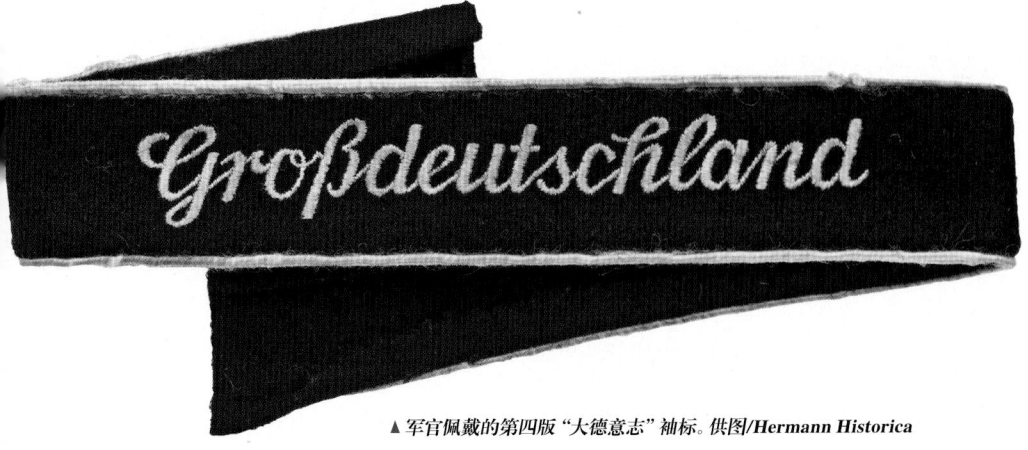

▲ 军官佩戴的第四版"大德意志"袖标。供图/Hermann Historica

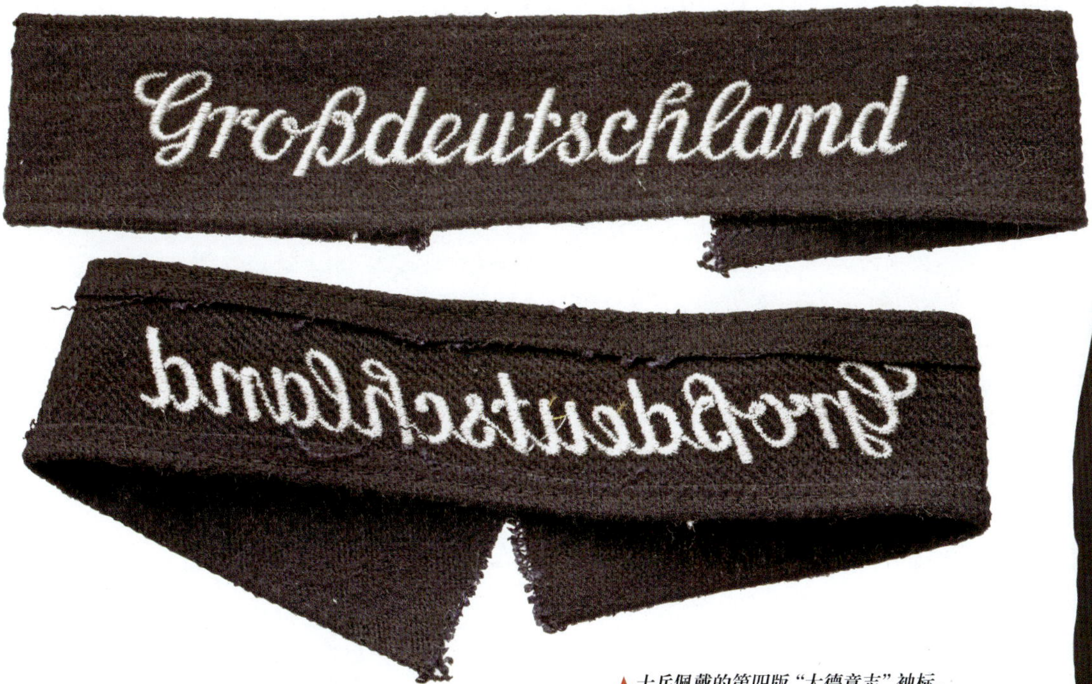

▲ 士兵佩戴的第四版"大德意志"袖标。
供图/Hermann Historica

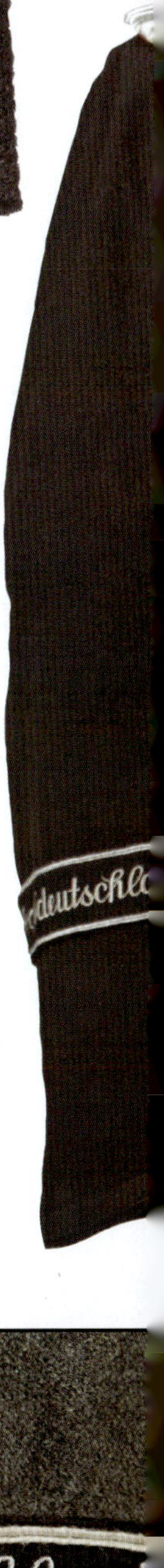

◀▼ 佩有第四版"大德意志"袖标的一件士官野
战服。供图/Hermann Historica

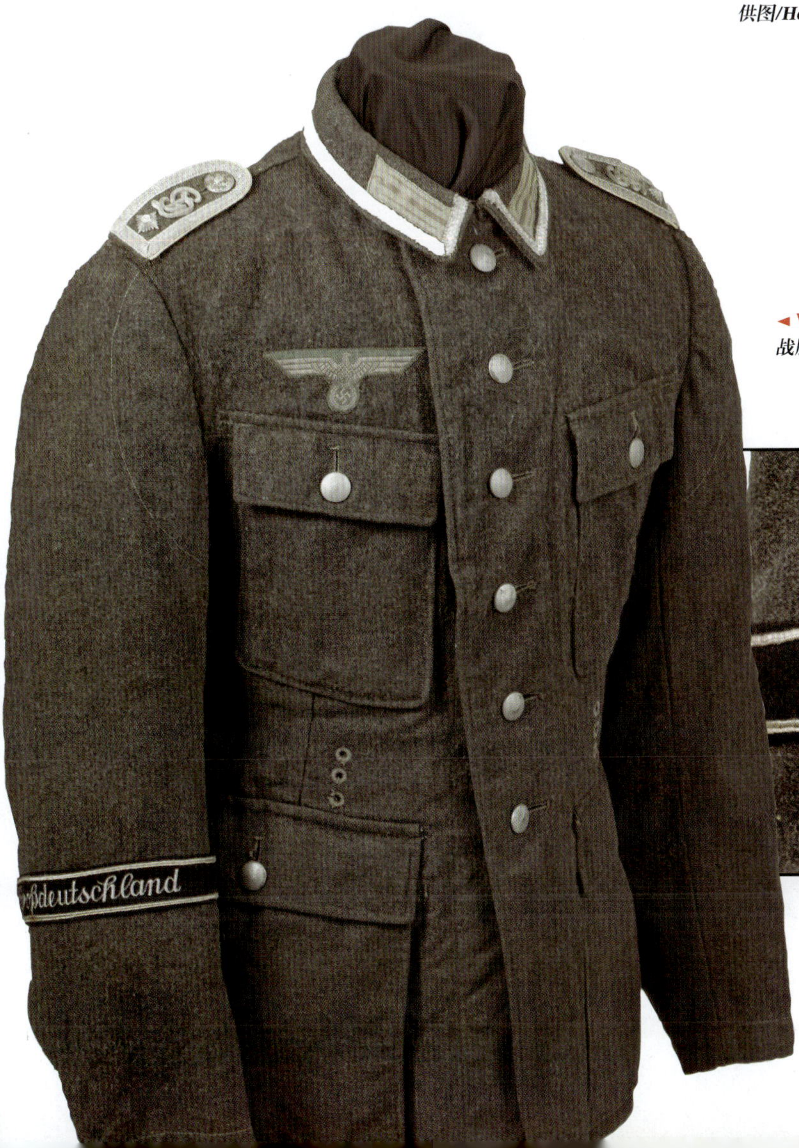

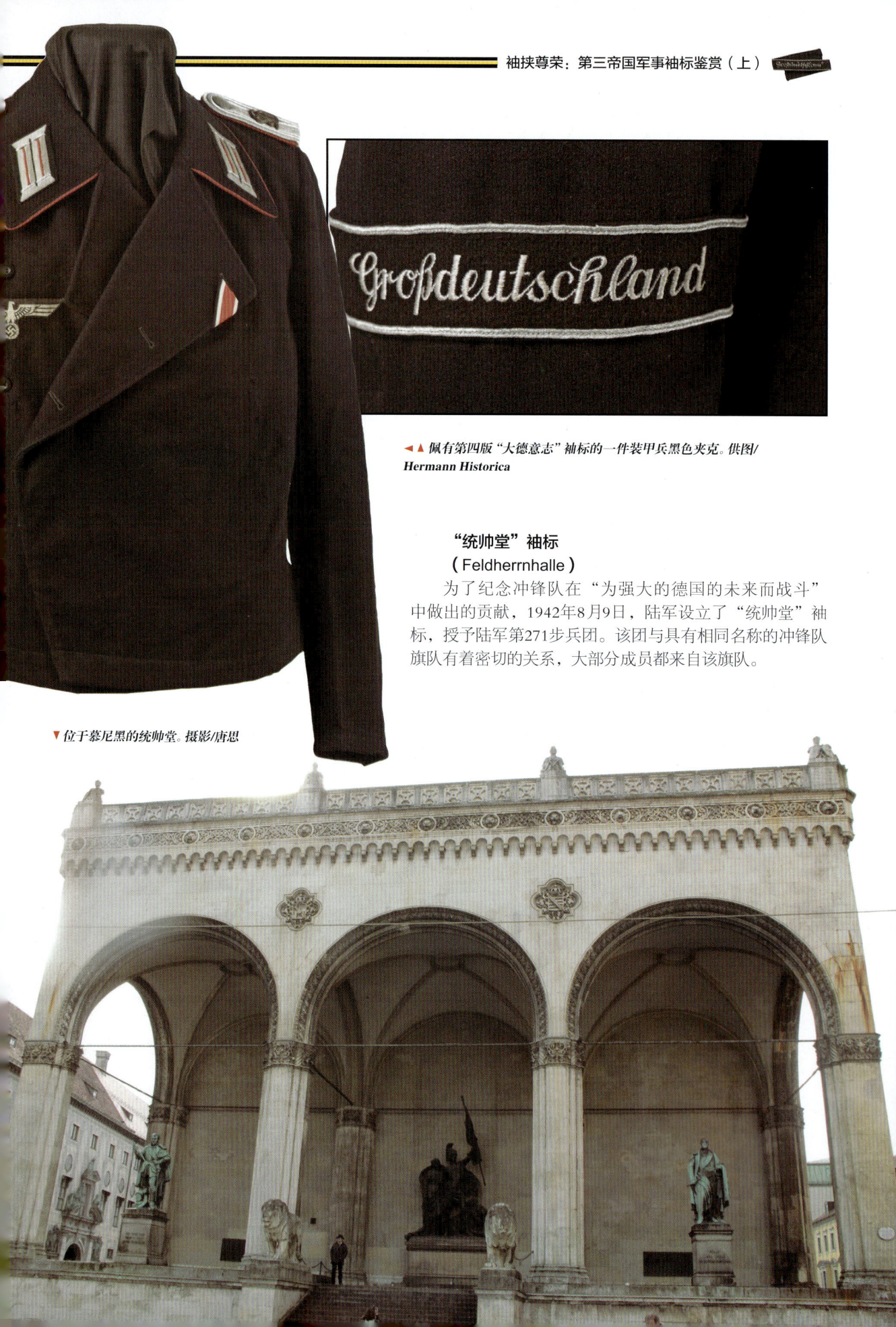

◀ ▲ 佩有第四版"大德意志"袖标的一件装甲兵黑色夹克。供图/
Hermann Historica

"统帅堂"袖标
（Feldherrnhalle）

为了纪念冲锋队在"为强大的德国的未来而战斗"
中做出的贡献，1942年8月9日，陆军设立了"统帅堂"袖
标，授予陆军第271步兵团。该团与具有相同名称的冲锋队
旗队有着密切的关系，大部分成员都来自该旗队。

▼ 位于慕尼黑的统帅堂。摄影/唐思

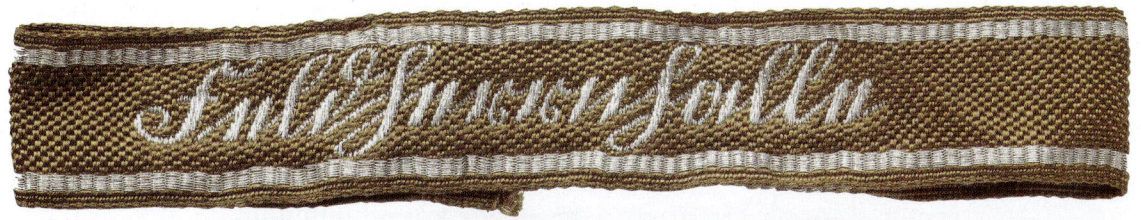

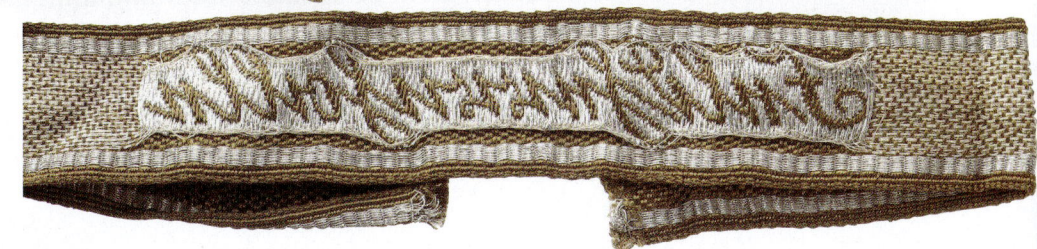

▲ ►"统帅堂"袖
标。供图/Hermann
Historica

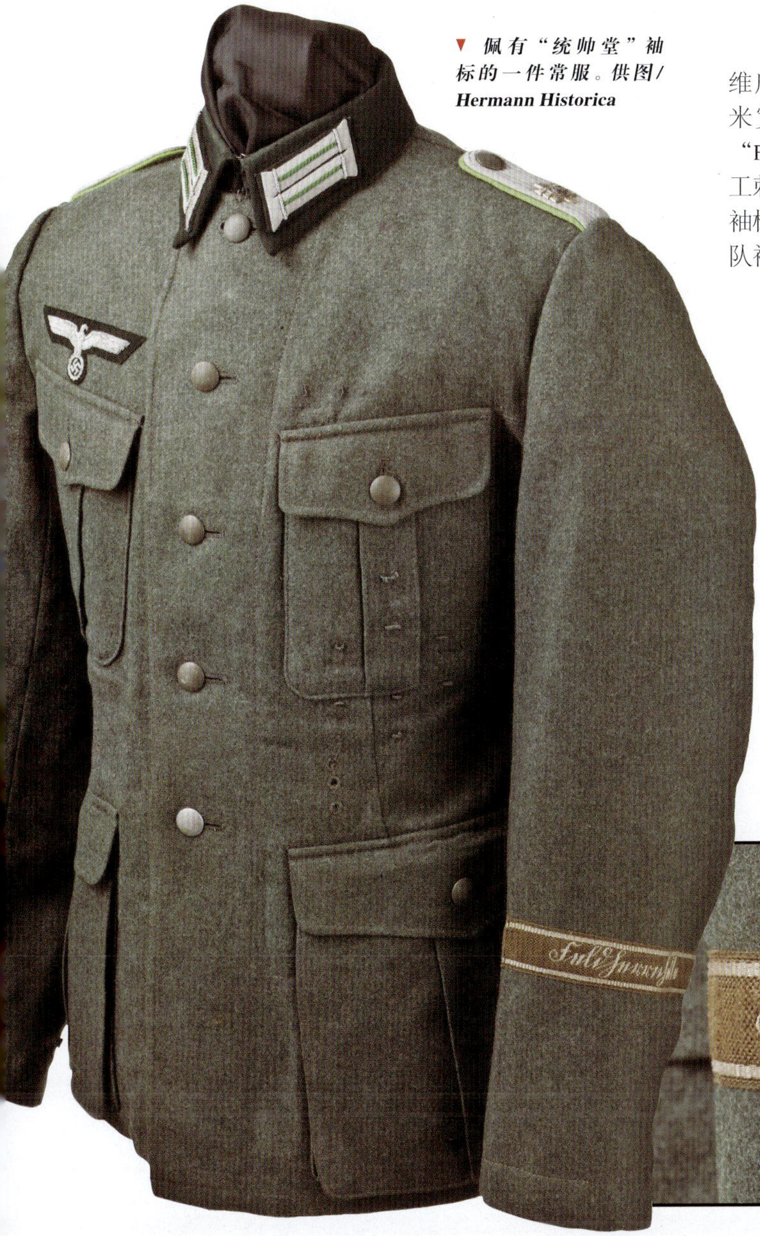

▼ 佩有"统帅堂"袖
标的一件常服。供图/
Hermann Historica

"统帅堂"袖标由宽3厘米的棕色人造纤维底板布机器缝制而成，上下各有一条2～3毫米宽的铝线或灰色丝线的镶边。袖标上的字母"Feldherrnhalle"采用苏特林体。文字采用铝线手工刺绣或机器缝制，或采用银灰色纱线机器刺绣。袖标佩戴在制服的左下袖。袖标样式和普通的冲锋队袖标样式相同。

随后，袖标的佩戴者范围还扩展到第60步兵师（后改名为"统帅堂"装甲掷弹师）、第120掷弹团（后改名为"统帅堂"燧发枪团）、"统帅堂"突击旅、"统帅堂"装甲军（由改名为第1"统帅堂"装甲师的"统帅堂"装甲掷弹师、改名为第2"统帅堂"装甲师的第13装甲师和第110"统帅堂"装甲旅组成）。

1943年，采用机器缝制样式的"统帅堂"袖标被设立。其文字和镶边采用浅灰色的人造丝线缝制在棕色人造纤维底板布上，这就是我们熟知的BeVo编织工艺。该版本袖标被认为是真正样式的"陆军"袖标，与标准的冲锋队袖标有所不同。

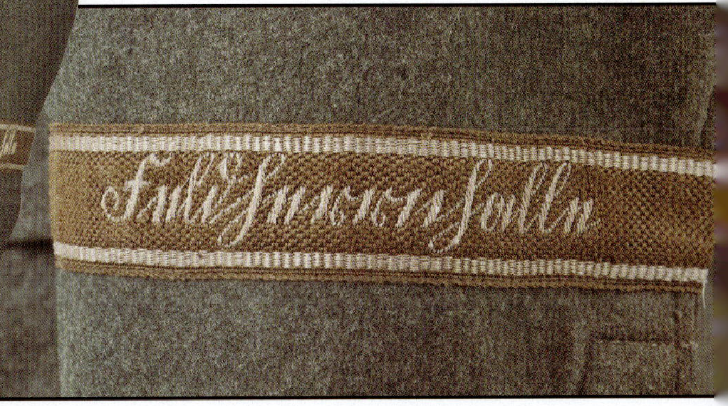

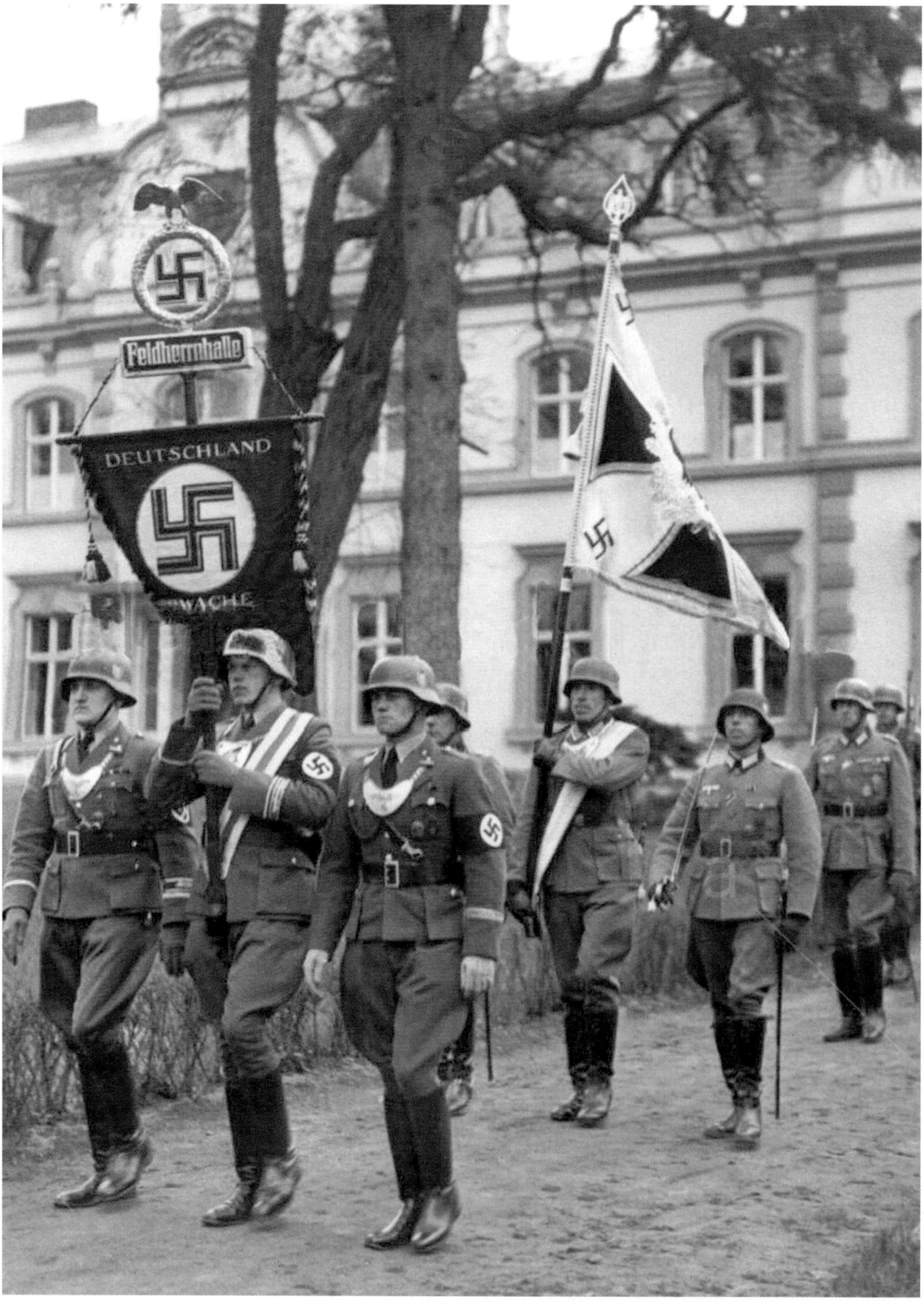

▲一队"统帅堂"师的旗手，请注意他们佩戴有"统帅堂"袖标

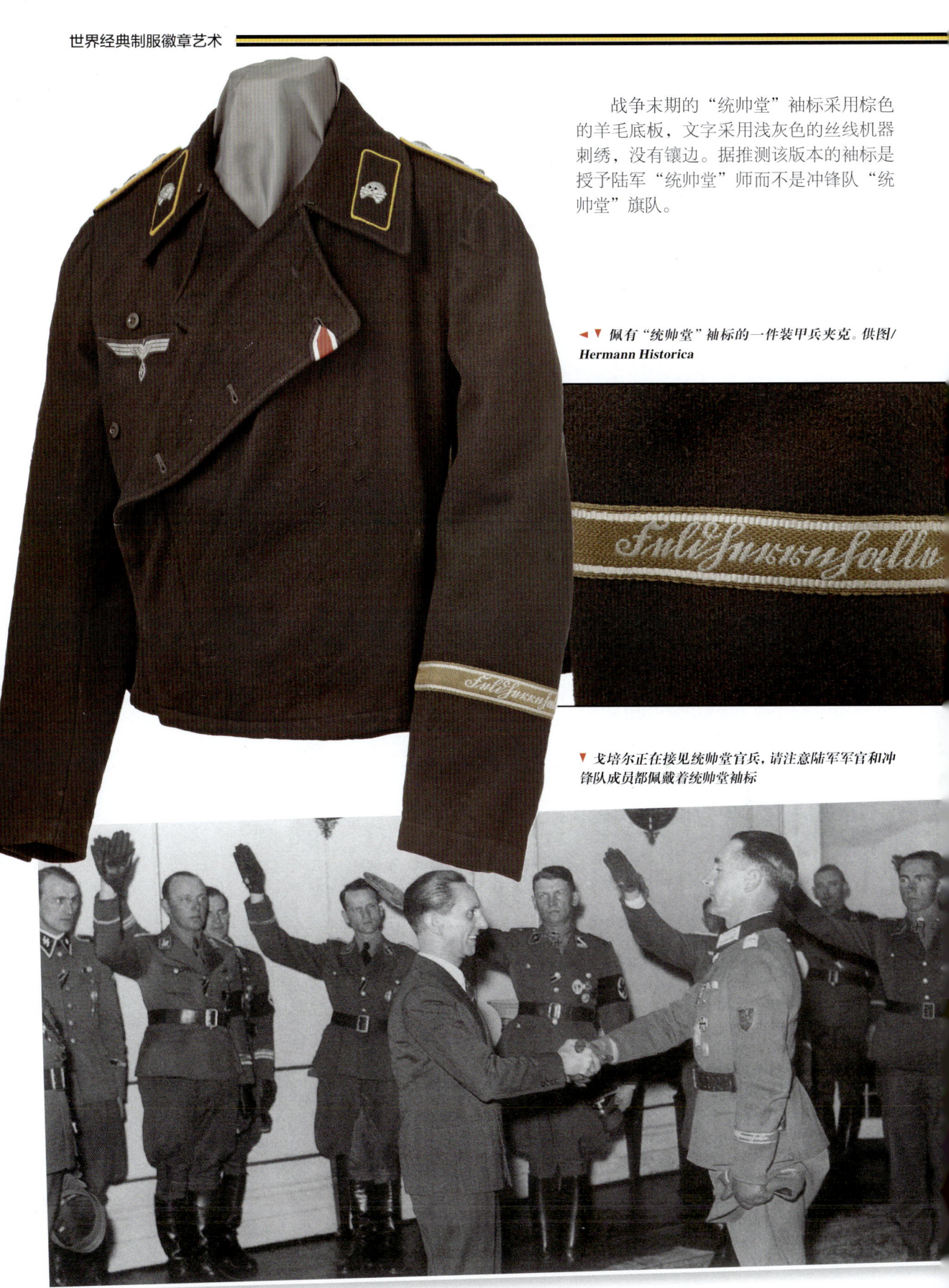

战争末期的"统帅堂"袖标采用棕色的羊毛底板，文字采用浅灰色的丝线机器刺绣，没有镶边。据推测该版本的袖标是授予陆军"统帅堂"师而不是冲锋队"统帅堂"旗队。

◄▼ 佩有"统帅堂"袖标的一件装甲兵夹克。供图/
Hermann Historica

▼ 戈培尔正在接见统帅堂官兵，请注意陆军军官和冲锋队成员都佩戴着统帅堂袖标

"李斯特步兵团"袖标
（Infanterie Regiment List）

一战中，希特勒以陆军代理下士的军衔在第16皇家巴伐利亚"李斯特"预备役步兵团服役。1935年，该团的传统由第19步兵团继承。1939年末，该团的荣誉转由第57步兵师第199步兵团继承。1944年年中，第199掷弹兵团在苏联前线艰苦卓绝的战斗中被成建制摧毁，"李斯特"步兵团的传统再一次被第19掷弹兵团继承，直到战争结束。

1943年11月12日，第199掷弹团获得佩戴"李斯特步兵团"袖标的权利。12月初，团长阿尔方斯·柯尼希（Alfons König）上校第一个从师长手里接过新设立的"李斯特步兵团"袖标。1943年圣诞节，全团举行了袖标授予仪式。1944年1月16日，第199突击掷弹兵营在巴德赖兴哈尔(Bad Reichenhall)驻地的仓库举行了授予仪式，第七军区司令、步兵上将卡尔·克里贝尔（Karl Kriebel）向该营授予了袖标。1944年夏，"李斯特"步兵团的传统被第19掷弹兵团继承，陆军最高统帅部于1944年8月31日下令该团有佩戴"李斯特步兵团"袖标的权利。

► *"李斯特"步兵团团长阿尔方斯·柯尼希*

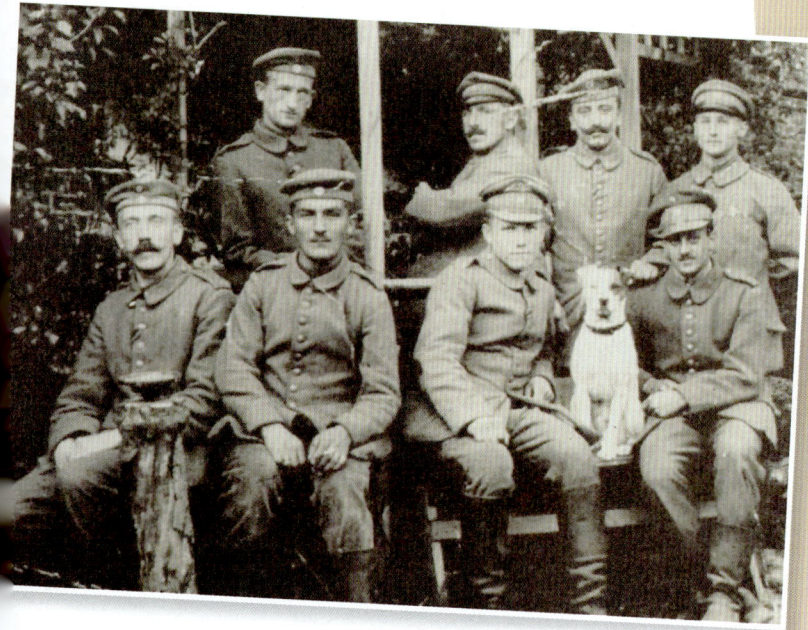

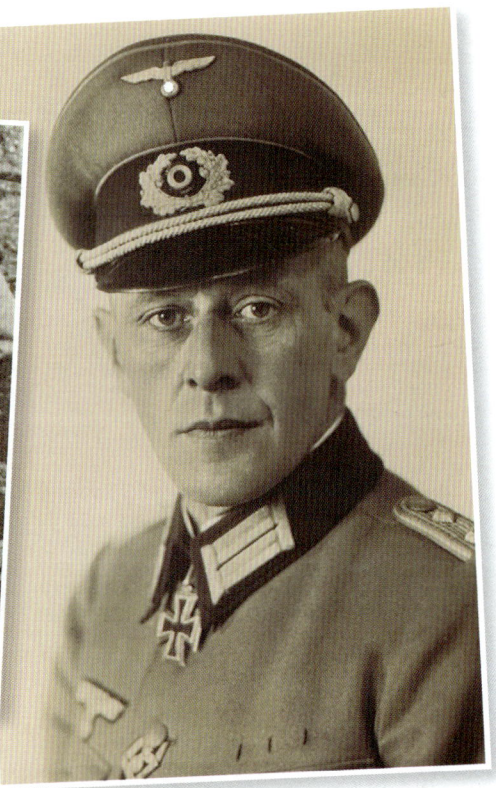

▲ 希特勒在巴伐利亚"李斯特"步兵团中与战友的合影

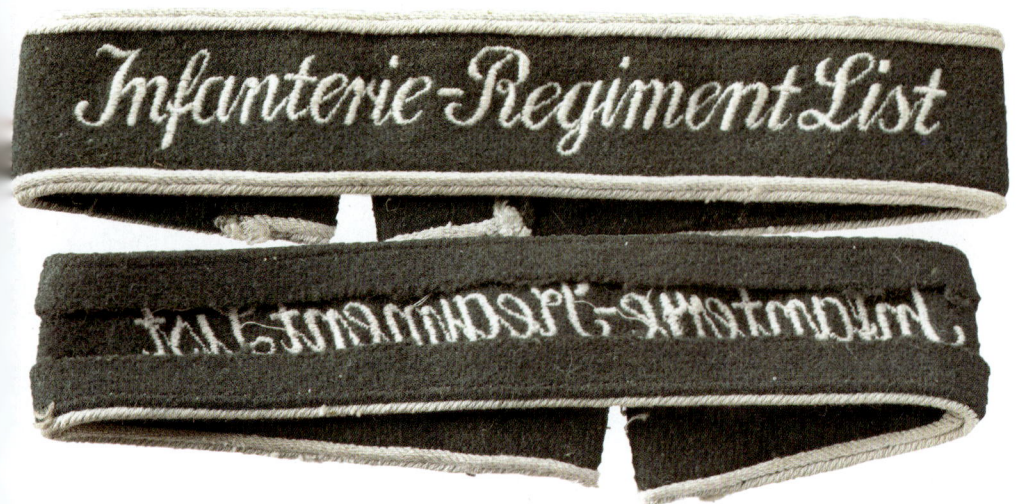

◄ *"李斯特步兵团"袖标。供图/Hermann Historica*

　　"李斯特步兵团"袖标宽3.3厘米，文字采用高质量的银灰色的纱线在深绿色的羊毛底板布上机器刺绣，字体为铜板手写体，镶边采用银灰色的纱线缝制。袖标佩戴在制服的左下袖。

　　由于只授予团而不授予师，所以该袖标是第三帝国时期最为罕见的部队袖标之一。被授予的团虽然有"李斯特"步兵团的传统和袖标，但并没有被赋予特殊的地位。第199步兵团和第19步兵团还是保持了使用马匹运输的步兵团传统。

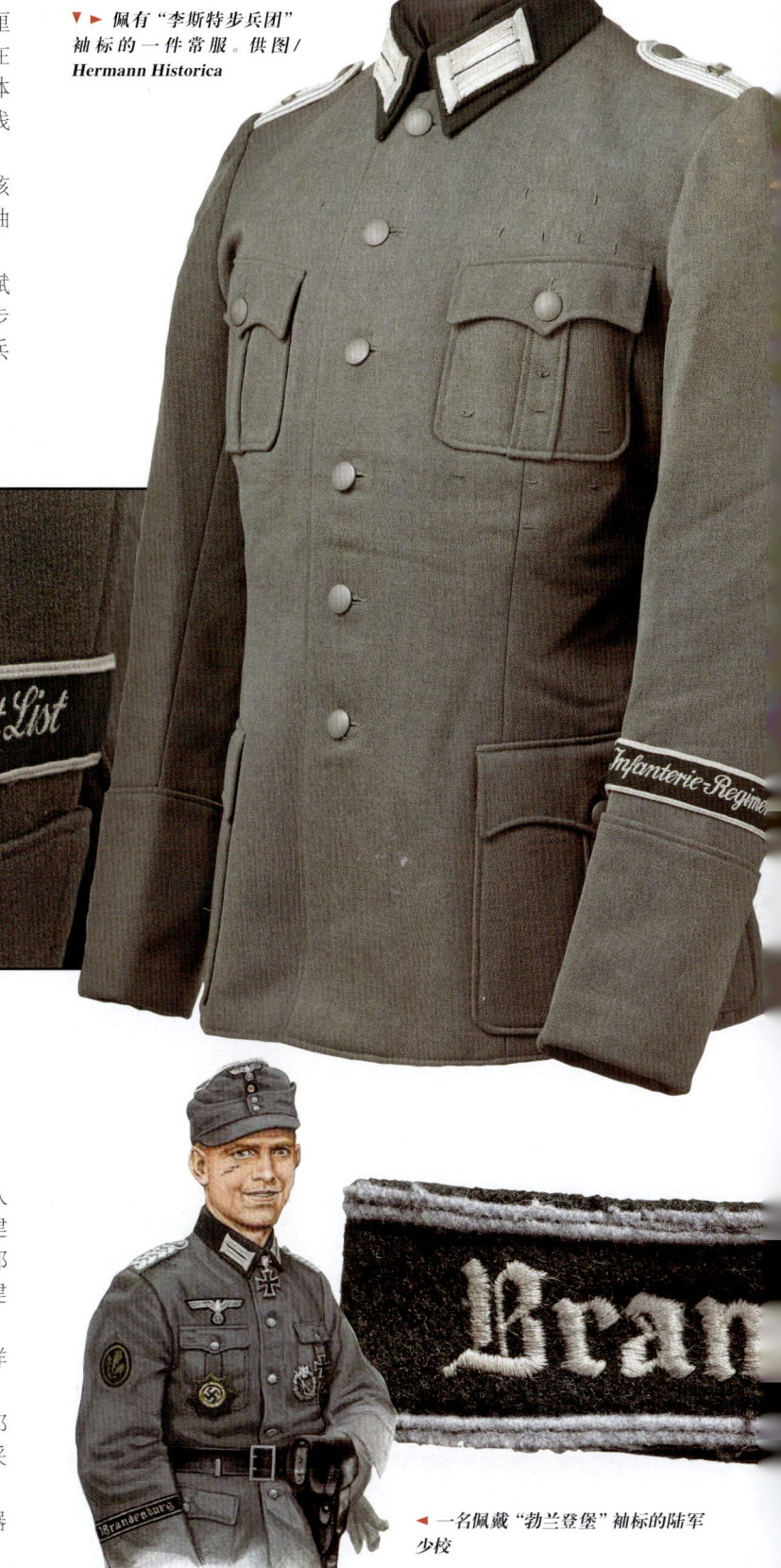

▼ ► 佩有"李斯特步兵团"袖标的一件常服。供图／Hermann Historica

"勃兰登堡"袖标
（Brandenburg）

　　"勃兰登堡"团组建于1939年，此前的番号为第800特殊任务部队（z.b.V.800）。该团是作为特种部队建立的，作为突击队由国防军最高统帅部直接指挥。后来，该团扩编为师级建制，最终被编入"大德意志"装甲军。"勃兰登堡"团后来和普通的部队一样在前线战斗。

　　1944年8月17日，陆军最高统帅部下令设立了"勃兰登堡"袖标。袖标采用黑色底板布，有两条银灰色的镶边，文字采用哥特体并采用银灰色丝线机器刺绣。

◄ 一名佩戴"勃兰登堡"袖标的陆军少校

"冯·马肯森元帅"袖标
（Feldmarschall v.Mackensen）

奥古斯特·冯·马肯森（August von Macken-sen）陆军元帅是德国最为著名的"老兵"之一，在1944年12月9日他95岁生日这天，希特勒下令以冯·马肯森元帅之名，设立了一款新的袖标，授予第5骑兵团的全体官兵。冯·马肯森元帅、他的儿子埃伯哈德·冯·马肯森（Eberhard von Mackensen）陆军上将、威廉·凯特尔陆军元帅和第5骑兵团的代表出席了在波美拉尼亚举行的向元帅致敬的特别活动。冯·马肯森元帅也被授予了这款新设立的袖标。

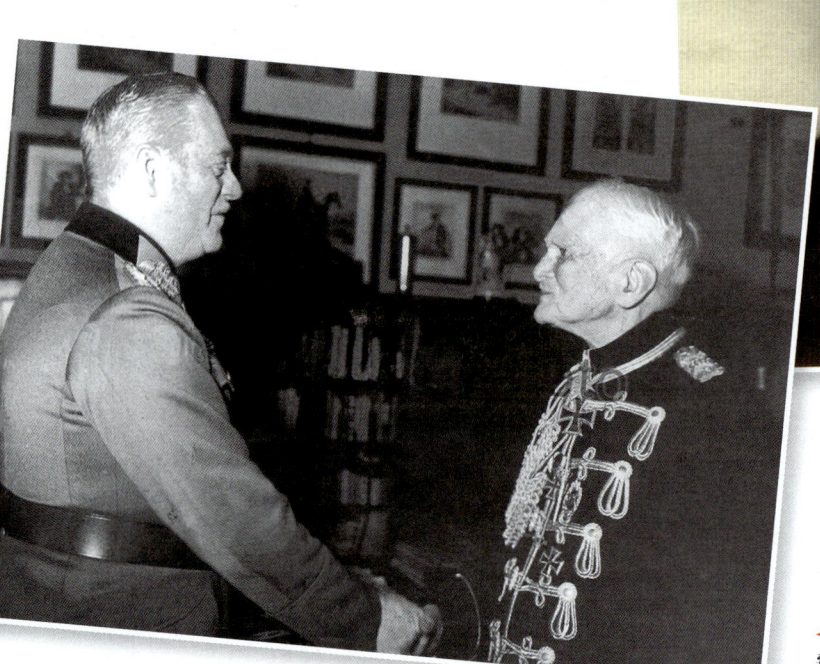

▲ 冯·马肯森元帅，他是最为著名的德国元帅之一

◀ 凯特尔元帅在马肯森元帅的生日活动上向他致意

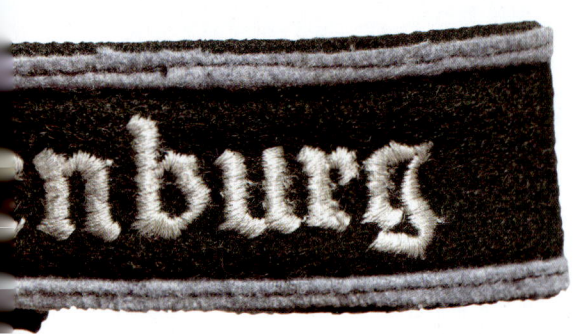

▲ "勃兰登堡"袖标。供图/*Hermann Historica*

"冯·马肯森元帅"袖标宽3.3厘米，使用高质量的黑色羊毛底板布，拉丁字体的文字"Feldmarschall v.Mackensen"采用银灰色的纱线机器刺绣。袖标上下各有一条宽3毫米的镶边。

虽然已知第5骑兵团的部分成员获得了冯·马肯森元帅袖标，但是缺乏事实依据和佩戴的照片来证明它是否授予过，似乎该袖标没大规模地颁授。可以肯定的是，该团的一部分人私人定制过该袖标，且与规定有较大的冲突。可能最为极端的变化就是其中的文字被改成了"Generalfeldmarschall v.Mackensen"。袖标采用黑色的底板布，文字采用苏特林体并用铝线手工刺绣，上下各有一条铝线的镶边。这种样式的袖标和标准的"RZM"党卫队袖标的样式一致。

▲ "冯·马肯森元帅"袖标。供图/Weitze

"最高条顿骑士团"袖标
（Hoch-und Deutschmeister）

奥地利军队的第4步兵团是奥匈帝国陆军维也纳"最高条顿骑士团"步兵团的继承者（最高条顿骑士团的名称由骑士团团长和德国条顿骑士团组合而来）。1938年，第44步兵团以第4步兵团为基础组建，在此后的战斗中取得了骄人的战绩直到1943年1月在斯大林格勒战役中被成建制摧毁。1943年春，该师在几个残存的德军师上重新组建（包含一部分空军部队）。1943年6月3日，该师被命名为"最高条顿骑士团"帝国掷弹兵师，第134掷弹兵团获得了"最高条顿骑士团掷弹兵团"的荣誉称号。

1945年2月16日，德国陆军统帅部下令设立了"最高条顿骑士团"袖标，进一步提升了该师的地位和荣誉，并且和"大德意志"装甲掷弹师的地位相提并论。"最高条顿骑士团"袖标宽3.3厘米，文字采用银灰色丝线机器刺绣，镶边采用铝线。尽管没有大范围颁授且没有佩戴照片佐证，但一些老兵称该袖标共有三个样式：

1. 墨绿色底板，文字采用哥特体；
2. 黑色底板，文字采用较细的哥特体；
3. 黑色底板，文字采用拉丁体，"Hoch"和"und."之间没有短横线。

没有老兵能肯定哪个版本的袖标被佩戴过。需要指出的是三个版本的"最高条顿骑士团"袖标都存在，主要是由该师的老兵后来生产的。另外，该师的全体成员、第134掷弹团和补给营在其制服的肩章上佩戴有金属的"斯大林格勒十字"徽标，该徽标是由最高条顿骑士团的十字徽标与斯大林格勒徽标叠加而成。

▶ 佩戴"最高条顿骑士团"袖标的一名陆军少尉

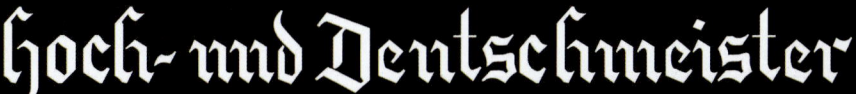

▲ 哥特体版本的最高条顿骑士团袖标。绘图/顾伟欣

▲ 拉丁体版本的最高条顿骑士团袖标。绘图/顾伟欣

"迪特尔上将"袖标
（Generaloberst Dietl）

1944年6月5日，以第3山地师第139山地猎兵团为基础组建了一个新的山地部队——第134山地猎兵旅。该旅属于纳尔维克集团军级战斗群，在挪威的最北部战斗。该旅被授予了"迪特尔上将"称号，以纪念"纳尔维克英雄"、陆军上将埃杜尔德·迪特尔。迪特尔上将在1943年6月23日乘坐飞机失事身亡。

1945年4月13日，纳尔维克集团军级战斗群接到陆军最高统帅部的电报。电报中说希特勒设立"迪特尔上将"袖标，授予第139山地猎兵旅全体官兵，并且要求将授予信息写到每个士兵的士兵证中。由于袖标的设立时间较晚，所以是否生产还不得而知。也许在战争结束之前，有少量的袖标被生产了出来，但是没有任何实物证明该袖标的样式。也许袖标的样式为黑色或深绿色的底板，采用银灰色的纱线机器刺绣，上下各有一条镶边。

"陆军最高统帅部"和"国防军最高统帅部"袖标（Oberkommando des Heers / Oberkommando des Wehrmacht）

为了表现前线部队和陆军最高统帅部之间的友谊，陆军打算从1943年4月1日开始，所有陆军统帅部的军官和行政官员都佩戴"陆军最高统帅部"袖标。袖标采用深绿色底板，铝线镶边，文字以铝线手工刺绣。在国防军最高统帅部工作的陆军官员则佩戴"国防军最高统帅部"袖标。

但是，"陆军最高统帅部"和"国防军最高统帅部"袖标实际上并没有被颁授。根据1943年2月26日的一个命令，"国防军最高统帅部袖标"被取消，而"陆军最高统帅部"袖标由于原料短缺而暂时搁置。

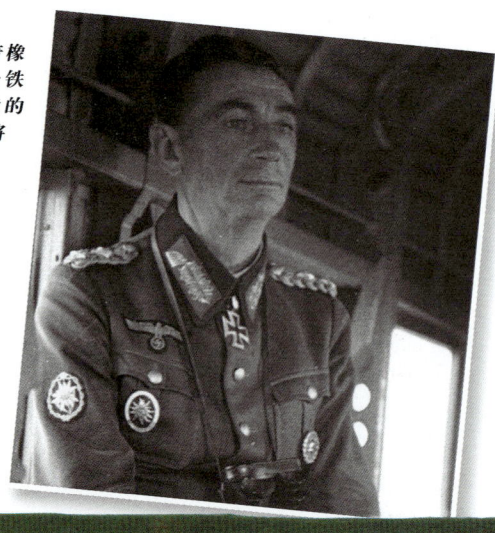

► 佩戴着橡树叶骑士铁十字勋章的迪特尔上将

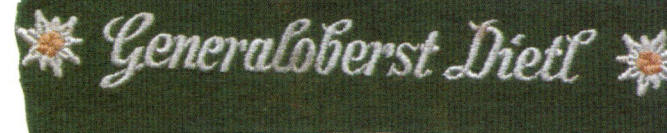

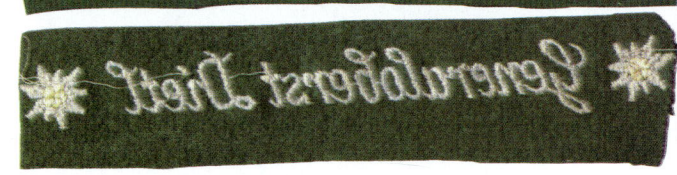

▲ "迪特尔上将"袖标。供图/Weitze

岗位袖标
陆军"宣传连"袖标（Propagandakompanie）

"宣传连"袖标由陆军最高统帅部于1938年8月16日设立。袖标授予在陆军宣传部门工作的所有成员，佩戴在制服的右下袖。该部门雇佣陆军战地记

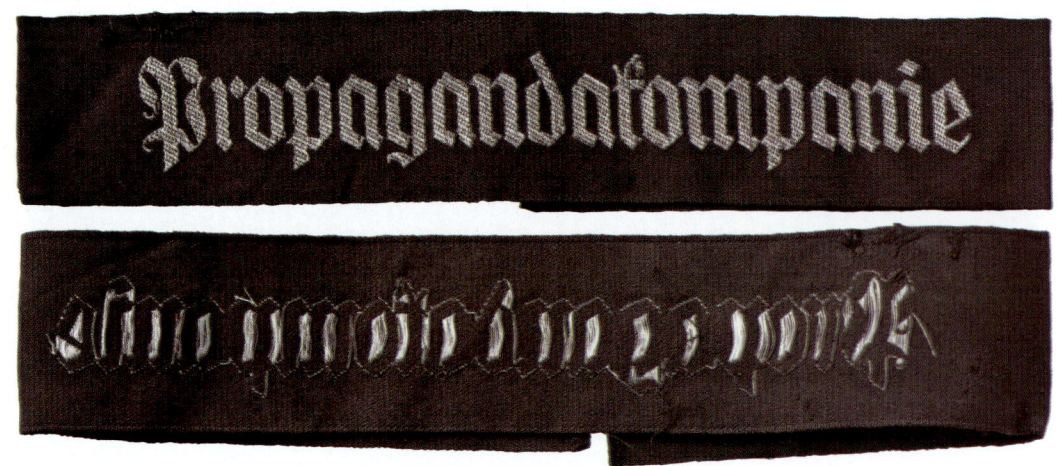

▲ "宣传连"袖标。供图/Hermann Historica

者，并且在战斗开始后不久就佩戴该袖标了。陆军宣传连使用通讯部门的柠檬黄作为肩章和大檐帽上的兵种色，同时通过佩戴的袖标来辨识。1943年，浅灰色被确定为宣传部队的兵种色。该袖标是什么是时候停止使用的尚不清楚，但是根据战地照片，可以推断出使用的时间是在1941年之前。

"宣传连"袖标宽4.3mm，采用黑色的人造纤维底板，哥特体的文字"Propagandakompanie"采用铝线机器缝制。虽然按规定袖标应佩戴在制服的右下袖，但是也有照片显示有佩戴在制服左下袖的例子。空军宣传连在空军"宣传连"袖标设立前也佩戴陆军"宣传连"袖标。

需要注意的是，在"宣传连"袖标停止使用后，陆军宣传连被授予了另一款袖标——黑色底板布，银灰色镶边，哥特体文字"Kriegsberichter"（战争记者）采用银灰色丝线机器刺绣。同样还存在袖标文字为"Kriegsberichter des Heeres"的版本。

▼ ▶ 佩有"宣传连"袖标的一件陆军常服。供图/Hermann Historica

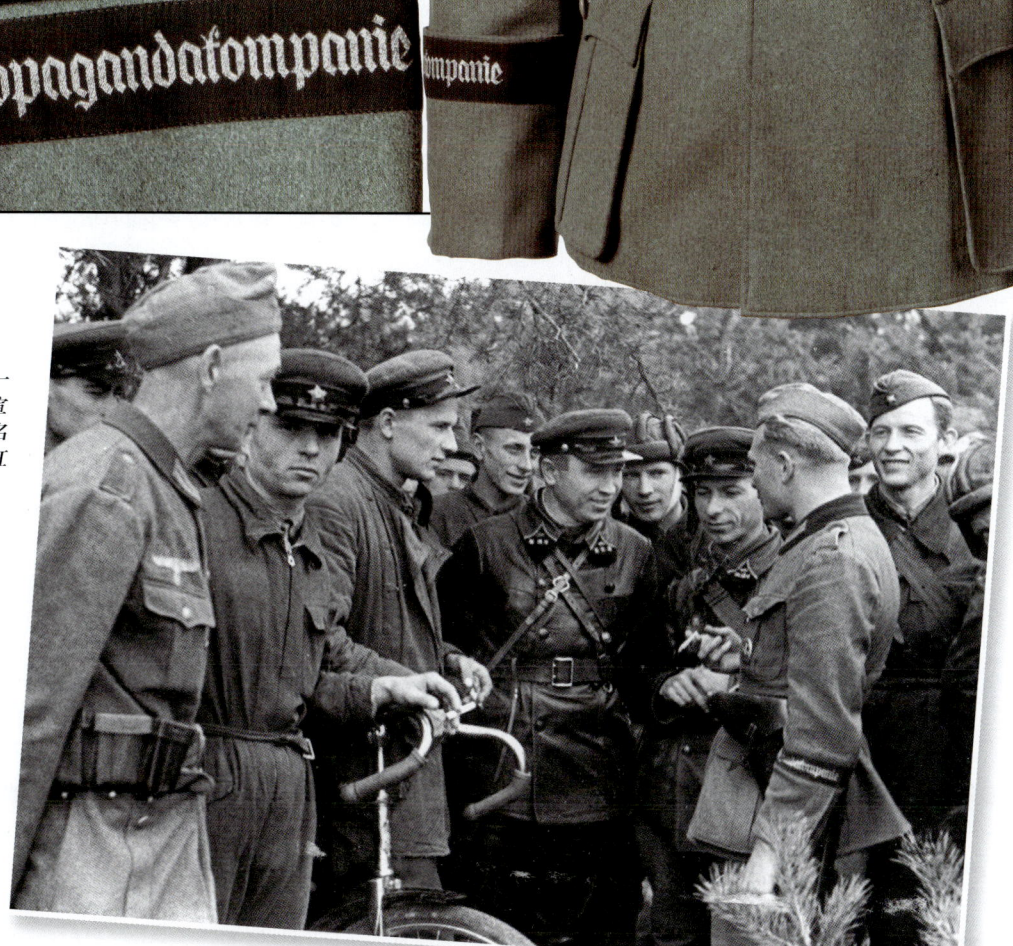

▶ 拍摄于战前的一张照片，佩戴"宣传连"袖标的一名宣传人员与苏联红军在一起

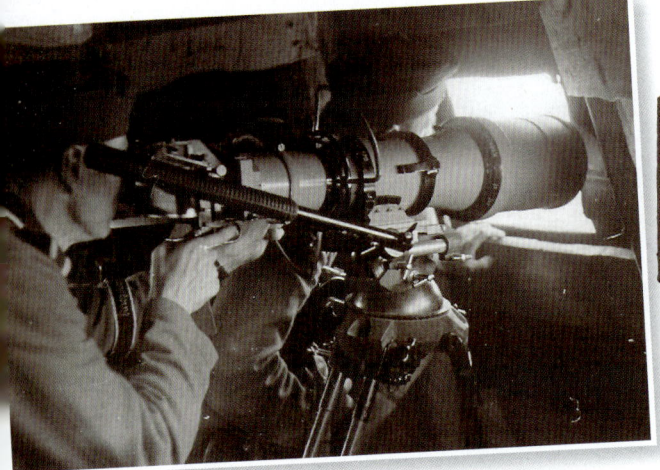

▲ 正在进行摄影的陆军宣传人员，请注意他佩戴着罕见的"战争记者"袖标

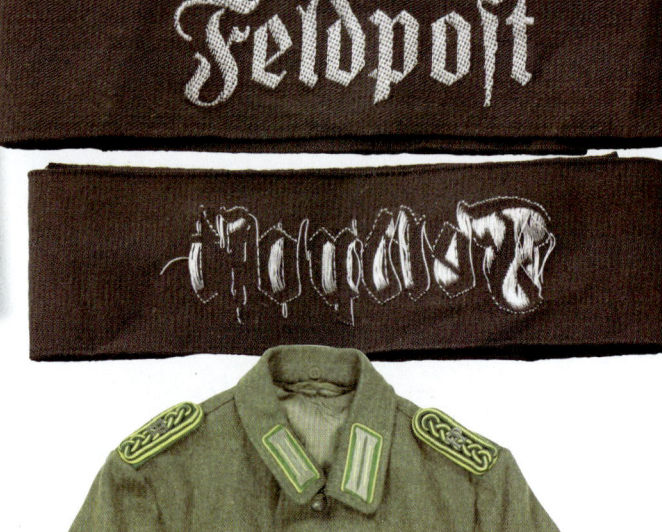

▼ "战地邮局"袖标。供图/Hermann Historica

"战地邮局"袖标
（Feldpost）

"战地邮局"袖标设立于1939年9月29日，该袖标由陆军战地邮局的所有成员佩戴。根据照片判断，该袖标虽然设立了，但并没有被大量颁授和佩戴。

袖标宽4.3厘米，采用黑色的人造纤维底板布，哥特体的文字"Feldpost"采用铝线机器缝制。

"战地秘密警察"袖标
（Geheime Feldpolizei）

"战地秘密警察"袖标设立于1939年8月，由陆军特别调查部门的所有人员佩戴。这些人员通常身着便衣，与宪兵、民警、治安警察和盖世太保密切合作。和大多数秘密组织一样，战地秘密警察有正式的制服，但是很少穿着，袖标也就显得多余了。没有照片和资料证明该袖标是否被颁授佩戴，但有原始的样本可证明它被正式生产过。

袖标宽4.3厘米，采用黑色的人造纤维底板布，哥特体文字"Geheime Feldpolizei"采用铝线机器缝制。

▲ 佩有"战地邮局"袖标的一件野战服

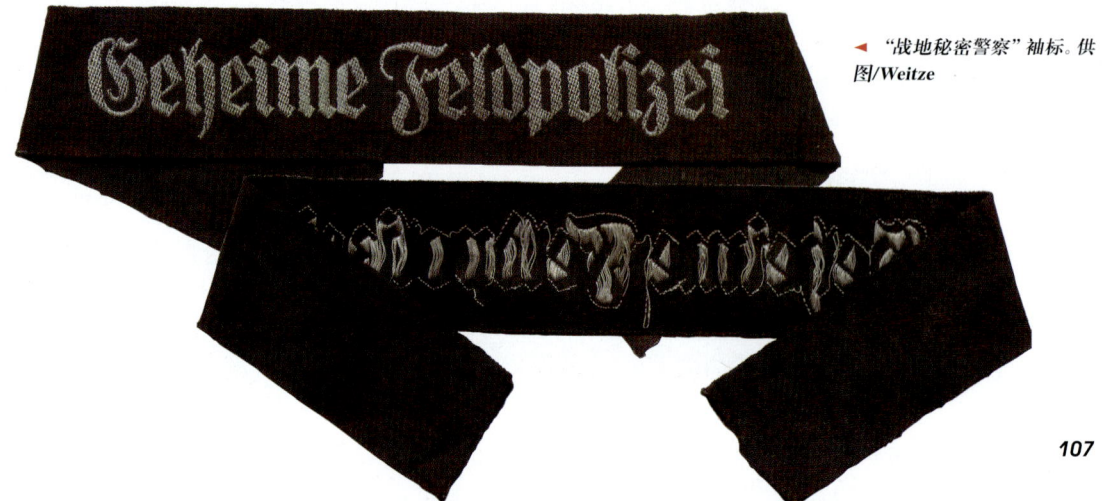

◀ "战地秘密警察"袖标。供图/Weitze

"陆军音乐学校"袖标

（Heeresmusikschule）

德国陆军第一音乐学校1939年4月1日在比克堡（Bückeburg）成立。随后，富有特色的一款制服被设立了。这款制服和士官预备学校的制服一样，是两款同时被设立的特殊制服。

同时，一款特殊的袖标也被设立了。袖标宽3.1厘米采用蓝绿色的底板，上下各有一条2毫米宽的镶边，哥特体文字"Heeresmusikschule"采用铝线机器缝制。袖标佩戴在制服的右下袖。

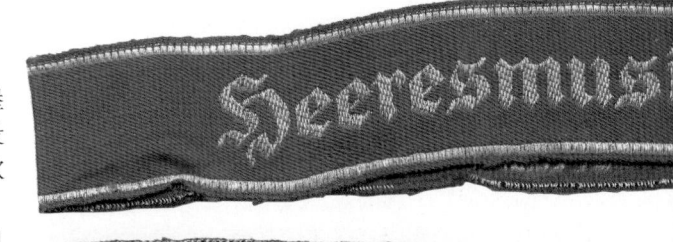
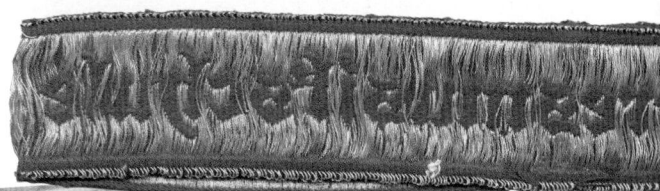

▲ "陆军音乐学校"袖标。供图/Weitze

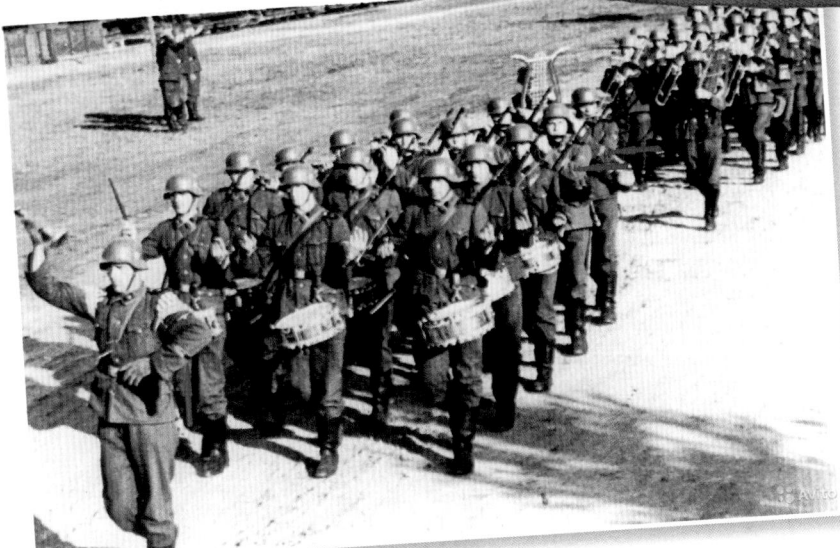

◄ 一队阅兵行进中的军乐队，请注意他们佩戴着"陆军音乐学校"袖标

"士官预备学校"袖标

德国陆军士官预备学校于1939年4月1日成立。随之而来的还有一款富有特色的制服，以及由学校全体成员佩戴的袖标。

袖标佩戴在制服的右下袖。袖标宽3.1厘米，采用浅灰绿色的人造纤维底板布，上下各有一条2毫米宽的镶边。哥特体文字"Unteroffiziervorschule"和袖标镶边一样采用铝线缝制。

► "士官预备学校"袖标。供图/*Hermann Historica*

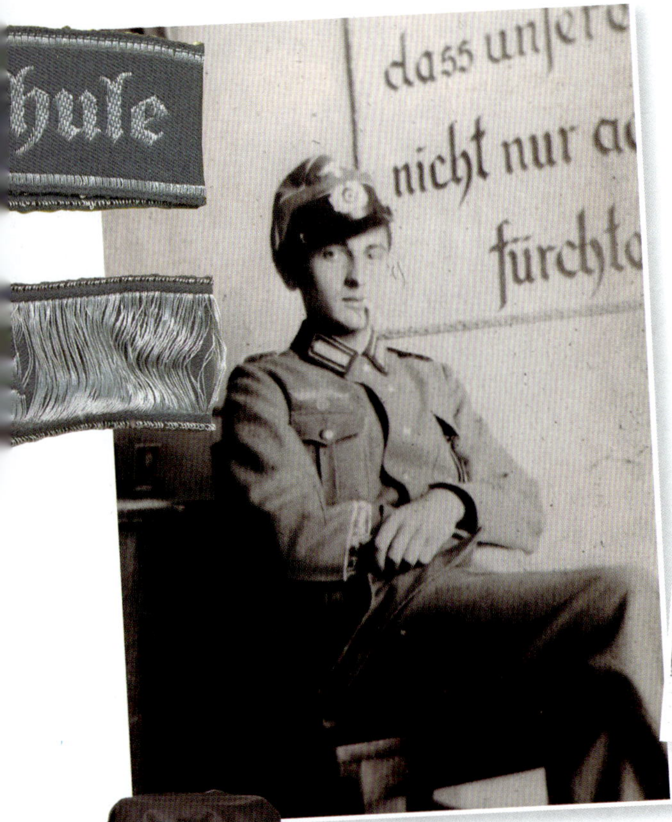

▲ 一名佩戴"士官预备学校"袖标的军士

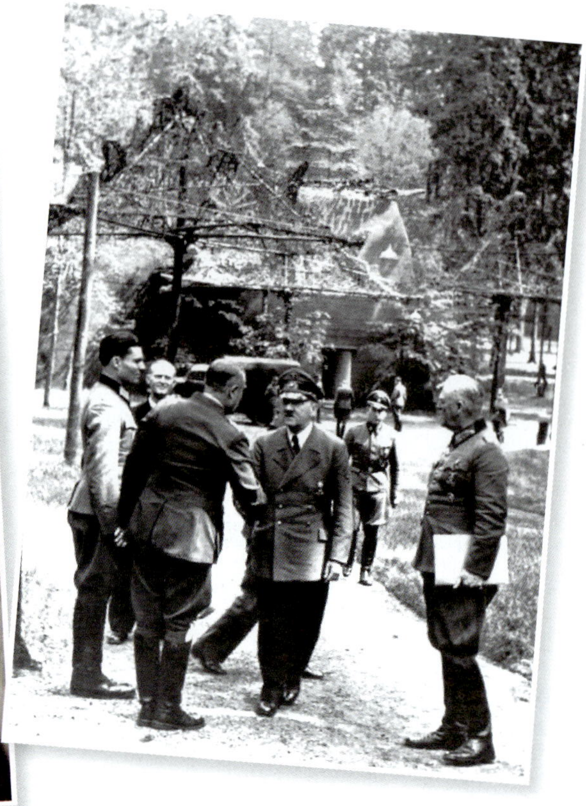

▲ 希特勒正在元首大本营接见下属。请注意最左边即策划实施"4·20"爆炸的施陶芬贝格

"元首大本营"袖标
（Führerhauptquartier）

二战爆发前，一款新的袖标被设立，授予在希特勒的各个大本营里执行保卫任务的人员。袖标宽4厘米，采用黑色的人造丝底板布；距上下边缘3毫米处各有3毫米宽的镶边，并与哥特体文字"Führerhauptquartier"一样采用金黄色的丝线缝制。袖标的背面是大量松散的金黄色丝线。袖标佩戴在制服的左下袖。

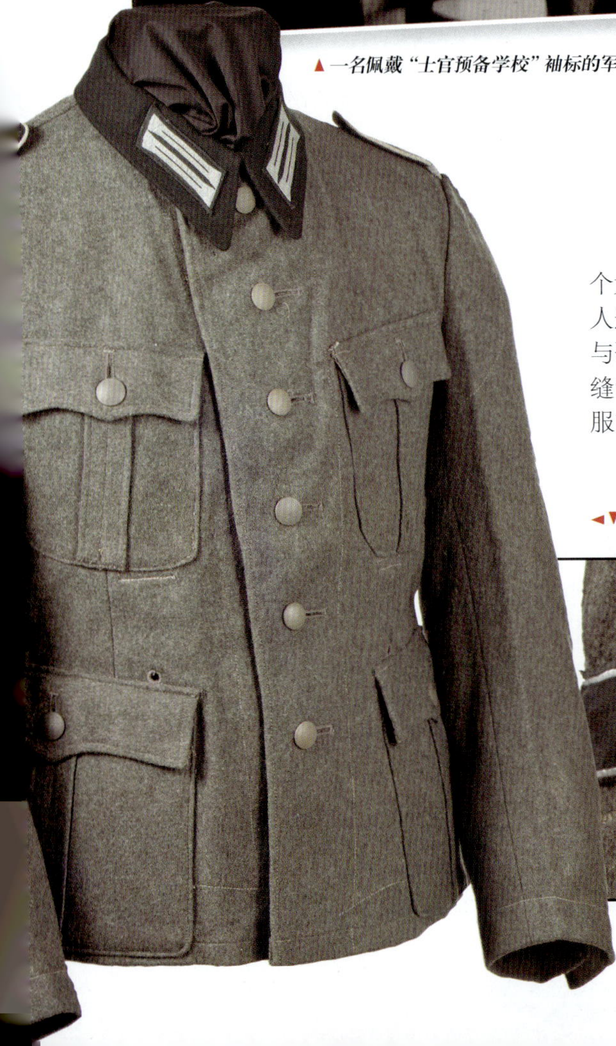

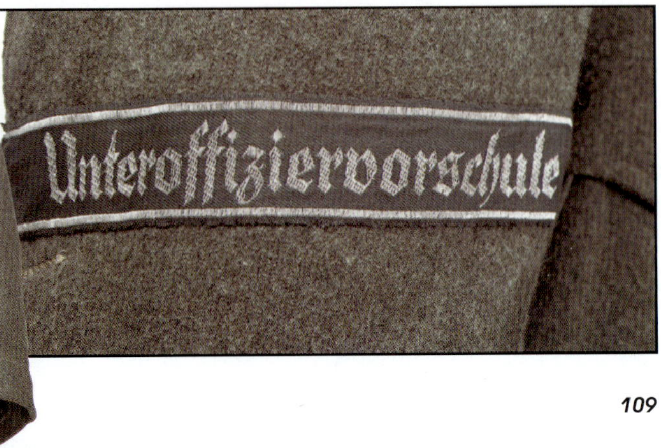

◀▼ 佩有"士官预备学校"袖标的一件野战常服。供图/Hermann Historica

袖标有机器刺绣和手工刺绣两个版本。此外，还有文字中间采用了连字符的版本（Führerhauptquartier），照片显示该版本非常稀少，但质量很高，文字清晰。比较常见的是机器缝制、文字没有连字符的版本。

1941年1月15日，第二版的"元首大本营"袖标被设立。该版本的袖标采用质量较高的黑色羊毛底板布，文字采用苏特林体并用铝线手工刺绣，上下各有一条铝线镶边。该版本的袖标一直被使用至战争结束。

在元首大本营执行保卫任务的陆军部队成员一般都来自于大德意志团。因此这些成员能同时佩戴"大德意志"袖标和"元首大本营"袖标。前者佩戴在制服的右下袖，后者佩戴在左下袖。

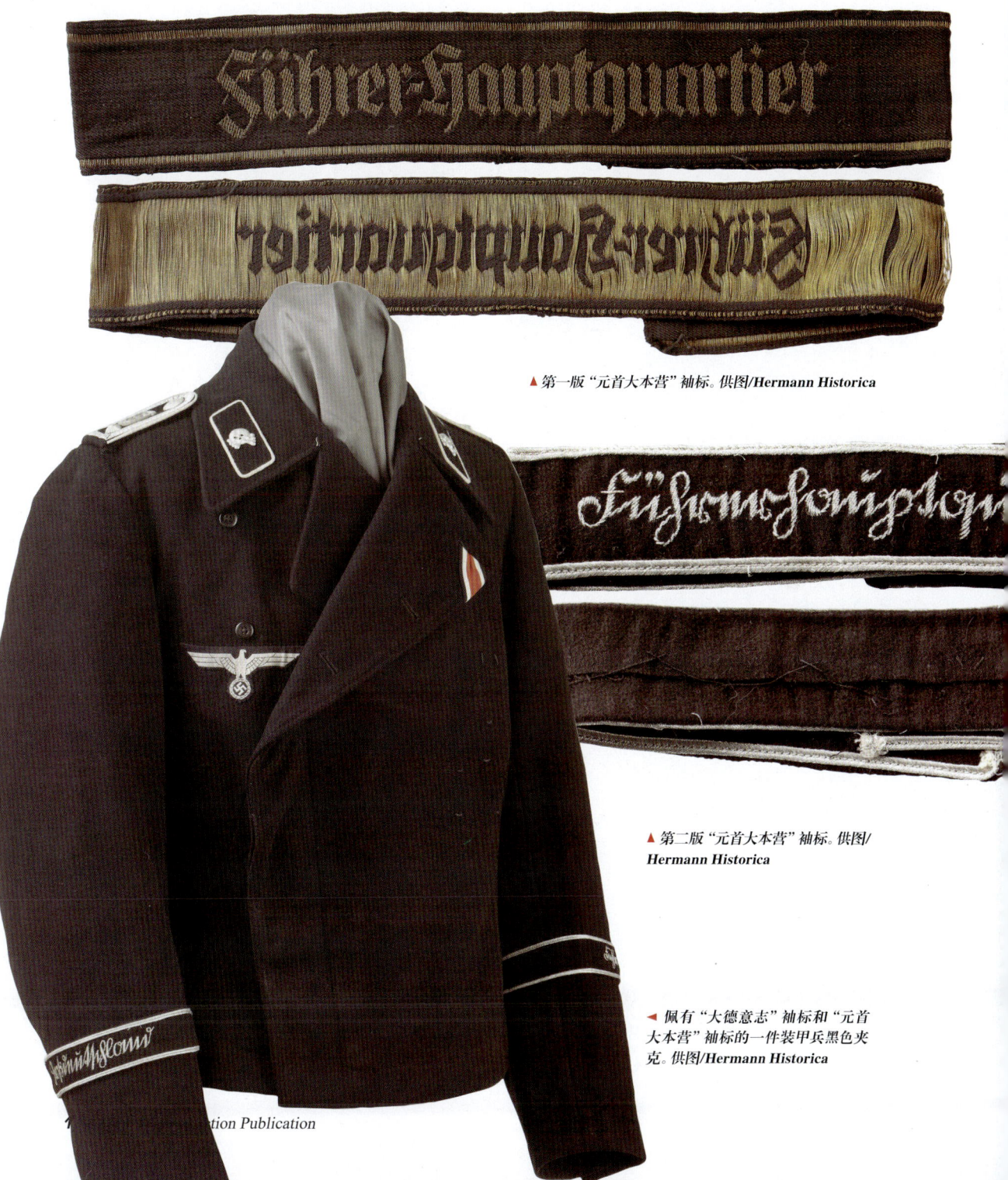

▲ 第一版"元首大本营"袖标。供图/Hermann Historica

▲ 第二版"元首大本营"袖标。供图/**Hermann Historica**

◀ 佩有"大德意志"袖标和"元首大本营"袖标的一件装甲兵黑色夹克。供图/**Hermann Historica**

战地"宪兵"袖标

战地"宪兵"袖标设立于1939年末1940年初。袖标佩戴在制服的左下袖，对象为在陆军军事警察部门服役的所有人员。

袖标宽3厘米，采用褐色的人造丝底板布，距上下边缘2毫米处各有3毫米宽的镶边，并与文字"Feldgendarmerie"一样采用浅灰色的人造丝线机器缝制。

选择褐色而不是橙色作为底板布颜色，主要是基于战地宪兵的兵种色。大部分军事警察都是在战斗开始不久后从国内警察中招募而来的，这样做的好处是只需要接受简单的训练即可上岗。国内战地宪兵的兵种色是橙色，袖标和领章的颜色则为褐色。

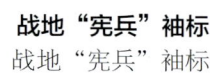

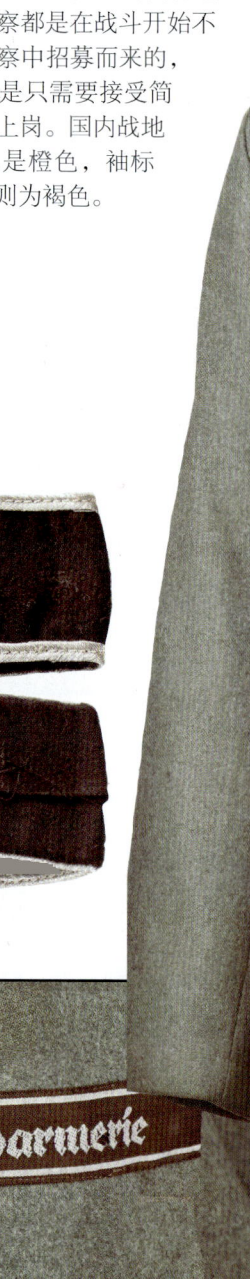

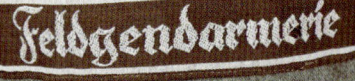

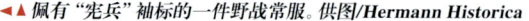

▲▲佩有"宪兵"袖标的一件野战常服。供图/Hermann Historica

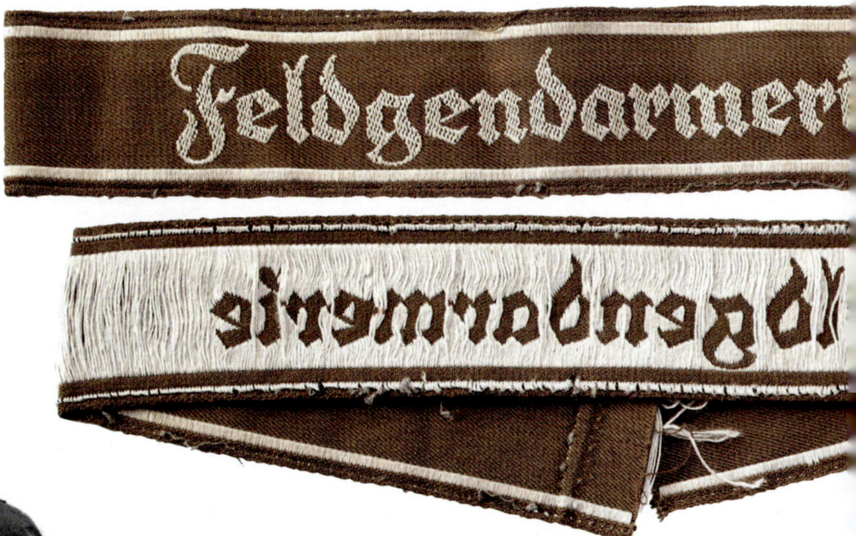

▲ 军官佩戴的"宪兵"袖标。供图/Hermann Historica

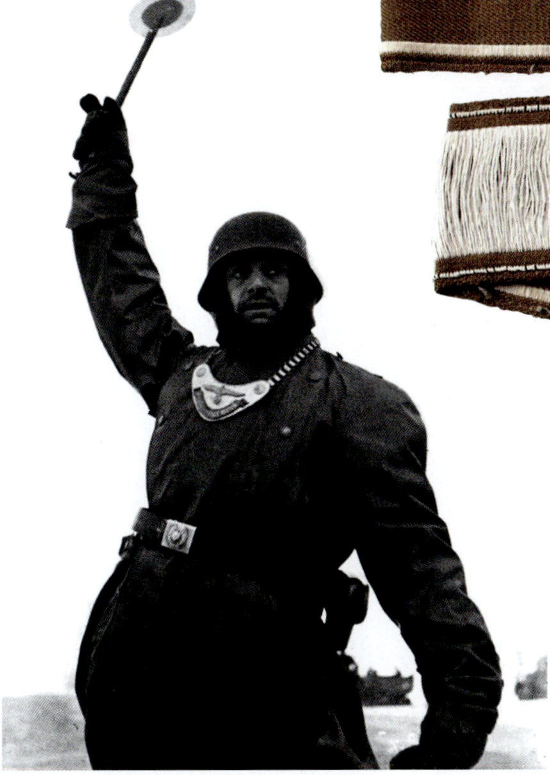

▲ 一名陆军战地宪兵，他应当佩戴着战地宪兵袖标，但是由于身着皮衣而无法看见

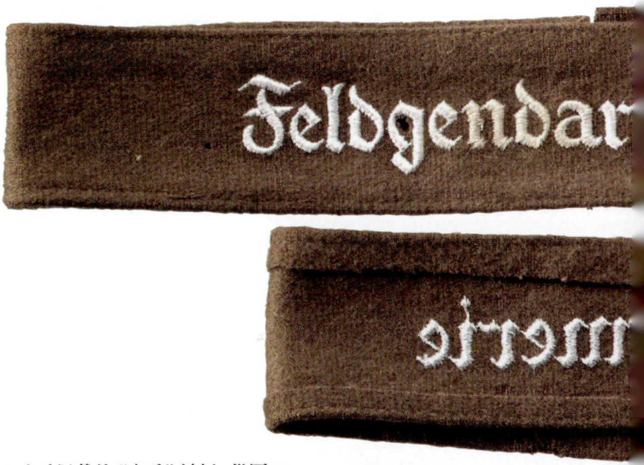

战地"宪兵"袖标存在不同的版本。其中之一为文字使用银灰色纱线机器刺绣在褐色底板布而没有镶边的版本，之二为使用铝线手工刺绣的版本（可能是授予官员的）。照片似乎表明，机器缝制的版本是使用得最多的。

▲ 士兵佩戴的"宪兵"袖标。供图/Hermann Historica

"陆军最高统帅部电影"袖标

"陆军最高统帅部电影"袖标设立于1941年5月19日，授予对象为陆军训练电影单位的所有成员。袖标宽3厘米，采用黑色底板布，文字"OKH Ausbildungsfilm"为银色的哥特体。

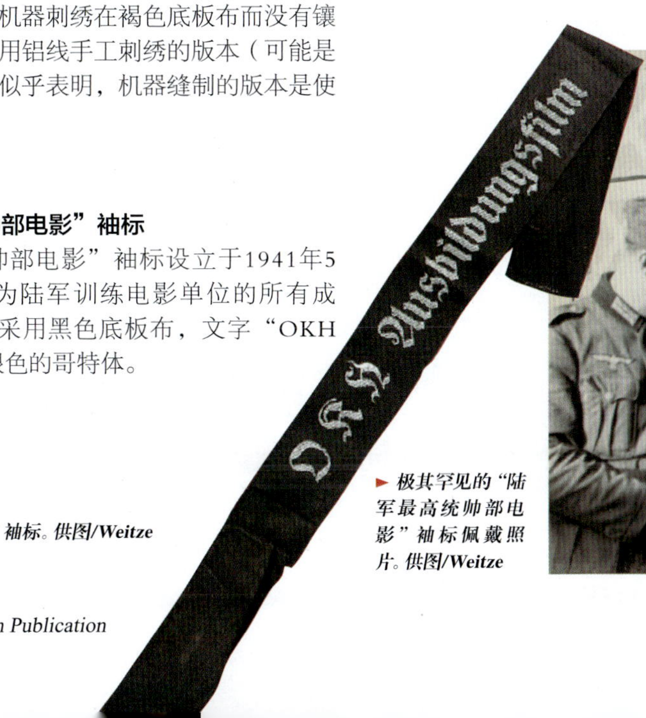

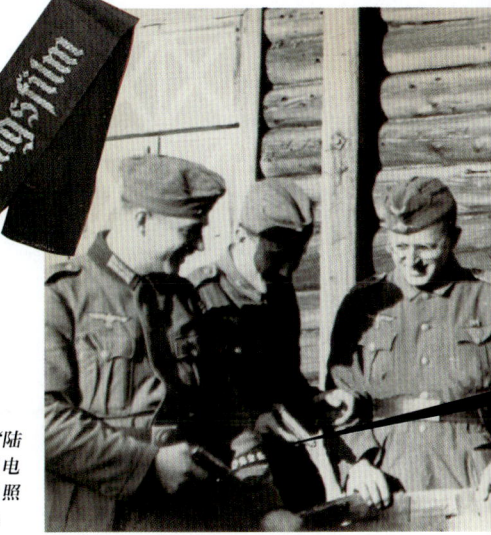

▶ 极其罕见的"陆军最高统帅部电影"袖标佩戴照片。供图/Weitze

▶ "陆军最高统帅部电影"袖标。供图/Weitze

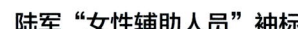

▼ 高衔级人员佩戴的陆军"女性辅助人员"袖标。供图/Hermann Historica

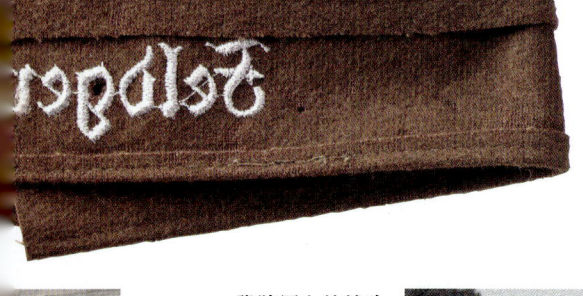

陆军"女性辅助人员"袖标

陆军"女性辅助人员"袖标设立于1942年秋天，授予对象为在陆军办公场所服役的女性辅助人员。袖标采用苔绿色的人造丝底板，镶边采用精致的对角线样式，文字"Stabshelferin des Heeres"成两行。低衔级人员的文字采用浅绿色的人造丝线、哥特体；高衔级的人员采用的是金黄色的丝线。袖标佩戴在制服的左下袖。

▶ 一张陆军女性辅助人员的照片，最前面这位佩戴有"女性辅助人员"袖标。供图/Weitze

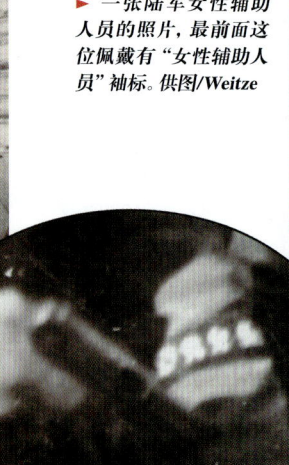

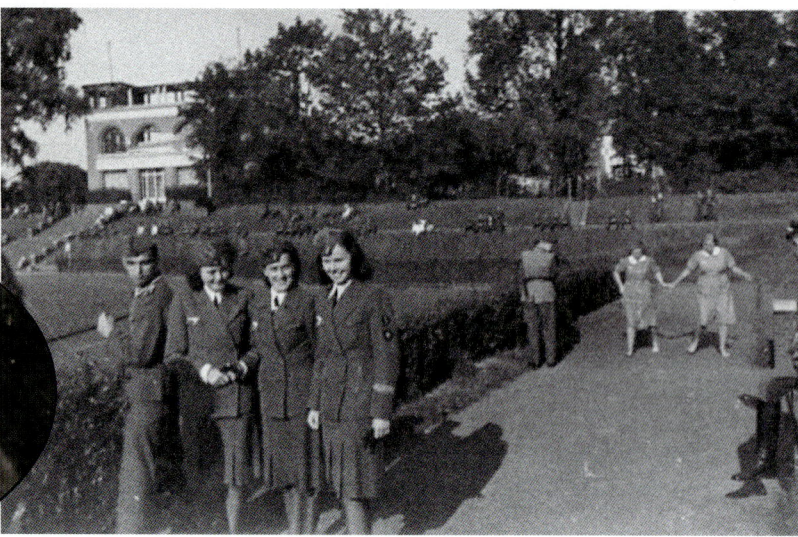

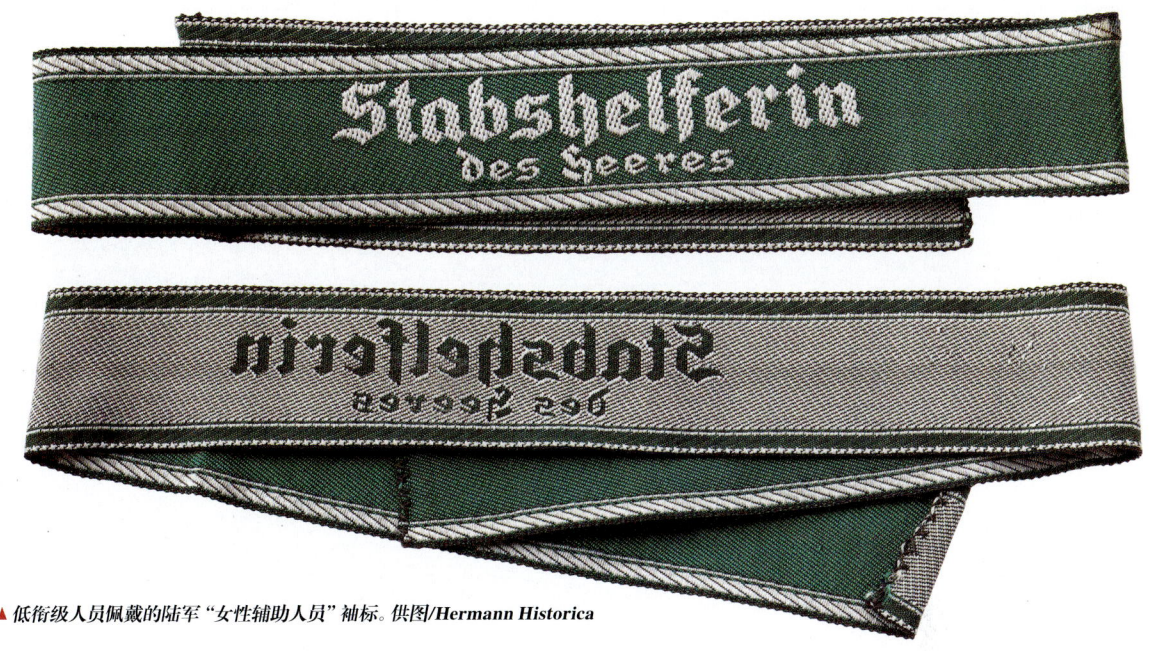

▲ 低衔级人员佩戴的陆军"女性辅助人员"袖标。供图/Hermann Historica

陆军"经济辅助人员"袖标

陆军"经济辅助人员"袖标的设立时间未知，但是基于它和陆军"女性辅助人员"袖标的主题相似，推测该袖标的设立时间也在1942年的秋天。袖标的风格和设计样式与陆军"女性辅助人员"袖标一样，只是文字为"Wirtschaftsheferin des Heeres"。

该袖标授予受雇于陆军经济办公室的女性辅助人员。

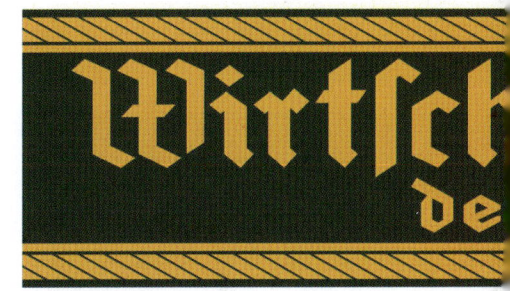

▲ 陆军"经济辅助人员"袖标。绘图/顾伟欣

陆军"通讯辅助人员"袖标

陆军"通讯辅助人员"袖标授予受雇于通讯部门的女性辅助人员。该袖标使用银灰色的底板布，上下各有一条黑色的镶边，哥特体文字"NH des Heeres"采用黑色的人造丝线缝制。袖标佩戴在制服的左下袖。

陆军参谋部"通讯辅助人员"袖标（Heeres–Stabsnachrichtenhelferinnen）采用黑色的羊毛底板布，文字"Stab HSNH"采用哥特体并用铝线手工刺绣，上下各有一条3毫米宽的铝线镶边。

"青年哥萨克学校"袖标

此袖标由为第15哥萨克骑兵军团培养年轻成员的特别学校全体人员佩戴。袖标采用深绿色底板布，西里尔体文字"Skhola Yunykh Kazakov"采用铝线机器刺绣。

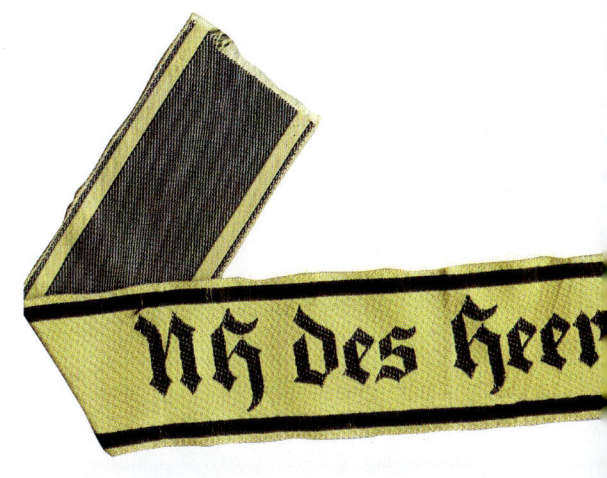

▲ 陆军"通讯辅助人员"袖标。供图/Weitze

Stab HSNh

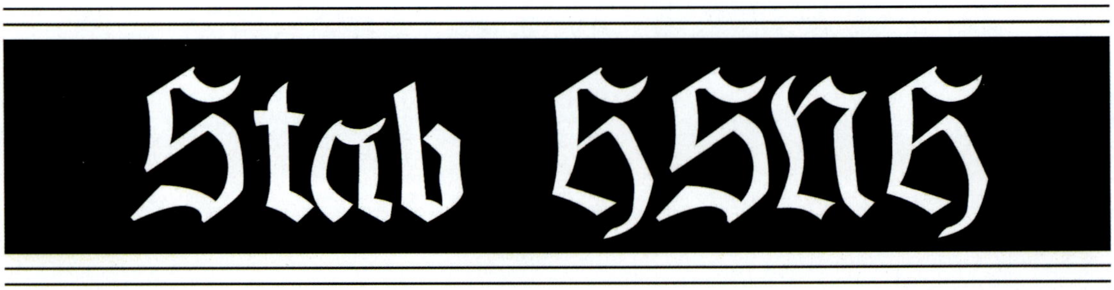

▲ 陆军参谋部"通信辅助人员"袖标。绘图/顾伟欣

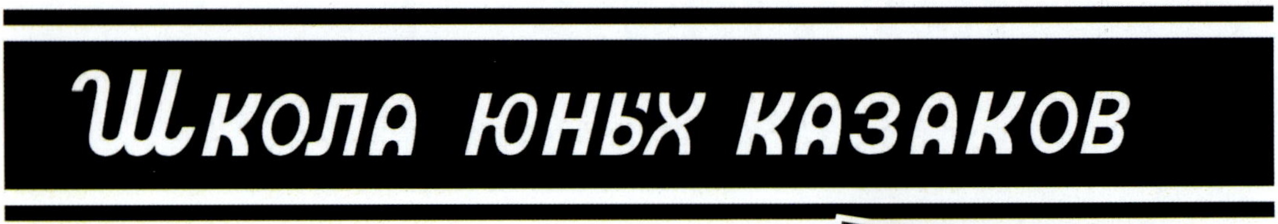

Шкопа юньх казаков

▲ "青年哥萨克学校"袖标。绘图/顾伟欣　　▶ 佩戴"青年哥萨克学校"袖标的少年

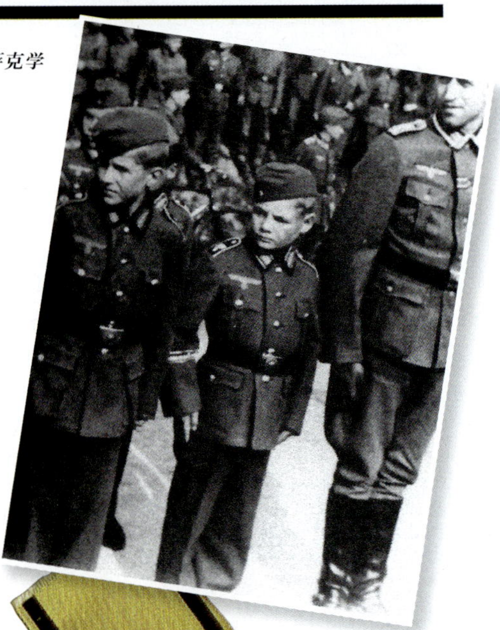

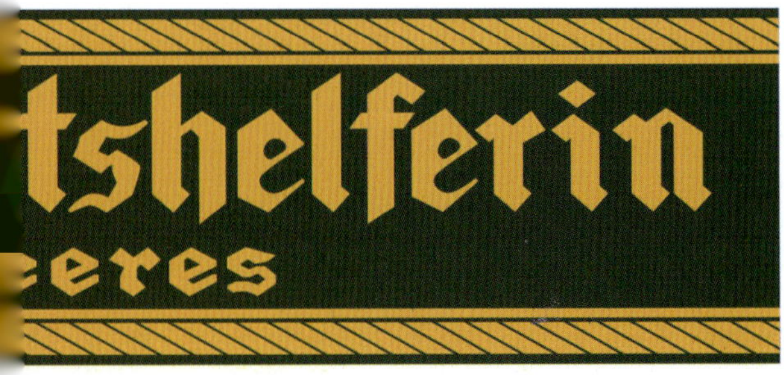

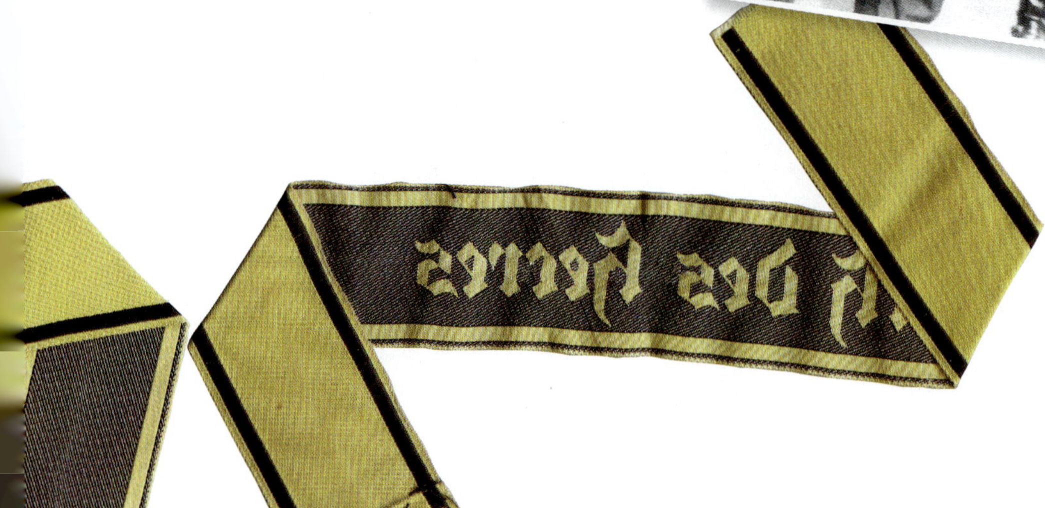

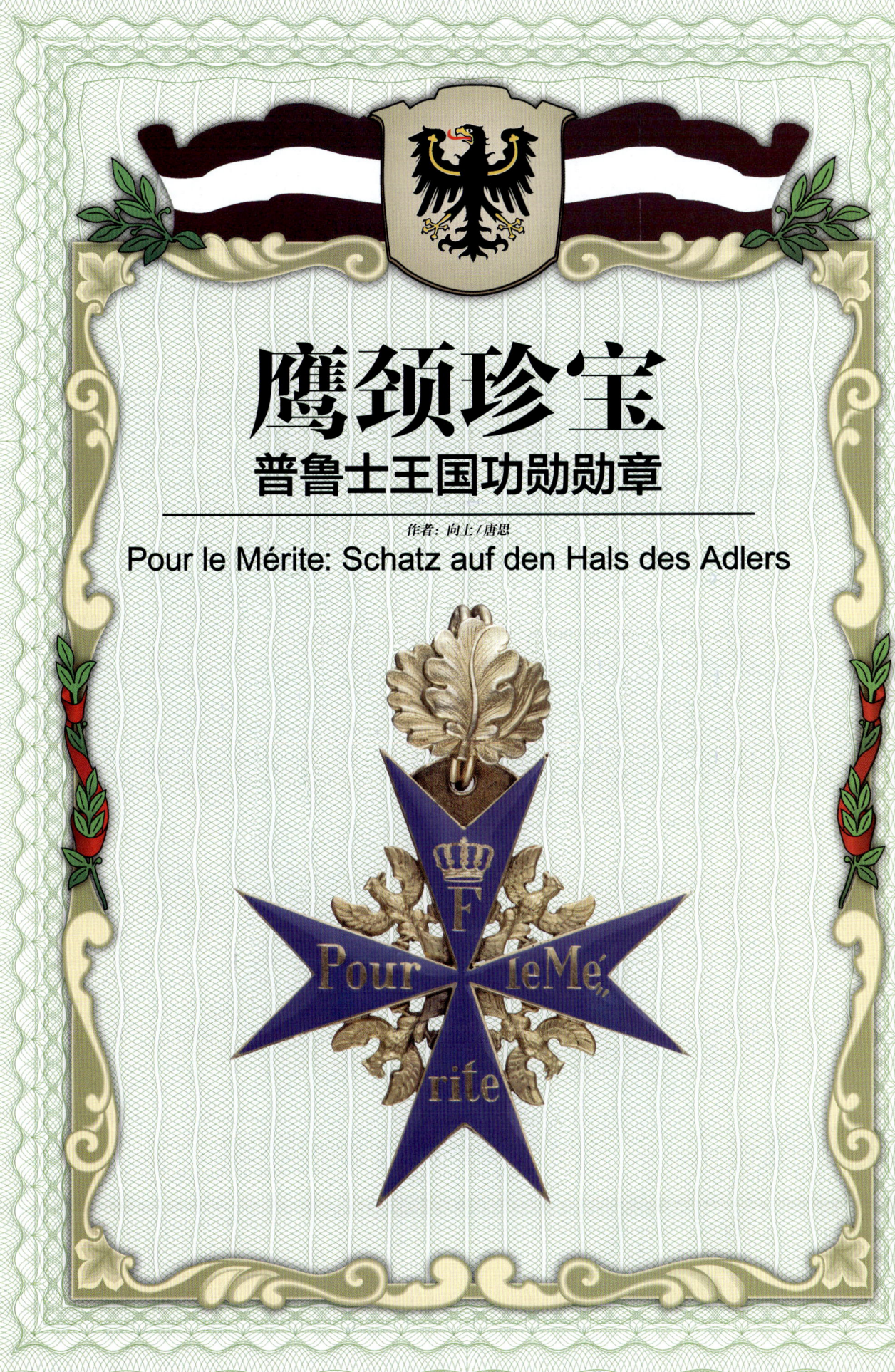

鹰颈珍宝
普鲁士王国功勋勋章

作者：向上 / 唐思

Pour le Mérite: Schatz auf den Hals des Adlers

德意志，历来就是一个注重功勋与荣誉的国度。其历史上庞杂的奖赏体系既让人惊叹，又让后人保持了极大的收藏热情。国人对铁十字勋章耳熟能详，但是很少有人了解比铁十字存在时间更长、授予级别更高的一款德意志勋章。尽管它从来没有作为一个全德范围内的勋章，但在200多年的颁发历史中，这款普鲁士的勋章已经被认作是德意志尚武精神的一个主要象征。这就是在德意志历史上保持了特殊地位的功勋勋章（Pour le Mérite），它更普遍地被后人称作"蓝马克斯勋章"。

前传

十七世纪起，欧洲大陆已经开始逐步地从黑暗的中世纪走出来。文化上，文艺复兴带来了新的人文思想，陈旧僵硬的宗教桎梏被打破；政治上，各国逐渐尝试摆脱教廷的控制，国家间的战争开始由过去的"为神的利益而战"转变成"为国家的利益而战"。当然，其实直到十八世纪，宗教上的考量对欧洲各国的关系仍然非常重要。路易十四带领法国成为欧洲大陆上首屈一指的强国，自己也成为欧洲君主专制的典范人物。与此同时，就在伟大的太阳王光芒之下，德意志诸国中的普鲁士也开始在勃兰登堡选帝侯弗里德里希一族（霍亨索伦家族）的带领下，走上前途未卜的崛起之路。功勋勋章就诞生于这一时期。当时，军功是普鲁士王国的首要表彰对象，因此这在很大程度上刺激了军事勋奖章类奖赏手段的出现。但仔细分析起来，除了常规意义上的军事或政治奖励手段外，近

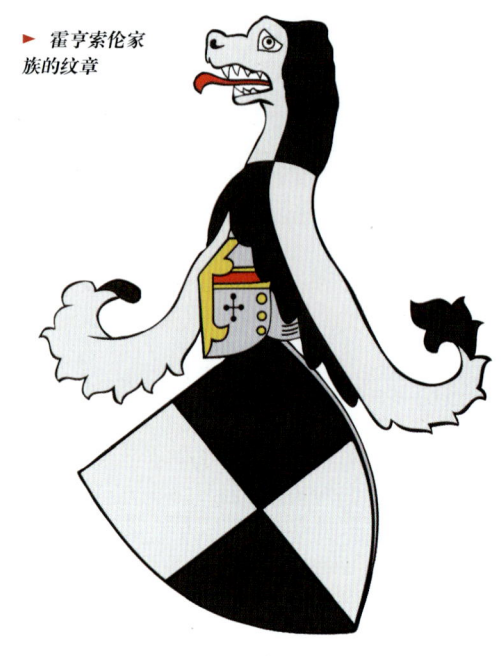

► 霍亨索伦家族的纹章

现代意义上勋奖章雏形的出现与当时政治环境的改变联系更加密切。

早在十一世纪，因为十字军东征以及各种骑士组织的建立，骑士阶级开始走向成熟。他们不但纵向地效忠于所属教会、团队、领袖，同时也由横向

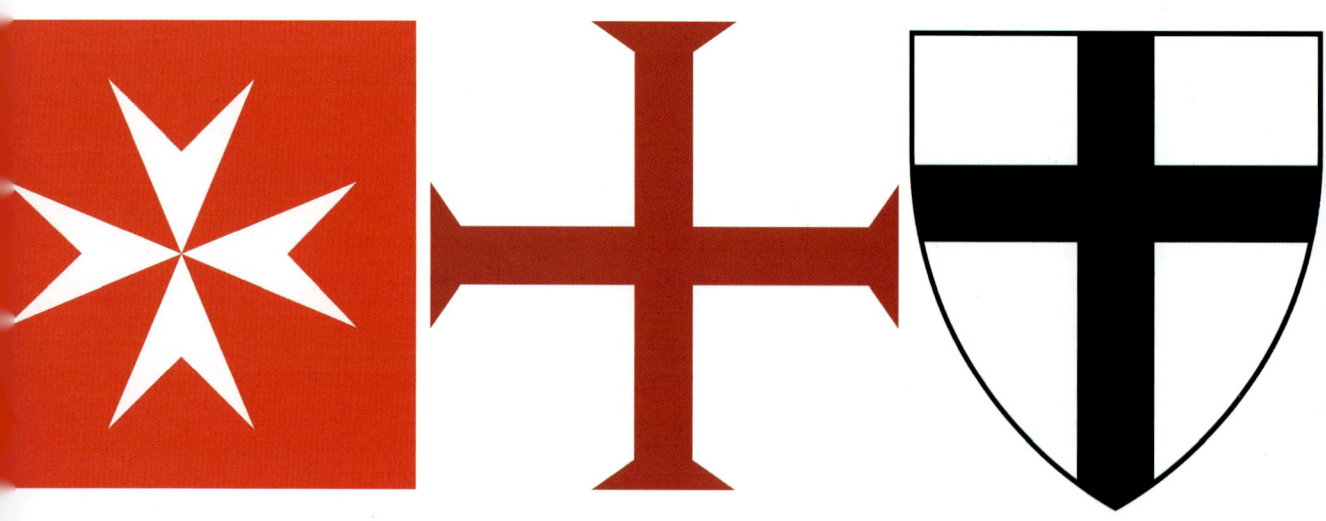

▲ 三大骑士团的标识。从左到右分别是医院骑士团、圣殿骑士团和条顿骑士团

的"骑士八德"（即谦卑、荣誉、牺牲、英勇、怜悯、精神、诚实、公正）牢牢地捆绑在一起，产生了强大的凝聚力，形成了一些对后世产生重大影响的政治力量，例如为大家所熟知的三大骑士团（即医院骑士团、圣殿骑士团和条顿骑士团）。不同骑士团的骑士们，以教团（Order）为单位，每位骑士都佩戴或使用着属于自己群体的徽章（insignia）或者纹章（heraldry），这使得观者可以一眼即识别出其所属。不过在那个时候，徽章的设计毫无新意，全部源于十字架造型，且只用于表明身份，与佩戴者的"荣誉"、"功勋"毫无关系。

虽然东征因耶路撒冷易手、基督教国家失败结束，但此时成熟的骑士团组织已在欧洲广泛建立起来，并将教团的运作模式等传统继承下来。在对欧洲的政治格局产生深刻影响的同时，政治力量也不断增长，巨额的财富被聚敛于教团内部。这自然引起了几乎所有欧洲皇室对骑士团的猜忌和觊觎。出于增加忠诚度和归属感这类考量，骑士团纷纷开始对内部成员进行奖励。除了物质奖励，还经常颁发本组织特有的徽章，以强化获得者的归属感。基于针对骑士团这些行为的种种复杂心理，世俗君主们也做出了相应的回击。于是，近代意义的勋章就出现了。这些颁发给骑士的世俗勋章，被寄希望于起到类似胶水的作用——君主们想通过这种手段来"黏合、提醒、拉拢"骑士和皇室成员，让他们注意效忠的对象应该是自己，而不是神或者代表神的教廷。除此之外，这种勋章也可以很恰当地用在其他方面，比如表彰那些众所周知的在军事上或其他方面表现可圈可点的人。同时，这类世俗的勋章还可以通过增加类似花式衣领链或勋饰等配件和教会颁发的勋章醒目地区分开来。不过此时"勋章"的定义与十字军时期的"勋章"区别不大，身份铭牌的意味仍然浓重，它们似乎更像是纹章的发展——与其说是表彰功勋不如说更多是在表明佩戴者因其所作所为而成为某个圈子的成员。

随着时代的变化，这些勋章的作用也开始发生变化。比如在其时赫赫有名的英国嘉德勋章（Order of the Garter）从1348年被创建起，便以其华丽尊荣而在当时的欧洲独领风骚。尽管嘉德勋章有着严格繁复的授予规定和限制，亦无力阻挡社会的巨大变化，逐渐蜕变成了偏重于功勋的勋章。至于那些在十八至十九世纪被创立的看起来极具传统的勋章更是无一幸免。这些转变似乎不难理解，在那个绝对权力的时代，一枚勋章代表的就是贵族的身份、骑士的规范、宗教的神圣及少数人的群体，然而随着欧洲逐鹿争霸、新贵族阶级涌现、人权思想的传播，传统骑士阶级的荣耀早已成为明日黄花，当"内部勋章"第一次被标上特殊标记颁发给"外人"时，这一切已经开始慢慢崩溃，现代意义上的勋章开始逐步成型。

勃兰登堡王的蓝色十字——"慷慨勋章"的出现

三十年战争重创了欧洲经济，各参战国皆在一定程度上放缓了军事建设，慢慢收拾各自领地上的乱局。在旧兰茨贝格（Altlandsberg）废墟上重建的花园里，勃兰登堡选帝侯弗里德里希·威廉（Friedrich Wilhelm）渡过了自己的青年岁月。或是当时政治局势使然，或是受环境风气的影响，1667年5月12日，弗里德里希一世新设立了一款颁发给骑士的世俗荣誉——慷慨勋章（Ordre de la Générosité），一个有着法文名字的德意志勋章。就像前面提到的那样，这个"Ordre/Order"用于表明成员所处的地位，翻译做"团体"或者"组织"倒更为合适一些，因此要注意，它并没有奖赏的意思。在当时的历史环境下，这类仿照教廷骑士团模式而组建的"某某会"、"某某团"比比皆是，并

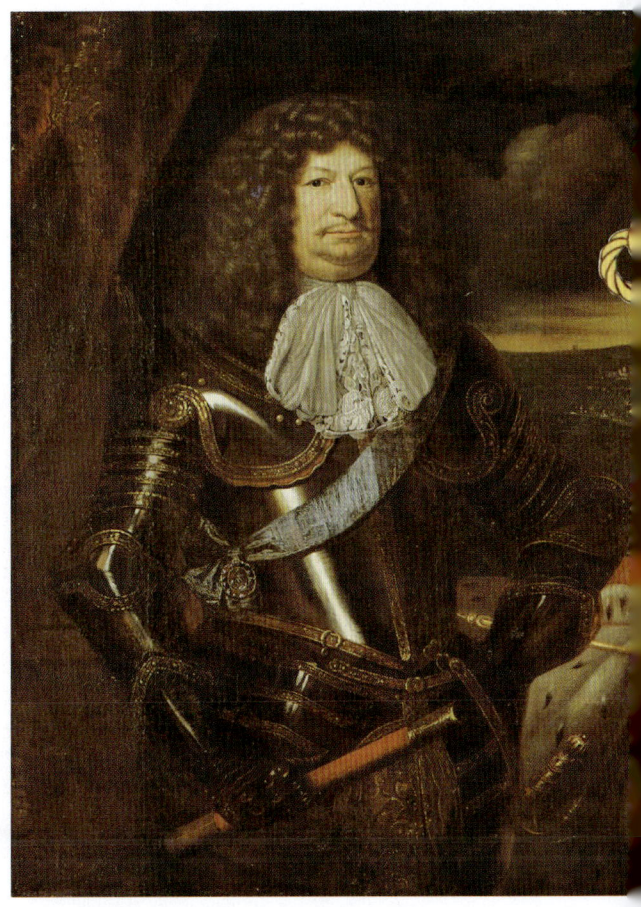

▲ 设立慷慨勋章的勃兰登堡选帝侯弗里德里希·威廉

且大量参考仿制了他们的架构格局。不过为了习惯及行文的方便，本文还是将其称为勋章，而不是某某骑士组织，并不再于文中做注解，请大家注意。

耶路撒冷圣约翰勋章的影响，慷慨勋章整体也是马耳他十字造型，在其最初被设立的时候，为凸显其尊贵华丽，慷慨勋章整体为黄金制作而成，并在中间镶上了一枚打磨过的圆形宝石（一般为普通钻石或者玫瑰钻石，不过如果获得者并非是皇室人员，那么他的慷慨勋章会被配上一枚相对小一点的宝石），章体由一根长度足以环绕脖颈的金质衣领链穿起，或者也可以穿过纽扣眼，佩戴在左胸处。作为一种新事物，其创立之初并没有什么严格的条令对成员进行限制——无论是文官还是武将——只有四点解释条文被制订出来，算是一种官方的约束：

1. 勋章的名称为Ordre de la Générosité；

2. 勋章为纯金，十字臂中间镶有宝石，获得者必须随时佩戴此勋章；

3. 如果某个获得者被发现没有佩戴慷慨勋章，将会被处罚5达克特（ducat，当时欧洲使用的一种金币）；

4. 如有更多的条例，则在日后补充。

虽然说慷慨勋章的条例并没有提到任何颁发上的限制，但是通过其原文用辞来看，这款勋章最初还是带有很明显的"骑士教团"和"贵族玩具"的特征，获得者只局限于王室成员或者骑士贵族圈子，似乎并没有什么严格的组织架构。但无论如何，作为一个骑士组织的勋章，总是有一定的规则和仪式来确定及颁发给相应的对象，以保证勋章的尊贵性，一般来说，在具体操作上与当时的医院骑士团没有什么不同。但比较让人吃惊的是，慷慨勋章的颁发（或者说勃兰登堡皇室组织起来的这个骑士组织）却非常混乱，这恐怕与他们糟糕的档案记录不无关系。至今我们也很难说清楚这个组织的成员到底都有谁，连那些高级别的骑士们的记录也无处可寻，甚至还因为记录的失误而出现了同一成员被再次发放慷慨勋章的事情。

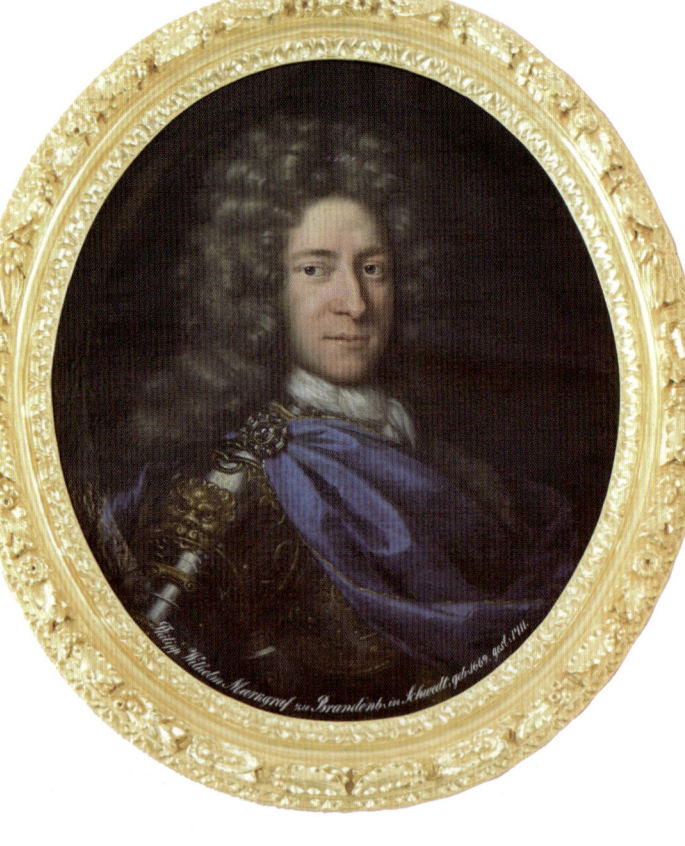

▲ 1667年获得慷慨勋章的菲利普·威廉·冯·布兰登堡-施威特（Philipp Wilhelm von Brandenburg-Schwedt）

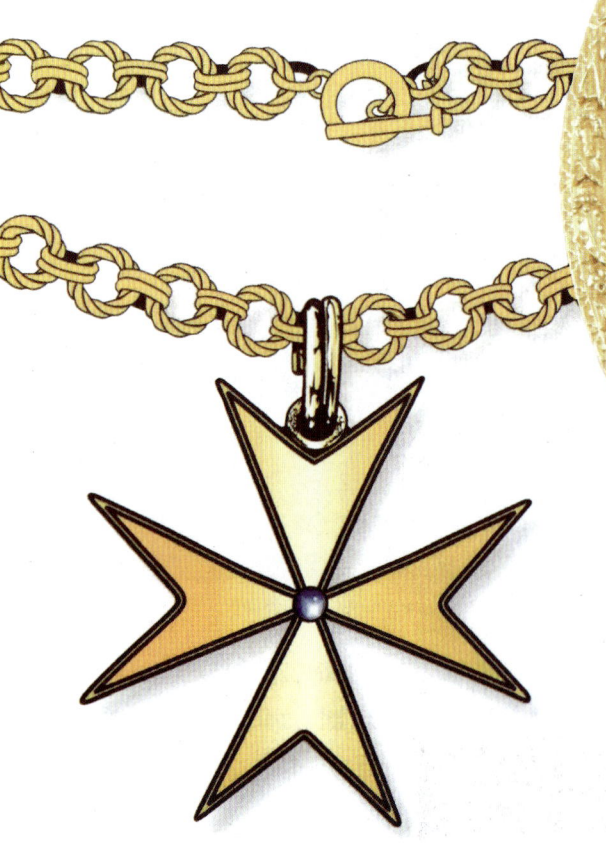

◀ 最初版本的慷慨勋章

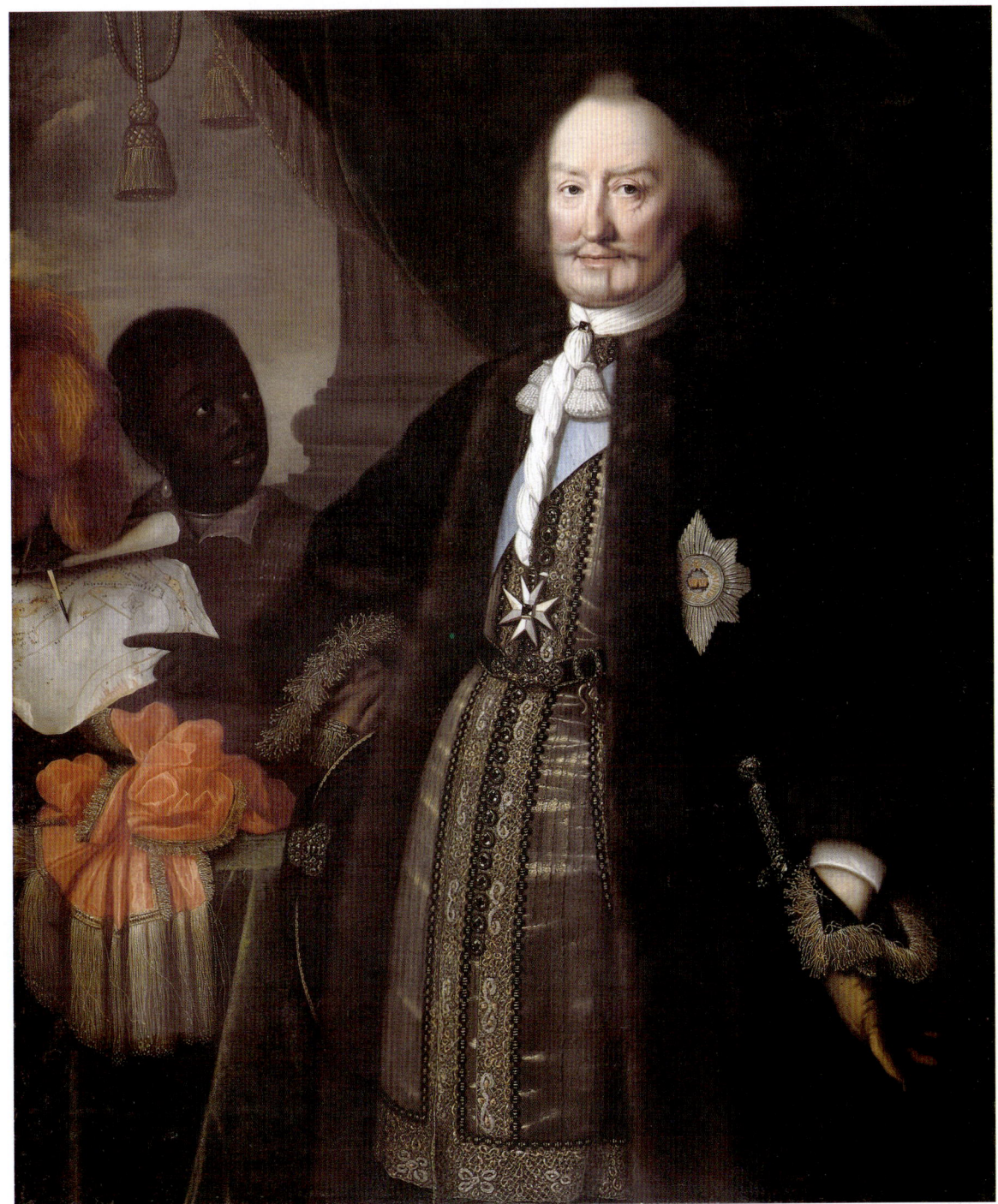

▲ 约翰·莫理兹·冯·拿骚–锡根侯爵 (*Johann Moritz Fürst von Nassau-Siege*) 画像，请注意他胸前的1667年版慷慨勋章

直到1673年，总共只有约110名骑士获得该勋章（不包括皇室成员），1685年，慷慨勋章的颁发才开始随着时代的发展而稍微做出一些改变。可惜的是，详细的资料依然缺失。我们只知道慷慨勋章在1685年开始具备表彰功勋的功能；外观上，金质马耳他十字的表面覆盖了一层淡雅的蓝色珐琅，十字臂的四隅位上增加了四只勃兰登堡家族的鹰徽，勋章中心的钻石被保留了下来。

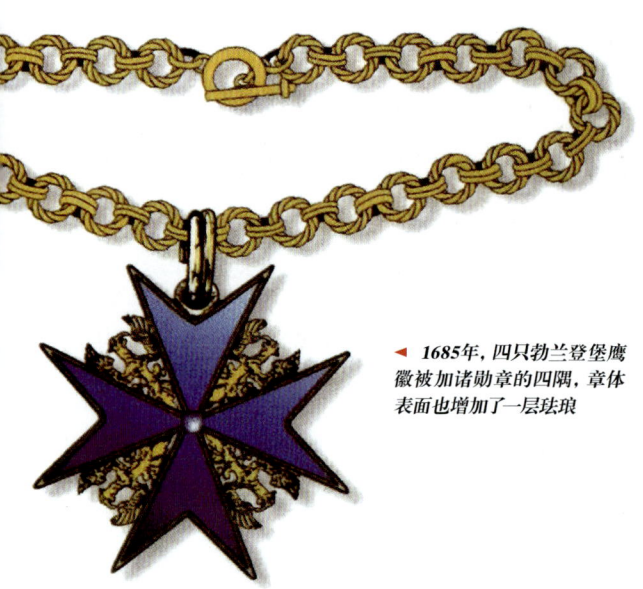

◀ 1685年，四只勃兰登堡鹰
徽被加诸勋章的四隅，章体
表面也增加了一层珐琅

1688年，大选帝候去世，小弗里德里希·威廉（即勃兰登堡选帝候弗里德里希三世、普鲁士第一位国王弗里德里希一世）继承了王位，慷慨勋章做出了最大的一次改变，也正是这次改变使得慷慨勋章成为我们现在最为熟悉的样式。极具特色的那枚宝石被取消了，金质的衣领链被35毫米宽的黑色勋带取代，这为慷慨勋章整体添加了些许肃穆气氛。佩戴方式到没有太大变化，获得者可以按照自己的喜好佩戴于脖颈处或胸前。章体以18K或22K金为胎，上衬珐琅。或许出于勉励之意，弗里德里希三世还将王冠画在了马耳他十字的上臂上，王冠之下由金箔书写了一个硕大的衬线体"F"，代表着弗里德里希的名字。在十字的其余三臂上分别写着"Géné/rosi/té"。王冠及文字的下方很巧妙地加划了一些黑色阴影，使得图案表现出些许立体的效果。如同当年的天鹅徽章一样，慷慨勋章的寿命也不是很长，它很快随着时局的发展而再次做出了相应的改变。不同的是，这次改变也许还带有一点父子斗气的可能。

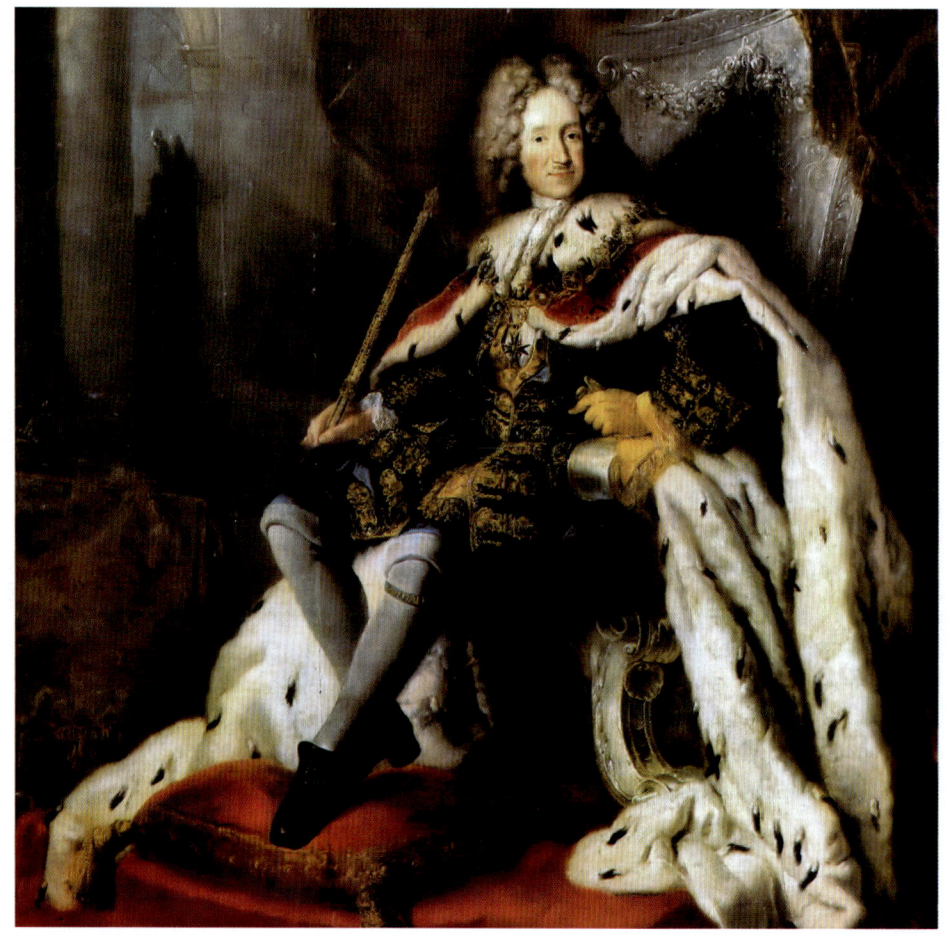

◀ 弗里德里希一世画
像，由安东尼·佩斯涅
创作。请注意他佩戴有
慷慨勋章

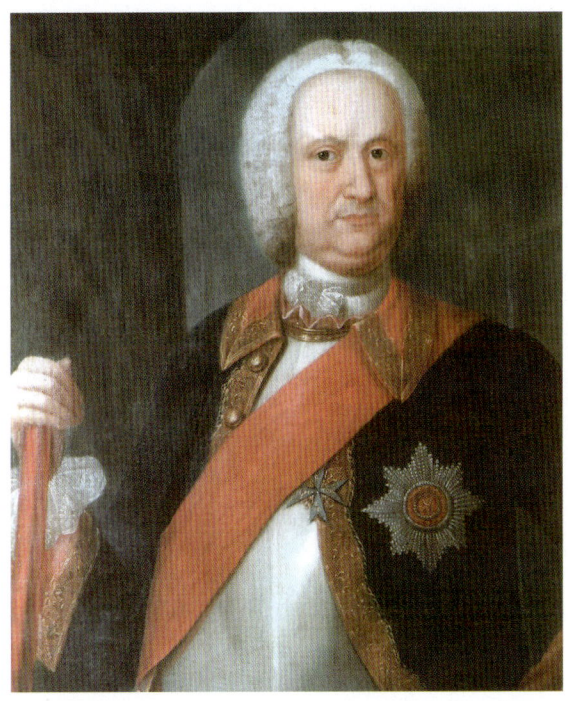

▲ 佩戴有1688年版慷慨勋章的巴尔塔萨·冯·康彭豪森男爵
（*Balthasar Freiherr von Campenhausen*）的画像

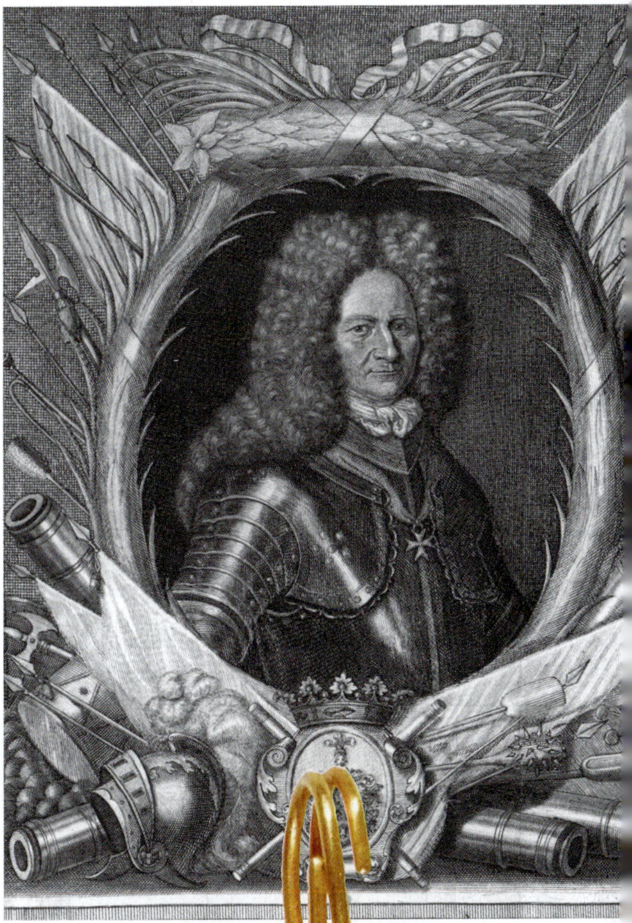

► 佩戴有1688年
版慷慨勋章的尼
古拉斯·冯·比洛
元帅（*Nickolaus
von Below*）的画像

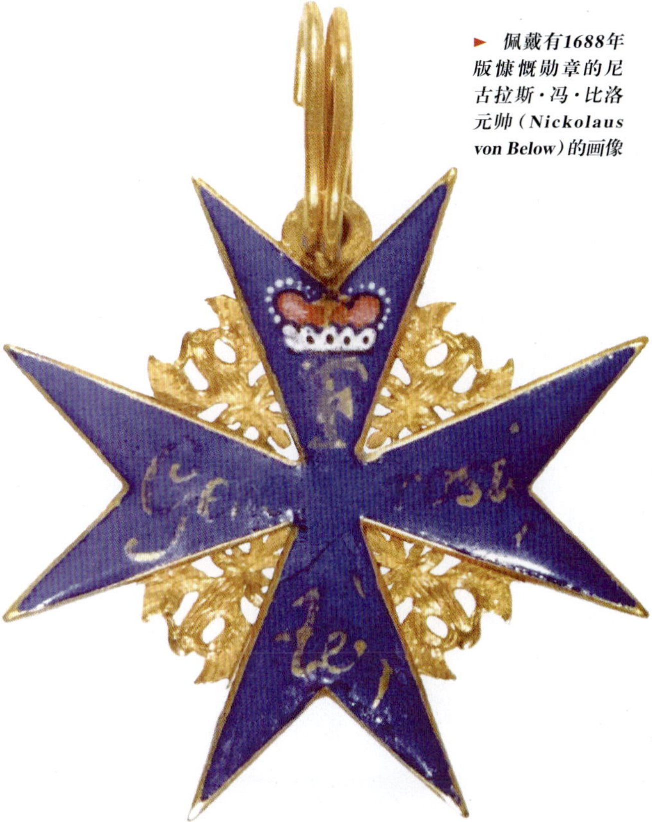

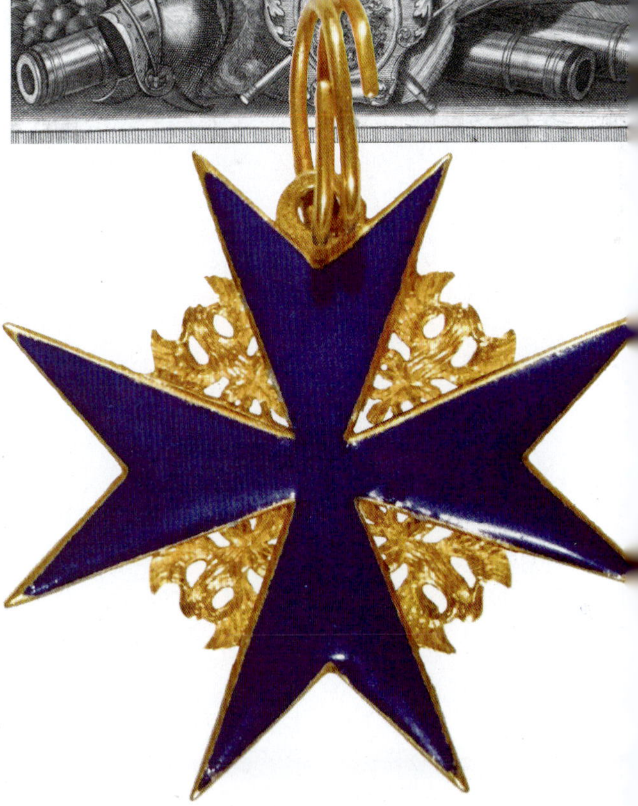

▲ 1688年版的慷慨勋章实物图，金箔已经有些脱落，而四只勃兰登堡鹰徽的艺看起来也较为粗糙，甚至有点像啄木鸟。请注意为表现出立体感
而在王冠及文字下方加画的黑色阴影

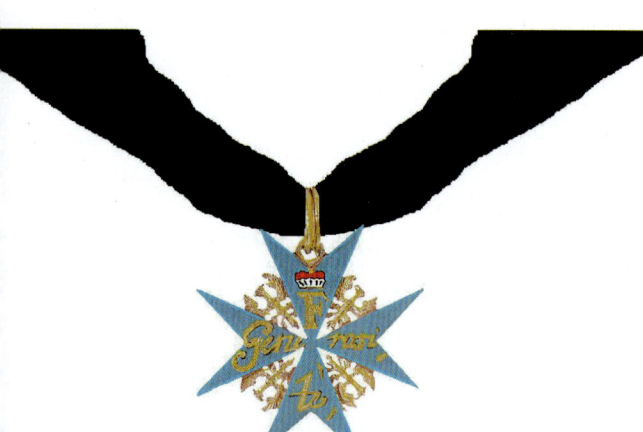

▲ 1688年后改变外观的慷慨勋章，已经与现在我们所熟知的蓝马克斯勋章极为相像。金质领链被黑色的勋带取代，十字中心的宝石被取消，珐琅上面增加了金箔贴制的字母以及王冠

▼ 目前已知历史最为悠久的一枚蓝马克斯勋章，制作时间大约在1770年左右。请注意其制作工艺与慷慨勋章相比已经有了极大提升。供图/Deutsches Historisches Museum

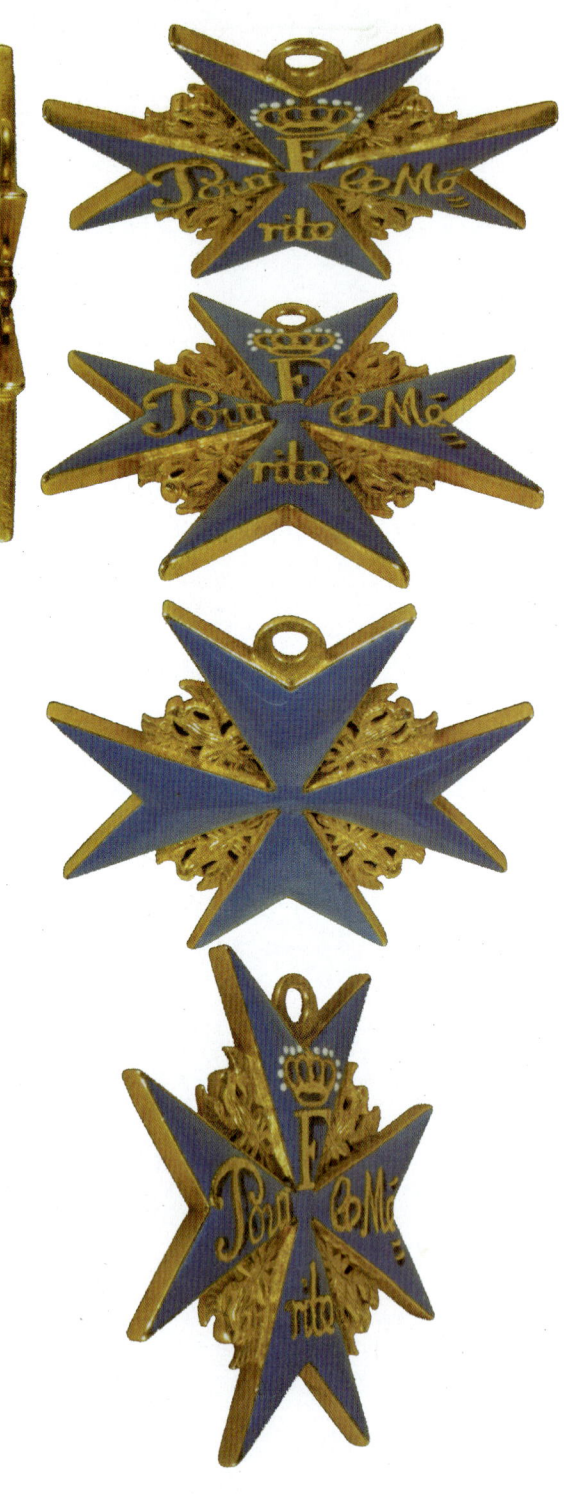

普鲁士的荣光——蓝马克斯勋章的确立

1740年5月31日，一直与父亲格格不入的弗里德里希二世（Friedrich II.，即大名鼎鼎的腓特烈大帝）如愿以偿地登上了皇位，成为普鲁士新的也是真正的国王，时年28岁。大权在握不过短短七天，弗里德里希二世便开始思考设立属于自己的勋章。由于这是新国王自己设立的第一款勋章，再加之他的急性子，我们便不难理解为什么新勋章看起来仍然是一个加了四只老鹰的蓝色马耳他十字，因为慷慨勋章成了现成的参考物。再说，对于工匠们而言，现成的样式总是比较好做一点，而且也相对经济一些。

于是，功勋勋章（Pour le Mérite）就这么设立了。其正式设立的时间确定为6月7日，十来天后的6月16日，新做出来的功勋勋章便被颁发了下去，首批获得功勋勋章的幸运儿分别是瓦雷纳侯爵弗里德里希·威廉中校（Friedrich Wilhelm Marquis de Varenne）和汉斯·克里斯托弗·冯·哈克上校（Hans Christof Friedrich von Hacke）。随着功勋勋章的颁发，勋章的相关信息也得以明确："……勋章以黑色带白条纹的绶带戴于脖颈处……（与慷慨勋章相比）章体尺寸不变，表面王冠及F字样也同时保留……'Générosité'字样换为'Pour le Mérite'……"

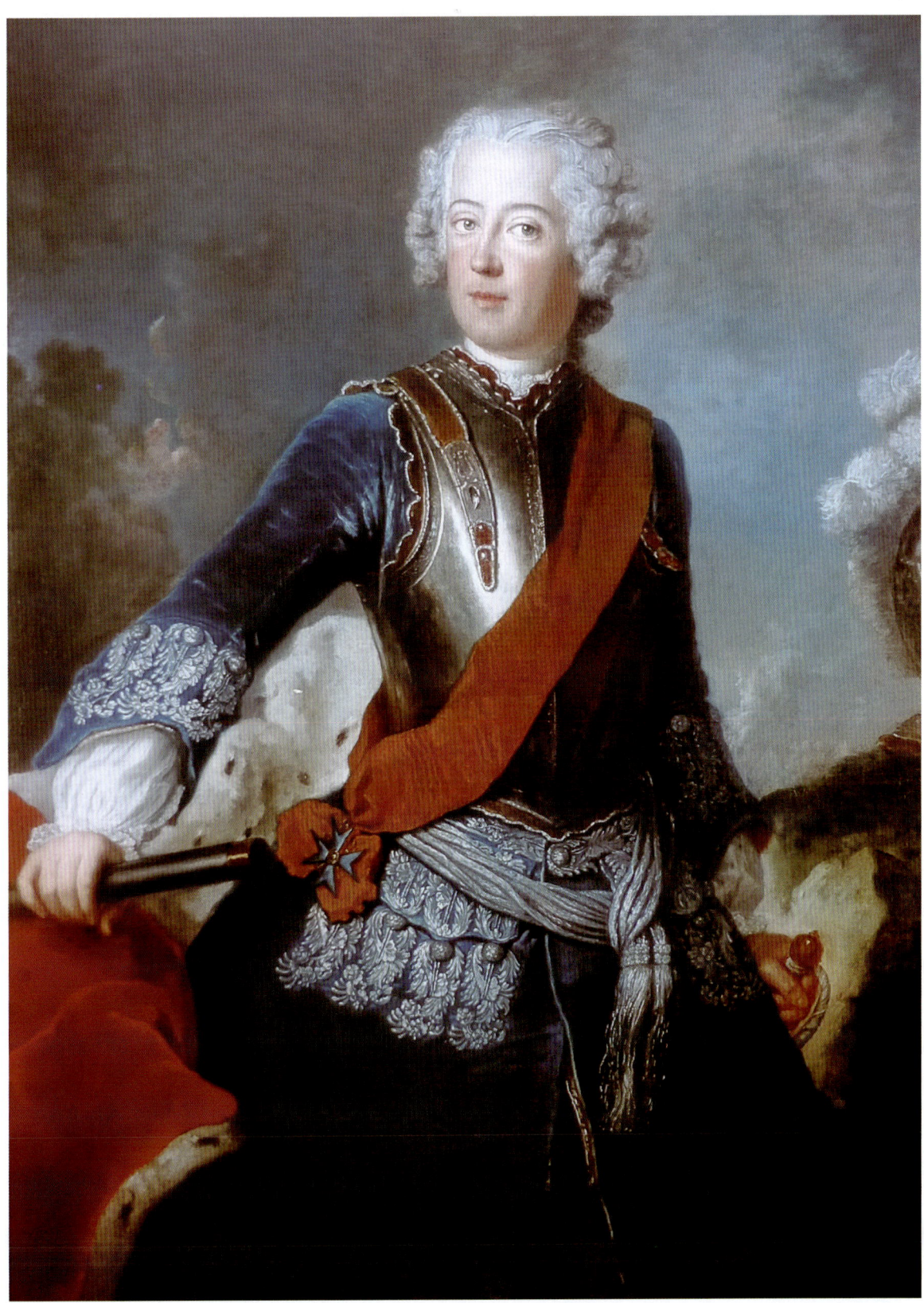

▲ 年轻时候的腓特烈大帝，一副踌躇满志的样子，正是他设立了后来赫赫有名的蓝马克斯勋章

弗里德里希二世登基不久，正值奥地利结束了与土耳其的战争，年轻有为的弗里德里希二世迅速利用了奥地利战争后的国内破绽，在当年12月通过突袭一举拿下了奥地利经济重地西里西亚，并在随后的战争中牢牢地保住了这块战略要冲。普鲁士的崛起之路终于铺上了一块坚定的基石。在战争中，新设立的功勋勋章正好被用来授予那些在西里西亚战争中表现突出的人员。到1742年，已经有170人获得了功勋勋章（其中38人还获得过慷慨勋章）。从功勋勋章建立之后的一系列战争尤其是西里西亚战争中，我们可以明显看出，它的设立提前暴露出了弗里德里希二世壮大普鲁士的庞大野心。同样，西里西亚等一系列战争也使得功勋勋章从当初慷慨勋章的"贵族玩具"身份正式转变为用于表彰功勋的现代意义上的勋章。

　　功勋勋章除了本身尺寸、造型没有什么改变外，在颁发对象上也沿袭了慷慨勋章的框架，仍然是用来表彰军事或民事上做出优异表现的人士。对于军事人员来说，一般有三种途径获得功勋勋章，其中最主要也是最正常的途径自然是凭借在战争中优于他人的表现而获得。不管是国王在战场上亲眼得见还是上级写推荐信向国王提名皆可，这种获得者相对来说争议最小；另一种方式是个人申请——尤其是那些希望进入骑士圈子的人——无论是以口头形式还是书面形式，这份申请都将被交至一个所谓的审核委员会进行裁决，如果委员会成员一致认为该申请者具有足够的申请资格，那么这份申请将会呈递给国王本人。不过用脚趾也能猜到，这种申请到了最后，往往更多的不是功绩的审定而是各政治集团间的利益斗争，但弗里德里希二世本人却也不蠢，这样的申请有的时候只能获得他的一顿训斥。甚至是身份显赫的将官为他人提名时，也很有可能讨得一个无趣的下场。比较有趣的一个故事是，某位军官连续推荐了自己所属团的五个军官为功勋勋章的提名者，理由也很富有逻辑性——别的团已经有人获得了功勋勋章。对此，国王回复得极为辛辣而不失幽默：如果贵团的军官确实很卓越，那自然没有问题，可惜的是我亲眼得见他们在战场上乱跑……这样都可以获得勋章的话，那么以后我们只能在腿脚好的人群里颁发勋章了。而相对于前两种获得途径，最后一种则显得有些"随性"和充满"机遇性"。比如说，当一位功勋勋章获得者在获得了黑鹰勋章后，将会在一个盛大的仪式上接受黑鹰勋章，并退回之前的功勋勋章。毋庸置疑，盛会上的弗里德里希二世的心情总是很好，于是，这枚被退回的功勋勋章很有可能当场再被颁发给另一个人。

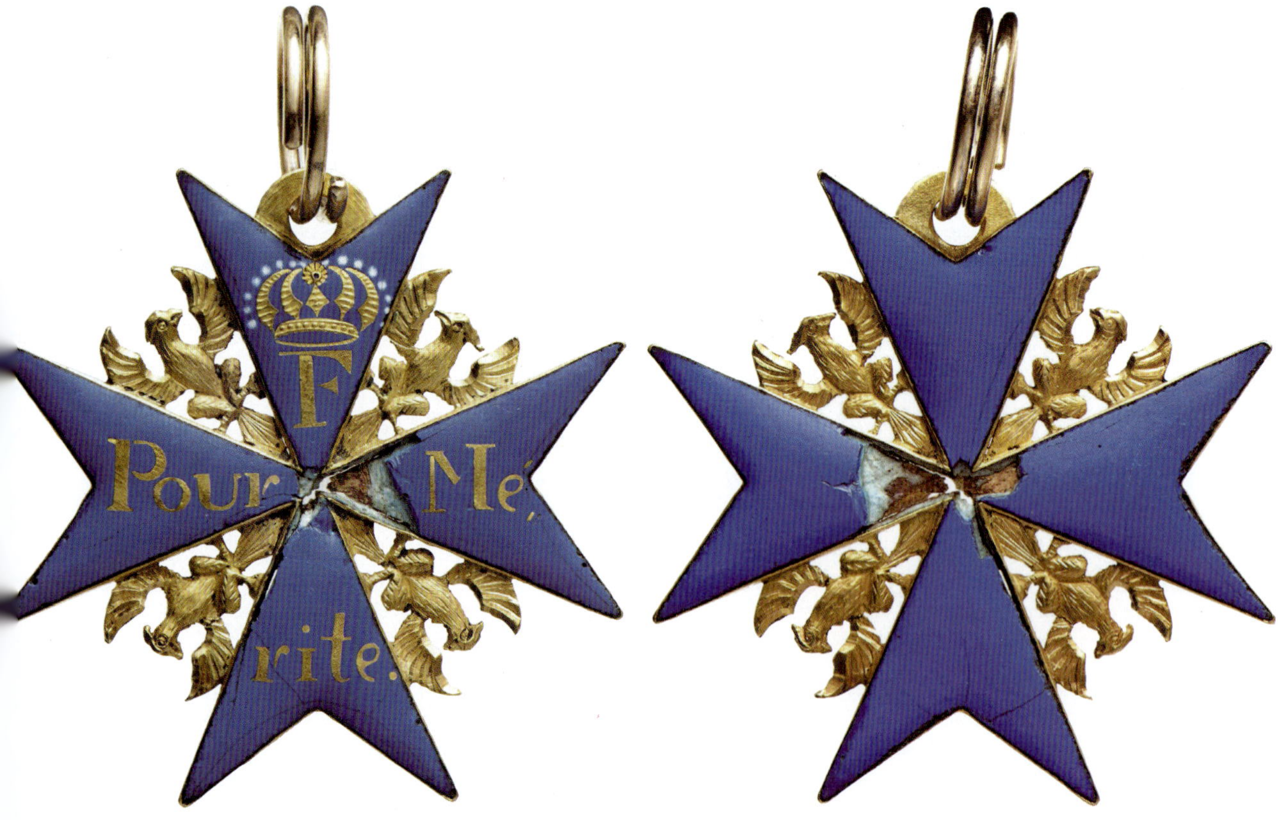

▲ 弗里德里希·威廉二世时期的一枚功勋勋章，由于年代过于久远，珐琅已经破损。供图/*Hermann Historica*

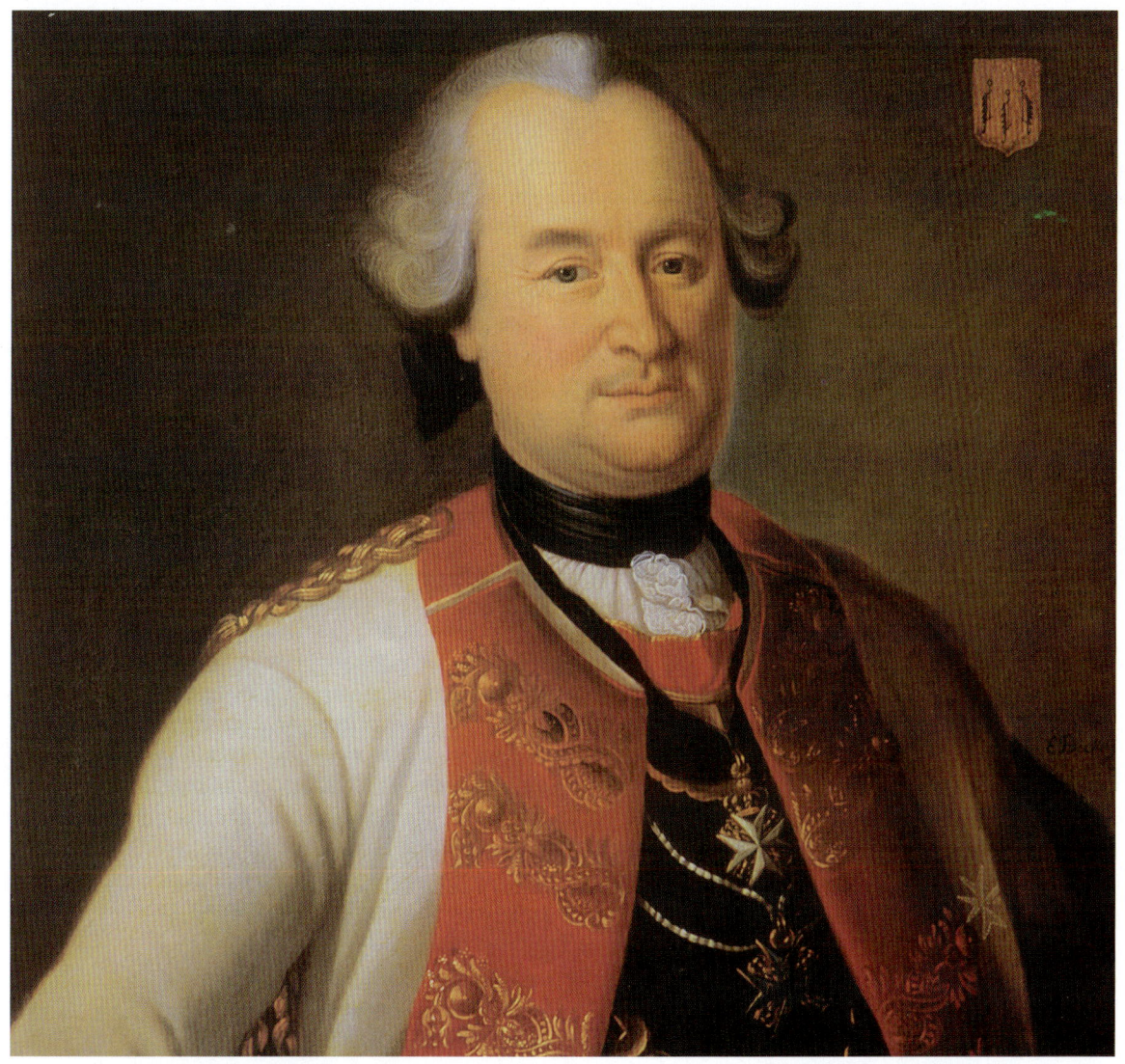

▲ 获得蓝马克斯勋章的约翰·弗里德里希·冯·古斯德特中校（*Johann Friedrich von Gustedt*），注意他佩戴的蓝马克斯勋章上方为圣约翰勋章

　　在整个弗里德里希二世在位期间，总共有923枚功勋勋章被颁发给了那些功勋卓著的军人或者是国王个人比较喜爱的臣子。其中大部分被颁发给了校、尉级别的军官，共779枚；将级略少，为34枚；陆海军候补军官及军校生6枚；级别未知的94枚以及其他10枚，这其中包括俄国沙皇的1枚和伏尔泰的1枚。在1750年左右，伏尔泰已享有盛名，并在政治上跃跃欲试，这正中推行政治改革的弗里德里希二世的下怀。于是，当年伏尔泰被召至柏林，在宫中任职，并与弗里德里希二世建立起了一定的私人友谊。不过两人毕竟在政治理念上格格不入，被尊称为"欧洲良心"的伏尔泰，大力鼓吹人性的自由和司法的公正，并带有知识分子惯有的那种鄙视权贵

的思维方式；而弗里德里希二世名义上推行政治改革，实际上大抓吏治，将权力牢牢地控制在手中，所作所为与一个典型的强力君主毫无区别。这一切自然为两人日后分裂埋下了伏笔。就在两人刚刚开始"蜜月期"时，弗里德里希二世将一枚功勋勋章颁发给了伏尔泰，以为笼络，其时为1750年9月。不过一枚小小的勋章显然对两人间的感情没有太大的助益，伏尔泰和国王渐行渐远，终于在1753年，因为一次争执，伏尔泰彻底与国王决裂，于1753年3月26日离开了普鲁士。当伏尔泰决定离开普鲁士时，国王曾要求人走章留，经过几轮的"君臣斗"之后，伏尔泰带着他那枚功勋勋章顺利地跨过了边境。值得一提的是，虽然在普鲁士闹得很不愉快，但伏尔泰在这段时间里

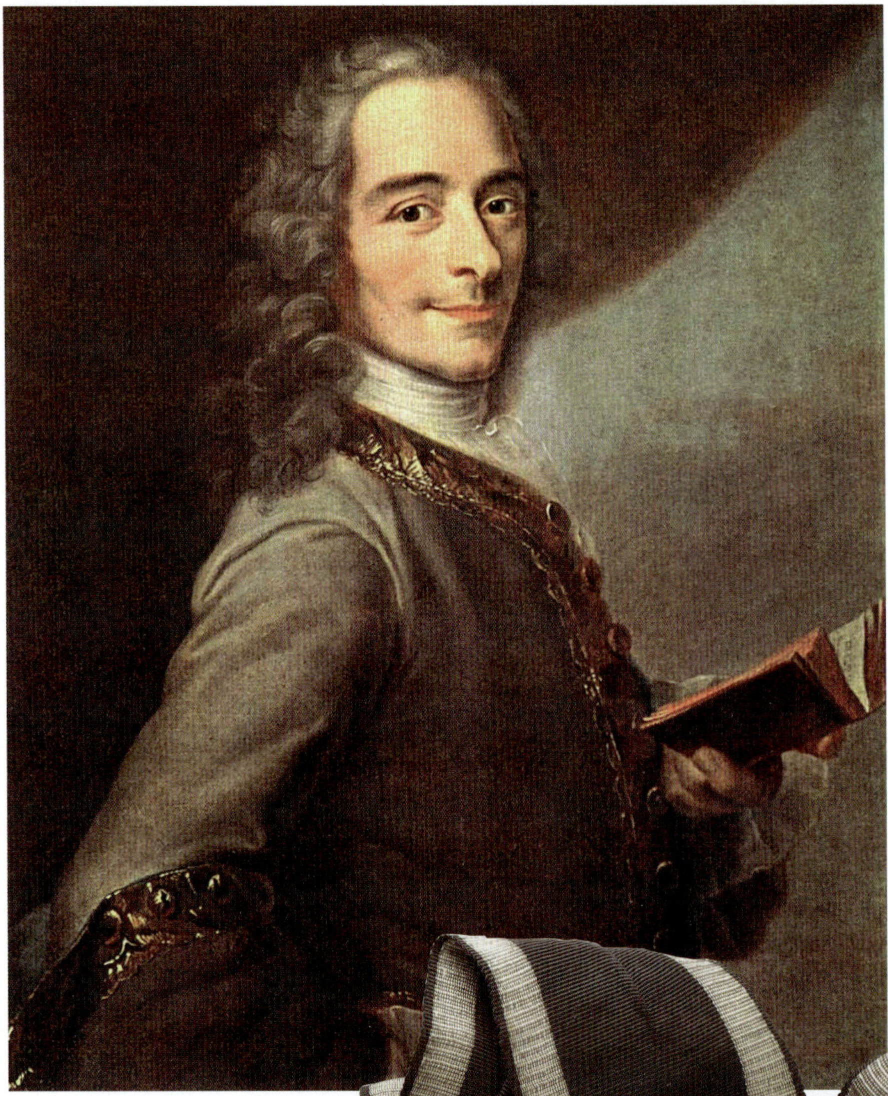

▶ 腓特烈大帝时期非军功而
获得蓝马克斯勋章最著名的
人物自然非伏尔泰莫属

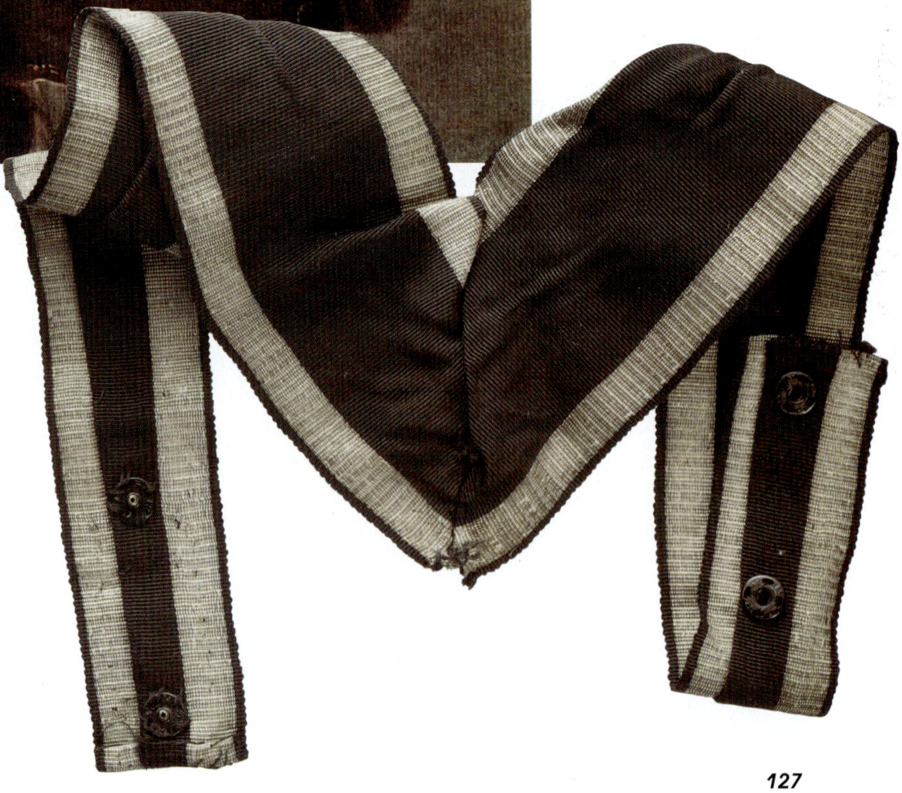

▶ 功勋勋章的绶带。供图/
Hermann Historica

出版了他一生中最主要的作
品——《路易十四时代》。

　　作为弗里德里希二世年
轻时代创立的一枚勋章，功
勋勋章见证了整个弗里德里
希家族的发展，见证了普鲁
士王国的重要时刻，并在其
后的数百年里见证了无数德
意志英杰们的丰功伟绩。最
终，这枚蓝色的马耳他十字
因为历代统治者的珍视而成
为普鲁士鹰颈上的一颗璀璨
的珍宝。

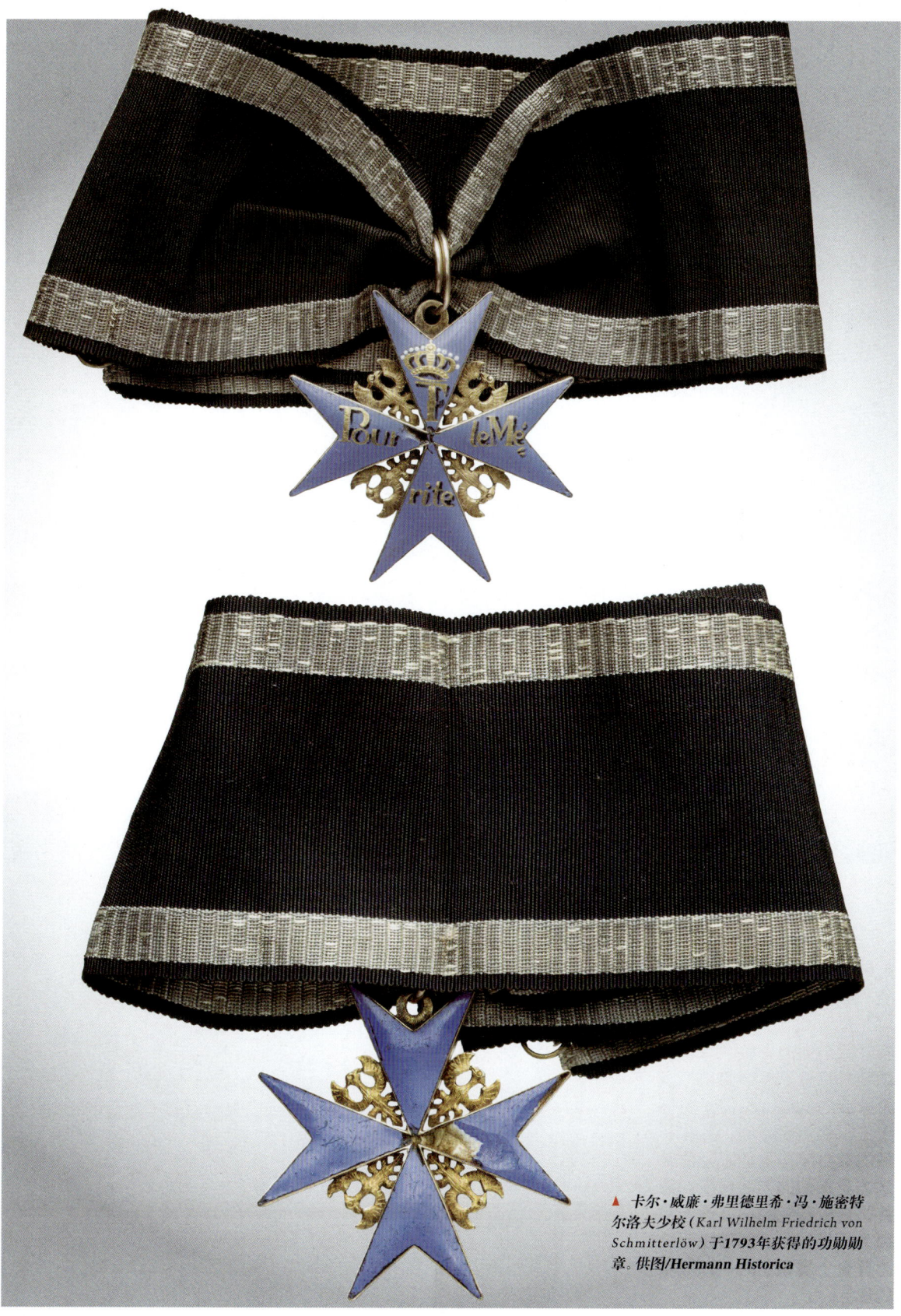

▲ 卡尔·威廉·弗里德里希·冯·施密特尔洛夫少校（*Karl Wilhelm Friedrich von Schmitterlöw*）于**1793年**获得的功勋勋章。供图/**Hermann Historica**

1797年，弗里德里希·威廉三世成为这个国家的新统治者。在他还是个十来岁的孩子的时候，祖父弗里德里希二世就对他反复灌输成为强者，不要辱没整个家族荣誉的信念，待到他再大了几岁后，他加入了普鲁士军队，并于1790年晋升为上校。1792年，弗里德里希·威廉三世参加了反法战争，获得了一定的战场历练。不过这一切对他的性格似乎没有太大的帮助，他还是一个细腻到有些优柔寡断的人。继位后，弗里德里希·威廉三世的性格对于普鲁士军事或政治更不会有什么好处，加之弗里德里希二世留下了负债累累几近破产的国家，普鲁士在欧洲战场上连连战败，甚至一度惨败至只剩下"旧普鲁士"、勃兰登堡、波美拉尼亚和西里西亚四个省。如果单从他颁发功勋勋章的数量来看，他不逊于普鲁士历史上的任何一位强悍君主（总共约2440枚），可惜的是，此时功勋勋章上的蓝色珐琅深邃依旧而普鲁士的荣光却已悄然褪色。不过也算是祖上有德，拿破仑最终被"反法联盟"击败，普鲁士重新拿到大量的土地，再次获得了加入欧洲诸强俱乐部的资格。

连续的战争必然在某种程度上催生军事方面的新勋章或新规则的设立，而且我们有充分理由认为现代的军事部队规范化，如参谋制度的设定等也对重新定义勋章的章程起到了不可小视的作用。在这方面，弗里德里希·威廉三世似乎还显得极为干练（比如著名的铁十字勋章就是他在1813年设立的）。1809年11月底，弗里德里希·威廉三世下令成立一个委员会，负责对有功者的功劳等级及应获得的勋章等级进行评定。对此他特别强调："通过对前两年的那场战争的经验来看，许多下层的军官、士官、士兵并没有因为他们在战场上的表现而获得任何勋章，哪怕他们已经被提名推荐。因此我任命冯·格洛尔曼（von Grolman）和冯·伯因（von Boyen）组成委员会，他们将以审慎的态度检查核定每一份报告，以保证所有有功者能够得到应得的勋章。"同时，弗里德里希·威廉三世还展现出了具有个人特色的价值观和公正性，他特别强调："……在不成功的军事行动后更应该注意勋章的颁发……相对于那些功勋累累的人，获得勋章较少的提名者应该优先考量……"

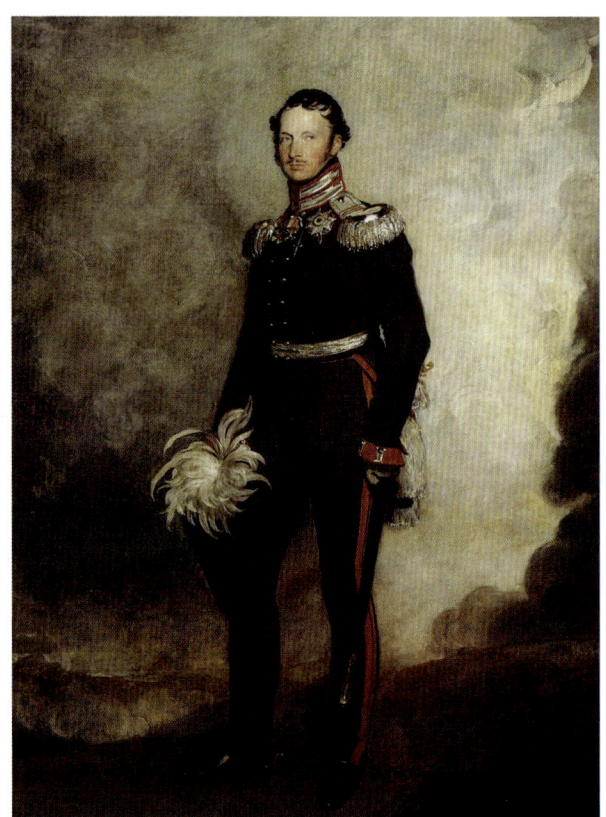

▲ 弗里德里希·威廉三世画像

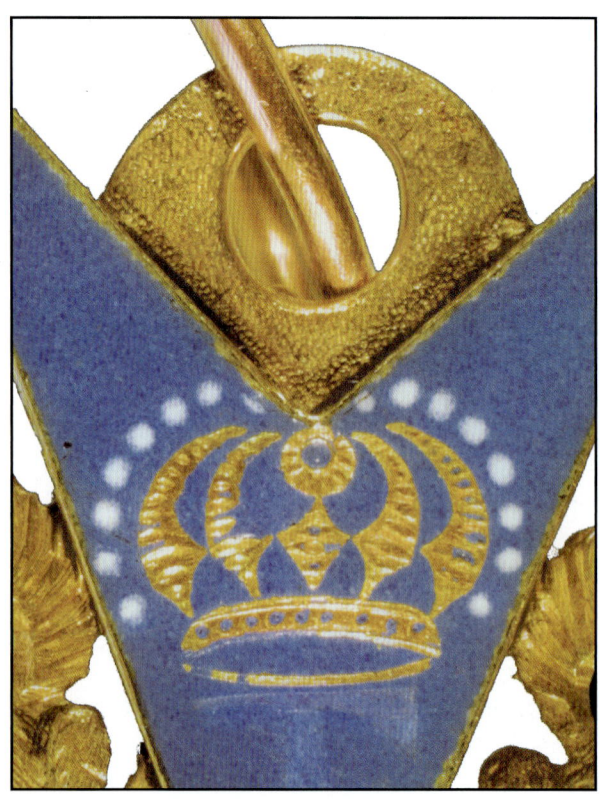

▶ 十八世纪后期蓝马克斯勋章上臂王冠特写

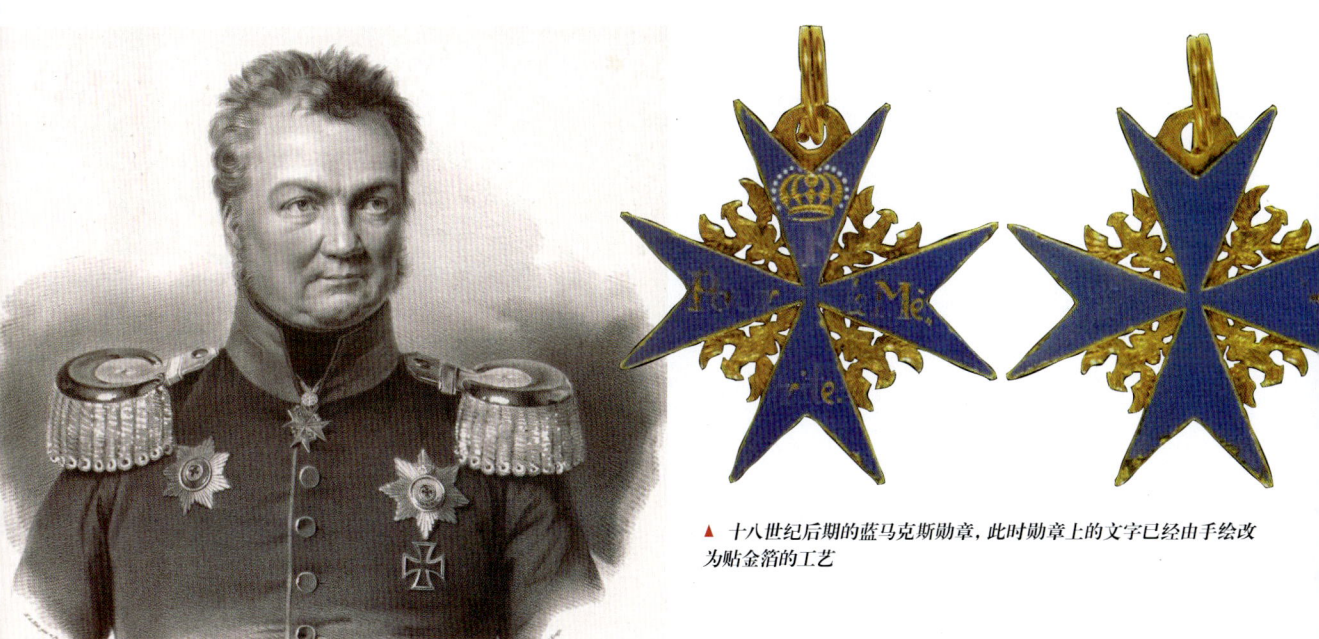

▲ 十八世纪后期的蓝马克斯勋章，此时勋章上的文字已经由手绘改为贴金箔的工艺

▲ 功勋勋章获得者卡尔·威廉·格奥尔格·冯·格洛尔曼。他与伯因元帅一起审核获颁功勋勋章的人员是否符合条件

在经过了大量的扯皮、论证之后（恐怕也只有弗里德里希·威廉三世这种性格细腻的国王才有耐心进行如此多的考量），1810年1月18日，弗里德里希·威廉三世正式出台了一份法令，在这份最终法令中，对普鲁士现有的所有重要勋章都进行了一定程度的修订，这其中自然也包括功勋勋章。新颁发的条令规定，只有通过在军中服役或对敌英勇才能获得此勋章。自此，功勋勋章彻底成为一款严格限于军事领域的勋章。

之前，大约在1802年10月7日左右，冯·马森巴赫上校（Christian Karl August Ludwig von Massenbach，1802年6月21日获得功勋勋章，他是现代军队中总参谋部体制的初创者）在给步兵总监冯·诺伦多夫伯爵（Friedrich Emil Ferdinand Heinrich Graf Kleist von Nollendorf）的信中不无牢骚地提到军队现在需要强有力的领导，而且士兵们需要被"唤醒"，需要华美的荣誉来装扮他们的制服和信心。据此他建议将功勋勋章分为三个级别，第一级即功勋勋章本身；第二级则在勋带环上加配一个王冠配饰，这个创意的灵感据说来自配王冠的黑森勋章；最后的第三级与众不同，据这位上校描述，是一个"戴在胸前的火红色星芒章"。不幸的是一周后，拿破仑领导的法军在德国耶拿痛击了普鲁士军队，德皇的部队损失

达到了25000人左右。这使得整个普鲁士大概花了两年的时间才从打击中缓慢恢复过来。于是，三级化功勋勋章的这个建议也就不了了之。但总的来说，除去外界的原因外，新勋章的出现也很大程度上降低了将功勋勋章复杂化的必要。

这期间也有设置不同功勋勋章勋带的声音出现。具体建议为军事方面的功勋勋章保持原有勋带，而民事方面则改为蓝色勋带。不过结果我们都知道，功勋勋章还是成为只用于表彰军事功绩的勋章。虽然弗里德里希·威廉三世颁发了几千枚功勋勋章，但这毕竟是他所处的那个战乱时代的必然结果，从其所做的努力来看，他一直在尝试保持功勋勋章的尊贵性，这也许与他的性格以及早年受到的教育不无关系。

国王的追思——橡树叶配饰的设立

1810年的晚些时候，弗里德里希·威廉三世的妻子露易丝王后去世，她一直是一位坚定的爱国者，始终支持自己的丈夫反抗拿破仑。失去了这么一位"如磐石般可靠"的妻子，弗里德里希·威廉三世的痛苦可想而知，1811年1月18日，为了寄托哀思，国王设立了一枚金质的橡树叶配饰以纪念王后。该创意最初来自于国丈梅克伦堡–施特雷利茨公国亲王卡尔（Prinz Karl von Mecklenburg–Strelitz，后成为梅克伦堡大公卡尔二世）的一个提议。从橡叶设计的细节上来看，它也表现了痴情的弗里德里希·威廉三世对妻子的追忆。在1813年10月的一封信里，弗里

德里希·威廉三世详细解释了其中的含义。比如，三片橡叶分别代表着国王与王后之间的生活、婚姻以及王后的逝世；中间的那片橡叶分有九片叶瓣（左五右四），分别代表了弗里德里希三世与路易斯王后的九个孩子（五个儿子四个女儿）；而（中间及右面）两条叶脉相交，形成了一个"L"字母，代表着王后的名字——"露易丝"（Louis）。不过在稍后的几代里，这个特殊的含义已经慢慢让位于匠人们的工艺程序而逐渐消逝。

橡树叶最初只是作为更高一个级别的标识而被添加于红鹰勋章上，以便对不同的红鹰勋章获得者进行更加细致的区别，当然，作为极高等级的橡叶配饰红鹰勋章基本只颁发给高级将领。直至1813年3月10日，在一份关于铁十字勋章建立的文件中提到，功勋勋章也将引入橡树叶配饰。同红鹰勋章一样，增加了橡叶配饰的功勋勋章也只用于表彰获得重大军事胜利或对战争进程做出极大贡献的高级军事指挥官。

▼ 美丽的露易丝王后，全名露易丝·奥古斯苔·威廉敏妮·阿玛莉埃，在德国历史上也是一位重要的女性

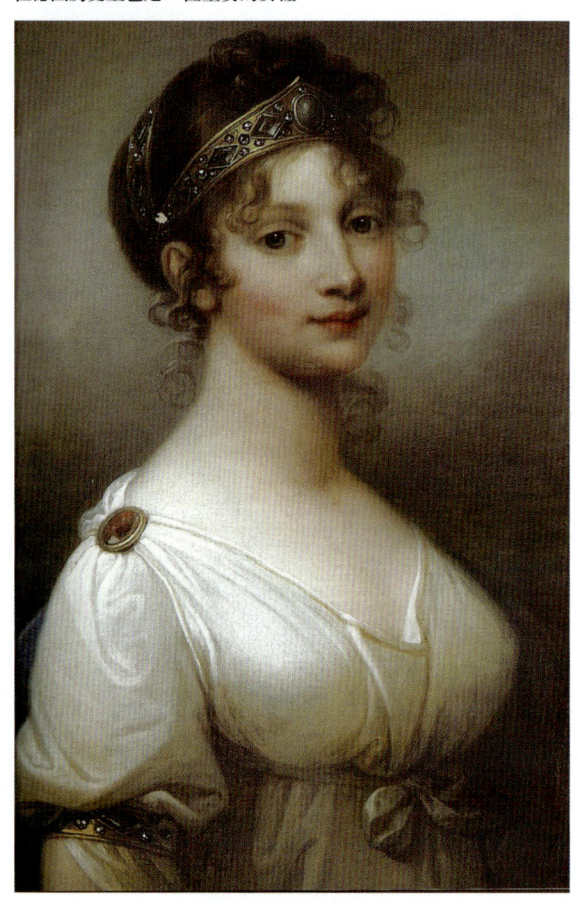

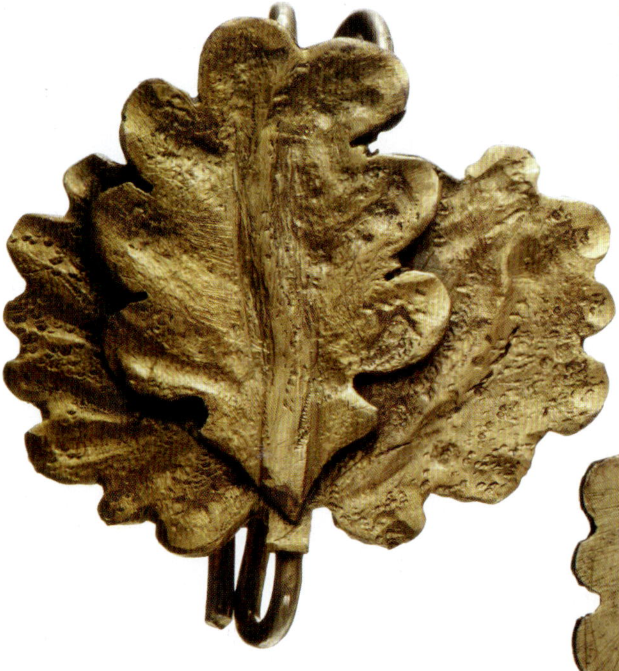

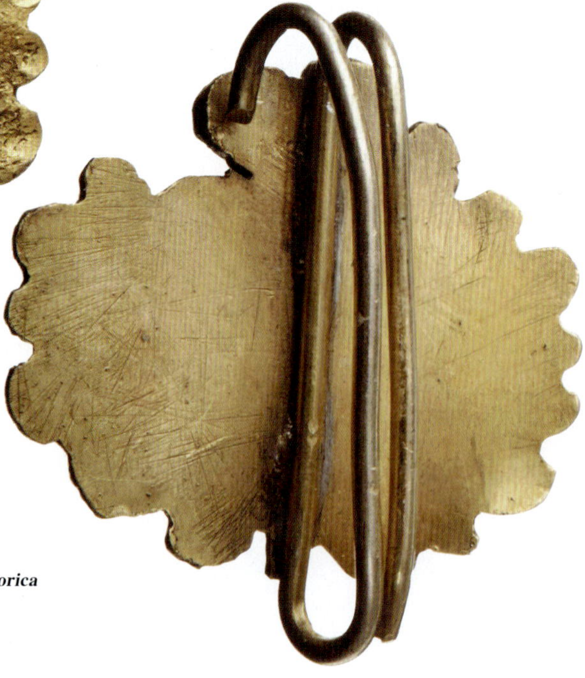

▲ 最早期的配属蓝马克斯勋章的橡树叶配饰。供图/Hermann Historica

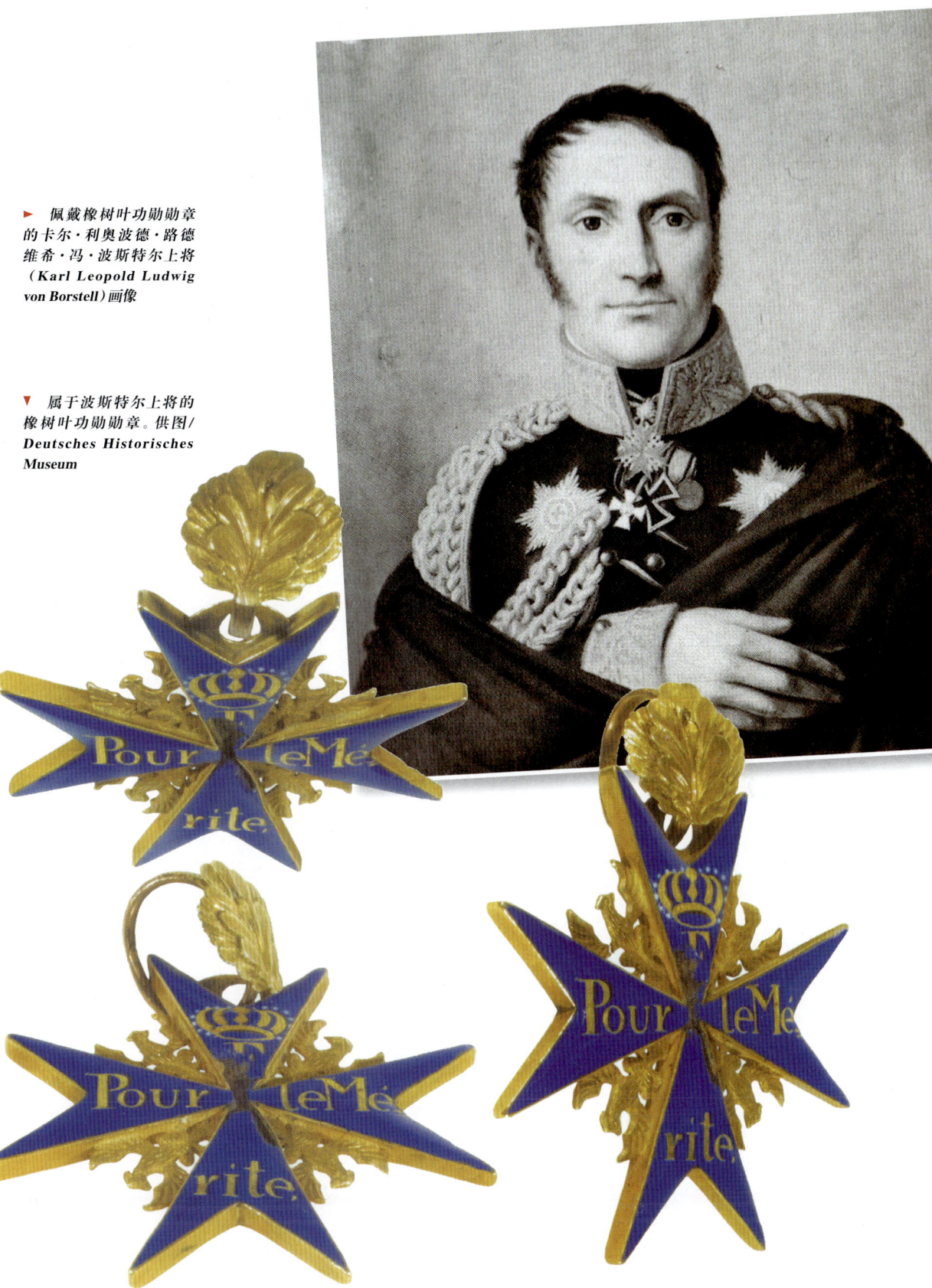

► 佩戴橡树叶功勋勋章的卡尔·利奥波德·路德维希·冯·波斯特尔上将（*Karl Leopold Ludwig von Borstell*）画像

▼ 属于波斯特尔上将的橡树叶功勋勋章。供图/*Deutsches Historisches Museum*

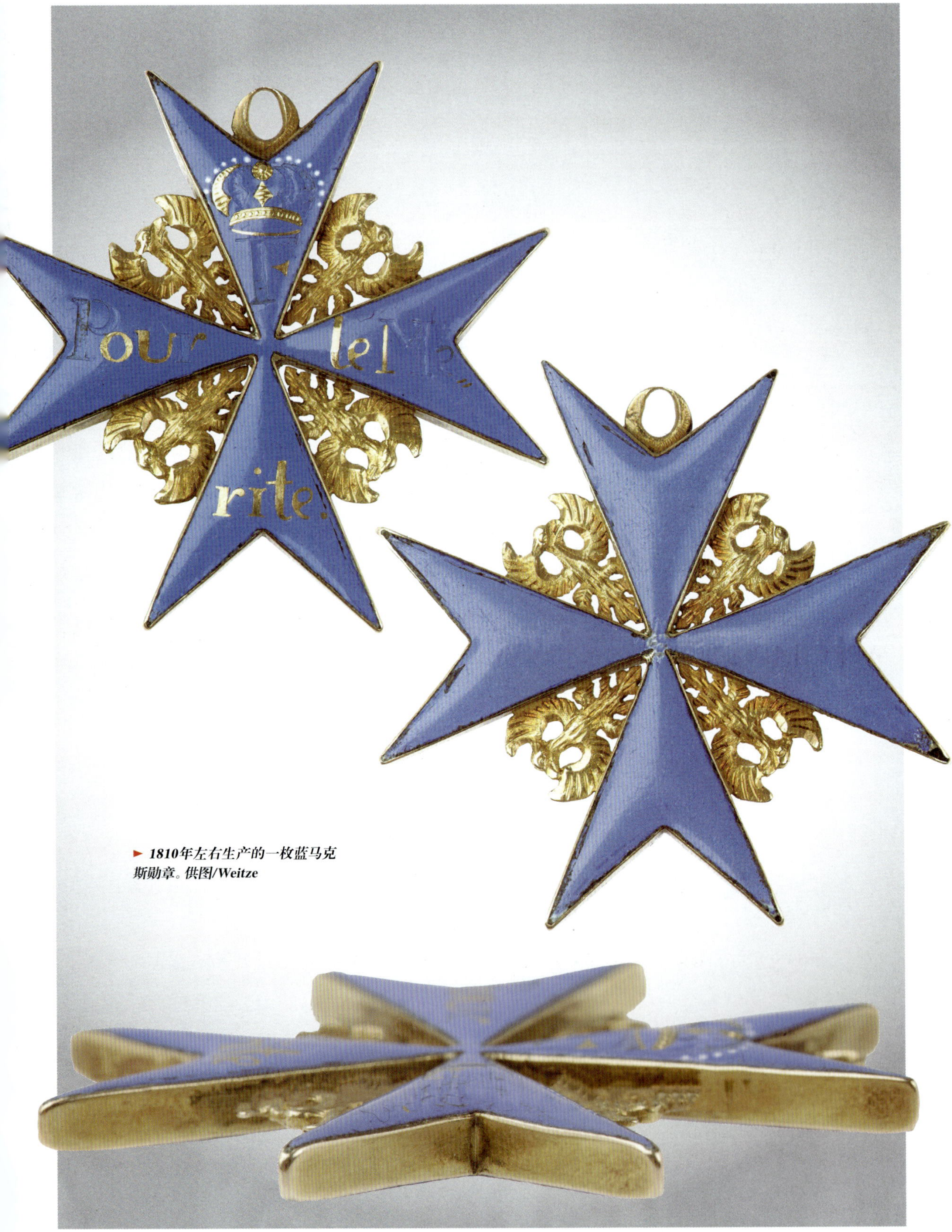

▶ **1810年左右生产的一枚蓝马克斯勋章。供图/Weitze**

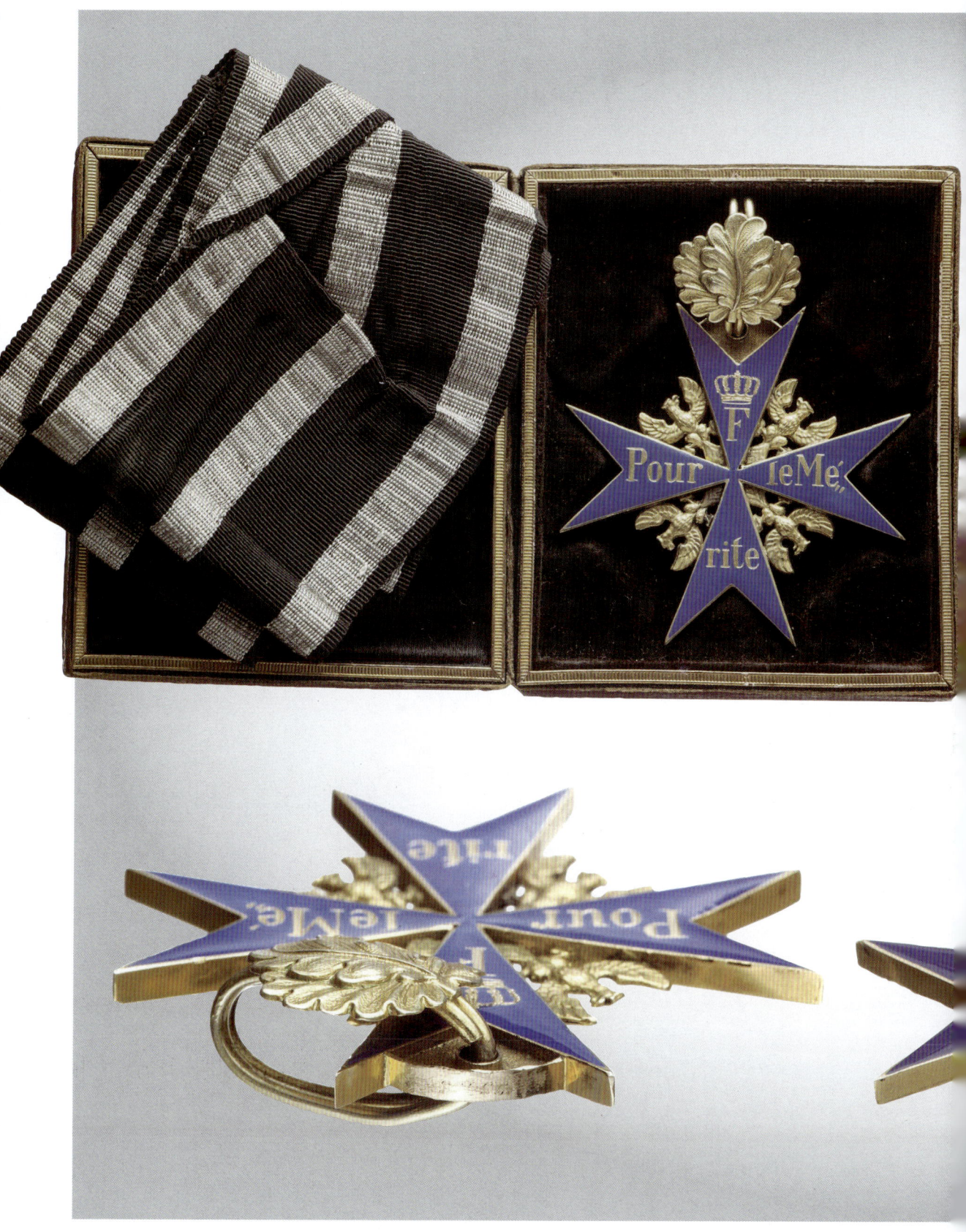

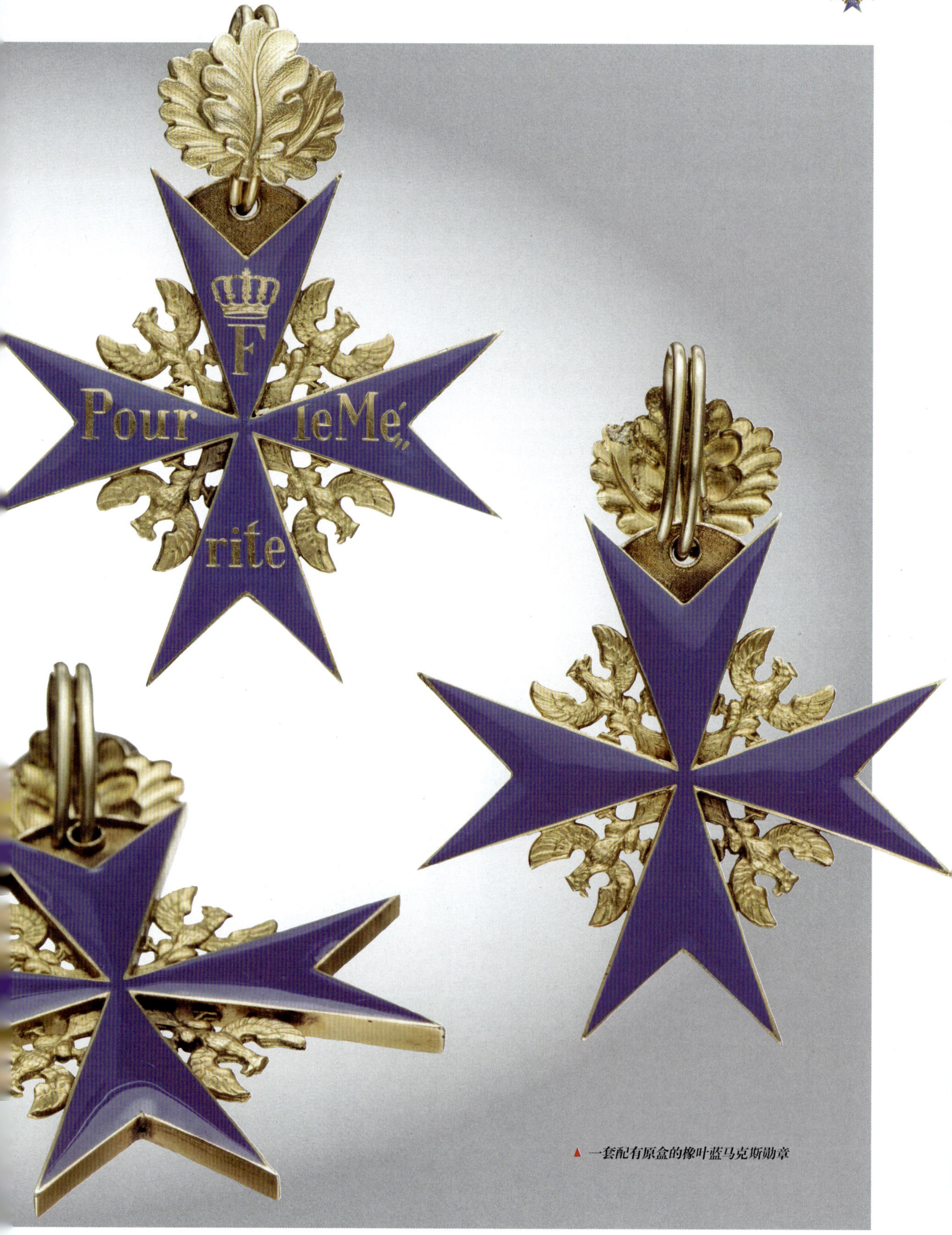

▲ 一套配有原盒的橡叶蓝马克斯勋章

简单来说，当橡树叶配饰用于红鹰勋章，代表着"升级"，比如"三级+橡树叶=二级"；而用于功勋勋章上时，表示获得者在战场上有过重大斩获。第一个获得橡叶配饰的功勋勋章持有者是约翰·戴维·路德维希·约克·冯·瓦腾堡伯爵（Johann David Ludwig Graf Yorck von Wartenburg，贝多芬的《约克进行曲》就是为纪念这位元帅而以他的名字命名的。这里需要注意的是，Graf是他的爵位，Wanrtenburg是为纪念他在瓦腾堡取得的胜利而加在他名字里的荣誉头衔。另一个类似的例子，

红男爵里希特霍芬的全名是Manfred Albrecht Freiherr von Richthofen，Freiherr是他的爵位，而不应该直译成弗雷赫尔。这有点像中国人的习惯，王羲之以官职称为王右军，吕祖谦以驻地称为吕东莱）。

为了适应增加了橡叶配饰，1817年12月17日，普鲁士内阁宣布设立新的勋带。不过这条中间增加了一条8毫米银色条纹的新勋带只授予那些额外获得橡叶配饰的功勋勋章获得者。

1832年，功勋勋章章体上的字母又由印刷体改为了罗马体，同时，珐琅的颜色也变得更深。

▼ 约翰·戴维·路德维希·约克·冯·瓦腾堡伯爵的画像，他是德国历史上一位重要的军事统帅。请注意画像中他佩戴有橡树叶蓝马克斯勋章

▼ 前文提到的路德维希·利奥波德·戈特里布·赫尔曼·冯·伯因元帅（Ludwig Leopold Gottlieb Hermann von Boyen）画像。1814年6月3日，他作为少将获颁了功勋勋章及橡树叶勋章。这也使他成为了为数不多的几位同时获得这两个等级勋章的人。图中他身着王家普鲁士第1掷弹兵团的名誉团长制服

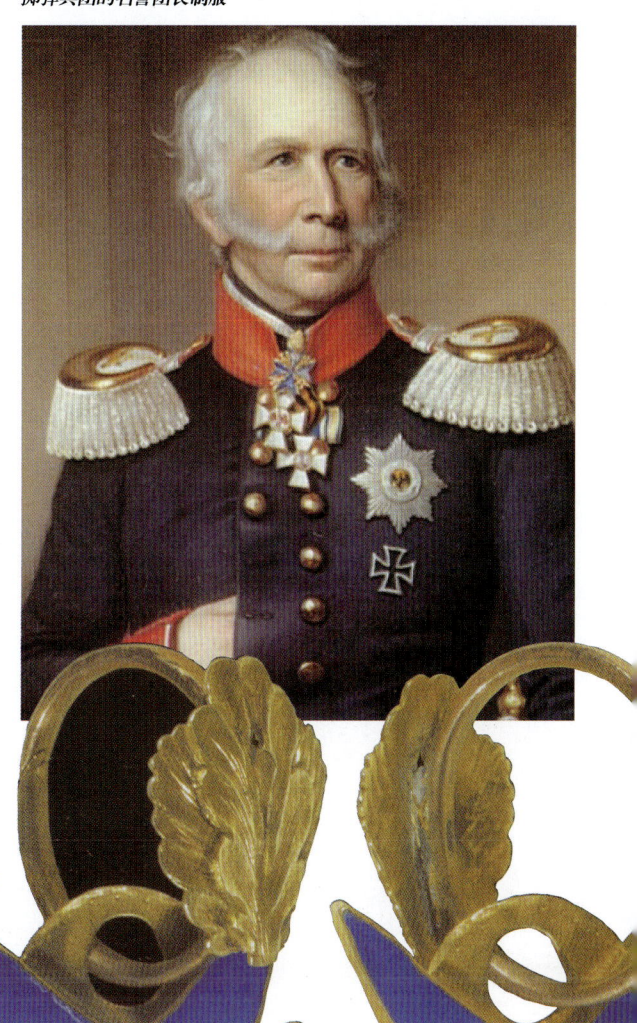

▲ 不同角度观察蓝马克斯勋章的橡树叶勋饰

文艺的回归——科学与艺术功勋勋章的设立

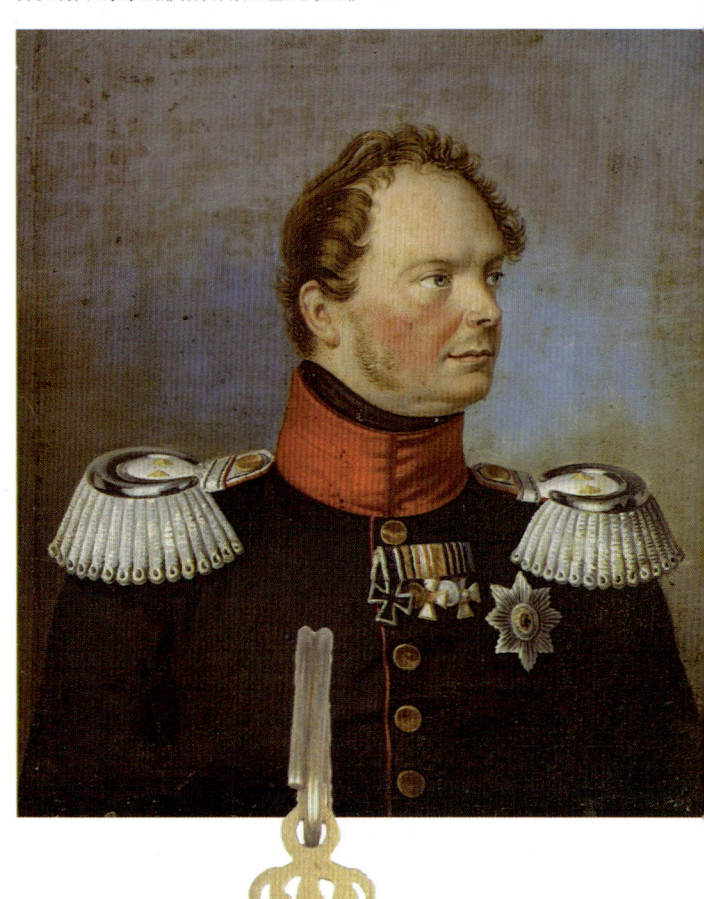

▼ 设立科学与艺术勋章的弗里德里希·威廉四世。他对科学艺术的研究颇深，对于德意志统一运动也起到过重要的推动作用。晚年因为患上精神疾病，由弟弟威廉摄政，后登基成为威廉一世

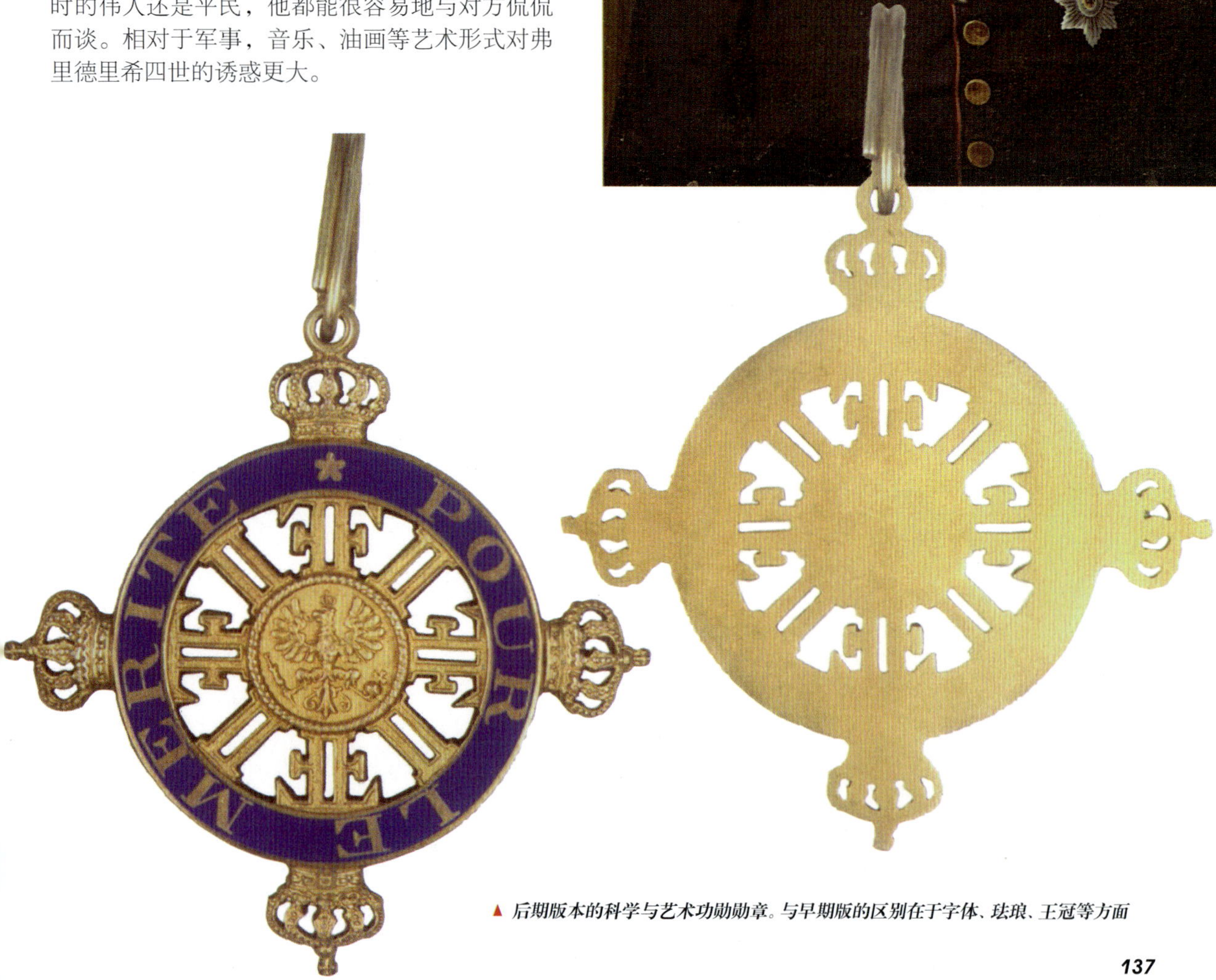

　　虽然功勋勋章从诞生之初就可以用于表彰军事和民事功勋，而且民事泛指国政或者民情。但我们可以想象，在那种门阀林立、等级森严的时代，非军事人员或者平民根本没有什么机会获得这种炫目的奖赏。甚至军队里的下级军官相对来说也没有太大的机会，这也是为什么很多军功类的勋章还专门设立了奖章级别以发给下级军官或应征入伍的平民的原因。而且弗里德里希·威廉三世取消了功勋勋章的民事表彰功能，这更局限了功勋勋章的颁发范围。

　　不过弗里德里希·威廉四世上台后，这种情况发生了改变。尽管他年轻时也参加了解放战争，并且获得了二级铁十字勋章（他军事方面的老师是著名的《战争论》的作者克劳塞维茨），但是与父亲完全不同的是，他与其说是一个军人，不如说是一个"读书人"。据说，无论是当时的伟人还是平民，他都能很容易地与对方侃侃而谈。相对于军事，音乐、油画等艺术形式对弗里德里希四世的诱惑更大。

▲ 后期版本的科学与艺术功勋勋章。与早期版的区别在于字体、珐琅、王冠等方面

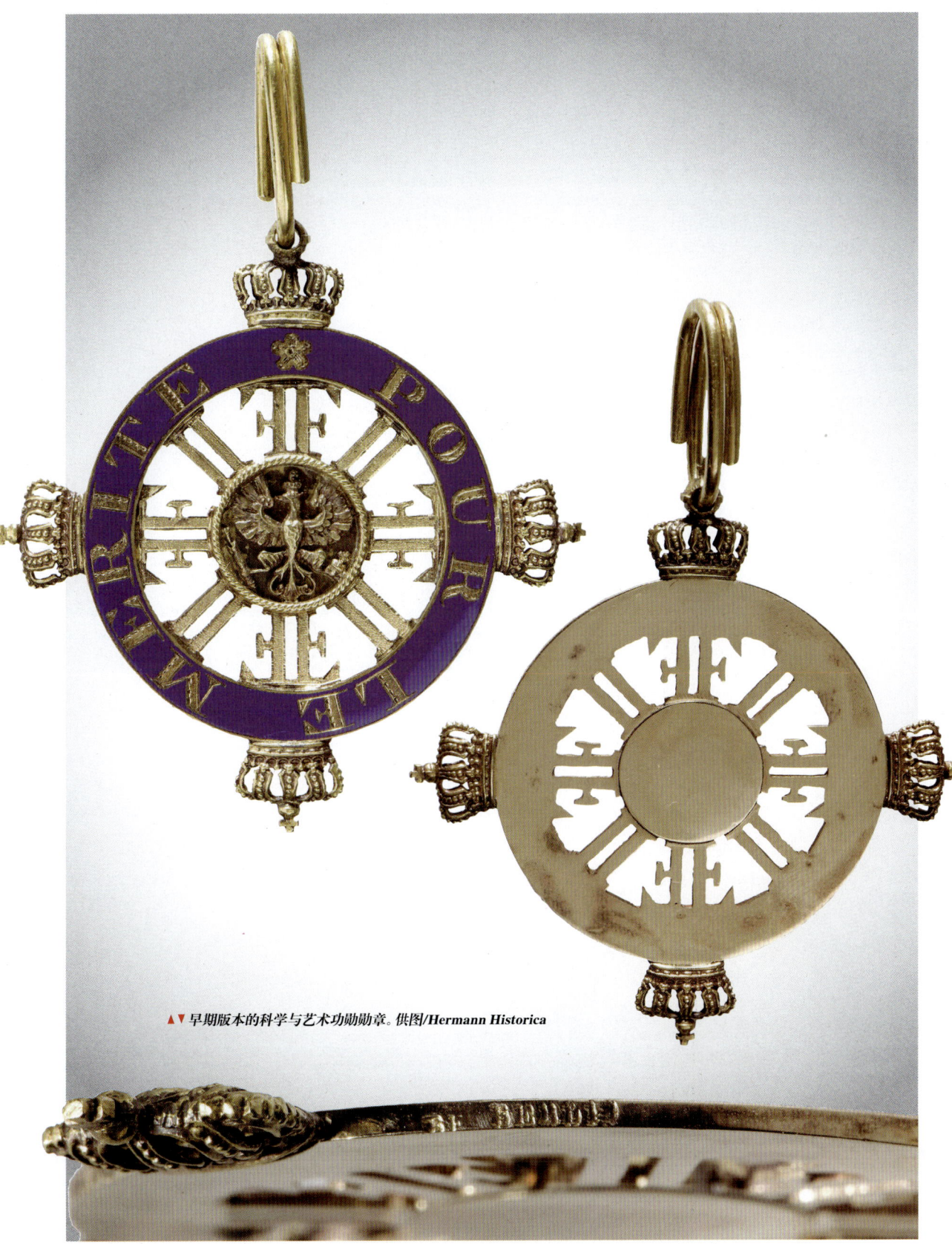

▲▼ 早期版本的科学与艺术功勋勋章。供图/Hermann Historica

1842年5月31日，酝酿已久的弗里德里希·威廉四世设立或者说恢复了科学与艺术功勋勋章（Orden Pour le Mérite für Wissenschaften und Künste，即所谓的"民事级"功勋勋章），专门用于表彰在科学和艺术上取得了卓越成绩的人群。

民事功勋勋章的造型与军事功勋勋章完全不同，其造型为一个直径大约55毫米左右的圆环，中心为一个雕有鹰徽的圆盘，外层的圆环与中心圆盘间由两对"F II"字样的纹饰相连接，在章体的四正位上分别镶嵌有四枚小的王冠（12点方向的王冠上设置了一个小的衔接环以便与勋带连接），蓝色的珐琅上除了金质的"POUR LE MERITE"字样外，还有一枚五瓣的苜蓿叶（苜蓿叶是传统的幸运象征）。早期的民事功勋勋章背面较光滑，王冠也只是正面雕有细节，而后期勋章的王冠两面皆有精细的纹饰。

终其一生，弗里德里希·威廉四世只颁发了36枚功勋勋章（不过也有种观点认为，弗里德里希·威廉三世及其祖上颁发了过多的功勋勋章，导致它的尊贵性和权威性受到了一定影响，而弗里德里希·威廉四世这种限制颁发军功功勋勋章，设立民事功勋勋章的行为恰好在某种程度上修复了功勋勋章的等级），但反观科学与艺术功勋勋章刚一设立，他就列出了一份多达56人的授予名单，这其中包括30个德国人、9个法国人、7个意大利人、4个英国人、2个丹麦人、2个俄国人、1个瑞典人还有1个奥地利人（1844年，这个单子上又增加了3个外国人——1个奥地利人、1个意大利人、1个丹麦人）。

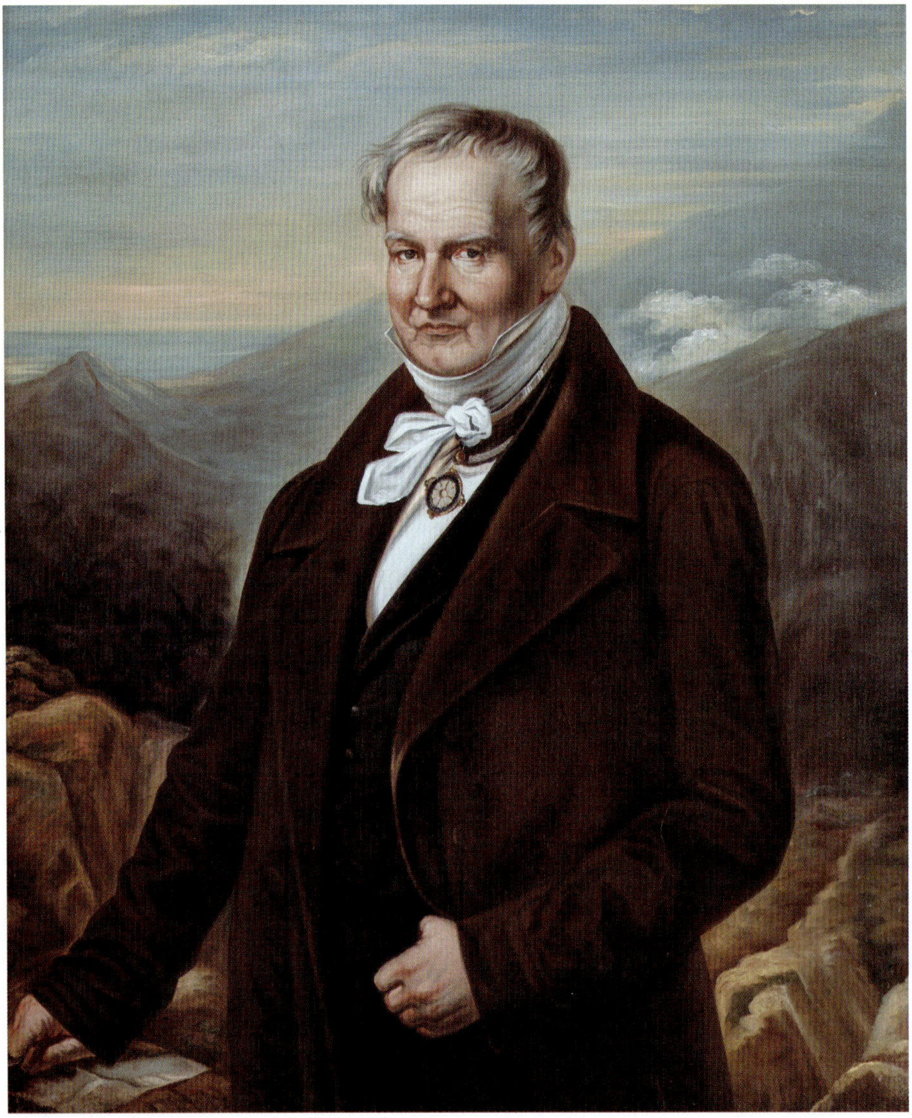

▲ 佩戴科学与艺术功勋勋章的亚历山大·冯·洪堡（*Alexander von Humboldt*）画像。作为德国最著名的教育家之一，柏林最著名的学府之一洪堡大学就是以他和他兄弟的姓氏命名的

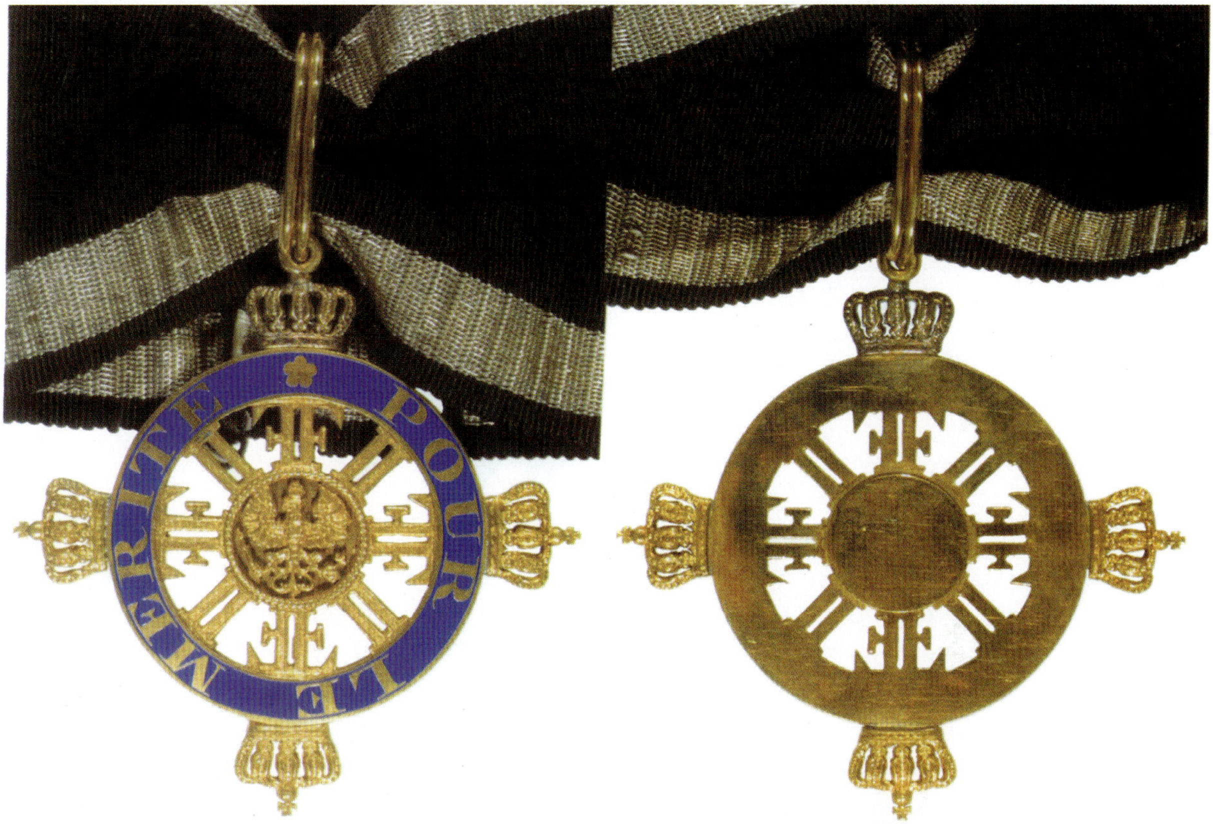

▲ 铁血宰相俾斯麦获得的民事功勋勋章。他于1896年1月20日获得，也是已知三位民事及军事双料功勋勋章获得者之一。这枚勋章由威廉二世颁发，很大程度上是对把俾斯麦拉下台的一种安慰而已。尽管俾斯麦也不怎么看得起威廉二世，但他还是欣然接受了这一奖赏。供图/*Deutsches Historisches Museum*

正如前面提到的那样，为了保证这份荣誉的公正性及纯洁性，国王将宗教人士排除在了获得者名单之外。但是到了1902年，一位叫作阿道夫·冯·哈纳克（Adolf von Harnack）的宗教界人士以作家及教会史学家的身份获得了民事功勋勋章。谁曾想到，也正是这个人使得民事功勋勋章得以延续生命。随着德皇退位，德国进入了魏玛政府时代，老式的皇室勋章皆被废除，哈纳克作为一名强辩的演说家开始四处游说，大力宣扬应该保留民事功勋勋章，使之成为一款"自由的学者及艺术家"的象征物。1922年，民事功勋勋章终于成功回到了历史舞台，但是这回它隶属于一个叫作"科学家及艺术家自由联盟"（Freibund der Wissenschaften und Künstler）的组织。我们都能想象，当真的把一群"自由的"艺术家和学者放进一个框架里组织起来的话，他们所表现出来的第一特性就是格格不入，何况当时的政府也并没做出什么令人信任的有效表现。于是，这段时期的人选有点见仁见智

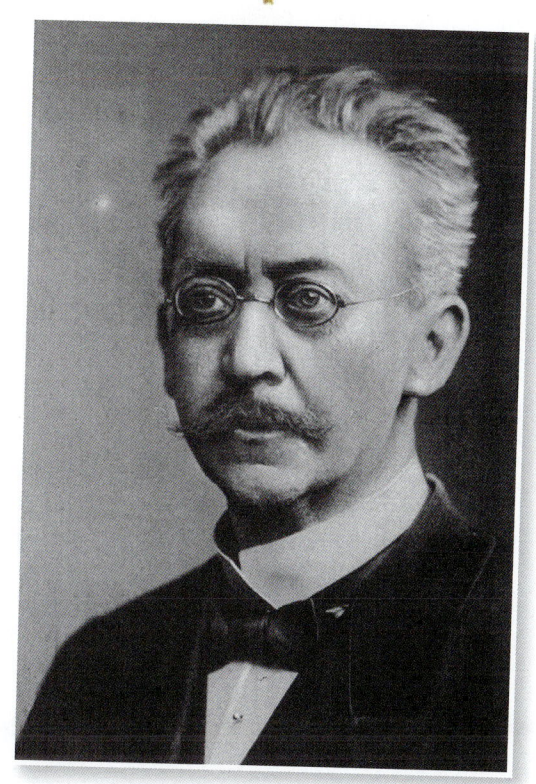

▲ 德国神学家和历史学家哈纳克，正是他的呼吁使得魏玛共和国保留了科学与艺术功勋勋章

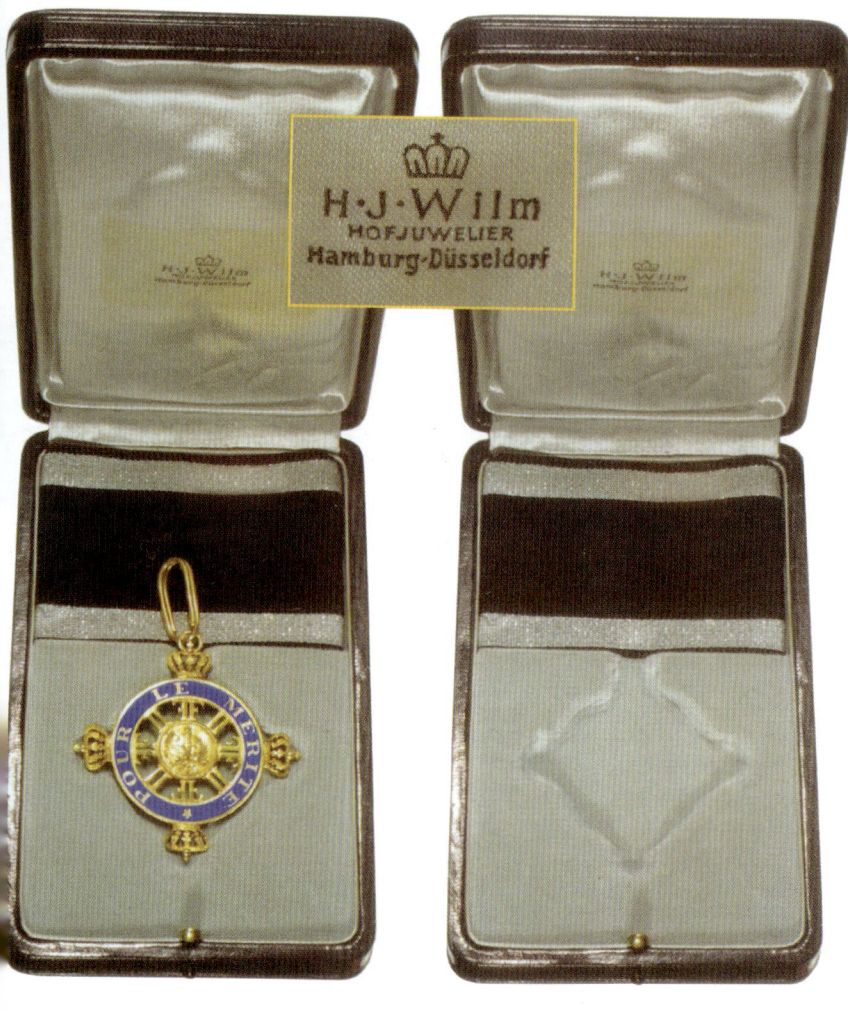

▲ 放在陈列盒里面准备颁发的科学与艺术功勋勋章

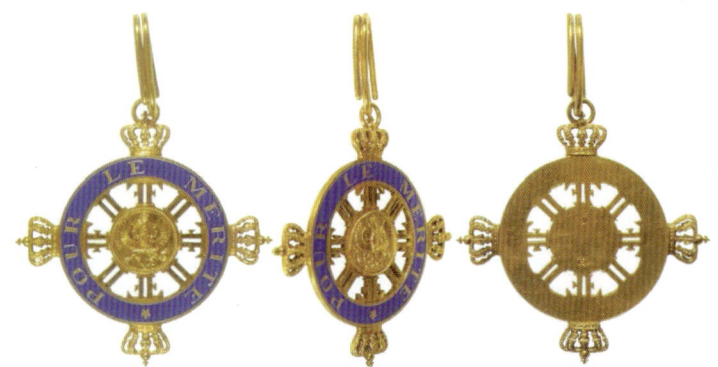

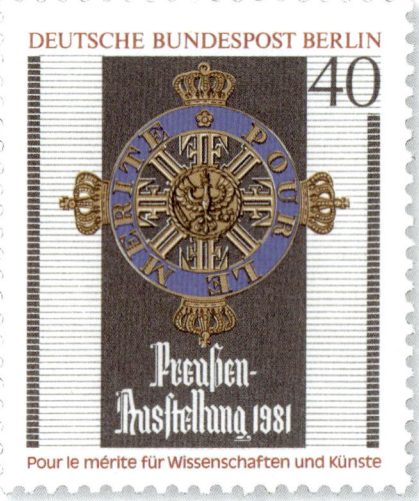

▲ 1952年以后的科学与艺术功勋勋章，我们可以很清楚地看到除了蓄蔗叶被移到了六点钟方向外，其余并无多大的改动

▶ 德国于1981年发行的纪念科学与艺术功勋勋章设立的邮票

的味道。但总的来说，科学与艺术功勋勋章还是坚持授予在人文科学、自然科学和艺术这三方面有优异表现的人员这一原则。这其中最著名的获得者自然非阿尔伯特·爱因斯坦莫属（1923年），不过纳粹上台之后，他的勋章在1933年被追回。同一时期的其他德国犹太裔获得者也没能逃脱勋章被剥夺的命运。到1935年，科学家及艺术家自由联盟被纳粹大力削减和压制，作为自由思想者的勋章——科学与艺术功勋勋章自然也随之受到压制。虽然解散这一组织的提议一直在暗中发酵，但二战的开始使得组织逃过了一劫。科学与艺术功勋勋章在解散和禁令阴影的笼罩下渡过了自己的百年纪念（1942年5月31日）。

二战后，伴随着知识分子的呼声，作为一种没有沾染上任何第三帝国时代污点（纳粹德国倒是设立了自己的科学与艺术功勋勋章以取代诺贝尔奖）的民事勋章，科学与艺术功勋勋章于1952年5月31日再次登上了历史舞台并服务至今。

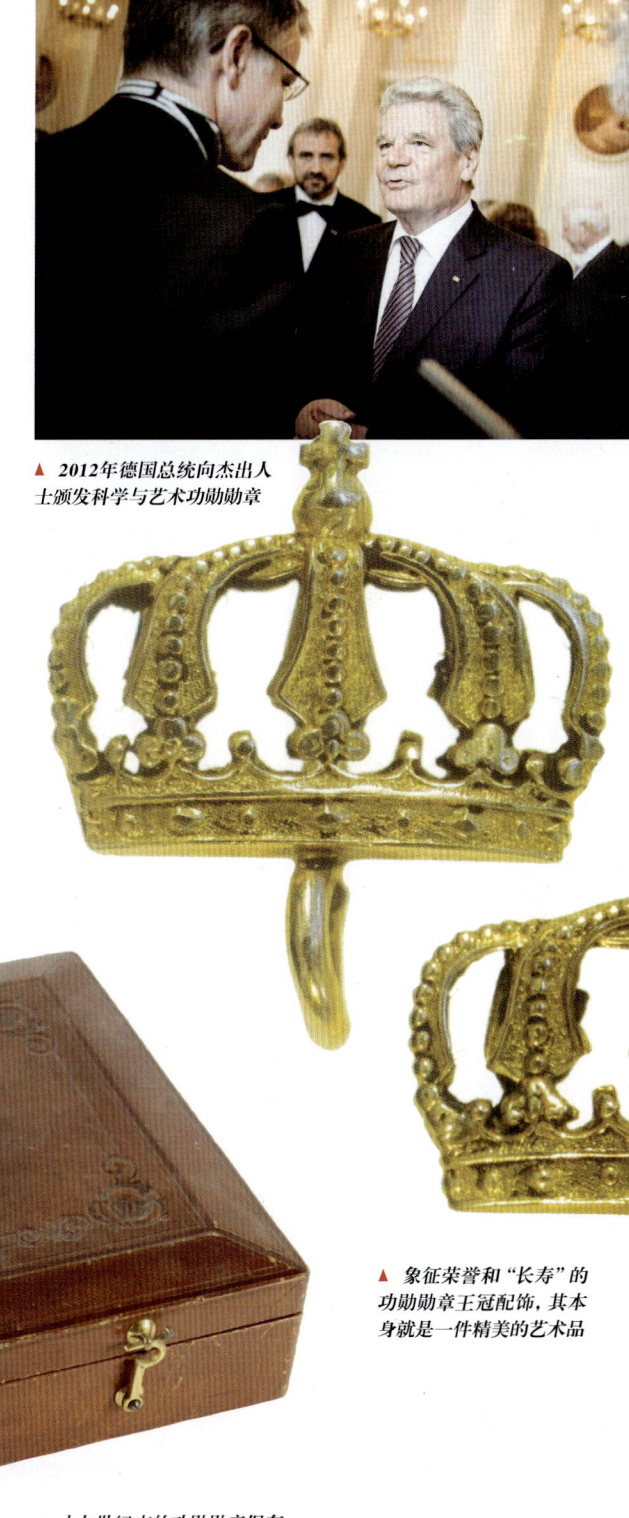

▲ 2012年德国总统向杰出人士颁发科学与艺术功勋勋章

传承荣誉——王冠配饰的出现

在强敌环伺中，从最初的旧兰茨贝格城堡里走出来的腓特烈们（其实应该称为霍亨索伦家族）已经在普鲁士的土地上统治了数百年。在逐鹿游戏中，谁也没能将他们赶下历史舞台，哪怕是那个从法国来的了不起的矮个子。现在，弗里德里希·威廉四世矗立高处，环顾身边护佑的文臣武将，俯瞰欧洲大陆上的风起云涌。哪怕在军功上毫无追求，他也有充足的理由相信，作为权力象征的王冠似乎会永久地传承下去。

▲ 象征荣誉和"长寿"的功勋勋章王冠配饰，其本身就是一件精美的艺术品

◀ 十九世纪末的功勋勋章保存盒。供图/Zeige

为了感念这一切，1844年7月18日，弗里德里希·威廉四世为功勋勋章设立了一种新的配饰——一枚金质的霍亨索伦皇室王冠。作为家族权力的象征，这足以代表一切荣誉。加之珠宝匠人的精湛技艺，这枚17mm×14mm的金质王冠看上去更像是一枚精美的珠宝工艺品。与橡叶饰一样，王冠饰背面也有一个用以悬挂在勋带上的小环，而在王冠下面又增加了一个小挂钩以衔接位于功勋勋章十字上臂的衔接环。上文曾提到，早在30年前，将功勋勋章分成三个级别的呼声就已经出现，不过由于各种原因，这个计划最终没有付诸实际行动。现在，该计划的一小部分终于得以实现——但是做了些改动。严格来说，王冠配饰是一种荣誉标记而不是功绩表彰，它只授予那些持有功勋勋章超过五十年并且仍然在世的获得者们。虽然规定允许王冠配饰与橡树叶配饰搭配佩戴，不过这种可能性并不高，一般来说，功勋勋章只授予给那些高级别的人员（他们的年龄自然也不会很小），遑论更高级的橡树叶配饰？因此很多橡叶获得者恐怕要坚持活过一百岁才有机会增加这枚王冠。

▲ 随功勋勋章一起发放给获得者的普鲁士王室印章。供图/zeige

▲ 1870年左右的一枚功勋勋章。供图/zeige

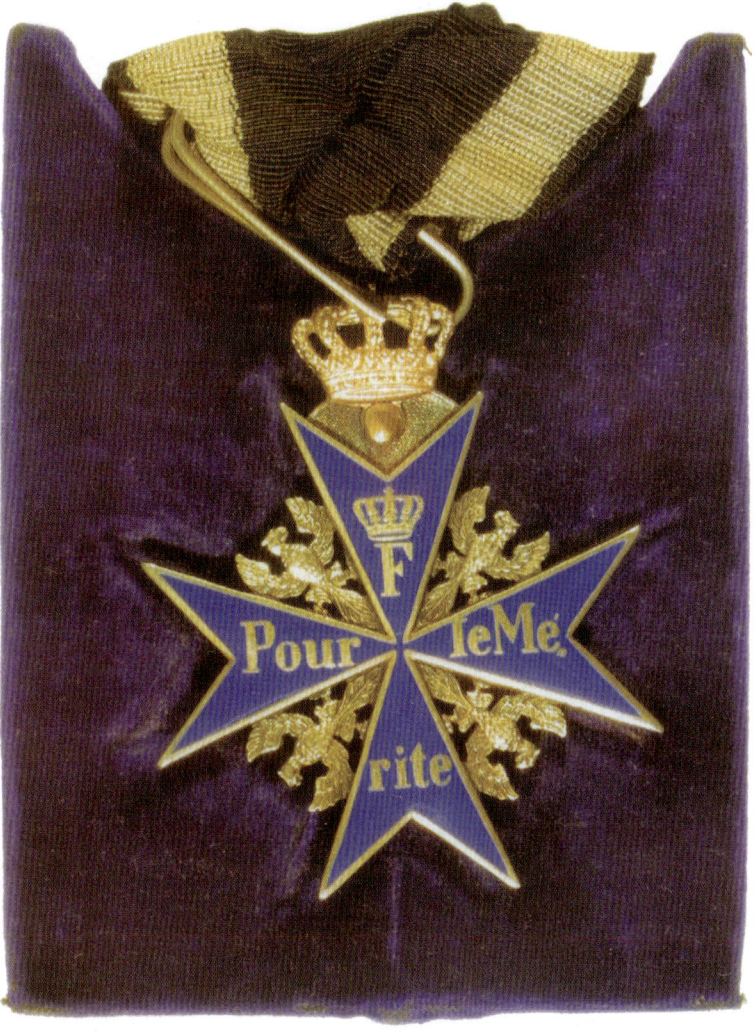

▶ 个别情况下王冠配饰
可以直接通过螺丝固定
在勋章的上臂扇形上

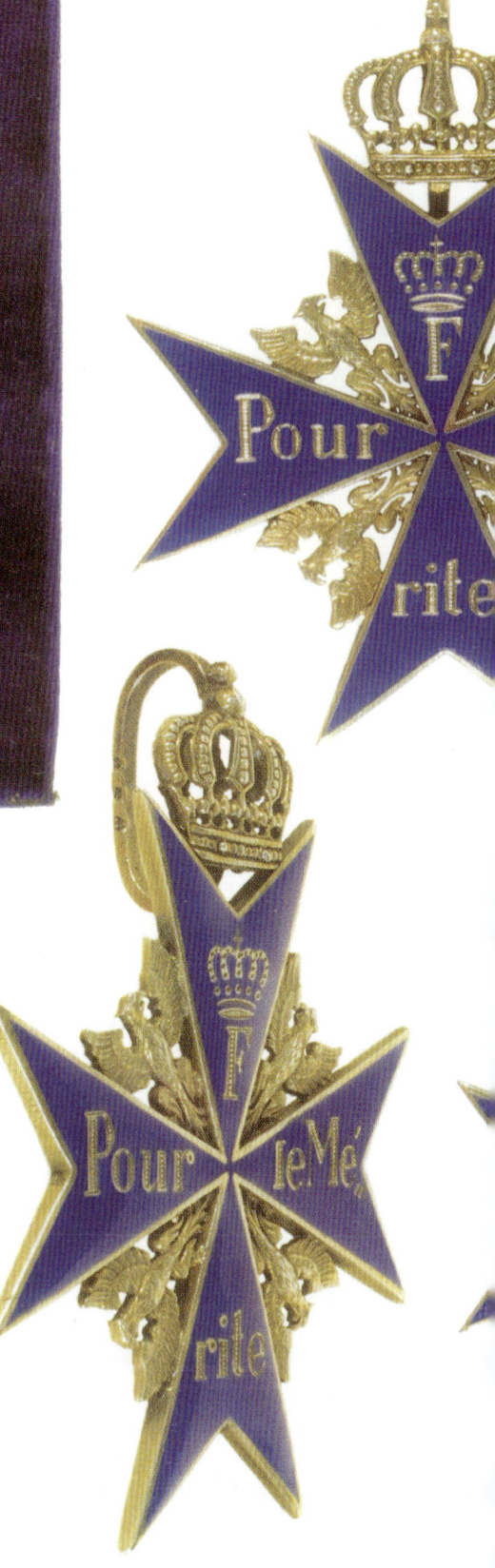

　　就在设立翌年的5月22日，王冠配饰第一次颁发。从建立开始到旧普鲁士勋章系统被废除，在整个普鲁士历史上，共有212人有幸在自己的功勋勋章上加挂了这枚象征着自己功绩及长寿的金色王冠。其中，最为特殊的是1889年颁发给老毛奇的那枚镶嵌了钻石的王冠配饰，也是唯一一枚加有钻石的王冠配饰。作为现代军队参谋制度的完善者和普鲁士的功臣，在老毛奇的王冠上加镶钻石，恐怕也是威廉二世对于其殊功所表的一点点心意吧。

皇帝的恩物——大十字级功勋勋章和星芒章的设立

　　1866年9月20日，功勋勋章经历了最大的一次也是最后一次等级修订，一个新的等级——大十字级被登基不久的威廉一世创立出来。这一级功勋勋章的特

殊之处在于它不仅是最高等级的功勋勋章，更是一套勋章的组合。它包括一枚大约两倍于普通功勋勋章大小的领绶马耳他十字挂章和一枚星芒状的胸章。大十字级功勋勋章除了在尺寸上与普通功勋勋章不同外，中心还多了一个配有弗里德里希二世（即腓特烈大帝）半身浮雕像的圆盘；戴在左胸的星芒章的中心也有这么一个圆盘，不过整体造型却是菱形，整个勋章雕有多条放射状的线条。于是，在"放射线"的衬托之下，勋章上的腓特烈大帝显得光芒万丈。

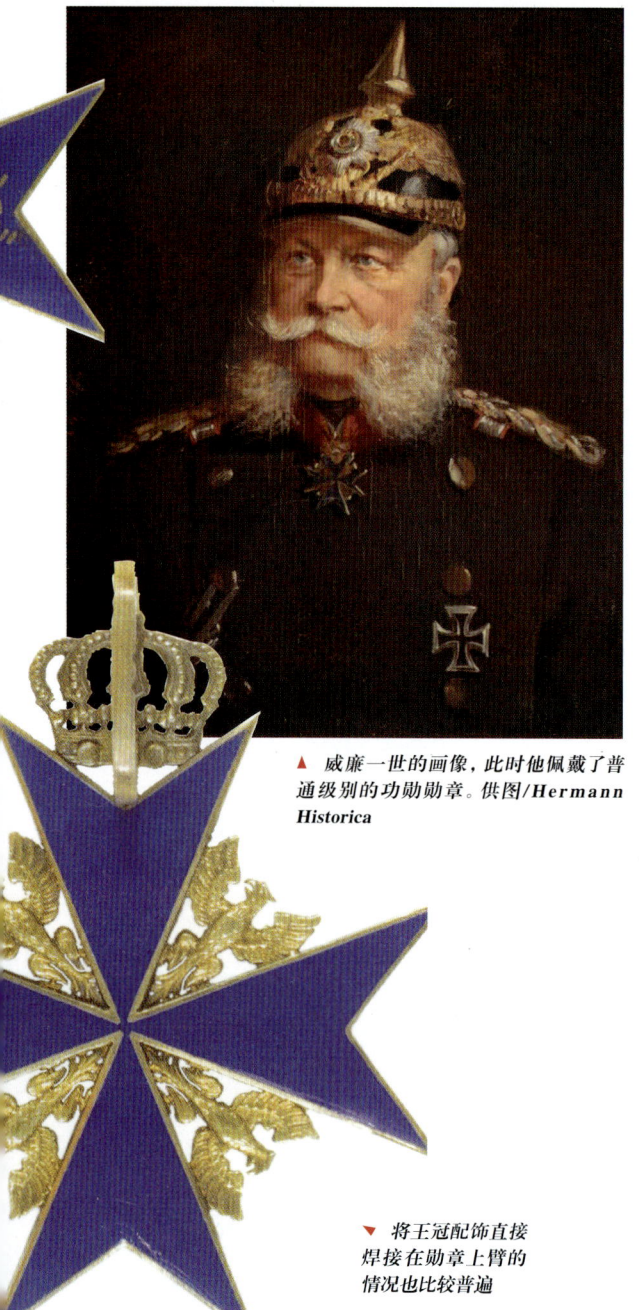

▲ 威廉一世的画像，此时他佩戴了普通级别的功勋勋章。供图/*Hermann Historica*

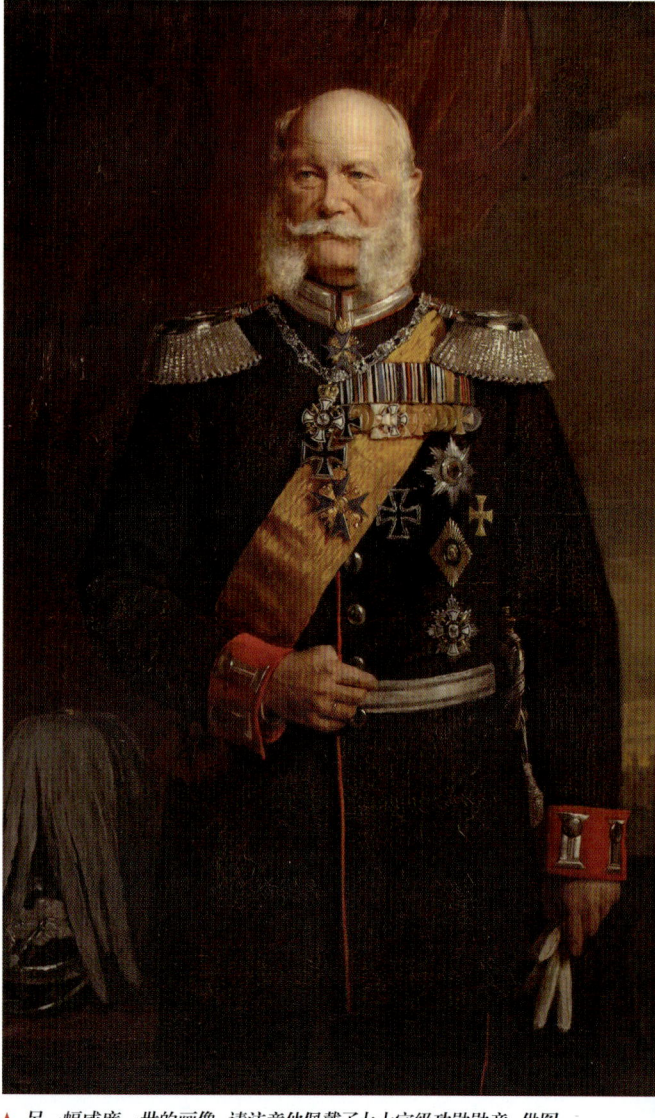

▲ 另一幅威廉一世的画像，请注意他佩戴了大十字级功勋勋章。供图/*Hermann Historica*

▼ 将王冠配饰直接焊接在勋章上臂的情况也比较普遍

如同戈林的那枚大铁十字一样，大十字级功勋勋章的获得者用一只手便能数过来——总共只有5人。这5名获得者分别是：1866年11月11日，威廉一世；1873年9月11日，普鲁士王储弗里德里希·威廉、普鲁士王子弗里德里希·卡尔；1878年4月24日，俄罗斯皇帝亚历山大二世；1879年3月8日，普鲁士元帅赫尔穆特·冯·毛奇（即老毛奇）。从颁发名单上来看，大十字级功勋勋章更像是一个偶尔发挥点外交或表彰作用的内部勋章，因此也不难理解为什么威廉一世去世后，大十字级功勋勋章也再未颁发过。

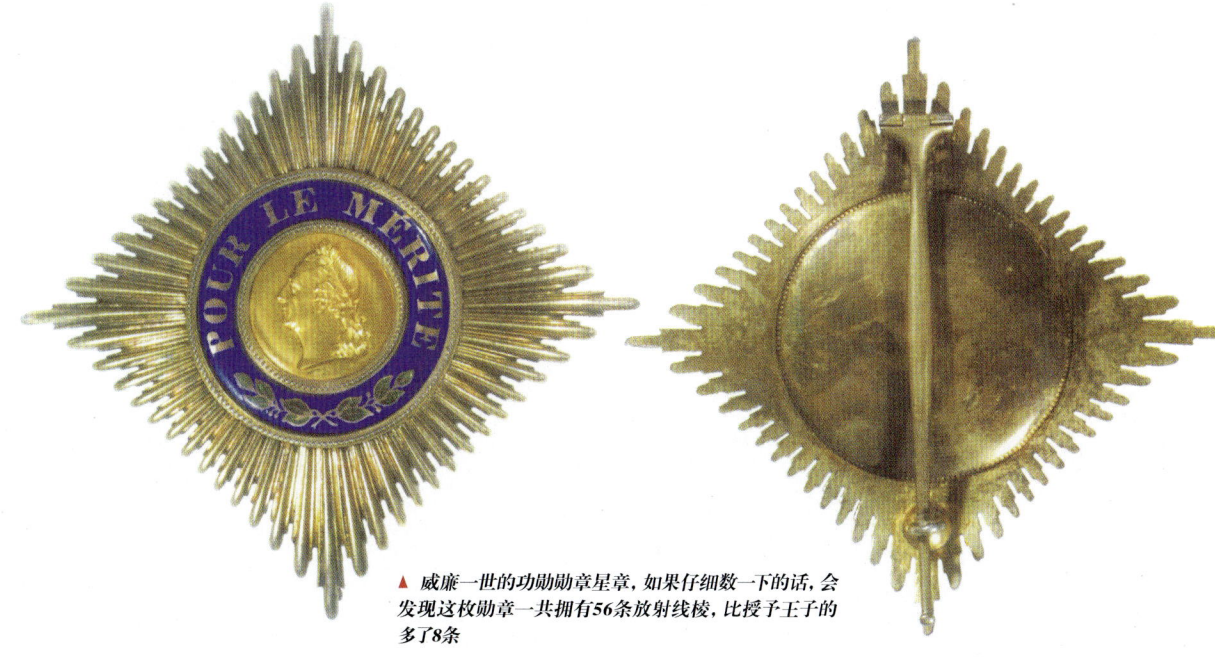

▲ 威廉一世的功勋勋章星章，如果仔细数一下的话，会发现这枚勋章一共拥有56条放射线棱，比授予王子的多了8条

▼ 老毛奇的画像，请注意他只佩戴了大十字级功勋勋章的挂章。供图/Hermann Historica

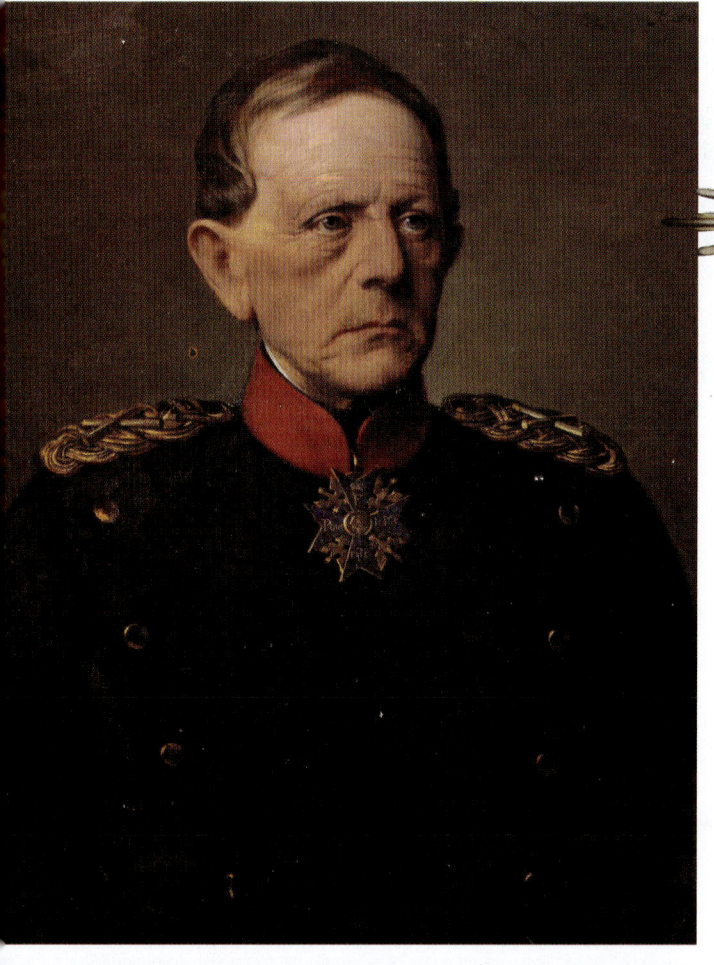

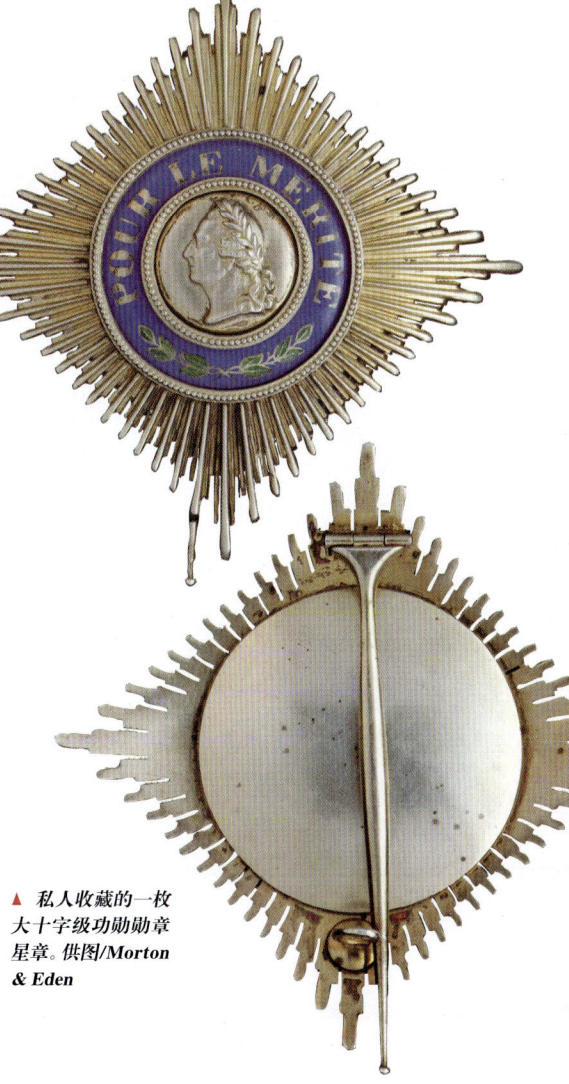

▲ 私人收藏的一枚大十字级功勋勋章星章。供图/Morton & Eden

▼ 普鲁士王子弗里德里希·卡尔画像，注意画中的功勋勋章与众不同

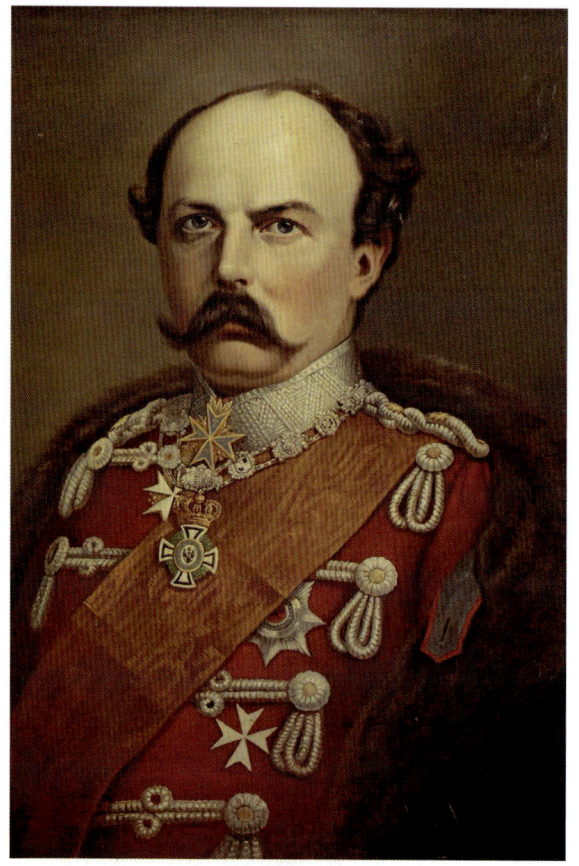

▼ 佩戴功勋勋章的弗里德里希·卡尔亲王

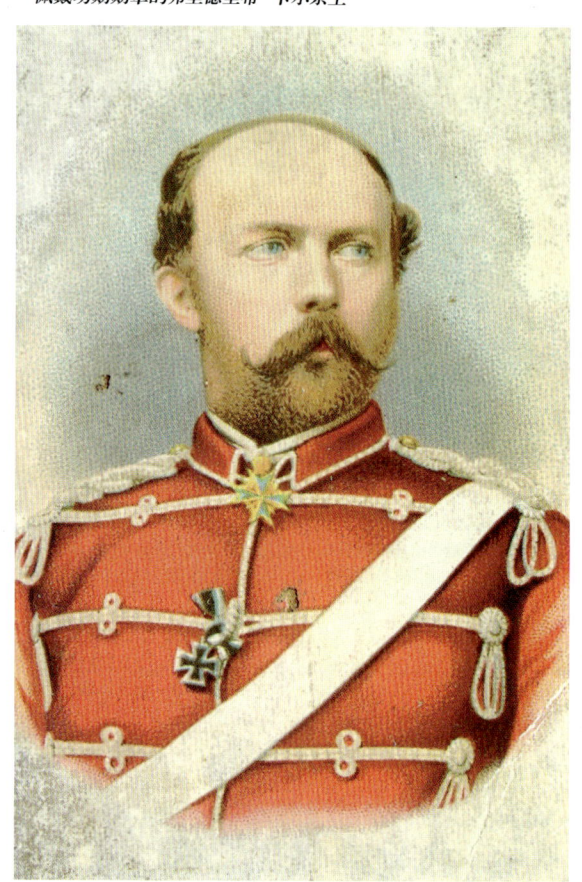

与普通功勋勋章一样，大十字级功勋勋章也可以加授橡树叶配饰，但它只授予了王储弗里德里希·威廉（后来的弗里德里希三世）和弗里德里希·卡尔亲王（外号"红王子"）。

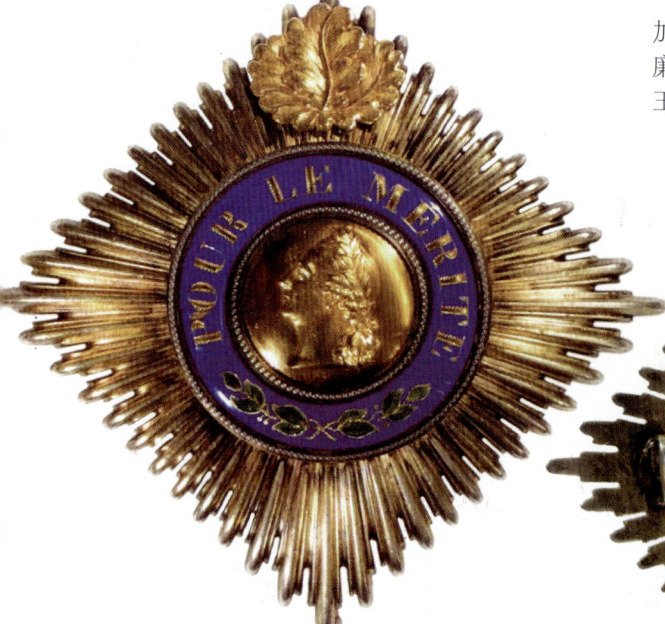

▲ 弗里德里希·威廉王储的带橡叶大十字级功勋勋章星章，于1873年9月2日获得。其字母的制作工艺与威廉一世的星章相比截然不同。供图/DHM

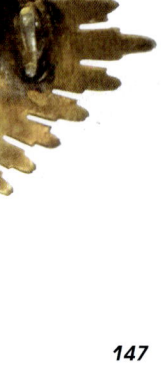

虽然普鲁士的王子们在十岁的时候就自动获得黑鹰勋章的风俗让人不禁有走后门之感，连带着对他们获得的其他勋章也颇有微词。但事实上，到得1848年的石勒苏益格－荷尔斯泰因战役时，皇族子弟们需要表现出令人信服的军事才能才可获得功勋勋章（当然我们还是有理由相信，私人感情不可能不在评定中占据一部分比例）。

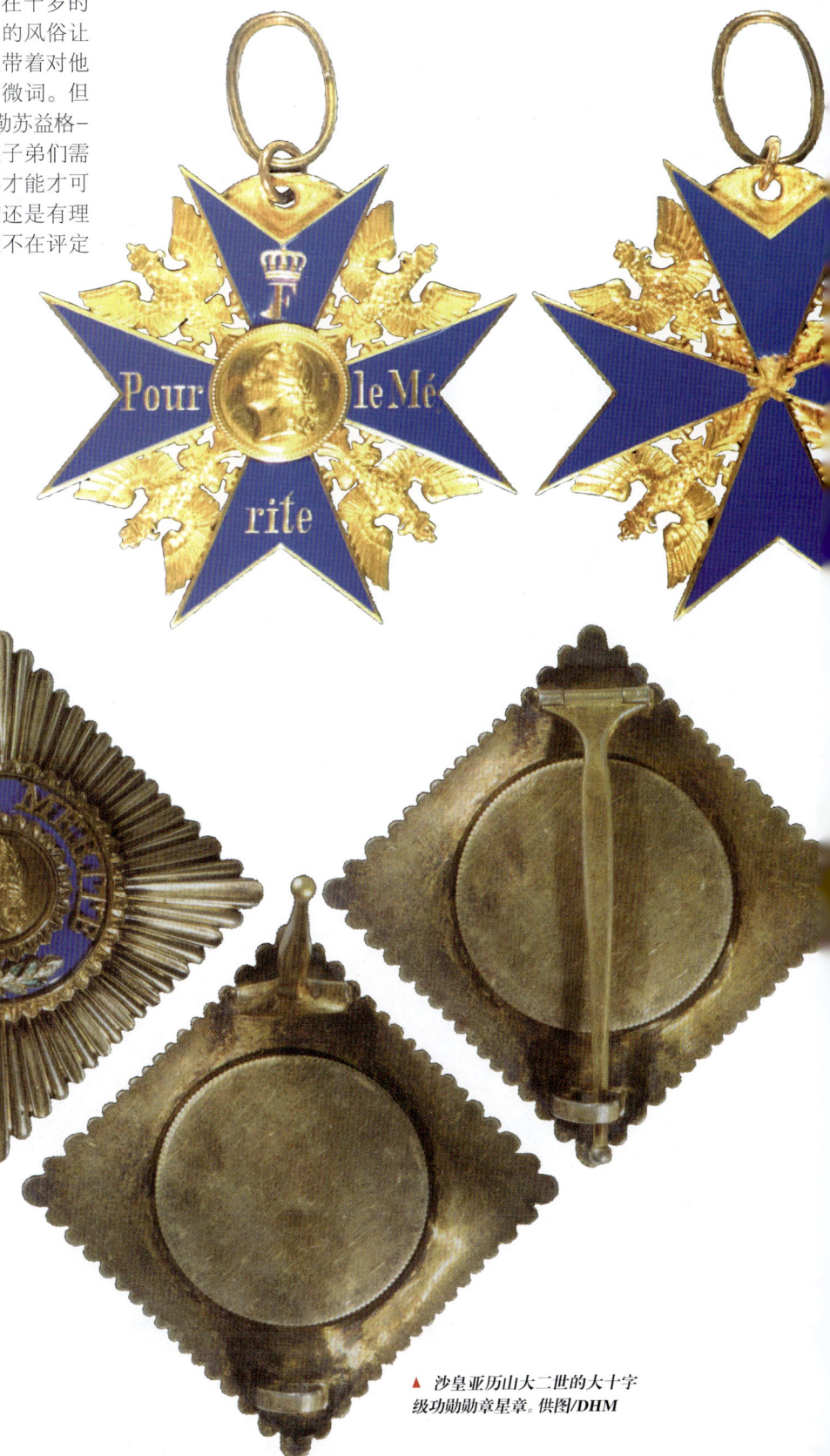

► 沙皇亚历山大二世的大十字级功勋勋章挂章，与其他的大十字级功勋勋章相比，这枚有两个特别之处，一是鹰嘴张开，二是增加了一个额外的连接环。供图/DHM

▲ 沙皇亚历山大二世的大十字级功勋勋章星章。供图/DHM

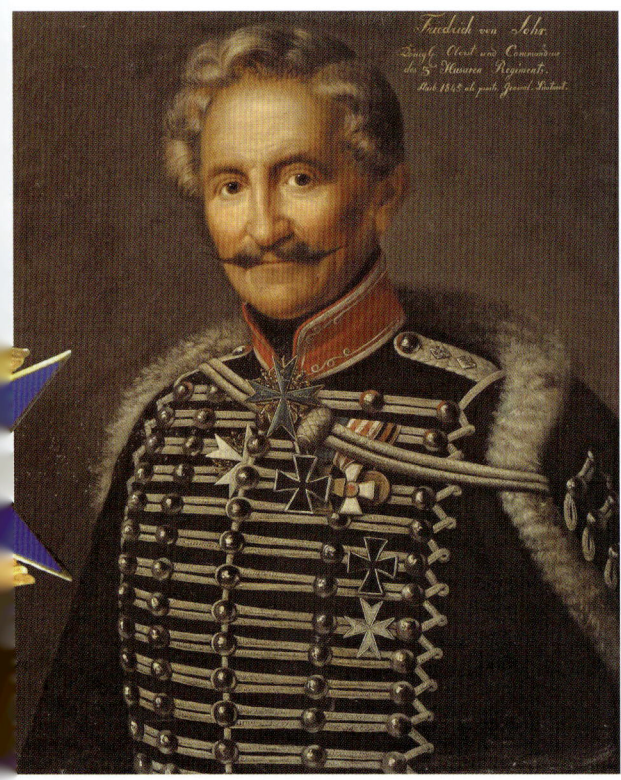

▲ 弗里德里希·格奥尔格·路德维希·冯·索尔中将的画像。他佩戴着功勋勋章。供图/Hermann Historica

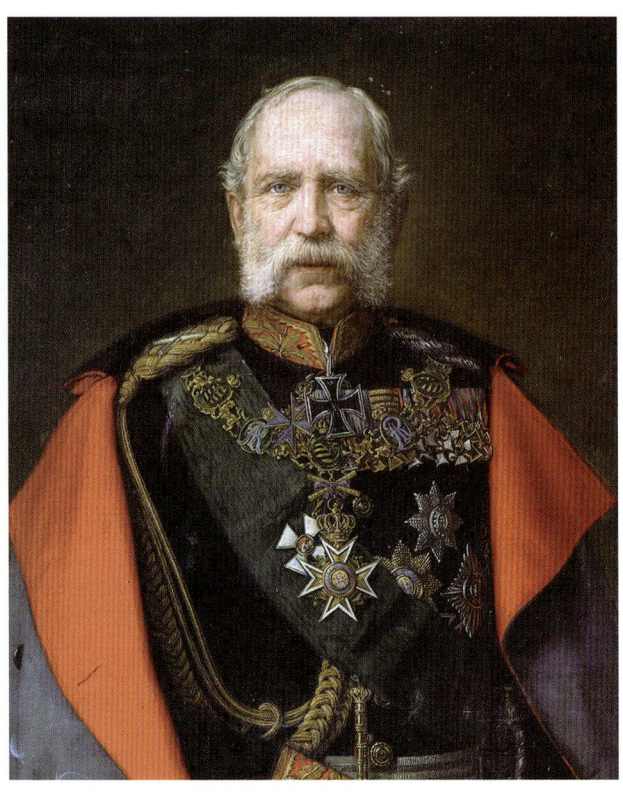

▲ 佩戴有橡树叶功勋勋章的萨克森国王阿尔伯特

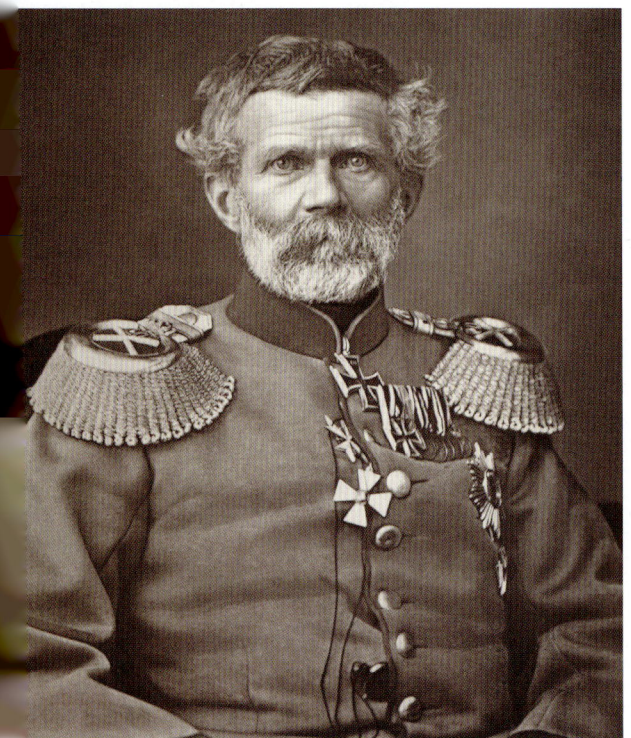

▲ 佩戴有功勋勋章的卡尔·埃德温·冯·曼托菲尔男爵（Karl Rochus Edwin reiherr von Manteuffel

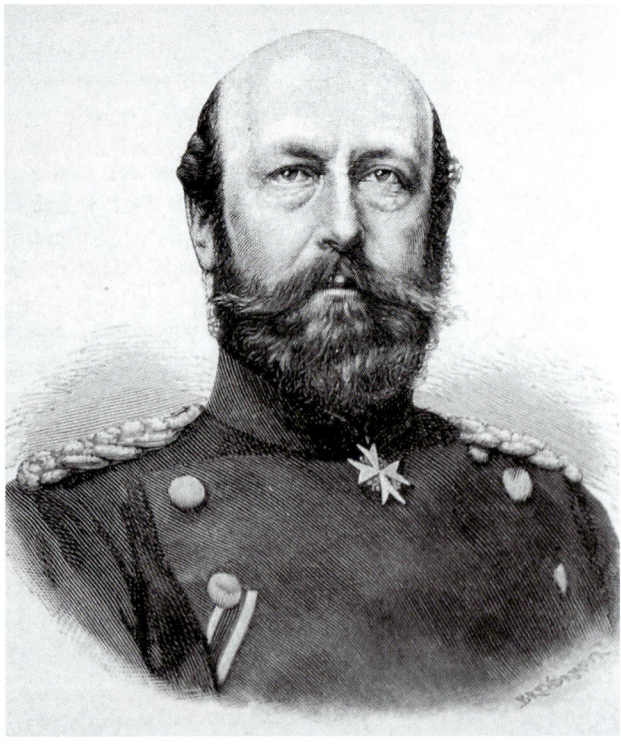

▲ 佩戴有功勋勋章的梅克伦堡–施维林大公弗里德里希·弗朗茨二世（Friedrich Franz II）

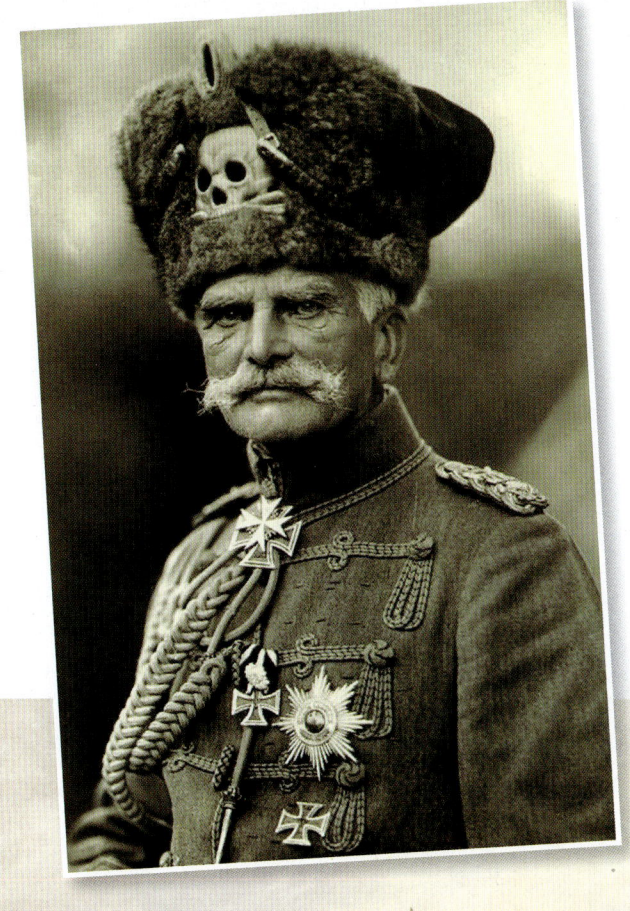

◀ 佩戴有功勋勋章的奥古斯特·冯·马肯森元帅（August von Mackensen）

在克尼格雷兹一战中，王储弗里德里希·威廉适时地带领部队冲入了战场，对战局起到了极大的作用。当天晚些时候，威廉一世在遍布伤者和死尸的战场中找到了自己的儿子。激动之余，国王亲手将一枚功勋勋章挂在了王储的脖子上（还有种较煽情的说法是，威廉一世当场将自己的那枚功勋勋章摘下，授予王储）。虽然在一周前关于授予王储勋章的决定就已下达，只是还未来得及发出，不过对于威廉王储，恐怕没有比战场更合适的授予地点了。

▼ 克尼格雷兹战役中最煽情的一个场面，威廉一世在战场上终于见到了弗里德里希·威廉王储。后来王储登基成为德皇弗里德里希三世

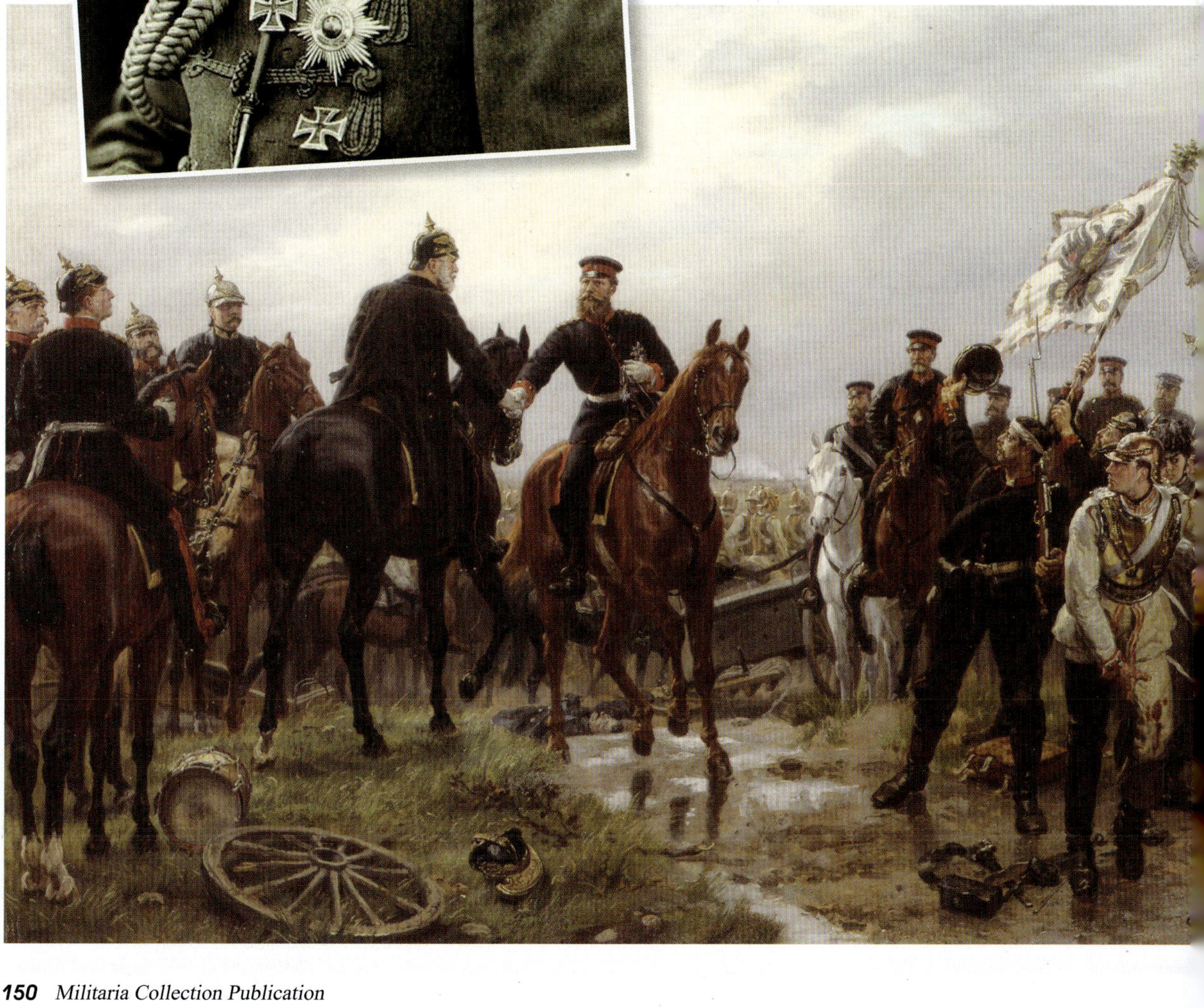

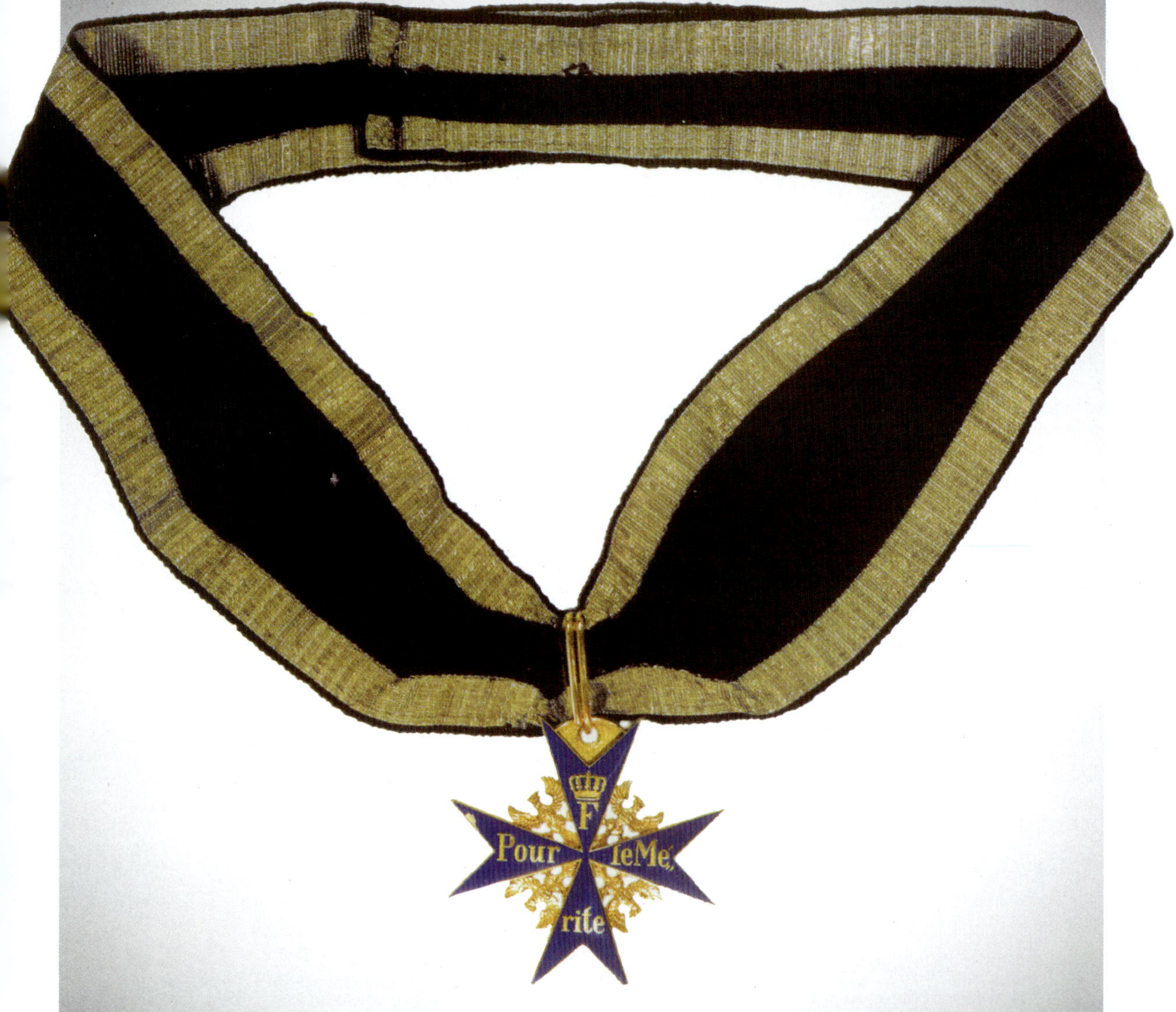

▲ 功勋勋章主要采取颈授方式佩戴，与后来大名鼎鼎的骑士铁十字勋章一样需要一根长长的绶带

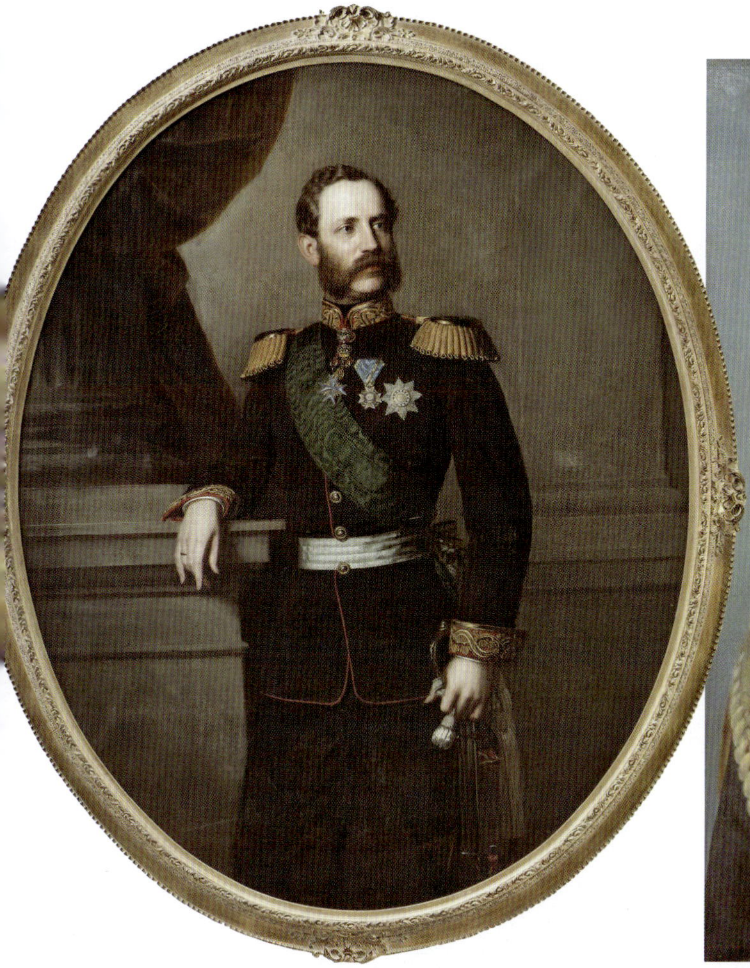

▲ 萨克森王子格奥尔格画像。他佩戴着来自普鲁士的功勋勋章

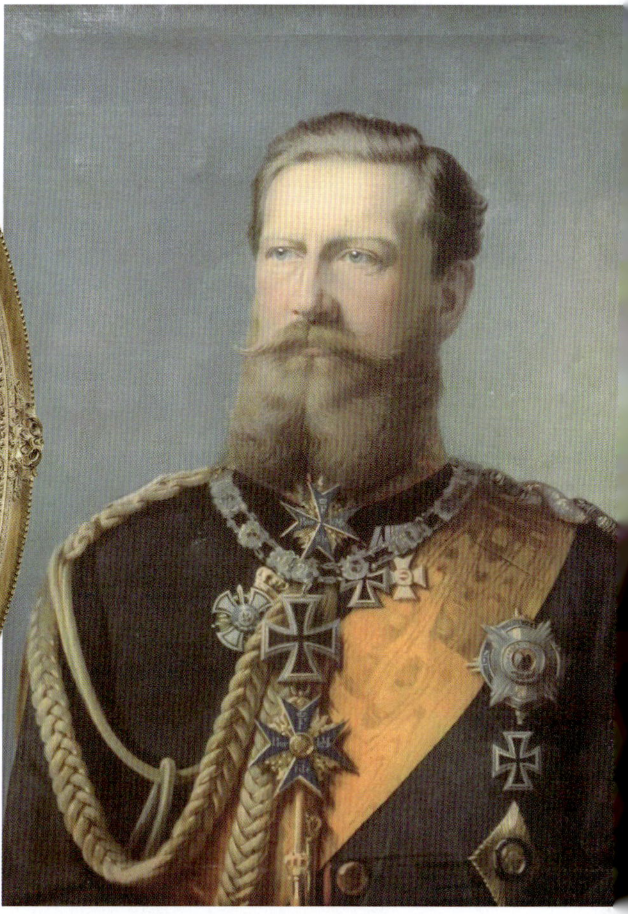

▲ 佩戴有普通级别和大十字级功勋勋章的弗里德里希三世画像

最后的致意——第一次世界大战中的蓝马克斯勋章

　　作为欧洲各国工业革命后的第一次全面性战争，一战揭开了战争史崭新的一页。新的兵种和部队——空军及潜艇的出现宣告了立体战争的到来。虽然陆军仍然是获颁功勋勋章的传统兵种，但飞机、潜艇这些"高科技兵种"们却凭借着自己的优势成了"新贵"。在战争中，他们得到了实际的锻炼，迅速发展并成为国家武装力量的重要组成部分，其重要性单单从德国空军及海军潜艇部队在整个功勋勋章获得者中的比例上就能看出端倪。一战中总共颁发了700枚功勋勋章和123枚橡树叶配饰，其中陆军的高级军事将领们就占了大约80%（554人），潜艇部队获得了29枚（相对于潜艇部队，德国海军的"水上"部队一共只获得了17枚），而飞行器上的小伙子们拿到了80枚！

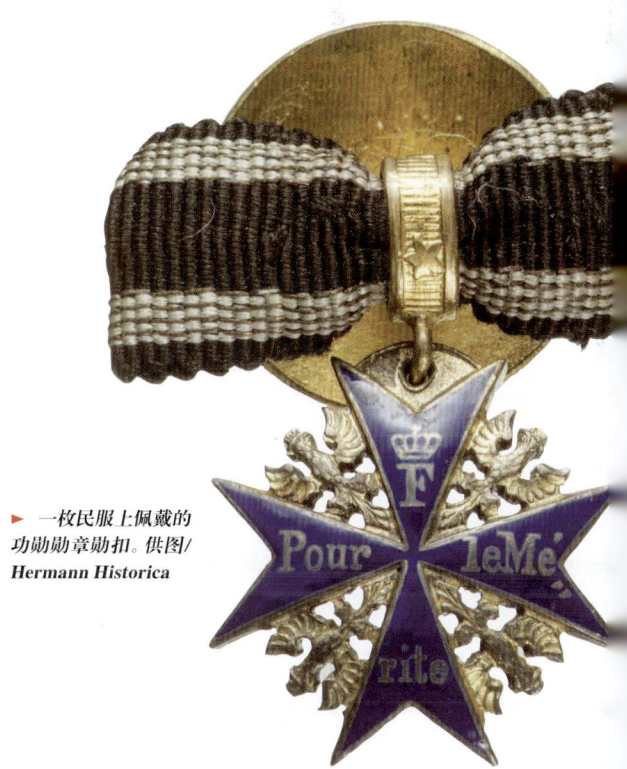

► 一枚民服上佩戴的功勋勋章勋扣。供图/ *Hermann Historica*

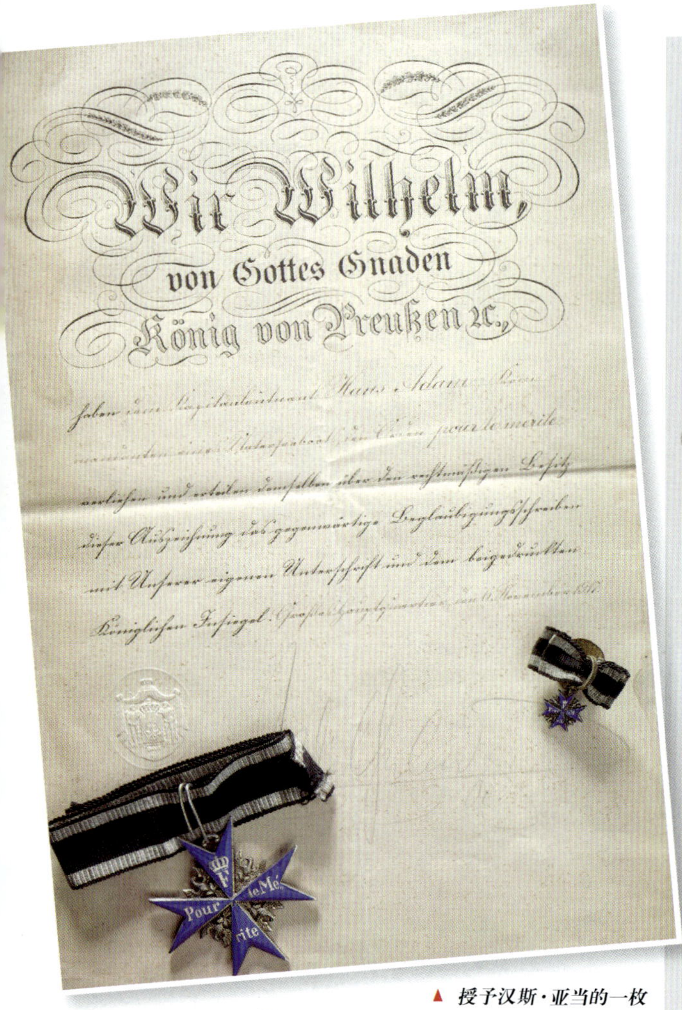

▲ 授予汉斯·亚当的一枚功勋勋章及证书。供图/ Hermann Historica

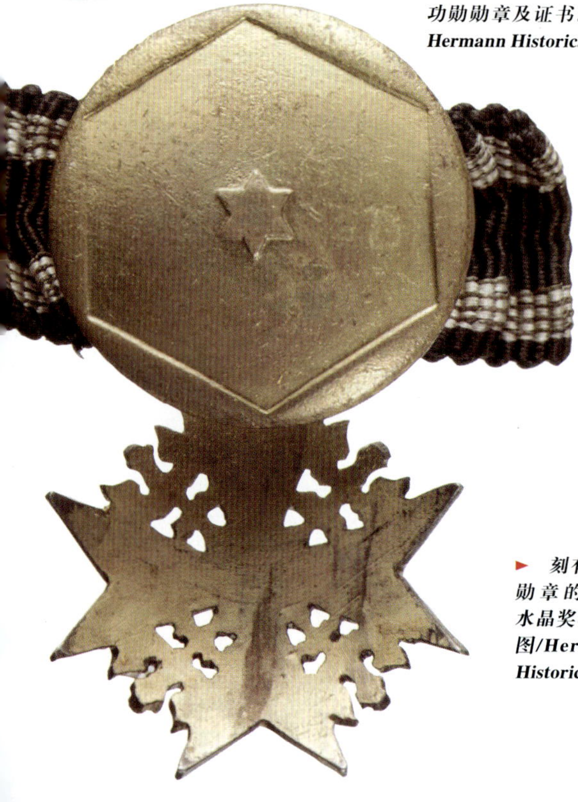

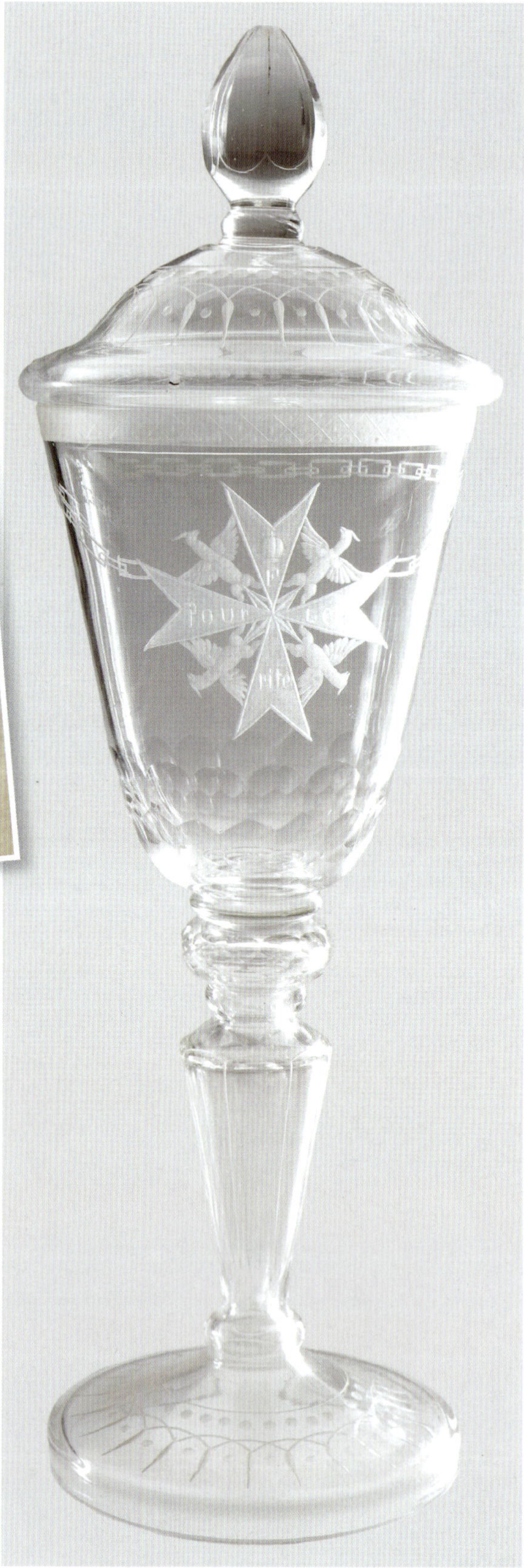

► 刻有功勋勋章的一个水晶奖杯。供图/Hermann Historica

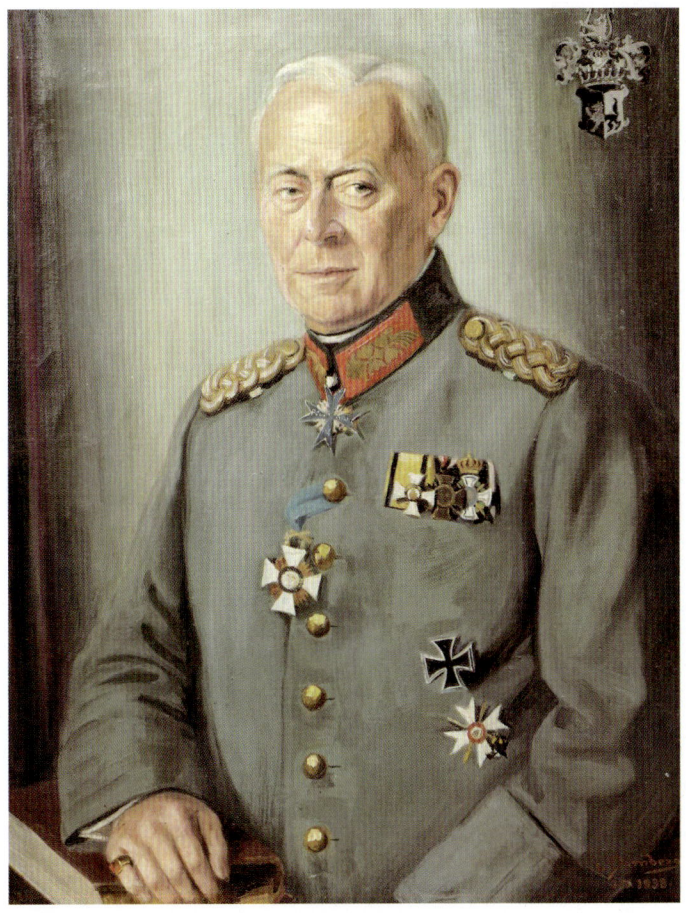

▲ 佩戴功勋勋章的库尔特·冯·鲁平少将画像。供图/Hermann Historica

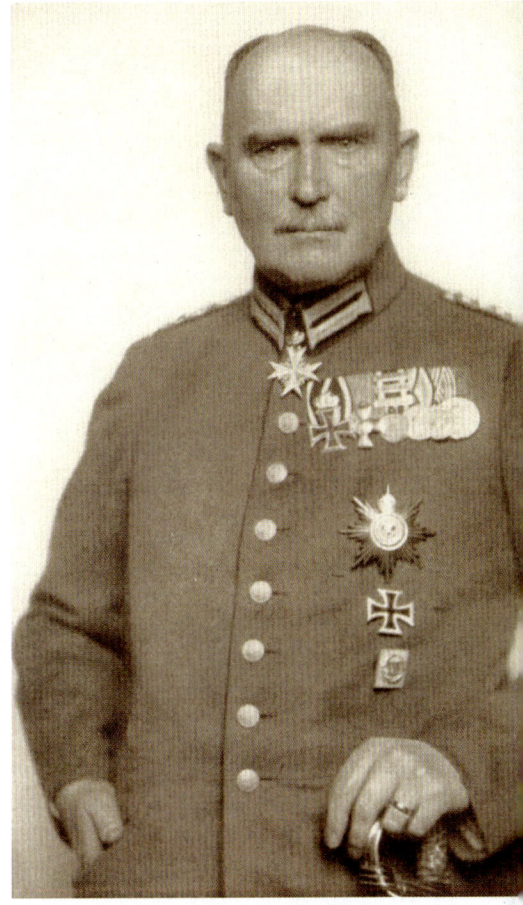

▲ 佩戴橡树叶功勋勋章的汉斯·冯·贝塞勒（Hans von Beseler）上将。他于1914年10月10日因攻占安特卫普要塞获颁功勋勋章，后于1915年8月20日因东线指挥作战获颁橡叶饰

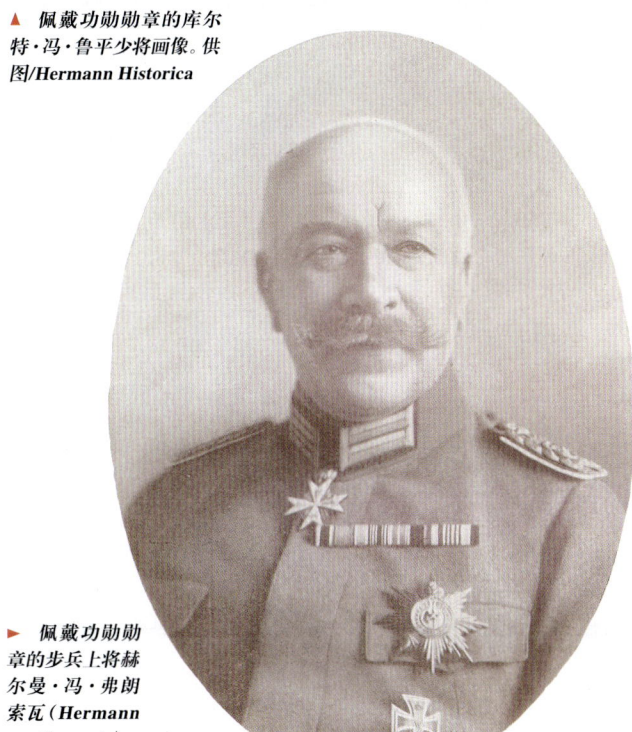

▶ 佩戴功勋勋章的步兵上将赫尔曼·冯·弗朗索瓦（Hermann von François）

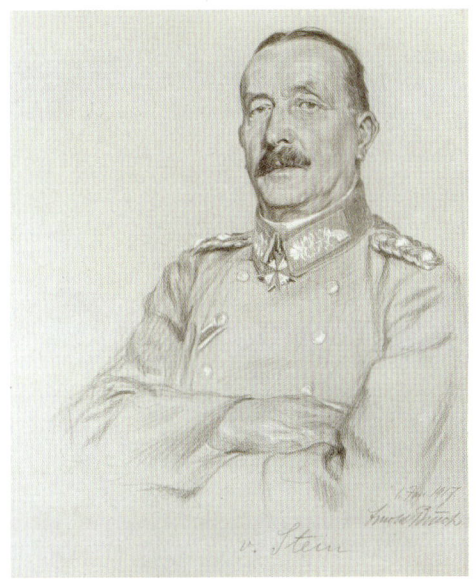

▲ 普鲁士战争部长赫尔曼·冯·施泰因（Hermann von Stein）的画像，他佩戴着功勋勋章

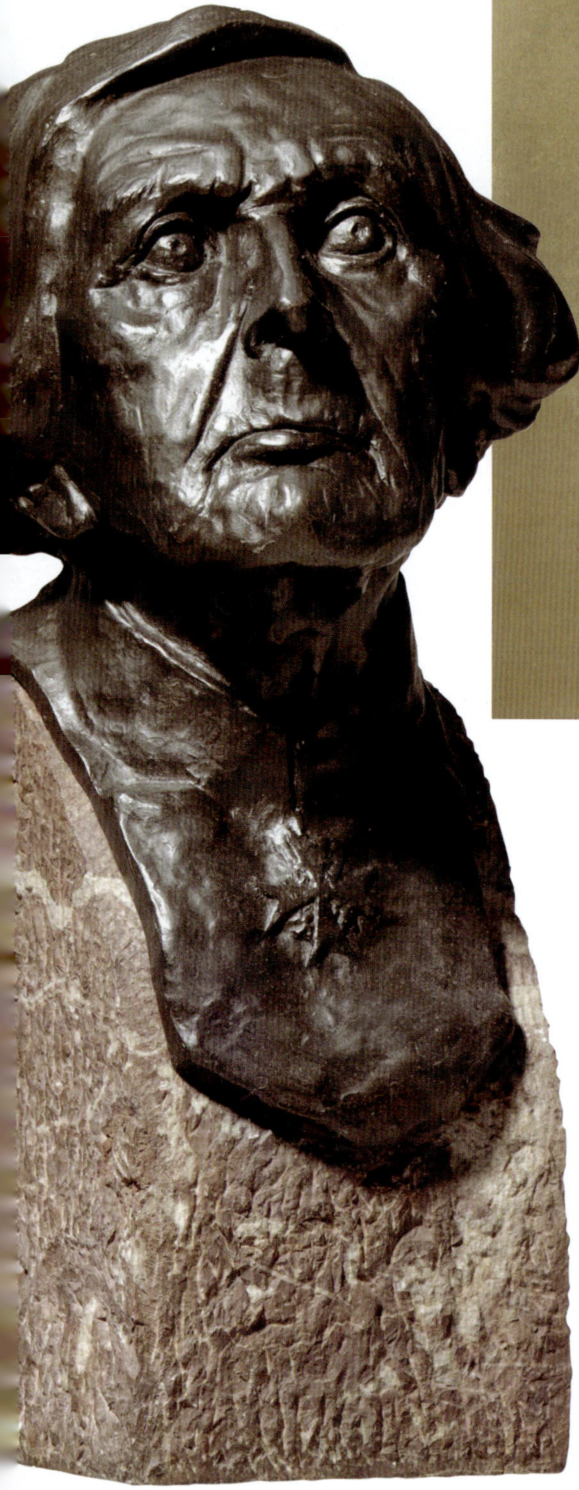

▼ 佩戴功勋勋章的戈特利布·冯·哈塞勒伯爵半身雕像。供图/Hermann Historica

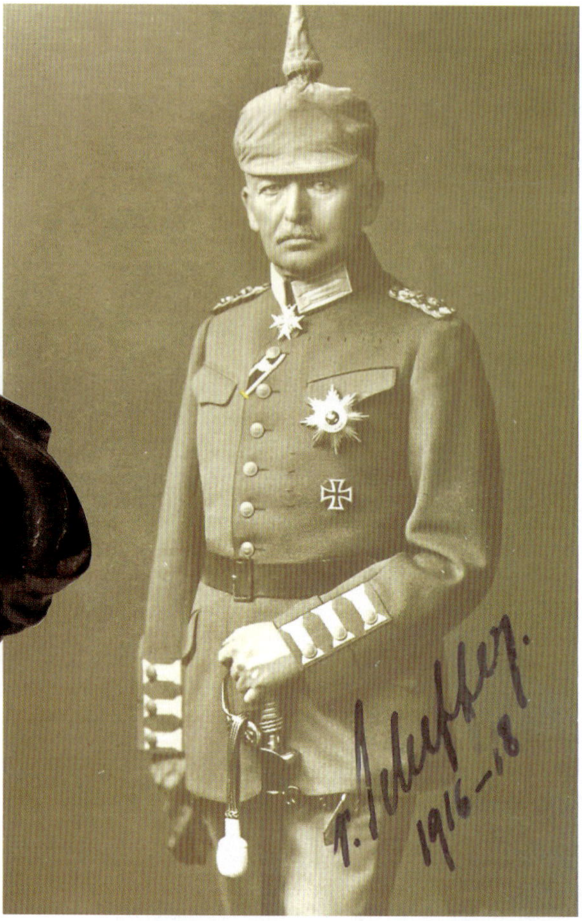

◄ 佩戴功勋勋章的冯·谢费尔-波亚德尔男爵步兵上将

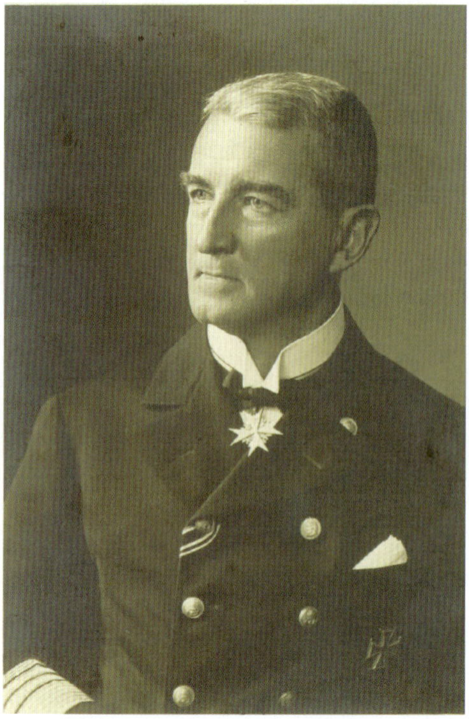

◄ 佩戴功勋勋章的海军上将威廉·绍索恩（Wilhelm Souchon）

最初，德国空军的规定较为"轻松"，击落8架敌机便可获得一枚功勋勋章。德军飞行员"里尔雄鹰"马克斯·殷麦曼（Max Immelmann）勇敢地将骑士般的一对一决斗搬进了高空，并成为德空军的第一位王牌。1916年1月12日，他与他的朋友奥斯瓦尔德·波尔克（Oswald Boelcke，被称为战斗机飞行员之父，他的学生就包括传奇王牌——"红男爵"里希特霍芬。后者甚至曾经自谦地说道："我只是一个战斗机飞行员，而波尔克，是个英雄。"波尔克于1916年死于一次空中撞机事故。死时击坠数为40架）一起获得了这枚天蓝色的勋章。由于殷麦曼是第一个获得该章的德国飞行员，于是，功勋勋章在德国的飞行员中以殷麦曼的名字被昵称为"蓝马克斯"（Blue Max），这个名字已经比功勋勋章的原名更广为人知。不幸的是，殷麦曼在同年6月18日死于空战，未能续写他的传奇。

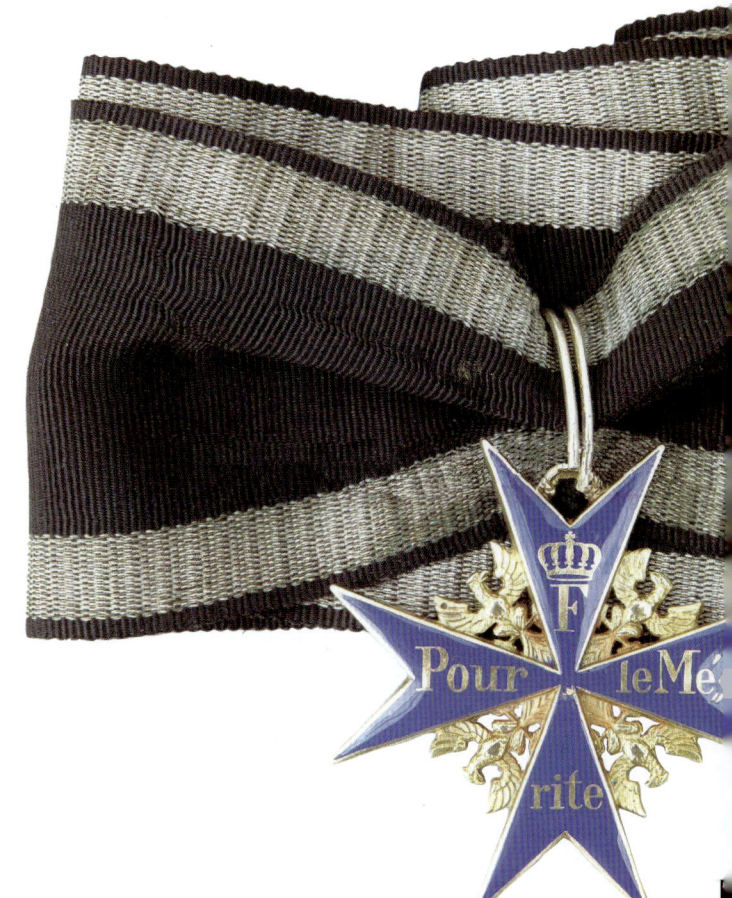

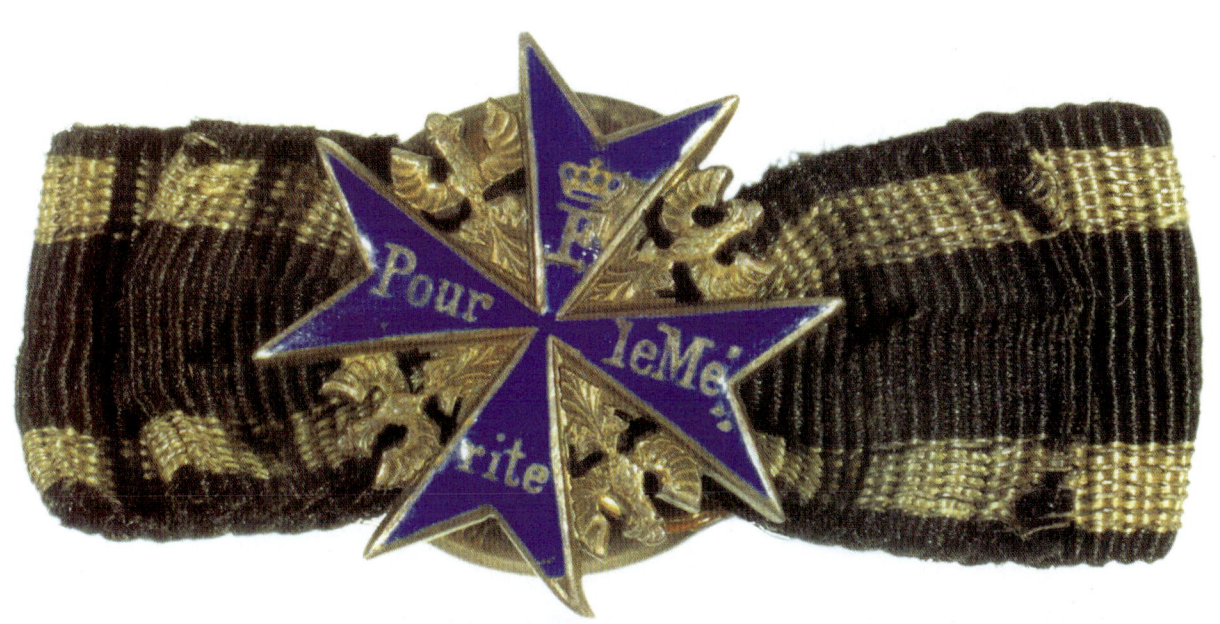

▲ 以蝴蝶扣形式佩戴的功勋勋章，实际上这种佩戴方式并不常见

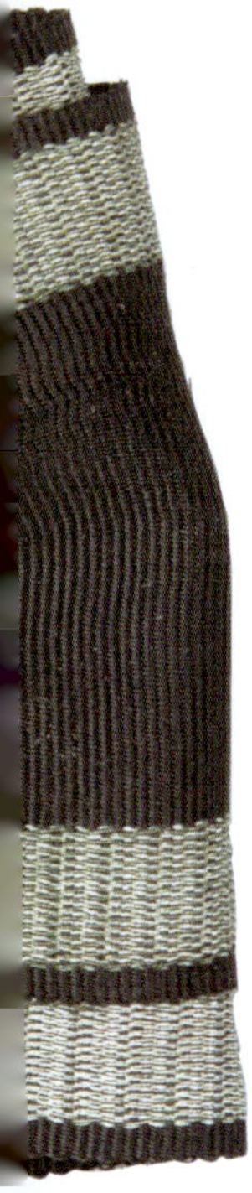

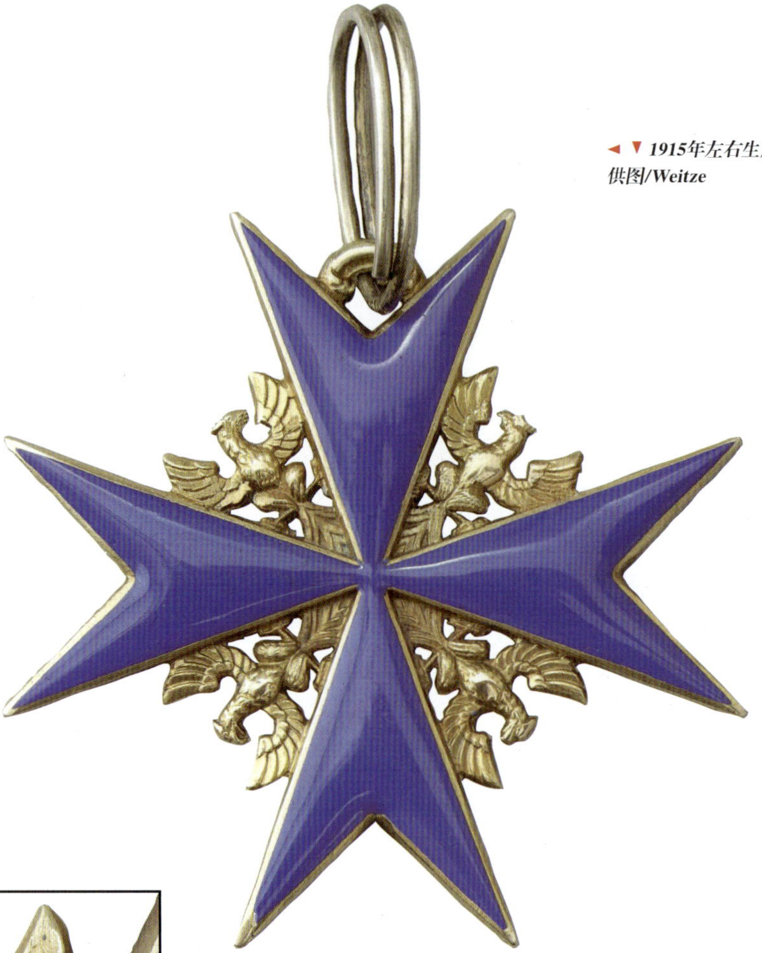

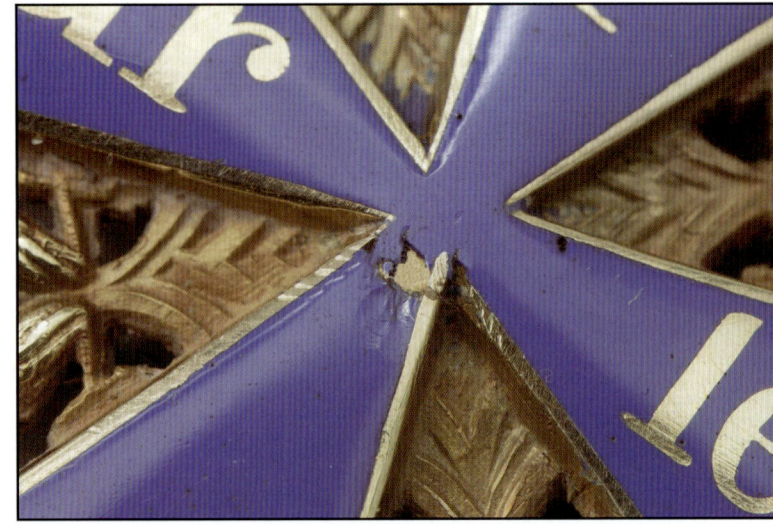

◀ ▼ 1915年左右生产的一枚功勋勋章。
供图/Weitze

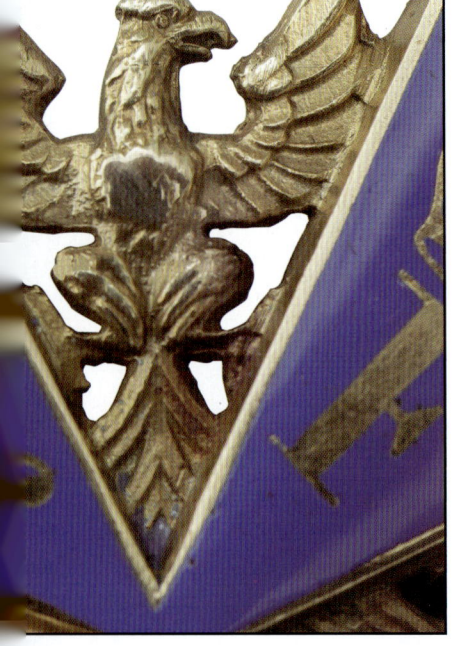

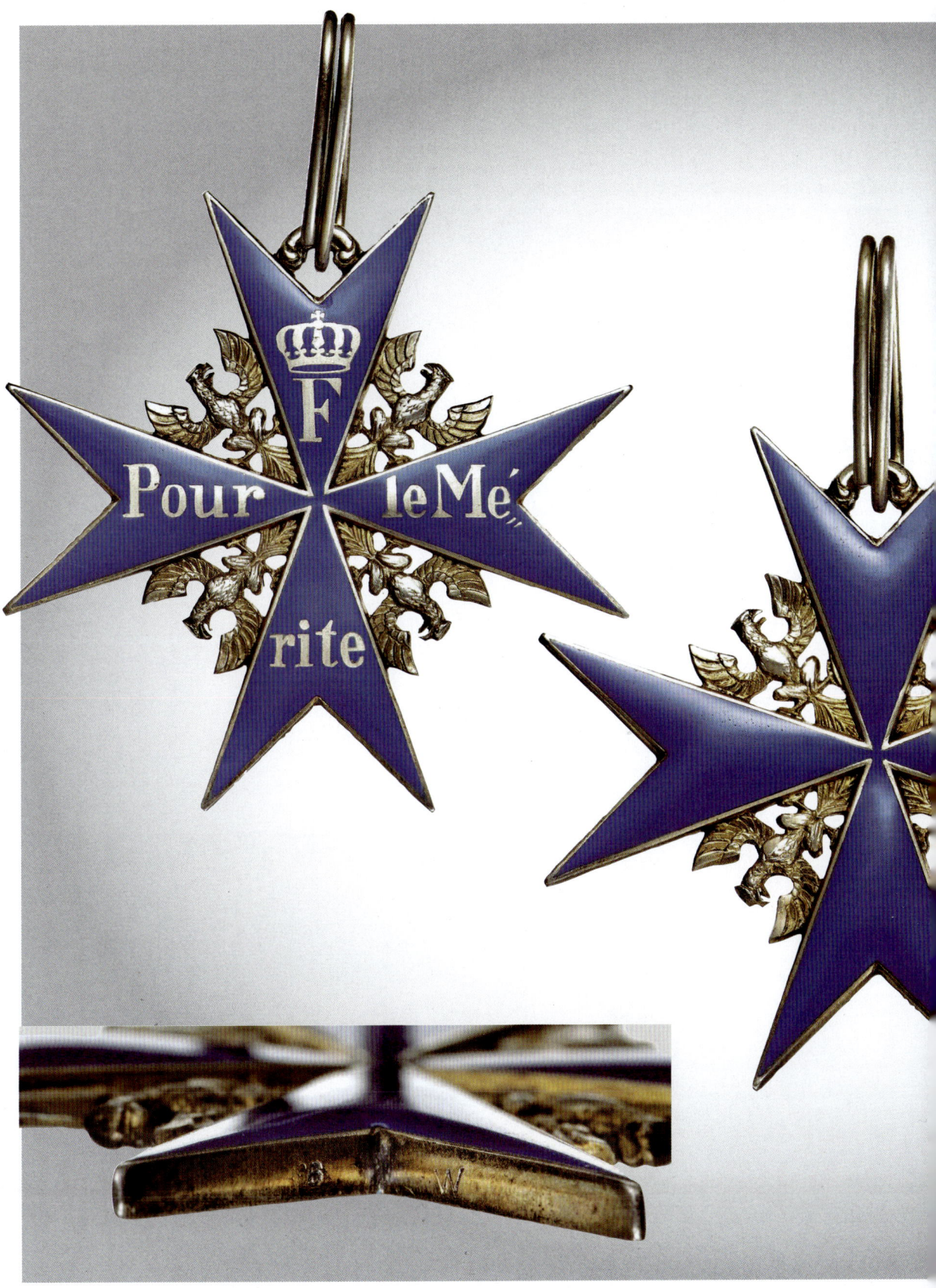

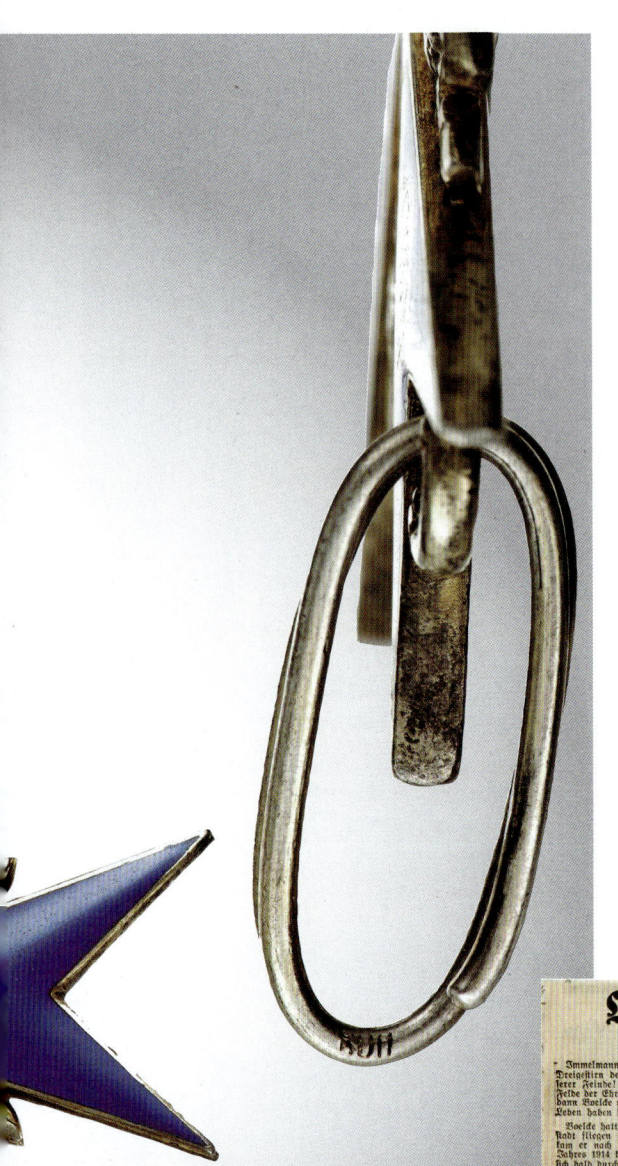

到了1917年，8架的门槛已经提升为16架。但这对一些优秀的德国飞行员来说似乎算不得什么。大名鼎鼎的红男爵曼弗雷德·阿尔布雷希特·冯·里希特霍芬（Manfred Albrecht Freiherr von Richthofen）更可谓其中的佼佼者。出身于贵族家庭的里希特霍芬11岁时就加入了少年军校接受军事素养的训练，不过等他学成毕业成为第一枪骑兵团的成员时，机枪已经统治了传统的陆地战场。面对着布满堑壕和铁丝网的阵地，骑兵毫无用武之地。于是里希特霍芬在1915年加入航空部队，准备在新领域显露身手。有趣的是，他与德军二战时期的斯图卡王牌鲁德尔一样，在航空队最初因为成绩不佳而被安置在侦察部队中（由此可以得出一个结论：侦察员中出人才）。不过里希特霍芬的顽强意志和良好的基础注定了他并非池中之物。很快他就转入战斗机部队并声名鹊起。1917年1月，里希特霍芬获得了功勋勋章。但可惜的是，不知为何直至1918年4月他战死时为止（击坠数80），那枚功勋勋章都未能加缀橡树叶，这对"红男爵"及他的"粉丝们"不能不说是一个遗憾。有意思的是，德军一战时有两位曼弗雷德·冯·里希特霍芬获得了功勋勋章，另一位不那么出名的里希特霍芬为陆军中将，因为在东线战场上组织并实施了成功的军事行动于1918年1月18日获得功勋勋章。

一战时期的一枚功勋勋章，由约翰·瓦格纳父子公司（Johann Wagner & Söhne生产。供图/Hermann Historica

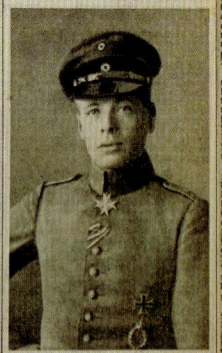

▲ 报道波尔克最后一战的剪报。供图/Hermann Historica

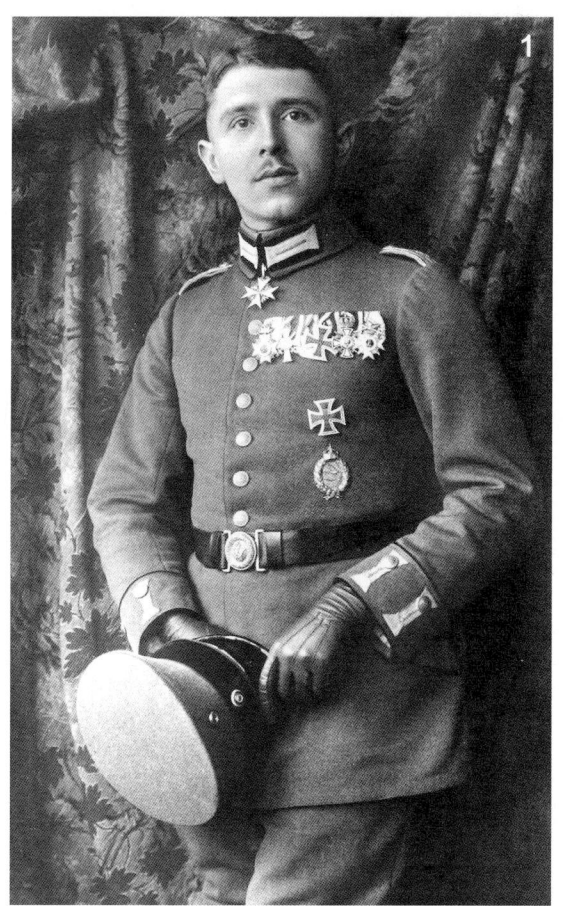

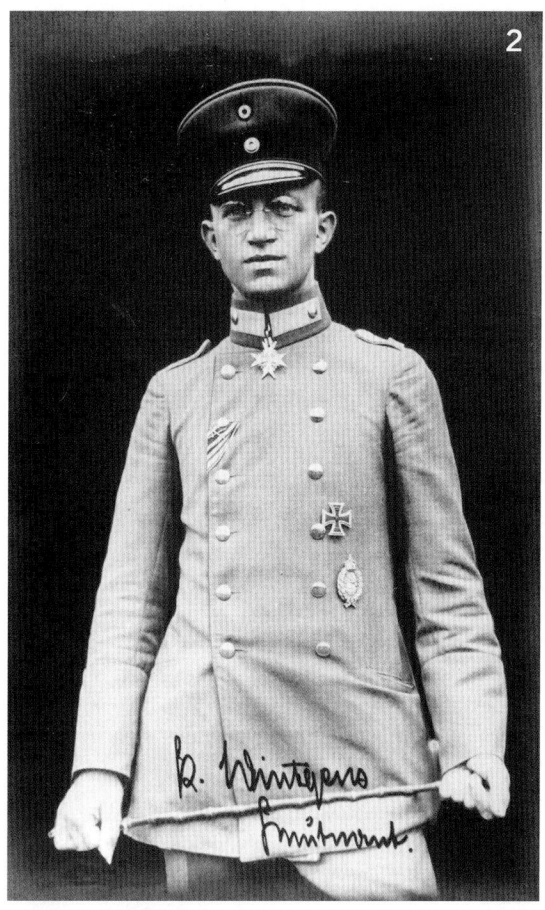

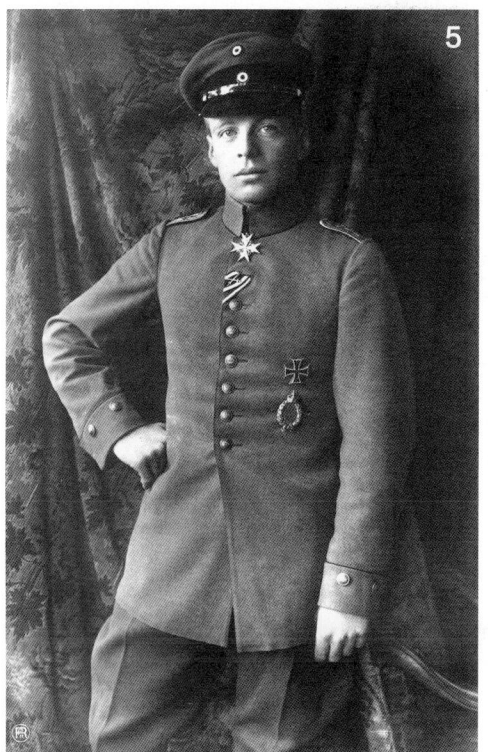

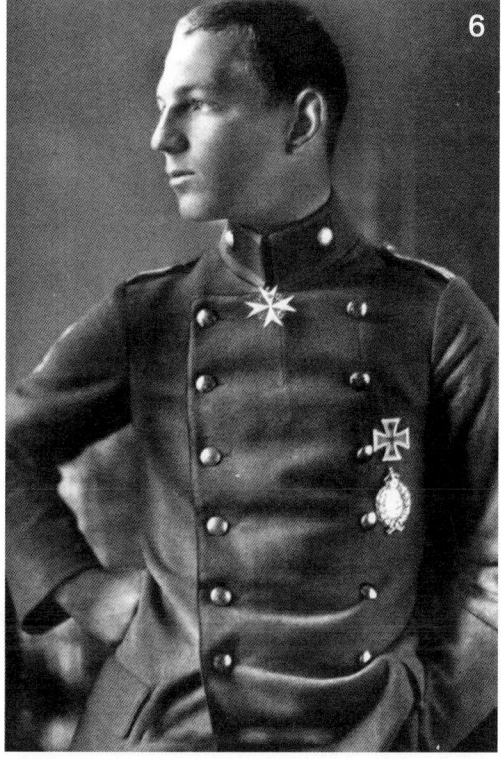

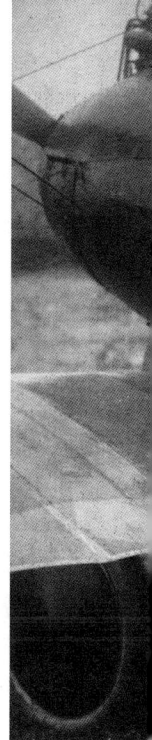

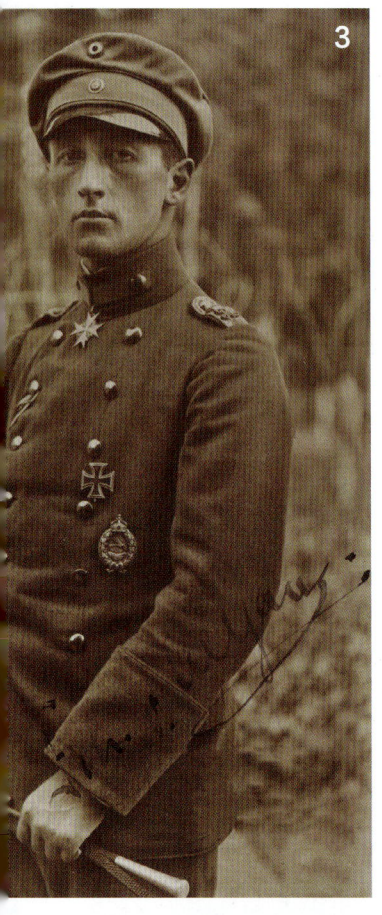

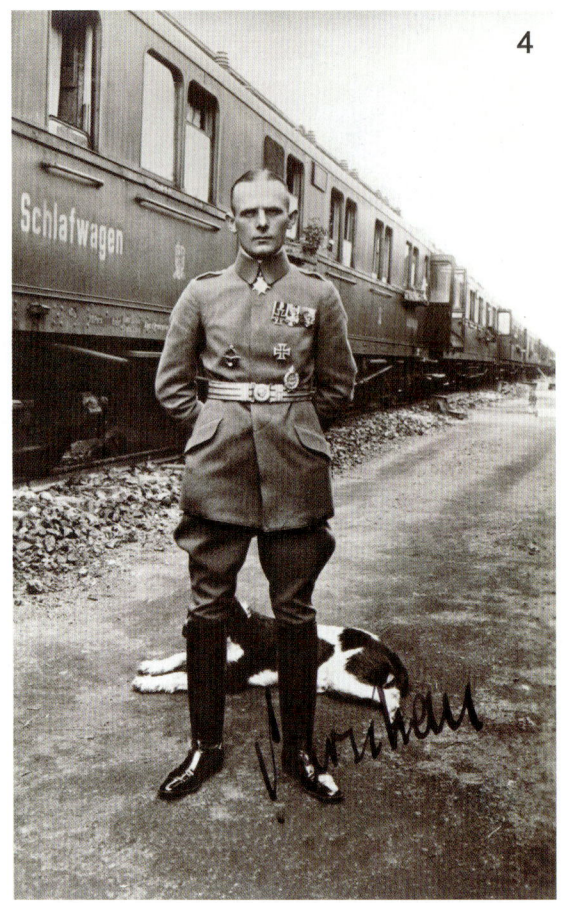

1.马克斯·殷麦曼，功勋勋章更为广为人知的名字蓝马克斯勋章就来源于这名年轻的德军王牌

2.佩戴功勋勋章的王牌库尔特·温特根斯（Kurt Wintgens）

3.佩戴功勋勋章的王牌恩斯特·冯·阿尔特豪斯男爵（Ernst Freiherr von Althaus）

4.佩戴功勋勋章的王牌奥托·帕绍（Otto Parschau）

5.奥斯瓦尔德·波尔克，他也是一战德军三大王牌之一，二战德国空军以及后来的联邦德国空军均有战斗机联队以他的名字命名

6.佩戴功勋勋章的王牌埃里希·洛温哈特（Erich Löwenhardt）

7.佩戴功勋勋章在自己的座机"信天翁"式战斗机前留影的王牌埃杜尔德·冯·施莱契（Eduard von Schleich）

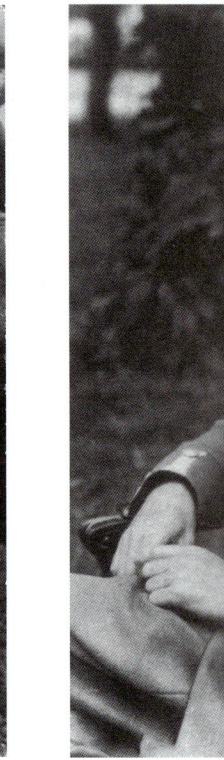

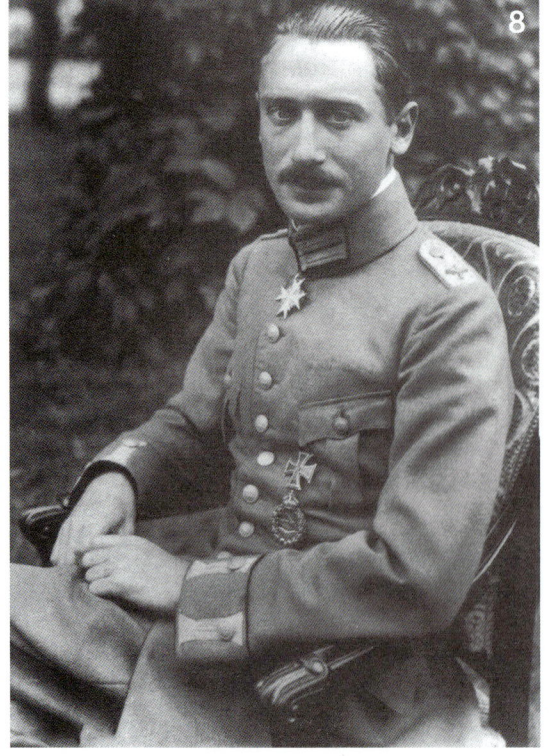

8.佩戴功勋勋章的王牌威廉·弗兰克尔（Wilhelm Frankl）。和他同时代的那些王牌一样，他才23岁就阵亡了

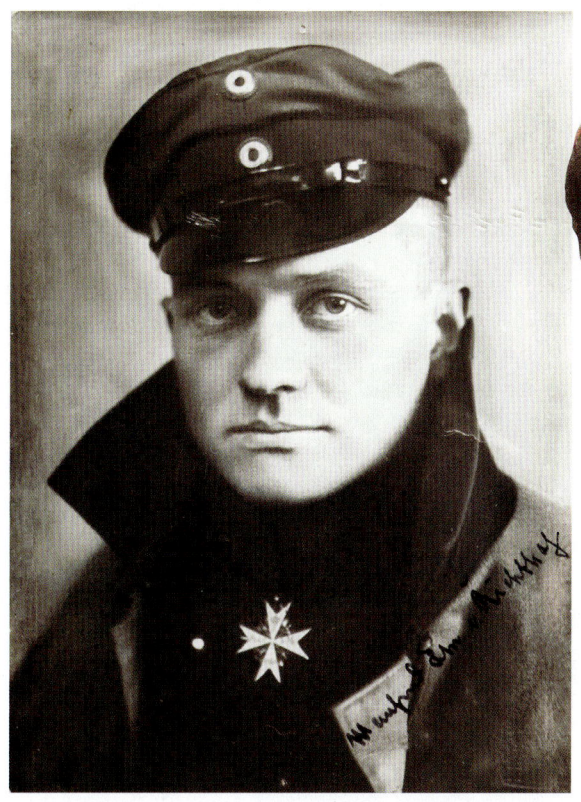

▲ 大名鼎鼎的"红男爵"里希特霍芬，他佩戴着功勋勋章

尽管飞行员们大出风头，但一战中的首枚功勋勋章却是由一名年轻的潜艇艇长获得的。德国潜艇部队的组建进入二十世纪后才步入正轨，在此之前德国海军部甚至还没有任何潜艇建造计划。1903年，德国海军部决定资助一个叫作迪克威利·蒙图斯丁的法国人在基尔的日耳曼尼亚造船厂建造潜艇。直到次年的6月，这艘被命名为"河鳟"的潜艇才建造完工。下水时，德皇威廉二世与普鲁士亲王海因里希亲自登上潜艇参与试航并获得了成功。从此潜艇部队才真正引起了海军的兴趣。一战时，他们已经成了让敌人不得不小心提防的"隐形杀手"。不过协约国谁也没想到霉运会来得如此之快，大战爆发不到半年的1914年9月22日，一位叫作奥托·威蒂根（Otto Weddigen）的U艇艇长亲手将这种恐惧推上了一个高潮，他在60分钟内用5条鱼雷击沉了3艘英国巡洋舰，大约超过1400名英国士兵漂浮在荷兰东南岸附近的海面上。作为战争中的第一位英雄，威蒂根在1914年10月24日获得了功勋勋章，也是当时唯一一个不是将级军衔的获得者。大约5个月后，奥托与他的船员们在无畏舰的攻击下一同葬身海底（这也是唯一一次战列舰击沉潜艇的战例）。

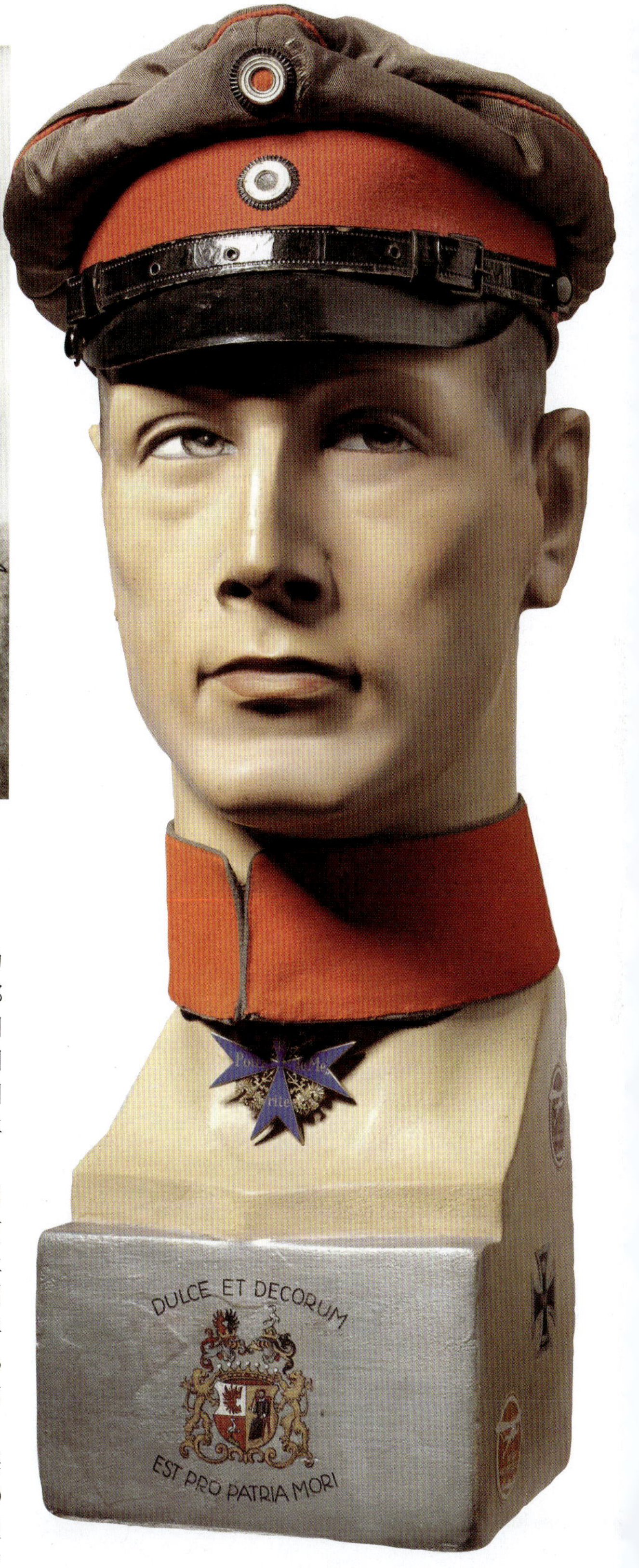

▲ 佩戴有功勋勋章的里希特霍芬半身雕像。供图/Hermann Historica

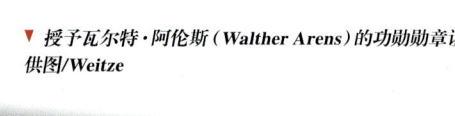

▲ 佩戴有功勋勋章的奥托·威蒂根画像

▼ 授予瓦尔特·阿伦斯（Walther Arens）的功勋勋章证书。
供图/Weitze

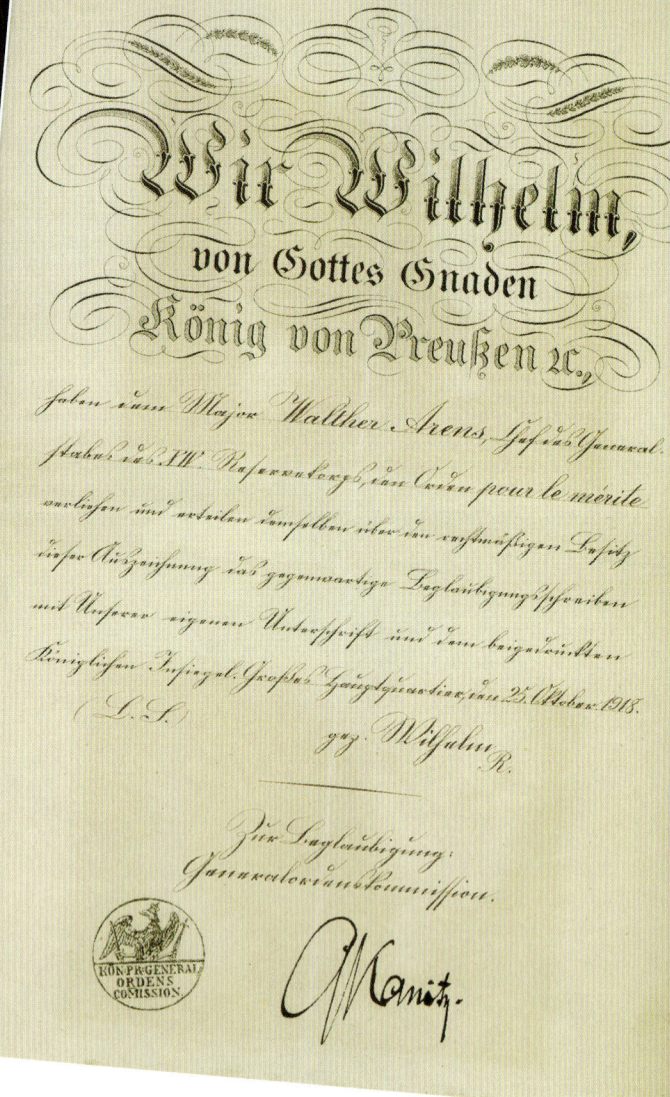

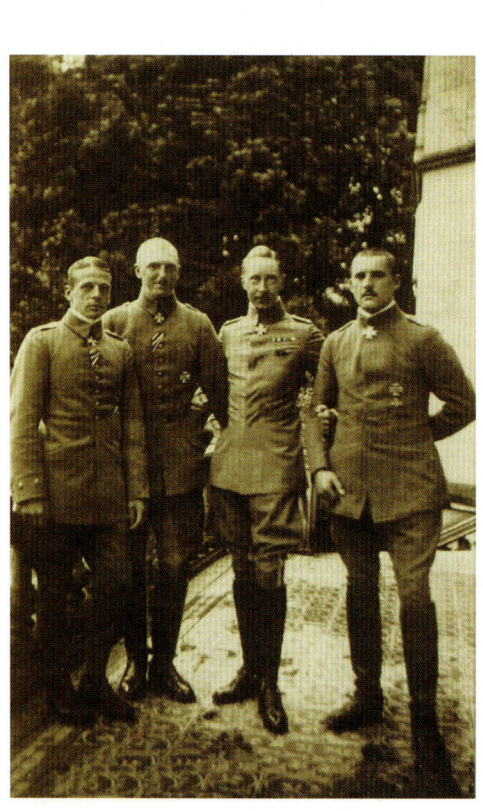

◀ 威廉王储与三位功勋勋章获得者合影。从左到右分别是：波尔克、拉科夫、威廉和勃兰蒂斯

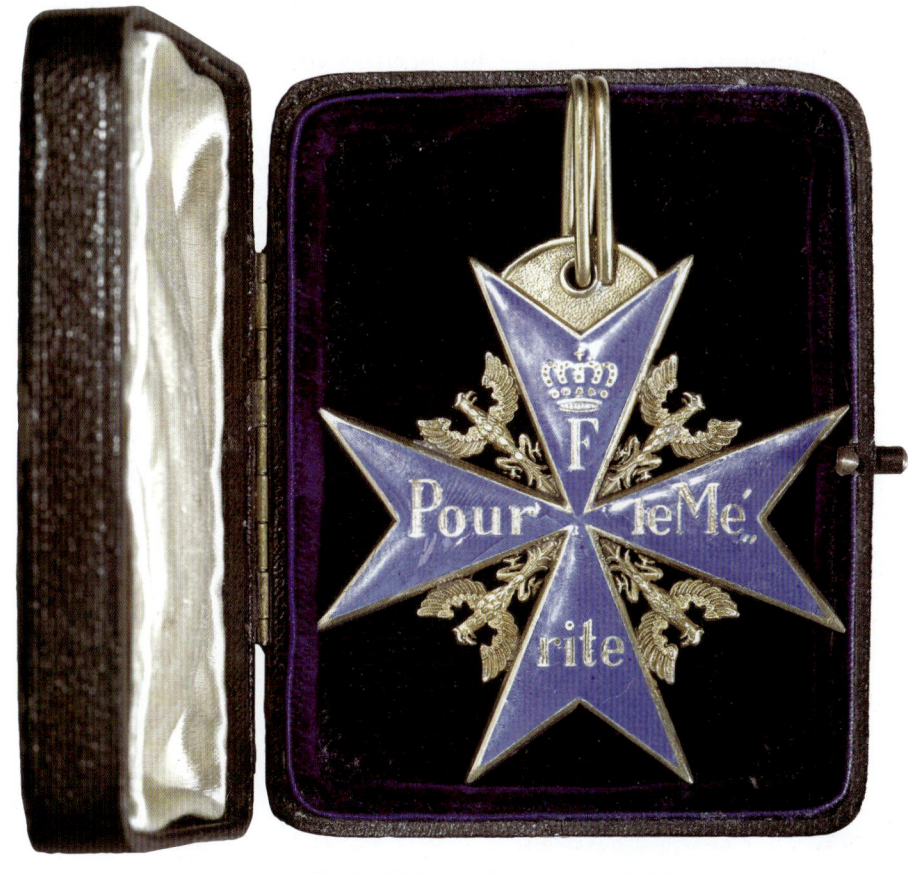

▲▼ 由著名珠宝商戈德特公司生产的功勋勋章。1761年，让·戈德特（Jean Godet）成立了以家族姓氏命名的珠宝作坊。作为普鲁士历史最为悠久的珠宝商号之一。1828年，戈德特家族凭借着努力正式成为王室认证的珠宝商。除了蓝马克斯，戈德特还生产过双龙宝星，而且其质量也是双龙宝星中最高的。第三帝国时期，戈德特更是如日中天，成为骑士铁十字等众多高级勋章的生产商。供图/Hermann Historica

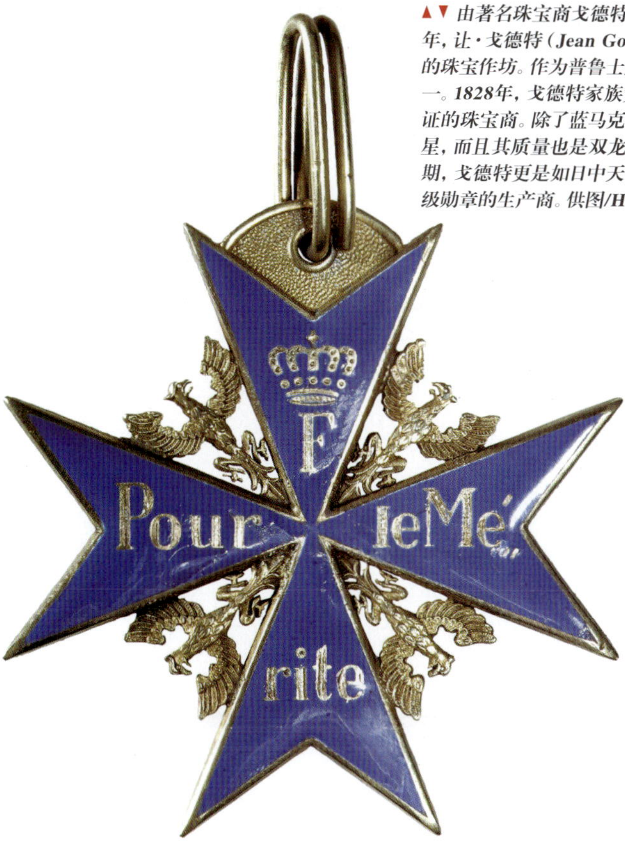

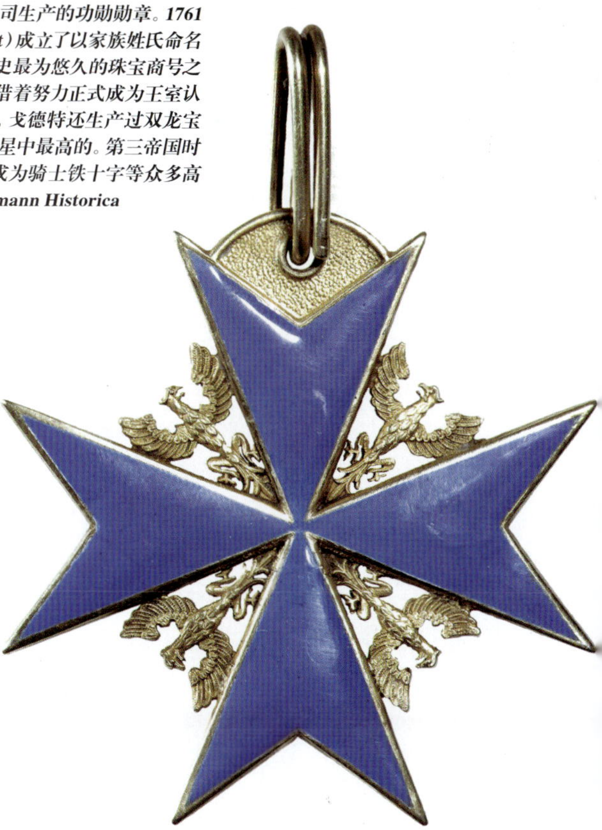

▼ 在一战中获得过功勋勋章的赫尔曼·戈林

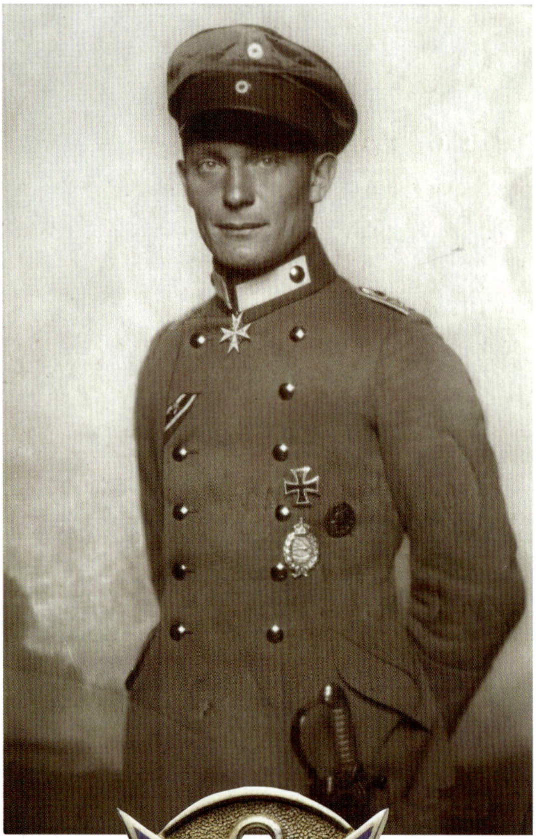

▼ 佩戴功勋勋章的兴登堡元帅画像

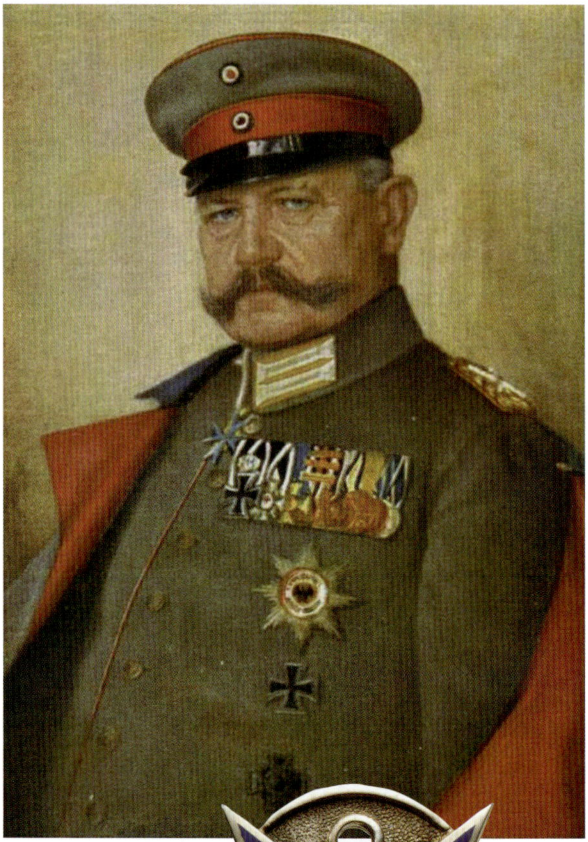

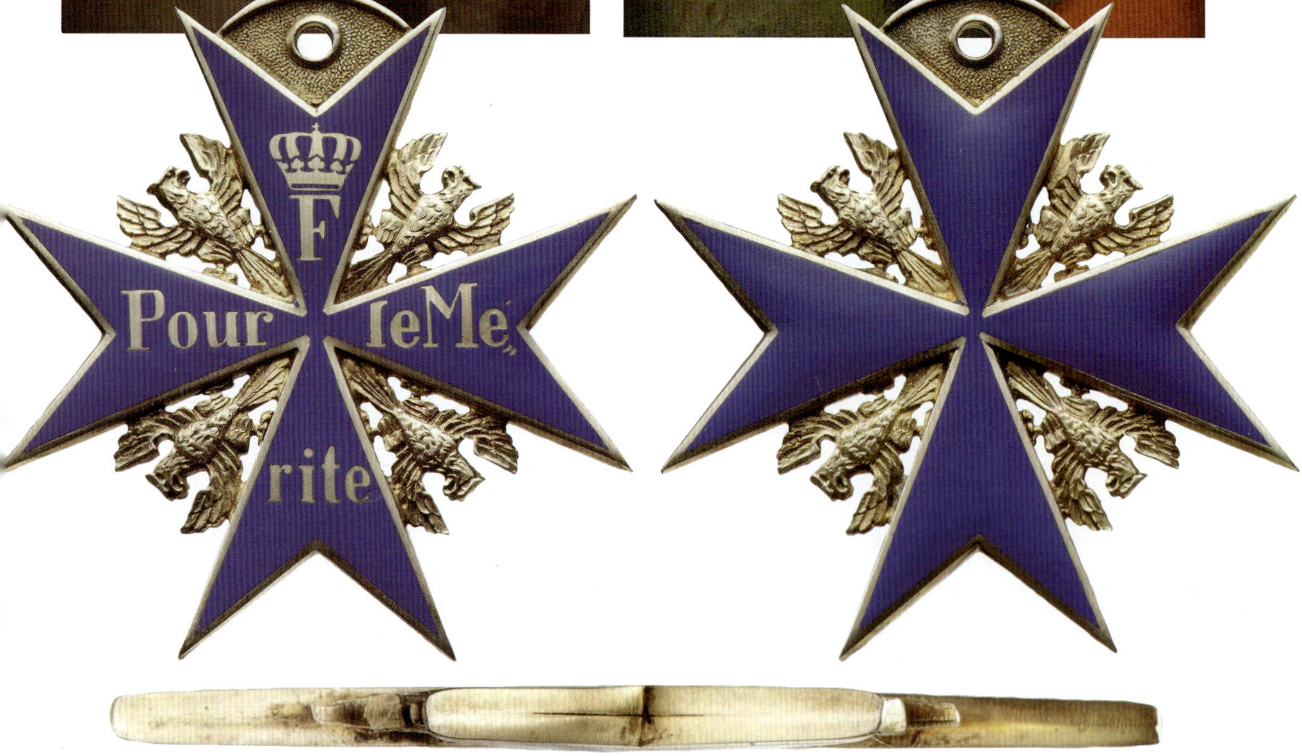

▲ 二十世纪20年代制造的一枚功勋勋章

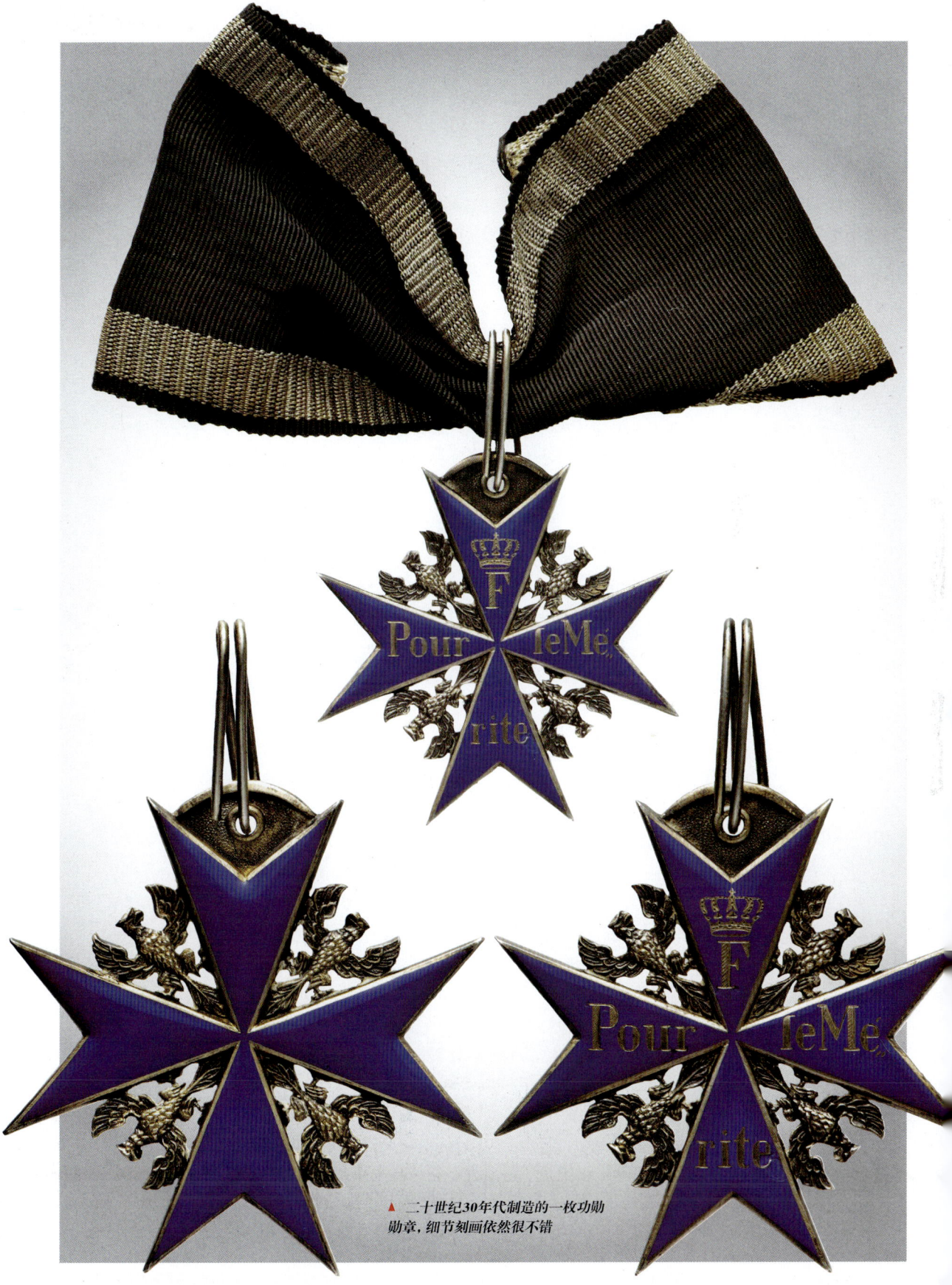

▲ 二十世纪30年代制造的一枚功勋
勋章，细节刻画依然很不错

但是，正如前文所述的那样，一战的失败使得威廉皇帝退位，霍亨索伦家族那些极富传统的勋章，包括有着两百多年历史的功勋勋章不再颁发。但是由于功勋勋章的重要地位，它仍然在历史舞台上"苟延残喘"了将近半个世纪。尤其是在第二次世界大战时期，包括戈林、隆美尔等功勋勋章获得者们依然佩戴着这款闪着蓝色光芒的勋章。而被德意志联邦共和国继承的科学与艺术功勋勋章，也可以说是对蓝马克斯勋章的传承。回顾这两百多年的历史，小小的蓝马克斯勋章，毫无疑问成了德意志军事传统的最好注解。

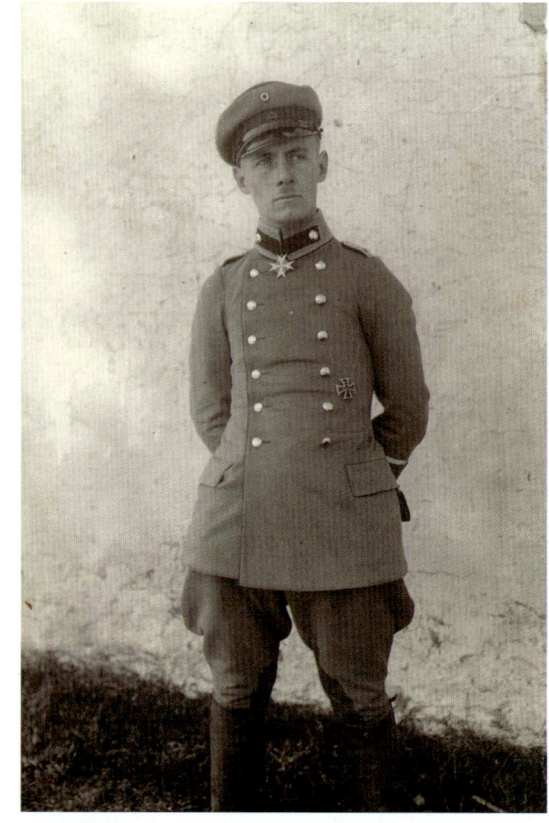

▲ 年轻时佩戴功勋勋章的埃尔温·隆美尔

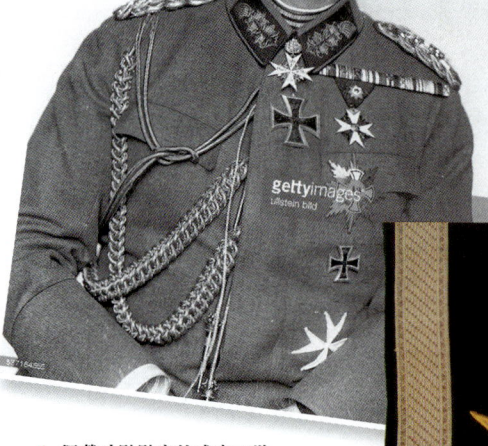

▲ 佩戴功勋勋章的威廉二世

▶ 第二次世界大战后，功勋勋章硕果仅存的几位获得者一起成立了"功勋勋章骑士协会"（*Die Ritterschaft des Ordens Pour le Merite*）。1998年，最后一位功勋勋章的获得者恩斯特·云格尔去世

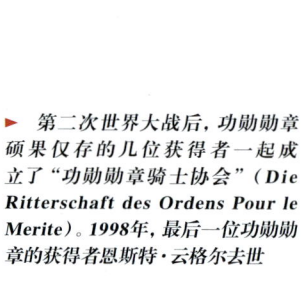

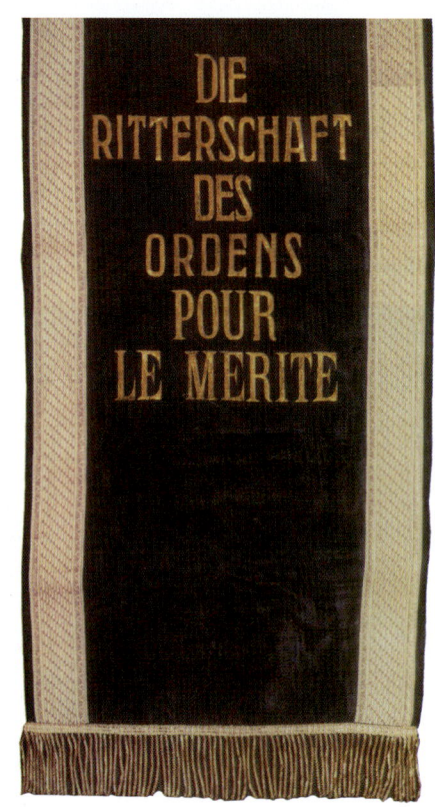

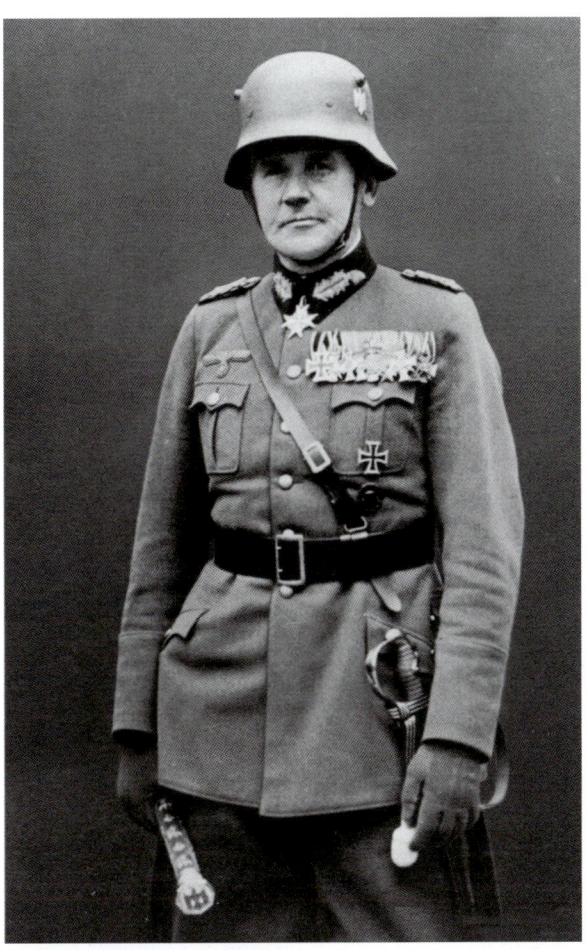

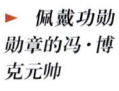

▶ 佩戴功勋勋章的冯·博克元帅

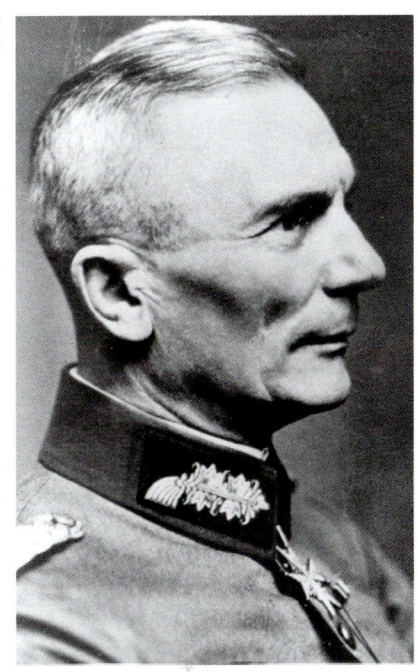

▲ 佩戴功勋勋章的冯·布隆贝格元帅

◀ 佩戴功勋勋章的恩斯特·布施元帅

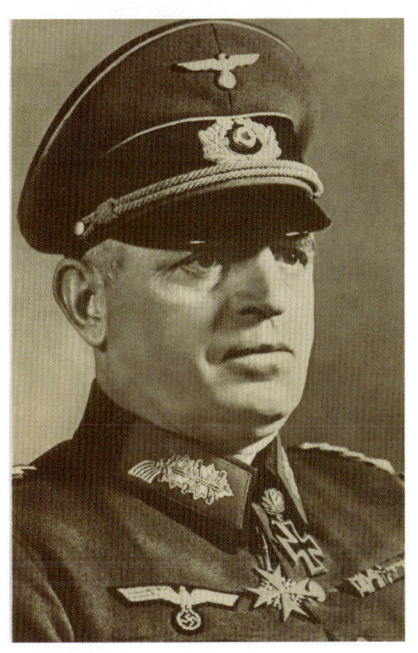

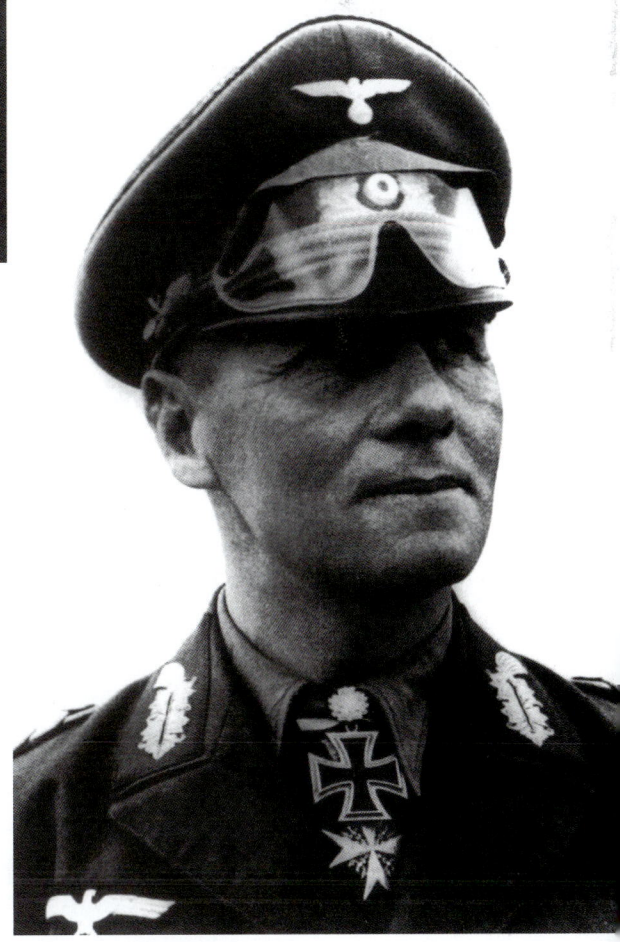

▲ 佩戴功勋勋章的隆美尔元帅

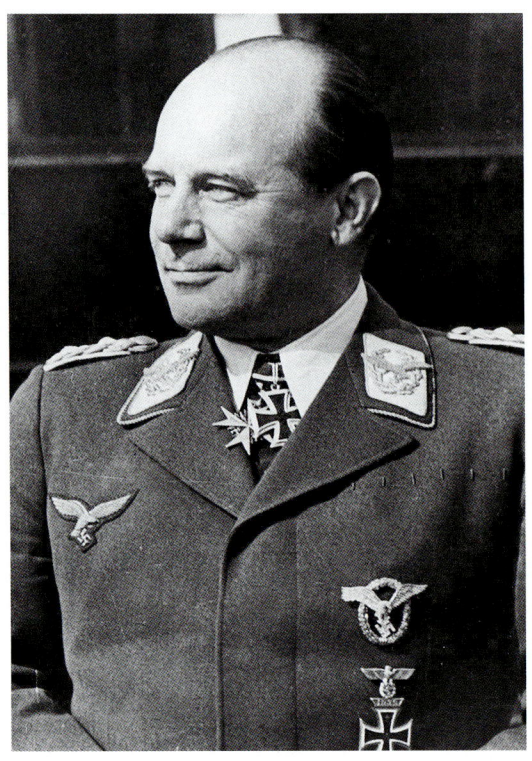

▲ 佩戴功勋勋章的空军上将恩斯特·乌德特

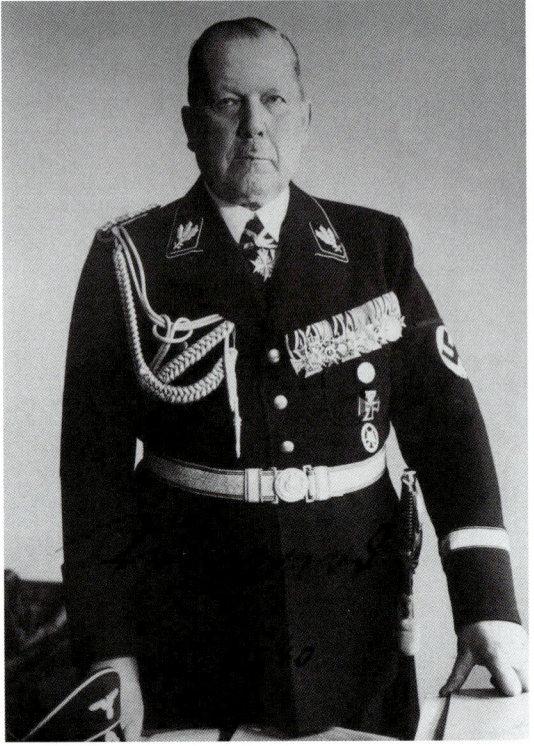

▲ 佩戴功勋勋章的党卫队大区领袖威廉·莱茵哈德

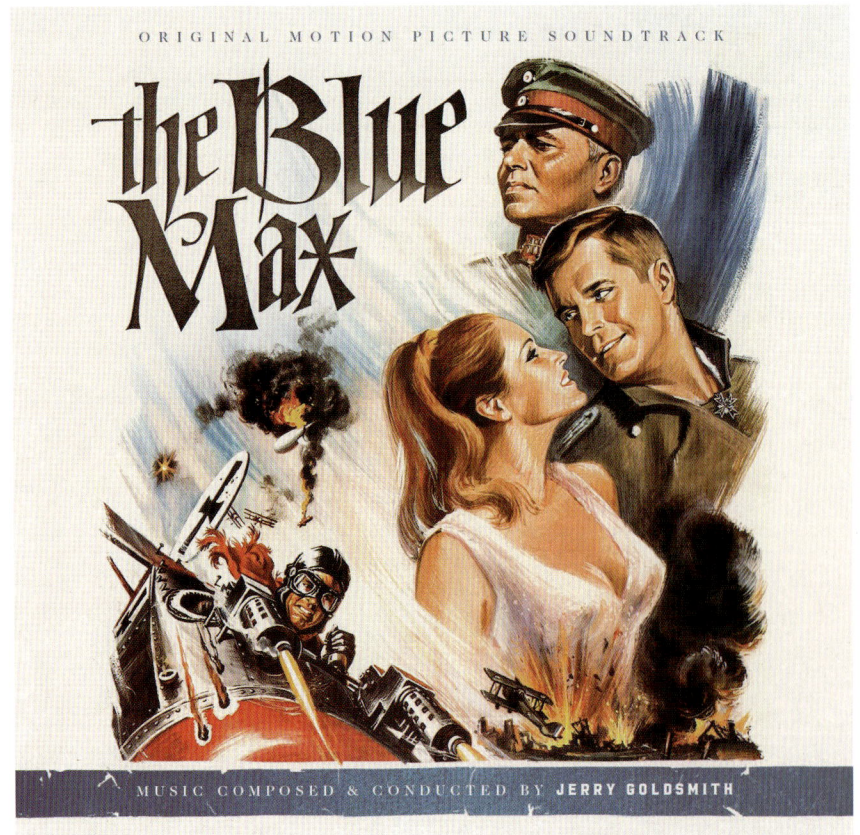

◀ "蓝马克斯"一词也深入到流行文化当中。图为美国1966年拍摄的电影《蓝马克斯》海报

圣女荣辉

俄罗斯帝国圣叶卡捷琳娜勋章

作者：赫英斌

Императорский Орден Святой Екатерины

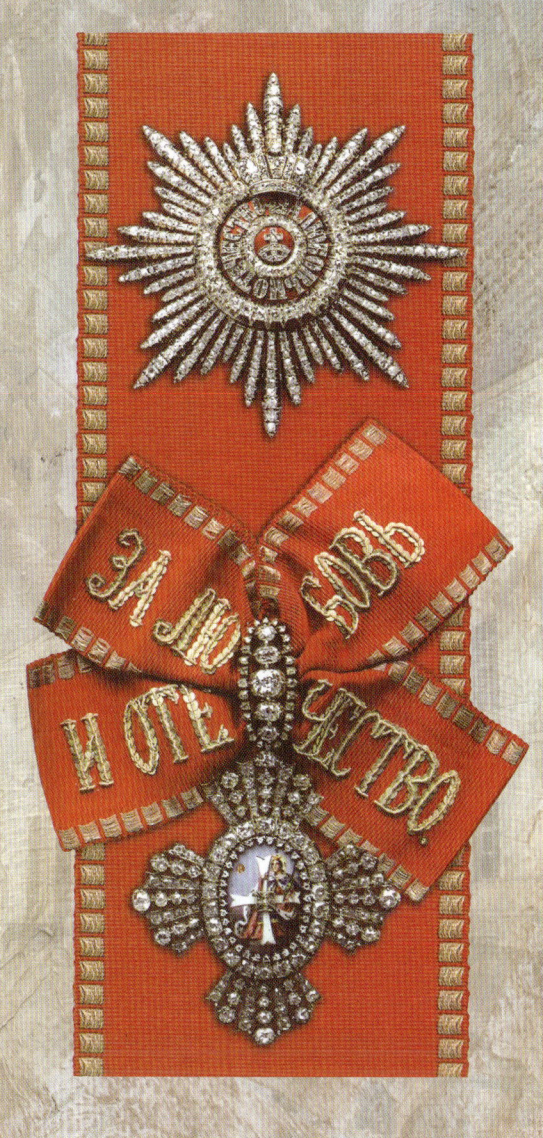

一般而言，荣誉是不会区分性别的。但是在世界荣典制度里面，确实存在不少专门授予女性的勋赏。尤其是俄罗斯这个历史上存在过四位女沙皇的国度，曾专门设立过两款女性勋章。其中的圣叶卡捷琳娜勋章地位极其显赫，仅次于上一卷《号角Ⅴ》中介绍的圣安德烈勋章。这一绝无仅有的女性勋章，如同圣安德烈勋章一样，见证了俄罗斯帝国的崛起和衰落。

早年的叶卡捷琳娜

在正式介绍这枚勋章之前，我们要先了解了一下这枚勋章命名的来源，以及它所纪念的著名人物叶卡捷琳娜。

叶卡捷琳娜一世·阿列克谢耶芙娜（Екатерина Ⅰ Алексеевна，1684年4月15日—1727年5月17日）的传奇人生就像一部童话。她的生日没有确切的文件加以证实，据说是1684年4月15日，本名叫玛尔塔·海伦娜·斯科沃隆斯卡（Marta Helena Skowrońska），父亲是波兰-立陶宛联邦的农民、罗马天主教徒塞缪尔·斯科沃隆斯基（Samuel Skowroński）。1689年左右，她的双亲因为瘟疫抛下五个孩子离开了人世。玛尔塔三岁的时候跟随她的伯母来到了拉脱维亚的玛丽安堡（Marienburg）。在这里，她成为一位路德牧师及教育家、第一个将圣经翻译引入拉脱维亚的约翰·恩斯特·格吕克（Johann Ernst Glück）的女佣。玛尔塔被认为是一位非常漂亮的女孩，在17岁的时候就嫁给了一名瑞典龙骑兵，1702年瑞典军队从玛丽安堡撤出时，玛尔塔正在那里。俄军占领迈尔堡后，格吕克为俄军当翻译，据未经证实的传说，当时玛尔塔曾在几个部队团的洗衣店短暂工作过，后来她成为准将鲁道夫·费利克斯·鲍尔（Рудольф Бауэр Феликс）的侍女，这位准将后来成了爱沙尼亚的总督，可以确定的是玛尔塔在这位准将上司的家里提供服务，但不清楚是这位将军的情人还是家庭女仆。后来她成为缅希科夫（Александр Данилович Меншиков）的管家，而缅希科夫正是彼得大帝（Пётр Ⅰ）最要好的朋友。有轶闻说玛尔塔是被缅希科夫买来的，对于缅希科夫和玛尔塔是否是一对恋人的问题，目前还存在争议，因为缅希科夫当时正忙着迎合他未来的妻子达里娅。但无疑，这成就了缅希科夫和叶卡捷琳娜一世终生的联盟。有可能缅希科夫非常留意彼得的喜好，并知道他的品位，想通过给彼得介绍情妇而攀上一个他可以依靠的人。

▲ 叶卡捷琳娜一世的肖像画。她是俄罗斯历史上四位女皇之一。请注意画像中的她佩戴着圣叶卡捷琳娜勋章

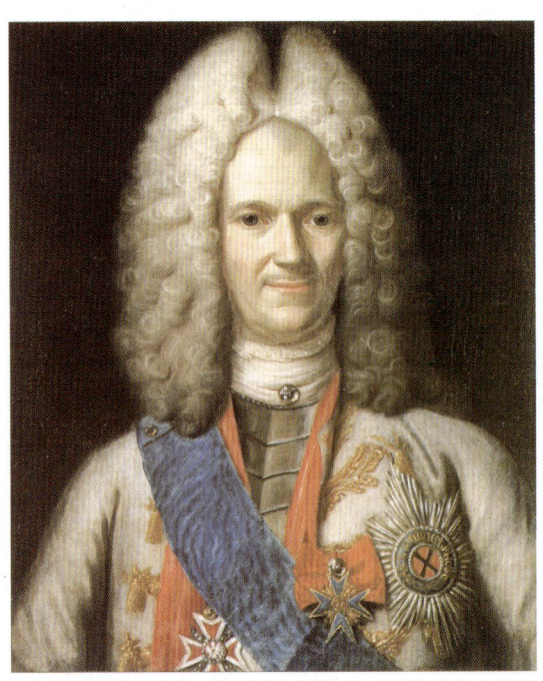

▲ 后来成为叶卡捷琳娜一世宠臣的亚历山大·丹尼洛维奇·缅希科夫

　　1703年的某个时候，彼得拜访缅希科夫，在其家里和玛尔塔邂逅，命运使叶卡捷琳娜这个小人物，一跃成为居万人之上的君王的宠姬。她相貌出众，妖冶妩媚，加之又温柔有礼，很快就征服了彼得的心，并影响了彼得的后半生。1705年玛尔塔皈依正教，并改名为叶卡捷琳娜·阿列克谢耶芙娜。她和达里娅一起陪伴着彼得和缅希科夫的军旅生涯。叶卡捷琳娜和彼得于1707年秘密结婚，两人共生了12个孩子，但只有2个孩子存活并长大成人，分别是生于1708年的安娜和1709年的伊丽莎白。丈夫彼得死后，叶卡捷琳娜得到了近卫军的支持，于1725年加冕成为俄罗斯帝国第一位女皇，她按彼得大帝的遗嘱建立了俄罗斯科学院（1726年），还创立了最高枢密会议——并成为俄罗斯帝国最高权力机构，但实权被缅希科夫掌握，这引起了缅希科夫政敌的不满，也埋下了缅希科夫悲惨结局的种子，叶卡捷琳娜在位仅两年后病死。

▶ **叶卡捷琳娜一世的丈夫，俄罗斯帝国的奠基者彼得一世**

▼ **叶卡捷琳娜和彼得及缅希科夫一家**

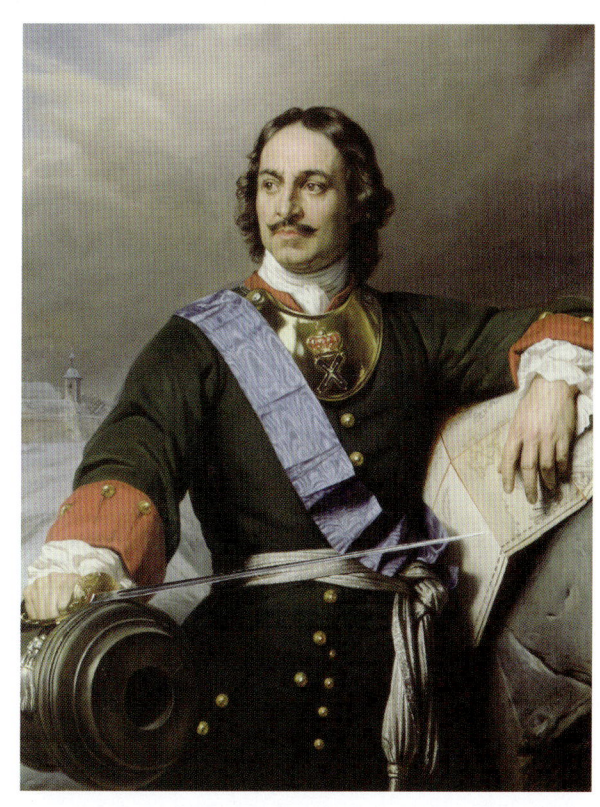

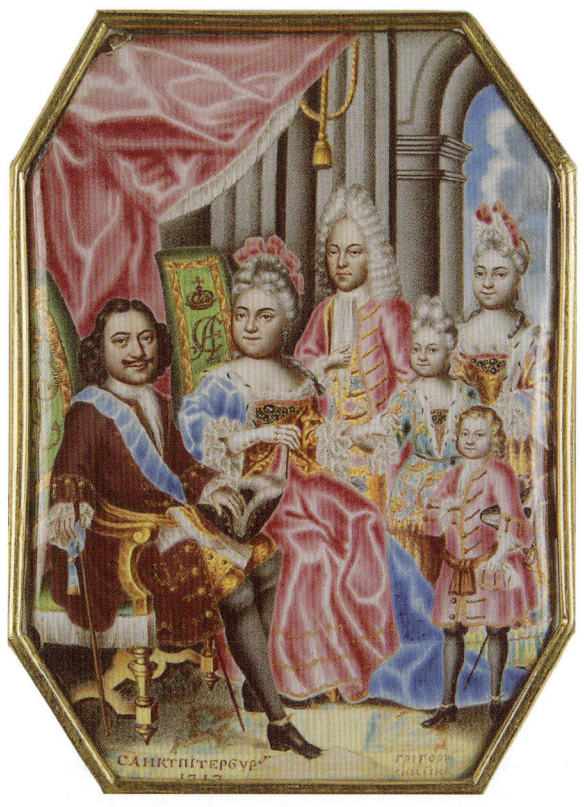

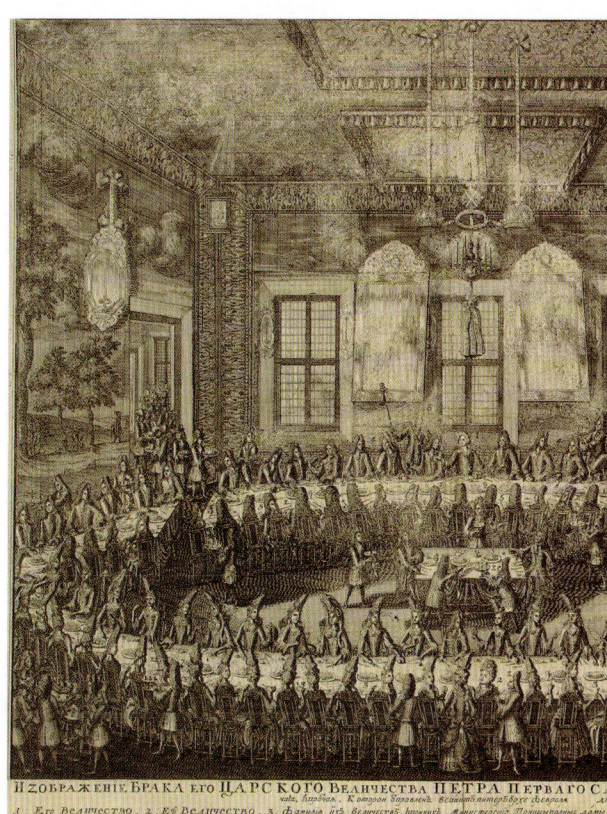

▶ **这幅1712年的雕刻画反映了1712年2月9日在圣彼得堡彼得一世和叶卡捷琳娜举行正式婚礼的场景，两人实际上早在1707年就秘密结婚了**

普鲁特河远征

作为俄罗斯帝国的著名勋章，圣叶卡捷琳娜勋章的诞生同样缘于战争，由俄罗斯最伟大的沙皇彼得一世设立，以纪念他出身低微的妻子在一次远征中的优异表现。彼得一世在取得波尔塔瓦会战重大胜利之后头脑发胀，对土耳其提出最后通牒，迫令引渡因战败逃到土耳其的查理十二世，否则不惜兵戎相见。土耳其苏丹最初准备让步，但查理十二世说服了土耳其参加对俄作战，对此英法也表示支持，于是土耳其准备对俄作战，并于1710年11月10日正式宣战。土对俄宣战的真正原因是想夺回1696年被俄罗斯占领的亚速地区，以及回应俄罗斯舰队在亚速海的出现。战争首先由奥斯曼土耳其帝国的附庸克里米亚鞑靼人几次冬季袭扰挑起，俄罗斯和土耳其这对老冤家又一次兵戎相见了。

此时的俄军仍在波罗的海方向展开进攻，并不具备两线作战的实力，但受刚刚取得胜利的鼓舞，1711年2月25日在克里姆林宫圣母升天大教堂，彼得颁布了对土开战宣言。在3月6日率军出发之前，彼得下令成立政府的最高权力机构——枢密院，枢密官只对沙皇负责。他们像国家其他所有官员一样要宣誓效忠皇上和效忠国家。枢密院的建立和行政监事制的实施为中央机构的改革开辟了道路。同日，彼得在离开莫斯科时宣布，他有了一个合法的夫人，即叶卡捷琳娜。皇帝与这个无名女仆联姻，而置贵族闺秀和宫廷公主于不顾，这是对旧习俗的一种挑战。就这样，彼得偕妻子一起参加了普鲁特河的远征，而他的朋友缅希科夫则留在彼得堡，保卫刚收复不久的波罗的海沿岸城镇。

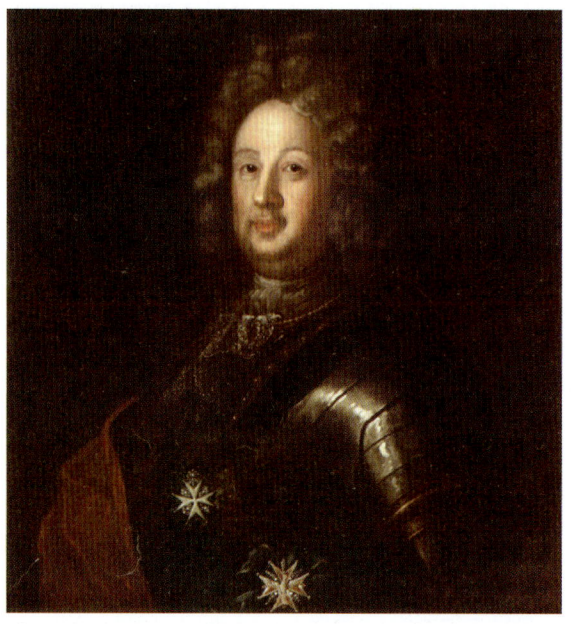

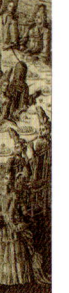

► 鲍里斯·彼得洛维奇·舍列梅捷夫元帅画像。他1701年晋升为元帅，以独断进取、通晓军事见长，在普鲁特河远征中任俄军总司令

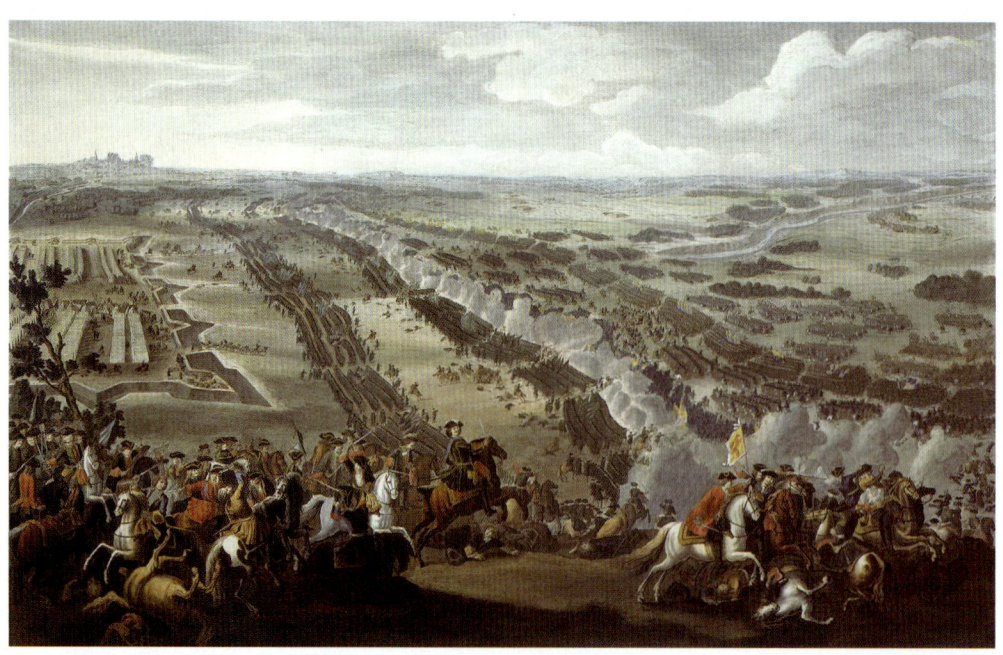

▲ 纪念彼得一世取得波尔塔瓦战役胜利的绘画，战役的结局决定了旷日持久的北方战争的胜利结局，提高了俄国的国际威望，动摇了瑞典的军事强国地位

实际上早在3月6日前，戈利岑公爵已经率第10龙骑兵团开赴摩尔多瓦边界，在其接壤的北利沃尼亚，是舍列梅捷夫元帅（Борис Петрович Шереметев）的第22步兵团。俄罗斯的计划是走出去，不让土军越过多瑙河，然后通过支持当地人民武装起义，获得包括巴尔干半岛上斯拉夫民族和多瑙河两公国即摩尔多瓦和瓦拉几亚的支持，为俄军提供粮秣，从而征服土耳其帝国。

根据莫罗·巴西准将的笔记，在普鲁特河远征前俄军共有79800人，包括4个步兵师每师11200人、6个独立团（包括2个近卫团和炮兵团）共18000人、2个骑兵师8000人、独立龙骑兵团2000人，以及编制内一些其他分队。炮兵队由60门重炮（4～12磅）和近百门团炮（2～3磅）组成。非正规骑兵有哥萨克约10000人，再加上摩尔达维亚人约6000人。

俄军从基辅出发，通过德涅斯特的喜鹊城堡，穿过波兰领土前进到普鲁特。然而早在1711年6月，俄军经过德涅斯特时粮食就开始供应不足，由于彼得对形势估计错误，巴尔干各国并不支持俄军，此次远征俄军的作战计划也被出卖给了土耳其人，他战前的一切指望都落空了。7月1日，克里米亚鞑靼人骑兵攻击了普鲁特河东岸的俄军营地，俄军损失了280名龙骑兵，但他们打退了敌人的进攻。后来包括彼得在内的俄国孤军在普鲁特河边被土耳其以优势兵力包围，当时俄军是38000人，而敌军是168000人。7月19日土耳其骑兵包围俄军后，在距俄军200～300步距离外停了下来。当俄军前出打击敌人时，土军后撤，双方没有交战。当时俄军处于普鲁特河边的一处低洼地中，周围高地都被土军占据着，因为太远不能利用炮火进行打击。在召开的军事会议上，俄军决定在夜间沿普

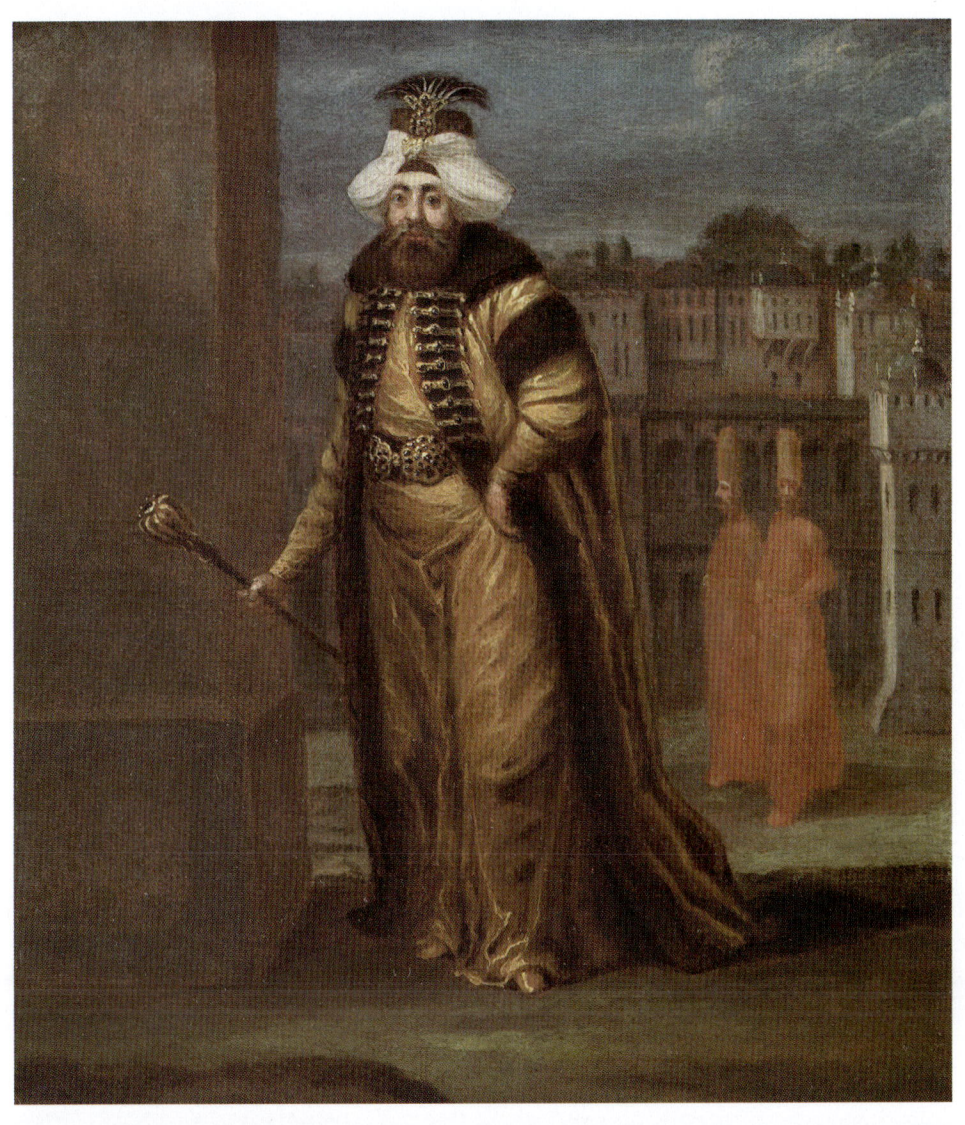

◄ 奥斯曼帝国第二十三任苏丹艾哈迈德三世画像

鲁特河向上游前进，以寻找一个更加有利于防御的地形。当夜11时，在毁掉多余的车辆后，俄军按战斗队形，以6个平行纵队出发，纵队之间是辎重车队和炮兵，近卫团掩护着左翼，右翼则紧挨着普鲁特河。当天俄军共伤亡800余人。此时俄军实力为31554名步兵和6692名骑兵，剩下53门重炮和69门3磅轻炮。

20日清晨，土军抓住俄军平行纵队之间的缝隙，向俄军护卫部队及没有防卫的纵队展开进攻。在俄军侧翼恢复前，许多车夫和军官家属被杀死。俄军不得不停顿几个小时以恢复战斗队形。由于这种耽搁，土军禁卫军步兵和炮兵有可能突然杀出袭击俄军。20日晨5时，俄军因为其右翼末端已经进入了普鲁特河而不得不停下，双方进行了一场激烈的会战，俄军以强大的炮火和顽强的抵抗挡住了土耳其大军的进攻。在重围中彼得绝望至极，一位丹麦公使在日记中写道："当沙皇陷入土耳其军的重围之后，绝望已极，发疯似的在兵营里跑来跑去，捶胸顿足，一句话也说不出来。他的左右大多认为，此番陛下所受的打击过于沉重。军中众多的军官眷属，啼泣不止。"彼得曾建议叶卡捷琳娜离开军队到波兰去，但被她拒绝了。然而由于俄军的拼死抵抗导致土军斗志丧失殆尽，不堪俄国人"顽强精神"的折磨。双方于7月21日开始谈判。叶卡捷琳娜慷慨解囊用她所有的珠宝作为"礼物"贿赂土耳其司令官大维奇尔巴尔塔克·穆罕默德帕夏（Baltacı Mehmet Pasha 1662–1712年），再加上一番高超的外交技巧与手腕，7月23日，俄土最终签订了《普鲁特合约》。俄国放弃亚速海及附近地区，留下枢密院副院长沙菲罗夫和老元帅之子米哈伊尔·鲍里索维奇·舍列梅捷夫给土耳其总司令作为人质后解围回国。尽管苏丹艾哈迈德三世（Ahmed III）起初对《普鲁特合约》持赞成态度，但巴尔塔克·穆

罕默德帕夏的政治竞争对手强烈不满，指控他收受了叶卡捷琳娜的贿赂，1711年11月20日巴尔塔克·穆罕默德帕夏被解除职务，流放到了爱琴海东北的莱斯博斯岛（Lesbos），后来转到爱琴海北部的利姆诺斯岛（Lemnos），第二年就死在了那里。

为了纪念这场战役，俄罗斯发行了普鲁特河远征纪念章，另一个就是本文要重点介绍的圣叶卡捷琳娜勋章。

▼ *彼得一世的外交官，彼得·帕夫洛维奇·沙菲罗夫男爵（Пётр Павлович Шафиров）。和约签订后，他和舍列梅捷夫元帅的长子米哈伊尔·鲍里索维奇·舍列梅捷夫（Михаил Борисович Шереметев）少将作为人质留在了土耳其。1714年俄土双方经过长时间谈判签订协议后他们得以返回俄罗斯，舍列梅捷夫因健康受到严重损害在归国的路上于基辅病逝，沙菲罗夫1719年获俄罗斯帝国最高等级的圣安德烈勋章*

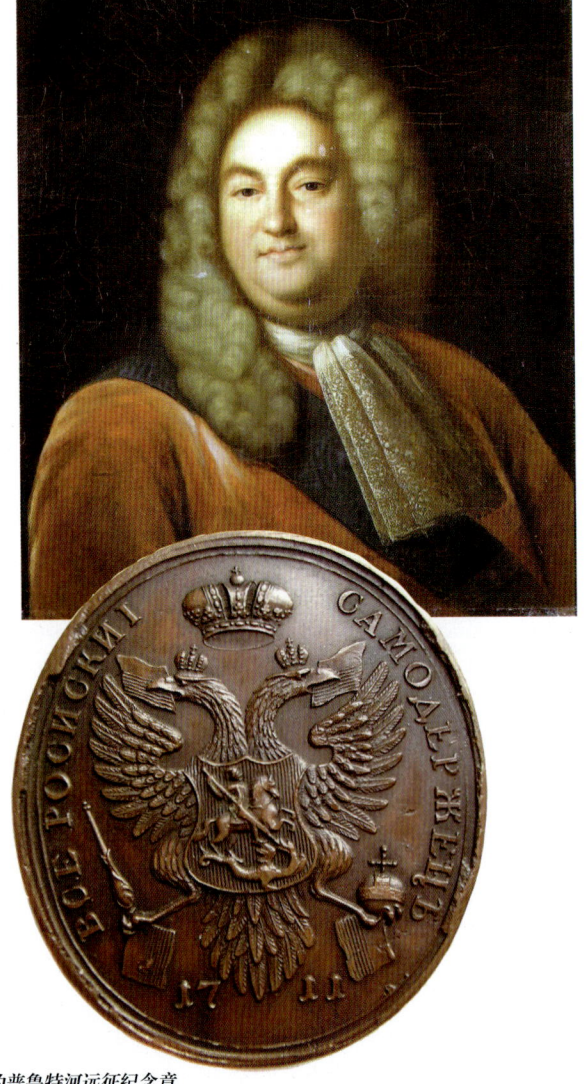

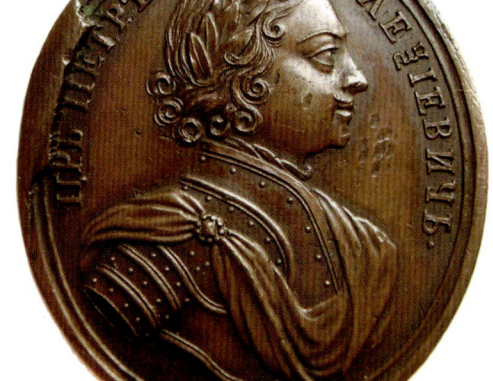

▲ **俄罗斯帝国发行的普鲁特河远征纪念章**

设立和发展

由于在这次远征中皇后的表现深得彼得赞许，1713年彼得大帝专门设立了圣叶卡捷琳娜勋章。该章起初被称为"解放勋章"，设立后彼得只授予了他的妻子叶卡捷琳娜一人。1714年11月24日，在叶卡捷琳娜加冕为皇后这一天，彼得一世亲自向自己的妻子献上后冠，同时也颁发了这枚大十字勋章。他无疑是想借此巩固他出身低微的妻子的地位。同一天，俄国正式公布了勋章的颁发条例，这枚著名的仅授予女性的俄罗斯帝国勋章正式诞生了。

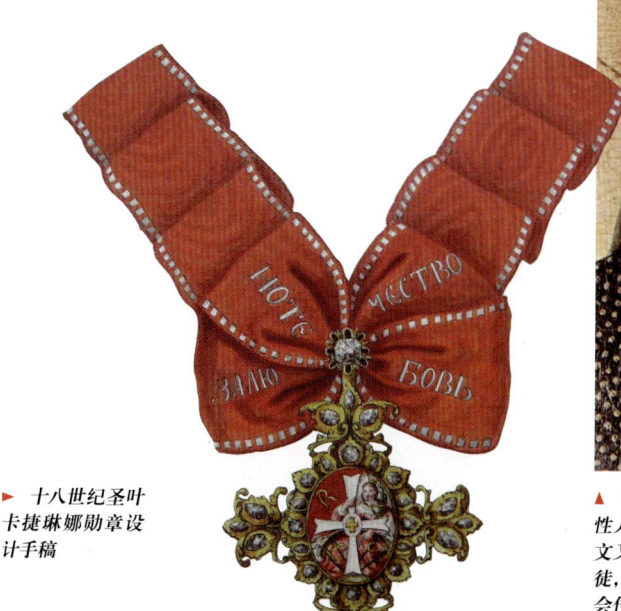

▶ 十八世纪圣叶卡捷琳娜勋章设计手稿

▲ "叶卡捷琳娜"（Екатерина）这个俄语名字与我们熟悉的英美女性人名"凯瑟琳"是一个来源，即基督教圣人亚历山大的凯瑟琳，中文又称作"圣加大肋纳"。传说她时常劝阻罗马帝国皇帝迫害基督徒，最后自己也被斩首。俄国东正教会将其敬礼为"大殉道"，天主教会传统上将其视为十四救难圣人之一。图为文艺复兴时期绘画中的圣加大肋纳形象

圣叶卡捷琳娜勋章尽管是因皇后叶卡捷琳娜而设立，但名义上它还是以基督教和东正教的圣徒叶卡捷琳娜命名的。这款勋章的设立使贵族妇女阶层同男人们一样可以通过获颁勋章得到世俗的肯定。1714年勋章颁发条例规定，圣叶卡捷琳娜勋章在俄罗斯帝国勋章中的地位是"等级第二奖赏"。勋章有大十字和小十字两种款式——请注意这只是款式，不存在高低级别的差异。最初勋章为十字形状（有时也有椭圆形），上面有叶卡捷琳娜的肖像，绶带为白色，还有白色的蝴蝶结。之所以选择白色，是因为它象征着纯洁。白色绶带或蝴蝶结上都刺绣的俄文"为了爱与祖国"的铭文。后来绶带颜色改为猩红色带银边。这枚勋章以叶卡捷琳娜命名还另有深意，因为这一名字在希腊语中也有"纯真"之意。大十字勋章附着在绶带上，通过大绶带右肩左斜佩戴，小十字勋章通过白色的蝴蝶结佩戴在左胸上。1714年的勋章条例并没有提

到勋章的星章，实际上在彼得大帝统治时期就设立了刺绣星章，直接缝在制服上。最初的星章什么形状都有，但很快统一为八角星形状。星章为红色，上面带有半圆形图像，还有一个十字图案并带有勋章铭文。授予刺绣星章的做法止于1854年。

1714年的勋章条例明确规定该章的目的是"纪念伟大的殉教者圣叶卡捷琳娜"，可以用来奖励"妇女的美德和正义，不论是已婚还是未婚"，在获得者的组织上同时也规定了勋章应有一名骑士团长、若干名拥有皇室血统的大十字勋章获得者、不超过12名非皇室血统的大十字勋章获得者，不超过94名包括外国获得者在内的小十字勋章获得者。条例也明确规定，只有骑士团长有授予勋章的管辖权，皇帝虽然可以选择授勋者，但勋章签发权还是属于团长。她也有权剥夺任何一位获得者的勋章，除了大公夫人和皇室公主。而要想剥夺这两种人的

勋章，只有皇帝本人才有此权力。

　　虽然勋章有大小两种款式，但小十字的圣叶卡捷琳娜勋章直到1797年都未进行过颁发。研究俄罗斯帝国勋章体系，就不能不提到这一年和保罗一世。他改革了俄罗斯帝国的奖赏系统，基本继承了1714年勋章条例，并正式将圣叶卡捷琳娜勋章分为两个级别，二者的区别在于勋章佩戴方法和大小的不同。在1797年条例中，还对1714年条例的个别地方进行了修改，其中之一就是对勋章获得者的勋服进行了详细的描述。自1797年开始，圣叶卡捷琳娜勋章也改称为"伟大的殉教者圣叶卡捷琳娜勋章"，成为俄罗斯帝国国家奖赏体系的一部分。

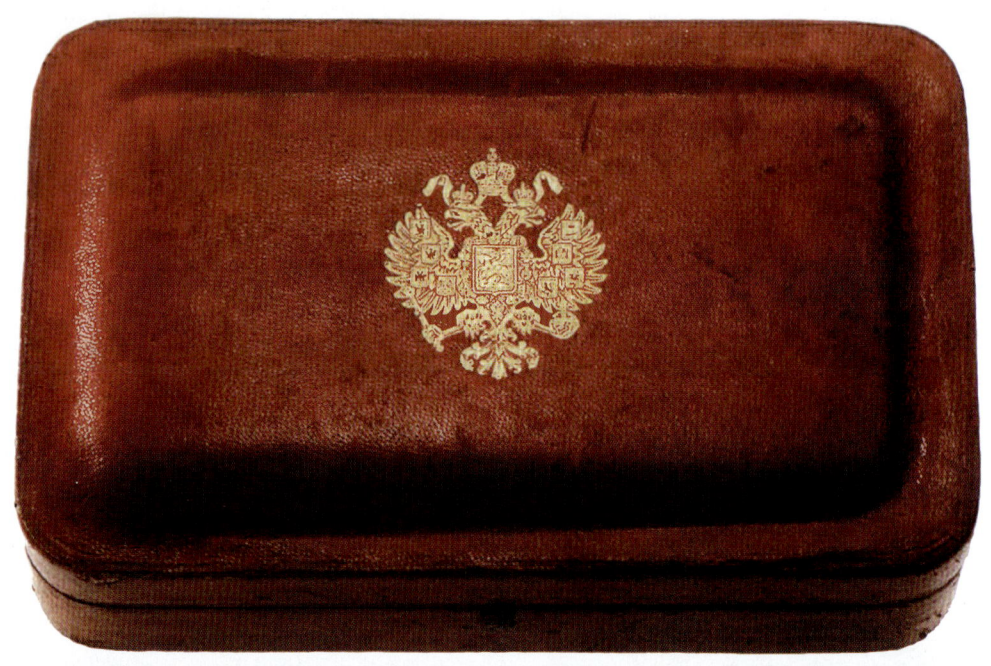

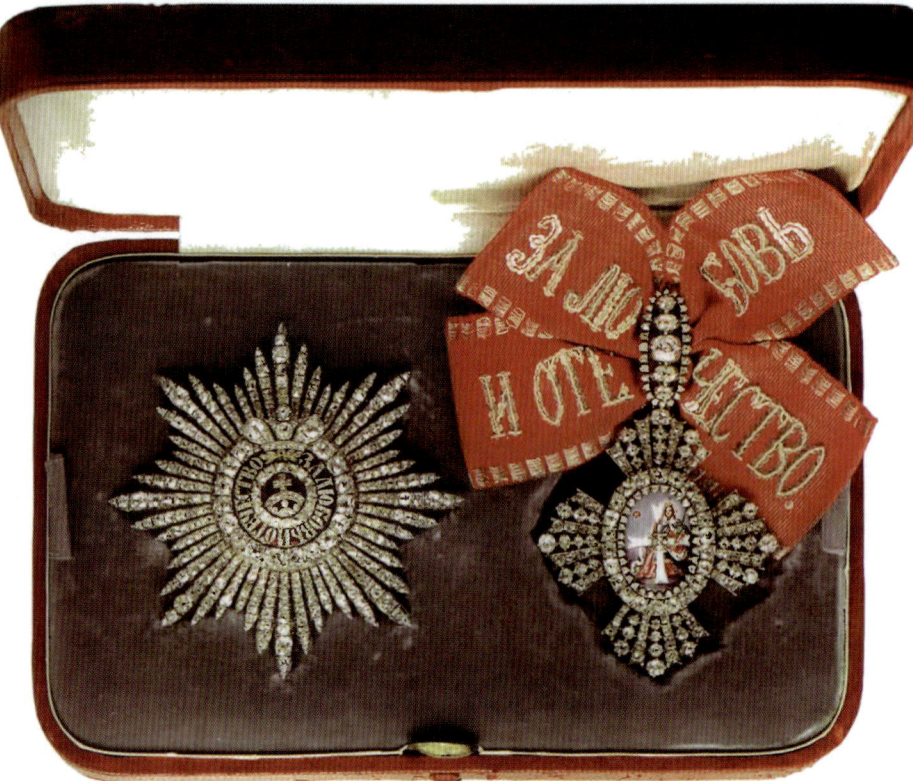

▶ 装在包装盒中的一级圣叶卡捷琳娜勋章钻石星章和徽章，由卡默勒公司于十九世纪上半叶制造

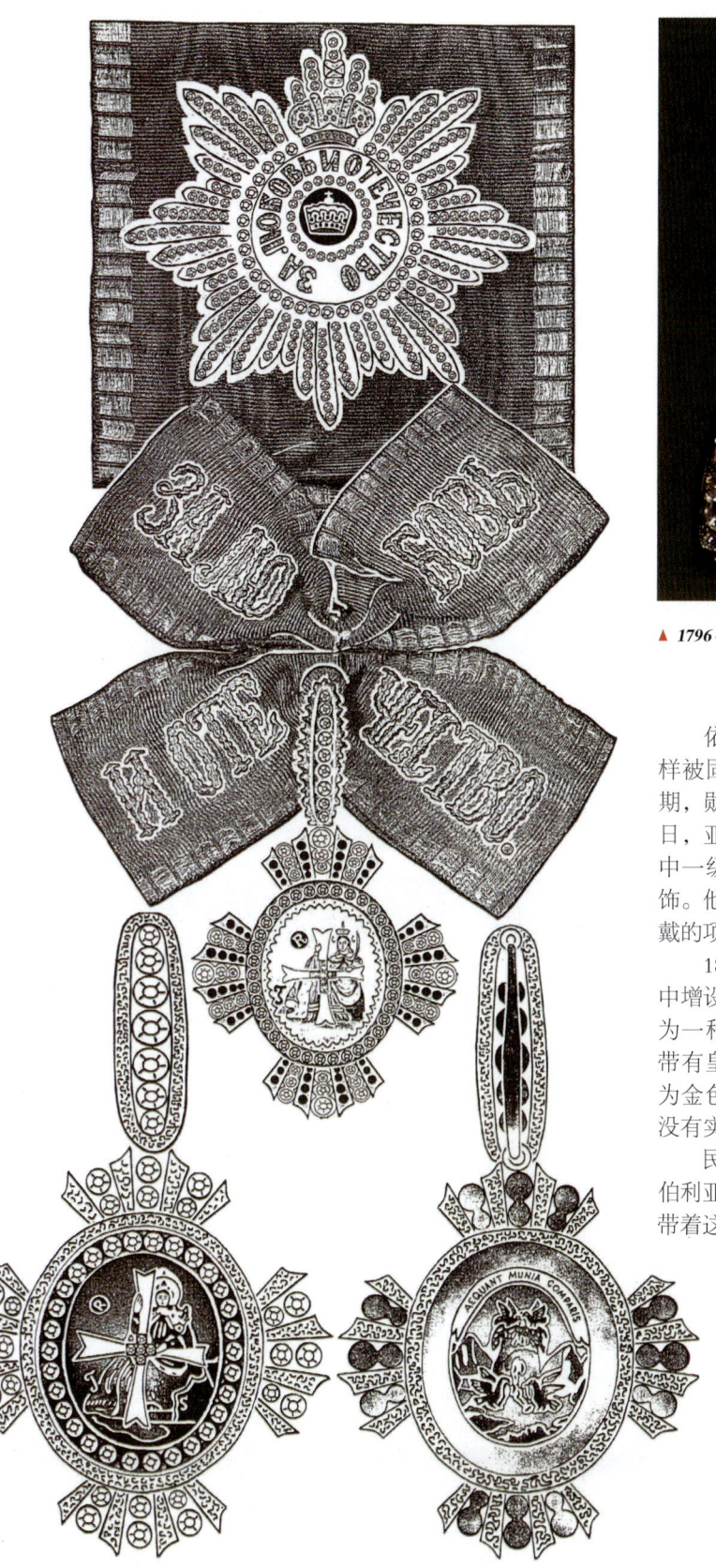

▲ *1796~1801年间一位圣叶卡捷琳娜勋章获得者的帽子饰品*

依据1797年勋章条例的规定，勋章外表式样被固定了下来。在叶卡捷琳娜二世统治时期，勋章外表发生过一些变化。1856年10月20日，亚历山大二世又对该勋章进行了修改，其中一级勋章镶嵌宝石，二级勋章则用钻石装饰。他还为皇室勋章获得者设立了用于勋章佩戴的项链，但从来就没有实行过。

1877年曾有人提议，在圣叶卡捷琳娜勋章中增设像圣格奥尔基勋章那样的军事奖赏，作为一种不太高级的军事勋章。这是一种上面带有皇冠的小的椭圆形奖章，其中一级勋章为金色皇冠，二级为银色皇冠，但最终同样没有实现。

民主革命之后，尼古拉二世家族被押赴西伯利亚最终走向死亡时，他的女儿仍然随身携带着这种勋章的徽章和星章。可以说，圣叶卡

◀ *1900年左右一本出版物里面的一级圣叶卡捷琳娜勋章线图*

捷琳娜勋章见证了俄罗斯帝国从强大到衰亡的整个过程。1917年8月5日临时政府《关于修改勋章符号外观的决定》并没有提及圣叶卡捷琳娜勋章，似乎将它遗忘了。临时政府可能纯粹把这种勋章当作宫廷奖赏，并没有打算将它放进俄罗斯共和政体内。虽然后来苏维埃政府将俄罗斯帝国其他勋章全部废除，但至少在理论上，圣叶卡捷琳娜勋章仍存续至1928年，直到最后一任圣叶卡捷琳娜勋章骑士团长亚历山大三世的妻子玛丽亚·费奥多萝夫娜去世。而在俄国革命之后那几年当中该勋章的颁授情况则无从知晓。

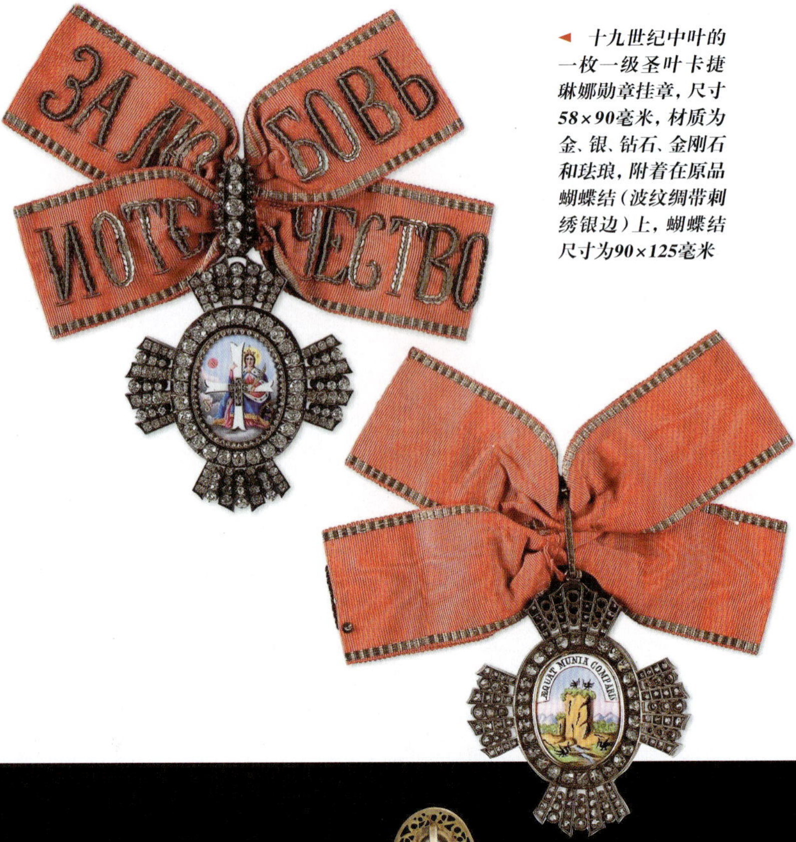

特征

圣叶卡捷琳娜勋章分为两级，一级由大十字勋章和佩戴在胸部的星章及绶带组成，二级是小十字勋章。

▶ 十九世纪中叶的一枚一级圣叶卡捷琳娜勋章挂章，尺寸58×90毫米，材质为金、银、钻石、金刚石和珐琅，附着在原品蝴蝶结（波纹绸带刺绣银边）上，蝴蝶结尺寸为90×125毫米

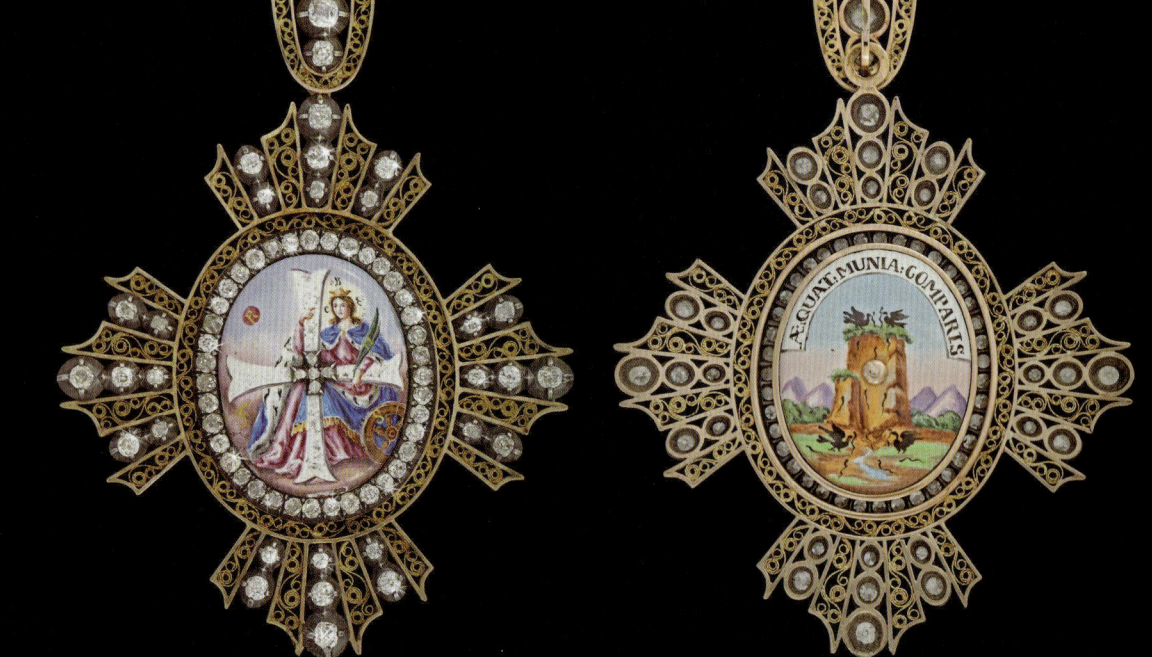

▲ 十九世纪中叶制造的一枚一级圣叶卡捷琳娜勋章挂章，尺寸90×58毫米。供图/Кабинетъ

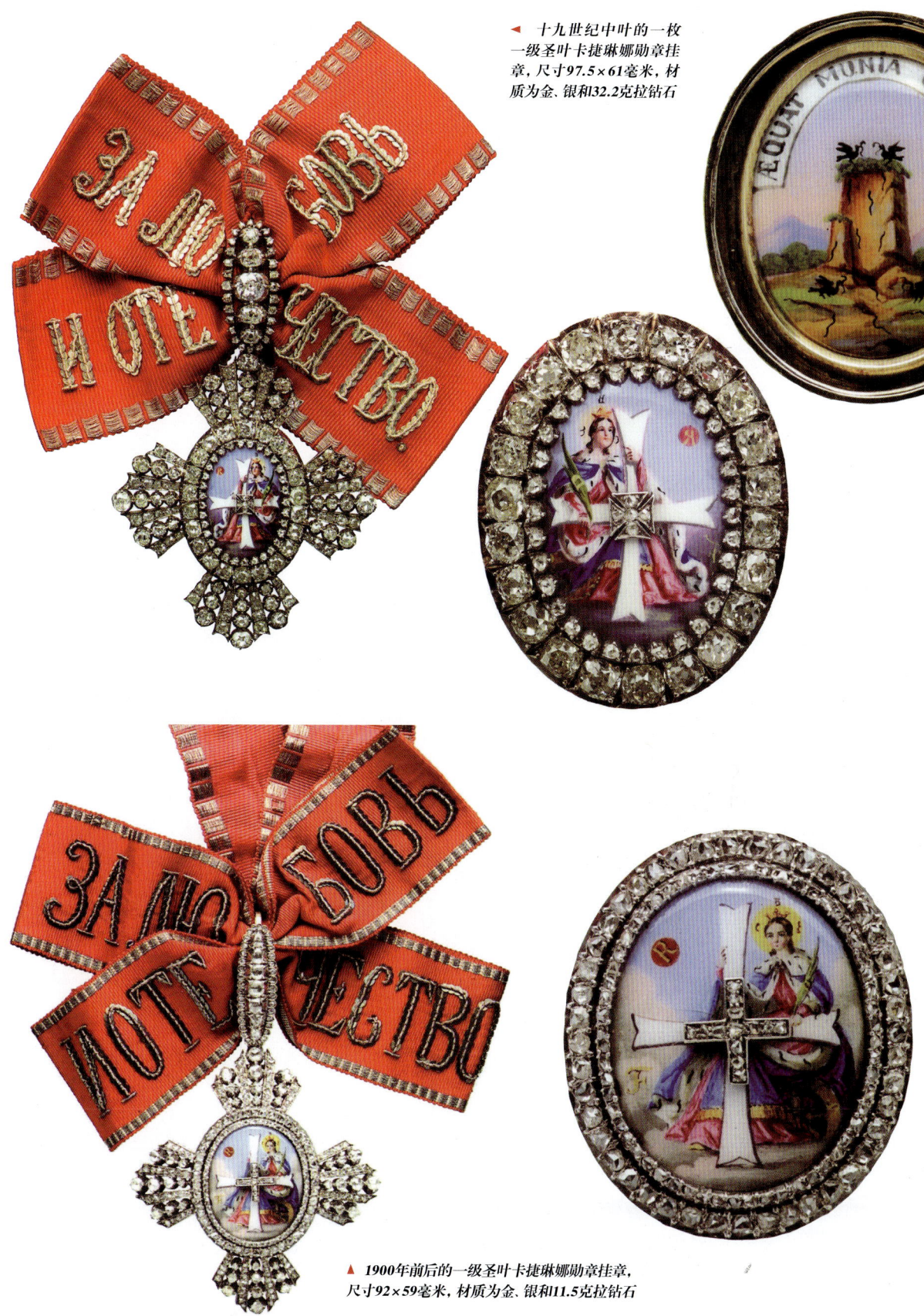

▼ 十九世纪中叶的一枚
一级圣叶卡捷琳娜勋章挂
章，尺寸97.5×61毫米，材
质为金、银和32.2克拉钻石

▲ 1900年前后的一级圣叶卡捷琳娜勋章挂章，
尺寸92×59毫米，材质为金、银和11.5克拉钻石

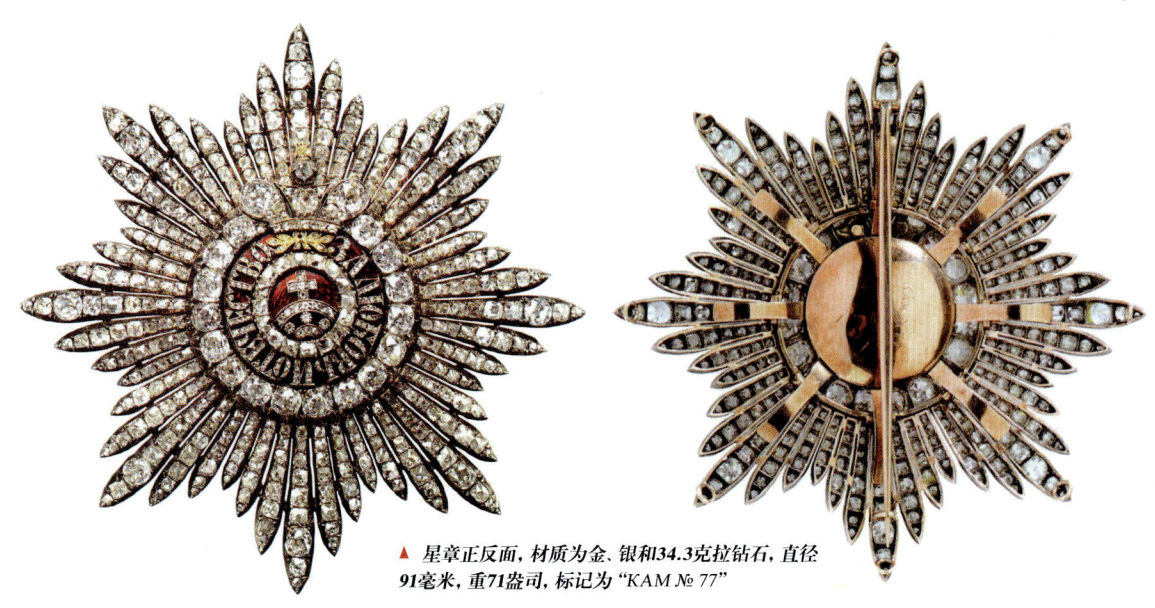

▲ 星章正反面，材质为金、银和34.3克拉钻石，直径91毫米，重71盎司，标记为"KAM № 77"

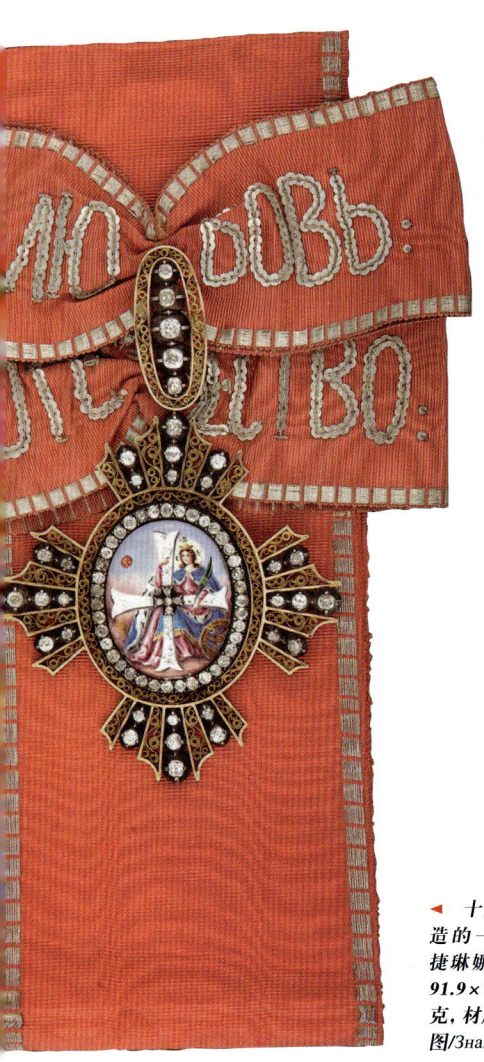

▶ 另一枚星章正反面，材质为金、银和32.5克拉钻石，直径94毫米，重135盎司

◀ 十九世纪下半叶制造的一枚一级圣叶卡捷琳娜勋章挂章，尺寸91.9×77.5毫米，重74.3克，材质为金银钻石。供图/Знакъ

勋章挂章总体来看是十字构形，8.5厘米高，7.5厘米宽，采用黄金制造，并用珍贵的宝石和彩色珐琅装饰。十字中央有一个呈椭圆形的大圆盘，上面是披着斗篷的圣叶卡捷琳娜珐琅肖像，她的右手扶着白色十字架，象征她的信念，左手持着棕榈叶，身后巨大的光轮象征她的殉道，头部上方是她姓名的首位字母缩写"Sv. E"。白色十字架各臂间有拉丁文"Domine Salvum Fac Regem"的首位字母"D.S.F.R"的缩写，这句话来自于十九世纪的诗句，意思是"上帝保佑沙皇"，珐琅圆盘的边缘镶嵌着一圈钻石。

▶ 十八世纪晚期制造的一枚二级圣叶卡捷琳娜勋章。供图/Знакъ

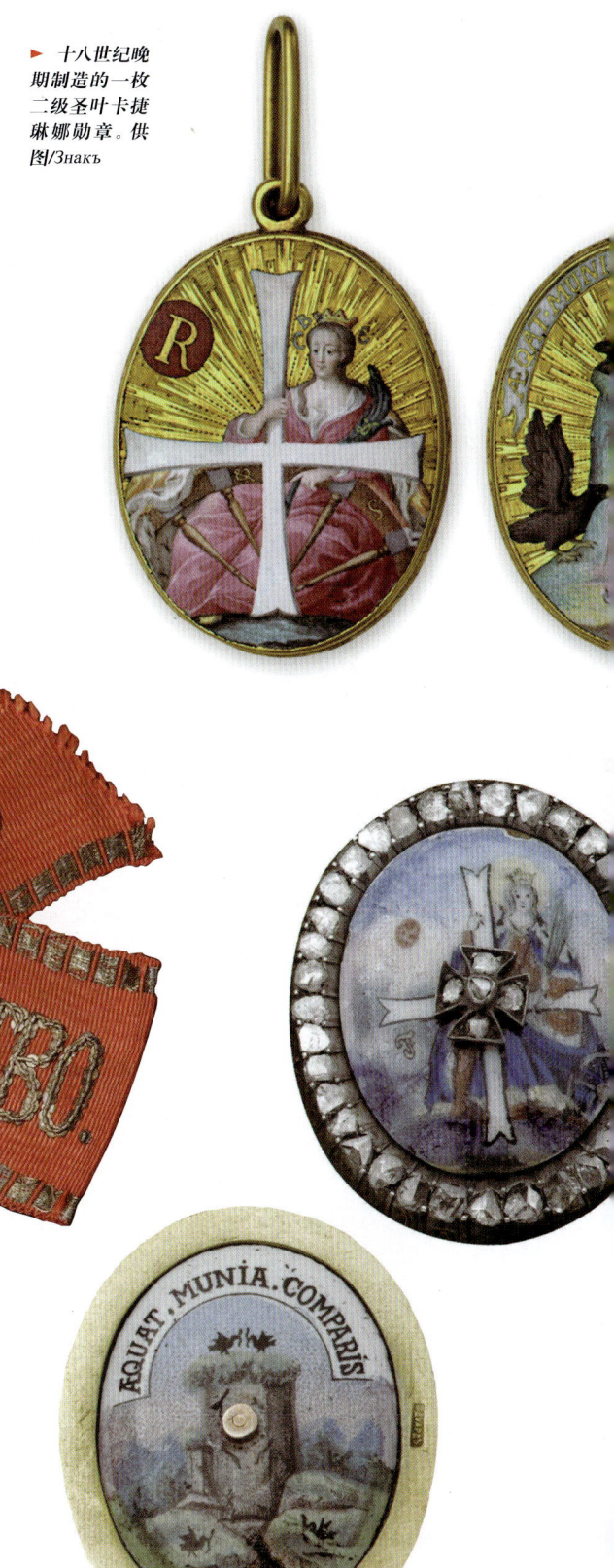

▲ ▶ 十九世纪中叶制造的一枚二级圣叶卡捷琳娜勋章，尺寸95×125毫米（带挂环）。供图/Кабинетъ

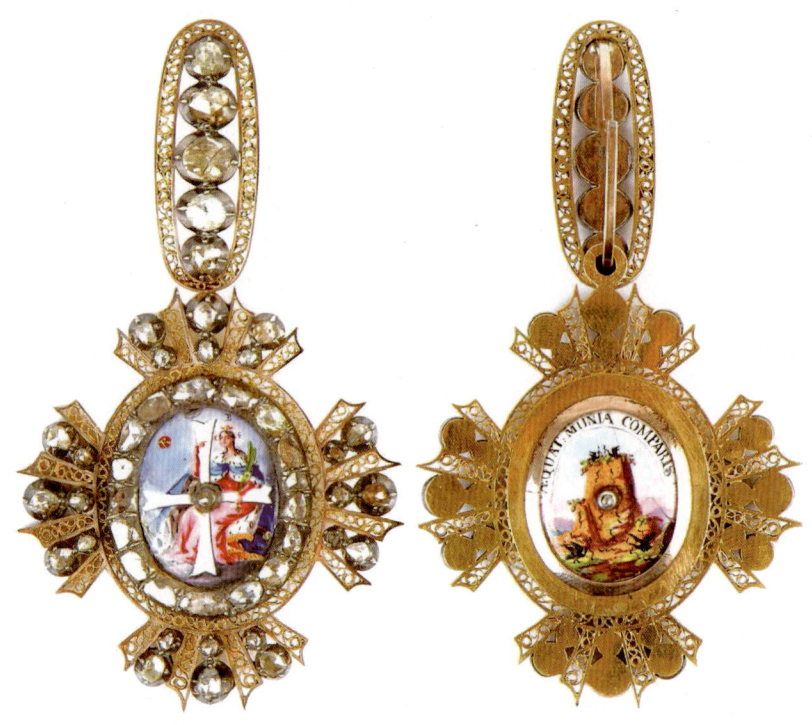

▲ 十九世纪晚期制造的一枚二级圣叶卡捷琳娜勋章

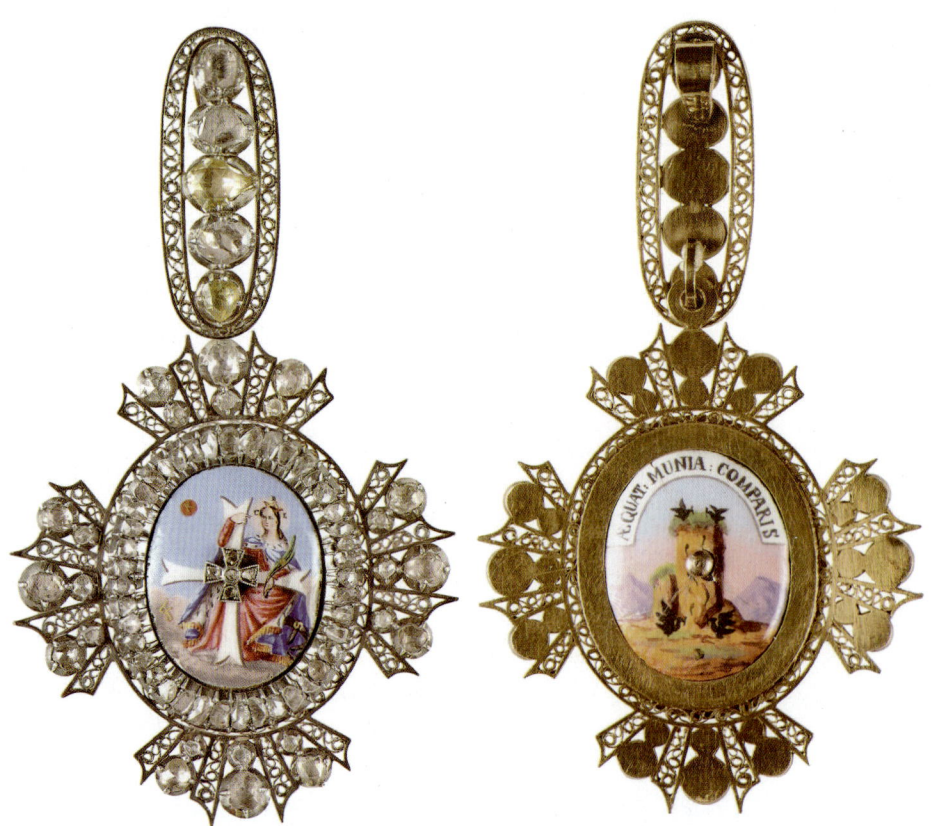

▲ 十九世纪中晚期由基贝尔珠宝行制造的一枚二级圣叶卡捷琳娜勋章。供图/Кабинетъ

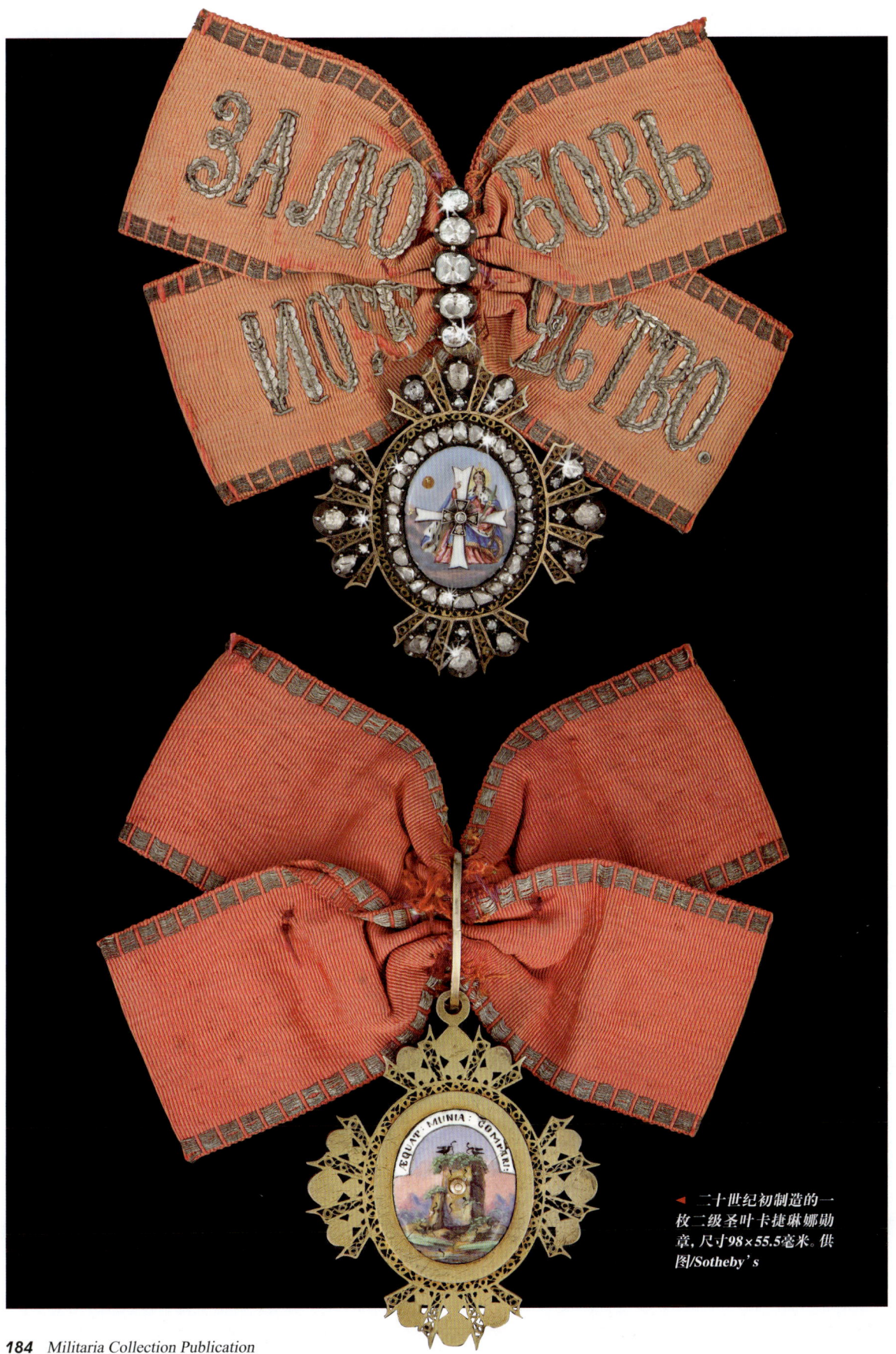

▲ 二十世纪初制造的一枚二级圣叶卡捷琳娜勋章，尺寸98×55.5毫米。供图/Sotheby's

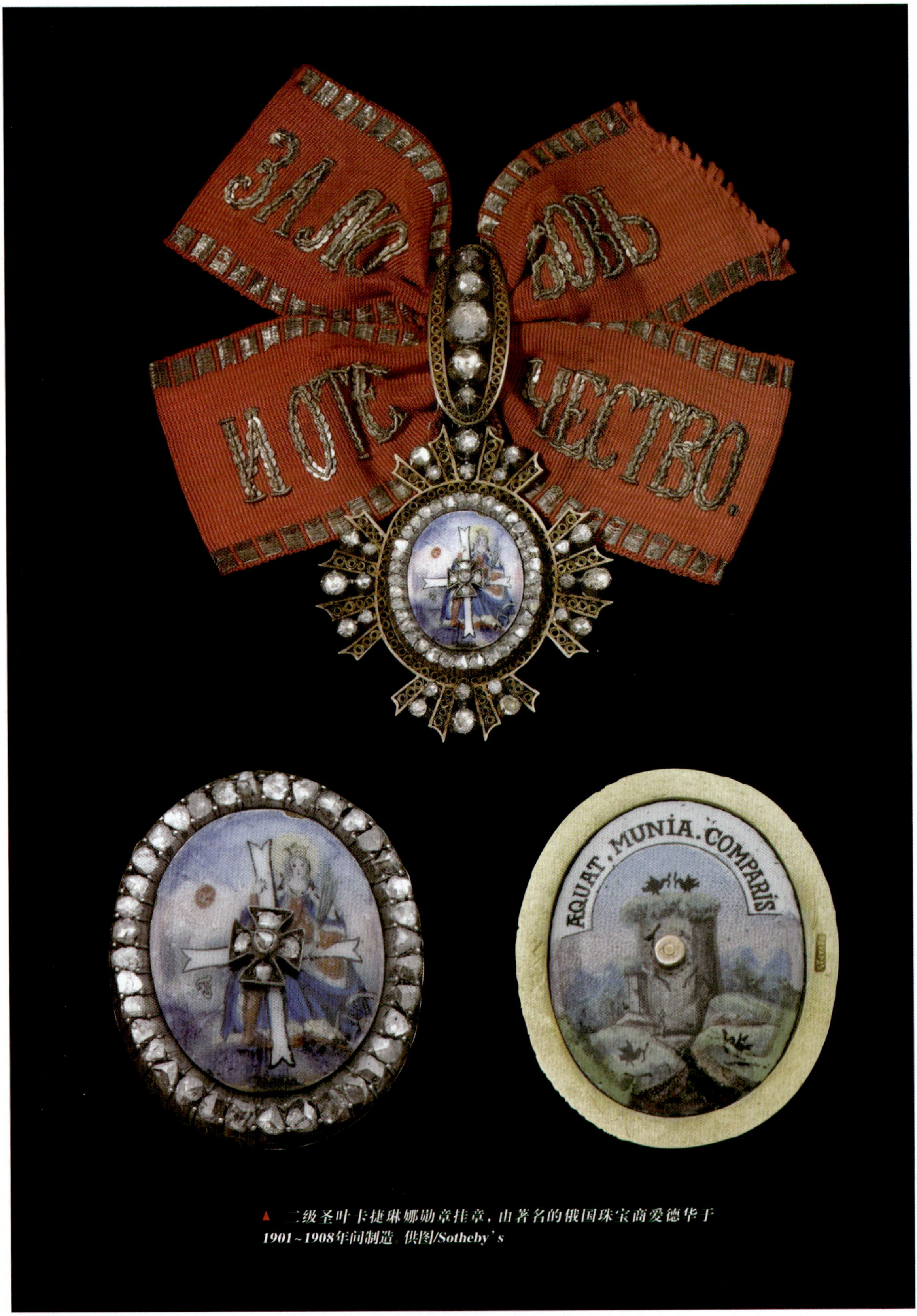

▲ 二级圣叶卡捷琳娜勋章挂章，由著名的俄国珠宝商爱德华于
1901~1908年间制造　供图/Sotheby's

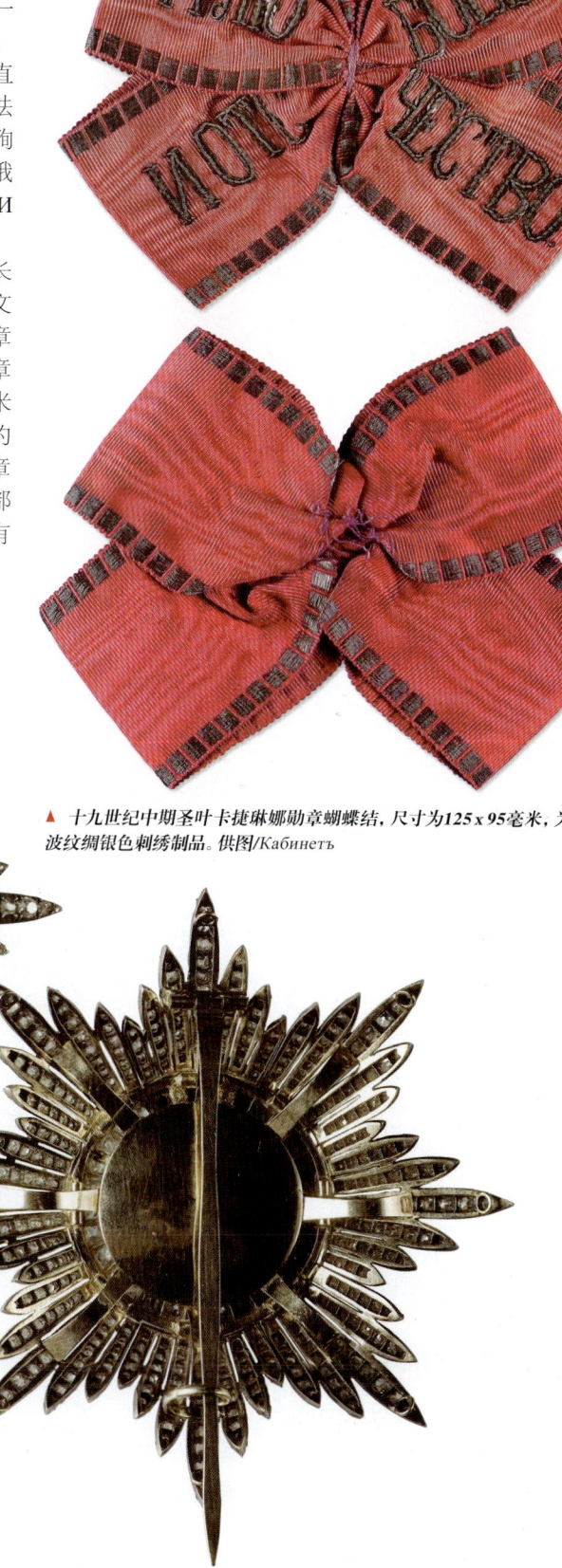

勋章挂章背面的图案是两只鹰正在为保护幼鹰巢穴而战斗的场景，巢穴顶部是幼鹰，周围布满了蛇，图案上方是拉丁文铭文"AQUAT MUNIA COMPARIS"，意思是"劳动成果和她的丈夫一样"，意在指出叶卡捷琳娜是彼得一世的合法妻子。

一级勋章的星章是带有光芒的银质八角章，直径9厘米左右，上面镶有钻石。星章中央是红色珐琅底，正中心是一个轮子，象征着叶卡捷琳娜的殉难，轮子的拱顶上部有一个十字架，图案四周被俄文字体的铭文"为了爱与祖国"（ЗА ЛЮБОВЬ И ОТЕЧЕСТВО）所环绕，星章佩戴在左胸部。

勋章的绶带是红色的，边缘带银色绣条，即由长方形或正方形小块构成的条纹。绶带表面刺绣着铭文"为了爱与祖国"。一级勋章绶带有10厘米宽，勋章徽章挂在大绶带上从右肩斜挎至左肋佩戴，同时星章佩戴在左胸部。二级勋章绶带要窄一些，有4.5厘米宽，挂在蝴蝶结绶带上佩戴于左胸。尽管根据最初的勋章条例，绶带应该是白色的，但即使在第一位勋章获得者叶卡捷琳娜的肖像画上，勋章绶带的颜色也都被描绘为红色或粉红色（或许跟涂色技法有关）带有银色条纹。

▲ 十九世纪中期圣叶卡捷琳娜勋章蝴蝶结，尺寸为125 x 95毫米，为波纹绸银色刺绣制品。供图/Кабинетъ

▲ ▶ 由宫廷珠宝商于十九世纪下半叶制造的圣叶卡捷琳娜勋章星章，尺寸为88×88毫米，重135.1克，材质为银黄金和钻石，包括15.92克拉的钻石

勋服

圣叶卡捷琳娜勋章的勋服是一种古老的俄罗斯风格服饰，绣有金色饰带的银色织锦，紧身连衣裙带有金色镶边及穗子，拖地部分为绿色的天鹅绒。有意思的是，在这种制服上也能体现出尊贵的区别：公爵夫人和皇室公主勋服的袍裙（拖在地上的部分）必须比其他勋章获得者的要长一些，而皇后陛下的袍裙又比其他勋章获得者的更长。勋服的帽子是绿色天鹅绒的，带有一个半圆形的装饰，皇后陛下的帽子尺寸是最大的，且装饰有红色的宝石。大公夫人、亲王王妃和皇室公主的帽子都用钻石装饰，而其他获得者的帽子则绣有银饰。皇后陛下因高于一切其他勋章获得者，还可以披着一种带有白鼬毛皮的绿天鹅绒斗篷。

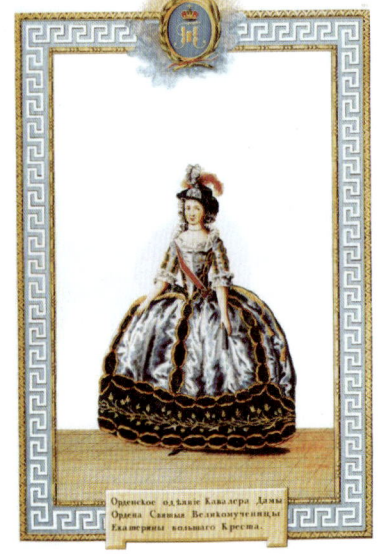

▲ 1797年一级圣叶卡捷琳娜勋章获得者勋服

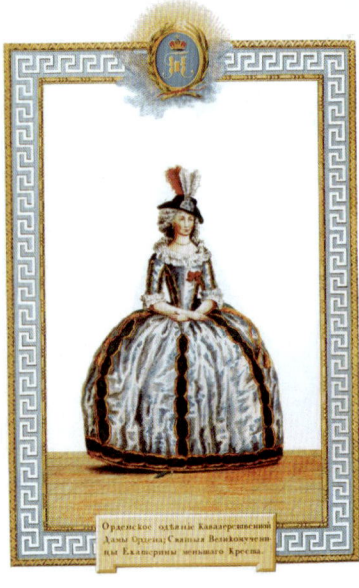

▲ 1797年二级圣叶卡捷琳娜勋章获得者勋服

颁授规定

圣叶卡捷琳娜勋章属于俄罗斯帝国勋赏系统中的第二高级勋章，仅次于俄罗斯帝国最高级勋章第一圣徒安德烈勋章，但其职能主要还是体现在礼仪上，也是俄罗斯骑士精神的一部分。在俄罗斯帝国，还有另一种设立于1916年的圣奥尔加女公爵勋章，仅授予过一位妇女，但随着罗曼诺夫王朝的垮台而终止。圣奥尔加女公爵勋章和圣叶卡捷琳娜勋章一起成为俄罗斯帝国勋赏系统中仅有的两种专授女性的奖赏。

根据1797年4月5日圣叶卡捷琳娜勋章条例的规定，女团长由皇后担任，其一生都将保持这一头衔，并终身拥有勋章颁发权，即使在皇帝去世后也是如此。新皇后想要取得这个头衔必须在前一位皇后去世以后。女团长之下是副手和执事头衔，授予王位继承人的妻子，如果没有这一身份的人选，则授予第一位大公爵夫人和王妃。如前所述，该条例还特别指定，如果勋章女团长丧偶，她仍将保持这一职位，但副手和执事的头衔将由在位的皇后保有，直至团长去世。这也就解释了为什么俄罗斯革命时最后一位圣叶卡捷琳娜勋章的女团长是亚历山大三世的妻子玛丽亚·费奥多萝夫娜皇后，而不是尼古拉二世的妻子。

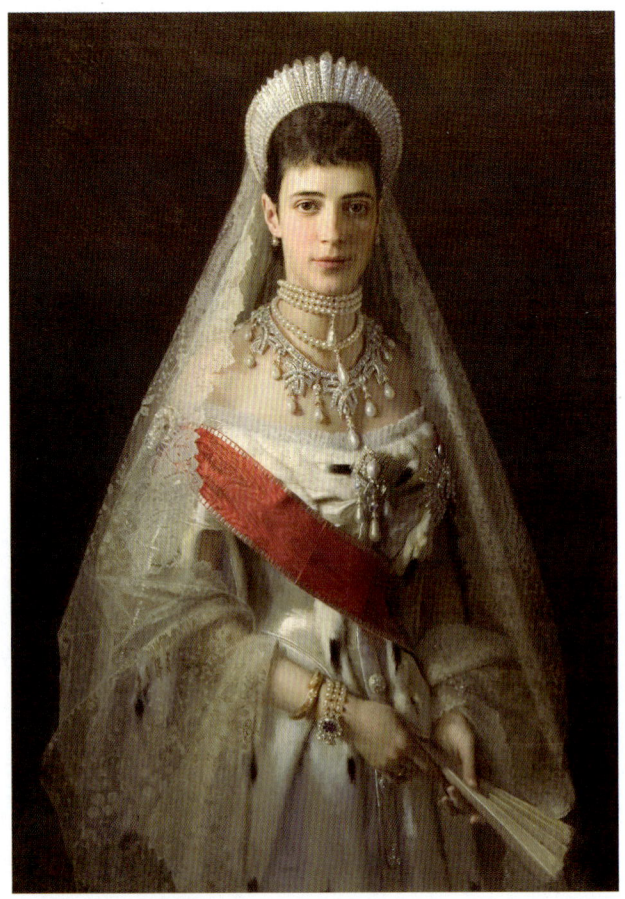

▲ 佩戴着圣叶卡捷琳娜勋章的亚历山大三世的妻子，皇后玛丽亚·费奥多萝夫娜（Мария Федоровна）

虽然这种勋章的职能主要体现在礼仪上，但它的荣耀仍然不能低估，获得该勋章就有可能进入皇室。保罗一世在勋章条例中引入规定，大公王妃在洗礼时将获得勋章，皇室后裔的公主以及将取得皇后陛下称呼的贵族将在达到法定年龄（20岁或结婚成为皇室成员的时候，也有不少资料指出18岁即可获得）后获颁一级大十字。至于皇帝的公主们，授予权则在皇帝陛下的手里。其他情况还要考虑候选者丈夫的功绩。通常勋章也被授予高级官员的配偶，尤其是那些近臣的家属。

根据规定，除皇室人员之外，全俄罗斯仅106人有资格获此勋章，包括12名一级大十字勋章获得者，94名二级小十字勋章获得者。只有当其中一位获得者死亡后，才会空缺出一个名额给下一位人员。同时也只有最为高贵的女性才能获得这一奖赏的提名。在一场由皇帝陛下和主教出席的授予仪式上，勋章获得者必须向皇帝宣誓效忠。这一仪式由女团长、一名秘书和两位资历稍浅的勋章获得者作为承宣官组成。这些人员除了服装不同，还可以通过其佩戴的圣叶卡捷琳娜勋章的不同来进行区分。女团长以颈授的方式戴着变窄的绶带，秘书和承宣官采取扣眼的方式戴着同样的绶带。

根据1714年勋章条例第五章的叙述，勋章获得者们有以下"责任"：

1. 感谢上帝在最后一天将彼得大帝拯救出来；

2. 每隔一天向上帝祈祷保佑君主统治，保佑其身体健康，幸福，整个皇室家族长寿；

3. 逢三圣一主日的周日祷告三次，祈祷说"我们的父亲"诸如此类；

4. 通过模范的正直行为和规劝，尽一切努力来转变异教徒信仰正统信仰，但不能恐吓和强迫；

5. 用她自己的金钱为被野蛮奴役的一名基督徒进行赎回。

每一名获得勋章的妇女，要做出忠于君主是庄严承诺，并永不阴谋反对君主个人，也不反对他的统治。

从这些勋章获得者的责任中，包括向上帝感恩、为俄罗斯皇帝和帝国祈祷、自愿传播教义、为基督徒进行赎回等等，可以明显看出，这种勋章完完全全是为沙皇君主统治服务的。

1797年10月27日颁布的法令进行了更多修订。勋章获得者被要求一次性为慈善事业缴纳费用，大十字勋章获得者要缴纳400卢布，小十字勋章获得者需缴纳250卢布，用于建设医院和孤儿院等慈善事业。

保罗一世在1797年勋章条例中规定，圣彼得堡塔夫利宫的叶卡捷琳娜教堂是这种勋章的圣堂。后来该勋章的获得者捐款赞助设立了一所学校，而这所位于圣彼得堡的圣叶卡捷琳娜勋章学校教堂根据1845年8月20日的法令，取代以前的圣堂成了新的圣叶卡捷琳娜勋章圣堂。

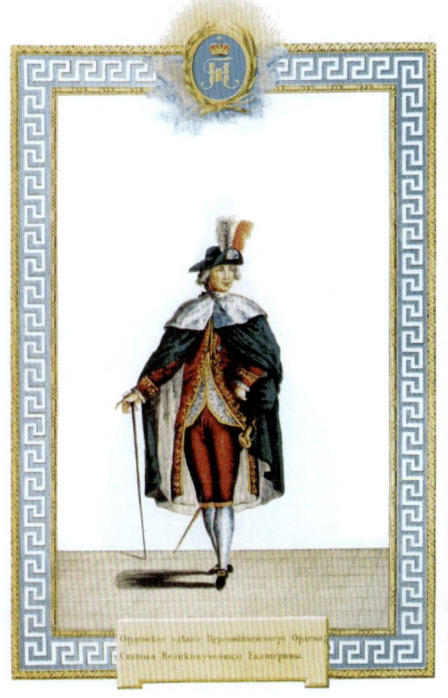 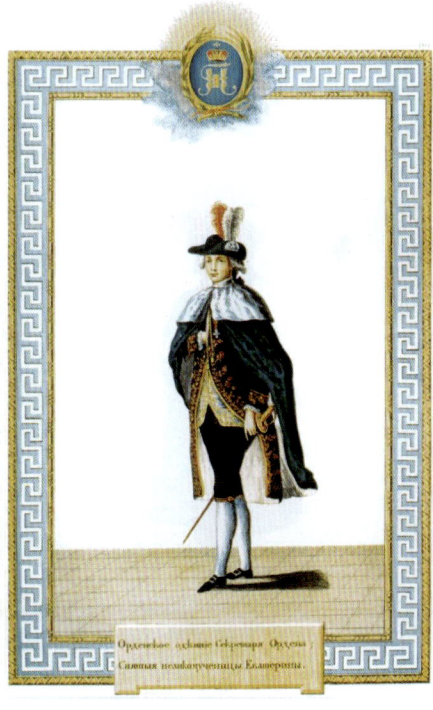 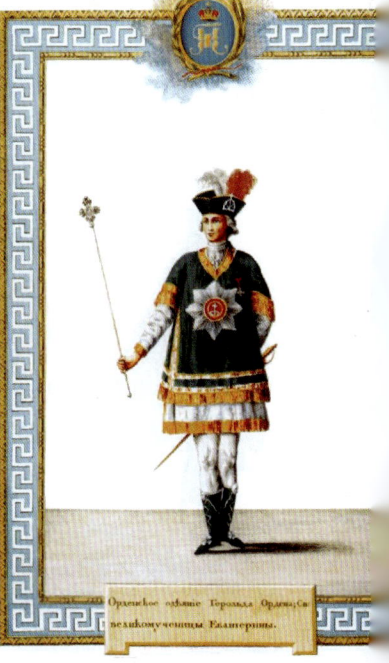

▲ 1797年圣叶卡捷琳娜勋章女团长制服　　▲ 1797年圣叶卡捷琳娜勋章秘书制服　　▲ 1797年圣叶卡捷琳娜勋章承宣官制服

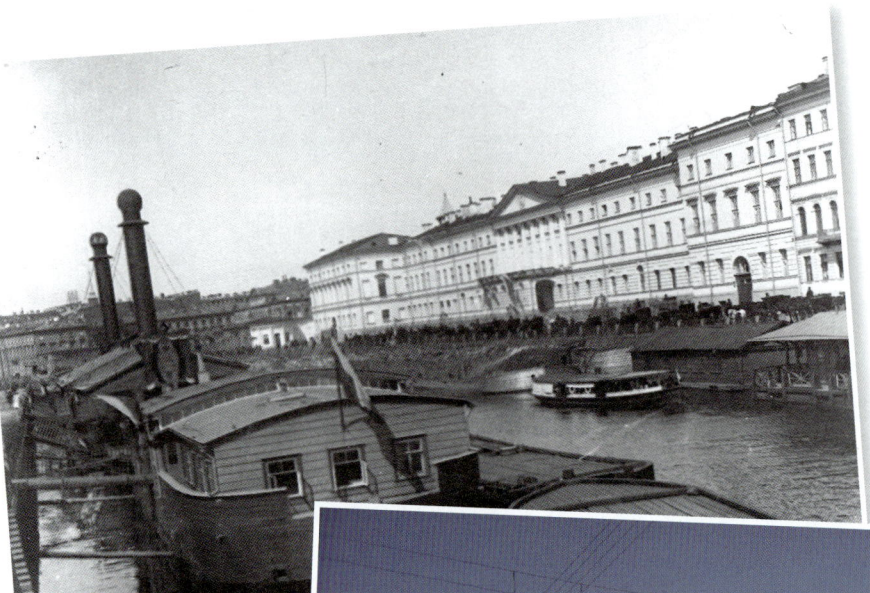

▶ 历史照片中的圣叶卡捷琳娜
学校教堂

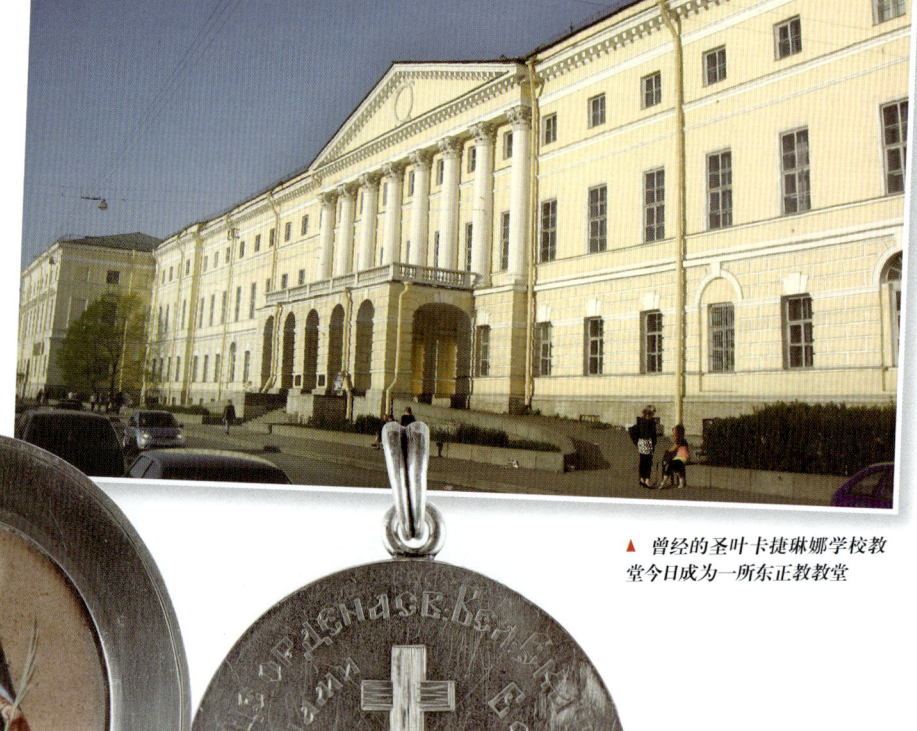

▲ 曾经的圣叶卡捷琳娜学校教
堂今日成为一所东正教教堂

◀ 圣叶卡捷琳娜勋章
学校学生佩戴的证章。
供图/Кабинетъ

189

圣叶卡捷琳娜勋章日是俄历11月24日（公历12月7日），这一天皇室的勋章获得者们会穿着制服佩戴勋章出席隆重的庆祝仪式。106位勋章获得者从皇家教堂游行到为庆祝这一特别日子专门准备的圣叶卡捷琳娜大厅，并参加使用专门餐具的盛大宴会。这个大厅位于克里姆林宫，也作为皇后大厅。大厅设计的比例匀称而美观，厅内的装饰品也以圣叶卡捷琳娜勋章及绶带为设计灵感。白色的天花板和银行的墙壁使这个大厅非常明亮，如同光照进这个大厅一样。墙壁的边缘采用绶带的猩红色装饰，大厅的门也是精心制作的金属工艺品，上面的勋章十字挂章和星章由镀金的月桂树枝缠绕。两个水晶大吊灯是特别从俄罗斯皇家玻璃厂定制的，而四个小一些的吊灯是在巴黎用著名的巴卡拉玻璃制品定制的。大厅的方柱和隔栏饰以孔雀石，极尽奢华。今天这个大厅仍用于接见外交使团和外交官。

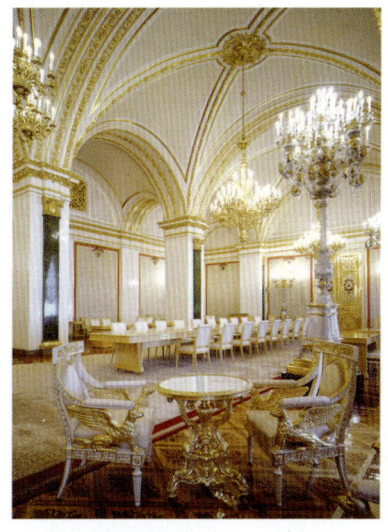

▲ 圣叶卡捷琳娜大厅现状

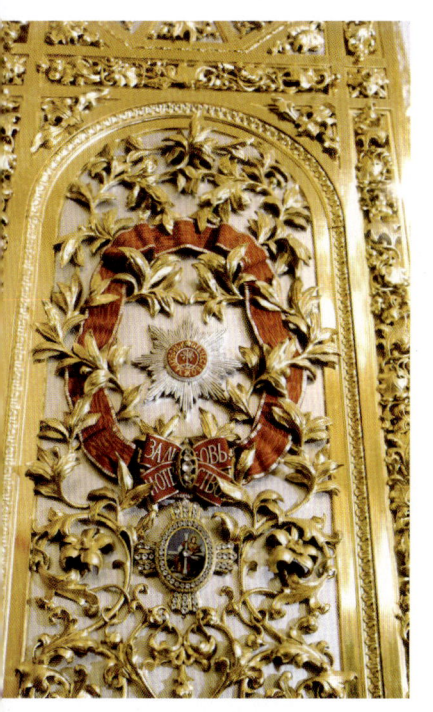

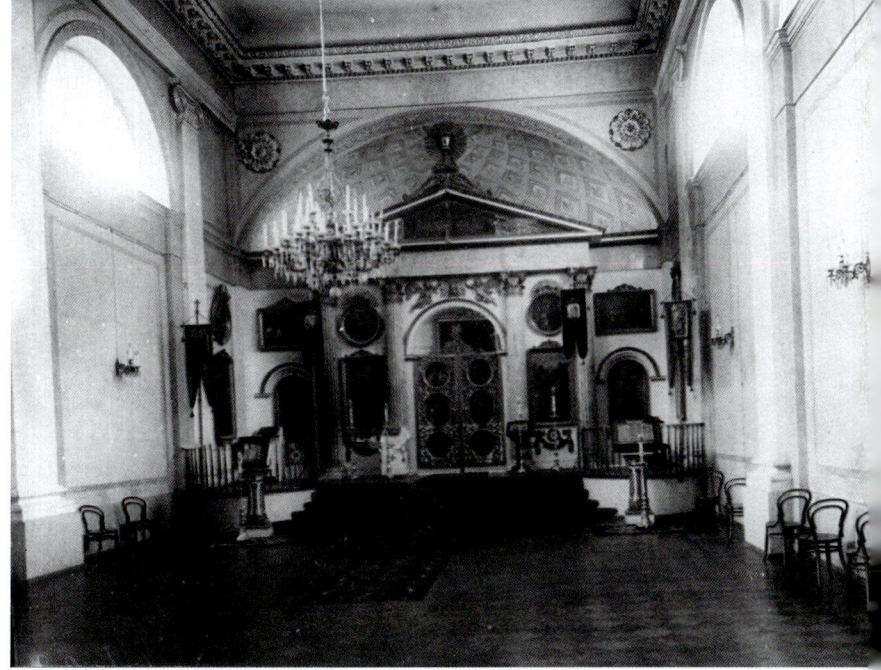

▲ 圣叶卡捷琳娜大厅的门上和墙壁上装饰着圣叶卡捷琳娜勋章图案　▲ 二十世纪初的圣叶卡捷琳娜大厅

颁发情况

彼得向他的妻子授予第一枚大十字勋章后，作为勋章创立者，彼得一世在位时未再颁发过圣叶卡捷琳娜勋章。1725年1月28日彼得驾崩当天，叶卡捷琳娜就宣布即女皇位，她在位时期共向包括其他国家女士在内的7人颁发了一级圣叶卡捷琳娜勋章，少于同时期她颁授的圣安德烈勋章。勋章获得者包括她的大女儿安娜、次女儿伊丽莎白——1741年即位的伊丽莎白一世女皇。此外，勋章获得者还有叶卡捷琳娜·阿列克赛耶芙娜，即后来的叶卡捷琳娜二世，她的勋章是由即将成为其丈夫的大公彼得·乌尔里希为她申请颁授的。

既然这种勋章是专门颁发给"女士"的，那应

该不会颁发给男性吧？然而在矛盾的俄罗斯什么情况都有可能发生。第八枚圣叶卡捷琳娜勋章于1727年2月5日授予缅希科夫年仅13岁的幼子亚历山大·亚历山德罗维奇（Александр Александрович Меньшиков），因"对他（彼得大帝）谦虚的赞颂"，另一方面也因为他性格腼腆得像个"小姑娘"，缅希科夫想以此来唤醒他的男子汉气概。这是首次违反该勋章颁发条例的情况，亚历山大也成为首位获此勋章的男性，一幅他佩戴此勋章的肖像画留存了下来可以证明。后来在他的父亲去世后，小皇帝彼得二世下令褫夺了这枚勋章，转授给了小皇帝的姐姐、彼得大帝的孙女、女大公纳塔丽娅·阿列克谢耶夫娜（Наталья Алексеевна）。

但是，与大多数人认为男性获得者只有这一位的认识相反，有俄文资料显示还有几次例外的情况。例如国家杜马成员阿纳托利·亚历山德罗维奇·库拉金公爵（Анатолий Александрович Куракин）就获得过一枚圣叶卡捷琳娜勋章。他是来自丹麦的亚历山大三世的皇后玛丽亚·费奥多罗夫娜的官方监护人。

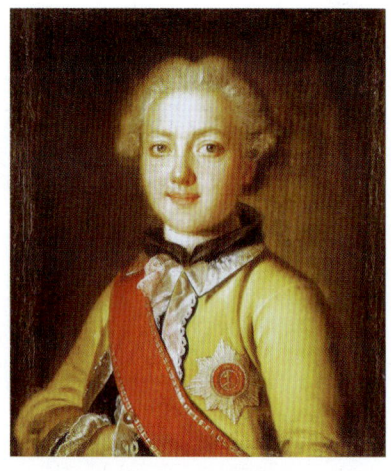

▲ 13岁的亚历山大·亚历山德维奇·缅希科夫佩戴着一级圣叶卡捷琳娜勋章的肖像画，这也是这种女性勋章确实授予过男性的铁证

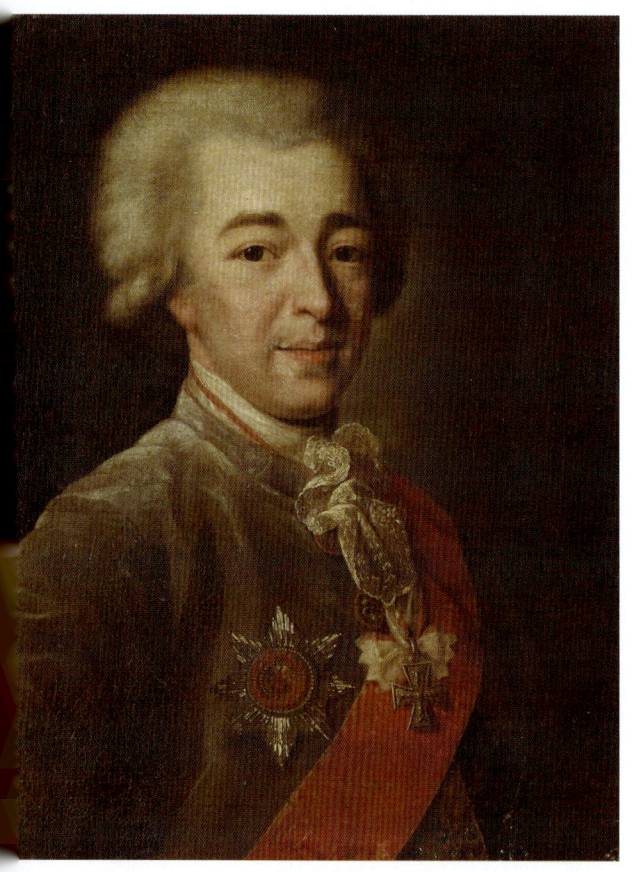

▲ 佩戴着一级圣叶卡捷琳娜勋章的库拉金公爵肖像画

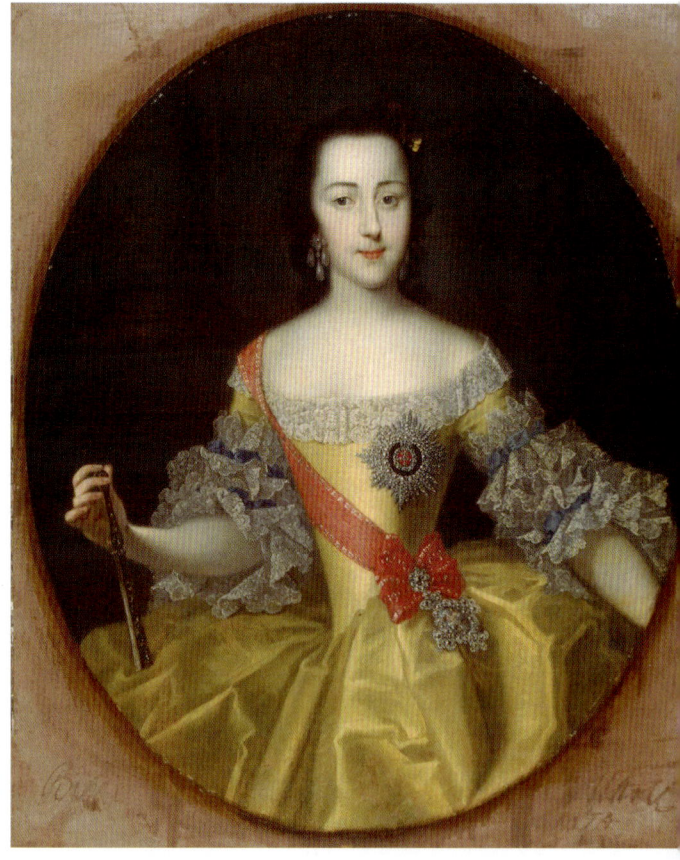

▲ 佩戴圣叶卡捷琳娜勋章的大公夫人，未来的女皇叶卡捷琳娜二世

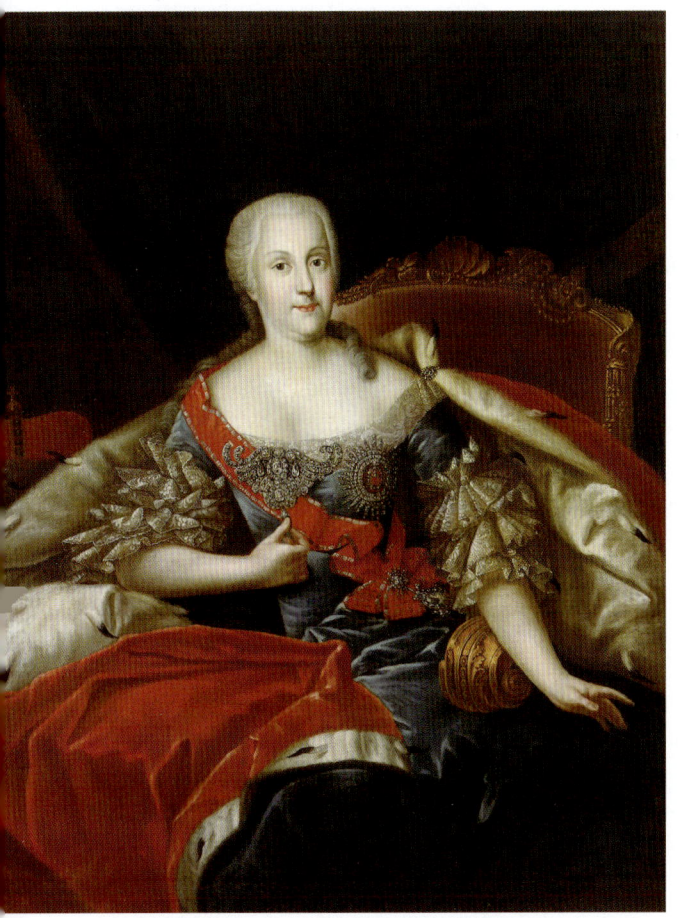

▲ 晚年的佩戴圣叶卡捷琳娜勋章的叶卡捷琳娜二世

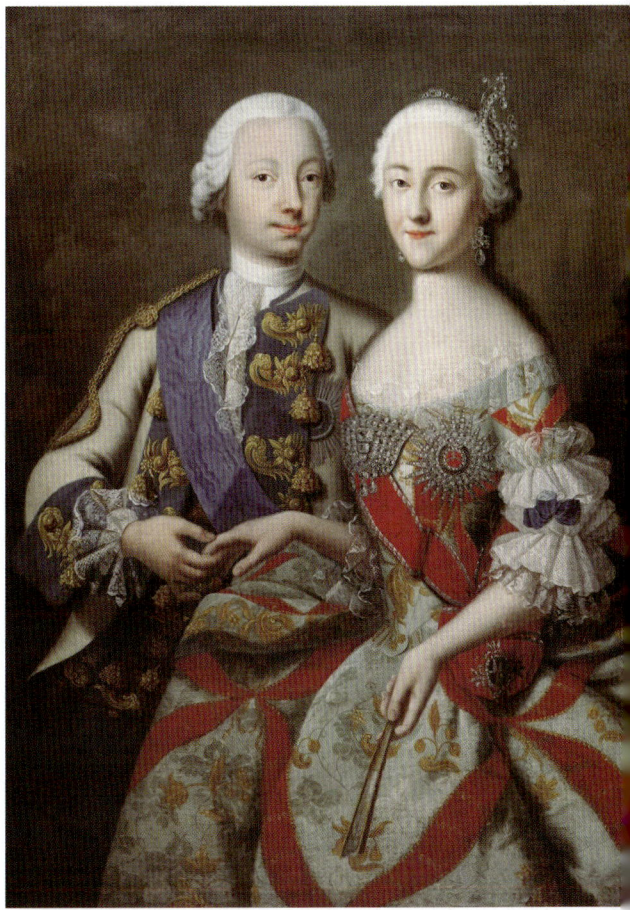

▲ 大公彼得和大公夫人叶卡捷琳娜的肖像画，完整展示了一级勋章的佩戴方式

　　一级勋章获得者当中有伯爵之女叶卡捷琳娜·罗曼诺娃·沃龙佐夫-达什科娃（Екатерина Романовна Воронцова-Дашкова），她是总理大臣沃龙佐夫（М.И.Воронцов）的侄女、外交官米哈伊尔·伊万诺维奇·达什科夫（Михаил Иванович Дашков）的妻子。她因为积极参与了1762年的政变而获得此勋章，这次政变帮助叶卡捷琳娜二世登上了皇位。出于同样的原因获得一级勋章的还有国家部长会议主席萨尔特科夫（Н.И.Салтыков）伯爵的妻子萨尔特科娃（Н. Б. Салтыкова）伯爵夫人，和沃尔孔斯卡娅（А. Н. Болконская）公爵夫人。二级勋章获得者大都是皇后随从的高级贵族妇女，通常她们在宫廷义务之外，参与重要的慈善机构或慈善工作。

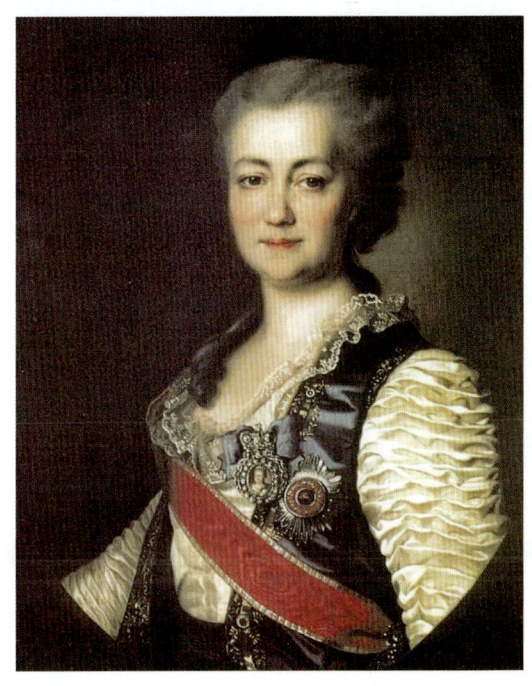

▶ 沃龙佐夫-达什科娃佩戴勋章的画像，她是叶卡捷琳娜二世的朋友和伙伴，参加了1762年扶持叶卡捷琳娜登基的政变

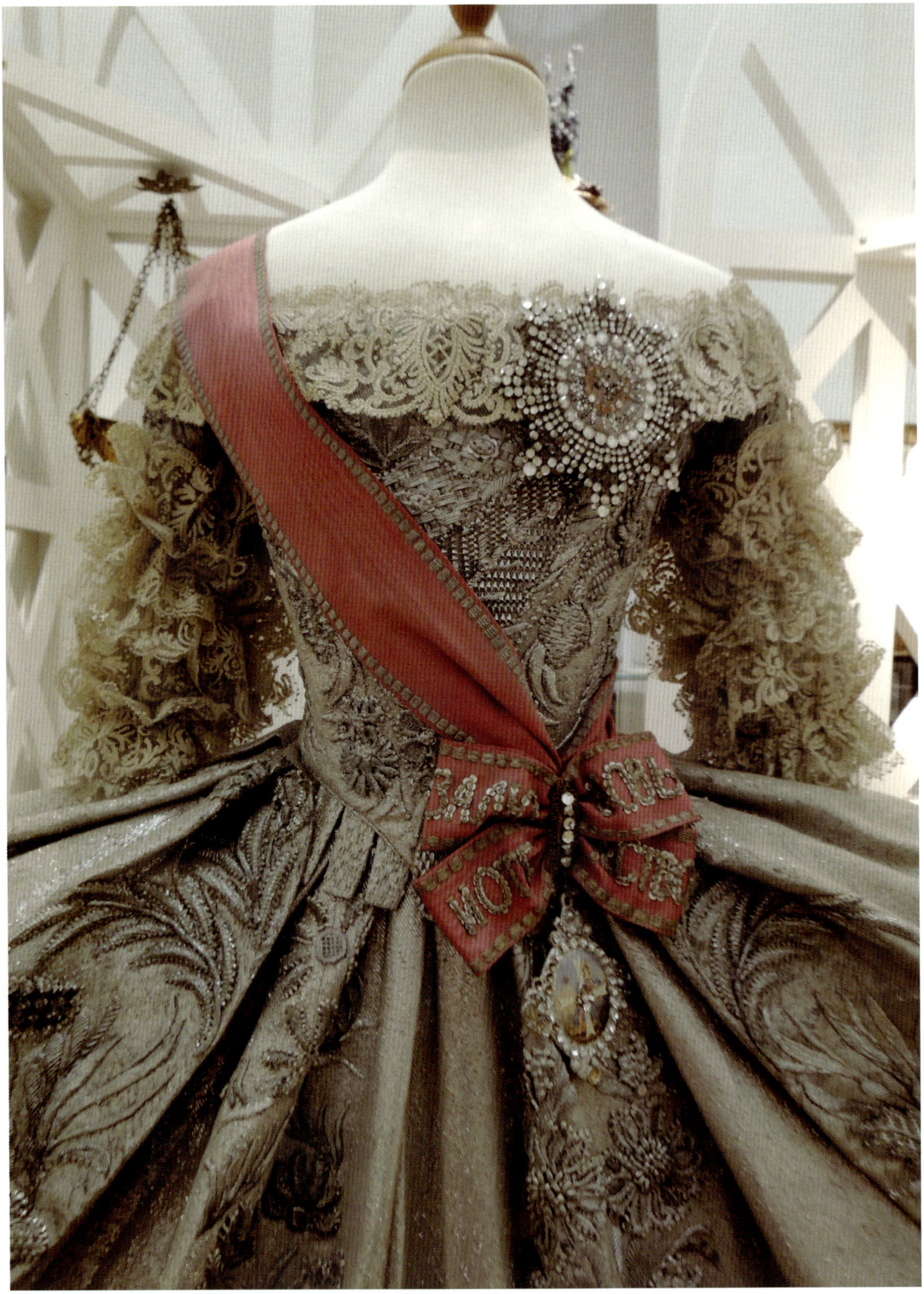

▲ 叶卡捷琳娜的婚礼礼服复制品，上面佩戴有一级圣叶卡捷琳娜勋章

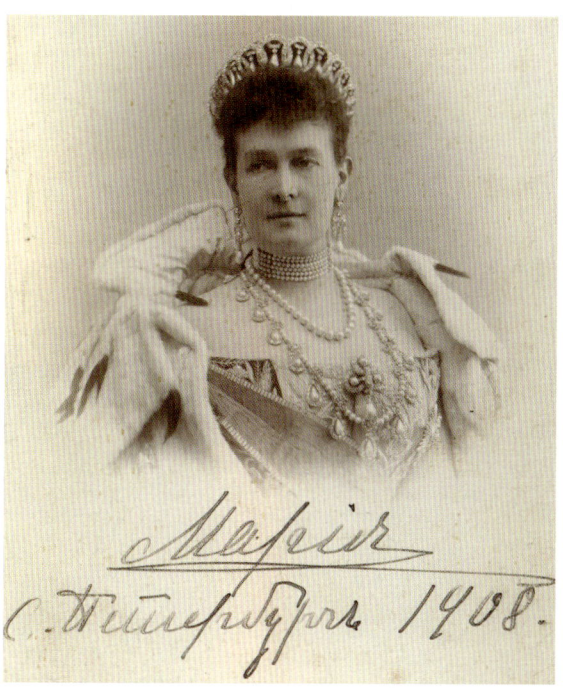

▲ 佩戴着一级勋章的大公夫人玛丽亚·帕夫洛芙娜（Мария Павловна）

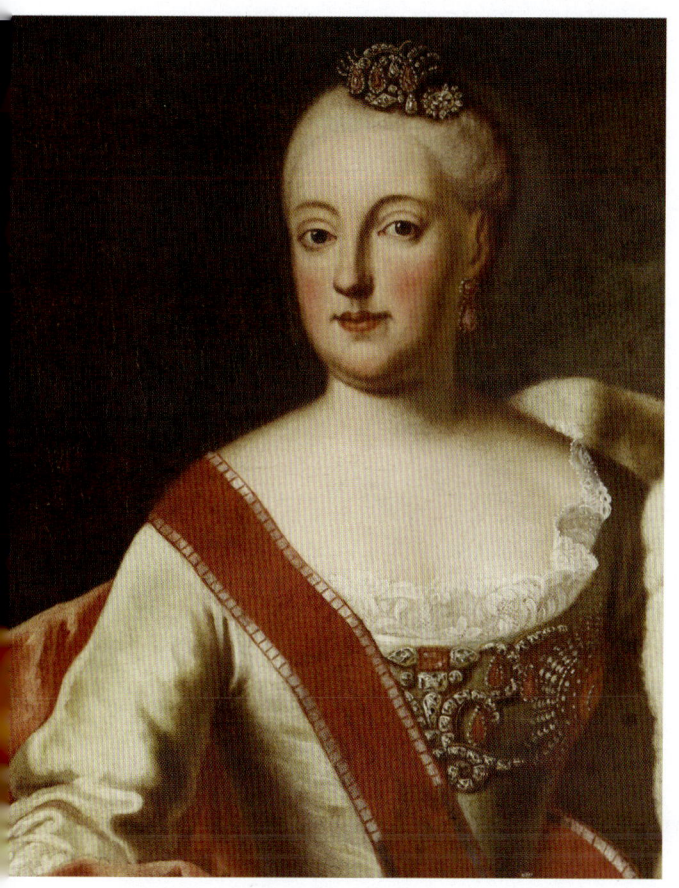

▲ 佩戴着一级勋章的巴伐利亚选帝侯夫人玛莉亚·安娜·索菲亚（Maria Anna Sophia）的肖像画

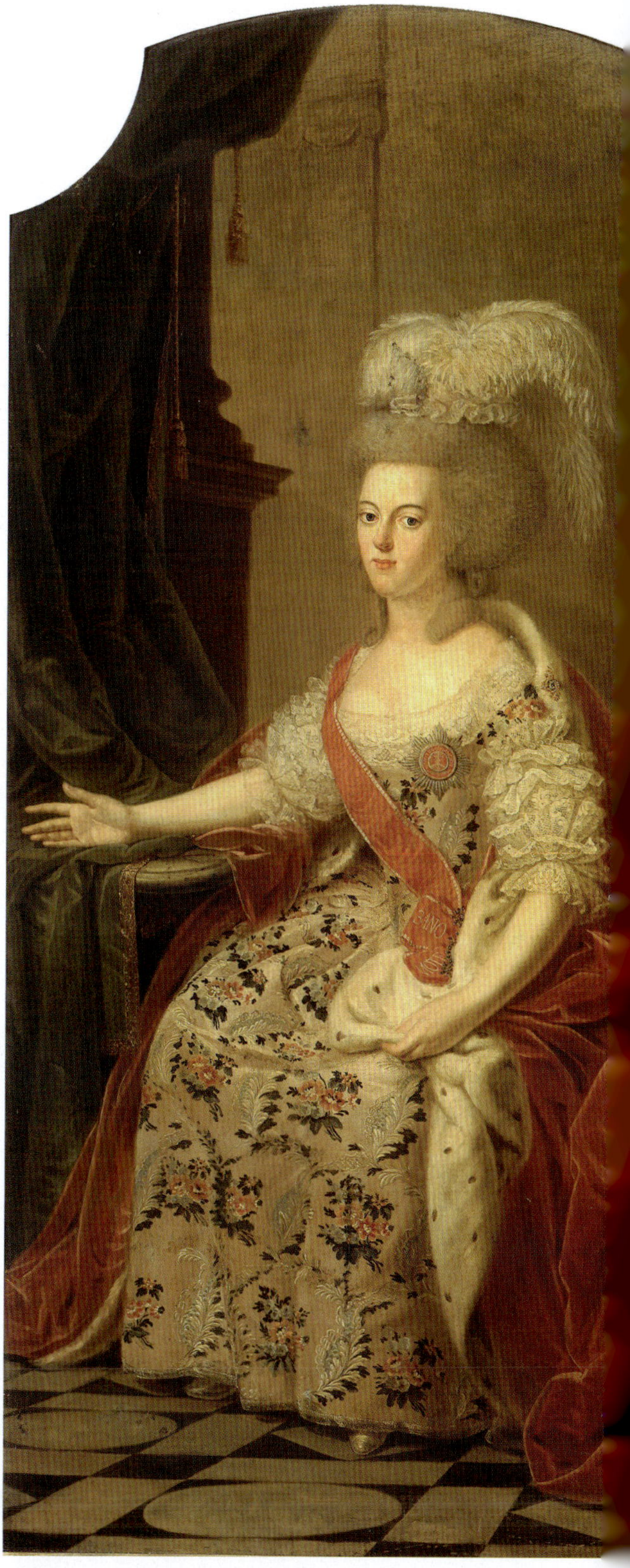

▲ 佩戴着一级勋章的奥兰治王妃威廉敏娜肖像画

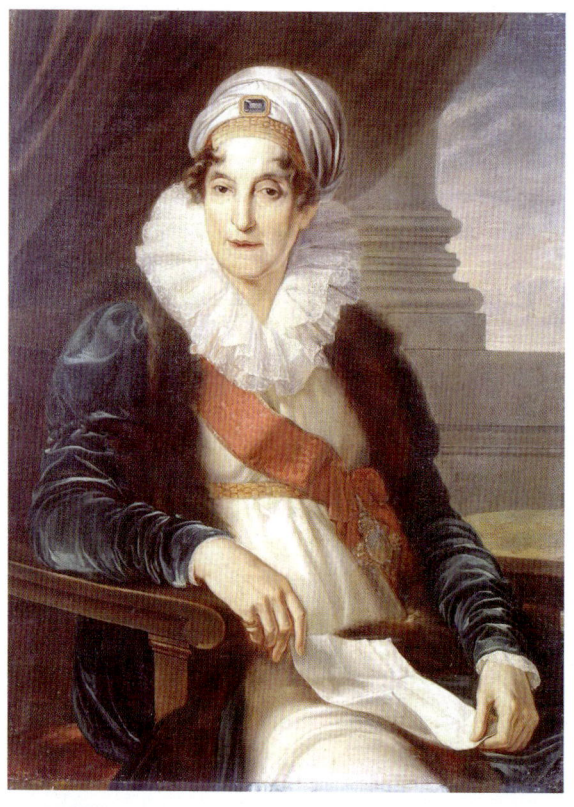

▲ 佩戴着一级勋章的叶卡捷琳娜·彼得罗夫娜·舒瓦洛娃（Екатерины Петровны Шуваловой）

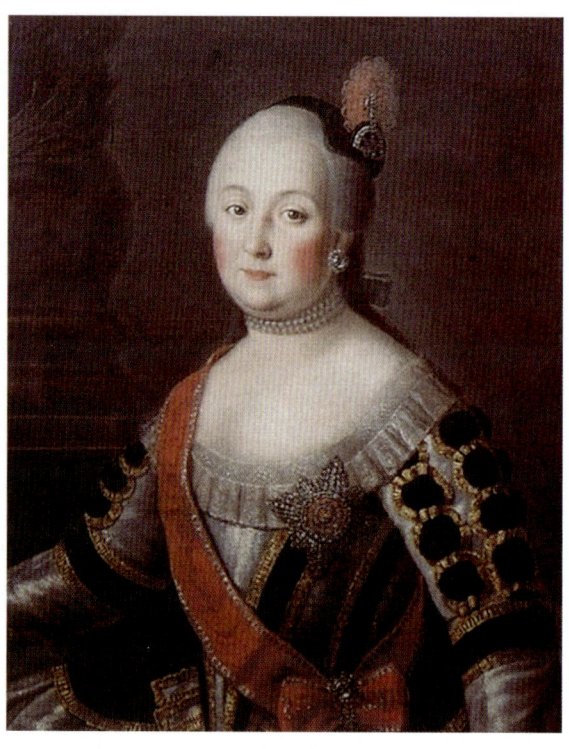

▲ 俄罗斯画家阿列克谢·安特罗波夫所绘的安娜·卡尔洛夫娜·沃龙佐娃（Анна Карловна Воронцова）肖像画。她是俄罗斯伊丽莎白女皇的表姊妹，叶卡捷琳娜一世长兄的女儿，丈夫是俄罗斯政治家和外交官米哈伊尔·伊拉里奥诺维奇·沃龙佐夫伯爵

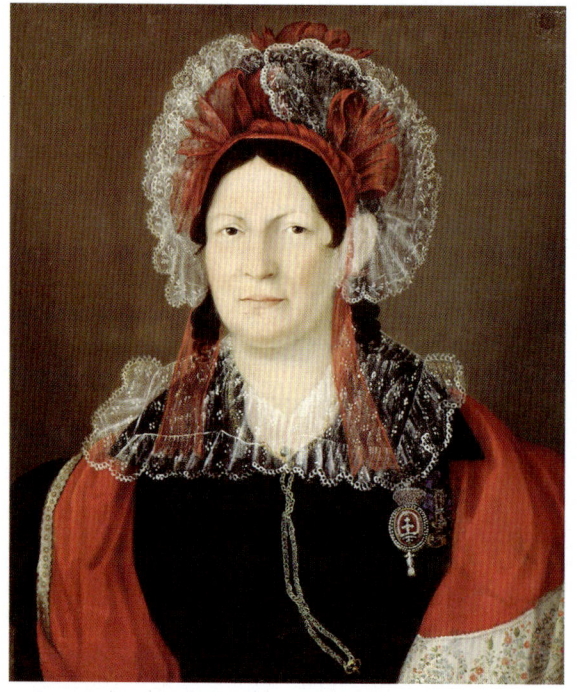

▲ 佩戴着圣叶卡捷琳娜勋章的苏沃洛夫元帅的外孙女玛丽亚·阿尔卡季耶夫娜·戈利岑（Мария Аркадьевна Голицына 1802-1870），她嫁给了公爵米哈伊尔·米哈伊洛维奇·戈利岑

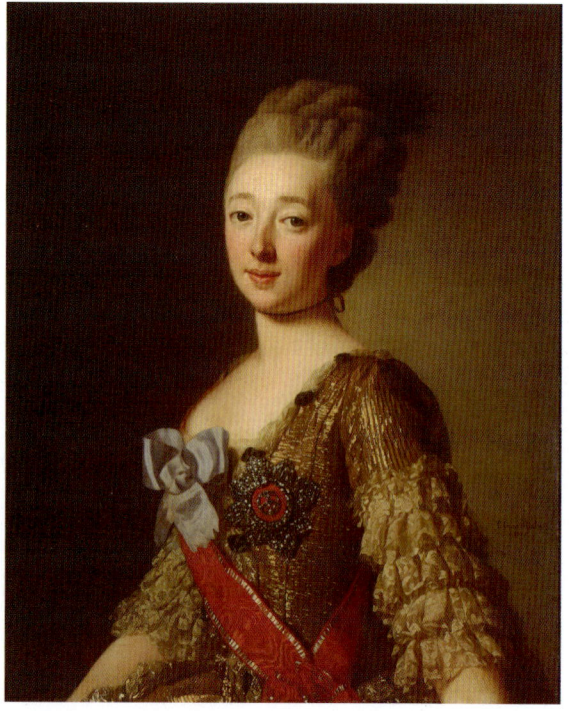

▲ 佩戴圣叶卡捷琳娜勋章的保罗一世第一任妻子黑森–达姆施塔特公主娜塔莉·阿列克谢耶芙娜（Наталья Алексеевна）

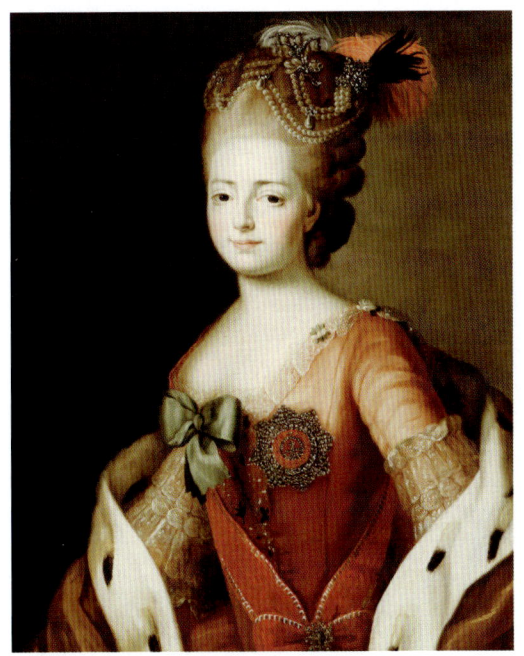

▲ 佩戴着一级勋章的保罗一世第二任妻子、亚历山大一世的母亲玛丽亚费奥多罗芙娜皇后（Мария Фёдоровн）

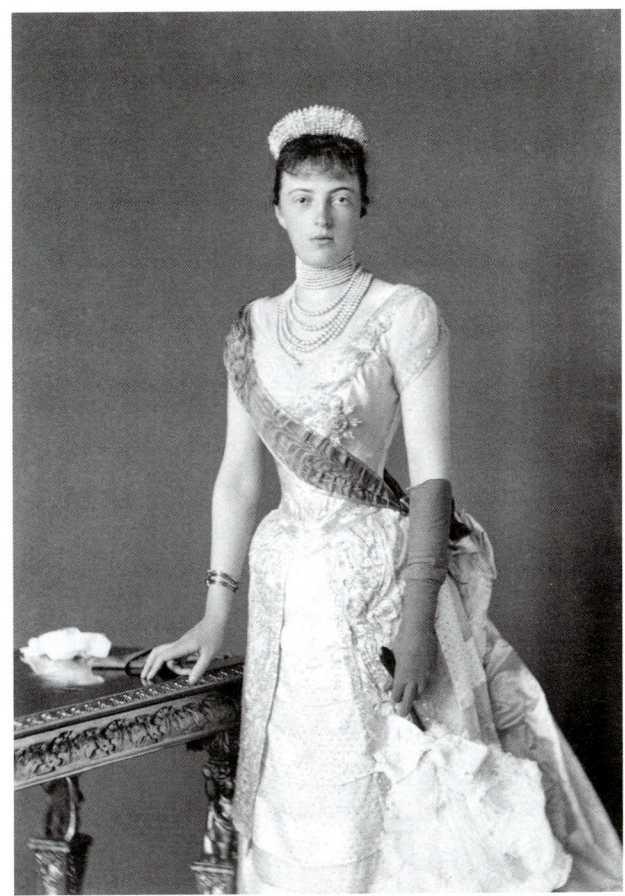

▶ 佩戴着一级勋章的阿纳斯塔西亚·米哈伊洛芙娜女大公照片

这种女性勋章也曾因军事功勋而颁授给普通妇女。俄瑞战争中，1789年5月21日，波罗的海舰队一艘仅装有22门火炮、84门船员的双桅横帆船"水星"号（Меркурий），在舰长罗曼·瓦西里耶维奇·科龙（Роман Васильевич Кроун）海军大尉的指挥下，攻击并俘虏了瑞典装有44门火炮、310名船员的瑞典巡航战舰"维纳斯"号（Венус）。因为这场战斗，叶卡捷琳娜二世奖励舰长四级圣格奥尔基勋章，并提升他两级军衔，科龙最后官拜海军上将，1841年4月21日死于圣彼得堡。舰长的妻子因为在战斗中协助救治伤员，也被女皇授予了圣叶卡捷琳娜勋章，成为唯一因军事功绩而获得该勋章的人，据说女皇被这个传奇的爱情故事感动得掉下了眼泪。

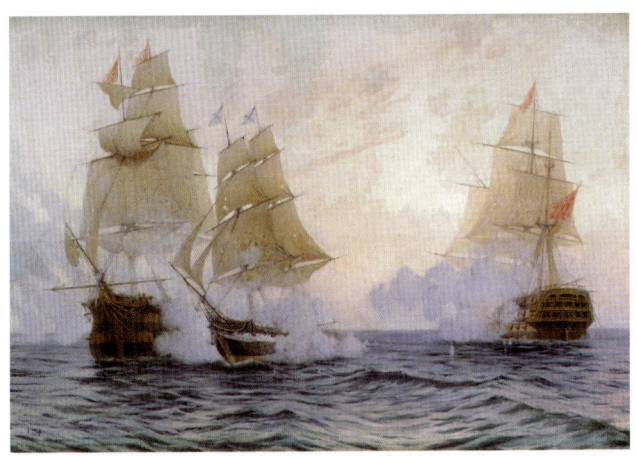

▲ 描绘1789年5月21日"水星"号俘虏"维纳斯"号的海战绘画。"水星"号的名字第一次出现在俄罗斯海军史上可以追溯到1788年，开启了"水星"号在俄罗斯海军中的历史，此后俄军有多艘战舰以"水星"号命名。第一艘"水星"号双桅帆船于1788年在英国制造，舰长29.4米，宽9.2米，吃水4.1米，装备22门24磅火炮，舰员最多可容110人，在无风情况下可以靠划桨航行

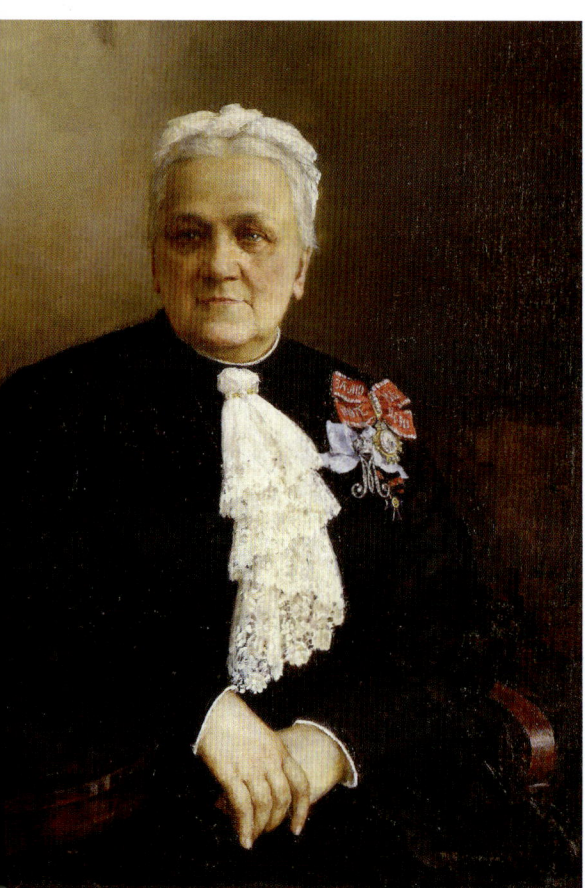

◄ 佩戴二级圣叶卡捷琳娜勋章的艾丽娜·亚历山德罗夫娜·利文的肖像画。她曾是亚历山德拉·费奥多罗夫娜皇后的随从

　　在帝国崩溃前，最后一位获得该勋章的是在革命前的1915年出生的罗曼诺夫家族的叶卡捷琳娜公主。

　　除了授予俄罗斯人之外，这种勋章也为俄罗斯帝国的外交发挥了积极作用。在获得一级勋章的外国人当中，有代表性的人物是后成为英国王后的爱德华七世的妻子、丹麦克里斯蒂安亲王的长女亚历山德拉公主以及希腊的艾丽丝公主等。

▼ 佩戴一级圣叶卡捷琳娜勋章的符腾堡大公夫人奥尔加

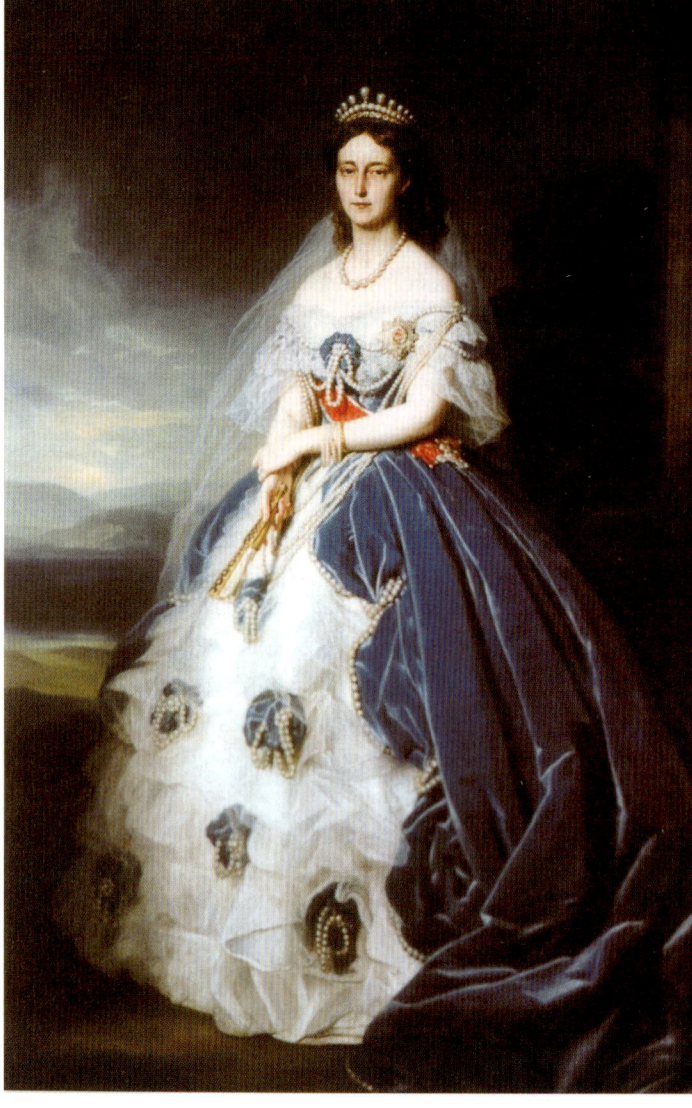

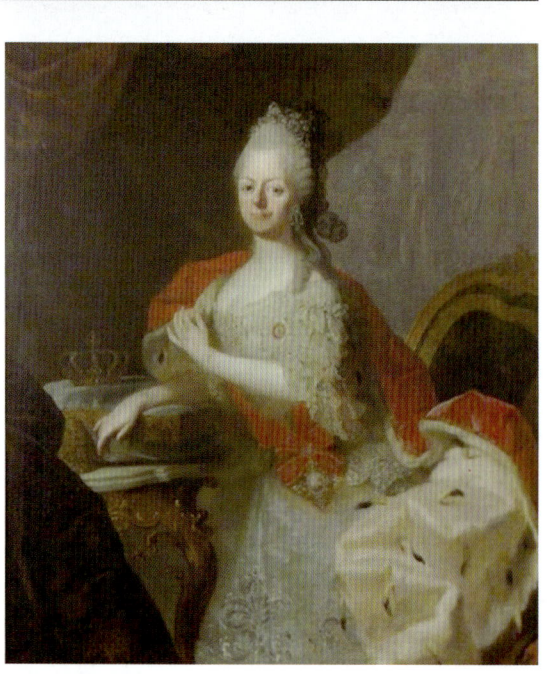

▲ 巴伐利亚的玛丽娅·安东尼娅·瓦尔普吉斯公主（Maria Antonia Walpurgis），萨克森选侯弗里德里希·克里斯蒂安的妻子，1763~1768年摄政者，萨克森选侯弗里德里希·奥古斯特一世的母亲，1745年10月16日获得圣叶卡捷琳娜勋章

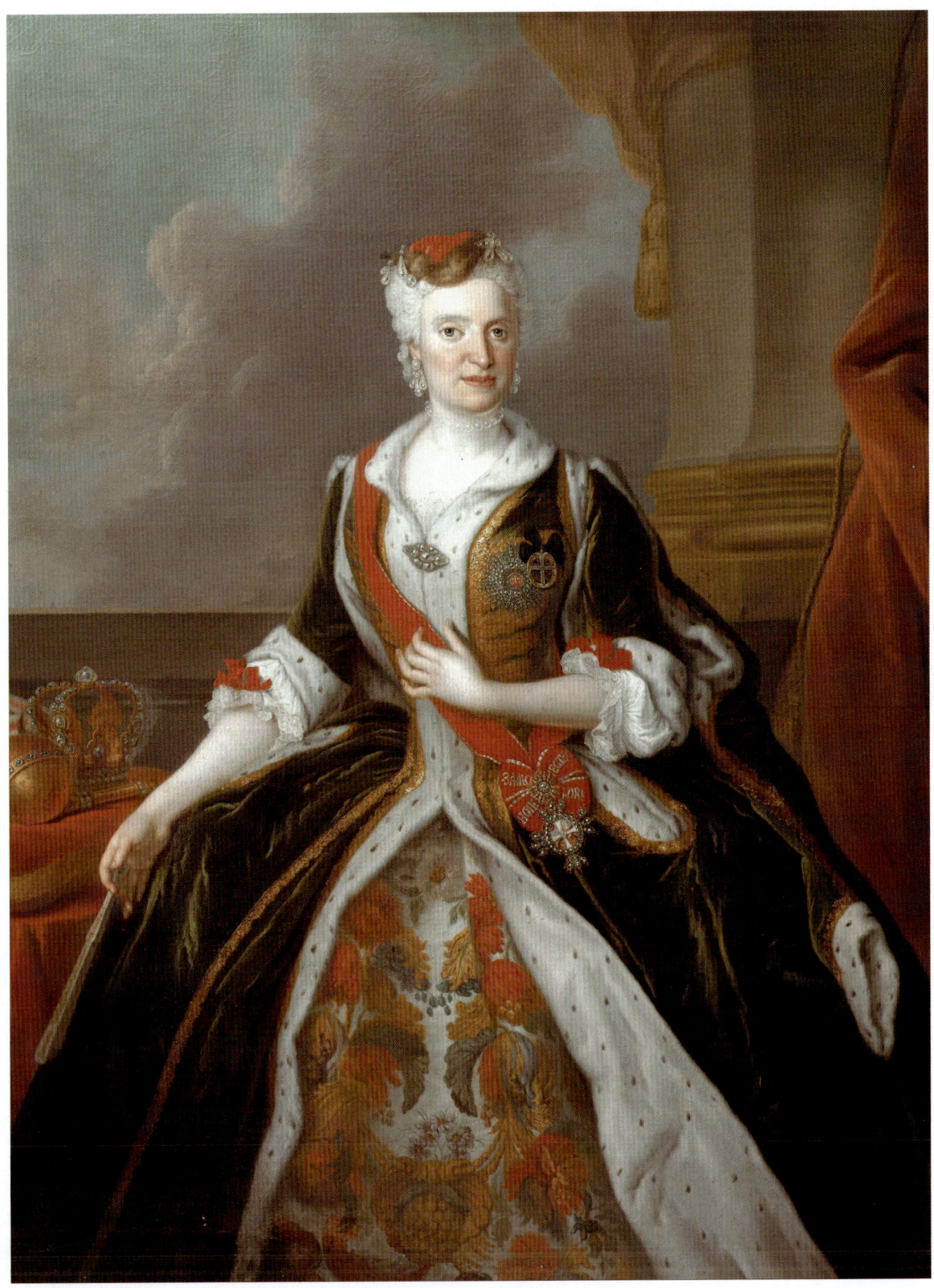

▲ 波兰国王奥古斯特三世妻子玛丽亚·约瑟法王后，1737年7月获得圣叶卡捷琳娜勋章

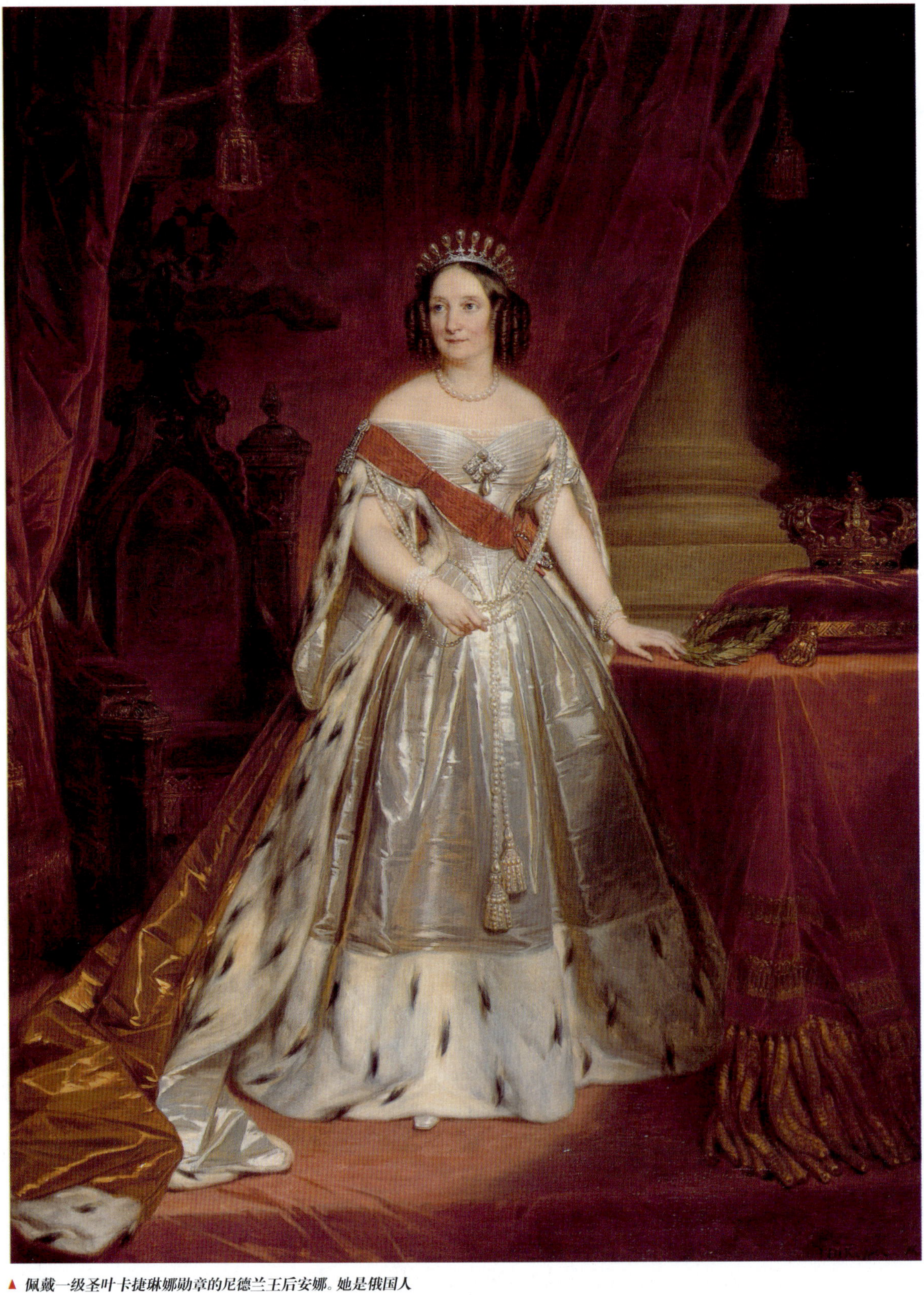

▲ 佩戴一级圣叶卡捷琳娜勋章的尼德兰王后安娜。她是俄国人

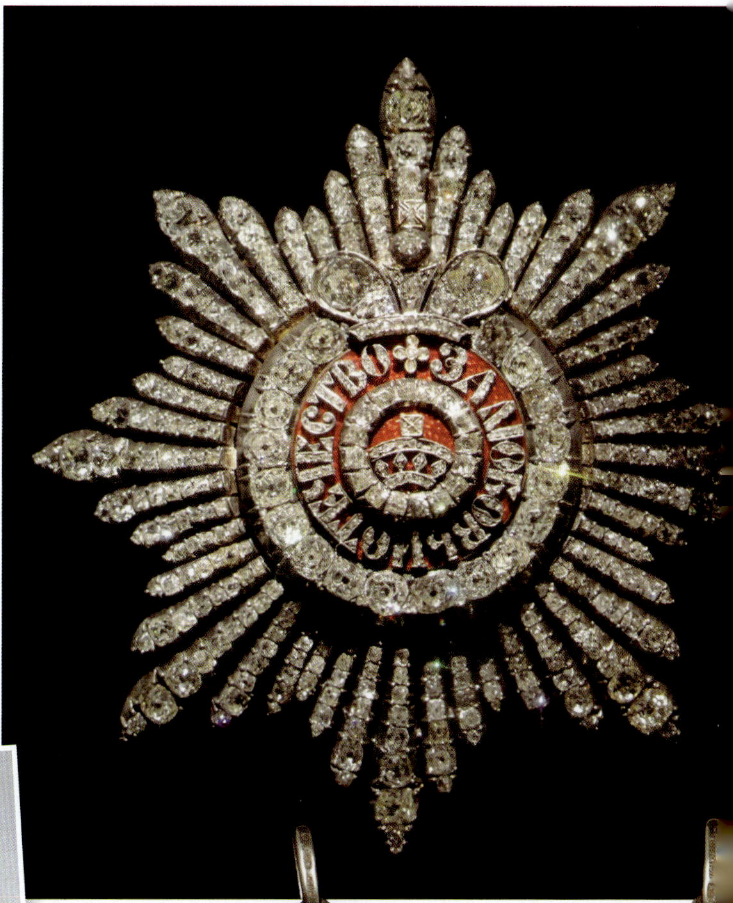

► 保存在美国休斯敦自然科学博物馆的一枚一级
圣叶卡捷琳娜勋章星章。供图/Houston Museum of
Natural Science

对俄罗斯部分皇帝在位时期颁发圣叶
卡捷琳娜勋章的情况初步统计如下：伊丽
莎白·彼得罗芙娜在位颁发13枚；叶卡捷
琳娜二世在位颁发41枚；亚历山大一世在
位颁发139枚。十九世纪中期这种勋章非
常流行，圣叶卡捷琳娜勋章也进行过最大
规模的颁发，尼古拉一世在位时期共颁发
了176枚；亚历山大二世在位颁发112枚，
其中9枚一级勋章授予了外国女性；亚历
山大三世在位颁发64枚；尼古拉二世在位
颁发105枚。1714～1917年，共计颁发了
一和二级圣叶卡捷琳娜勋章734枚（注：
这也是大多数资料给出的说法，也有资料
给出的总数是724枚）。

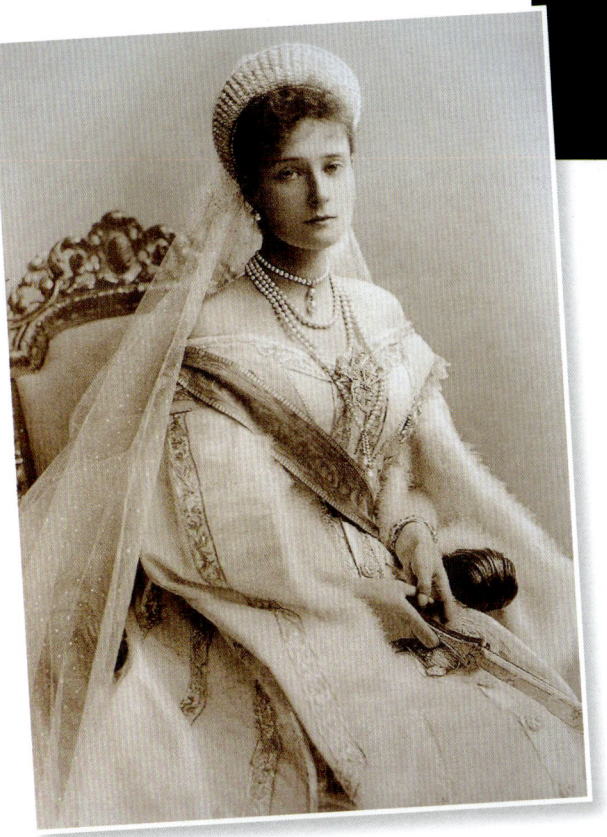

▲ 佩戴圣叶卡捷琳娜勋章的尼古拉二世的妻子，皇后亚历山德
拉·费奥多罗芙娜(Александра Федоровна)

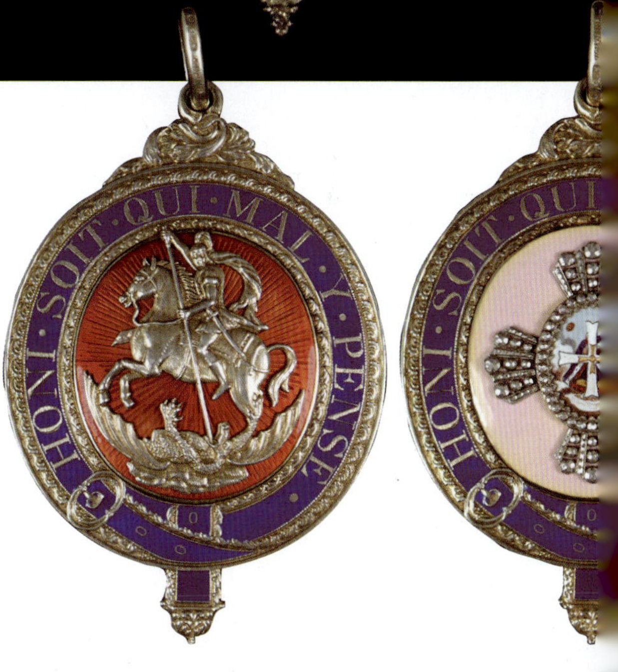

▲ ► 罕见的一款俄罗斯制造的英国嘉德勋章挂章，背面是圣叶卡捷琳娜
章。这枚勋章是授予一名不明的英国皇室女性。勋章为银质镀金，前面涡
饰上面是红色珐琅背景的圣乔治屠龙形象，四周被一条呈吊袜带形状的
色珐琅绶带所环绕，上面带有铭文"HONI SOIT QUI MAL Y PENSE"（
存歪念），背面是圣叶卡捷琳娜勋章图案，被同样的蓝色绶带环绕。徽章
179.8克，尺寸140×80毫米，由位于圣彼得堡的基贝尔珠宝行制造

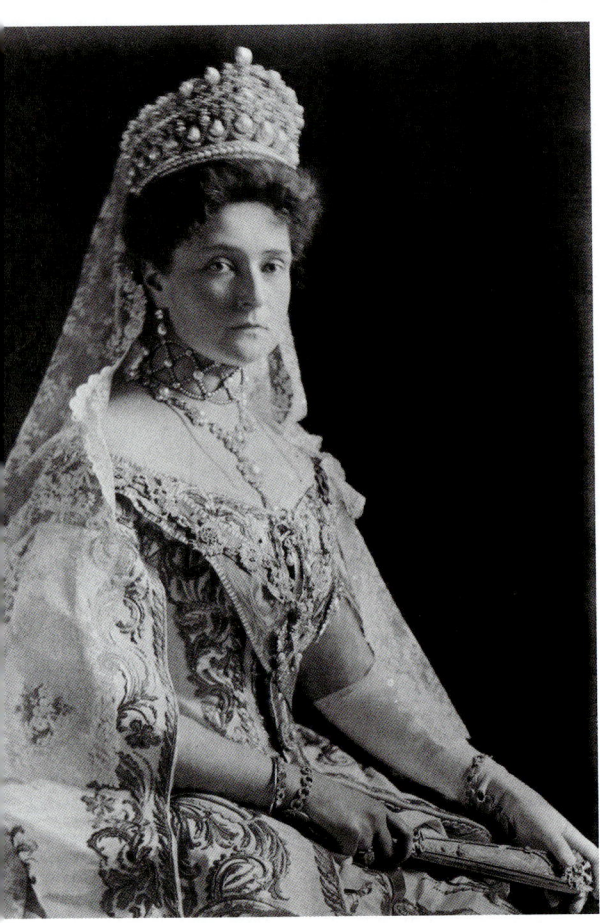

◀ 中年时期的亚历山德拉·费奥多罗芙娜，佩戴圣叶卡捷琳娜勋章

2012年5月3日，时任俄罗斯总统的梅德韦杰夫签署法令，设立了"殉教者圣徒叶卡捷琳娜勋章"（Орден Святой великомученицы Екатерины）。与俄罗斯帝国的圣叶卡捷琳娜勋章不同，这款勋章不再专门授予女性，而是授予在维护和平、发扬慈善精神、开展人道主义行动以及保护文化遗产方面做出卓越贡献的俄罗斯公民及外国人，而且只有一级。但是从名称和外形上，这款勋章仍然可以看作是对帝国时期圣叶卡捷琳娜勋章的继承和发扬。

▼ 俄罗斯2013年发行的殉教者圣徒叶卡捷琳娜勋章邮票

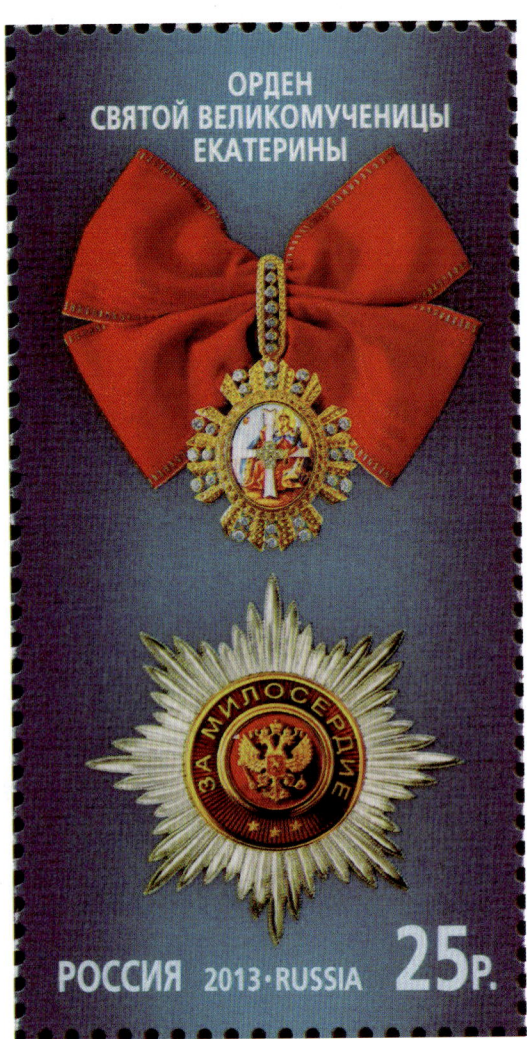

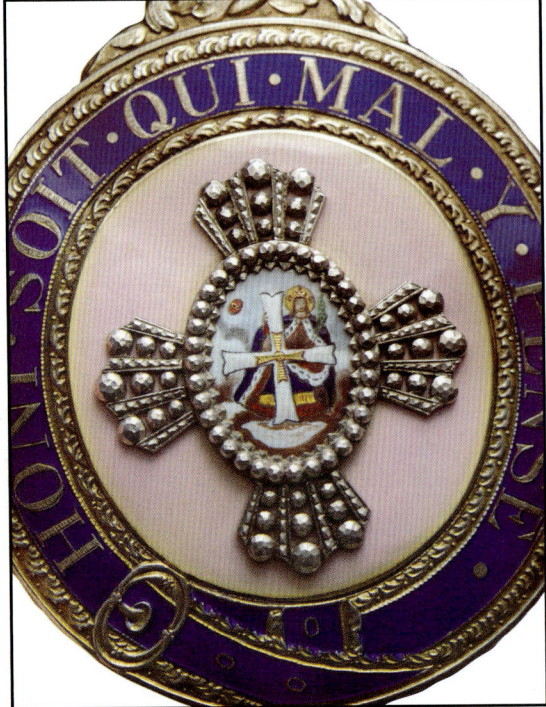

− F/G −

法兰西王国/法兰西帝国　　　　希腊

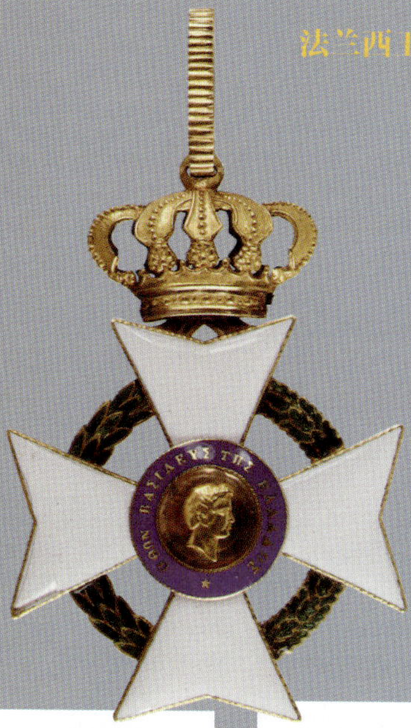

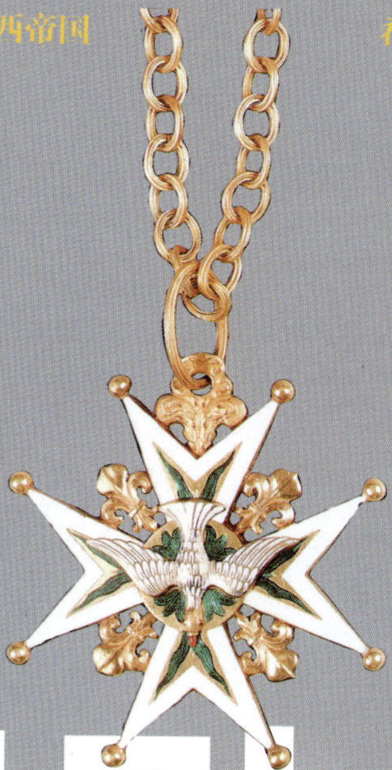

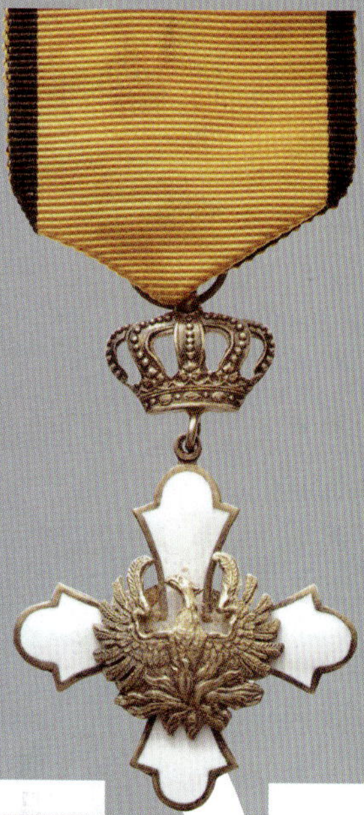

万国勋章汇

作者：姚华/唐思

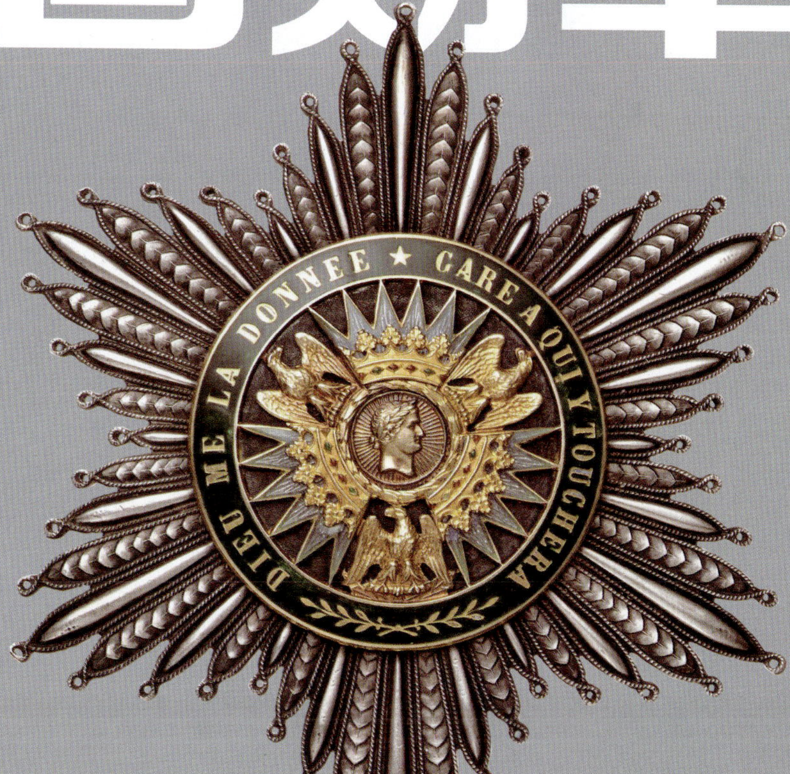

1.圣米迦勒勋章
Ordre de Saint-Michel / Order of Saint Michael

设立时间： 1469年8月1日

级别： 仅有一级

授予标准： 仅颁发给圣米迦勒骑士团成员。

解说： 为了加强手下的贵族们对于自己的忠诚度，同时也为了与勃艮第公国的金羊毛勋章（Ordre de la Toison d'Or）作竞争，1469年8月1日，时任法国国王的路易十一（Louis XI）宣布成立"圣米迦勒骑士团"，并为骑士团成员设立同名的勋章。它自1469年设立之初至1578年圣灵勋章（Ordre du Saint-Esprit）设立为止，一直被定为法国最高级别勋赏。

正如当时各国设立的众多骑士团勋章一样，第一批加入圣米迦勒骑士团的人员里除了大部分是法国最有权势的贵族外，还有王亲国戚和外国王室成员。最初骑士团规模仅限31人，不久修改为包括国王在内限额36人。宗教战争（les Guerres de religion，又称"胡格诺战争"）期间，"如何让贵族们保持忠诚"成了统治者头痛的问题，让他们加入骑士团似乎是解决方法之一。1565年，时任国王的查理九世（Charles IX）宣布将骑士团成员增加到56人，以后骑士团成员扩充的情况便一发不可收拾，把贵族们拉进骑士团似乎成了国王解决忠诚问题的唯一手段，到了亨利三世（Henri III）执政时的1574年，圣米迦勒骑士团成员已超过了700人。

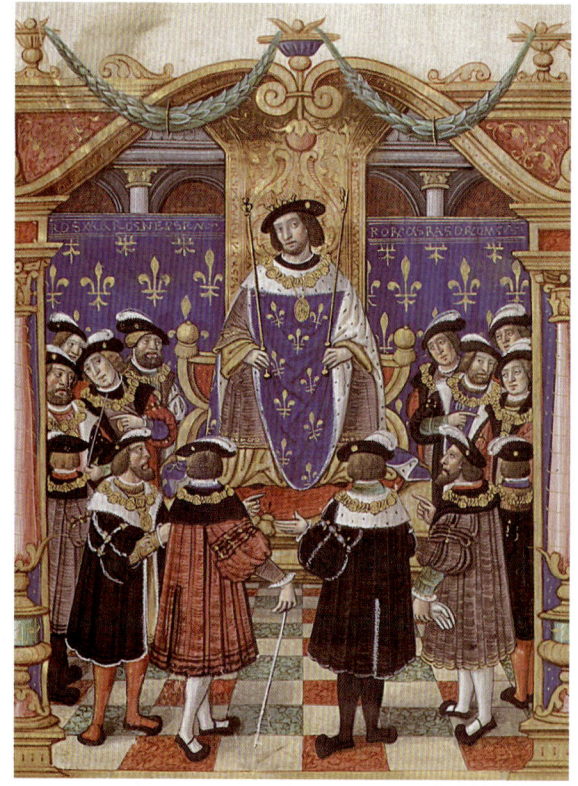

▲ 被圣米迦勒骑士团骑士护卫的路易十一，请注意画中骑士佩戴有圣米迦勒勋章

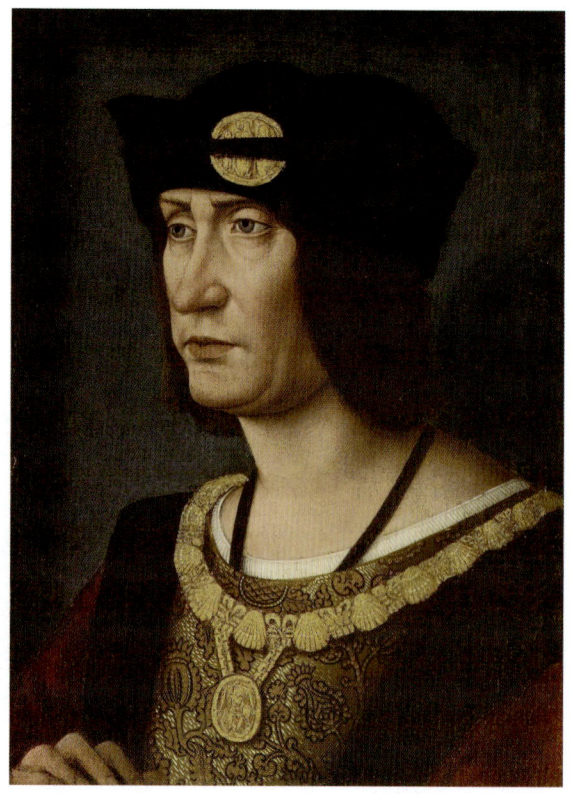

▲ 佩戴圣米迦勒勋章的路易十二

1578年圣灵骑士团与圣灵勋章设立后，圣米迦勒骑士团与圣米迦勒勋章得以继续存在，其成员变成为王权作出贡献的小贵族和官员。1790年6月20日，圣米迦勒骑士团被路易十六（Louis XVI）下令解散，勋章亦被废除，波旁王朝复辟后的1816年11月16日，路易十八（Louis XVIII）宣布恢复圣米迦勒骑士团与勋章，但这位国王的兴趣根本不在此处，骑士团恢复后再也没有新成员加入。1830年七月革命后，路易·菲利浦（Louis Philippe I）当选为国王，圣米迦勒骑士团与勋章被这位新统治者下令废除，1850年最后一名圣米迦勒骑士团成员过世后，这枚勋章正式退出了历史的舞台。

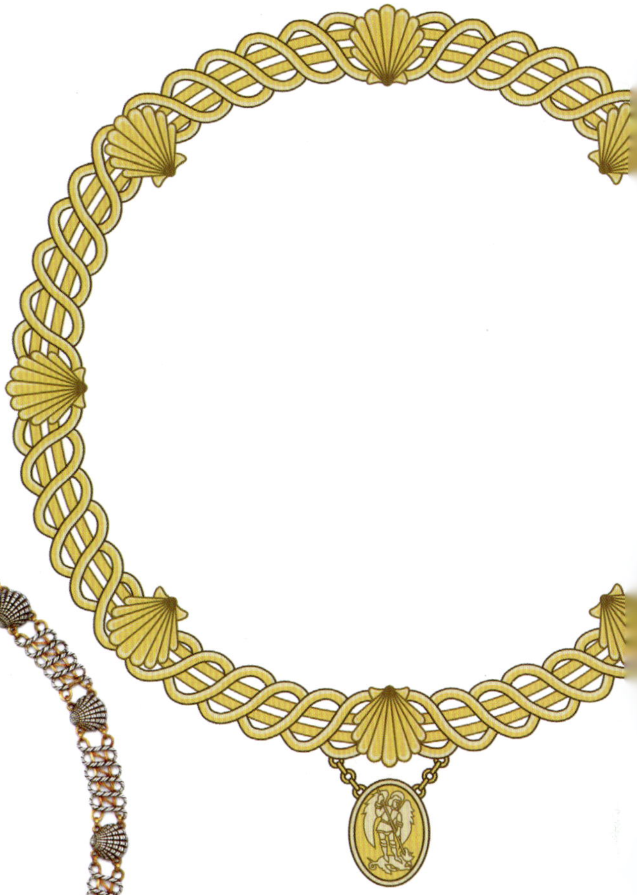

▲ 圣米迦勒勋章图样

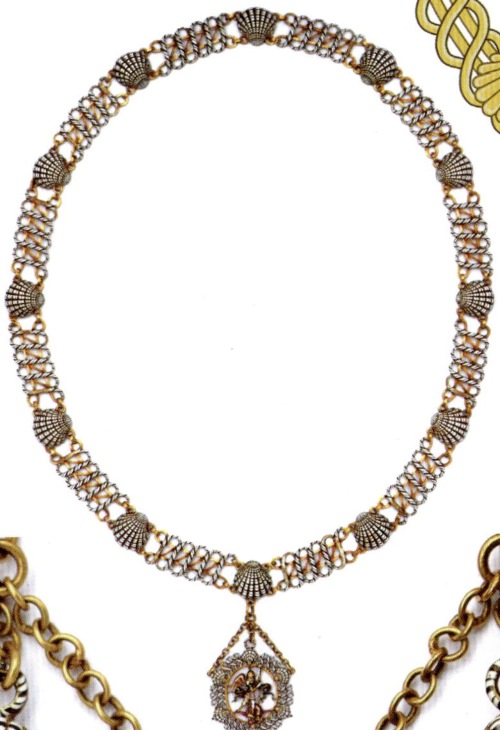

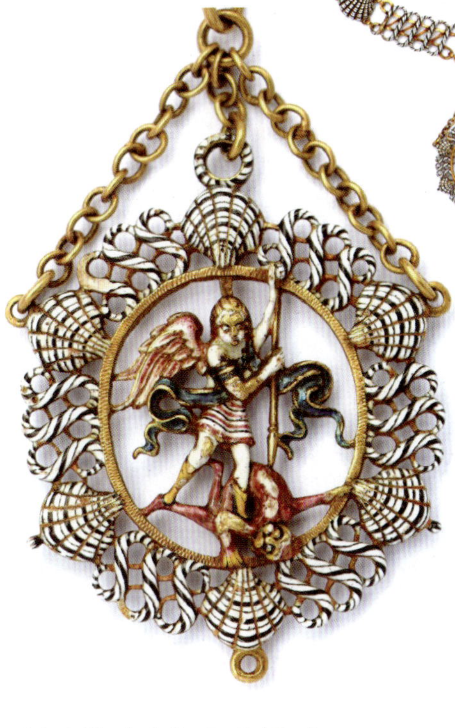

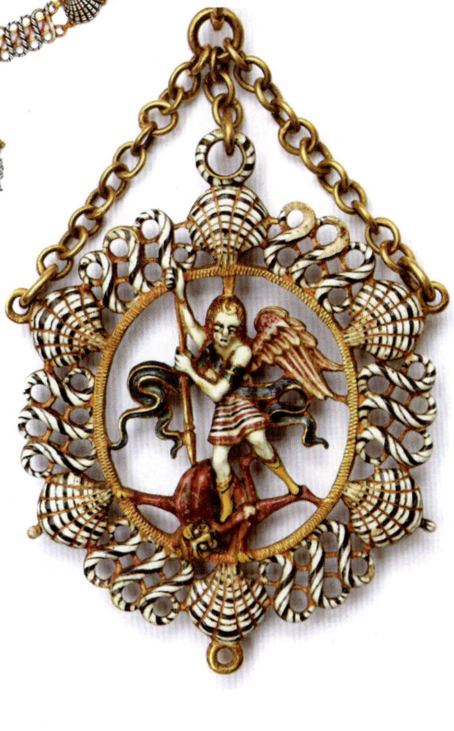

► 圣米迦勒勋章实物。供图/Musée de la Légion d'honneur

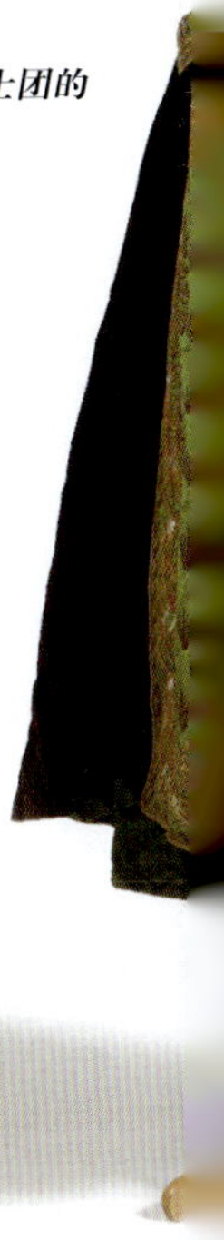

► 圣灵骑士团的骑士制服

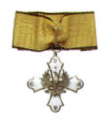

2.圣灵勋章
Ordre du Saint-Esprit / Order of the Holy Spirit

设立时间： 1578年12月31日

级别： 仅有一级

授予标准： 仅颁发给圣灵骑士团成员。

解说： 圣灵勋章又称"圣灵骑士团勋章（Ordre des chevaliers du Saint-Esprit）"，它的出现取代了圣米迦勒勋章作为法国最高级别勋赏的地位。虽然它的设立时间比圣米迦勒勋章晚了近一个世纪，但仍然可以视其为法国封建时期历史最为悠久的骑士勋章之一。

1578年，正值法国瓦卢瓦王朝（Valois）末任国王亨利三世（Henri Ⅲ）统治时期，此时国内正如火如荼地进行着宗教战争，为了加强贵族们对于王权的忠诚度，同时也为了与勃艮第公国的金羊毛勋章作竞争，国王下令新设立一个"圣灵骑士团"。鉴于此前设立的圣米迦勒骑士团因成员过多接近泛滥，亨利三世规定，能参加新骑士团的仅限于少数位高权重的王公贵族。圣灵勋章即是圣灵骑士团成员所佩戴的勋章。值得一提的是，这枚圣灵勋章从字面上看是为了纪念圣灵，实则是亨利三世为了纪念自己获得的权力，因为他在1573年被推选为波兰国王，1574年继承法国王位皆是发生在当年的圣灵降临节（Pentecost）。

圣灵骑士团共有113名成员，法兰西国王担任大团长（Souverain Grand Maître），其下另有8位神职人员、4名军官和100位骑士。

最初8名神职人员必须由4名枢机主教和4名主教组成，后不再坚持此项规定，枢机主教与主教的比例可以随意搭配。

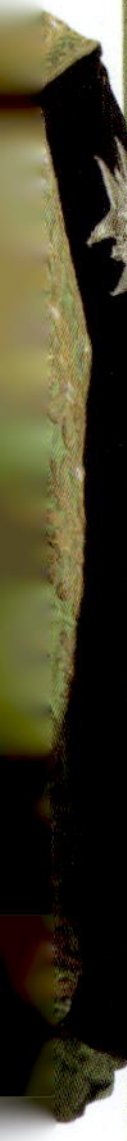

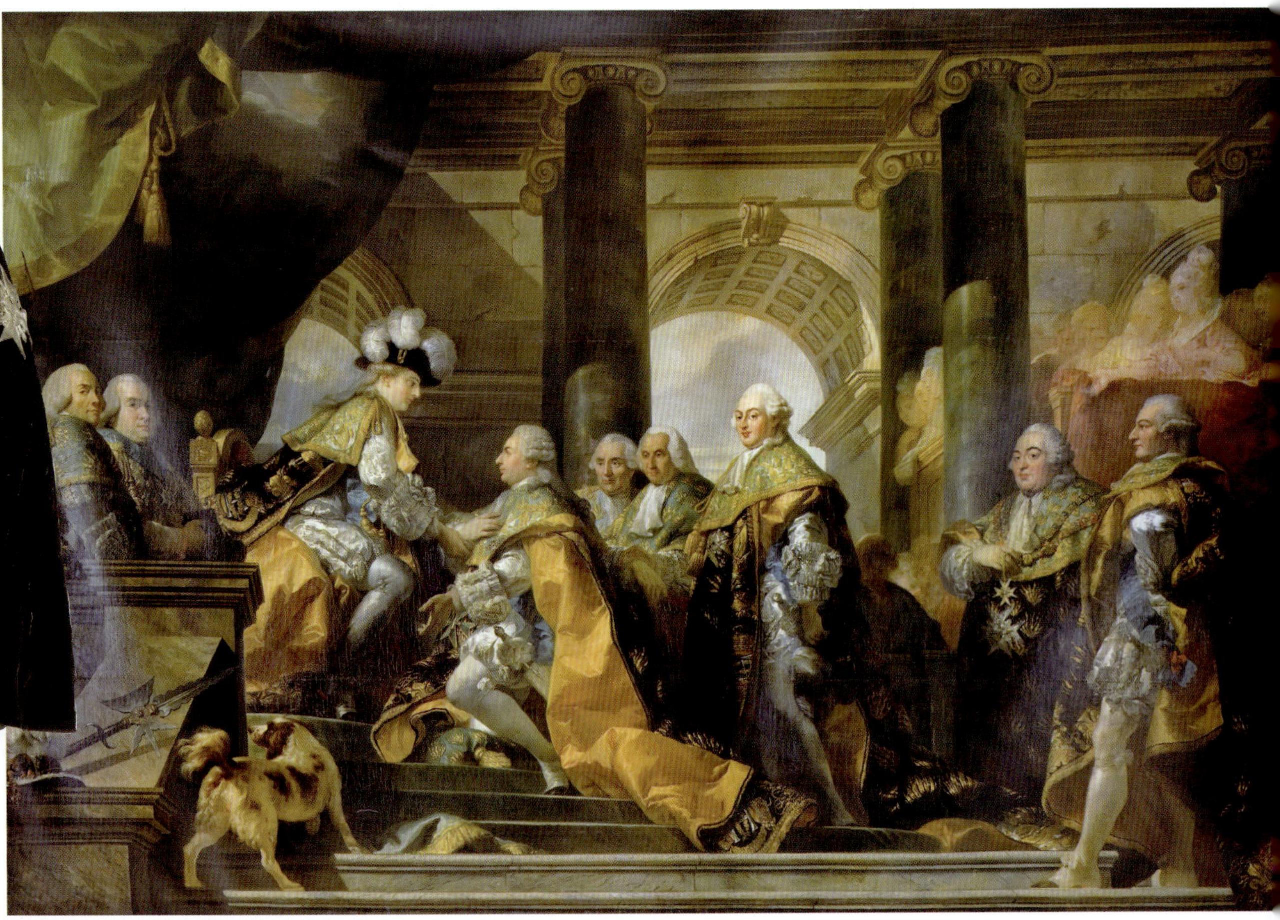

▲ 路易十六与圣灵骑士团骑士

骑士团的4名军官，实为负责典礼仪式与日常政务的行政人员，他们的职务分别是大法官、监查官、司库和书记。

为了强化王权，骑士团全体成员必须信奉天主教（Roman Catholic）、祖上三代为贵族，通常年龄不得小于35周岁，以下三种情况除外：国王的直系后代自出生后即可被视为骑士团成员，他们将在12周岁时正式加入骑士团；王族其他成员可在年满16周岁后加入骑士团；外国王室成员可在其25周岁后被接纳为骑士团成员。

由于加入圣灵骑士团的人员都是圣米迦勒骑士团的一分子，因此在日常生活中人们用"王家骑士（Chevalier des Ordres du Roi）"来称呼他们，毕竟这些人的全称"圣米迦勒与圣灵骑士（Chevalier de Saint-Michel et Chevalier du Saint-Esprit）"实在太过冗长。

法国大革命爆发后的1790年6月20日，圣灵勋章连同君主制时期的其他勋赏一并被新成立的共和国政府所废除。1815年波旁王朝复辟后，圣灵勋章一度被国王路易十八恢复，但在1830年的七月革命中，波旁王朝被推翻，资产阶级推举了奥尔良公爵路易·菲利浦为新国王，这位奥尔良王朝的统治者上台后即下令废除圣灵勋章，至此，虽然仍有少数奥尔良派（Orléanist）和正统派（Légitimistes）分子冒充法兰西君主继续提名候选人，但也改变不了圣灵勋章已被彻底废除的事实。

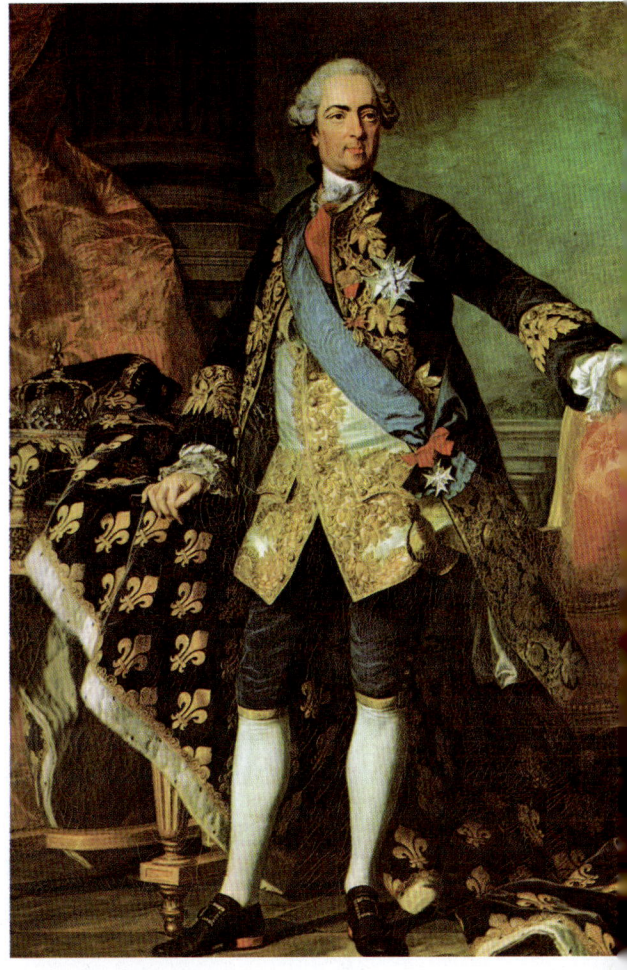

▲ 佩戴圣灵勋章的路易十五

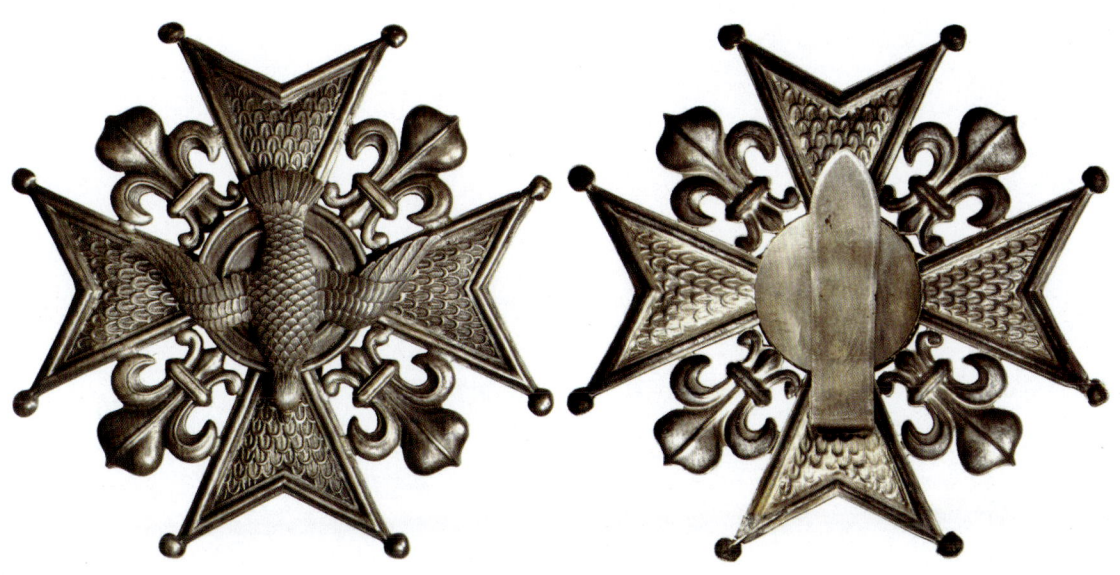

▲ 圣灵勋章星章。供图/Stack's Bowers

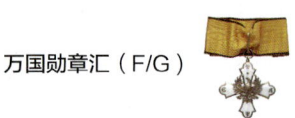

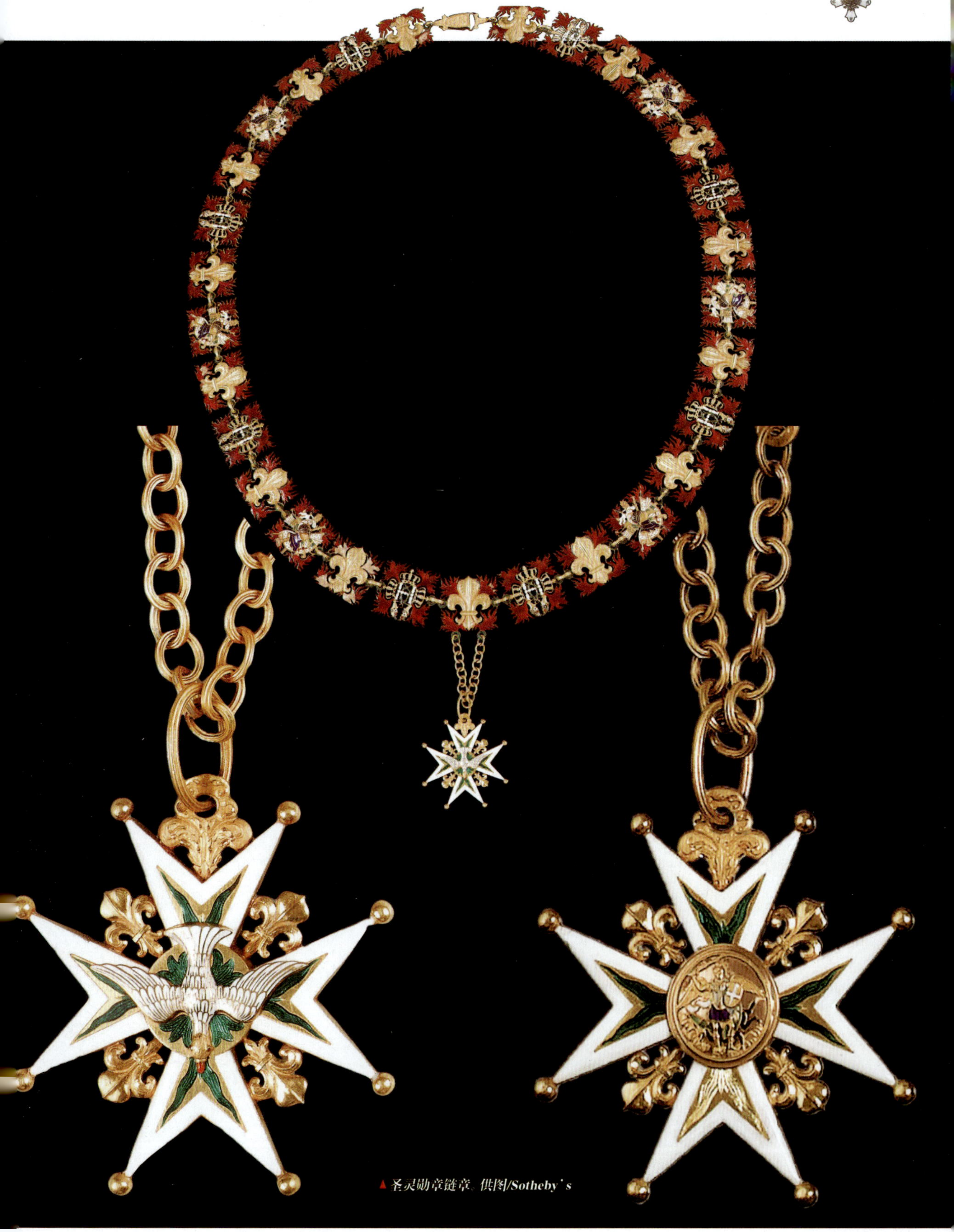

▲ 圣灵勋章链章. 供图/Sotheby's

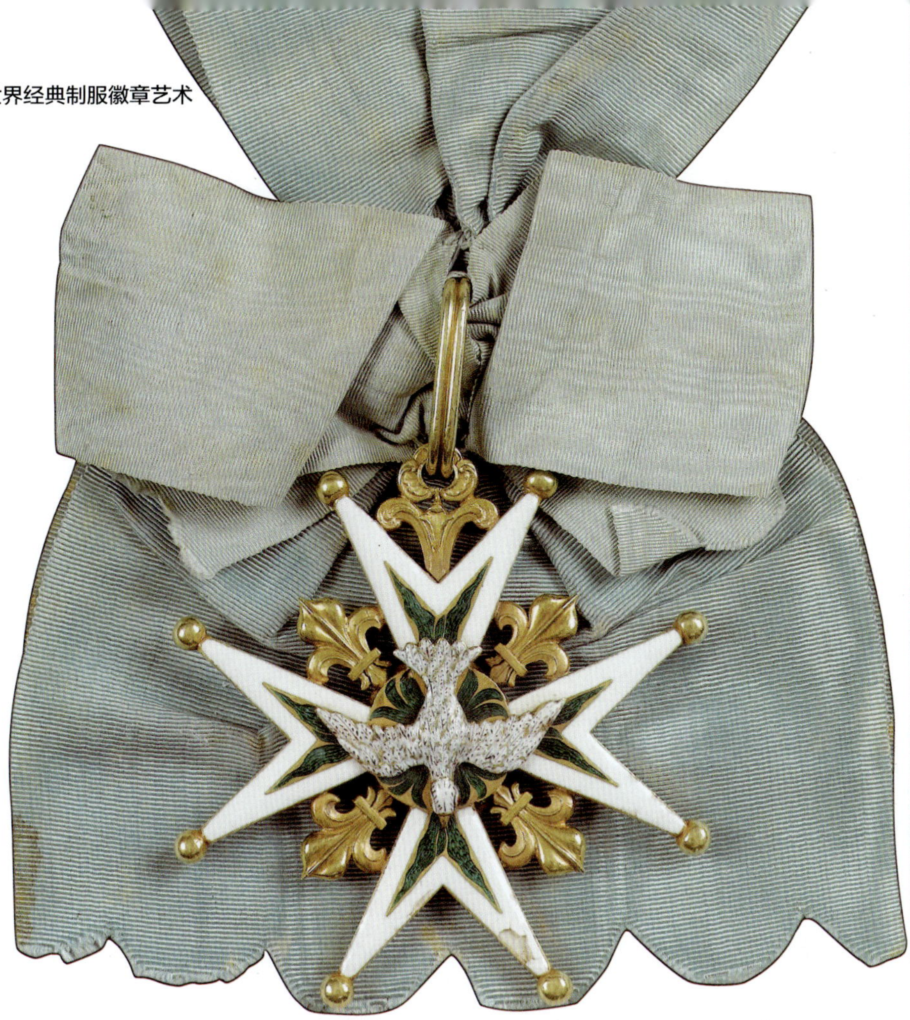

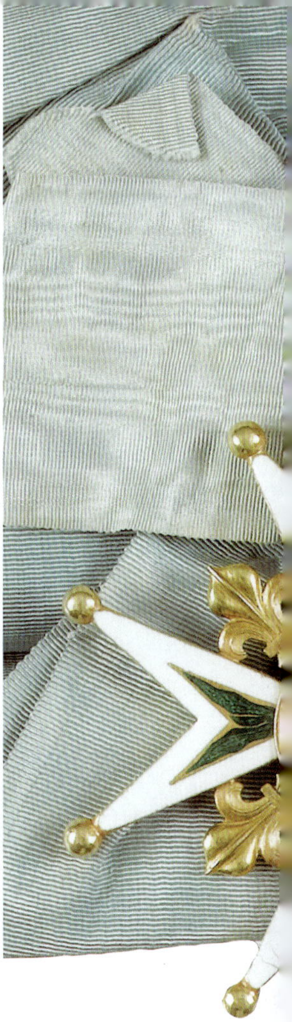

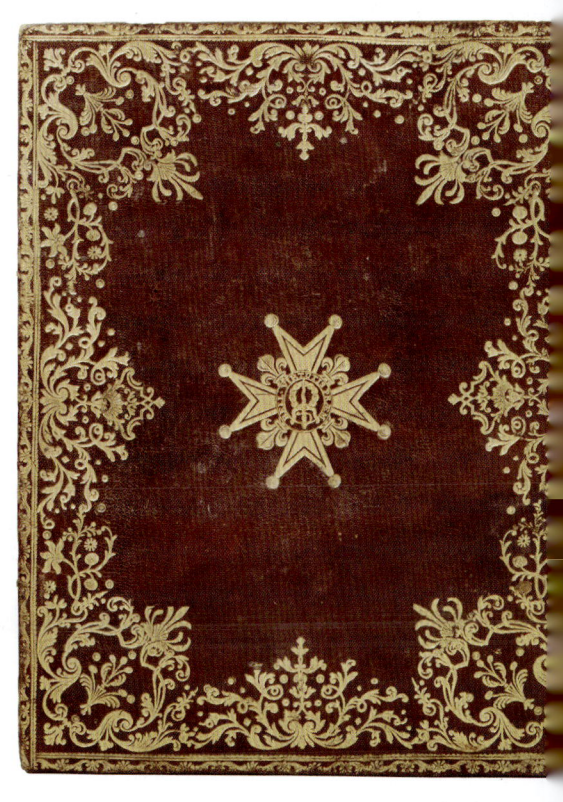

▲ 圣灵勋章挂章。供图/Sotheby's

3.圣路易王家军事勋章
Ordre Royal et Militaire de Saint-Louis / Royal and Military Order of Saint Louis

设立时间： 1693年4月5日

级别： 大十字级、指挥官级、骑士级

授予标准： 表现杰出或建立卓越的军事功绩。

解说： 圣路易王家军事勋章，简称"圣路易勋章"，由路易十四于1693年4月5日设立。勋章以卡佩王朝的第九任国王路易九世命名，被奉为中世纪法国乃至全欧洲君主楷模的路易九世曾于1249年和1270年两次亲率十字军东征，第一次他在杜姆亚特（Damietta）遭到惨败，其本人被穆斯林军队俘虏，在埃及被囚禁了多年之后，于1254年回国。1270年7月，他再次率军登陆突尼斯，最初势如破竹，连连获胜，但不久后疫病来袭，同年8月路易九世死于鼠疫。按照当时欧洲的骑士精神，无论被俘还是死于征途都是一种极高的荣誉，因此，在他病死27年后1297年，他被教廷追认为圣徒，赢得"圣路易"的尊号，成为唯一一位封圣的法国国王。

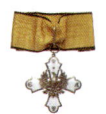
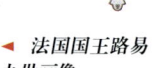
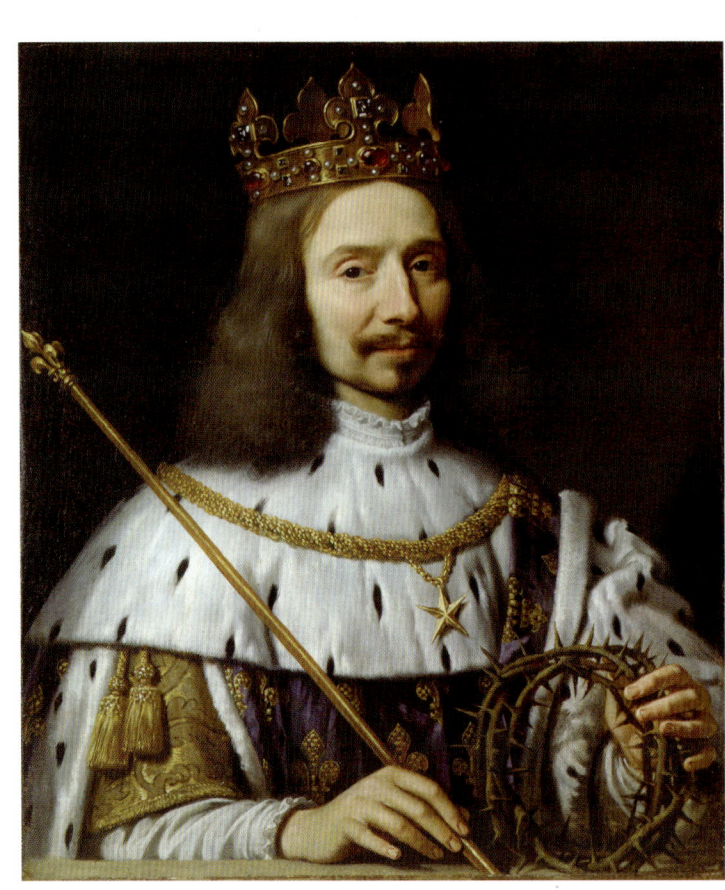

◀ 法国国王路易
九世画像

▼ 《圣路易骑士团历史》封面

　　这种勋章共设大十字级、指挥官级和骑士级三个级别，颁发量定为8枚大十字级、28枚指挥官级和不限额的骑士级，前两级获得者逝世后产生空额再进行递补。勋章用于表彰表现杰出或建立军事功绩的军官，且不限获得者的社会地位（简而言之即不限是否为贵族），此外获得者必须为天主教徒，必须在陆军或海军中服役至少十年以上。大十字级勋章的佩戴方式为右肩披挂大绶，左胸佩戴星章；指挥官级的佩戴方式则为右肩披挂大绶；骑士级采用襟绶方式佩戴。依现在的眼光看，圣路易勋章与后来的荣誉军团勋章十分相似：同样的红色绶带和类似的颁发标准（后者还可以表彰民事功绩），从某种意义上来说，圣路易勋章可视为荣誉军团勋章的前身。

　　法国大革命期间的1791年1月1日，圣路易勋章被共和国政府改名为"军事勋章（décoration militaire）"，一年后的1792年10月15日索性将其废除。1814年波旁王朝复辟后，路易十八立即宣布恢复设立圣路易勋章，国王试图用它取代荣誉军团勋章，未果。最终在1830年七月革命后，圣路易勋章被奥尔良王朝的路易·菲利浦国王下令彻底废除。

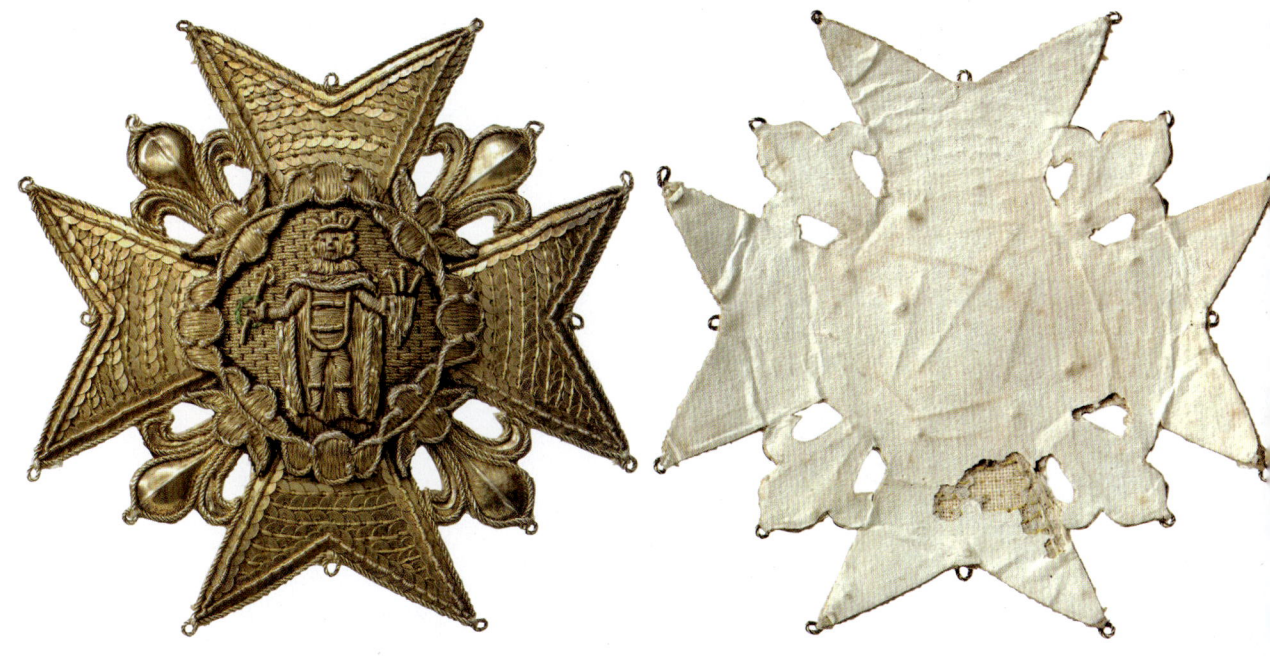

▲ 布质大十字级圣路易勋章星章。供图/Hermann Historica

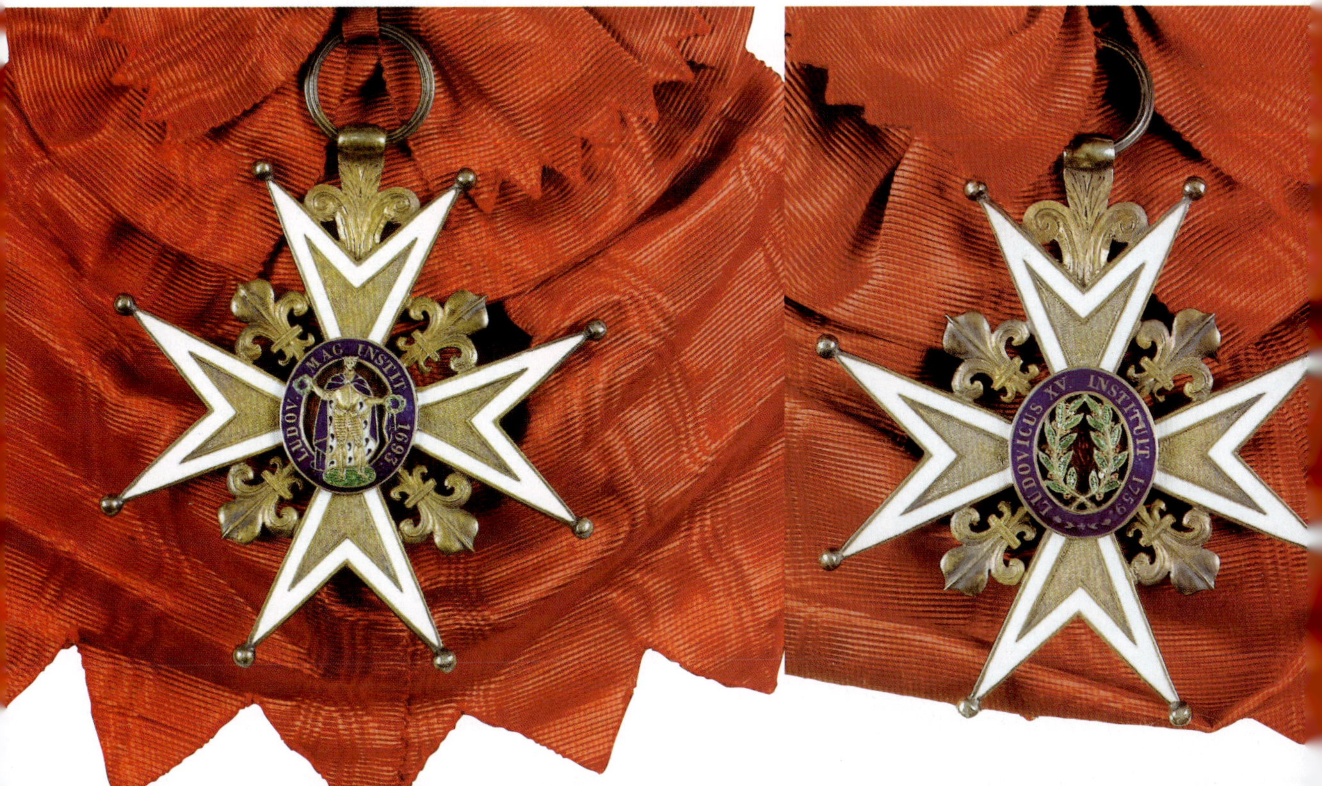

▲ 大十字级圣路易勋章挂章。供图/Sotheby's

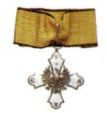

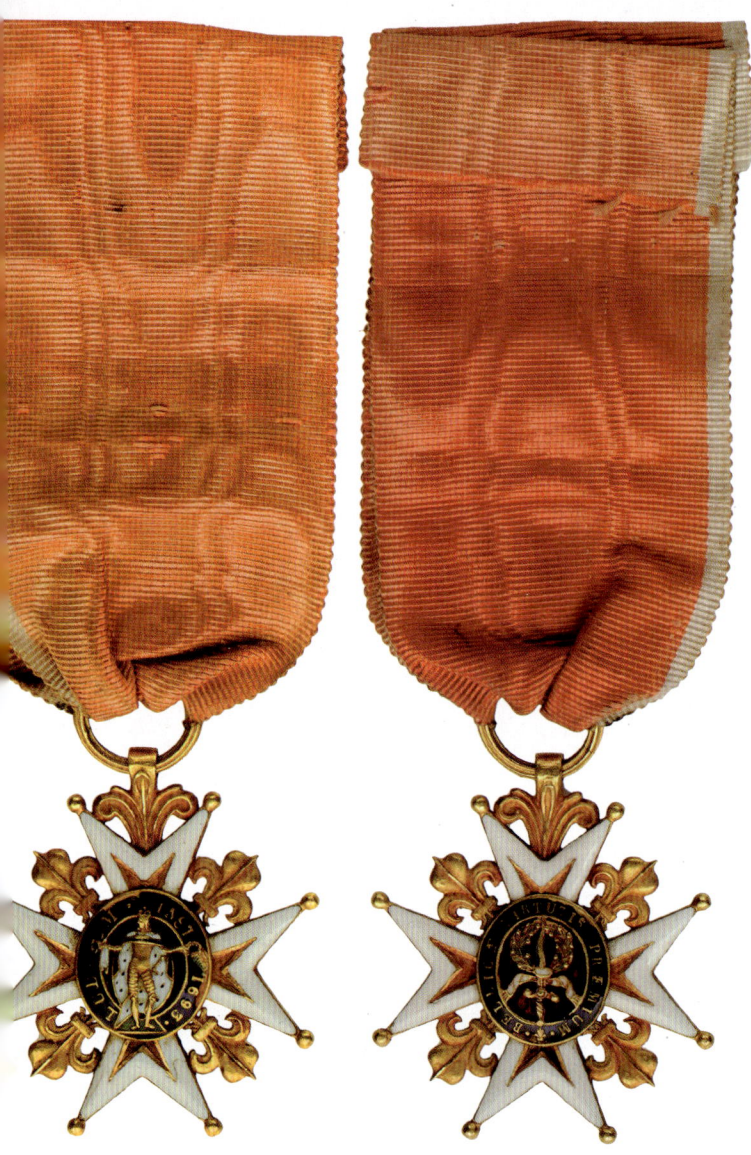

▲ 骑士级圣路易勋章。供图/Stack's Bowers

4.军事功勋勋章
Institution du Mérite militaire /
Institution of Military Merit

设立时间： 1759年3月10日

级别： 大十字级、指挥官级、骑士级

授予标准： 表现杰出或建立卓越的军事功绩。

解说： 十八世纪的法国曾招募过许多外籍士兵，这些来自瑞典、德国和瑞士的雇佣兵与法国士兵一道共同为王国效命，其中最有名的当数"瑞士卫队"。据考证这支"瑞士卫队"实际上由"百人铁卫（Cent Suisses）"和"瑞士禁卫（Gardes Suisses）"两部分组成，前者作为国王的贴身卫队驻守于王宫深处，同时充任仪仗队；后者负责王宫出入口与外围的安全。历史上瑞士禁卫还曾充当野战部队被派上前线对敌作战。这些信奉新教的雇佣军为法兰西王国四处征战，立下了汗马功劳，但令人尴尬的是，因为1693年设立的圣路易王家军事勋章明确规定获得者必须是天主教徒，此举导致许多建立卓越功绩的雇佣军军官因宗教信仰问题而无法获得表彰。为了平息这些非天主教徒的不满并提高他们的积极性，1759年3月10日，时任国王的路易十五（Louis XV）宣布设立"Institution du Mérite militaire"（军事功勋勋章），这种勋赏的名字中看不到"Ordre"（勋章）字样，因为按相关法律，带有"Ordre"字眼的荣誉只能发放给天主教徒。1785年勋章等级敲定为大十字级、指挥官级和骑士级三种，其颁发标准与佩戴方式除宗教要求一项外与圣路易勋章一致，颁发量定为2枚大十字级、4枚指挥官级和不限额的骑士级，首批大十字级获得者为陆军元帅、瑞士人瓦尔德内尔（Waldner）伯爵与陆军中将、拿骚-萨尔布吕肯（Nassau-Saarbrücken）亲王威廉·海因里希（Wilhelm Heinrich）。

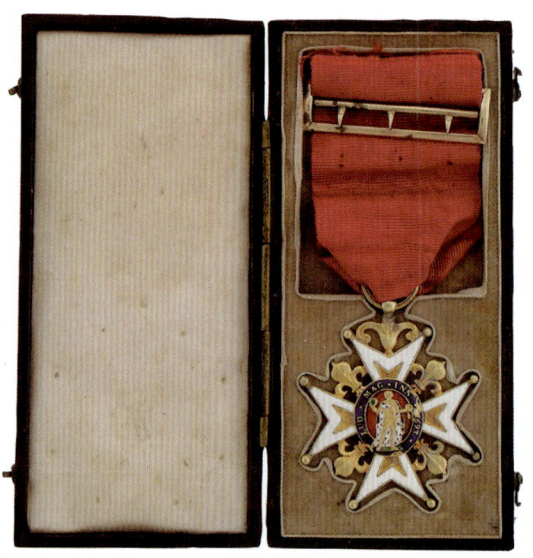

▲ 原盒骑士级圣路易勋章。供图/eMedals

法国大革命期间的1791年1月1日，军事功勋勋章与圣路易勋章合并，同时更名为"军事勋章（décoration militaire）"。1792年10月15日"军事勋章"也被共和国政府下令废除。波旁王朝复辟后的1814年11月28日，路易十八下令恢复颁发"军事功勋勋章"，同时扩大颁发数量，大十字级变为4人，指挥官级增加到8人，绶带颜色也由蓝色改为与圣路易勋章相同的红色。1830年七月革命后，军事功勋勋章被奥尔良王朝下令彻底废除。

5. 铁王冠勋章
Ordre de la Couronne de fer / Order of the Iron Crown

设立时间： 1805年6月5日

级别： 大十字级、指挥官级、骑士级

授予标准： 在军事、司法、行政管理、文学或艺术领域作出非凡贡献。

解说： 说起铁王冠勋章，就不得不提到著名的"伦巴底铁王冠（La Corona Ferrea di Lombardia）"。相传耶稣基督受难时，他身后的十字架因沾有耶稣宝血而变得不易毁坏，这个十字架称为"真十字架（True Cross）"。公元326年，罗马帝国君士坦丁大帝（Constantinus I Magnus）的母亲海伦娜（Saint Helena）在朝圣期间意外地找到了它，之后便成为基督教的圣物。根据记载，海伦娜和君士坦丁大帝曾取下真十字架上的部分铁钉，作为外交礼物送给一些重要的外交对象，其中就包括伦巴底王后希欧德琳达（Theodelinda）。

拿到圣钉后，希欧德琳达决定用它打造一顶新王冠，王冠用六块镶嵌着名贵珠宝的金板相互连接而成，内圈用圣钉改制的铁环加固，"铁王冠"由此得名。628年希欧德琳达死后，王冠被捐赠给蒙扎大教堂（Duomo di Monza）。公元774年，法兰克王国查理曼大帝（Charlemagne）征服了伦巴底王国，查理曼在蒙扎戴上了铁王冠，标志他成为伦巴底统治者。六年后的公元800年，查理曼在罗马加冕为神圣罗马帝国皇帝，从此同时加冕为伦巴底国王成为历任神圣罗马帝国皇帝的传统。

历史有时会有惊人的相似，拿破仑征服意大利的过程与查理曼的风格如出一辙。1805年5月26日，拿破仑·波拿巴被加冕为意大利国王，在仪式上，拿破仑戴上铁王冠，并按历代伦巴底国王登基典礼上的传统朗声宣布："上帝赐我王权，他人安敢染指！（Dieu me la donne, gare à qui la touche）"。

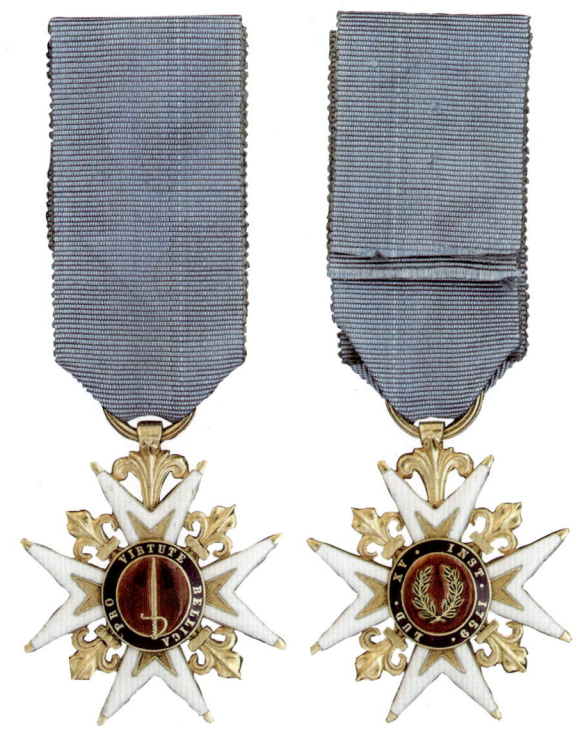

▲ 骑士级军事功勋勋章（复制品）。供图/DNW

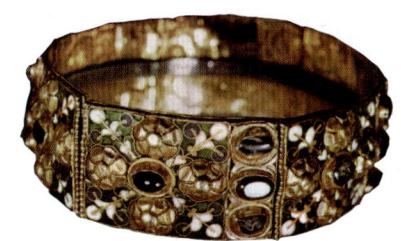

▲ 伦巴底铁王冠

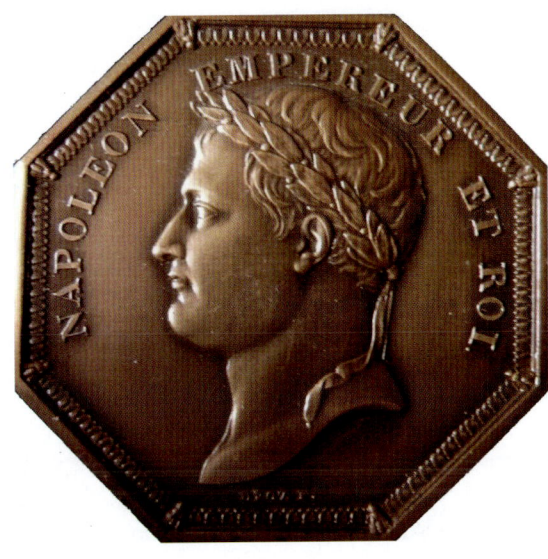

▲ 带有拿破仑头像和铁王冠勋章图样的一枚拿破仑时期的铜章

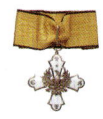

在加冕为意大利国王一个月以后的6月15日，这位法兰西皇帝宣布设立一种名字"铁王冠勋章"的新荣誉，勋章设大十字级、指挥官级和骑士级，同时限定了发放数量：20枚大十字级、100枚指挥官级和500枚骑士级。1815年拿破仑在滑铁卢惨败，铁王冠勋章被废除。

1816年1月1日奥地利帝国宣布设立"铁王冠勋章（Orden der Eisernen Krone）"，1868年2月20日意大利王国的"意大利王冠勋章（Ordine della Corona d'Italia）"设立，铁王冠勋章的历史通过另一种方法得到了延续。

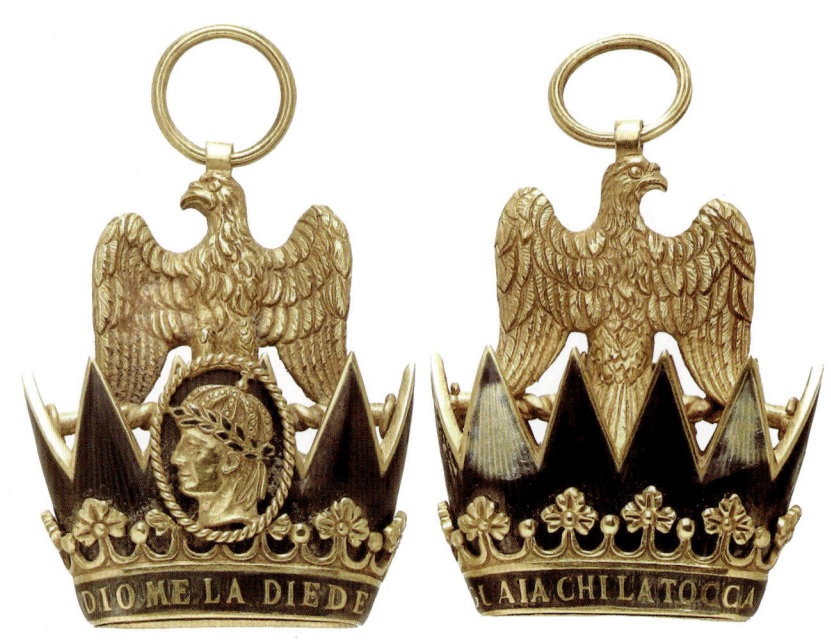

▲ 第一版大十字级铁王冠勋章挂章。供图/Künker

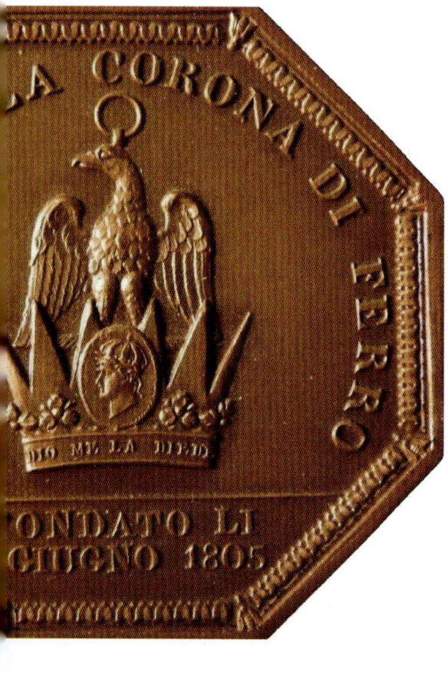

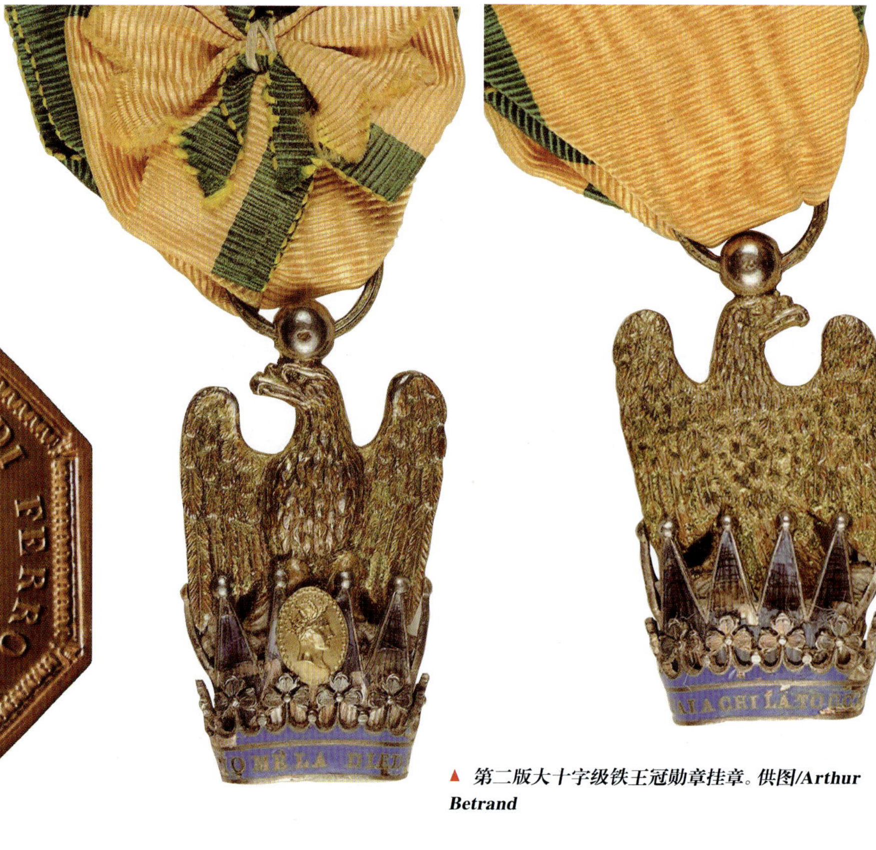

▲ 第二版大十字级铁王冠勋章挂章。供图/Arthur Betrand

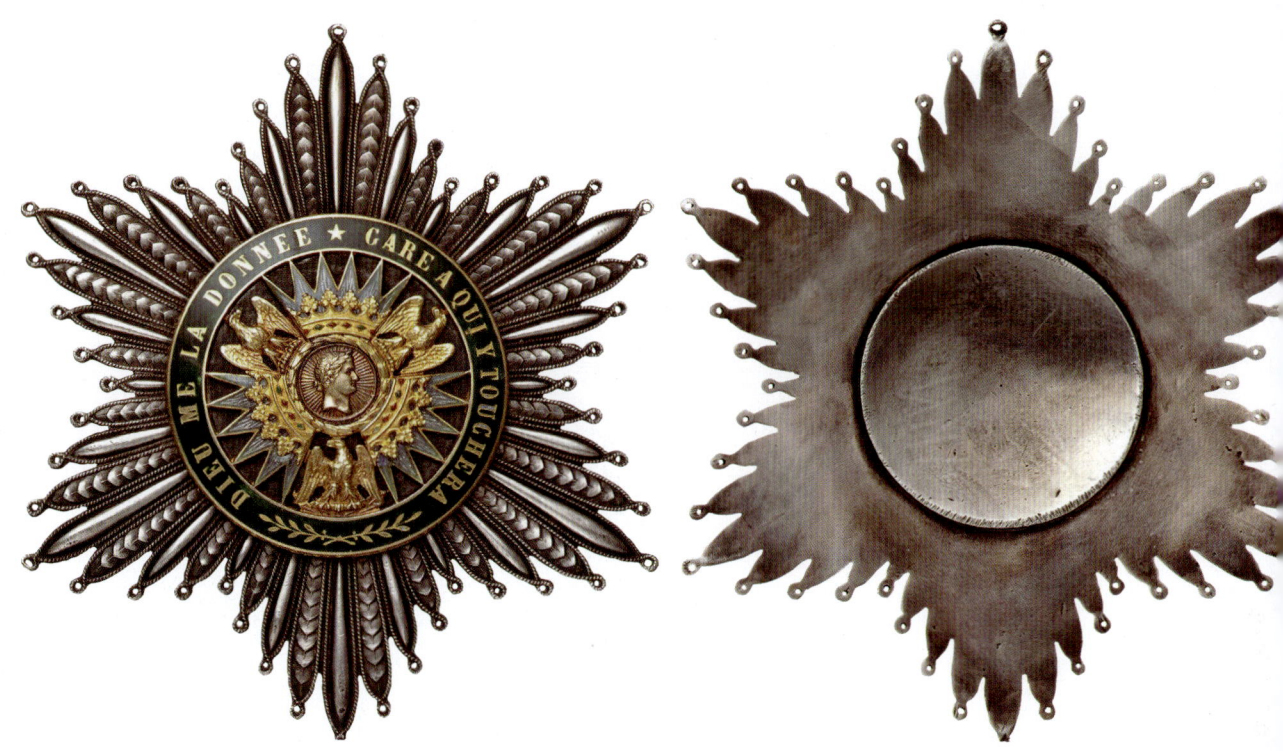

▲ 第一版大十字级铁王冠勋章星章。供图/*Hermann Historica*

6.团结勋章
Ordre de la Réunion / Order of the Reunion

设立时间: 1811年10月11日

级别: 大团长级、大十字级、指挥官级、骑士级

授予标准: 杰出的民事或军事功绩。

解说: 法兰西第一帝国的团结勋章,由拿破仑·波拿巴于1811年10月11日,颁发给供职于行政机构、地方政府和军事部门并为国家作出贡献的有功人士,来自被法国吞并地区的外籍人员(主要是荷兰人)也有资格获得这种勋章。

团结勋章的设立缘由有点独特。起因是1810年拿破仑前往荷兰进行视察,此前他任命了自己的弟弟路易·波拿巴(Louis Napoléon Bonaparte)为荷兰王国的国王,在欢迎宴会上,拿破仑注意到弟弟在几年前设立了一种名为"联合勋章(Orde van de Unie)"的荣誉,颁发给为荷兰王国作出贡献的人员,见此情形,这位法兰西帝国的统治者觉得有必要整顿自己治下各地区的勋赏制度。1811年10月11日,帝国的皇帝宣布设立一种名为"团结勋章"的新荣誉,它在法国勋赏体系中名列第二,排在铁王冠勋章之前,仅

次于最高勋赏荣誉军团勋章。勋章共设有四个级别,大团长级、大十字级、指挥官级和骑士级,鉴于大团长级实为拿破仑独有荣誉,因此用于颁发的只有剩下的三个级别。团结勋章设立后,荷兰的联合勋章被废除,此后所有符合要求的人员获得的都是团结勋章。值得一提的是,由于皇帝本人不能忍受上流阶层出现穷困潦倒的现象,因此下令政府每年拨款50万法郎用于支付团结勋章获得者的生活补助。

1813年10月,拿破仑领兵与第六次反法同盟联军决战于莱比锡,是役法军战败。次年3月31日反法联军进入巴黎,4月11日法国宣布无条件投降,皇帝本人被流放到厄尔巴岛(Isola d'Elba)。让人费解的是,波旁王朝复辟后对这种勋章持保留态度,既不将其废除,也不继续颁发。1815年3月,拿破仑逃离厄尔巴岛回到法国,并集结军队推翻复辟不久的波旁王朝,正式再度称帝,不过直到当年6月22日皇帝再度退位前,未有新的团结勋章授出。拿破仑的"百日王朝"覆灭后,波旁王朝重新掌权,1815年7月28日路易十八国王下令正式废除团结勋章,并要求所有获得者将勋章上缴,仅有少数勋章因获得者身处国外且不愿将勋章寄回巴黎,才得以保留下来,这也是今日难

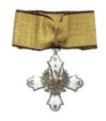

以见到团结勋章实物的原因。1852年法兰西第二帝国建立后，出于对第一帝国的敬意与纪念，政府又重新制作了一批团结勋章发放给勋章上缴的原获得者，但这也增加了后人辨别勋章时期的难度。

虽然团结勋章从设立到废除仅有短短数年时间，但它的颁发量依旧可观，共计颁发了64枚大十字（荷兰得主占29人）、90枚指挥官级（荷兰得主占21枚）和527枚骑士级（荷兰得主占59人）。

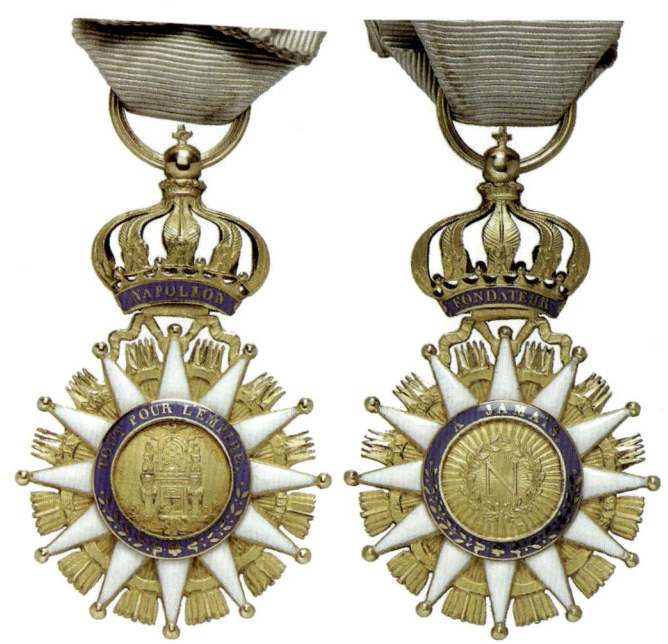

▲ 骑士级团结勋章

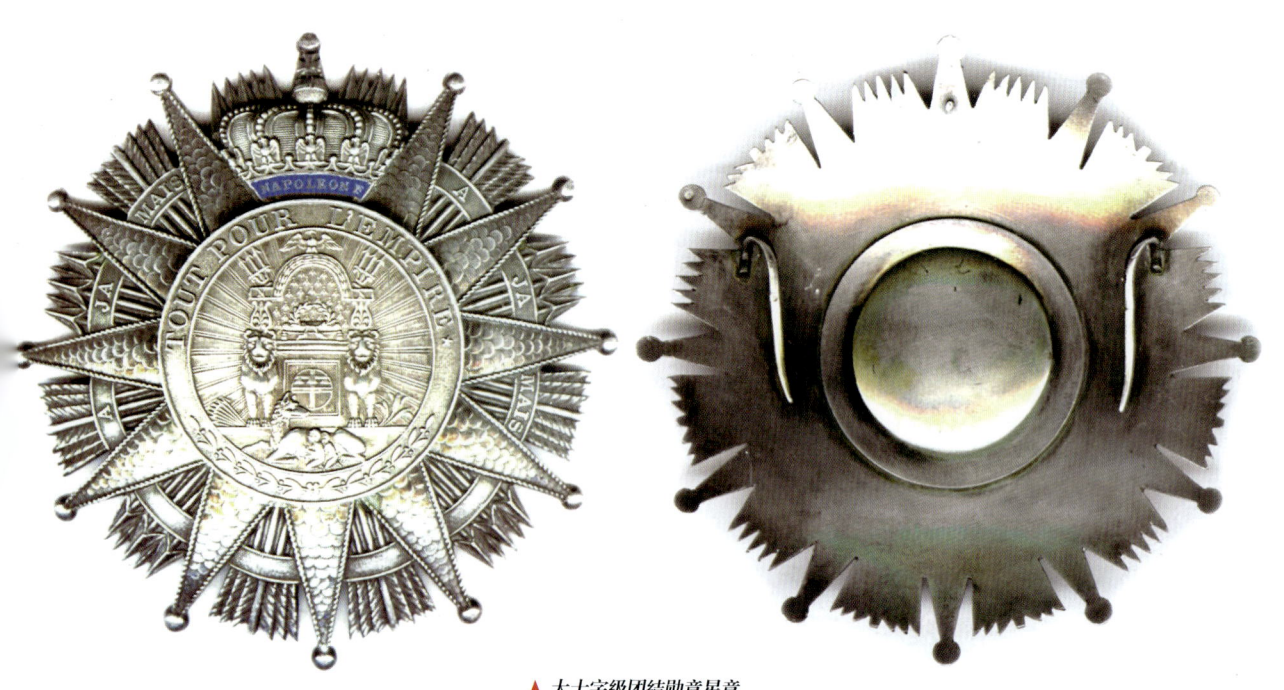

▲ 大十字级团结勋章星章

– G –
希腊
Ελλάδα / Greece

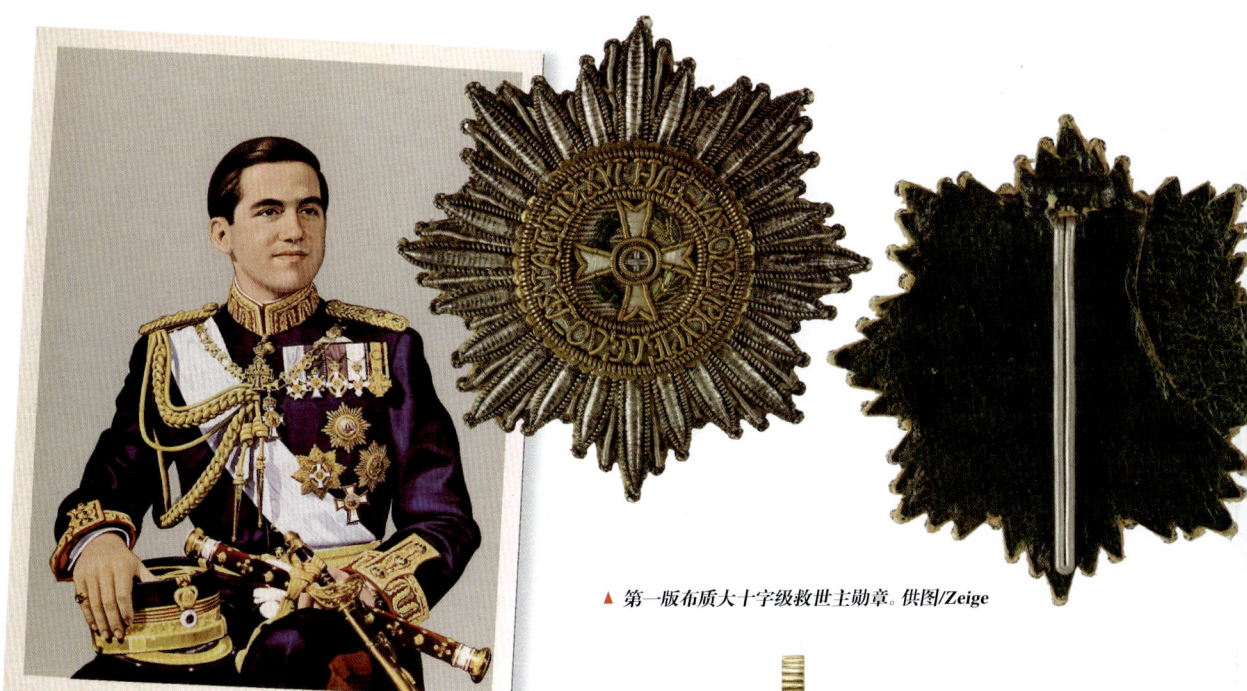

▲ 第一版布质大十字级救世主勋章。供图/Zeige

▲ 希腊末代国王康斯坦丁二世的正装画像,他佩戴着救世主勋章、圣乔治和圣康斯坦丁王家勋章、乔治一世王家勋章、凤凰勋章等

1.救世主勋章
Τάγμα Σωτήρος / Order of the Redeemer

设立时间: 1833年5月20日

级别: 大十字级、大指挥官级、指挥官级、金质十字级、银质十字级

授予标准: 在战争期间表现卓越,捍卫国家利益;或在国内外社会服务领域建立非凡的功绩。

版本: 第一版(1833~1863):正面是奥托一世的头像,外圈刻"ΟΘΩΝ, ΒΑΣΙΛΕΥΣ ΤΗΣ ΕΛΛΑΔΟΣ(希腊人的国王奥托)",背面为奥托国王的蓝底白十字盾徽,外圈刻着"Η ΔΕΞΙΑ ΣΟΥ ΧΕΙΡ, ΚΥΡΙΕ, ΔΕΔΟΞΑΣΤΑΙ ΕΝ ΙΣΧΥΙ(主啊,你的右手有无比的大能,出埃及记15:6)"。

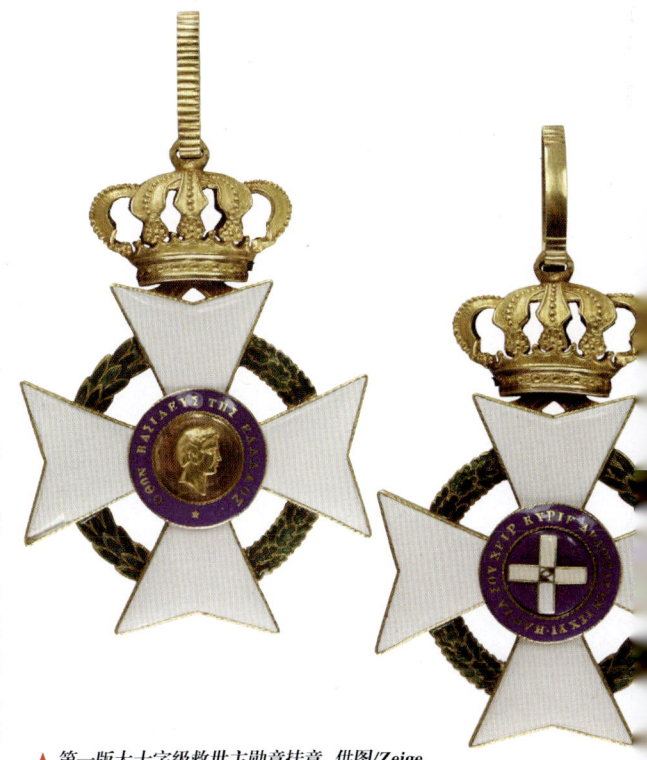

▲ 第一版大十字级救世主勋章挂章。供图/Zeige

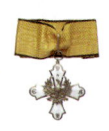

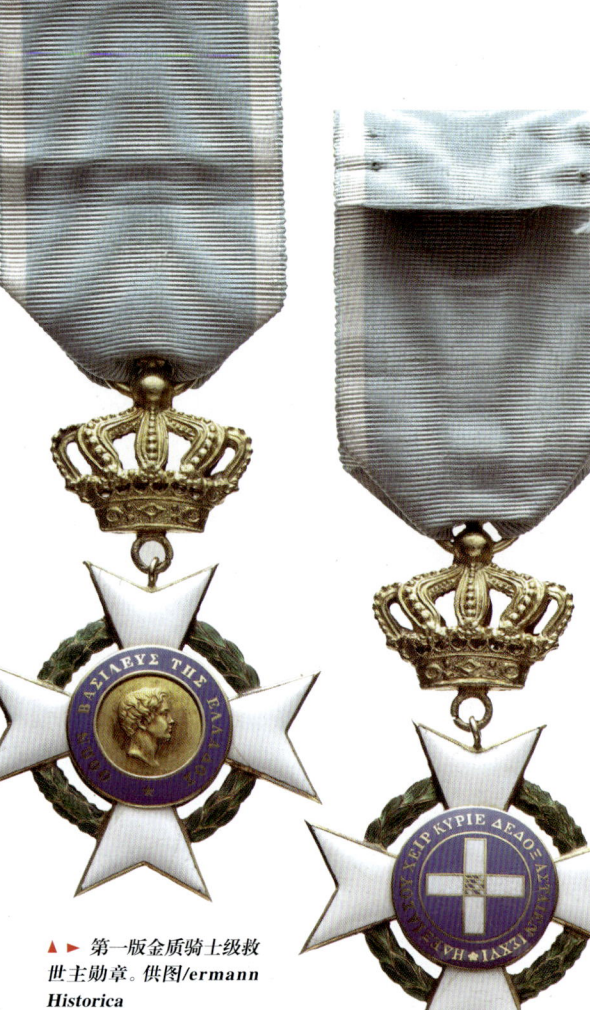

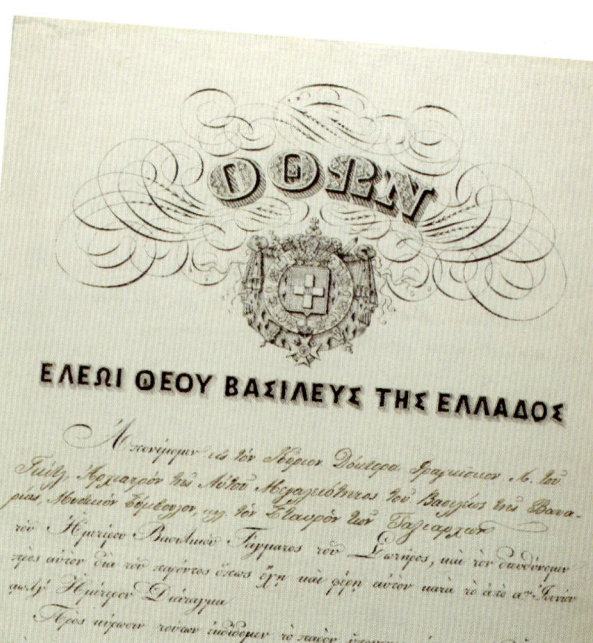

▲ ► 第一版金质骑士级救
世主勋章。供图/ermann
Historica

▲ 一份1860年授予救世主
勋章的证书

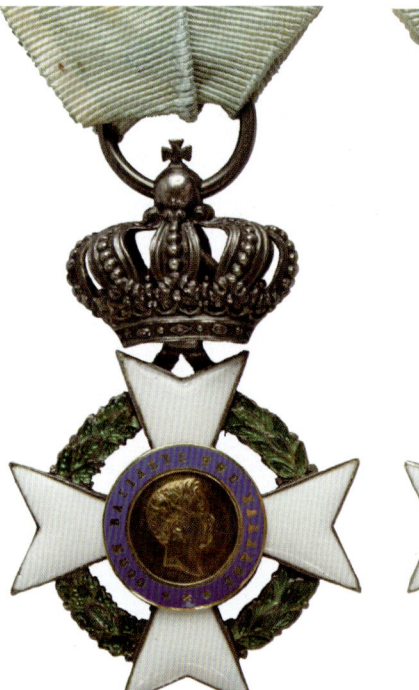

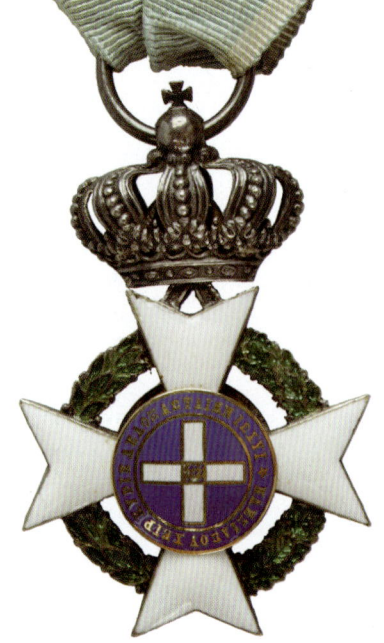

◄ 第一版银质骑士级救世
主勋章。供图/Zeige

第二版（1863～1975）：
正面是耶稣圣像，外圈刻"H
ΔΕΞΙΑ ΣΟΥ ΧΕΙΡ, ΚΥΡΙΕ,
ΔΕΔΟΞΑΣΤΑΙ ΕΝ ΙΣΧΥΙ"，
背面图案不变，铭文是"H
ΕΝ ΑΡΓΕΙ Δ´ ΕΘΝΙΚΗ ΤΩΝ
ΕΛΛΗΝΩΝ ΣΥΝΕΛΕΥΣΙΣ –
1829（1829年阿戈斯第四次希
腊全民大会）"。

▶ 原盒第二版指
挥官级救世主勋
章。供图/Hermann
Historica

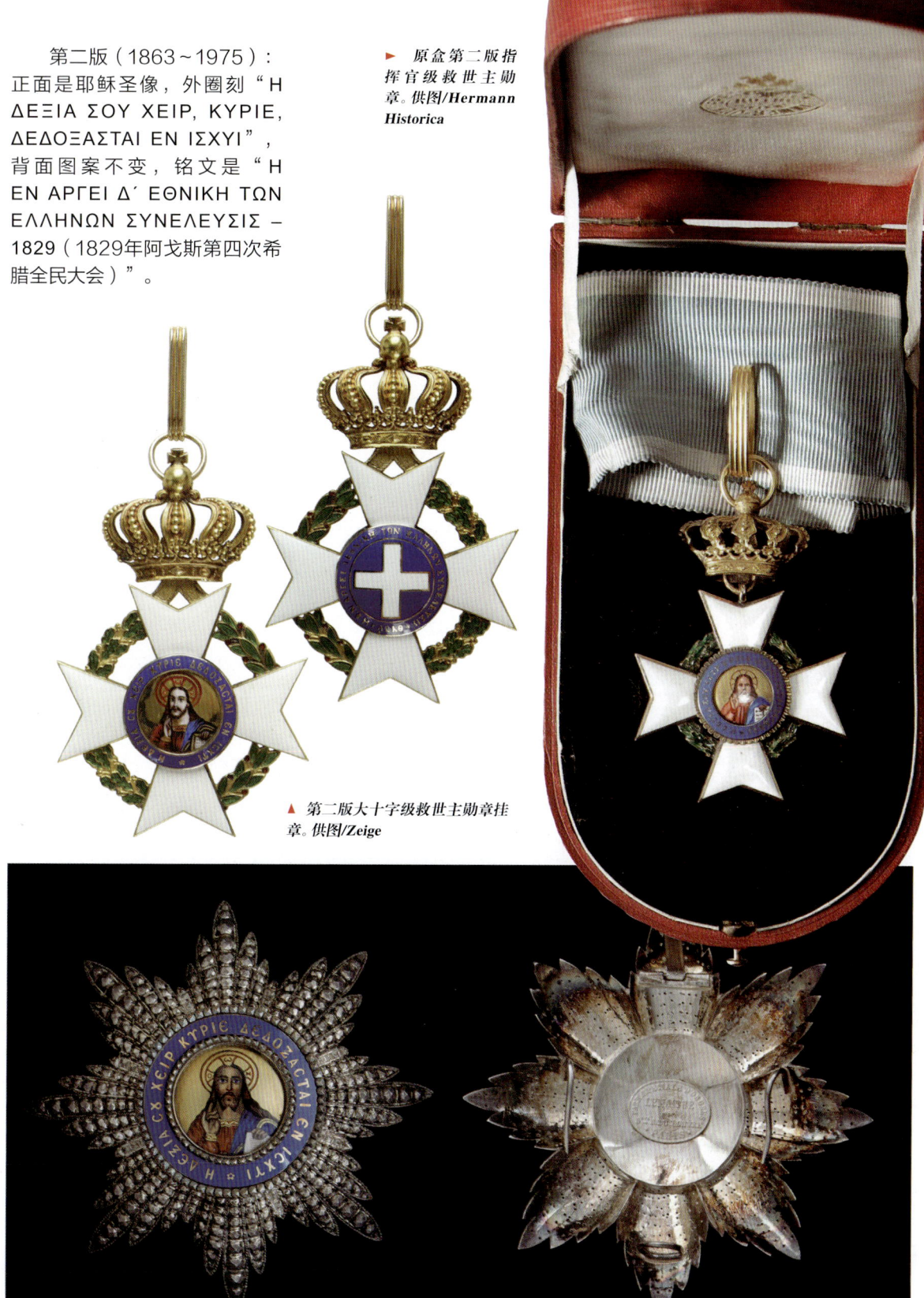

▲ 第二版大十字级救世主勋章挂
章。供图/Zeige

▲ 第二版大十字级救世主勋章星章。供图/Morton & Eden

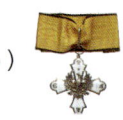

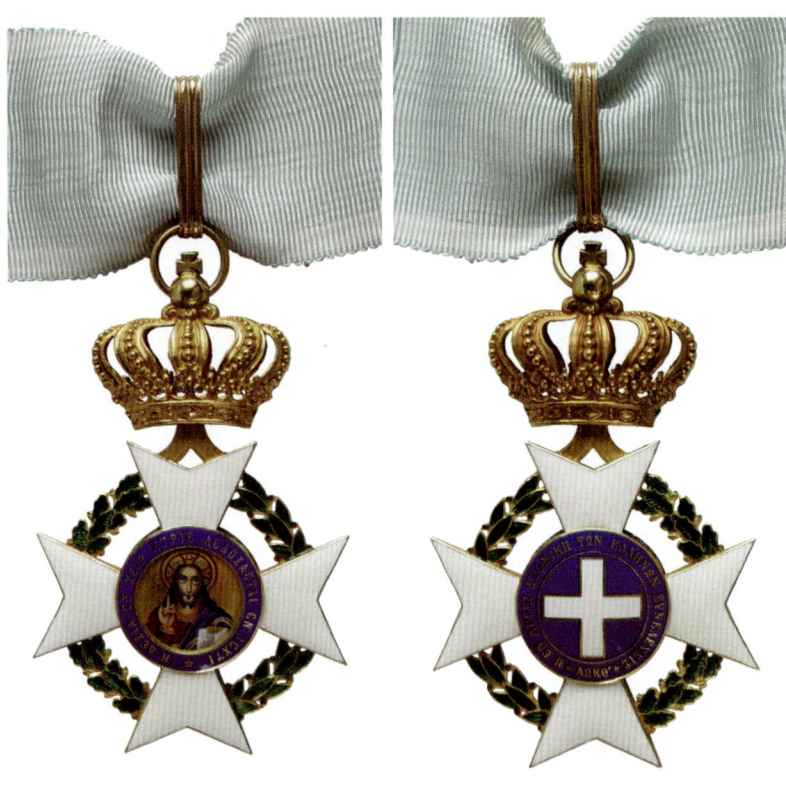

▶ 原盒第二版金质十字级救世主勋章。供图/Zeige

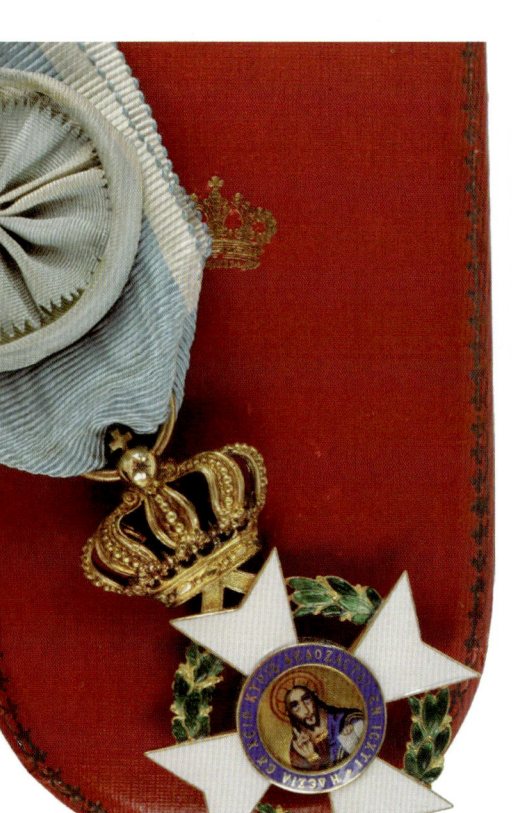

▲ 第二版指挥官级救世主勋章挂章。供图/Zeige

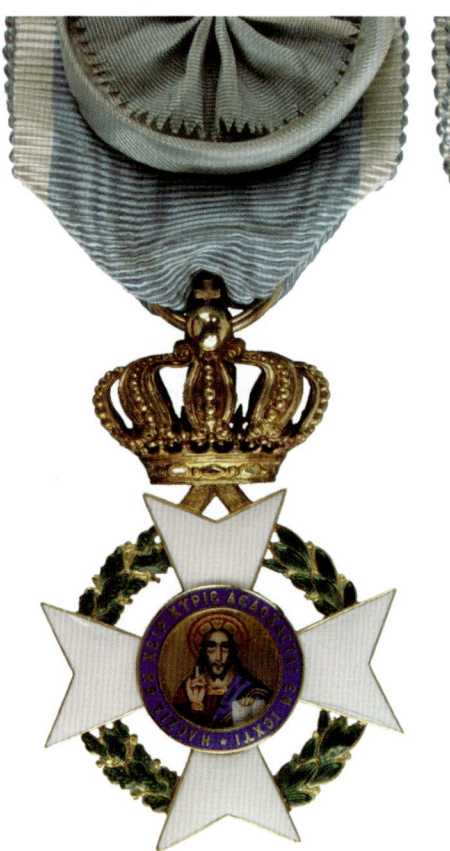

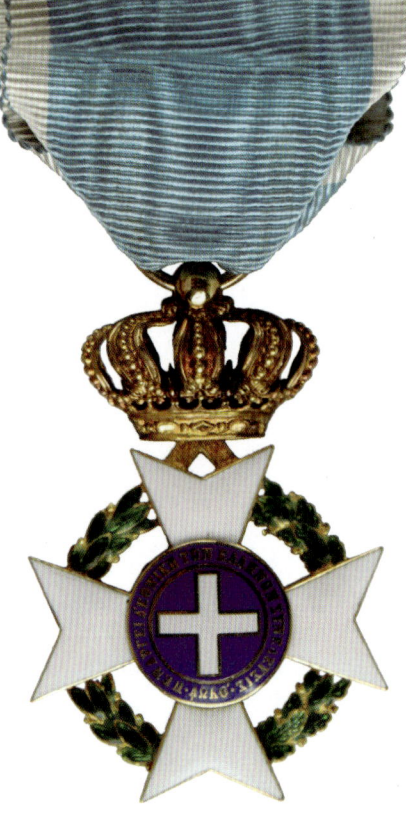

◀ 第二版金质十字级救世
主勋章。供图/Zeige

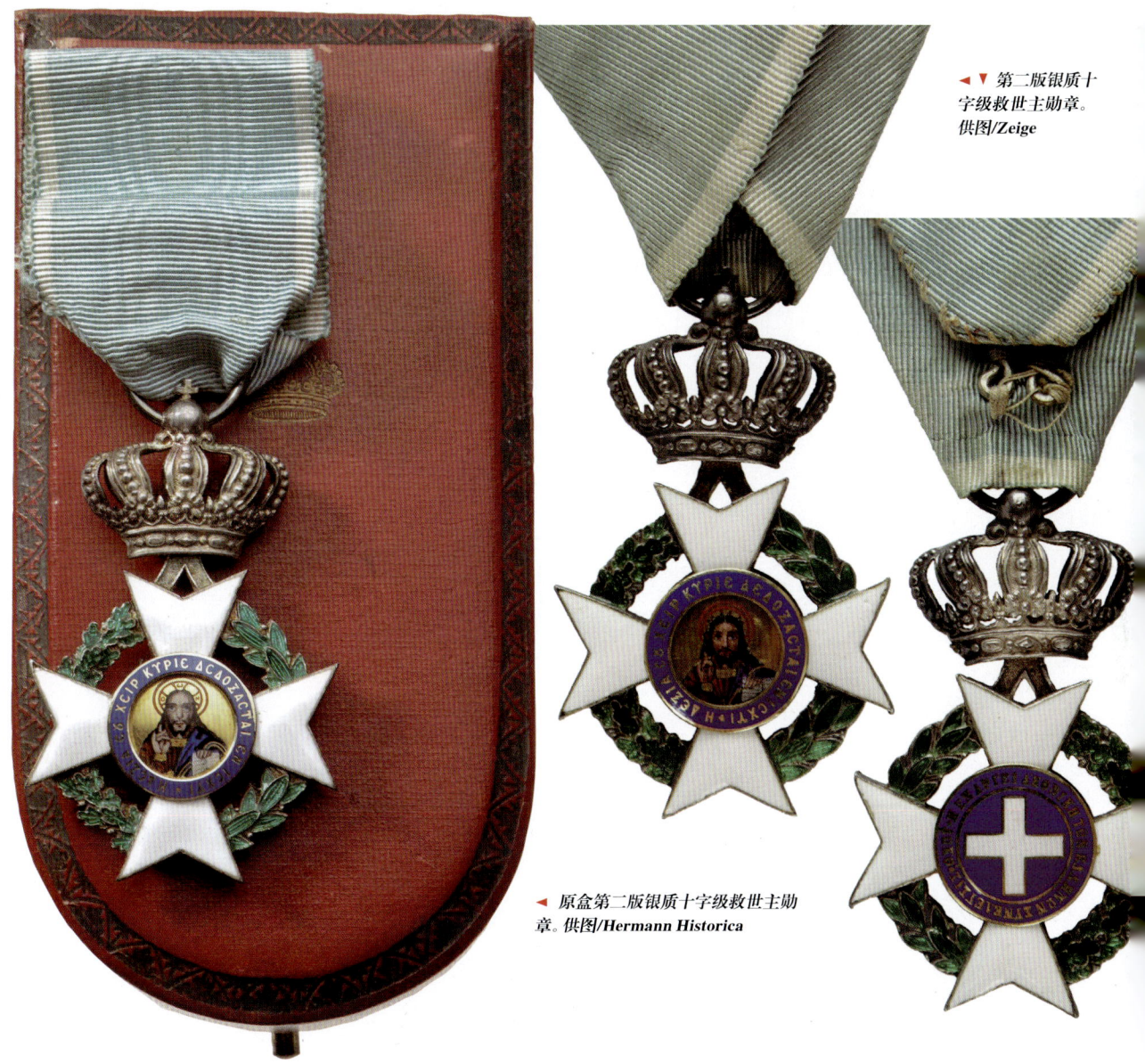

▲▼ 第二版银质十字级救世主勋章。供图/Zeige

◀ 原盒第二版银质十字级救世主勋章。供图/Hermann Historica

第三版（1975年至今）：在第二版的基础上用花环替代了绶章上方的王冠。

解说：1821年3月希腊发起反抗奥斯曼帝国统治的独立战争，同时宣布独立，在这之后的希腊被称为"现代希腊（Modern Greek State）"。1829年独立战争已接近尾声，该年在阿戈斯（Argos）召开的第四次全民大会上通过了关于设立新勋章的决议，但相关手续却一直没有落实。直到1833年5月20日才由摄政委员会（Regency Council）的三位摄政约瑟夫·路德维希·冯·阿尔芒斯佩格（Joseph Ludwig von Armansperg）、格奥尔格·路德维

希·冯·毛雷尔（Georg Ludwig von Maurer）和卡尔·冯·阿贝尔（Karl von Abel）以奥托国王（Otto of Greece）的名义在纳夫普利翁（Nafplio，1829年至1834年间为现代希腊首都）签发生效。

根据最初的法令，这种勋章将授予参加了独立战争，或此后在公共服务事业上，如武装部队、外交与司法部门、行政管理部门，或艺术、科学、农业、工商业等领域，尽忠尽职地为祖国服务并建立卓越民事功绩的人员。对于外籍人士，只要他/她"曾效命于希腊，或以己之长为希腊作出了杰出贡献"也可获此殊荣。

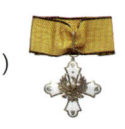

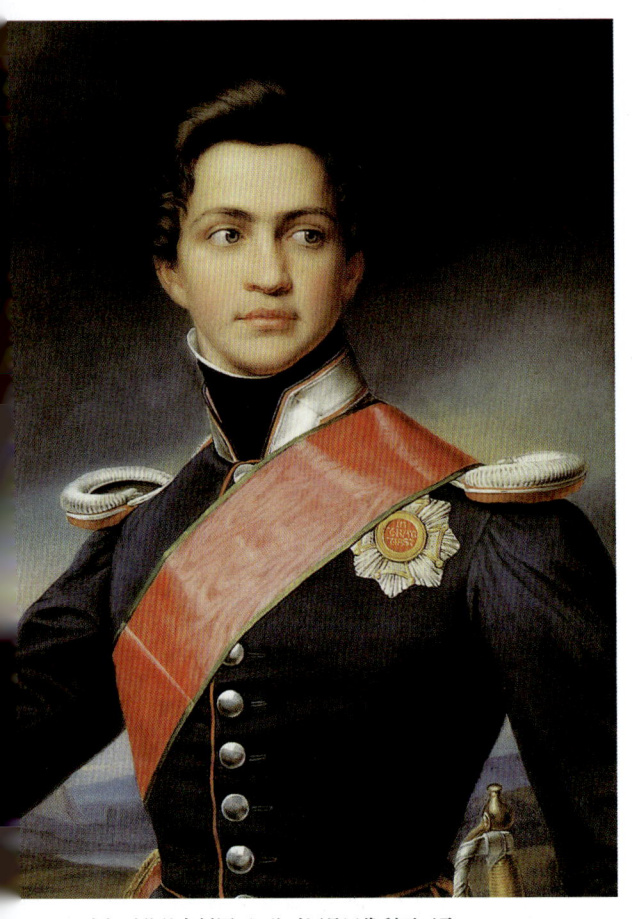

▲ 青年时代的奥托国王，此时还是巴伐利亚王子

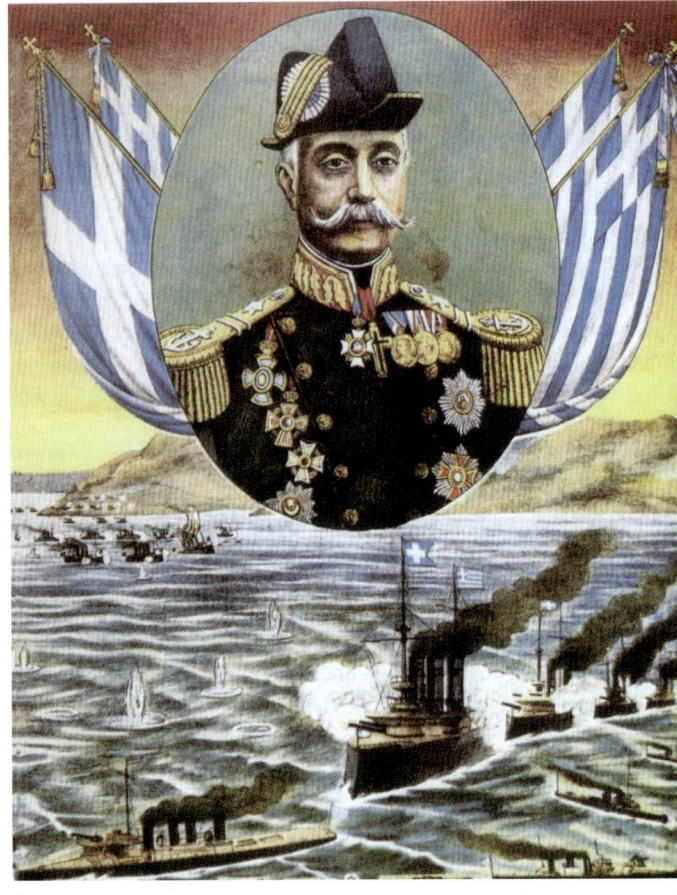

▲ 佩戴有大指挥官级救世主勋章的乔治斯·康托里奥蒂斯画像

　　最初的法令还规定了每个级别的受勋者人数上限：大十字级12人，大指挥官级20人，指挥官级30人，金质骑士十字级120人，只有最低级别的银质骑士十字级不受限制，此外希腊王室成员与外籍获得者不占名额。时至今日，大十字级仅作为外交赠礼由希腊总统颁发给外国元首。

　　1833年法令生效后颁发的首枚大十字级救世主勋章，得主是奥托国王的父亲，巴伐利亚国王路德维希一世（King Ludwig I of Bavaria），而颁发给希腊本国人士的大十字级，其获得者多为当时的首相，如安德里亚斯·米阿奥里斯（Andreas Miaoulis，1835年）、佩特罗贝斯·马夫罗米查利斯（Petrobey Mavromichalis，1836年）、亚历山德罗斯·马夫罗科扎托斯（Alexandros Mavrokordatos，1836年）、拉扎罗斯·康托里奥蒂斯（Lazaros Kountouriotis，1836年）、京特·冯·贝格男爵（Baron Günther Heinrich Freiherr von Berg，1837年）、安德烈斯·柴伊米斯（Andreas Zaimis，1837年）、特奥多罗斯·科洛科特罗尼斯（Theodoros Kolokotronis，1837年）、乔治斯·康托里奥蒂斯（Georgios Kountouriotis，1837年），以及康斯坦丁·卡纳里斯（Constantine Kanaris，1864年）

　　这枚现代希腊历史最悠久的最高级荣誉勋章，外形与相关法令都经历了多次修正。

　　根据1833年签发的法令规定，勋章的主体为马耳他十字形，除银质骑士十字级采用银制，其他级别的勋章皆为银质镀金。勋章表面覆有白色珐琅，底下环绕着橡树叶与月桂花环。绶章与吊环之间用王冠连接。勋章的正面中央为奥托一世的头像。铭文为前面介绍的第一版。

奥托一世信奉收复领土主义，希望复辟拜占庭帝国。1854年3月，克里米亚战争爆发。希腊人认为实现"伟大理想"的机会来到了。当俄、土开战时，希腊组织了非正规军性质的武装部队入侵土耳其，且不顾英、法的反对允许希腊军队支援这些武装人员。这场入侵的结果以希军部队被全歼，英法海军封锁了比雷埃夫斯港而告终，奥托一世时代的"伟大理想"就此破灭。

1859年奥地利与意大利之间爆发了奥萨战争。希腊民众支持被后人称为"两个世界的英雄、意大利建国三杰之一"的朱塞佩·加里波第（Giuseppe Garibaldi）；而奥托一世却站在他的亲戚奥地利皇帝弗朗茨·约瑟夫一世（Franz Josef I）一边。最终意大利在法皇拿破仑三世的支持下获得了胜利。奥托一世企图用进攻土耳其来挽回威信，但由于上次的教训，没有得到政府和人民的赞同。

奥托一世还拒绝让新派政治家入选国会，并在背地里反对受到民众支持的首相康斯坦丁·卡纳里斯。国王与民众的矛盾日益激化，1861年发生了学生企图刺杀王后的事件，学生的领袖被许多人奉为英雄；次年又发生了多起未遂叛乱与政变。军队变得越来越无纪律，最终在1862年10月发生政变。叛军只用了几天时间就控制了整个国家，前首相德米特里奥斯·沃尔加里斯（Dimitrios Voulgaris）被推举为临时政府首相，同日临时政府发布声明宣布废黜奥托一世。

既然国王已被废黜，勋章上自然不能再出现他的头像，1863年开始使用的第二版勋章正面图案是与勋章名字相符的救世主耶稣圣像，铭文样式换成了前文介绍的第二版。

1967年4月乔治斯·帕帕多普洛斯（Georgios Papadopoulos）上校率部发动政变，迫使康斯坦丁二世国王答应他们成立名为"上校团（Regime of the Colonels）"的军政府，开始了长达七年的军人独裁政权。同年12月，希腊王室出走罗马，君主制度已经是名存实亡。1973年，在军政府所主导的公投下，王室被废除，确立共和制。

1974年7月军政府因土耳其入侵塞浦路斯而垮台。康斯坦丁二世回国，但他并未恢复王位。11月举行议会选举，新民主党获胜并执政；12月举行公民投票，有69%的民众赞成终止君主制度，确立国家政体为共和制。

现今所发行的救世主勋章为1975年启用的第三版，它与第二版的区别在于用花环替代了连接绶章与吊环的王冠。

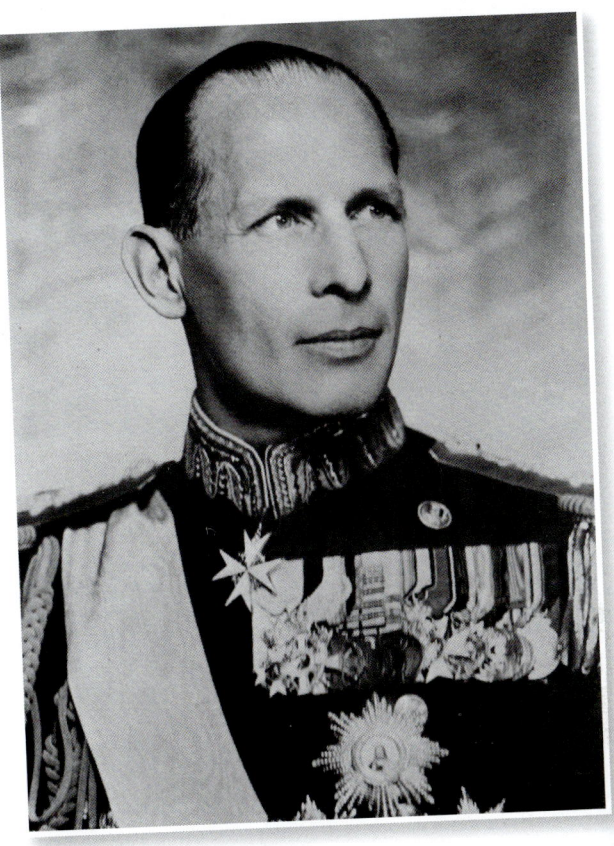

▲ 佩戴有大十字级救世主勋章的希腊国王乔治二世

2.英勇十字勋章
Αριστείον Ανδρείας / Cross of Valour

设立时间： 1913年5月13日

级别： 指挥官级、金质十字级、银质十字级

授予标准： 对敌作战中表现英勇或展现非凡指挥能力的个人或团体，包括盟友。

版本： 第一版（1913~1940）：正面为圣迪米特里奥斯画像（St. Demetrios，东正教圣徒，其地位相当于天主教的圣乔治），外圈围绕着月桂花环。勋章背面为被花环围绕的"ΑΞΙΑ（因为英勇）"字样。对于第二次获颁者，可在绶带上附加一枚直径4毫米的银质五角星，以此类推。

第二版（1940~1974）：在第一版基础上新增附加在绶带上刻有"1940"字样的铭条，另外多次获颁表现方式改为在绶带上附加直径5毫米的银质王

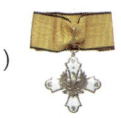

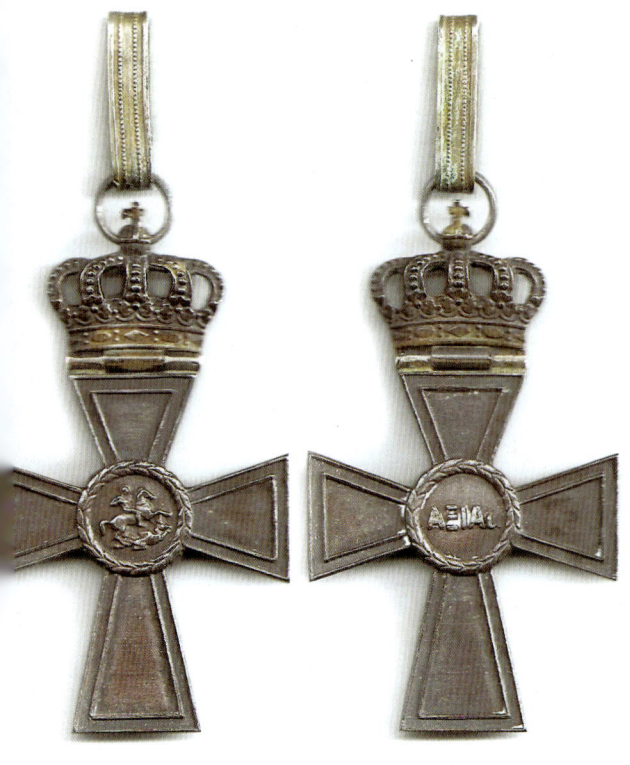

▲ 第一版指挥官级英勇十字勋章

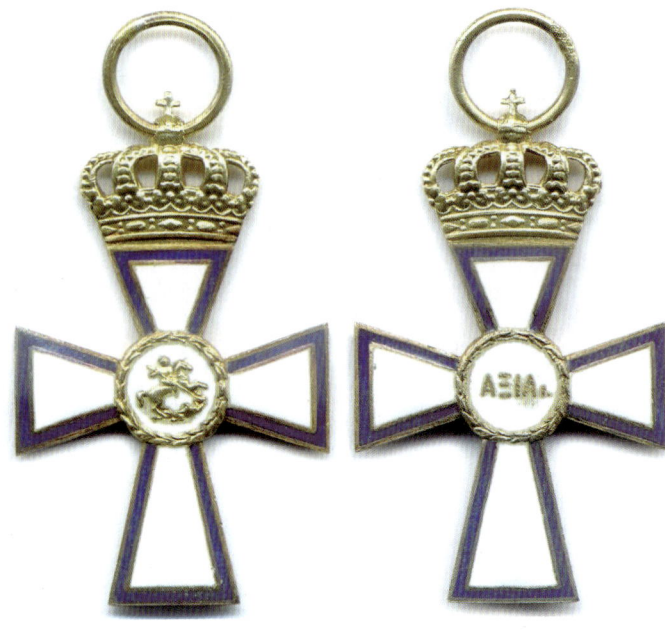

▲ 第一版金质十字级英勇十字勋章

冠，按相关规定，最多允许附加三枚王冠装饰（即四次获颁）。

第三版（1974年至今）：勋章上方的王冠被希腊国徽取代，正面的圣迪米特里奥斯也换成圣母玛丽娅画像。

解说：这枚勋章根据1913年5月13日发布的法令设立，仅授予对敌作战中表现英勇或展现非凡指挥能力的人员，但这份法令直到1921年3月21日才正式生效。当年3月31日追加的条例又规定，指挥官级勋章只授予将官和英勇团体（将勋章绑在军旗上），金质十字级仅授予校尉军官，而候补军官、军士和士兵只能获得银质十字级勋章。

1913年至1921年期间产生了两位指挥官级个人获得者，一位是康斯坦丁一世国王；另一人是1914年10月15日受勋的帕夫洛斯·康托里奥蒂斯海军中将（Pavlos Kountouriotis，后晋升为海军上将，还担任了希腊共和国总统）。

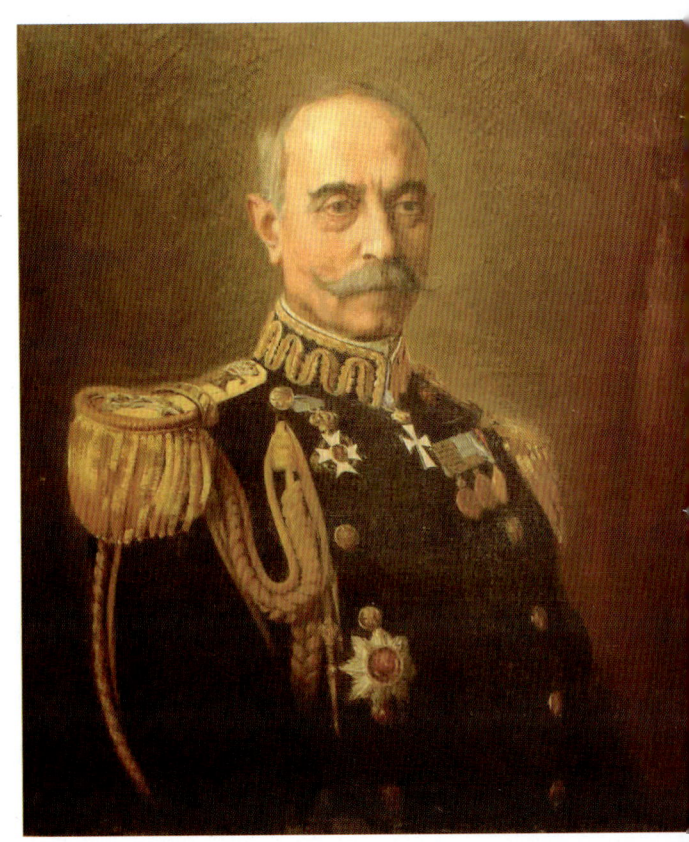

▶ 佩戴有指挥官级英勇十字勋章的帕夫洛斯·康托里奥蒂斯

此后的第一次世界大战、协约国干涉俄国革命以及第二次希土战争初期无人获勋，因为所有符合颁发要求的人员拿到的都是1917版战争十字奖章。这一怪象的背后是当时希腊国内的政治角力：一战爆发后，时任首相的埃莱夫塞里奥斯·韦尼泽洛斯（Eleftherios Venizelos）曾极力要求国王加入协约国阵营，并向同盟国尤其是土耳其开战。但康斯坦丁一世却以"与德国皇室有姻亲关系、同情同盟国"为由拒绝了他的建议。随即韦尼泽洛斯离开雅典来到萨洛尼卡于1916年9月另立政府，希腊陷入分裂状态。而设立战争十字奖章的正是萨洛尼卡的"国民防卫政府（Government of National Defense）"。

萨洛尼卡政府成立后，英法担心引起希腊内战，起初并没有承认它的存在，而是希望借机向康斯坦丁一世及其政府施加压力，此举引发了希腊国内亲德派的反协约国宣传。作为回应，英法联军登陆萨洛尼卡，并向雅典逼近。12月联军与忠于国王的希军发生交火。

因为这次事件，雅典爆发了反韦尼泽洛斯运动。出于报复，协约国于12月19日正式承认韦尼泽洛斯政府，同时派遣海军封锁了希腊各大港口。至此一个希腊、两个政府的局面形成。

1917年5月，萨洛尼卡举行了支持韦尼泽洛斯的游行，韦尼泽洛斯的支持者们要求协约国废黜康斯坦丁一世。6月11日康斯坦丁一世在协约国的强烈要求下宣布退位，流亡瑞士。考虑到长子乔治王储参加过德国军队，协约国指定康斯坦丁一世的次子亚历山大（Alexander of Greece）继承王位。

1920年10月25日，亚历山大国王死于被猴子咬伤而引起的败血症。韦尼泽洛斯劝说康斯坦丁一世的第三子保罗继承王位但遭拒绝。11月，韦尼泽洛斯的自由党在大选中惨败，韦尼泽洛斯下台。在11月的公投中，支持康斯坦丁一世复位的投票占总票数的98.97%。康斯坦丁一世于12月19日复位。

国王复位后迫切希望消除韦尼泽洛斯留下的痕迹，不久便下令所有战争十字奖章的获得者可以凭证书向政府申请更换为英勇十字勋章，但此举收效甚微。

从第二次希土战争后期的1921年7月起，英勇十字勋章开始了自设立以来首次大规模颁发，截止1922年8月战争结束前，共发放了40枚指挥官级、4528枚金质十字级和47772枚银质十字级。

授出的40枚指挥官级勋章中，39枚为团级单位集体嘉奖（其中6个团为两次获颁），唯一一位个人获得者是阿纳斯塔西奥斯·帕珀乌拉斯中将（Anastasios Papoulas，第二次希土战争期间担任希军总司令）。1923年至1924年间，又授出509枚金质十字级（其中230枚为二次颁发）和3枚银质

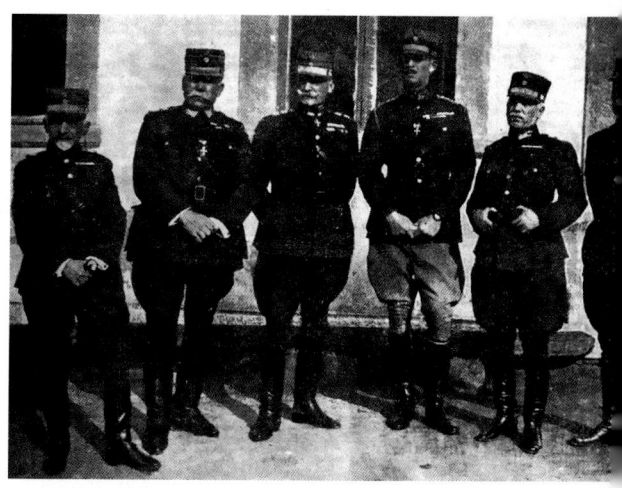

▲ 第二次希土战争期间的希军指挥官，其中有几名佩戴有英勇十字勋章

十字级勋章。但由于库存勋章严重不足与动荡的政局，很多获颁的士兵直到去世都没能收到属于他们的勋章实物，讽刺的是军官获得者却从无发放延误的情况产生。

1940年10月28日希意战争爆发后，希腊政府于11月11日颁布法令宣布重设英勇十字勋章。1941年4月6日德国实行"玛丽塔行动（Unternehmen Marita）"介入战争，希军无力阻挡德军的高歌猛进，被迫于4月23日宣布投降。在这场历时178天的军事冲突中，共授出240枚金质十字级（其中11枚为两次颁发）与300枚银质十字级英勇十字勋章。

希腊投降后出现了两个声称代表希腊的政府：轴心国扶植的傀儡政权和身处海外的流亡政府，而这两个政府都保留了这种勋章并在战争期间继续颁发。

伪政权在1941年至1944年间授出了2枚指挥官级（授予第6和第34步兵团）、1922枚金质十字级（179枚为二次颁发）、4635枚银质十字级（3枚为二次颁发），这些金质和银质十字勋章多为追授。

希腊流亡政府则在流亡期间向英勇的希军及盟军将士颁发了96枚金质十字级（9枚为两次获颁）和92枚银质十字级勋章。1944年10月希腊解放后，又有6枚指挥官级、1225枚金质十字级与1382枚银质十字级被授出，有幸获颁指挥官级勋章的包括第3山地旅下属的三个营、希腊陆军学院（Hellenic Army Academy）、"圣军"突击队（活跃于中东的希军特种部队，名字取自古底比斯由同性恋人组成神圣军团Sacred Band）和乔治二世国王等。

二战结束后，希腊陷入内战，后参加了朝鲜战争。1947年至1955年间英勇十字勋章颁发量急剧上升，共颁发出8枚指挥官级（包括保罗国

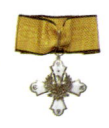

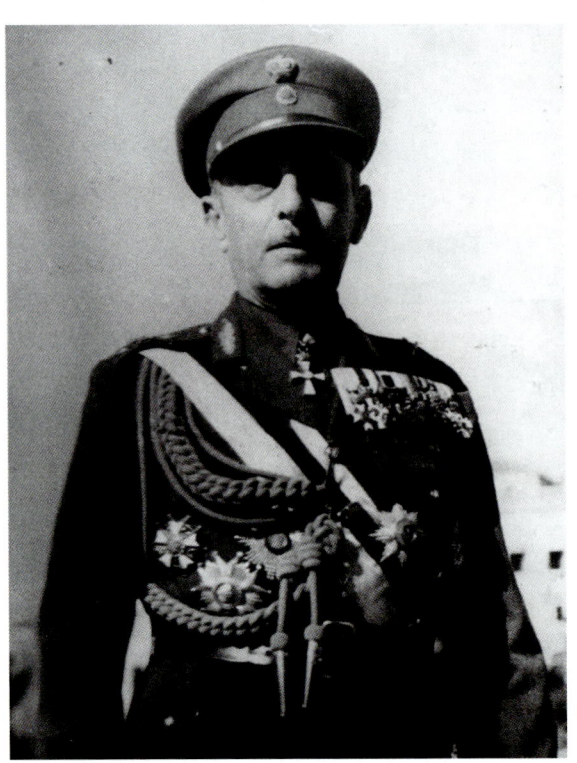

▲ 佩戴指挥官级英勇十字勋章的亚历山大·帕帕戈斯

王和日后的首相亚历山大·帕帕戈斯Alexandros Papagos）、4548枚金质十字级与11072枚银质十字级勋章。值得一提的是，这段时期勋章的外籍获得者皆为美国人。

1973年君主制被军政府废除后，国家荣誉体系也随之变更。1974年4月发布的法令规定，在英勇十字勋章之上新设 "英勇勋章"（Medal for Gallantry /Αριστείο Ανδραγαθίας）。但是新勋章只针对个人的勇敢行为，英勇十字勋章仍旧保留了对出色指挥艺术与军事功勋的表彰职能。

3.英勇勋章
Αριστείο Ανδραγαθίας / Medal for Gallantry

设立时间： 1974年

级别： 仅有一级

授予标准： 对在战场上有非凡的英雄行为、在极度危险环境下完成任务，或冒着生命危险执行超出自身职责的任务并得到褒奖。

备注： 希腊最高级别军事功勋勋章，由军政府设立，至今未被废除也无人获颁。

4.乔治一世王家勋章
Βασιλικόν Τάγμα Γεωργίου Α' / Royal Order of George I

设立时间： 1915年1月16日

级别： 大十字级、大指挥官级、指挥官级、金质十字级、银质十字级和金银铜奖章

授予标准： 为国家作出卓越贡献。

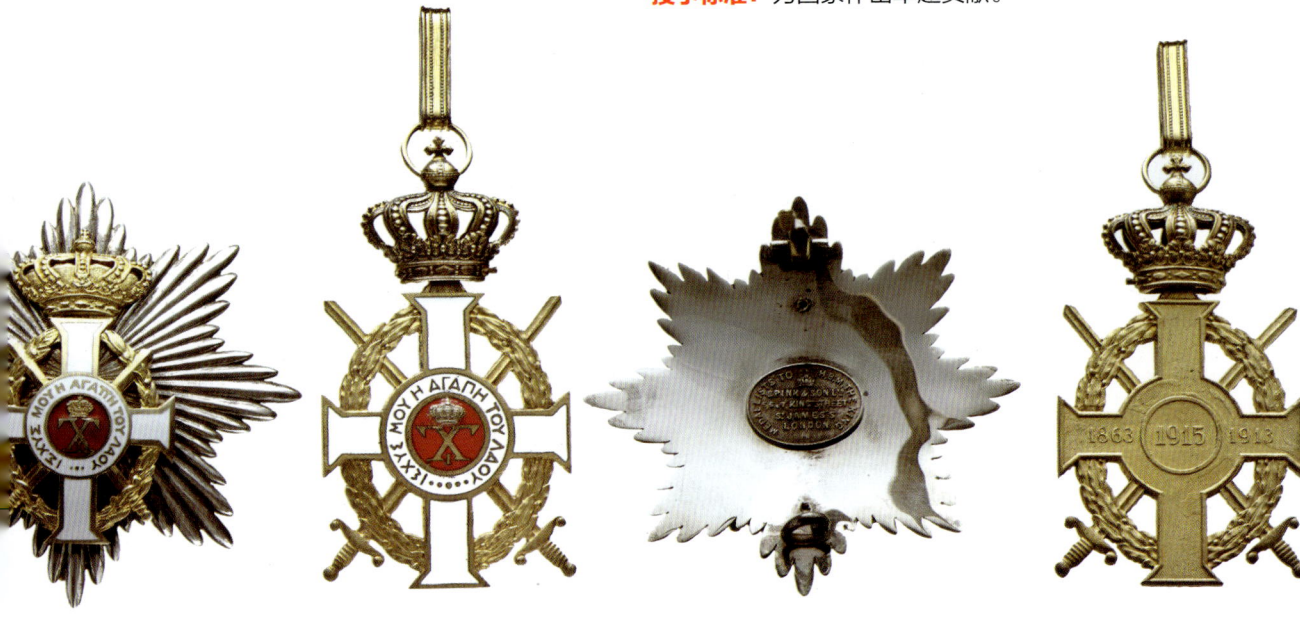

▲ 大十字级军事版乔治一世王家勋章。供图/Hermann Historica

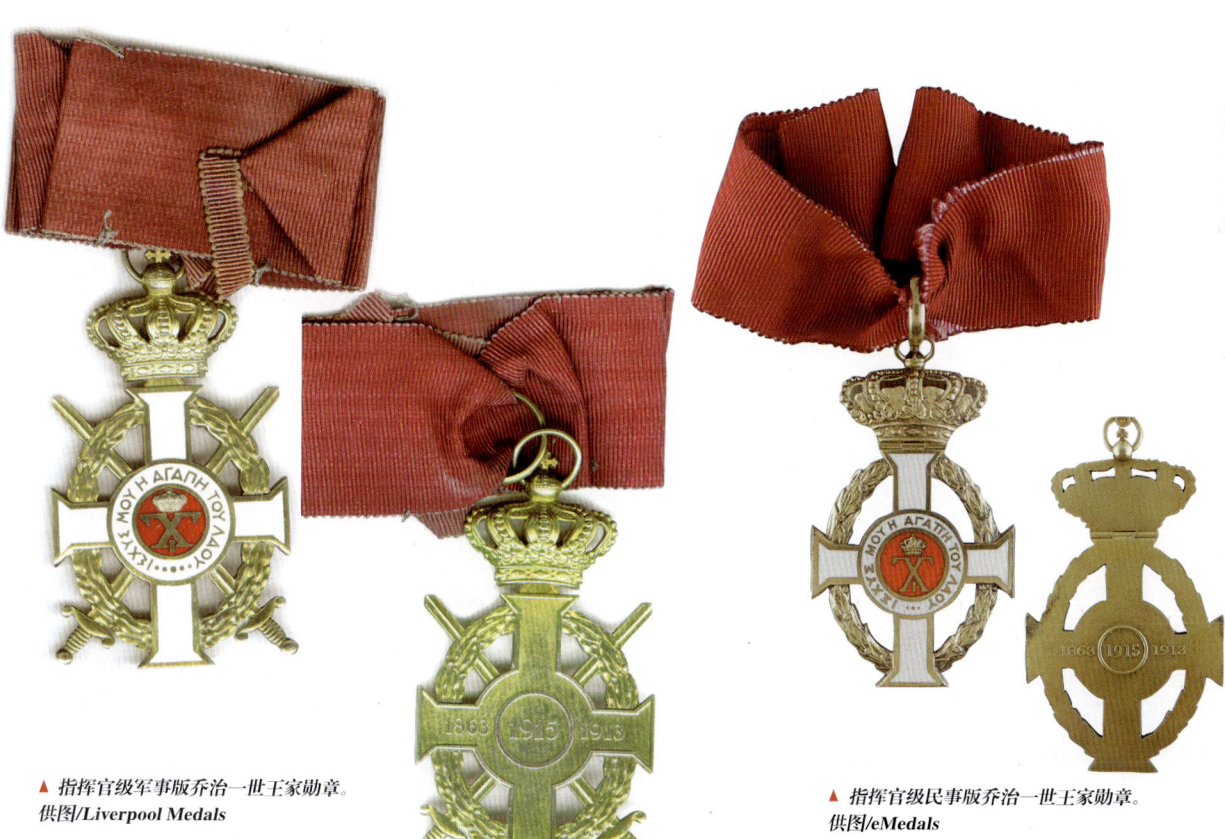

▲ 大指挥官级民事版乔治一世王家勋章。供图/Hermann Historica

▲ 指挥官级军事版乔治一世王家勋章。
供图/Liverpool Medals

▲ 指挥官级民事版乔治一世王家勋章。
供图/eMedals

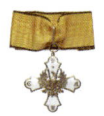

▼ 原盒金质十字级军事版乔治一世王家勋章。供图/Hermann Historica

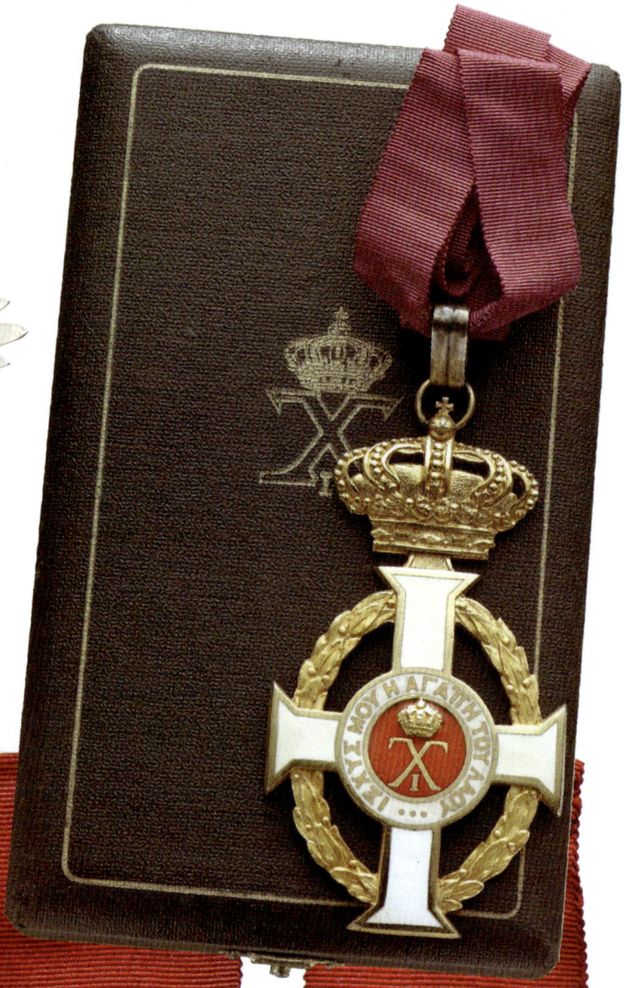

解说： 这枚勋章以康斯坦丁一世的父亲，乔治一世国王的名字命名。设立时就被定位为仅次于救世主勋章的第二高等级勋章。1924年希腊第二共和国建立，这枚勋章因君主制色彩过于浓重而被新设立的凤凰勋章替代。1935年随着君主制度的恢复而回归，直至1973年希腊再次迎来共和制。1975年被第三共和国新设立的荣誉勋章取代。

考虑到乔治一世勋章仅授予军官和高级政府官员，1915年政府决定设立银质和铜质"乔治一世纪念奖章（Commemorative Medal of the Order of George I / Αναμνηστικόν μετάλλιον του Τάγματος Γεωργίου Α'）"以发放给符合要求的军士、士兵、基层公务员和普通公民，1935年又加入了金质奖章。

乔治一世勋章呈拉丁十字形，表面覆有白色珐琅，十字臂间饰有月桂花环，十字形上方有王冠装饰。除银质十字级为银质外，其他级别的勋章皆为银质镀金。勋章正面为红底金色

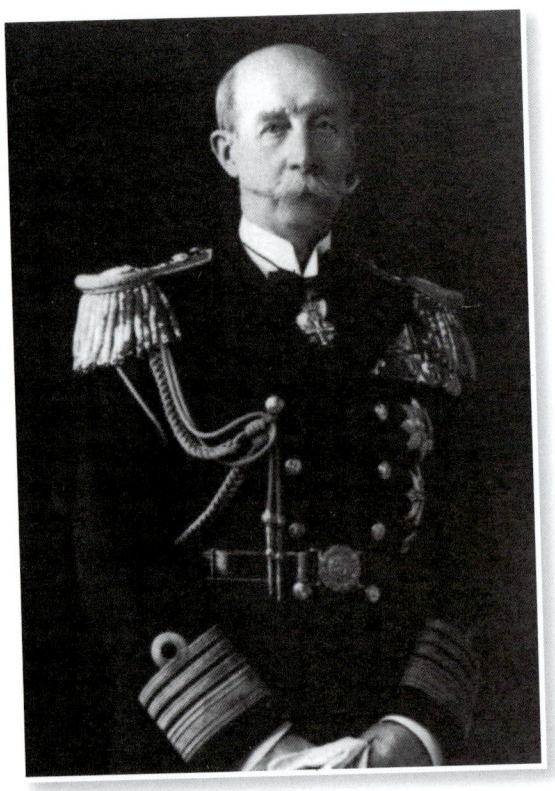

▲ 希腊国王乔治一世

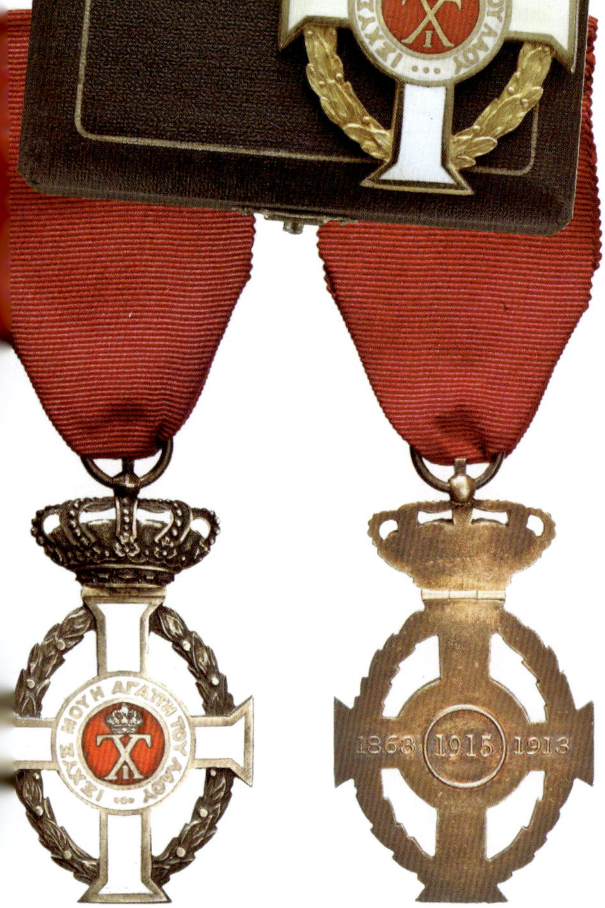

◀ 银质十字级民事版乔治一世王家勋章。供图/Hermann Historica

乔治一世花押，外圈刻着老国王的座右铭"ΙΣΧΥΣ ΜΟΥ Η ΑΓΑΠΗ ΤΟΥ ΛΑΟΥ（吾之力量源于子民拥戴）"。勋章背面则是表示乔治一世统治年份的"1863～1913"和设立日期"1915"字样。军事版勋章可以通过绶章上附加的双剑来辨认。乔治一世纪念奖章的式样与勋章一模一样，区别仅在于奖章没有珐琅涂层。

配有星芒章的勋章仅有大十字级和大指挥官级两种，皆为银质星芒状底板上镶嵌了勋章的正面图案，区别之处在于大十字级的底板是八边光芒，而大指挥官级只有四边。

5.荣誉勋章
Τάγμα Αριστείας της Τιμής / Order of Honour

设立时间： 1975年8月18日
级别： 大十字级、大指挥官级、指挥官级、金质十字级、银质十字级

授予对象： 对为建设祖国努力奋斗、成绩斐然的普通公民和行政管理部门官员；在文艺界、学术界、工商界等领域作出受人瞩目功绩的艺术家、作家、科学家、企业家等相关人士；利用自身专业技能与知识为希腊作出杰出贡献的外籍人士。

版本： 第一版：十字臂间有字母代表"ΕΛΛΗΝΙΚΗ ΔΗΜΟΚΡΑΤΙΑ（希腊共和国）"的字母"ΕΔ"，正面为雅典娜的肖像，背面是刻在白色珐琅圆环上的"ΕΛΛΗΝΙΚΗ ΔΗΜΟΚΡΑΤΙΑ"，勋章通过月桂花环与挂环相连。

第二版：去掉了十字臂间的"ΕΔ"字样，同时用蓝漆替代珐琅。

非官方简化版：仅加工了正面且蓝漆略带紫色；正面雅典娜的头像方向与原版相反且模糊不清；背面仅有"ΕΛΛΗΝΙΚΗ ΔΗΜΟΚΡΑΤΙΑ"字样。

第三版：正面为女神雅典娜的肖像，外圈刻铭文"Ο ΑΓΑΘΟΣ ΜΟΝΟΣ ΤΙΜΗΤΕΟΣ（正直之人理应受到敬仰）"。背面为简化的希腊国徽，四周环绕着"ΕΛΛΗΝΙΚΗ ΔΗΜΟΚΡΑΤΙΑ"和设立年份"1975"字样。

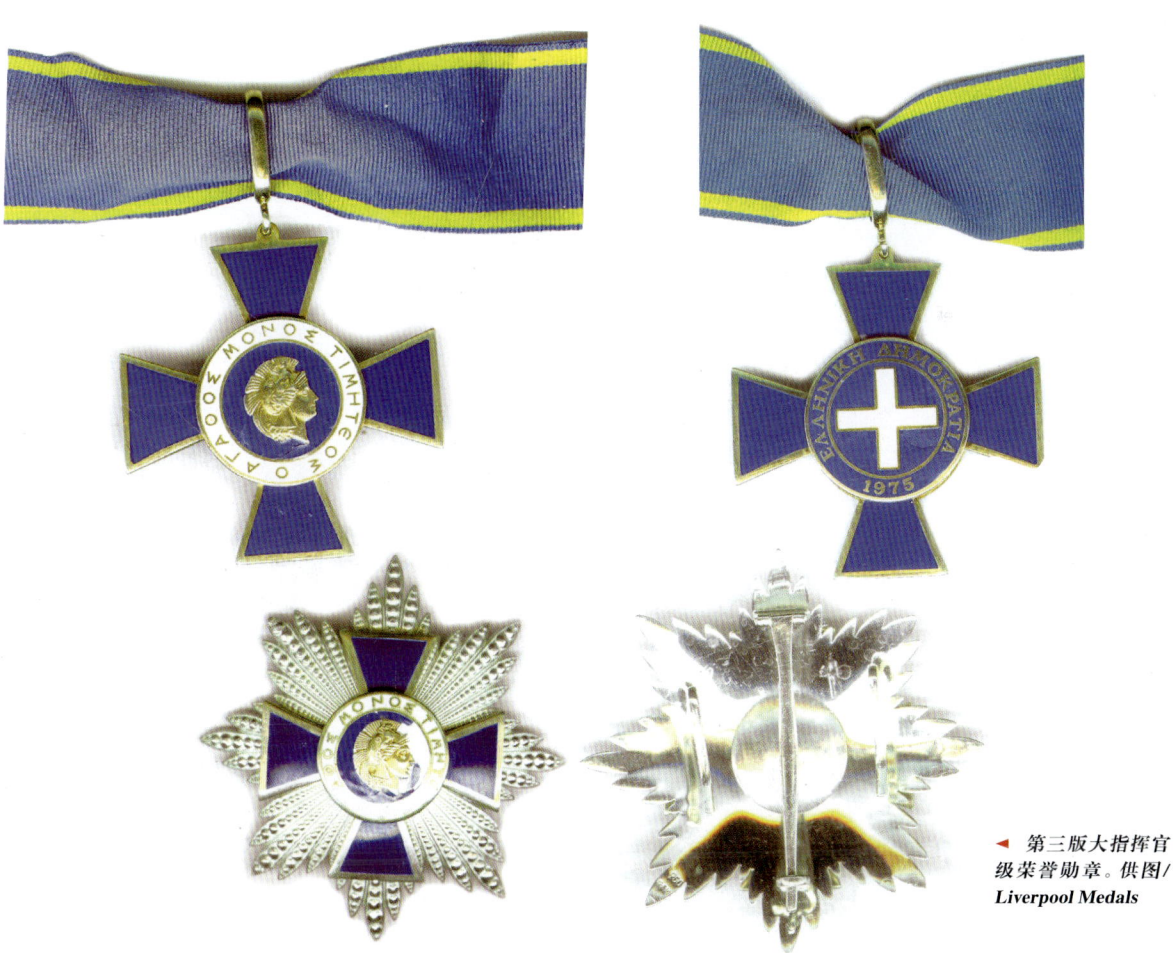

◀ 第三版大指挥官级荣誉勋章。供图/ *Liverpool Medals*

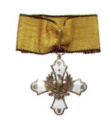

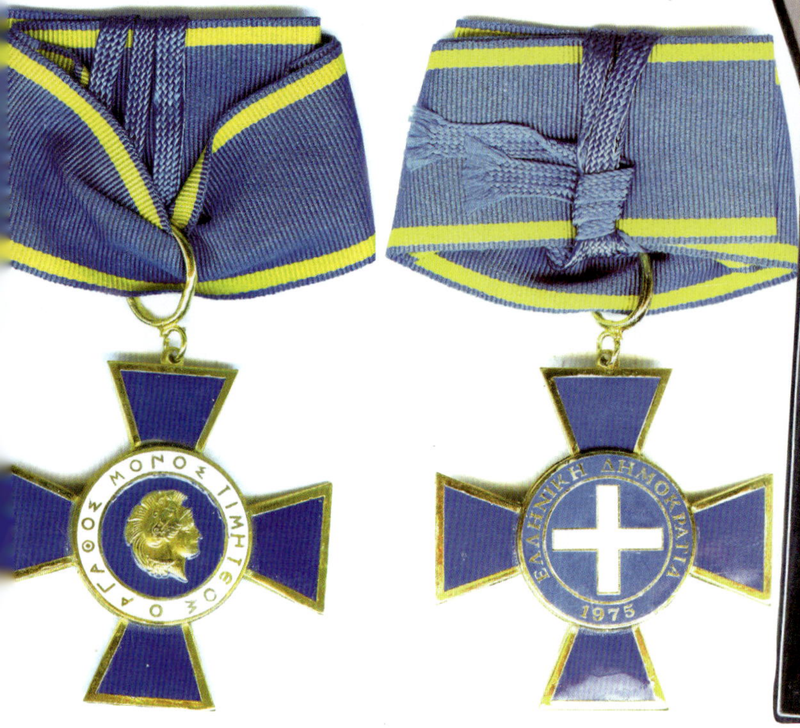

▲ 第三版指挥官级荣誉勋章。供图/Liverpool Medals

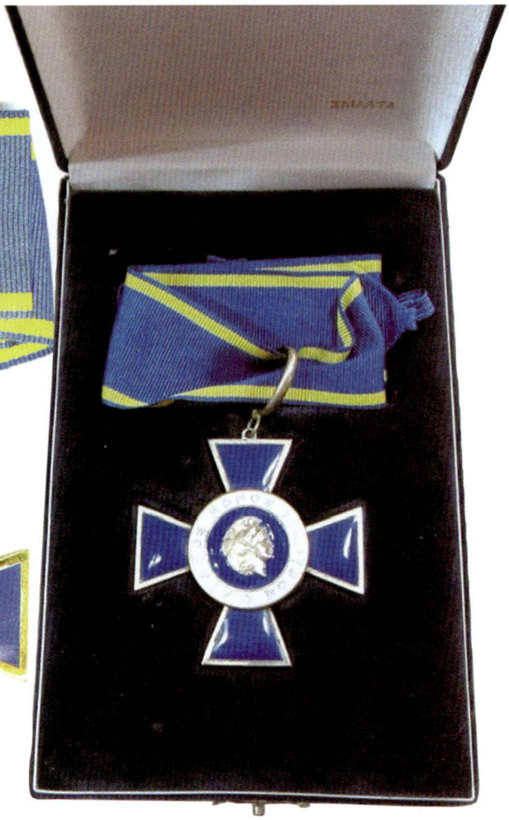

▲ 原盒第三版指挥官级荣誉勋章

解说： 1973年，希腊的君主制度在军政府的统治下终于走到了尽头，而君主气息浓重的乔治一世王家勋章和善行勋章也旋即被废除。执政的军人们决定新设一种名为"荣誉勋章"的荣誉来弥补由此产生的空缺，但直到一年之后军政府倒台，荣誉勋章设立事宜仍未付诸实施。

当民主最终回归这片土地后，关于重新制订国家勋奖章体系的议案被提上日程。1975年8月，共和国政府正式宣布设立荣誉勋章，其地位仅次于救世主勋章，位居希腊国家荣誉体系的第二位。

这枚勋章的式样也同样经历了多次波折。1975年11月康斯坦丁诺斯·康托帕诺斯（Konstantinos Kontopanos）设计的方案获得有关部门的首肯，这枚勋章呈十字形，表面覆有蓝色珐琅，每两条十字臂间都有叠加在一起的字母"ΕΔ"，正面为女神雅典娜的肖像。勋章背面仅有镌刻在白色珐琅圆环上的"ΕΛΛΗΝΙΚΗ ΔΗΜΟΚΡΑΤΙΑ"。勋章通过月桂花环与挂环相连。大十字级勋章所配的星芒章为银质四角形，正面刻着雅典娜的头像。

但是新勋章发布后社会各界都反映此设计差强人意且毫无美观，这让有关部门尴尬不已。无奈之下，政府只好委托法国知名珠宝商贝特朗（Arthus Bertrand）重新设计。新版方案去掉了十字臂间的"ΕΔ"字样，同时用蓝漆替代珐琅；星芒章由四角形改为八角形，正面图案也不仅仅是女神的肖像，而是镶嵌上整枚勋章。

1977年5月此方案通过审批，而贝特朗则拿到了生产两批荣誉勋章的订单作为回报。三年以后的1980年，出现了某家希腊厂商擅自铸造的简化版勋章，其数量约有200枚。此款简化版勋章质量极其低劣，因此招来如潮恶评。

迫于各方压力，1984年希腊政府再次下令重新设计荣誉勋章，并于当年10月敲定了新方案：勋章呈十字形，表面覆有蓝色珐琅，除银质十字级为银质外，其他级别的勋章皆为银质镀金。勋章正面为女神雅典娜的肖像，外圈刻"Ο ΑΓΑΘΟΣ ΜΟΝΟΣ ΤΙΜΗΤΕΟΣ"。勋章背面是简化的希腊国徽蓝底白十字，四周环绕着"ΕΛΛΗΝΙΚΗ ΔΗΜΟΚΡΑΤΙΑ"和设

立年份"1975"字样。同时规定战争期间颁发的勋章将在绶章上附加双剑以示区别（迄今为止未有人获得军事版勋章）。大十字级和大指挥官级两级将配星芒章，区别之处在于大十字级的星芒章直径为90毫米，而大指挥官级的略小为80毫米。相关条令还规定发放给希腊武装部队与安全部队成员的勋章由本国生产，而由共和国总统和外交部颁发的荣誉勋章由瑞士造币厂供应。

6.凤凰勋章
Τάγμα του Φοίνικος / Order of the Phoenix

设立时间： 1926年5月13日

级别： 大十字级、大指挥官级、指挥官级、金质十字级、银质十字级

授予对象： 在美术、文学、科学、公共管理、海运、商业及工业领域作出杰出功绩的希腊公民，及为提高希腊国际声望作出贡献的外国人。

版本： 第一版（1927~1935）：正面有"E-T-T-A"四个字母，背面空白。

第二版（1935~1984）：绶章上增加王冠，正面"E-T-T-A"被移除，背面为王家纹章。

第三版（1984年至今）：王冠被移除，背面为国徽与"ΕΛΛΗΝΙΚΗ ΔΗΜΟΚΡΑΤΙΑ"字样。

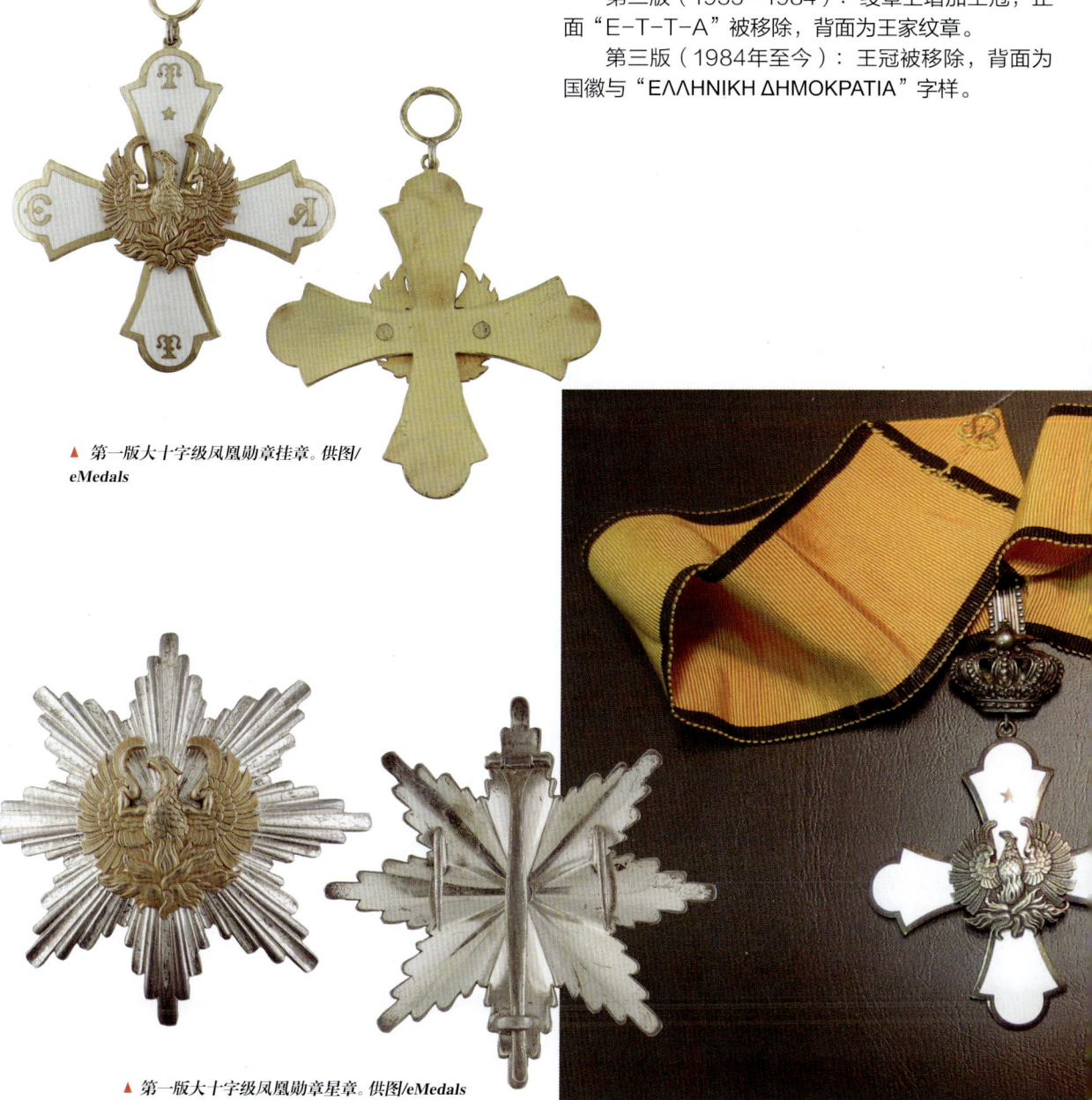

▲ 第一版大十字级凤凰勋章挂章。供图/eMedals

▲ 第一版大十字级凤凰勋章星章。供图/eMedals

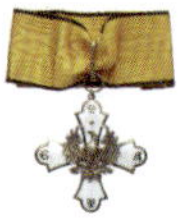

▼ 第一版指挥官级凤凰勋章。供图/Hermann Historica

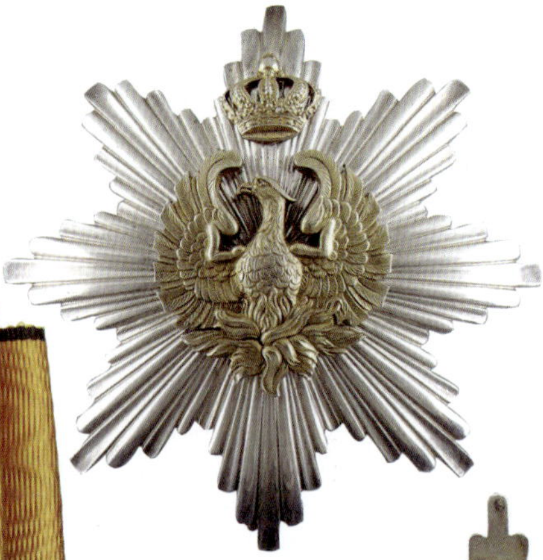

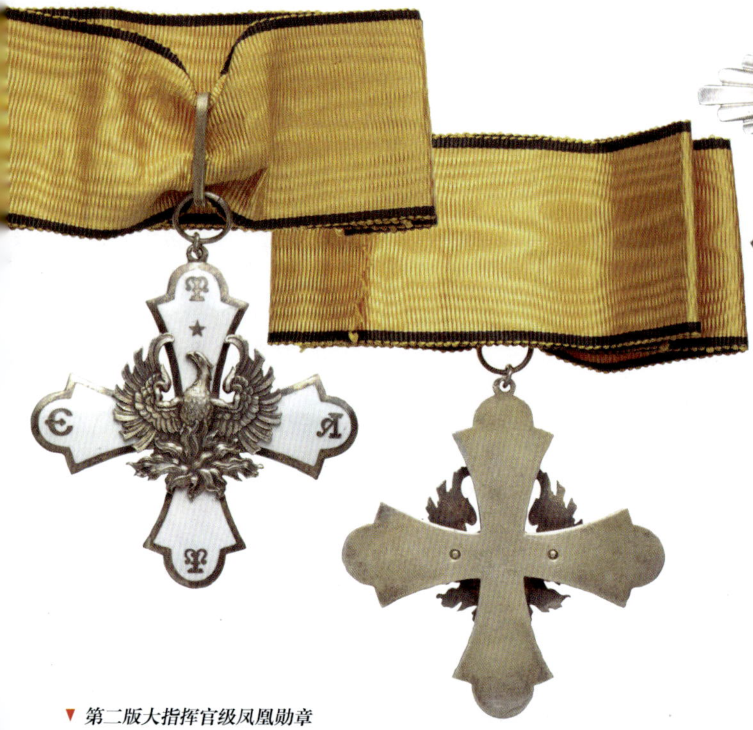

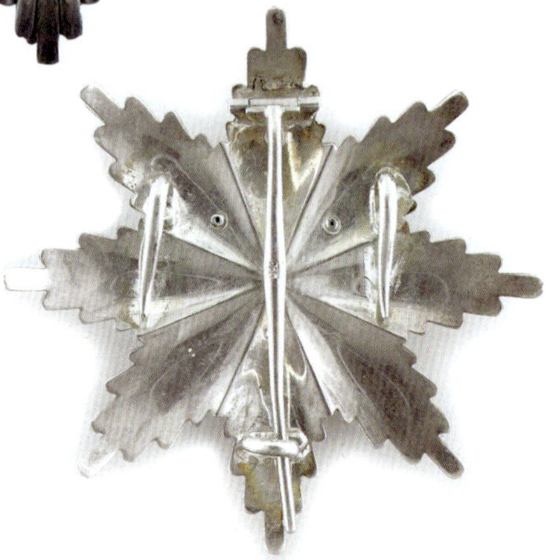

▼ 第二版大指挥官级凤凰勋章

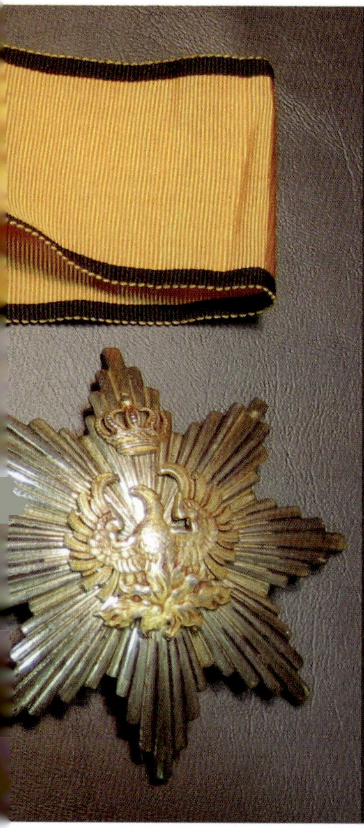

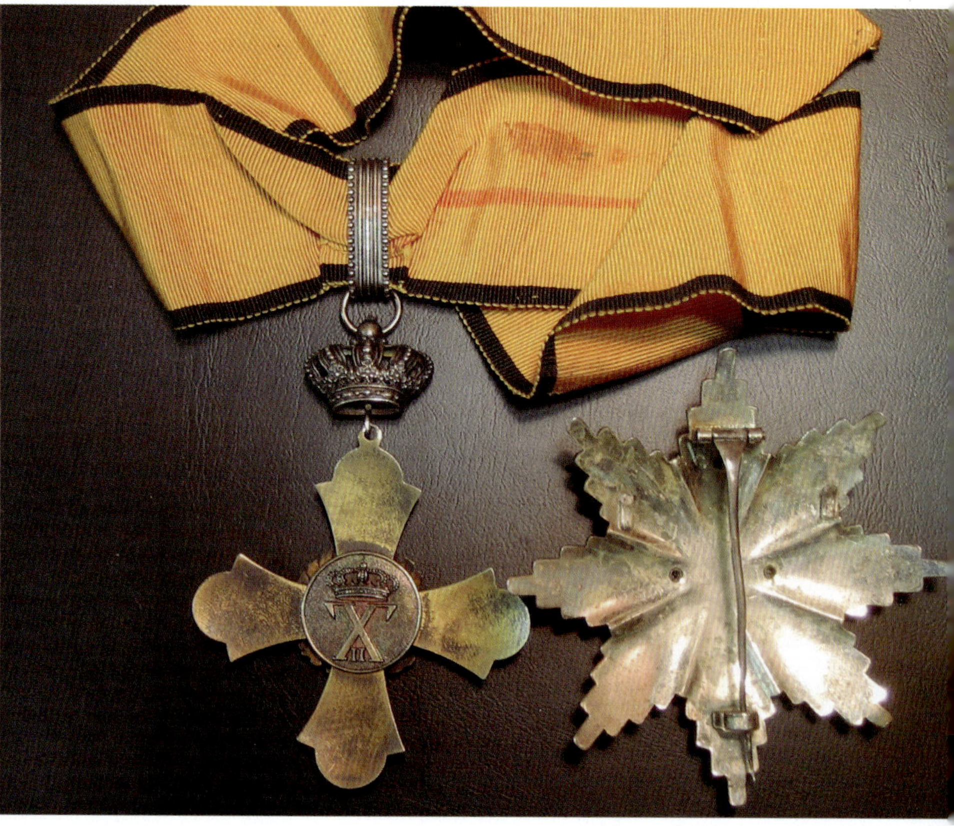

▲ 第二版大十字级凤凰勋章星章。供图/eMedals

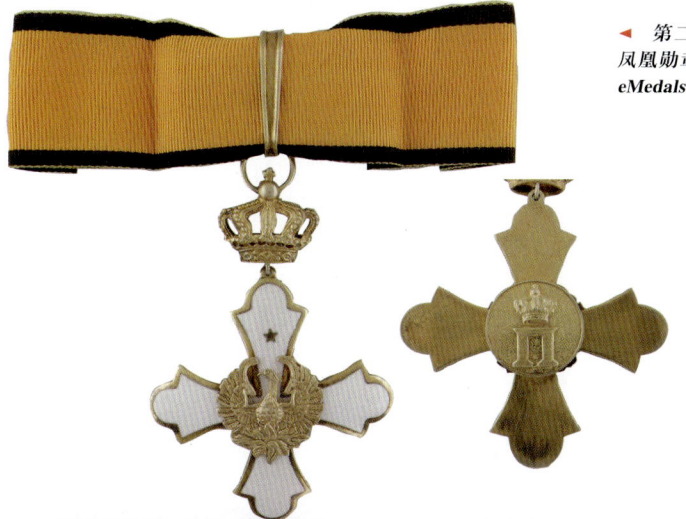

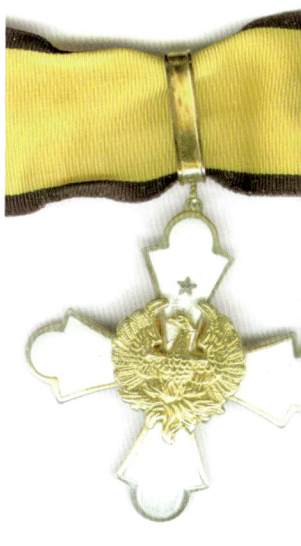

◀ 第二版指挥官级
凤凰勋章挂章。供图/
eMedals

◀ 原盒第二版大指挥官级凤凰勋章。供图/
Hermann Historica

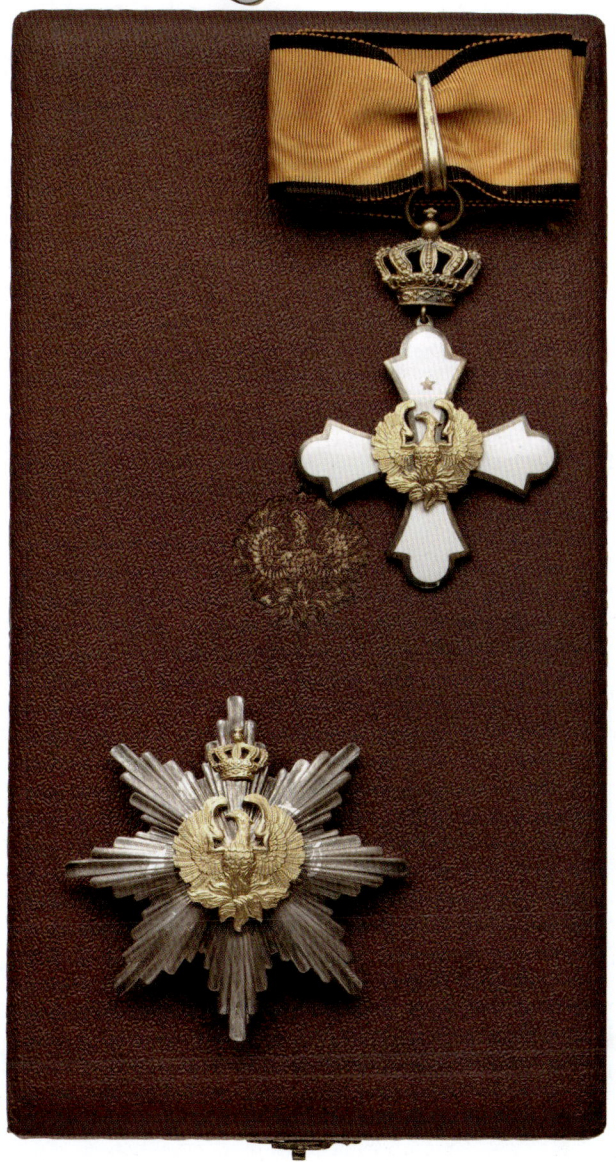

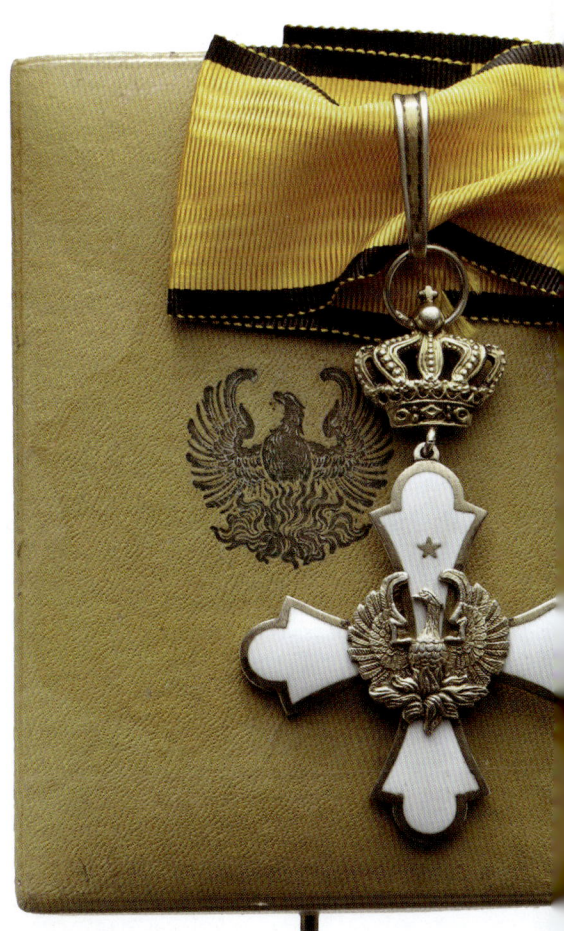

▲ 原盒第二版指挥官级凤凰勋章。供图/Hermann Historica

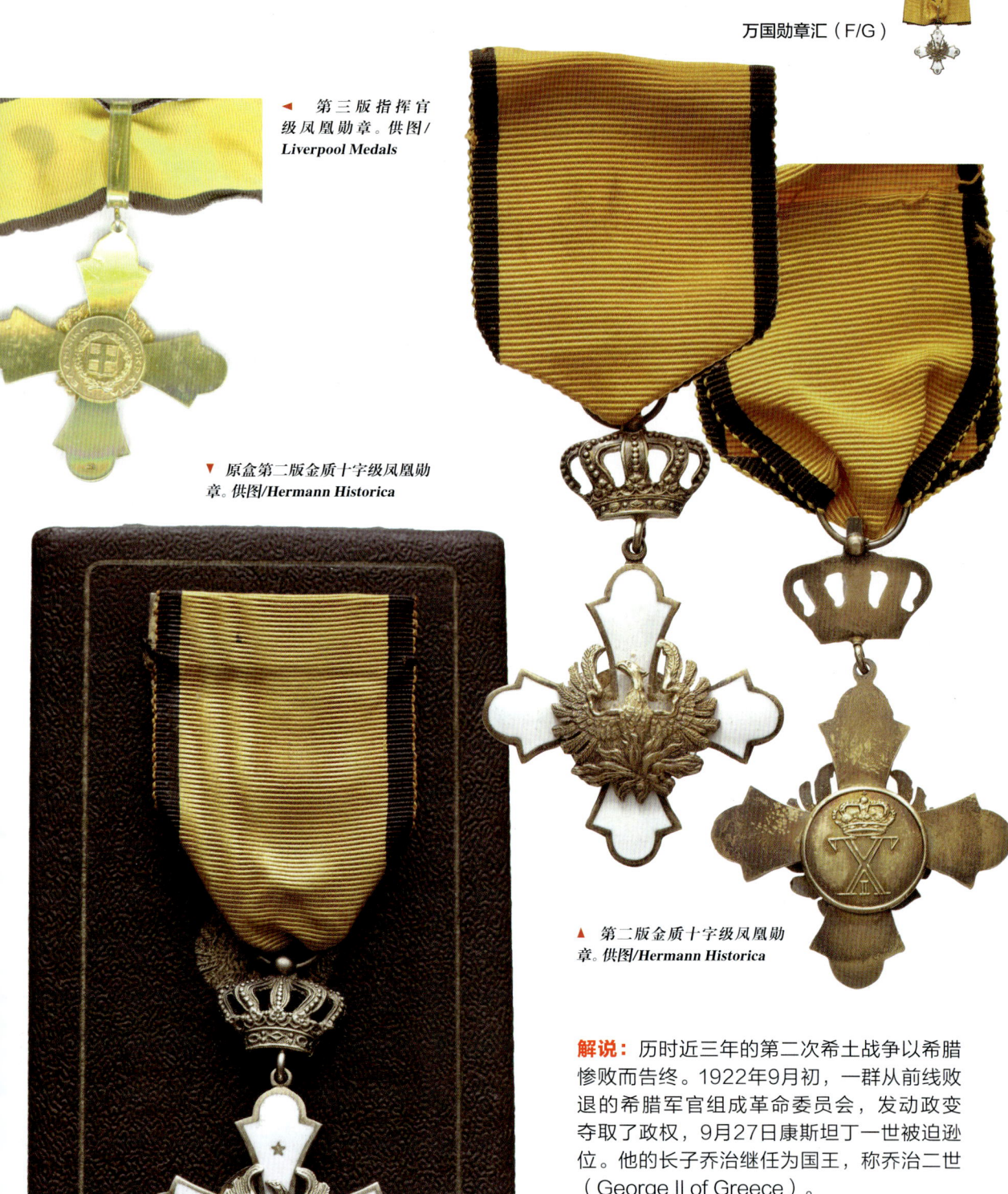

◀ 第三版指挥官级凤凰勋章。供图/*Liverpool Medals*

▼ 原盒第二版金质十字级凤凰勋章。供图/*Hermann Historica*

▲ 第二版金质十字级凤凰勋章。供图/*Hermann Historica*

解说： 历时近三年的第二次希土战争以希腊惨败而告终。1922年9月初，一群从前线败退的希腊军官组成革命委员会，发动政变夺取了政权，9月27日康斯坦丁一世被迫逊位。他的长子乔治继任为国王，称乔治二世（George II of Greece）。

此时的希腊政坛亲君主派人民党和韦尼泽洛斯领导的共和派纷争不断。1923年12月希腊大选，韦尼泽洛斯的自由党获胜，激进的共和自由派联盟成为第二大党派。在革命委员会的建议下，乔治二世于1923年12月19日离开希腊来到罗马尼亚，但并未宣布退位，而是指定海军总司令帕夫洛斯·孔杜里奥提斯为摄政。

1924年1月24日，韦尼泽洛斯第四次就任希腊首相，他建议用公投决定君主制的去留。3月25日，希腊议会通过成立共和国的决议案，并在4月13日的公投中得到确认，希腊正式成为共和国，史称第二共和国。

1926年5月13日共和国政府宣布设立一种名为"凤凰勋章"的荣誉以表彰在美术、文学、科学、公共管理、海运、商业及工业领域做出杰出功绩的希腊公民及为提高希腊国际声望做出贡献的外国人，同时取代此前因君主制气息浓厚而被废止的乔治一世勋章。1935年希腊王室复辟后，凤凰勋章得以保留，延续至今第三共和国时期。

勋章呈十字形，表面覆有白色珐琅，除银质十字级为银质外，其他级别的勋章皆为银质镀金。勋章正面为涅槃重生的凤凰，象征共和国的崛起和复兴，凤凰头顶处缀有一枚五角星，十字架的四端有用安色尔字体书写的"E-T-T-A"四个字母，为勋章格言"Εκ της τέφρας μου αναγεννώμαι（涅槃重生）"的首字母缩写，勋章背面为空白。1935年君主制复辟后，"E-T-T-A"四个字母被去除，绶章顶部增加了代表君主制度的王冠，同时背面刻有当时希腊格吕克斯堡王朝的纹章。1975年君主制被废除，第三共和国建立，勋章上方王冠被去除，勋章背面改为希腊国徽及"ΕΛΛΗΝΙΚΗ ΔΗΜΟΚΡΑΤΙΑ（希腊共和国）"。

星芒章为银色八角星样式，缀有放射形星芒，中间为凤凰。王国时期，凤凰顶部有王冠。

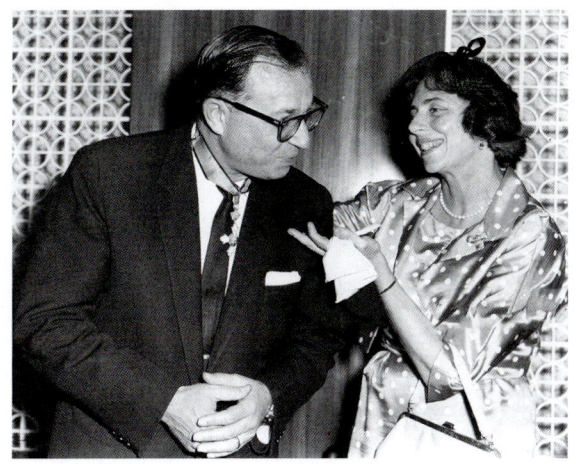

▲ 希腊公主凯瑟琳与刚刚获颁指挥官级凤凰勋章的美国电影导演、编剧卡尔·福尔曼，他是《桂河大桥》的编剧

7.圣乔治与圣康斯坦丁王室勋章
Βασιλικό Οικογενειακό Τάγμα των Αγίων Γεωργίου και Κωνσταντίνου / Royal Family Order of Saints George and Constantine

设立时间： 1936年1月
级别： 链授、大十字级、大指挥官级、指挥官级、金质十字级、银质十字级
授予对象： 服务于王室并作出非凡贡献的男士。
类别： 无剑民事版、佩剑军事版

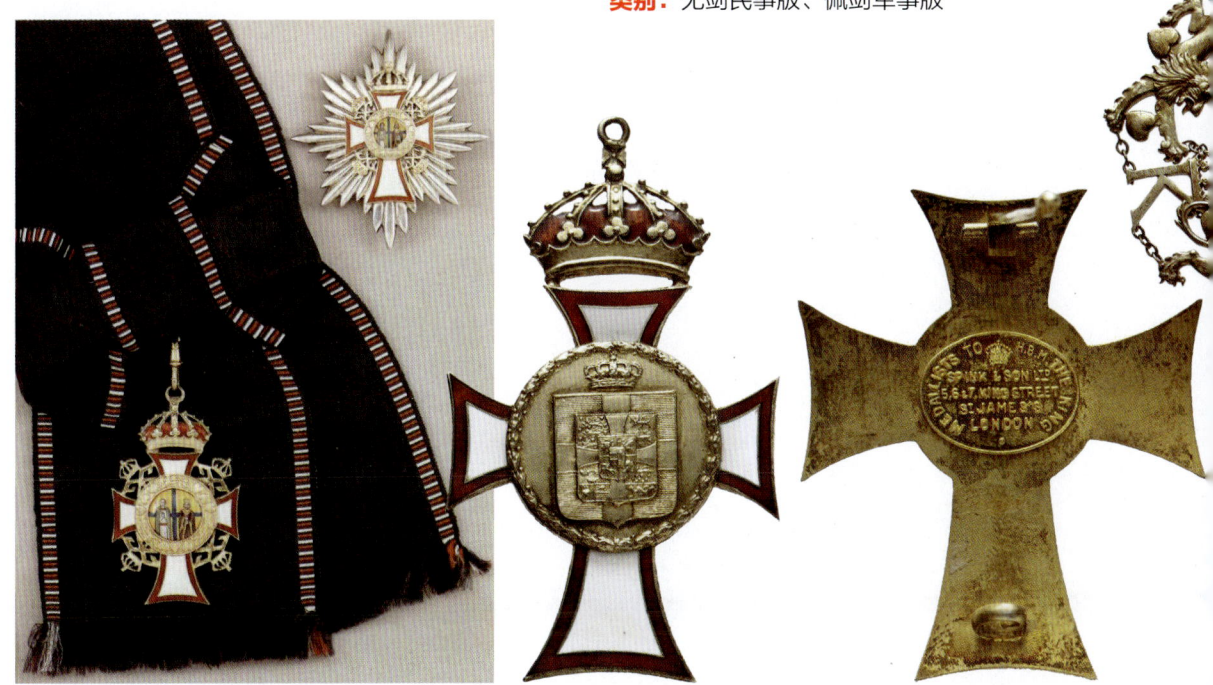

▲ 大十字级圣乔治与圣康斯坦丁王室勋章　　▲ ► 链授圣乔治与圣康斯坦丁王室勋章。供图/Hermann Historica

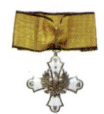

解说：1936年1月，为了纪念自己的祖父母和双亲，乔治二世国王分别设立了专授男士的"圣乔治与圣康斯坦丁王室勋章"和仅授女士的"圣奥尔嘉与圣索菲娅王室勋章"，并将这两种勋章的优先等级放在王国勋奖章序列第二和第三位，仅次于救世主勋章。

由于希腊与丹麦两国王室同根同源皆为奥尔登堡王朝格吕克斯堡分支，因此能在这枚勋章上看到丹麦国旗勋章（参见号角IV）的影子。

链授圣乔治与圣康斯坦丁王室勋章由主章与副章两部分组成。主章为带王冠的红白十字形，正面是乔治一世与康斯坦丁一世两位国王的圣化像，外圈金环上刻着红心和雄狮（源于丹麦国徽）；主章背面是希腊王室盾徽，外圈环有月桂枝叶。主章通过一根华丽的挂链佩戴在脖子上，挂链与绶章连接处为拜占庭的双头鹰，八只头戴王冠的雄狮分居两侧，其间戴着王冠和字母"G"和"K"交替出现，挂链扣也被处理成双头鹰式样。

链授副章为红白相间十字章，无王冠，通过背面的竖杆别针佩戴在胸口，副章正面仍是乔治一世与康斯坦丁一世两位国王的圣化像，外圈蓝底圆环描有乔治一世的座右铭"ΙΣΧΥΣ ΜΟΥ Η ΑΓΑΠΗ ΤΟΥ ΛΑΟΥ（吾之力量源于子民拥戴）"，铭文正上方缀

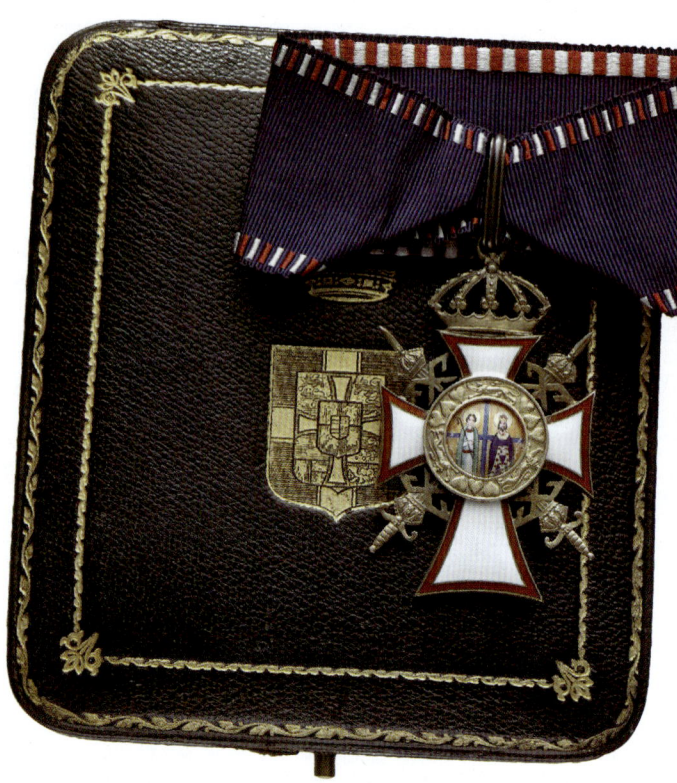

▲ 原盒指挥官级圣乔治与圣康斯坦丁王室勋章。供图/*Hermann Historica*

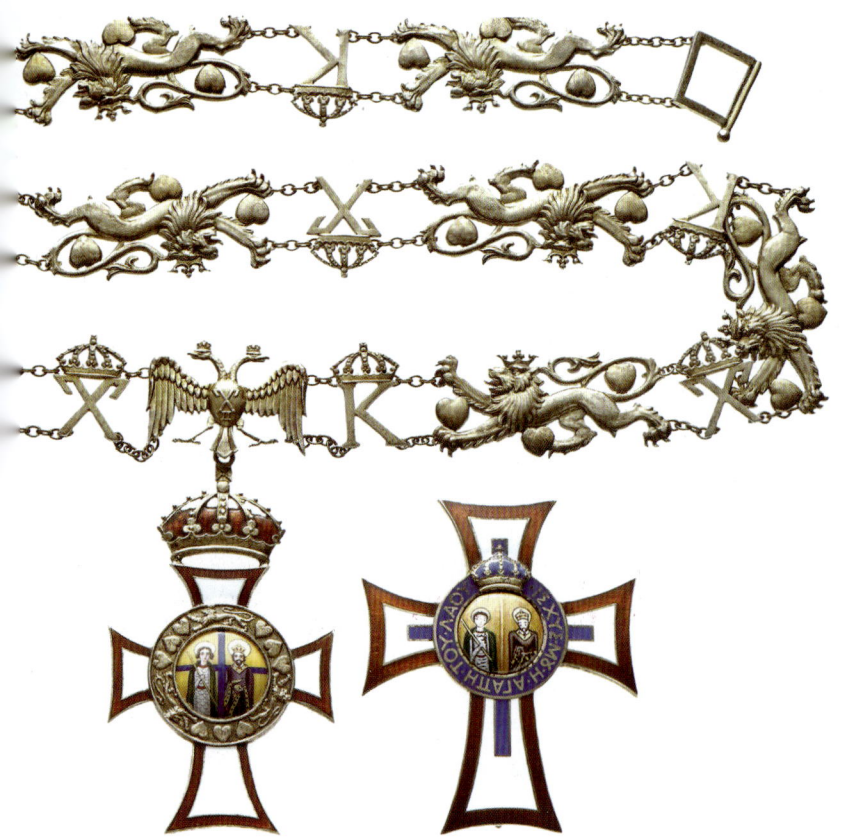

有一顶王冠。副章的背面则是生产商英国SPINK & SON LTD.，（斯宾克父子公司）的信息。

而其他等级的勋章式样与链授主章相似，仅在十字臂间增加了戴王冠的字母组合，正面是乔治一世与康斯坦丁一世两位国王的圣化像，背景有蓝色十字，外圈金环上刻着红心和雄狮；主章背面是希腊王室盾徽，外圈环有月桂枝叶。另有佩剑版勋章专授建立军事功勋的人士。

大十字级与大指挥官级配有银质星芒章，前者为八角星芒状底板上镶嵌整枚勋章，后者则采用十字形底板。

1975年希腊君主制度被废除，此后颁发这枚勋章的是罢黜的希腊王室，与希腊政府无关。

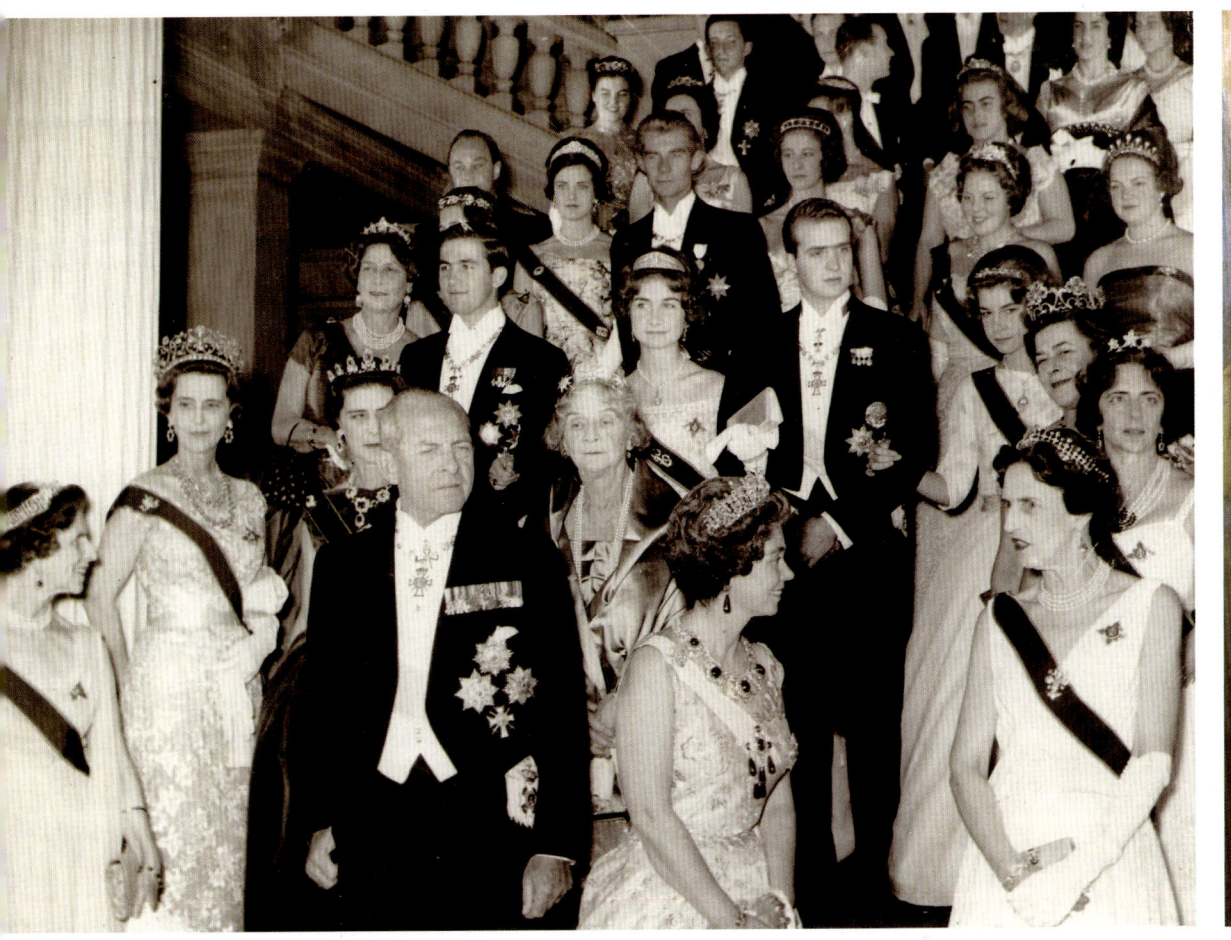

▲ 1962年希腊国王保罗一世和王后弗里德里卡率领希腊王室成员参加西班牙王子胡安·卡洛斯（后成为西班牙国王胡安·卡洛斯一世）与女儿索菲娅公主的婚礼。请注意这张难得的照片中王室男性全部佩戴着圣乔治和圣康斯坦丁王室勋章，女性佩戴着圣奥尔嘉与圣索菲娅王室勋章。前面佩戴链章的分别是保罗一世和弗里德里卡，他们身后的分别是康斯坦丁王子（后成为康斯坦丁二世）和索菲娅公主以及胡安·卡洛斯王子

8.圣奥尔嘉与圣索菲娅王室勋章

Βασιλικό Οικογενειακό Τάγμα των Αγίων Όλγας και Σοφίας / Royal Family Order of Saints Olga and Sophia

设立时间： 1936年1月

级别： 一级、二级、三级、四级

授予标准： 在服务于王室并作出非凡贡献的女士

解说： 1936年1月，为了纪念自己的祖父母和双亲，乔治二世国王分别设立了专授男士的"圣乔治与圣康斯坦丁王室勋章"和仅授女士的"圣奥尔嘉与圣索菲娅王室勋章"，并将这两种勋章的优先等级放在王国勋奖章序列第二和第三位，仅次于救世主勋章。

一级和二级圣奥尔嘉与圣索菲娅王室勋章的绶章为圆形，正面为乔治二世的祖母奥尔嘉王后（俄国奥尔嘉·康斯坦丁诺夫娜女大公）与母亲索菲娅王后（普鲁士索菲·多萝特娅·乌尔丽克·阿丽丝公主）的圣化像，画像外沿为蓝色圆圈，写有"ΑΓΙΑ ΣΟΦΙΑ - ΑΓΙΑ ΟΛΓΑ（圣索菲娅–圣奥尔嘉）"字样，最上方绘有王冠。一级与二级区别在于前者佩戴方式为大绶，后者为襟绶。

而三级与四级勋章正中为衬着红色十字架圣像，外圈上半部分采用镂空方式雕刻出红心和雄狮（源于丹麦国徽），下半部分为蓝色半圆，写着"ΑΓΙΑ ΣΟΦΙΑ - ΑΓΙΑ ΟΛΓΑ"。三级与四级的区别在于前者是金色，后者为银色。

一级与二级勋章配有银色八角星章，缀有放射形星芒，镶嵌整枚勋章。

1975年希腊君主制度被废除，此后颁发这枚勋章的是罢黜的希腊王室，与希腊政府无关。

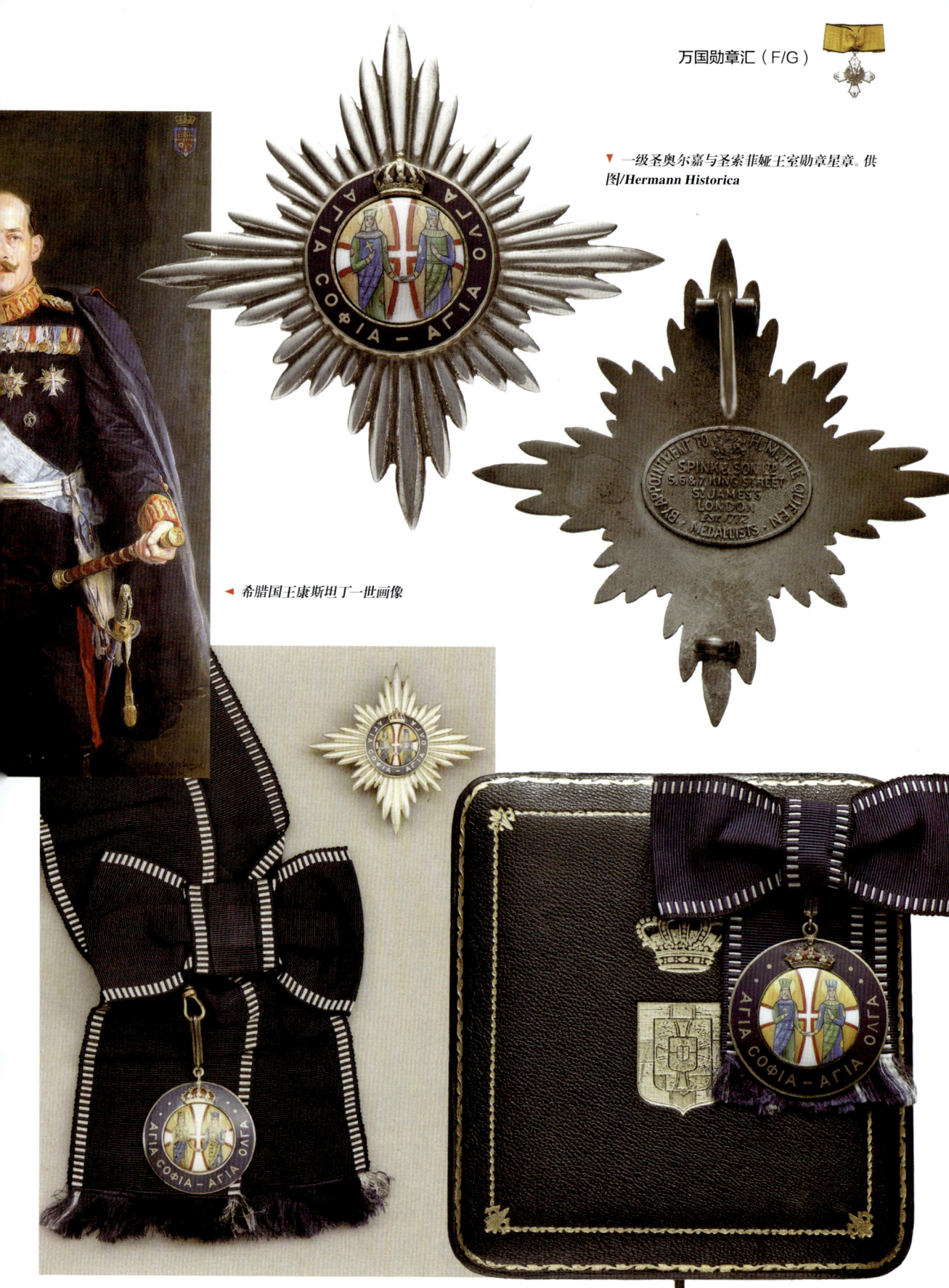

▼ 一级圣奥尔嘉与圣索菲娅王室勋章星章。供图/Hermann Historica

◀ 希腊国王康斯坦丁一世画像

▲ 一级圣奥尔嘉与圣索菲娅王室勋章

▲ 原盒二级圣奥尔嘉与圣索菲娅王室勋章。供图/Hermann Historica

9.善行勋章

Τάγμα Ευποιΐας / Order of Beneficence

设立时间： 1948年5月7日

级别： 大十字级、大指挥官级、指挥官级、金质十字级、银质十字级

授予范围： 为希腊慈善事业作出非凡贡献或在文学、艺术领域建立杰出功绩的本国公民与外籍人士。

版本： 第一版（1948~1973）：绶章上方带王冠，正面为圣母玛丽娅肖像，背面是乔治二世花押。

第二版（1975年至今）：王冠被移除，背面改为希腊国徽与"HELLENIC REPUBLIC"。

解说： 1947年4月1日，乔治二世国王因动脉硬化而撒手人寰，据其遗愿，1948年5月7日善行勋章设立，授予为希腊慈善事业作出非凡贡献或在文学、艺术领域建立杰出功绩的本国与外籍女性（实际上男性仍可以获得这枚勋章）。1973年勋章被废除，1975年重新恢复。

善行勋章的式样参考了英国的"印度帝国勋章（Most Eminent Order of the Indian Empire）"，呈盛开的五片花瓣状，吊环处有代表君主制的王冠。勋章正面花瓣上覆有青蓝色珐琅，其下衬着绿叶，中心圆盘处为怀抱耶稣的圣母玛丽娅肖像，外圈刻有"ΕΥΠΟΙΙΑ（善行）"字样。勋章背面仅有乔治二世的花押。

1975年勋章恢复设立，此时希腊已改为共和制，因此勋章吊环处代表王权的王冠被移除，正面图案保持不变，背面改成希腊国徽与"HELLENIC REPUBLIC（希腊共和国）"字样。

大十字级与大指挥官级勋章配有银质八角星芒章，正面也为圣母玛丽娅肖像与"ΕΥΠΟΙΙΑ"字样。

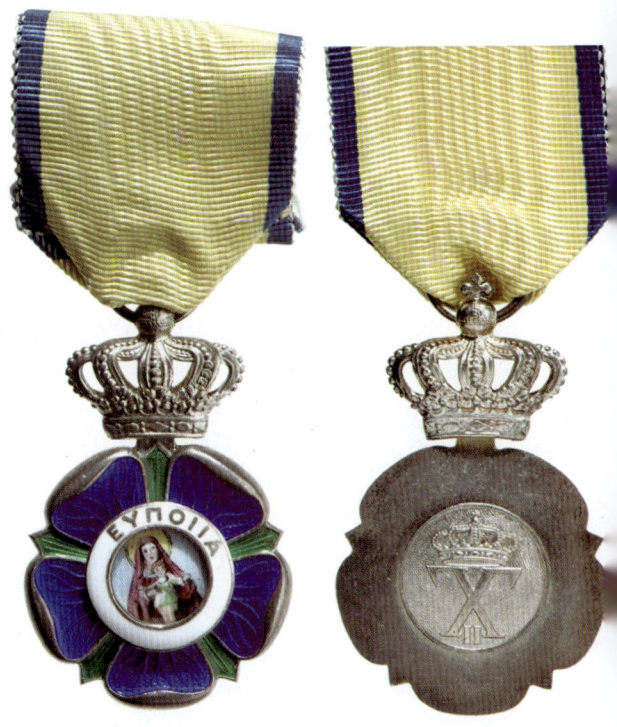

▲ 第一版银质十字级善行勋章。供图/*Hermann Historica*

▲ 第一版金质十字级善行勋章。供图/*Hermann Historica*